찰스 다윈(1809~1882)

다윈에 의한 진화의 기록

◀《종의 기원》을 출판하고 15년이 지난 1874년에 촬영한 찰스 다윈 사진. 다윈은 그 무렵 성서 창조설을 굳게 믿던 과학계에 큰 소동을 일으킬 것임을 예상하고 자기가 만든 진화이론 발표를 20년이나 망설였다. 예상대로 발표 뒤는 물론이고 죽는 날까지 자신의 주장을 설명하고 이론을 완성하는 데 온 힘을 쏟는다.

▼곤충표본. 다윈과 월리스 등 많은 19세기 곤충 수집가와 박물학자들은 갑충에 몰두했다. 월리스가 소유했던 이 표본 상자로 여러 종의 다양성과 유연(類緣)관계를 확실하게 볼 수 있다. 이 표본은 바로 진화가 가져온 자연계의 놀라운 다양성을 훌륭하게 보여주는 증거이다.

▶핀치새표본. 서로 부리의 크기와 형태가 많이 다른데도 같은 조상을 가진 갈라파고스제도의 핀치(finch)류 새는 다윈의 진화이론에 영향을 미친 가장 유명한 증거라고 한다.

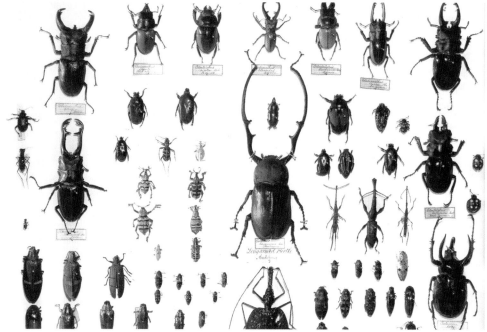

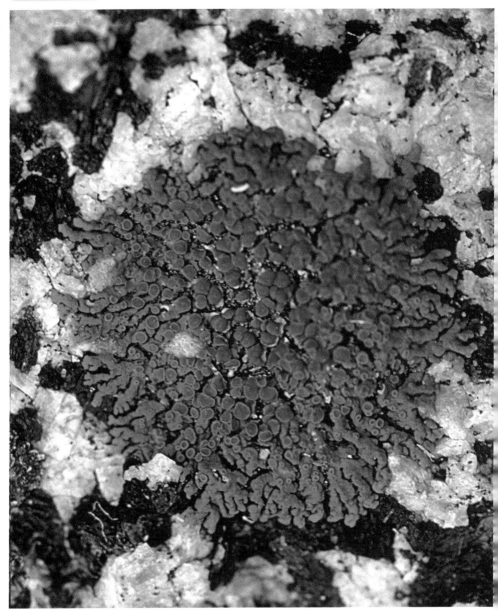

▲지의류. 지의류(地衣類)는 평범해 보이지만 진화로 볼 때 주목할 만한 존재이다. 그 기원과 진화 경위는 아직도 확실히 밝혀지지 않았지만 흥미로운 이야기를 들려준다. 지의류는 특정한 균류(곰팡이)와 조류(藻類 : 녹조 시아노박테리아)가 공생하는 생물이다. 그 독특한 균류와 조류의 공생 진화는 다른 시대, 다른 지역에서 여러 차례 일어났다. 지의류는 형태와 크기, 색이 다양하며 캐나다 북부에서 촬영한 이 현생종은 선명한 주황색을 띠고 있다.
▶공자새 화석. 몇십 년 동안 발견한 태고의 새는 그 유명한 시조새뿐이었다. 그런데 고생물학자가 이를 깨닫고 목록에 추가하며 조류 진화 상식을 새롭게 만든 것이 최근의 일이었다. 까마귀 정도 되는 이 공자새는 백악기 전기(1억 2000만~1억 2500만 년 전)에 오늘날 중국에 해당하는 지역에서 서식했다. 1990년대 처음으로 공자새 화석을 발견한 뒤로 중국 랴오닝성(遼寧省)에서 적어도 4종류가 넘는 100개 분의 완전한 화석을 발견했다.

▲▶반클레아베아 캠피(Vancleavea campi). 이 파충류 화석은 턱뼈에 이빨이 남아 있으며 골격 말고도 골질비늘도 보인다. 이런 화석이 발견되면 멸종 생물에 대한 지식뿐만 아니라 그 생물이 진화한 역사를 알 수도 있다. 북아메리카 서부 아주 일부에서만 발견되는 이 파충류(공룡이 아니다)는 오늘날에도 어디에 속하는지 알 수 없는 특이한 생물이다.

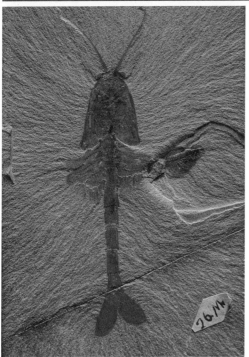

◀왑티아 필덴시스. 이 매우 정교한 왑티아 필덴시스(Waptia fieldensis : 새우와 비슷하지만 분류학에서 어디에 속하는지 알 수 없다) 화석은 캐나다 브리티시컬럼비아 주에 있는 버제스 셰일층에서 나왔다. 이 화석층은 5억 500만 년 전 캄브리아기에 형성되어 시대가 오래됐으며 화석 보존 상태가 좋아서 이곳에 살았던 동물 생활을 자세히 알 수 있다. 40억 년 가까이 되는 세월 거의 모든 생물이 아직 단세포 수준에 머무른 시대가 이어진 뒤 캄브리아기는 생명이 폭발적으로 다양해진 최초의 시대이다.

▲모아화석. 비글호 항해로 갈라파고스제도와 다른 여러 섬들을 방문한 찰스 다윈은 섬에 사는 생물들 가운데 매우 특이하며 무방비한 생물 '모아'를 목격했다. 그러나 13세기 폴리네시아인이 개척을 하면서 인간 사냥꾼들 앞에 무방비한 모아는 눈 깜짝할 사이에 수가 줄어들었다. 겨우 200년 만에 모든 종이 멸종했고 사진과 같은 뼈만 남아 있다.
▶극락조 수컷. 극락조를 처음 채집한 수집가들은 이 새가 극락에서 온 심부름꾼이 아닐까 생각했을 만큼 화려한 깃털로 진화했다. 풍조과에 속한 40여 종은 현재 뉴기니, 오스트레일리아 북부, 그 주변 섬에서 진화했다는 사실이 밝혀졌다. 거의 모든 풍조과 종 수컷은 매우 화려한 구애를 하는 것으로 유명하다.

스칸다룬

오리엔탈프릴

낭

헝가리언 자이언트하우스

▲비둘기. 인간은 3천 년 전부터 각종 용도로 비둘기 품종개량을 해왔다. 사진은 다윈이 좋아하며 통신에 이용하기 위해 기른 적도 있는 스칸다룬, 오스만제국 황제가 키운 궁정 비둘기로 오리엔탈프릴, 본디 공중돌기로 인기 있었던 낭, 헝가리언 자이언트하우스라는 품종의 비둘기다. 여러 특징은 눈에 띄게 다르지만 다윈은 모든 품종이 비제비둘기라는 같은 조상에서 나왔다고 확신했다. 최근 40종이 넘는 품종의 유전체 정보를 해독하면서 다윈의 확신이 옳았다는 사실이 증명됐다.

▶박쥐. 새 말고도 하늘을 나는 동물이 있다. 쉬운 수렴진화의 예로 낮에 새가 활동하는 환경을 밤에 박쥐가 점령한다는 사실을 들 수 있다. 박쥐의 진화과정은 아직 증거가 적다. 이제까지 밝혀진 사실로 볼 때 박쥐의 선조는 앞다리와 몸 사이에 있는 막을 이용해 활공했을 가능성이 높다. 거기서 빠르게 날 수 있도록 진화하여 지금과 같은 번영을 이룩했다.

▲아놀도마뱀. 아놀도마뱀과 도마뱀은 애완용으로 유명하다. 그러나 의외로 알려지지 않은 사실도 있다. 아놀도마뱀 진화 속도가 생각보다 빠르다는 것이다. 예를 들어 쿠바나 바하마제도에 서식하는 브라운아놀도마뱀은 겨우 한 세대 만에 뒷다리가 길어졌으며 그 덕분에 적을 피하고나 먹이를 쫓아 나무를 오르는 속도가 빨라졌다. 아놀도마뱀처럼 예상도 하지 못할 만큼 빠르게 진화하는 예를 발견한 뒤부터 이제까지의 생물 진화방법 상식을 수정할 필요가 생겼다.
▶도깨비도마뱀. 이 도깨비도마뱀은 매우 가혹한 환경에서도 살아남기 위해 동물이 어떤 진화를 했는지 알려주는 살아있는 견본이다. 사막에서는 물보다 귀중한 필수품은 없다. 도깨비도마뱀은 아주 조금밖에 없는 물을 이용하는 교묘한 수단을 가지고 있다. 피부에 작은 구멍을 통해 수분을 순식간에 빨아들인다. 몸의 모든 부분을 빨대처럼 활용한다.

▲연어 치어. 모든 생물은 저마다 독자적인 번식 구조를 진화시켰다. 사진의 알에서 막 나와 아직 노른자주머니(새끼를 위한 영양이 담긴 주머니)가 배에 붙어있는 치어를 낳은 연어처럼 다른 동물은 다른 방법으로 번식을 한다. 암컷 연어 한 마리는 3만 5천 개가 넘는 알을 낳고 곧 죽어버린다. 부화한 많은 치어 가운데 몇 마리만이라도 산란을 위해 돌아오는 데에 연어는 모든 것을 건다.

▶거북복어. 디자이너는 언제나 자연계에서 아이디어를 얻었다. 그러나 물고기로부터 디자인을 따온 자동차는 메르세데스벤츠가 2006년에 발표한 콘셉트 자동차가 처음이었다. 게다가 늘씬한 물고기가 아니라 거북복어라는 몸이 사각형인 물고기를 본떠서 만들었다.

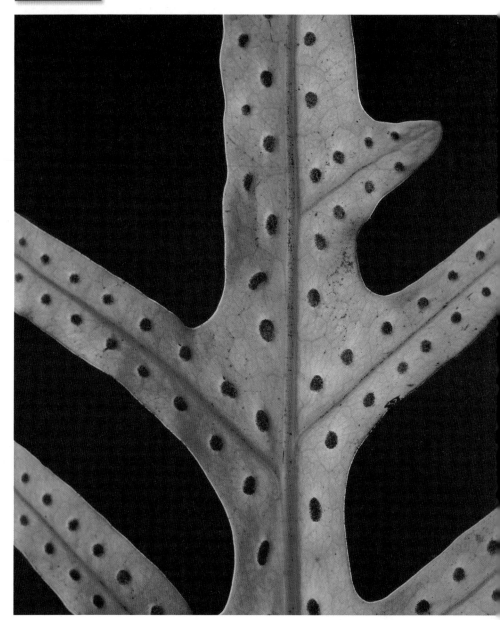

▲고사리. 고사리는 지구에서 계속 일어난 대규모 멸종 사건이나 1억 2천만 년 전에 진화한 현화식물(여기서는 꽃잎이 있는 꽃이 피어나는 피자식물을 말한다)과의 경쟁에서 살아남은 고대식물이다. 네오크롬이라는 단백질의 영향이 컸으리라고 짐작된다. 이 단백질이 있으면 햇빛에서 보통 현화식물이 흡수하는 청색광뿐만 아니라 적색광도 흡수해 광합성에 사용할 수가 있다. 사진의 고사리에 있는 검은 반점은 포자가 들어있는 포자주머니이다.

▶난초과. 난초과는 꽃이 피는 식물 가운데 놀랄 만큼 변화가 많은 종으로 적어도 2만 5천 종이 넘는다. 대체로 숲 수관(樹冠 : 많은 가지와 잎이 달린 나무 윗부분)에서 발견되는 난초가 많은데 인도네시아 수마트라섬 중부 고지대에 서식하는 이 파피오페딜룸 수퍼비엔스(paphiopedilum superbiens)가 자라는 환경은 독특하다. 삼림 지표면에 떨어진 낙엽 아래서 자라니까 말이다.

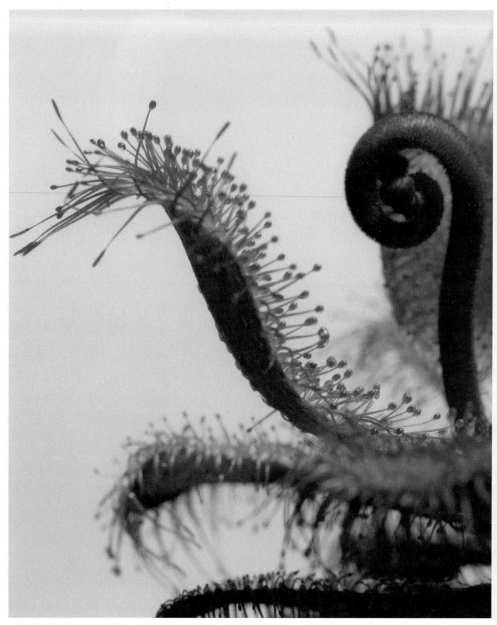

▲끈끈이주걱. 끈끈이주걱과는 남극을 제외한 모든 대륙에 서식하는 200종 남짓한 식충식물 중 하나이다. 파리지옥과 마찬가지로 끈끈이주걱도 영양이 적은 습지에서 얻은 양분만으로는 부족하다. 그래서 영양을 보충하기 위해 참신한 방법으로 진화했다. 잎에 달콤하고 끈적끈적한 점액을 분비하는 빨판 같은 기관이 생겼다. 벌레가 맛있는 음식이라 착각하고 점액을 만지면 잎이 말려 벌레의 몸을 감싸버린다. 점액에 엉킨 벌레가 버둥거리다가 이윽고 지쳐서 질식해 죽으면 끈끈이주걱은 효소를 분비해 벌레를 소화한다.

▶파리지옥. 미국 노스캐롤라이나와 사우스캐롤라이나 습지에만 서식하는 이 파리지옥은 눈 깜짝할 사이에 두 장의 잎을 닫아 사냥감을 잡는다. 식충식물 가운데서도 이렇게 빠른 움직임을 보이는 것은 드물다. 그런데 최근 밝혀진 이보다 더 놀라운 사실은 파리지옥은 숫자를 기억한다는 것이다. 함정 잎을 닫는 것은 잎 안쪽에 작은 감각모를 20초 안에 두 번 자극했을 때뿐이다. 게다가 잎을 닫은 뒤 세 번째 자극이 없으면 소화효소를 분비하지 않는다. 감각모가 자극받은 횟수에 따라 소화효소 양을 정해 분비한다. 이런 반응은 진화가 만들어낸 적응의 신비함을 보여준다.

◀▶비단제비나방. 마다가스카르에 서식하는 비단제비나방은 매우 커서 주행성인데다가 장거리 이동을 하기 때문에 새 같은 천적의 공격에 효과적인 방어 수단을 가지고 있다. 독성이 있어 먹으면 안된다. 화려한 색채는 적에게 보내는 경고이다. 금속처럼 빛나는 날개 광택은 색소가 아니라 날개 표면이 미세한 구조를 가졌기 때문이다. 빛이 비친 방향에 따라 선명한 주황색이나 에메랄드 빛, 검은색으로 반사된다.

▼네발나비. 중앙·남아메리카 열대림에는 넘버윙이라 부르는 독특한 무늬를 가진 네발나비과 나비가 서식한다. 과학자들은 뒷날개 무늬는 공격하려는 적을 놀라게 하거나 혼란에 빠뜨리는 효과가 있다고 생각한다. 네발나비의 무늬는 숫자 8이나 0, 칼리코나비과는 소용돌이처럼 보인다.

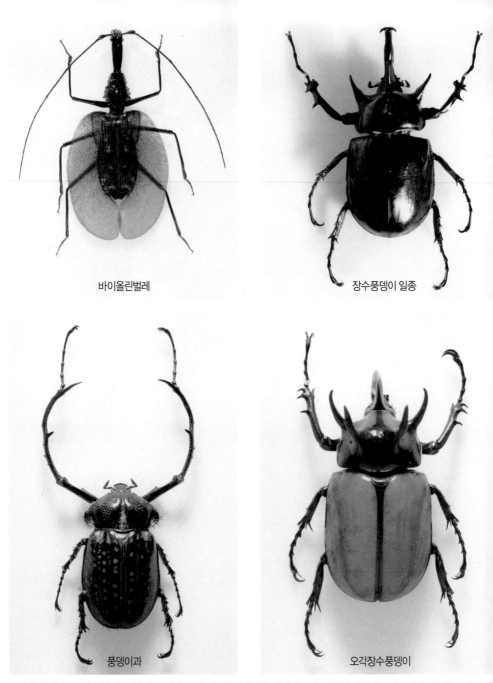

바이올린벌레

장수풍뎅이 일종

풍뎅이과

오각장수풍뎅이

▲다양한 갑충. 초기 갑충과 비슷한 곤충은 3억 년 전 석탄기에 진화했는데 진정한 갑충은 2억 2천만 년 전 트라이아스기에 등장했다. 그때부터 지금까지 갑충은 바다와 극지를 제외한 거의 모든 지역 환경에서 서식할 수 있게 진화했다.

▶코끼리장수풍뎅이. 풍뎅이과에 속하는 코끼리장수풍뎅이 여섯 종은 곤충 가운데 가장 크며 몸길이가 10㎝를 넘는 것도 있다. 서식지는 모두 아프리카 열대림으로 수액이나 과일을 먹는다.

▲오랑우탄. 앨프리드 러셀 월리스는 저서 《말레이제도》에서 '사라왁 시문잔(말레이시아 지명)으로 온 가장 큰 목적은 오
랑우탄을 보기 위해서다.' '오랑우탄이 숲속을 자유자재로 이동하는 모습은 참으로 볼 만했다. 긴 팔과 짧은 다리로 반
쯤 서서 가지를 따라 여유롭게 걸어갔다.'라고 썼다.
▶고릴라 손. 사람은 이족보행을 하고 고릴라는 평소 팔다리를 땅에 대고 걷는다는 차이가 있는데 이 두 종의 손은 비율
이 매우 비슷하다.

▲셰틀랜드포니. 개나 비둘기 품종과 마찬가지로 사육자들의 개량으로 말도 실로 다양한 품종이 생겨났다. 작지만 튼튼한 셰틀랜드포니는 이탄 운반이나 밭 경작 등 힘쓰는 일을 몇 세대에 걸쳐 해왔다. 그러나 셰틀랜드에 언제 어떻게 들어왔는지는 알 수 없다.

▶인디아영양. 소과는 널리 분포하며 두 개로 나뉜 발굽을 가졌고 되새김질을 하는 포유류로 아프리카물소에서 소형 영양, 양, 염소, 가축으로 기르는 소 등을 포함하는 거대한 그룹이다. 뿔이 진화한 역사도 아직 잘 모른다. 한 의견에 따르면 영역을 가진 종은 주로 암컷에게 뿔이 있으며 영역이 없는 종의 암컷에게는 뿔이 없기에 영역이 있는 종은 방어를 하기 위해 뿔이 진화했다고 한다.

생명의 진화
인체의 생식기계

종의 보존과 번영을 위한 원초적 기능

살아 있는 모든 생물에는 유한한 수명이 있다. 그러나 수명이 다하여 1대가 멸한다 해도 미리 자손을 만들어두면 종(種)이 단절되지 않고 언제까지나 존속할 수 있다. 세대를 넘어 종의 보존과 번영을 가능하게 하는 체계가 생식이고, 생식과 관련된 기관들이 생식기계(生殖器系)이다.

생식기계에는 생식세포(정자와 난자의 총칭으로, 생식자生殖子라고도 한다)를 생성하는 생식샘(정소와 난소)과 그것을 운반하는 도관(정관, 난관, 자궁, 질) 및 외음부(교접기라고도 하며, 남성은 음경, 여성은 대음순, 소음순)가 포함된다. 정자의 통로를 정로(精路)라고 하는데, 정로의 일부는 요로를 겸해서 비뇨기계(泌尿器系)와 생식기계 양쪽에 들어간다. 생식기관에서는 남녀의 차이(이를 성차性差라고 한다)가 큰 것도 특징이다. 그러나 개개의 생식기관은 각각의 성에 상동기관(相同器官 이를테면 정소의 상동기관은 난소, 정관의 상동기관은 난관, 자궁 등)이 있다. 또 정소와 난소에는 성호르몬을 만드는 기능이 있으며, 이러한 호르몬에 의해 체형의 성차와 성주기의 발현, 생식기능의 조절이 일어난다.

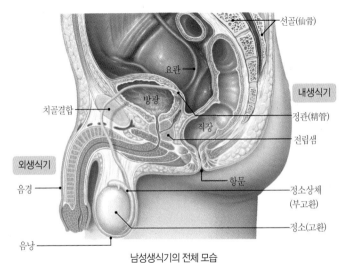

남성생식기의 전체 모습

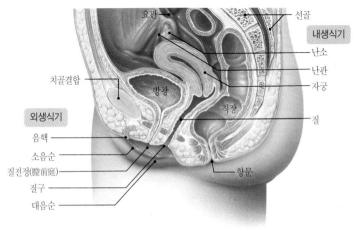

여성생식기의 전체 모습

남성의 생식기관은 정자를 만드는 정소와 만들어진 정자를 운반하는 도관, 그리고 교접기에 해당하는 기관군으로 구성된다. 정소는 생식기관의 하나인 동시에, 남성호르몬을 만들어내는 내분비기관으로서 중요한 역할을 한다.

1 정소와 정로의 구조

정소

무게 10~15g 계란 모양의 실질 성기관으로, 그 위를 덮고 있는 정소상체와 함께 음낭 속에 들어 있다. 절단면을 보면 강인한 결합조직으로 이루어진 두꺼운 피막(백막이라고 한다)에 싸여 있고, 그 내부는 백막에서 뻗어나온 결합조직의 격벽(정소중격이라고 한다)에 의해 200~300개나 되는 작은 방(정소소엽)으로 갈라져 있다. 정소소엽 속에는 굵기 0.2mm 정도로 거미줄처럼 가늘지만 길이는 약 60cm나 되는 긴 관(정세관)이 복잡하게 접힌 채 들어 있다. 정세관의 벽(특히 정상피라고 한다)은 정자를 만드는 장소로, 정상피에서는 정자의 근본인 정조세포부터 정자를

향해 각 발달단계에 있는 세포를 볼 수 있다. 접혀 있는 정세관들의 틈새에는 사이세포라는 내분비세포가 그룹을 이루는데, 이것이 테스토스테론이라는 강력한 남성호르몬을 분비한다.

사람의 정자는 길이 4~5μm(1μm=0.001mm), 폭 3μm, 두께 2μm정도 되는 납작한 머리에서, 전체 60μm에 이르는 가늘고 긴 꼬리가 뻗어나온 형상을 하고 있다.

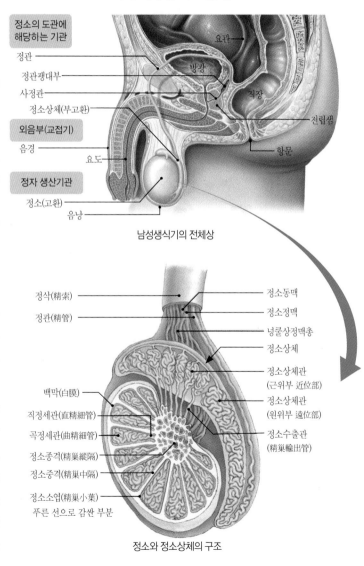

정소의 도관에 해당하는 기관
- 정관
- 정관팽대부
- 사정관
- 정소상체(부고환)

외음부(교접기)
- 음경
- 요도

정자 생산기관
- 정소(고환)
- 음낭

요관
방광
직장
전립샘
항문

남성생식기의 전체상

정삭(精索)
정관(精管)
백막(白膜)
직정세관(直精細管)
곡정세관(曲精細管)
정소종격(精巢縱隔)
정소중격(精巢中隔)
정소소엽(精巢小葉)
푸른 선으로 감싼 부분

정소동맥
정소정맥
넝쿨상정맥총
정소상체
정소상체관(근위부 近位部)
정소상체관(원위부 遠位部)
정소수출관(精巢輸出管)

정소와 정소상체의 구조

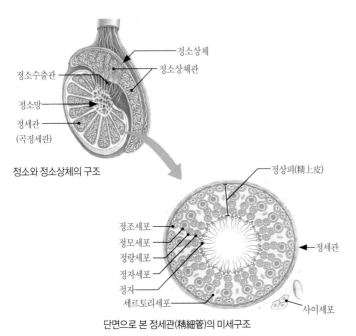

정소와 정소상체의 구조

정상피(精上皮)

정조세포
정모세포
정랑세포
정자세포
정자
세르토리세포

정세관

사이세포

단면으로 본 정세관(精細管)의 미세구조

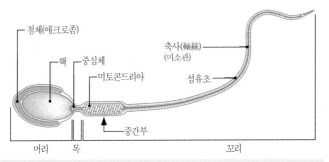

첨체(애크로좀)

핵   중심체

미토콘드리아

축사(軸絲)
(미소관)

섬유초

중간부

머리   목   꼬리

정자의 미세구조

정자는 머리, 목, 꼬리의 세 부분으로 이루어진다. 머리에는 세포핵과 그것을 덮는 첨체(애크로좀)라는 주머니가 있고, 첨체 속에는 수정할 때 난자를 감싸는 피막을 녹이는 효소가 들어 있다. 중간부에는 미토콘드리아가 모여 있는 이른바 연료탱크라고 할 수 있다. 꼬리는 길이가 60μm나 되며, 단 하나의 선모가 극단적으로 발달한 것이다. 그 속에는 미소관이 정연하게 늘어서서, 중간부의 미토콘드리아가 만들어내는 ATP(아데노신 3인산)를 소비하면서 정자의 운동을 담당하고 있다. 그러고 보면, 정자는 유전자 정보를 가진 핵을 난자로 내보내는 로켓탄과 비슷한 구조를 하고 있음을 알 수 있다.

정소상체(精巢上體)

정소의 윗면에는 정소상체관이라는 이름의 관이 여러 겹으로 접혀 있는 정소상체라는 기관이 베레모처럼 얹혀 있다. 정세관에서 만들어진 정자는 정소 안의 세관(정소망, 정소수출관)을 통해 정소상체관으로 운반되는데,

정소상체관의 전체길이는 4~6m나 되는 매우 긴 관으로, 정자는 이곳을 통과하는 동안 성숙해져서 운동능력을 갖추게 된다.

정관

정소상체관에 있는 굵기 약 5mm, 전체길이 40cm 정도 되는 관이다. 음낭에서 나온 정관은 상행하여 서경관(鼠徑管)을 거쳐 간 뒤 체벽을 반 바퀴쯤 돈다.

이 서경관이란 측복벽(側腹壁)을 만드는 세 개의 근육(외복사근, 내복사근, 복횡근)이 이 서경인대에 부착하는 부분에 생기는 터널상의 구조를 말한다. 정관은 정소동맥, 정소정맥과 함께 이 터널을 빠져나가, 측복벽의 뒤를 돌아서 방광 하부에 도달한 뒤, 정낭의 도관과 합쳐져서 사정관이 된다. 사정관은 전립샘을 관통하여 요도전립샘부에 개구(開口)한다. 사정관에 이어지는 정관의 말단부는 약간 굵은 상태로 되어 있어 정관팽대부라고 불린다.

정관에는 정소동맥, 정소정맥 외에 복벽의 횡문근(橫紋筋)도 얽혀 있어, 전체적으로 새끼손가락만한 굵기의 끈 같은 조직(정삭精索이라고 한다)으로 이루어진다.

2 정소에서의 정자 생성

정세관의 횡단면에서 그 벽(정상피精上皮)을 현미경으로 들여다보면, 정조세포에서 완성된 정자에 이르기까지 발달의 각 단계에 있는 정자를 생성하는 세포군과 그것을 지탱하면서 영양에 해당하는 세르토리세포의, 2군의 세포를 관찰할 수 있다. 즉 정상피가 정자가 생성되는 장소이다. 정자 형성의 근본인 정조세포는 분열에 의해 차례차례 수를 늘리는데, 생성된 정조세포의 일부는 정세관의 내강(內腔)에 가까운 쪽으로 이동하여 정모세포로 발달한다. 한편, 남은 정조세포는 계속 분열을 되풀이하면서 정모세포를 만들어내기 때문에 정조세포는 줄기세포라고 할 수 있다.

이어서 정모세포는 감수분열하여 순차적

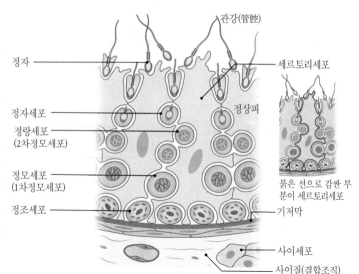

정자 / 관강(管腔) / 세르토리세포 / 정상피 / 정자세포 / 정랑세포(2차정모세포) / 정모세포(1차정모세포) / 정조세포 / 기저막 / 사이세포 / 사이질(결합조직)

붉은 선으로 감싼 부분이 세르토리세포

정조세포에서 정자가 태어나기까지(정세관의 단면도)
정세포의 벽(정상피) 일부를 확대한 그림. 정상피는 정조세포와 그 자손인 정자에 이르는 정자 형성의 각 단계에 있는 세포군과, 그것을 보존하는 세르토리세포의 2군으로 구성된다.
정조세포는 분열에 의해 수를 늘리는 동시에, 생성된 일부 세포는 내강 쪽으로 이동하여 정모세포(1차정모세포)가 된다. 정모세포는 제1감수분열을 하여 정랑세포(2차정모세포)로, 이어서 제2감수분열에 의해 정자세포가 된다. 정자세포는 세르토리세포 속에 들어있는 동안 세포질의 대부분을 잃어버리고, 핵을 담은 머리와 거기서 뻗어 나온 긴 꼬리만으로 변태하여 정자가 된다. 완성된 정자는 정상피를 떠나 정세관 속으로 보내진다.

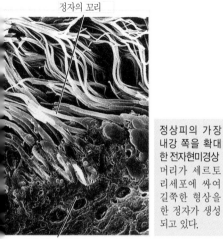

정자의 꼬리

정상피의 가장 내강 쪽을 확대한 전자현미경상 머리가 세르토리세포에 싸여 길쭉한 형상을 한 정자가 생성되고 있다.

세르토리세포

으로 정랑세포, 정자세포로 변하면서, 정세관의 내강에 가까운 부분으로 밀려나온다. 또한 여기에 기재한 정모세포를 1차정모세포, 정랑세포를 2차정모세포라고 부르는 경우도 있다.

정자세포는 세르토리세포에 감싸이듯이 몸을 기대고 있는데, 그동안에 세르토리세포에 의해 세포질의 대부분이 제거되어, 약간의 세포질에 싸인 세포핵과 세포체에서 뻗어 나온 꼬리만 있는 길쭉한 형태의 정자로 모양을 바꿔(변태라고 한다) 간다.

정조세포와 정모세포는 일반 체세포와 같은 46개의 염색체를 가지고 있으며, 정랑세포 이후에서는 감수분열로 인해 염색체수는 그 반인 23개가 된다.

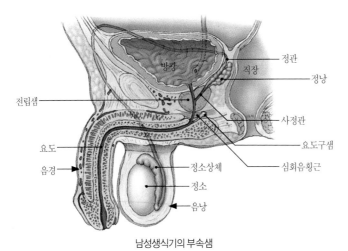

방광 / 직장 / 정관 / 정낭 / 사정관 / 요도구샘 / 심회음횡근 / 전립샘 / 요도 / 음경 / 정소상체 / 정소 / 음낭

남성생식기의 부속샘

3 남성생식기의 부속샘

정자가 지나가는 길인 정로(精路)에는 몇 개의 외분비 기관이 부속되어 있어, 정자의 운동을 활발하게 하는 물질을 분비한다. 정자와 이 부속샘에서 나오는 분비물이 정액의 성분이다. 정낭은 방광 아래 뒤쪽에 자루 모양을 하고 있으며 사정관이 지난다. 전립샘은 방광 바로 아래 호두만한 크기로 요도와 사정관이 지난다. 요도구샘은 전립샘 아래 요도해면체 시작 부위의 요생식격막에 있는 팥알만한 점액분비샘이다.

정낭

정낭은 방광 아랫면에서 후방을 향하고 있는 길이 3cm 정도의 가늘고 긴 자루 모양의 기관으로, 좌우 한 쌍이 있다. 정낭에서 나온 도관은 정관의 말단부와 합쳐져서 사정관이 되는데, 사정관이 전립선의 실질을 통과하여 요도전립샘부에 개구한다. 정소에서 만들어진 정자는 정관을 내려간 뒤 먼저 정낭 속에 저장된다. 정낭은 사정할 때 저장하고 있던 정자와 알카리성 점액을 분비하는 외분비샘이기

도 하다. 정낭의 분비액은 정자의 활동을 활발하게 하고 정자운동의 에너지원이 되는 과당을 함유한다.

전립샘

방광 바로 밑에 있으며 골반의 저부를 구성하는 요생식격막(尿生殖膈膜 심회음횡근이 이에 해당한다) 위에 있는 호두만한 크기의 기관으로, 그 속을 요도가 관통한다. 전립샘은 사정할 때 유백색의 분비물을 요도를 향해 분비하는 외분비샘으로, 정액이 가진 특유의 냄새는 전립샘의 분비물에서 나는 것이다. 나이가 들수록 전립샘이 비대해져서 때로는 암이 발생하고, 그로 말미암아 요도가 압박되어 배뇨에 지장이 생기는 수가 있다.

남성요도의 경로는 3부, 즉 전립샘 안을 통과하는 부분(요도전립샘부), 그 아래쪽에서 요생식격막을 통과하는 부분(요도격막부), 요도해면체 속을 통과하는 부분(요도해면체부)으로 구분된다. 그에 비해 여성요도는 막부(膜部)밖에 없다.

요도구샘

요도격막부에 이어지는 요도해면체부에서는 요도가 해면체 조직으로 싸여 있다. 요도해면체의 발단부는 크게 부풀어 있고, 요도구라 불리는데, 그 후부에서 요생식격막의 힘줄에 묻혀 있는 팥알만한 크기의 점액분비샘이 요도구샘으로, 성적으로 흥분할 때 알카리성 점액을 요도를 향해 외분비한다.

4 남성의 외음부

음경

남성의 교접기로, 한 개의 요도해면체와 두 개의 음경해면체가 피부로 싸인 구조를 하고 있으며, 그 가운데 요도해면체 속을 요도가 통과하고 있다(요도해면체부). 해면체 조직이란 내경(內徑)이 크게 벌어져서 꼬불꼬불 이어진 모세혈관(해면체동海綿體洞이라고 한다)의 집합체로, 그 주위는 두꺼운 결합조직의 백막(白膜)이 감싸고 있다. 요도해면체의 발단부는 요도구라고 하는 부풀어오른 부분인데, 그 말단부도 부풀어올라 음경귀두가 되어 있다. 음경해면체는 좌우 두 개가 있고 음경의 주축을 이룬다.

발기와 사정

성적흥분에 의해 음경동맥의 혈류량이 증가하면 해면체동의 내부에 혈액이 차오른다. 해면체 주위는 강인하고 두꺼운 결합조직으로 이루어진 백막이 싸고 있기 때문에, 해면체의 내압이 올라가면 음경이 단단해진다. 이 상태를 발기라고 한다. 성적인 흥분이 극도로 높아지

면, 정로의 평활근이 수축하여 외요도에서 정액이 사정된다.

정액의 조성

정액은 특유의 냄새와 점성을 가진 액체로

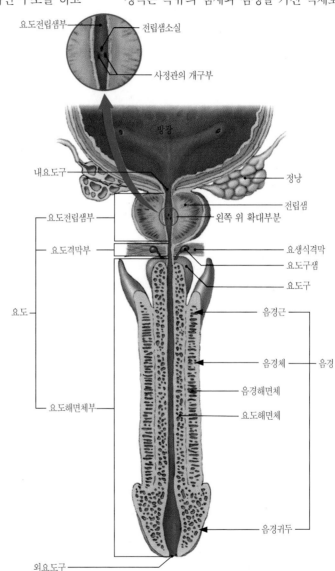

남성요도의 전경
방광에서 음경귀두까지의 요도 각부를 앞에서 본 모식도. 정낭은 마주보아 왼쪽만 단면을 표시했다. 왼쪽 위의 그림은 전립샘 부근을 확대한 그림. 전립샘소실(小室)은 막혀있는 작은 구멍으로, 여성의 자궁에 해당하며, 남성자궁의 별명이기도 하다. 전립샘소실 좌우에 사정관이 개구해 있다.

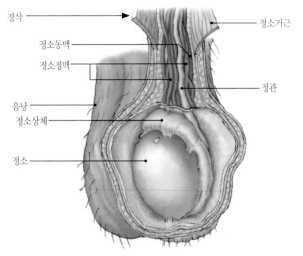

정삭 → 정소거근

정소동맥

정소정맥

정관

음낭

정소상체

정소

왼쪽 음낭, 정삭을 절개하여 정소, 정소상체를 본 그림

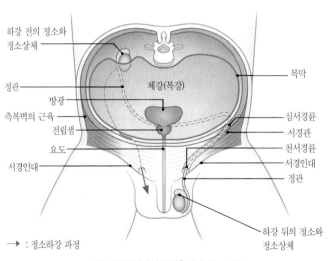

하강 전의 정소와
정소상체

복막

체강(복강)

정관

방광

심서경륜

측복벽의 근육

서경관

전립샘

천서경륜

요도

서경인대

서경인대

정관

하강 뒤의 정소와
정소상체

→ : 정소하강 과정

정소하강과 정관의 주행을 나타내는 모식도

음낭

정소를 담는 피부 주머니로, 피하조직에는 지방이 거의 없는 대신 평활근이 잘 발달되어 있다. 그래서 추위에 노출되면 평활근이 수축하여 음낭이 쪼그라든다.

발생기에 정소는 후체벽에서 중신(中腎)이라는 신장의 선구적인 기관에 인접하여 발생한다. 얼마 뒤 정소는 복벽을 반 바퀴 이동하여, 후체벽에서 전복벽의 서경관을 지나서 음낭 속으로 하강한다. 정소 하강이라고 하는 현상이다. 정소가 체간(體幹)에서 조금 떨어진 음낭 속에 들어 있는 것은 온도를 내리는 효과가 있다고 한다. 정자의 생성은 체온보다 2℃ 정도 낮은 환경이 최적이기 때문이다. 음낭벽에 지방이 적은 것도 냉각 효과를 내는 데 도움이 된다.

정소는 하강할 때 정관뿐만 아니라 정소에 영양을 공급하는 혈관(정소동맥과 정소정맥)도 함께 끌고 온다. 그리고 서경관을 통과할 때는 복벽근의 힘줄다발 일부도 끌고 온다. 그래서 음낭 내와 서경관을 통과하는 정관에는 골격근섬유(이 힘줄을 정소거근이라고 한다)와 정소동맥, 정소정맥, 신경, 림프관도 함께 달리고 있어, 전체적으로 새끼손가락만한 굵기의 끈처럼 생긴 조직(정삭이라고 한다)으로 되어 있다.

정자가 주성분이다. 또 정로에서 탈락한 세포와 정낭, 전립샘, 요도구샘에서의 분비물도 들어 있다. 수소이온농도(pH)는 7.5 정도의 약알칼리성으로, 정자의 운동에 좋은 환경이다. WHO(세계보건기관)에서는 수정 가능한 정액의 기준으로서, 1회 사정에서 방출되는 정액량이 2mL 이상, 그 속의 정자수는 4000만 이상으로 정하고 있다.

여성생식기와 난자의 형성

여성의 생식기관은 난자를 형성하는 난소와 만들어진 난자를 운반하는 도관에 해당하는 난관과 자궁, 교접기인 질과 외음부로 이루어진다. 정소가 내분비기관이기도 한 것과 마찬가지로, 난소도 여성호르몬을 생성하는 내분비기관으로서 중요한 기능을 한다.

1 난소, 난관, 자궁, 질

난소

난소는 긴지름이 4cm가 채 되지 않는 타원형의 기관으로, 골반 안쪽 벽에 붙어 있다. 단면에서는 표층의 겉질과 심부의 속질이 구별되며, 겉질에는 발달의 여러 단계에 있는 난포를 볼 수 있다. 난포란 난세포(난모세포)를 난포상피세포가 에워싼 것으로, 난포상피세포는 난포호르몬(에스트로겐)을 분비하는 내분비세포가 된다. 난모세포는 태생의 매우 이른 시기에 난황낭(태생기의 영양과 배설을 하는 기관)의 벽에 발생한 원시생식세포에서 유래한다. 원시생식세포는 장래의 난소의 위치를 향해 이동하면서 분열을 계속

하여 난조세포(卵祖細胞)가 된다. 난조세포는 분열에 의해 수를 늘리는데, 그 일부는 난모세포가 되는 동시에, 바깥둘레가 단층(單層)의 난포상피세포로 뒤덮여 원시난포가 태어난다. 원시난포는 이 상태에서 태생기부터 유

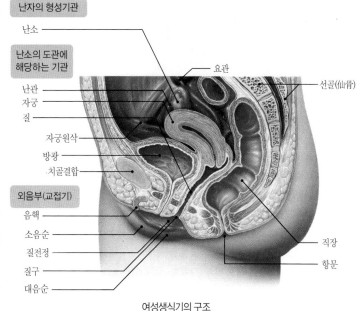

여성생식기의 구조

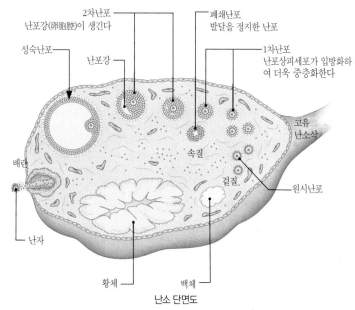

난소 단면도

35

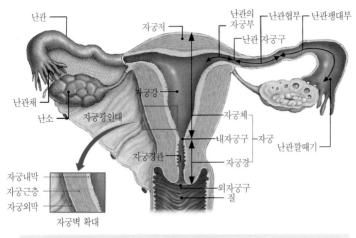

여성의 내생식기관의 외경과 내경

여성의 내생식기관의 구조를 나타낸 그림. 마주보아 왼쪽은 자궁광인대의 전면만 제거하여 난소와 난관의 외형을 나타냈다.

소기(幼少期)를 보내고 있어, 출생 직전의 여아의 한쪽 난소에는 20만~40만 개의 원시난포가 있는 것으로 알려진다. 여성이 성성숙(性成熟)하면 원시세포는 성주기에 대응하여 발달과 퇴축을 되풀이하기 때문에, 성인 난소 속에는 여러 발달단계에 있는 난포를 볼 수 있다.

난관

난관은 자궁 외벽에서 뻗어 나온 7~15cm 정도의 관으로, 그 개방된 한쪽은 크게 벌어져 난관채(卵管采)가 되어 난소에 덮여 있다. 그 때문에 난소에서 배란된 난자는 즉시 난관채에 포획되어 난관을 내려가게 된다. 난관의 자궁 쪽 3분의 1은 내강이 좁아 난관협부라고 불리는데, 난관채에 이어지는 부분에서는 내강이 크게 벌여져 난관팽대부가 되어 있다. 이 난관팽대부에서 난자가 정자와 만나 수정이 이루어진다.

자궁

자궁은 태아를 품고 성장시키는 주머니 모양의 기관으로, 서양배를 거꾸로 한 것 같은 모양을 하고 있다. 골반내장의 하나로, 난소, 난관을 포함하여 전체를 자궁광인대(子宮廣靭帶)라고 하는 복막이 앞뒤로 싸고 있다.

자궁은 위쪽의 크게 팽대한 자궁체부와 아래쪽의 가늘고 긴 자궁경부의 두 부분으로 나눠지며, 체부의 맨 뒤쪽은 자궁저(子宮底)라고 하는데 그 양쪽에 난관이 연결되어 있다. 경부는 아래쪽에서 질로 이어지는 부분이다. 자궁벽을 현미경으로 관찰하면, 표층의 자궁외막, 중앙의 두꺼운 평활근층(자궁근층)과 내강에 면한 점막(자궁에서는 특히 자궁내막이라고 한다)의 3층 구조로 되어 있음을 알 수 있다. 내막에 자궁샘이 발달해 있는데, 성주기(性周期)에 따라 자궁샘의 발달과 탈락이 되풀이된다. 자궁내막 속, 월경에 의해 떨어져나가는 부분을 기능층, 그 심부에서 월경기에도 잔존해 있는 부분을 기저층으로 구분하고 있다.

질

자국경부 아래쪽으로 이어지는 길이 6~7.5cm 정도의 통 모양의 기관으로, 아래쪽은 질전정으로 개방되어 있다. 질전정은 외음부에서 좌우 소음순 사이에 있는 영역을 말하며, 여기에 외요도구와 질구가 열려 있다.

2 여성의 외음부

대음순

소음순의 바깥쪽에 위치한 좌우 한 쌍의 피부 융기로, 피하에는 지방조직이 발달해 있다. 좌우 대음순은 앞뒤 두 군데에서 합일하여 전음순교련(前陰脣交連) 및 후음순교련이 된다. 남성의 음낭에 해당하는 기관이다.

소음순

대음순 안쪽에 있는 피부의 주름이다. 좌우 소음순 사이에 있는 영역이 질전정으로, 여기에는 외요도구와 질구가 개구해 있다. 남성의 음경에 해당하는 기관으로, 그림에서는 보이지 않지만 소음순의 심부에는 전정구(前庭球)라고 하는 해면체 조직이 있어서, 성적인 흥분에 의해 발기와 같은 효과가 일어난다. 좌우 전정구는 맨 앞에서 합쳐져서 음핵이 된다.

회음

회음이라는 용어는 일상적으로는 그다지 쓰이지 않지만, 의학용어로서는 중요하다. 엄밀한 의미에서 회음이란, 남성에서는 음낭후부와 항문을 잇는 영역, 여성에서는 후음순교련과 항문을

잇는 좁은 영역을 가리킨다. 그러나 일반적으로는 앞쪽은 치골결합, 뒤쪽은 꼬리뼈의 앞쪽 끝, 좌우는 좌골결절을 잇는 마름모꼴 영역을 가리키며, 이것은 골반의 출구에 해당한다. 넓은 의미의 회음을 좌우 좌골결절을 잇는 선으로 양분하면, 앞쪽의 요생식삼각과 뒤쪽의 항문삼각으로 나뉘어지며, 각각에 요도(여성이

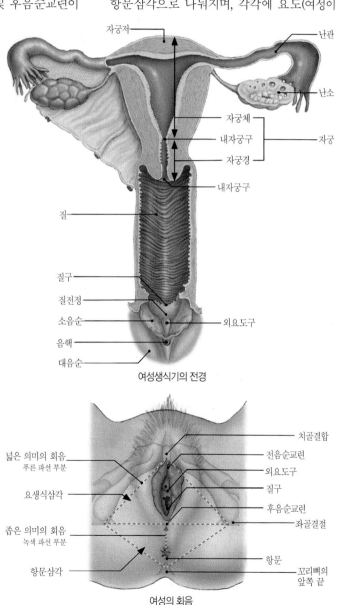

여성생식기의 전경

여성의 회음

37

라면 질구도)와 항문이 개구해 있다.

3 유방과 젖샘

젖샘은 땀샘과 마찬가지로 피부에 부속된 외분비샘의 하나로 좌우 한 쌍이 있다. 특히 여성은 젖샘조직 주위에 지방이 잘 발달해 있고, 유방으로서 몸 밖에서 명료하게 표시가 난다. 남성은 발달이 미미하고 지방의 축적도 적다.

동물에서는 겨드랑이에서 서경부를 향한 앞 흉벽에 다수의 젖샘이 생기는데, 사람은 그 가운데 네 번째가 발달하고 다른 것은 모두 퇴화해버린다. 때로는 퇴화하지 않고 흔적으로 젖샘이 남는 경우가 있는데, 그러한 젖샘을 부유방(副乳房)이라고 한다.

유방의 정점에 유두가 있고, 유두와 그 주위의 표피(유륜)에는 멜라닌이 침착되어 갈색을 띤다. 유륜에는 아포클린땀샘도 발달해 있다. 유두 끝에는 젖샘의 도관인 유관이 스무

개 정도 개구해 있는데, 각각은 젖샘의 소부분인 유선엽과 이어진다. 각 유선엽의 내부에서는 다시 소엽으로 갈라져 있고, 이 소엽에는 다수의 젖샘꽈리가 있다. 꽈리를 구성하는 세포에서 젖이 만들어진다.

젖샘의 분비물인 젖에는 카제인이라는 단백질, 그리고 지방과 당분이 풍부하게 들어 있다. 그밖에 어머니가 가진 항체도 들어 있어서, 생후 1년 동안은 예방접종을 하지 않아도 감염증에 잘 걸리지 않는다.

2차 성징의 발현과 함께, 여성호르몬인 난포호르몬(에스트로겐)이 왕성하게 분비되어 유방과 젖샘의 발달이 촉진된다. 또 임신과 출산 뒤에도 난포호르몬의 분비가 활발해지므로 더욱 발달하여 젖 성분의 합성이 촉진된다.

출산한 뒤, 신생아가 젖꼭지를 빨면 그 자극이 간뇌의 시상하부에 전달되어, 하수체전엽(下垂體前葉)에서 젖샘 자극호르몬(프로락틴)이 분비되며, 그 작용으로 젖이 분비된다. 또 하수체후엽에서 분비되는 호르몬인 옥시토신은 자궁의 수축을 촉진하는 작용을 하는데, 동시에 젖샘꽈리 주위에 발달한 근상피세포(상피세포이면서 평활근을 가진 특이한 세포로, 젖샘꽈리를 축소시키는 기능이 있다)에도 작용하며, 그 수축이 젖을 분출시킨다.

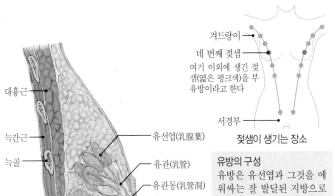

겨드랑이
네 번째 젖샘
여기 이외에 생긴 젖샘(엷은 핑크색)을 부유방이라고 한다
서경부

젖샘이 생기는 장소

대흉근
늑간근
늑골
유선엽(乳腺葉)
유관(乳管)
유관동(乳管洞)
유두구(乳頭口)
유두
유륜(乳輪)
선엽(腺葉) 주위의 지방조직

유방의 구성
유방은 유선엽과 그것을 에워싸는 잘 발달된 지방으로 이루어진다. 유두 끝에는 유선엽에서 시작되는 유관이 스무 개 정도 개구해 있다 유선엽은 다시 소엽으로 갈라지고, 소엽에는 다수의 선방이 결합해 있다. 선방부를 구성하는 유선의 선방세포가 유즙을 생산 분비한다.

여성의 성주기

여성의 생식이 가능한 시기는 2차 성징의 시작부터 폐경기까지 약 35년 정도로 한정되며, 폐경기 이후에는 난포의 발달은 일어나지 않는다. 이 35년 동안 약 28일을 한 주기로 하는 명료한 성주기가 있고, 그것에 호응하여 난소와 자궁이 주기적인 변화를 되풀이한다. 성주기는 시상하부에서 분비되는 성선자극호르몬 방출호르몬과 그 작용에 따라 하수체 전엽에서 분비되는 난포자극호르몬(FSH)과 황체형성호르몬(LH)의 분비 주기로써 조절된다. 그에 비해 남성은 2차 성징 이후, 상당히 고령이 되어도 정자가 형성되지만, 여성의 성주기에 해당하는 것은 그다지 명료하지 않다는 것이다.

난소의 주기변화

사춘기가 되어 2차 성징기를 맞이하면, 한쪽 난소에 20만~40만 개나 되는 원시난포 가운데 성주기에 따라 매월 약 10~20개 정도가 점차 발달하게 된다. 즉 난세포(난모세포)를 에워싼 난포상피세포가 차츰 대형화하여 입방상피(立方上皮)가 되는 동시에, 증식이 일어나 중층상피(重層上皮)가 된다. 이 단계까지 발달한 난포를 1차 난포라 한다. 난포의 발육은 하수체전엽에서 분비되는 난포자극호르몬의 작용에 의하는데, 발달한 난포상피는 이윽고 난포호르몬(에스트로겐)을 분비하는 내분비세포가 된다.

더욱 증식하면 난포상피세포군 사이에 틈이 생기게 된다. 이 틈은 점차 커져서 내부에 액체(난포액)를 품은 난포강으로 발달하는데,

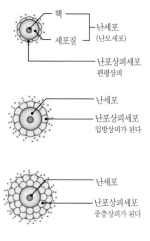

원시세포(위)와 1차난포(가운데, 아래)

이 과정에 있는 난포를 2차 난포라고 한다.

난포강이 더욱 커져서 난포의 지름이 2cm에 달하면 완전히 성숙한 성숙난포(그라프난포)의 단계로, 그렇게 되면 난소표면에서도 완만한 돌출로 존재를 확인할 수 있다. 매회, 발달을 시작한 십수 개의 원시난포 가운데 성숙난포로 발달하는 것은 보통 한 개뿐으로, 그 밖의 난포는 도중에 발달을 멈춰 폐쇄난포가 된다.

이윽고 성숙난포의 난포막이 파열하여 난자가 난소 밖으로 방출된다. 이 현상이 배란으로, 원시세포의 단계에서 여기까지 약 2주일이 걸린다. 난포의 발달이 정점에 가까워지면 난포호르몬의 혈중농도가 높아지는 것이 자극이 되어 하수체전엽에서 일과성으로 황체형성호르몬의 분비가 상승하며, 이것이 배란을 유발한다. 난소 밖에 배란된 난자는 즉시 난관채에 수용되어 난관 속으로 내려간다. 배란된 난자는 수명이 약 24시간이기 때문에, 그 사이에 정자가 도달하면 수정이 일어나 수정란이 되지만, 수정하지 않은 경우에는 사멸해버린다.

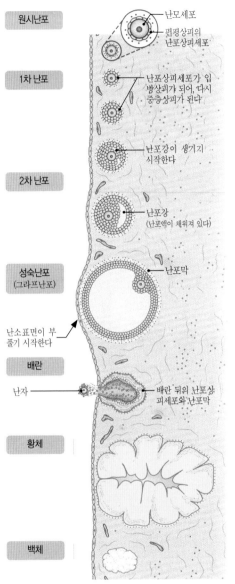

난소의 주기변화
(난포의 발달과 배란, 황체의 형성)

원시난포	난모세포 / 편평상피의 난포상피세포
1차 난포	난포상피세포가 입방상피가 되어, 다시 중층상피가 된다
2차 난포	난포강이 생기기 시작한다 / 난포강 (난포액이 채워져 있다)
성숙난포 (그라프난포)	난포막
난소표면이 부풀기 시작한다	
배란 / 난자	배란 뒤의 난포상피세포와 난포막
황체	
백체	

차 퇴축하여 결합조직의 덩어리인 백체로 변하는데, 백체도 퇴축을 계속하여 결국 사라진다.

배란된 난자가 정자를 만나 임신이 일어나면 태아와 함께 앞으로 태반이 되는 조직도 발달하며, 태반에서 인간융모성생식선자극호르몬이 분비된다.

인간융모성생식선자극호르몬의 작용에 의해, 황체는 임신황체가 되어 더욱 황체호르몬의 분비를 계속하며, 그 결과 임신이 지속된다.

태반에서는 황체호르몬과 난포호르몬도 분비되며, 이 또한 임신의 유지에 공헌한다.

자궁의 주기변화

위에서 말한 난소에서 일어나는 변화에 호응하여 자궁 점막에도 주기적인 변화가 나타난다. 먼저 월경에 의해 자궁내막의 표층부인 기능층이 떨어져 나가기 때문에, 자궁내막은 샘조직의 잔유물인 기저층만이 남게 된다.

월경기는 4일 정도 이어지는데, 바로 이 무렵 난소에서는 난포가 계속 성숙하면서 난포호르몬의 분비가 활발해진다. 그로써 난포호르몬에 반응하여, 자궁내막의 기저층에 있는 자궁샘이 증식하기 시작하여 점차 기능층이 조성된다. 이 단계가 증식기로 9일 정도 이어진다.

성숙난포에서 배란이 일어나면 황체 형성이 진행되므로, 황체에서 황체호르몬의 분비가 항진된다. 그 결과 황체호르몬 작용으로 증식한 자궁샘에서 분비물이 활발하게 방출되어, 수정란이 언제든지 착상할 수 있도록 준비가 갖춰진다. 이 단계를 분비기라고 한다.

배란이 일어난 직후의 난포상피는 주위를 덮는 난포막과 함께 황체라 불리는 내분비조직으로 변하며, 이것이 황체호르몬(프로게스테론)을 생성한다. 황체호르몬은 임신을 유지하는 작용을 한다.

만약 임신이 일어나지 않으면, 황체도 점

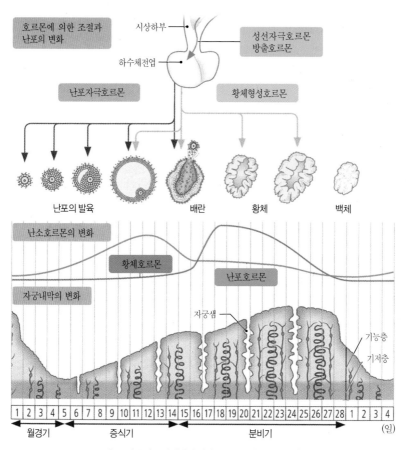

호르몬에 의한 조절과 난포의 변화

시상하부

성선자극호르몬 방출호르몬

하수체전엽

난포자극호르몬

황체형성호르몬

난포의 발육　배란　황체　백체

난소호르몬의 변화

황체호르몬

난포호르몬

자궁내막의 변화

자궁샘

기능층

기저층

| 1 | 2 | 3 | 4 | 5 | 6 | 7 | 8 | 9 | 10 | 11 | 12 | 13 | 14 | 15 | 16 | 17 | 18 | 19 | 20 | 21 | 22 | 23 | 24 | 25 | 26 | 27 | 28 | 1 | 2 | 3 | 4 |

월경기　증식기　분비기　(일)

난소, 자궁의 주기변화와 여성호르몬 분비의 상관관계

그리하여 자궁내막은 수정란의 도착을 기다리는데, 만약 수정란이 오지 않으면 분비기 개시부터 2주일 뒤에 자궁내막의 기능층이 떨어져나가 월경으로서 흘러나간다. 그런데 수정란이 자궁내막에 찾아와서 착상하면 황체호르몬의 작용으로 자궁내막 발달이 계속되고 임신이 시작된다. 그 때문에, 예정일에 월경이 일어나지 않는 것은 임신의 첫 번째 징후라고 할 수 있다.

배란일을 추정하는 오기노 학설

배란이 일어난 것을 자각할 수 없기 때문에 배란일을 특정하는 것은 불가능하다. 그런데 일본의 산부인과 의사 오기노 규사쿠(荻野久作 1882~1975)가 토끼를 이용하여 정밀한 관찰 결과, 1924년에 '배란은 다음 월경예정일 전 14±2일에 일어난다'는 학설을 발표했다. 오기노 학설이라 불리는 것이다. 본디 오기노 학설은 배란일의 추정법이지만, 피임 또는 임신을 희망하는 경우의 성생활법으로 널리 활용되고 있다. 여성의 몸 안에 들어간 정자는 2시간 정도 생존할 수 있기 때문에, 다음 월경예정일 전 14±2일에 해당하는 기간을 피해 성교를 하면 피임이 되고, 이 기간에 집중하여 성교를 하면 임신할 확률이 높아지기 때문이다.

배란이란 여성의 난소에서 성숙난포가 터져서 난자를 방출하는 현상이다. 방출된 난자는 난관의 가장 끝에 있는 난관채에 붙잡혀 정자가 오기를 기다리면서 난관을 내려간다. 그때 정자가 잘 도착한다면 수정이 일어나, 난자에 정자가 합체한 수정란이 된다. 수정란은 세포분열을 되풀이하여 세포수가 증가하고, 이윽고 배자(胚子)와 태아의 발육이 진행되어 마침내 출산을 맞이한다. 수정한 뒤 8주까지는 배자라 부르고, 그 이후에는 태아라고 불러 구별한다.

수정에서 출산까지는, 순조롭게 진행되면 약 38주의 과정이다.

1 수정에서 착상까지

난자는 배란되면 즉시 난관채에 들어가서 난관 안을 내려간다. 배란 뒤의 난자는 약 24시간 생존하는 힘을 가지고 있어서, 그동안 질에 사정된 정자가 자궁을 통과하여 난관팽대부까지 도달하면, 정자가 난자 속에 진입하여 수정이 이루어진다.

난자의 표층에는 투명대(透明帶)라는 단백질 피막이 덮고 있는데, 정자가 난자 속에 들어가기 위해서는 이 피막을 깨야 한다. 정자의 머리 부분에 있는 첨체(尖體) 속에 단백질 분해효소가 들어 있어서, 이 효소가 투명체를 분해하여 정자 머리가 난세포막에 접근할 수 있게 된다.

수정할 때 최초의 정자가 한 개만 진입하면

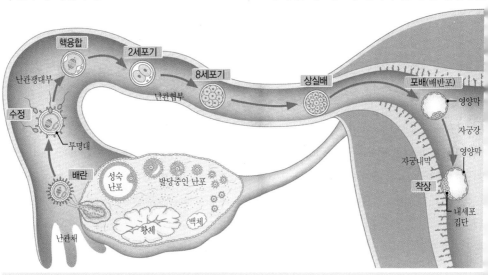

수정에서 착상까지(수정 뒤 1주일째까지 일어나는 변화)
배란 : 제2감수분열의 중간단계에 있는 난세포가 배란되어, 난관채에서 난관팽대부를 하강한다.
수정 : 난관팽대부에서 정자를 만나 그 한 개가 난세포에 진입하면, 감수분열을 마치고 난자와 제2극체(極體)로 나뉘게 된다.
핵융합 : 난자의 핵과 정자의 핵이 융합하여 수정란으로서 완성되는 동시에 난관을 내려간다.
2세포기~8세포기 : 난할이 시작되어 4세포기(이 그림에서는 생략)를 거쳐 8세포기가 된다.
상실배(桑實胚)~포배(胞胚 배반포) : 나흘째에는 세포수가 더욱 증가하여 뽕나무열매 같은 상태로 보이는 상실배를 거쳐, 닷새째에는 포배(배반포라고도 한다)라는 단계까지 성장한다.
착상 : 엿새째 무렵에 자궁내막에 착상한다. 포배에서는 장래 태아의 몸이 될 내세포집단과 그것을 폭 감싼 영양막이 구별된다. 영양막은 자궁의 조직과 협조하여 태반을 만드는 세포군과 태아를 싸는 피막이 된다.

난자는 2개째 이하의 정자의 진입을 방지하는 단백질을 방출하여, 여러 개의 정자가 수정하는 것을 방지하는 체계(다정방지기구多精防止機構)를 가지고 있다.

또 수정할 때는 정자의 핵뿐만 아니라 미토콘드리아도 난자에 진입한다. 그러나 정자에서 나온 미토콘드리아는 즉시 분해되어버리므로, 수정란 속에서는 핵의 성분인 DNA만이 정자, 즉 아버지에게서 유래하는 것에 비해, 미토콘드리아를 포함한 모든 세포성분은 어머니에게서 유래한다. 그래서 미토콘드리아는 모성 유전, 바꿔 말하면 모든 사람의 세포에 들어 있는 미토콘드리아는 어머니에게서 물려받는 것으로, 미토콘드리아에 관해서는 아버지의 관여는 전혀 없다.

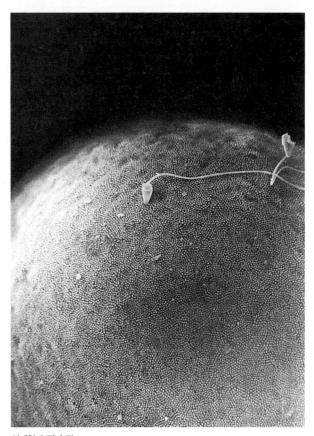

성게알 수정 순간

난관 속을 하강한 수정란은 곧바로 세포분열을 시작하는데, 이 시기의 세포분열은 외부에서 영양을 취하는 것이 아니므로, 분열과 함께 각 세포의 부피는 2분의 1, 다시 분열하면 4분의 1, 이런 식으로 분할만 일어난다. 그래서 착상 이전의 세포분열을 난할이라고 한다. 난할에서는 세포수는 증가하지만, 전체 크기는 수정란의 지름을 크게 넘지 않는다.

수정란은 난할을 통해 세포수를 늘리면서 난관을 내려가 자궁에 도달하는데, 수정 뒤 6일째에는 포배(배반포라고도 한다)의 단계까지 발전하며, 그 무렵 자궁내막에 착상하여 자궁에서 영양을 얻게 된다. 그 결과, 배자조직이 급속하게 형성된다. 포배가 자궁내막에 부착하여 배자와 태반 조직을 형성하기 시작하는 것을 착상이라고 하는데, 착상한 순간이 임신의 개시시점이다.

그러나 실제로는 모체 밖에서 착상한 시점을 추정하는 것은 불가능하기 때문에, 산부인과에서는 임신개시 직전의 월경일(최종월경일)을 임신개시일로 하고, 그날부터 기산하여 40주째가 되는 날을 출산예정일로 추정한다. 이 계산에서는 최초의 2주일 동안은 아직 수정이 일어나지 않기 때문에, 실제의 수정이 일어난 날부터 기산하면 38주째가 출산예정일이 된다.

2 성을 결정하는 방식

핵 속에 분산해 있는 DNA분자는, 세포분열에 앞서서 DNA 복제가 일어나기 때문에, 2배의 양으로 부풀어 오른다. 그러면 DNA의 가느다란 실을 복잡하게 접은 소집단, 즉 염색체로 뭉쳐진다. 그리하여 사람 체세포의 경우에는, 44개의 상염색체(常染色體)와 남성이면 1개씩의 X염색체 및 Y염색체, 여성이면 2개의 X염색체, 합계 46개의 염색체가 태어난다. 상염색체에는 서로 같은 것이 두 개씩 포함되어 있으므로, 22조의 상동염색체와 2개의 성염색체를 가지고 있어 그 합계가 46개가 되는 것이다. 그리하여 염색체가 생기면 세포는 분열의 다음 과정에 들어간다.

지금까지 말한 것은 일반 세포, 즉 체세포에 대한 것이다. 그런데 여기서 다루는 생식과 관련된 것은 정자와 난자로, 이러한 세포는 감수분열이라는 분열법으로 태어나기 때문에 DNA양과 염색체수는 체세포의 경우와 다르다.

정자형성에서 정모세포(일반의 체세포와 같은 DNA양으로, 염색체는 46개에 상당)는 감수분열 단계를 거쳐 DNA양을 반으로 줄인 정자로 변해간다. 그 때문에 정자에서는 22개의 상염색체와 X염색체 또는 Y염색체의 어느 한쪽, 즉 반수인 23개(22+X 또는 22+Y)의 염색체를 가지게 된다. X염색체, Y염색체의 어느 한쪽을 가진다는 것은, 정자 속에는 앞으로 여성이 되는 것과 남성이 되는 것이 50%씩 있음을 의미하고 있다.

한편, 여성의 체세포는 44개의 상염색체와 두 개의 X염색체를 가지고 있어서, 난모세포에 일어나는 감수분열에 의해 22개의 상염색체와 한 개의 성염색채를 가진 난자가 태어난다. 그래서 난자와 정자의 수정에 의해, 그림에서도 알 수 있듯이 44+XX 또는 44+NY 염색체를 가진 수정란이 각각 50%의 확률로 태어나는 것을 이해할 수 있다. 수정란의 성염색체가 XX이면 거기서 태어나는 개체는 여성, XY이면 남성이 되는 것이다. 즉 남성이 되는 정자와 난자가 수정하는가, 여성이 되는 정자가

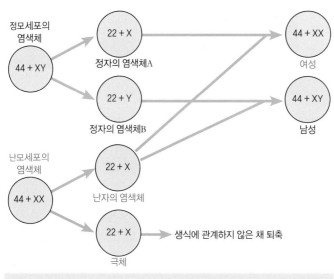

정모세포의 염색체 44 + XY

22 + X 정자의 염색체A

22 + Y 정자의 염색체B

난모세포의 염색체 44 + XX

22 + X 난자의 염색체

22 + X 극체 → 생식에 관계하지 않은 채 퇴축

44 + XX 여성

44 + XY 남성

수정란에서의 성 결정
정모세포의 감수분열 결과, 만들어진 정자는 상염색체 22개와 X염색체 또는 Y염색체를 가지고 있다. 각각은 여성이 되는 정자, 남성이 되는 정자로 생각해도 무방하다. 실제로는 1개의 정모세포에서 4개의 정자가 태어나는데, 그림에서는 간략화하여 2개만 표시하고 있다. 난자 쪽에서는 감수분열에 의해 균등하게 분리되므로, 22+X염색체를 가진 것이 4개 생기지만, 그 가운데 1개만 생식에 관계하고, 다른 3개는 극체로서 수정에는 관계하지 않은 채 퇴축해버린다. 그림에서는 극체를 1개만 표시하고 있다. 이 난자에 여성이 되는 정자, 남성이 되는 정자가 합체하면, 완성된 수정란의 염색체는 44+XY 또는 44+XX가 되어 각각 남성 또는 여성의 개체로 발달한다. 또 남녀가 출현할 확률은 50%가 된다는 것도 알 수 있다.

수정하는가에 따라 수정란의 성이 결정되는 구조이다.

때로는 감수분열에서 성염색체의 분리에 이상을 초래하여, 22+XY 및 22+0(X도 Y도 없는)의 정자, 22+XX 및 22+0의 염색체를 가진 난자가 발생하는 일이 있다. 이러한 생식자(生殖子)가 정상적인 수의 염색체를 가진 것과 수정한다면, 성분화(性分化)가 비정상적인 개체(남성과 여성의 중간의 성, 반음양이라고도 한다)가 태어난다.

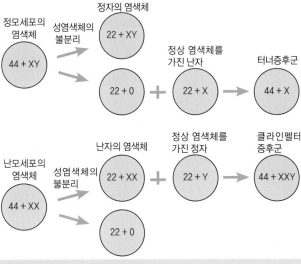

성염색체의 불분리
감수분열할 때 X, Y염색체가 분리되지 않고, 한쪽의 정자와 난자 쪽으로 가는 일이 있다. 그런 정자나 난자가 정상 난자나 정자와 수정하면 성염색체수에 과부족이 일어나 비정상 수정란이 만들어진다.

성염색체 분리에 실패하면

정자를 형성하는 감수분열 과정에서 때로는 성염색체가 잘 분리되지 않고, 22+XY와 22+0(0은 성염색체가 빠져 있다는 의미)의 정자가 생기는 일이 있다. 이러한 현상을 성염색체의 불분리라고 한다. 성염색체의 불분리는 난자형성에서도 발생하며, 그 경우에는 22+XX와 22+0의 난자가 태어나게 된다. 이러한 비정상적인 정자와 난자가 정상적인 난자 또는 정자와 수정하면 44+XXY 또는 44+X의 염색체를 가진, 즉 성염색체를 3개 가진(트리소미라고 한다), 또는 1개밖에 가지지 않은(모노소미라고 한다) 수정란이 생긴다. 그 중에서도 빈도가 높은 것은 터너증후군과 클라인펠터증후군이다.

터너증후군(외견상은 여성이지만 성성숙이 불량, 불분리를 일으킨 22+0의 정자와 정상적인 22+X의 난자가 수정하여 발생하는 일이 많다)은 44+X염색체를 가진 경우이다.

클라인펠터증후군(외견상으로는 남성이지만 생식기관의 발달은 불량하다. 불분리를 일으킨 22+XX의 난자에 정상적인 정자가 수정하는 경우가 많다)은 44+XXY염색체를 가짐으로써 발생한다. 모두 남성, 여성에 대한 성분리가 불완전한 상태이다.

감수분열할 때 염색체의 불분리는 성염색체뿐만 아니라, 상염색체에서도 일어나는 일이 있다. 이러한 경우에도 정상적인 정자 또는 난자와의 수정에 의해 상염색체의 트리소미, 모노소미가 생기게 된다. 그러나 모노소미에서 상염색체가 하나 빠지면 치명적이 되어 임신 도중에서 유산되고 만다. 21번 염색체가 하나 많은(21번 염색체의 트리소미) 경우에는 개체는 생존하지만 다운증후군이라고 하는 특유한 증상이 발생한다. 13번 및 18번 염색체가 트리소미가 되는 경우도 일어나는데, 매우 심한 이상이 생겨서 생후 조기에 사망한다.

임신이란 여성이 기질적인 결합을 갖고 수정란을 체내에 보유하는 상태로, 구체적으로는 수정란의 착상에서 태아를 발육시키고, 나아가서는 태아 및 그 부속물을 배출할 때까지의 모든 과정을 가리킨다.

여기서 말하는 기질적인 결합이란 단순한 물리적 접착이나 결합이 아니라, 세포와 조직의 성분이 연결되어 일체가 된 생물학적인 결합을 의미한다. 그 이후 출산할 때까지 태아는 발달을 계속한다. 출산은 마지막 월경이 있었던 날부터 헤아려 약 280일째(40주째)에 일어나는 일이 많다. 임신기간의 산출은 4주를 한 달로 치기 때문에 마지막 월경에서 10개월째가 된다.

1 임신의 경과

임신이 일어나면, 어머니는 먼저 무월경을 알고, 이어서 임신 6~8주 무렵부터 시작되는 입덧이라는 증상으로 임신을 자각하게 된다. 입덧은 임신 특유의 오심과 구토를 중심으로 한 증상으로 대부분은 12주 무렵에는 차츰 나아진다. 때로는 입덧 증상이 극도로 악화하

여 중증임신오조증(惡阻症)이라 불리는 상태가 되기도 한다.

임신에 따른 자궁의 변화는 내진에 의해 진단되는데, 착상부의 자궁이 팽융하는 동시에 부드러워진(이것을 피스카섹임신증후라고 한다) 것이 촉진된다.

임신이 진행됨에 따라 모체에는 피하지방이 증가하고, 유륜과 외음부의 색소침착이 나타난다. 3개월 말에는 자궁은 골반강을 완전히 막는 크기까지 커지고, 임신말기에는 복강 전체를 차지하는 크기까지 확대된다. 태아는 3개월 말부터 반사에 의한 근운동을 시작하는데, 어머니가 태동으로 느끼는 것은 5개월에 들어간 무렵부터이다. 8개월이 되면 태동이 더욱 심해져서 팔다리를 움직이는 것을 몸밖에서 관찰할 수 있다.

2 태반

임신기간 중의 태아는 태반을 매개로 모체에서 산소는 물론 영양물을 받고, 노폐물 배설도 태반으로 이루어진다. 태반은 인간융모성생식선자극호르몬, 난포호르몬, 황체호르몬을 분비하는 내분비기관이기도 하다. 따라서 태아에게는 그야말로 생명줄이라고 할 수 있다.

이렇게 태아의 생존과 발육에서 가장 중요한 역할을 하는 태반은, 태아 쪽의 조직인 포배의 영양막이라는 부분과 모체의 자궁내막의 조합에 의해 태어난다.

난관팽대부에서 수정한 난자는 난할을 계속하면서

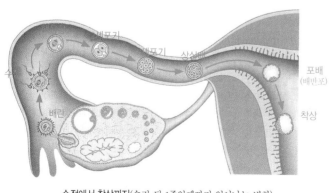

수정에서 착상까지(수정 뒤 1주일째까지 일어나는 변화)

포배
(배반포)

착상

난관을 내려가 닷새째에는 포배라는 단계까지 발달하고, 엿새째 무렵에 세포수가 100개 정도, 지름이 0.1mm만하게 성장한 포배가 자궁내막에 착상한다. 이때 포배에는 내세포집단(착상 때는 8개 정도의 세포집단)과 포배강, 그것을 감싸는 영양막이라는 1층의 세포로 이루어진 주머니를 구분할 수 있다. 영양막은 모체의 조직과 함께 태반 및 태아를 감싼 피막의 조직이 되어가는 데 비해, 내세포집단은 태아의 몸을 만드는 근본인 세포집단이다.

착상과 함께 영양막세포의 집단은 돌기상을 이루어 자궁벽에 진입하는데, 이윽고 그 돌출에서 옆 방향을 향한 가지가 뻗어나오고,

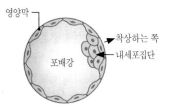

착상기의 포배를 나타내는 모식도

영양막
착상하는 쪽
포배강
내세포집단

수정되고 6일쯤 지나면 태아는 포배(胞胚)라고 하는 단계로까지 발달해서 자궁 내막에 착상한다. 포배는 직경이 0.1mm정도이며 모두 100개 정도의 세포로 이루어진다. 세포는 바깥 둘레를 감싸주는 영양막과 그 내부에 있는 내세포집단, 포배강으로 이루어진다. 영양막은 태반과 태아를 감싸주는 막이 되고, 내세포집단 세포에서 태아의 몸이 만들어진다.

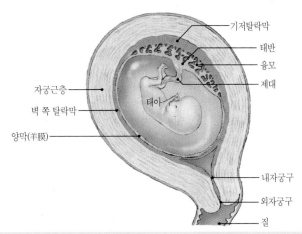

기저탈락막
태반
융모
제대
자궁근층
벽 쪽 탈락막
태아
양막(羊膜)
내자궁구
외자궁구
질

엄마 몸 속에서 3개월쯤 자란 태아와 태반
태반은 태아의 영양막에서 발달한 융모(絨毛)와 엄마의 자궁내막 조직에서 구성된다. 융모는 복잡하게 갈려져 나온 돌기인데, 그 속에 태아의 혈관이 들어 있다. 또 융모 사이 공간에는 엄마의 혈액이 가득 차 있기 때문에 융모 안쪽 태아의 혈액과 엄마의 혈액이 쉽게 가스와 물질을 교환할 수 있다.

그 가지에서도 옆가지가 나오면서 복잡한 구조가 생기기 시작한다. 이 가지의 하나하나를 융모라고 하며, 융모 속에는 태아에게서 뻗어나온 동맥, 모세혈관, 정맥이 발달한다. 게다가 융모 주위에는 자궁(모체 쪽)의 혈액이 유입하여 커다란 혈액강(융모간강絨毛間腔)을 만들기 때문에, 융모는 모체의 혈액 속에 잠긴 상태로 계속 발달한다.

이와 같은 구조에서 융모 안에 있는 태아 쪽의 모세혈관은 융모의 벽을 매개로 하여 모체의 혈액 사이에서 가스와 물질의 교환이 가능해진다. 그렇게 보면 태반은 태아에서

유래하는 융모와 모체의 자궁내막에서 유래하는 탈락막이라는 조직의 조합으로써 생겨나고, 태아 쪽의 조직인 많은 융모를 모체 쪽의 혈관이 크게 감싸안은 것임을 알 수 있다. 모자 간의 유기적인 결합을 담당하는 셈이 된다.

태반과 태아를 연결하는 조직이 제대(臍帶)이며, 그 속에는 2개의 제대동맥과 1개의 제대정맥이 통과하고 있어 태반과 태아 사이의 혈청순환을 담당한다.

출생기의 태반은 지름 20cm, 두께 3cm, 무게 500g 정도의 커다란 기관이 된다.

3 출산

임신 말기가 되면 어머니는 자궁의 간헐적인 수축에 따른 통증(진통이라고 한다)을 느끼게 되는데, 점차 그 간격이 좁아져서 10분마다 진통이 오면 분만이 시작된다. 자궁경관이 열리는 것이 자극이 되어 하수체후엽에서 옥시토신의 분비가 높아지고 이것이 자궁근의 수축을 유발한다. 옥시토신은 자궁내막에

도 작용하여 프로스타글란딘이라는 물질의 생성을 촉진하고, 이 작용에 의해서도 자궁수축이 더욱 두드러진다. 그 이후의 분만과정을 다음의 3기로 나누어 설명할 수 있다.

❶ 개구기(開口期)

분만개시부터 외자궁이 10cm 정도 열린 단계로, 분만개시부터 6~12시간이 걸린다. 이 사이에 태아를 싸고 있던 양막이 터져서 양수가 몸 밖으로 나온다(파수).

❷ 만출기(娩出期)

자궁경관의 전개부터 태아의 만출 종료까지의 단계로, 빠르면 10분 정도, 늦으면 몇 시간이 걸리기도 한다.

❸ 후산기(後産期)

태아의 만출 뒤, 태반을 포함한 태아부속물이 배출되기까지의 단계로 10~30분 정도 걸린다.

4 산욕

분만이 끝난 뒤, 임신과 분만에 따르는 모체의 구조와 기능이 임신 전으로 회복하는 과정을 산욕이라고 하며, 통상 6~8주 정도의 기간을 요한다. 분만한 두 젖샘은 유즙의 분비를 시작하고, 또 산욕기에 월경도 재개되는데, 수유 여부에 따

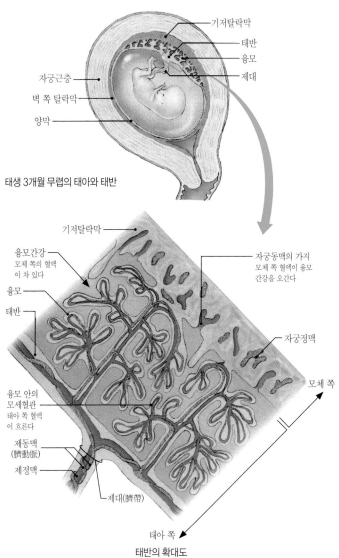

태생 3개월 무렵의 태아와 태반

기저탈락막
태반
융모
제대
자궁근층
벽 쪽 탈락막
양막

기저탈락막
융모간강 모체 쪽의 혈액이 차 있다
융모
태반
자궁동맥의 가지 모체 쪽 혈액이 융모간강을 오간다
자궁정맥
모체 쪽
융모 안의 모세혈관 태아 쪽 혈액이 흐른다
제동맥(臍動脈)
제정맥
제대(臍帶)
태아 쪽

태반의 확대도

라 월경 재개활까지의 기간이
달라진다. 임신과 산욕으로 여
성의 심신은 다양한 변화를 겪
기 때문에, 산욕기 심신증이나
산후우울증이라는 정신질환을
일으키는 경우도 드물지 않다.

5 이상임신

일반적으로 포배가 착상하
는 것은 자궁체부의 앞 벽이나
옆 벽이다. 그러나 때로는 포배
가 자궁경관에 가까운 부위에
착상하는 일이 있다. 이런 경우
임신기에는 특별히 뚜렷한 이
상이 없지만, 분만기가 되어 자
궁경관이 열렸을 때 태아가 조
기에 박리되어 생명과 관련된
대량출혈로 이어지는 수가 있
다. 전치태반이라고 하는 상태
이다.

포배가 자궁 이외의 부위에
착상하는 일도 있다. 자궁외임
신이라고 하며 난관임신과 복강
임신이 있다. 태반의 조직은 대
량의 혈관을 포함하므로, 자궁
외임신에서는 착상한 부위에서
대량출혈이 일어날 위험이 있어
서 매우 무서운 것으로 알려져
있다.

또 이상임신의 하나로 포상기태(胞狀奇胎)
가 있다. 이것은 영양막의 조직만 비정상적으
로 증식하는 한편, 배자의 조직은 거의 없으
며, 임신초기에 입덧 증상이 과도해지는 것으

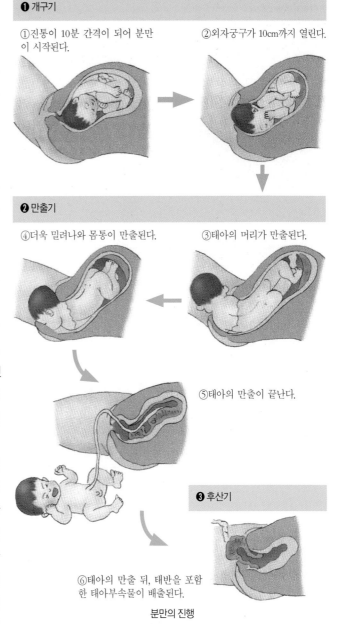

❶ 개구기

①진통이 10분 간격이 되어 분만
이 시작된다.

②외자궁구가 10cm까지 열린다.

❷ 만출기

④더욱 밀려나와 몸통이 만출된다.

③태아의 머리가 만출된다.

⑤태아의 만출이 끝난다.

⑥태아의 만출 뒤, 태반을 포함
한 태아부속물이 배출된다.

❸ 후산기

분만의 진행

로 발견할 수 있다. 임부의 혈액에는 태반의
조직이 생산하는 인간융모성생식선자극호르
몬의 양이 뚜렷하게 증가하는 것이 중요한 소
견이다. 포상기태의 조직이 악성화하여 폐와
뇌에 전이하는 일도 있다.

인류의 기원
네안데르탈인의 새로운 사실

샤니다르 동굴 이라크

발굴

1957년부터 1961년까지의 발굴조사에서, 이라크 북부 샤니다르 동굴에서 여러 명의 네안

네안데르탈인 장례식

데르탈인 인골이 발견되었다. 골절이 치료된 흔적과 상처를 보호하는 동작을 계속하느라 마모된 흔적이 있는 뼈가 존재한 것으로 미루어 네안데르탈인이 상처 치료와 부상자 간호 등을 했던 것으로 추측된다. 또 태아처럼 웅크린 모습으로 발견된 뼈 주위에서는 식물의 꽃가루가 검출되어, 죽은 사람을 '매장'했을 가능성이 보이기도 했다.

2012년 스페인 북부의 엘시드론 동굴을 발굴 조사한 뒤 네안데르탈인의 새로운 측면이 떠오르기 시작했다.

엘시드론 동굴 스페인

발굴 조사

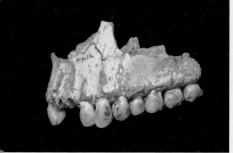
발굴된 네안데르탈인 치아 화석

발굴 조사 연구원들

네안데르탈인의 생활 모습 복원 모형 네안데르탈인은 혈연으로 맺어진 소규모 집단생활을 하고 있었음이 밝혀졌다.

겉모습

프랑스 중부 라샤펠오생 동굴에서 발견된 네안데르탈인 남자의 뼈는 허리와 등에 심한 관절염을 앓았기 때문에 몸이 앞으로 구부러진 흔적이 남아 있었다. 그러나 발견 당시인 20세기 초의 과학지식으로는 그런 사정을 정확히 파악할 수 없었다. 그래서 네안데르탈인은 '호모 사피엔스(현생인류)처럼 직립이족보행을 할 수 없는 유인원에 가까운 존재'라고 오랫동안 믿고 있었다.

그러나 폭넓은 세대의 네안데르탈인 화석이 발견되어 연구·분석이 진보한 결과, 지금은 그것이 오해였음이 증명되었다. 네안데르탈인도 호모 사피엔스와 마찬가지로 직립이족보행을 했으며, 아프리카보다 자외선이 약한 유럽에서 살았기 때문에 피부와 머리 색깔은 현대의 코카소이드(백인종)에 가까웠던 것으로 추정된다.

사진은 화석을 토대로 복원된 모형인데, 체모가 적고 여성에게는 유방이 있으며, 의복이라고 할 수 있는 것을 몸에 걸친 모습은 상상한 것과 같다.

네안데르탈인 부부 복원 모형

약학

오늘날의 과학기술 덕분에 네안데르탈인의 이에 남아 있는 치석을 분석할 수 있게 되었다. 음식찌꺼기를 영양으로 하여 번식하는 미생물과 그 대사물이 화석화한 치석은, 네안데르탈인이 어떤 것을 먹고, 어떤 병에 잘 걸렸는지 현대에 전해준다. 주로 고기가 주식이었을 것으로 생각되지만, 지역에 따라서는 이끼와 버섯 등으로 채식생활을 한 집단도 있었음이 치석을 통해 밝혀졌다. 또 치주병을 앓고 있었던 개체에서는 아스피린의 유효성분인 살리실산을 함유한 버드나무과 포플러의 DNA가, 설사에 시달리던 개체에서는 페니실린의 원료인 푸른곰팡이의 DNA가 검출되었다. 그 밖에도 지혈 효과가 있는 국화과의 야로우와, 소화불량을 해소하는 국화과의 카밀레를 먹은 흔적을 가진 개체도 있었다. 그들이 경험칙(經驗則)으로 약학지식을 갖고 있었다는 것을 엿볼 수 있다.

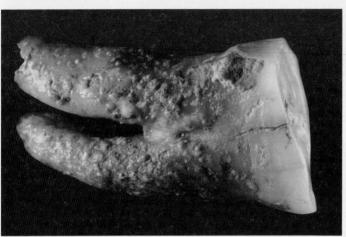
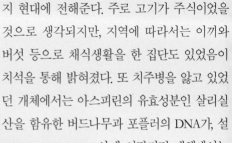

네안데르탈인의 화석화한 치아 치석

포플러

치주병이나 충치로 인한 치통을 완화하기 위해 포플러 나뭇조각을 씹어 진통 효과가 있는 살리실산을 섭취했던 것으로 추정된다.

야로우

서양 톱풀이라고도 불리는 허브의 일종으로 살균효과도 있기 때문에, 옛날에는 약효성분이 녹은 물을 소독액으로 사용했다.

푸른곰팡이
곰팡이는 식중독과 알레르기의 원인도 되는데, 블루치즈의 숙성에 사용되는 푸른곰팡이에는 염증의 진정 효과와 항산화 작용이 있다.

카밀레

카모마일이라고도 하는 허브의 일종으로, 스트레스 완화 효과가 있다. 맛은 써서 네안데르탈인이 기호품으로 먹었을 가능성은 낮다.

매장

샤니다르 동굴의 상황은, 네안데르탈인들이 죽은 사람을 애도하여 매장했다는 결정적인 증거가 되지는 않았다. 꽃을 바친 흔적으로 보였던 식물의 꽃가루는, 사람의 뼈가 발견되기 전에 동굴에 들어왔던 동물의 몸에 묻어서 들어왔을 가능성도 부정할 수 없기 때문이다. 그러나 1982년에 이스라엘 북부 케바라 동굴 바닥의 움푹한 곳에서 보존상태가 좋은 네안데르탈인 남성의 부분골격(사진)이 발견됨으로써 상황은 뒤바뀐다. 이 뼈는 무릎을 구부리고 반듯하게 누워 있었다. 죽은 본인 이외의 누군가의 의사를 느끼게 하는 자세는,

케바라 동굴의 발견이 의도적인 매장의 초기 단계의 예라는 것을 보여준다. 또 1908년에 발견된 프랑스 중부의 라샤펠오생 동굴을 2012년에 재조사한 결과, 네안데르탈인의 매장은 결정적인 사실로 알려졌다.

네안데르탈인 매장 복원 모형 (케바라 동굴)

라샤펠오생 동굴

동료의 돌봄

프랑스 중부 라샤펠오생 동굴에서 1908년에 발견된 남성의 뼈(사진)는 동시대의 지층에서 출토된 동물의 뼈와 비교하면, 다른 동물에게 잡아먹힐 때 입은 상처와 풍화에 의한 마모 등은 보이지 않았다. 이것은 동물에게 침범당하지 않도록 무덤을 깊게 파서 유해를 신속하게 매장했음을 의미한다. 그들도 유해를 지키고 싶어하는, 현대인과 다름없는 '사랑'의 개념을 지니고 있었던 것이다. 그리고 남성의 뼈는 이가 모두 빠져 있었고, 부러진 척추뼈가 유착하여 생전에는 보행이 어려웠음이 판명되었다. 동료의 도움 없이는 살아갈 수 없는 상태였던 이 남성은, 매장뿐만 아니라 야만적으로 여겨진 네안데르탈인이 동료에게 손을 내밀어 보살펴주고 있었다는 증거가 된다.

고대의식으로 확인된 네안데르탈인 장례식 복원(프랑스 라샤펠오생 동굴)

장식

　네안데르탈인은 자신의 몸을 장식하지는 않았을까? 이러한 의문에 해답을 주는 것이, 스페인에 있는 네안데르탈인의 주거였던 동굴에서 발견된, 구멍 뚫린 국자가리비(오른쪽 사진)이다. 그것에는 침철석(針鐵石)과 적철석(赤鐵石)을 섞은 오렌지색 안료가 칠해져 있어서, 조개껍데기 자체는 장식으로서 몸에 지니고 있거나 안료를 사용하여 보디페인팅을 했을 가능성이 시사되고 있다.

　또 크로마뇽인과 활동시기가 겹치는 샤텔페롱 문화기의 출토품에는 동물의 이빨 등을 가공한 펜던트 같은 것(아래 사진)도 있다.

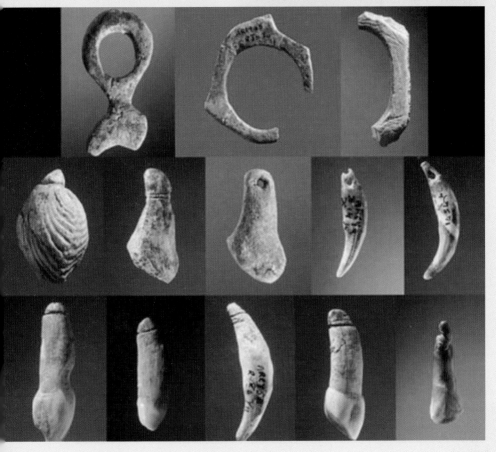

제1장

최신 연구로 보는
네안데르탈인과 호모 사피엔스

35만 년 전

유럽에서 번영했던 구인 네안데르탈인

유럽전역에 분포했던
최초로 발견된 화석인류

'화석인류'란 420만~1만 년 전에 존재했고, 그 뼈가 화석으로 출토되는 인류의 총칭이다. 화석인류는 '원인(猿人)' '원인(原人)' '구인(舊人)', 그리고 현대인의 조상인 호모 사피엔스(현생인류)를 가리키는 '신인(新人)'으로 구별된다.

인류역사에서 최초로 발견되고 인정된 화석인류인 네안데르탈인은 구인에 속한다. 네안데르탈인이 특별한 것은, 인류역사상 처음으로 발견되고 인정된 화석인류라는 점이다.

최초의 발견은, 1829년 벨기에에서 만 2세가 조금 안 되는 유아의 인골이었다. 1848년에는 영국령인 지브롤터에서도 두개골이 발견되는데, 당시에는 고인류학이 존재하지 않아서 역사적인 가치가 인정되지 않았다.

1856년, 독일 남서부의 네안데르 계곡에 있는 펠트호퍼 동굴에서 인간의 골격 일부가 발견되었다. 그 두개골의 특징을 알아본 박물학자 요한 플로트는, 이듬해 해부학자 헤르만 샤프하우젠과 함께 화석인류를 발견했다고 공표한다.

다시 7년 뒤, 지질학자 윌리엄 킹이 이 화석인류의 정식학명을 '호모 네안데르탈렌시스(네안데르 계곡의 사람이라는 뜻)'로 명명하자, 벨기에와 지브롤터에서 출토된 화석도 네안데르탈인의 것임이 인정되었다.

네안데르탈인은 35만~3만 년 전에 유럽 전

네안데르탈인 제1호
네안데르 계곡에서 출토된 두개골의 화석으로, 최초로 인류화석으로 인정된 표본. 그로부터 2년 뒤인 1859년에 다윈의 《종의 기원》이 발행되어 커다란 논쟁을 불러일으켰다.

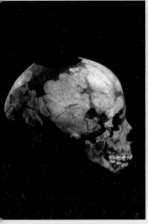

네안데르탈인 유아 두개골

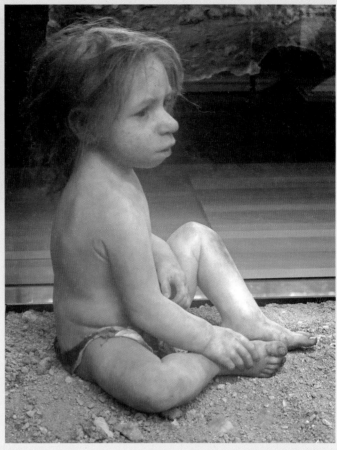

네안데르탈인 유아의 복원 모형
프랑스 로크 드 마르생에서 출토된
네 살 가량 유아의 부분골격(위 사진
의 두개골)을 복원한 것(체모가 적은
것은 상상에 의한 것이다). 네안데르
탈인은 다른 화석인류에 비해 어린이
의 뼈가 다수 출토되었다.

격에서 시베리아, 서남아시아에 걸쳐 분포했던 것으로 추정된다. 체형은 호모 사피엔스와 매우 비슷하며, 이스라엘 북동부 아무드 동굴에서 출토된 신장 178cm의 남성처럼 키가 큰 개체도 적지 않다. 또 몸통은 폭이 매우 넓고 두껍다. 골반도 호모 사피엔스보다 넓고 슬관절면이 크며 대퇴골의 근육부착흔적이 눈에 띈다. 네안데르탈인은 오랫동안 현생인류에 비해 야만적이고 원시적이며 지능도 낮은 것으로 여겨져 왔다. 그러나 최근에는 네안데르탈인도 일정한 문화를 가지고 있었다는 사실이 해명되었다.

사실 네안데르탈인의 두개골 형상은 호모 사피엔스와는 다르다. 위아래로 눌린 것처럼 앞뒤로 길고, 이마는 뒤로 기울어졌으며, 후두부에는 '이니온 상와(上窩)'라고 하는 융기가 있다. 주목해야 할 것은 뇌의 크기로 네안데르탈 여성은 1350CC 전후, 남성은 평균 1600CC 전후이다. 현대인의 뇌용적 평균치가 1450CC인 것을 생각하면 뇌가 상당히 큰 편이다. 물론 뇌의 크기가 높은 지능을 가지고 있었다는 증거가 되지는 않는다.

1989년, 이스라엘 북부 케바라 동굴에서 네안데르탈인의 설골(발성에 사용하는 부위)이 발견됨으로써, 그들이 호모 사피엔스처럼 '언어'를 사용하고 있었을 가능성이 높아졌다.

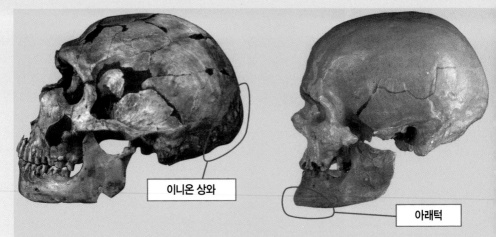

네안데르탈인의 두개골(측면)
안와(눈구멍)상융기가 두껍고, 이마가 뒤로 기울어져
있으며, 후두부가 돌출해 있다(이니온 상와). 또 호모
사피엔스보다 상악골(위턱뼈)과 하악골(아래턱뼈)이
크지만 '아래턱(하악골의 턱끝)'이 없다.

호모 사피엔스의 두개골(측면)
네안데르탈인보다 뇌두개(머리뼈)가 둥글고 높이가 있
다. 이마와 안면의 뼈가 수직. 전체적으로 이가 작으며
특히 앞니가 작다. 또 하악골 끝에 아래턱이 있다.

20만 년 전

현생인류 호모 사피엔스의 출현과 확산

약 20만 년 전에 아프리카에서 태어나
전 세계로 확산되었다

네안데르탈인은 3만 년 전에 절멸하고, 현
재 지구상에 살고 있는 인류는 우리 호모 사
피엔스뿐이다. 그렇다면 라틴어로 '지혜가 있
는 사람'이라는 의미를 가진 호모 사피엔스라
는 종은, 언제 어디서 탄생했을까.

호모 사피엔스가 지구상에 등장한 것은 약
20만 년 전의 아프리카에서였다. 현재 알려져
있는 가장 오래된 화석은 에티오피아의 오모
강 유역에서 발굴된 19만5000년 전의 '오모 1
호'와 '오모 2호'라 불리는 2개의 개체이다. 아
프리카에서는 그밖에도 초기 현생인류의 화
석이 많이 발견되었고, 약 10만 년 전의 화석
에서는 현대적인 특징을 볼 수 있다.

현대적인 특징이란, 지금까지의 네안데르탈

인 등으로 대표되는 다른 사람(호모)속의 종
에 비해 '얼굴이 납작하고 수직이며 짧은' 것
과 '머리뼈가 높고 둥근' 것 등이다.

그밖에도 '골반의 폭이 좁고 짧고', '흉곽고
어깨 폭도 좁은' 특징을 가지고 있어, 호모 사
피엔스가 네안데르탈인보다 전체적으로 날씬
한 것을 알 수 있다. 손가락도 가늘고 길어서
섬세한 작업이 가능해졌다.

키는 150~180cm로 개인차가 크다. 뇌의 크
기는 1200~1500CC 정도로, 네안데르탈인에
비해 특별히 큰 편은 아니다. 그런데도 호모
사피엔스만이 전 세계에 퍼져 현대까지 그 종
이 이어지고 있다. 이것은 다른 환경에 적응하
고 어려움을 극복하는 창의성이 있었기 때문
인데, 간단하게 말하면 호모 사피엔스는 네안
데르탈인보다 지능이 높았다.

그렇다면 호모 사피엔스는 언제부터 세계
로 확산했을까. 아프리카대륙이 아닌 장소에
서 출토된 호모 사피엔스의 화석의 연대를 살

려보면, 이스라엘 북부에 있는 스쿨 유
적에서는 12만~8만 년 전의 것이 발견되
었다.

그 밖의 지역에서는 현시점에서는 가장
오래된 것도 6만~4만 년 전이 되어 있다.
이 때문에 호모 사피엔스는 약 10만 년
전에 출신지인 아프리카를 나와 그 밖의
지역으로 퍼져 갔다고 추정된다.

《구약성서》의 '출애굽기'와 연관지어 이
것을 '출아프리카'라고 한다.

선사시대 호모 사피엔스 화석 복원 모형

호모 사피엔스의 확산 지도

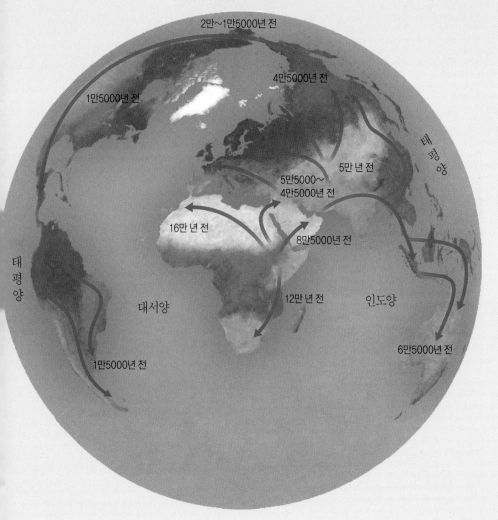

2만~1만 5000년 전

4만 5000년 전

1만 5000년 전

태평양

5만 년 전

5만 5000~
4만 5000년 전

16만 년 전

8만 5000년 전

태평양

대서양

12만 년 전

인도양

1만 5000년 전

6만 5000년 전

유럽에 도착한
고도의 기술을 가진 집단

호모 사피엔스가 네안데르탈인으로 대표되는 그때까지의 사람속(屬)과 구별되는 특징의 하나는, 그들의 '손재주'와 그 손재주를 통해 생산된 많은 그림과 조각일 것이다.

출아프리카를 완수한 호모 사피엔스들에 의해 탄생한 원시예술은, 약 4만 몇천 년 전에 유럽에 찾아온 집단 '크로마뇽인'에 의해 활짝 꽃피우게 된다.

1868년 프랑스 남부 도르도뉴 주의 크로마뇽 동굴에서 5구의 화석인골이 발견된 이후 유럽각지에서 같은 화석인골이 속속 발견되었다. 그래서 최초의 화석이 출토된 동굴의 이름을 따서, 그들은 크로마뇽인이라고 불리었다.

온난한 아프리카에서 한랭한 유럽에 막 도착한 초기 크로마뇽인은, 같은 시기의 네안데르탈인보다 키는 크지만 몸무게는 가벼웠던 것이 화석을 통해 밝혀졌다. 그들은 인류전체의 조상은 아니지만, 최근의 연구에서는 그 DNA가 현대의 유럽인에게도 남아 있음이 밝혀져서, 코카소이드(백색인종)의 직접적인 조상의 하나가 아닌가 생각되고 있다.

크로마뇽인은 '석인기법(石刃技法)'이라고 하는 고도의 석기제조기술을 고안하여, 투창과 활과 화살, 골각기(骨角器) 등 다채로운 도구를 발명하고 매우 뛰어난 수렵기술을 갖고 있었다.

그러나 농경이나 목축의 기술은 아직 없었기 때문에, 크로마뇽인은 한 곳에 정주하지 않고 식량을 찾아 계속 이동해야 했다. 특히 비바람을 막을 수 있는 '동굴'은 그들에게는 편리한 주거였다. 바로 이 동굴이 인류의 가장 오래된 예술이 꽃피우는 장소가 된다.

가장 오래된 무늬가 새겨진 돌 보디페인트나 장식품에 사용된 산화철(오커)에 인공적인 무늬가 새겨져 있다. 블롬보스 동굴에서 발견된 것으로, 적어도 7만 년 전의 것으로 추정된다.

조개껍데기 구슬로 만든 머리장식 이탈리아 서부 그리말디 동굴에 매장되어 있었던 크로마뇽인 여성의 몸에 있던 것을 복원한 것. 3만4000년~2만5000년 전의 그라베트 문화기의 것으로 알려진다.

놀라운 기술로 그려진 고대의 예술

1940년, 프랑스 남부의 몽티냐크 마을에서 세 소년들이 잃어버린 개를 찾으러 계곡으로 갔다가 작은 굴을 발견한다. 호기심 왕성한 소년들이 입구를 크게 파서 그 안에 들어갔더니, 넓은 동굴이 나왔고 그 벽면에는 동물 그림이 그려져 있었다. 이것이 지금 세계유산이 되어 있는 인류의 보물 '라스코 동굴벽화'의 발견이다.

라스코 벽화는 기원전 1만7000년 무렵의 후기 구석기시대에 크로마뇽인들이 그린 것으로, 물이 스며들지 않는 백악층인 덕분에 오랜 세월 보호되어, 제작 당시의 모습이 거의 그대로 남아 있었다. 이들 벽화는 단순히 석기 같은 것으로 바위에 새긴 것이 아니라, 적토와 목탄을 수지, 피, 수액 등과 혼합한 안료를 사용한 것이었다. 또 묘화기법 면에서는, 수많은 라스코 벽화 가운데 하나에는 교차하는 두 개의 머리를 가진 검은 소에 '원근법'이 사용되었다. 바위의 요철을 이용하여 바이슨(들소)의 근육을 절묘하게 표현한 것도 있었다.

그러나 크로마뇽인들이 조개와 동물뼈, 엄니를 가공하여 장식품을 만들었다는 사실에서, 살아가는 데 꼭 필요한 것도 아닌 것을 창작하는 정신적인 '여유'를, 또 나아가서는 시대와 함께 장식품의 가공기술이 향상한 점에서 더 나은 것을 만들어내고자 하는 '향상심'을 갖고 있었다는 것을 짐작할 수 있다.

몸을 핥는 바이슨의 조각   쇼베 동굴 출토
순록의 뼈를 이용한 조각으로, 고개를 뒤로 돌린 바이슨이 자신의 몸을 핥는 모습이 선으로 섬세하게 새겨져 있다. 2만년~1만4천 년 전 마들렌 문화기의 것.

뿔을 든 비너스   라스코 동굴 근처 출토
암석(플린트)에 부조로 새긴 여성상으로, 손에 든 뿔은 술잔, 피리, 풍요의 상징으로 추정된다. 3만4천 년~2만5천 년 전 그라베트 문화기의 것.

알타미라 동굴벽화는 날조로 의심받았다

구석기시대의 벽화는 실은 라스코 동굴보다 훨씬 이전인 1879년 스페인 북부 산틸랴나 델 마르에서 발견되었다. 발견한 사람은 현지의 유명인사이자 아마추어 고고학자였던 마르셀리노 데 사우투올라 후작으로, 사냥꾼이 알려준 동굴을 조사하다가 벽면에 바이슨(들소)이 그려져 있는 것을 발견했다. 이것이 바로 라스코 동굴과 마찬가지로 세계유산으로 인정받은 '알타미라 동굴벽화'이다.

벽화는 약 1만8500년 전과 1만6500년~1만4000년 전에 그려진 것이 혼재되어 있었는데, 바이슨을 비롯한 뛰어나고 재빠른 동물들이 그려져 있었다. 그래서 당시에 이미 매머드 같은 대형 포유류는 절멸 또는 크게 줄어든 것으로 추측할 수 있다. 사우투올라 후작은 알타미라 동굴벽화를 '구석기시대의 유물'로 생각하고 1880년 저서를 통해 발표했지만, 당시의 학계에서는 거의 묵살당한다. 왜냐하면 그 시대의 사람들은 '야만적이고 지능이 낮은 구석기시대의 인류가 이렇게 훌륭한 벽화를 그릴 리가 없다'고 생각했기 때문이다.

그뿐만이 아니라, 학계에서는 알타미라 동굴벽화를 후작이 '날조'한 것으로 생각하는 사람들도 있었다. 그래서 1888년 사우투올라 후작이 오명을 쓴 채 사망하자, 알타미라 동굴벽화도 사람들의 기억에서 사라지고 말았다. 그런데 20세기에 들어서 프랑스 국내에서 구석기 시대의 벽화를 가진 동굴이 잇따라 발견되자, '벽화는 후작의 날조'라고 주장했던 선사학자 에밀 카르타이야크도 결국 자신의 견해를 취소하고 알타미라 동굴벽화의 가치를 인정했다. 그리하여 사우투올라 후작의 명예는 사후 14년 만에 회복되었다.

라스코 동굴벽화
입구 가까이 있는
길이 18m, 폭 7m
의 공간으로, 소,
갈, 사슴떼가 그려
져 있다. 왼쪽 끝
에 있는 뿔이 기다
란 수수께끼의 동
물은 그 모습에서
흔히 '유니콘'으로
불린다.

▶위 벽화의 왼쪽
부분 확대

▼위 벽화의 중간
부분 확대

가장 오래된 기록을 갈아치우다

1994년 프랑스 남부 아르데슈 주에서 3만2천 년 전에 그려진 것으로 추정되는 '쇼베 동굴벽화'가 발견되었다. 조사결과, 그때까지 인류 최고(最古)로 알려져 있었던 라스코 동굴보다 1만 년이나 더 오래된 것임이 밝혀졌다.

거기에 그려져 있는 것은, 라스코와 알타미라에도 그려져 있었던 들소, 말, 그리고 코뿔소, 하이에나, 곰, 사자, 표범 같은 동물들이었다. 놀랍게도 현대화가가 그린 것으로 착각할 만큼 약동감이 넘치고 있어서, 이 벽화를 그린 인물이 뛰어난 예술적 감각을 갖고 있었음을 짐작케 한다.

지금까지의 학설에서는 3만2천 년 전에는 네안데르탈인과 크로마뇽인 모두 유럽에서 살았던 것으로 되어 있었다. 그래서 쇼베 동굴벽화를 그린 것은 네안데르탈인이었을 가능성도 있다. 그러나 연대측정 기기의 성능이 향상하여 네안데르탈인의 유적을 재조사한 결과, 그들은 이미 4만 년 전에 절멸했다고 보는 주장이 제기되어 지금은 그것이 주류가 되어 있다. 그래서 쇼베 동굴의 작자도, 라스코 동굴이나 알타미라 동굴과 마찬가지로 크로마뇽인이라는 것이 거의 확정되었다.

수많은 관광객들 때문에 열화(劣化)가 급속하게 진행된 라스코 동굴 벽화의 실패를 거울삼아, 쇼베 동굴은 현재 일반에게 공개되지 않고 대신 2015년, 3000㎡의 넓이에서 벽화를 완벽하게 재현한 '퐁다르크 동굴'이 개방되고, 쇼베 동굴을 3D카메라로 촬영한 다큐멘터리 영화 〈세계에서 가장 오래된 동굴 잊혀버린 꿈의 기억〉이 2012년에 제작되었다.

알타미라 동굴벽화 암벽의 융기를 교묘하게 이용하여 세 마리 들소의 근육이 훌륭하게 표현되어 있다. 발견자인 사우투올라 후작은 함께 동굴에 들어온 어린 딸이 "아빠, 소가 있어요!" 하는 말을 듣고 벽화의 존재를 알아차렸다고 한다.

▲쇼베 동굴벽화
제작연대가 달라
서 그런지 그려져
있는 동물이 미묘
하게 달라서 시대
에 따른 환경변화
를 추측할 수 있다.
또한 '쇼베'라는 이
름은 지명이 아니
며, 동굴을 발견한
동굴학자들의 대
표 장 마리 쇼베에
서 따온 것이다.

▶위 벽화의 왼쪽
라이언 부분 확대

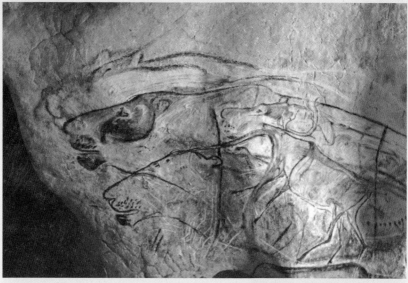

▶꼬뿔소 부분 확대

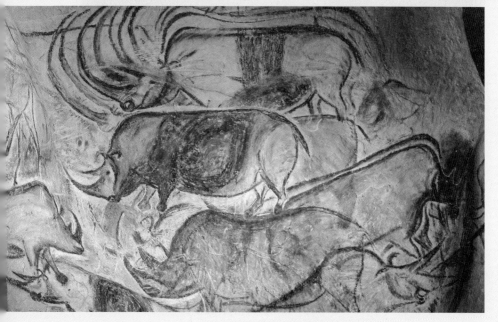

기술

**크로마뇽인들은
세석기(細石器)를 대량생산했다**

유럽 지역의 원주민인 네안데르탈인들도, 사람속과 구별되는 기술혁신을 이룩하고 있었다. 그들은 '루발루아 기법'이라고 하는 새로운 석기제작기술을 발명했던 것이다.

그러나 크로마뇽인들은 더욱 뛰어난 '돌날기법'이라고 하는 석기제작기술을 발명했다.

그것은 돌에 대해 연속적으로 타격을 가하여 예리한 돌날을 다량으로 박리시켜 만들어 내는 기법이었다. 그렇게 하면 더 작은 돌날과 더 길쭉하고 규격적인 돌날을 대량생산할 수 있게 된다. 그리하여 동물 뼈로 다양한 '골각기'를 만들고, 조개, 이빨, 상아로 장식품도 만들게 되어, 돌날과 목기, 돌날과 골각기를 조합하는 '세석기' 시대를 맞이하였다. 특히 특징적인 것은 끝이 날카롭고 뾰족한 골각기로 그것을 창끝으로 이용했던 것으로 추정된다.

이렇게 전체적으로 네안데르탈인들의 석기보다 더욱 다양화하고, 용도에 따라 특수화한 상황을 엿볼 수 있다. 이러한 크로마뇽인 최초의 문화(4만~3만4000년 전)를 '오리냐크 문화'라고 한다.

크로마뇽인 남성의 복원모형
크로마뇽인이 활동했던 시기는 아직 기온이 낮았기 때문에 동물의 털피나 가죽을 가공하여 만든 옷을 입고 있었다. 또 동물의 뼈를 이용하여 매우 날카롭고 살상 능력이 강한 창을 만들었다.

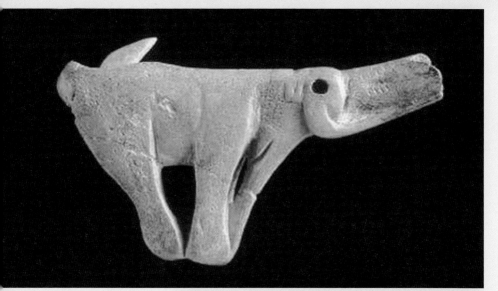

창을 멀리까지 날리기 위해, 매머드의 엄니
에 조각을 새겨 사용한 도구. 이것을 사용함
으로써 원심력에 의해 날아가는 거리가 늘
거나 사냥감을 깊이 찌르도록 고안되었다.

▶크로마뇽인의 골제 바늘

▶'미늘'이 달린 골제 작살

'미늘'이 있는 것을 보아 커다란 물고기를
잡았을 것으로 추측할 수 있다.

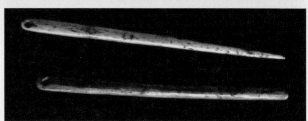

▼골제 피리(사진)

동물 뼈에 구멍을 뚫은 단순한 것으로, 악
기라기보다는 멀리 떨어진 장소에 있는 사
람에게 신호를 보내는 호루라기처럼 사용
됐을 것으로 추정된다.

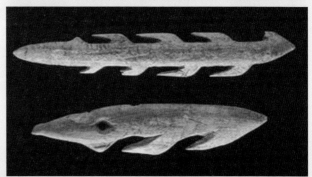

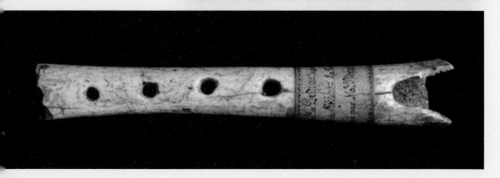

네안데르탈인과 호모 사피엔스의 교잡

아프리카 단일기원설을
뒷받침하는 사실의 발견

아프리카에서 탄생하여 출아프리카를 이룩한 호모 사피엔스는 약 5만 년 전에 유럽에 발을 들여놓았지만, 그곳은 수십만 년에 이르는 긴 세월 동안 네안데르탈인과 그 조상이 원주민으로서 살아온 영역이었다.

호모 사피엔스와 네안데르탈인이 만났을 때 양자 사이에 무슨 일이 일어났으며 왜 네안데르탈인은 자취를 감추게 되었을까?

지금까지 살펴본 것처럼, 네안데르탈인과 호모 사피엔스 사이에는 신체적 특징에서 분명한 차이가 있다. 그런데 유럽의 구석기시대 유적에서 발견된 호모 사피엔스의 뼈를 분석해보면, 극히 소수이기는 하지만 네안데르탈인에서 유래한 특징을 가진 뼈가 있는 것을 볼

수 있다. 이것은 모두 네안데르탈인을 연상시키는 두드러진 특징인데, 본디 호모 사피엔스와 네안데르탈인은 자매종이라고 할 수 있는 관계이기 때문에, 이것으로 반드시 양자가 '교배'한 증거라고 단정할 수는 없다. 우연히 일부 개체에 그러한 특징이 생겼을 가능성도 있기 때문이다.

캘리포니아 대학의 생물학자 레베카 캔과 앨런 윌슨은 모계로만 전달되는 미토콘드리아 DNA에 주목하여, 다수의 민족을 포함한 147명의 데이터를 해석하고, 그 결과를 토대로 인류의 계통수(系統樹)를 작성하기 시작했다. 그리고 1987년, 전 인류의 공통조상의 한 사람인 여성이 약 16만 플러스마이너스 4만 년 전의 아프리카에서 살았다는 사실이 밝혀졌다고 발표한다. 그 여성을 《구약성서》에 등장하는 '인류 최초의 여성'에 비견하여 '미토콘드리아 이브'라고 명명했다.

이 발견은 네안데르탈인 등 구인(舊人)이

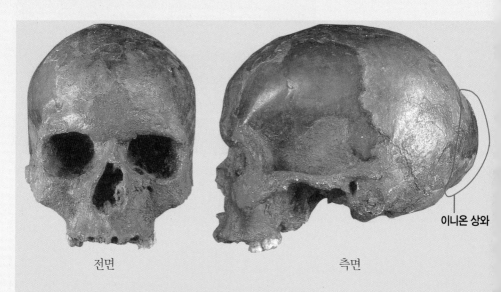

전면   측면

이니온 상와

물라데치에서 출토된 호모 사피엔스의 두개골 정면에서 보면 호모 사피엔스의 뼈처럼 보인다. 그러나 옆에서 보면 얼굴은 납작한 데 비해, 후두부에 네안데르탈인의 뼈에서 흔히 볼 수 있는 '이니온 상와'가 있음을 알 수 있다.

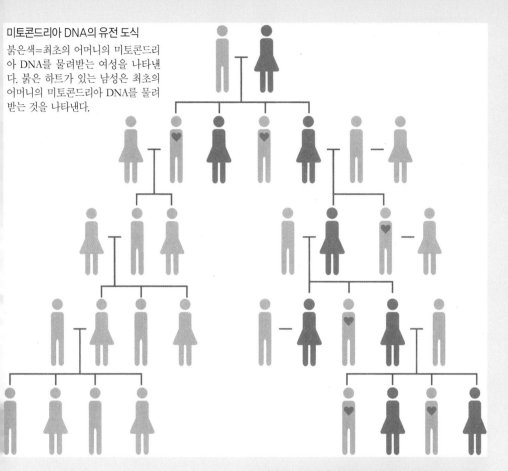

붉은색=최초의 어머니의 미토콘드리아 DNA를 물려받는 여성을 나타낸다. 붉은 하트가 있는 남성은 최초의 어머니의 미토콘드리아 DNA를 물려받는 것을 나타낸다.

지구상의 각 지역에서 호모 사피엔스로 진화했다고 보는 '다지역 진화설'을 부정하고, 호모 사피엔스가 아프리카에서 탄생한 뒤 전 세계로 퍼져갔다고 보는 '아프리카 단일기원설'을 뒷받침하는 유력한 증거가 되었다. 그러나 이종교배에서 태어난 여성과 그 여계(女係)의 자손이 아들밖에 낳지 않으면 미토콘드리아 DNA는 거기서 단절되고 만다. 그 때문에 호모 사피엔스와 네안데르탈인의 교잡에 대한 문제는 아직까지 결론이 나지 않고 있다. 그런데 20세기 말에 고대 DNA를 해석하는 기술이 급속하게 진보하자, 화석인골에서 DNA의 일부를 추출하여 조사하는 것이 가능해졌다.

스반테 페보(1955~) 스웨덴의 생물학자, 네안데르탈인의 게놈 복원계획에서 중요한 역할을 한 인물.

이동해야 하는 수렵채집에서 정주로

온난화 영향으로 해동
많은 육지가 수몰

기원전 1만6000년 무렵, 마지막 빙하기가 끝나 지구의 온도가 올라가기 시작하자, 지표를 뒤덮고 있던 얼음덩어리 '대륙빙하'가 점차 녹기 시작하여, 그 물이 흘러내려 해수면이 상승하고 하천과 습지와 호수도 넓어졌다. 또 대륙빙하에 갇혀 있던 수분이 대기 중에 퍼지면서 비가 되어 순환함으로써 빙하기에 비해 강수량이 늘어나게 되었다. 마지막 빙하기의 해수면은 현재보다 120m나 낮은 위치였는데, 기원전 9000년 무렵까지 해수면은 70미터 상승하고, 그 뒤 5000년이 지나는 동안 현재의 위치에 이르렀다. 이로 인해 빙하기에 해발이 낮

았던 곳이 수몰되고, 북미대륙과 유라시아대륙을 이어주고 있었던 '베린지아'라고 하는 육교가 수몰한 것 외에, 동남아시아 지역 육지의 반 정도가 수몰되었다.

이 지구상의 온난화와 강수량의 증가가 자연환경에 극적인 변화를 가져왔다. 해수면의 상승으로 해변에서는 얕은 여울이 많이 생기고 육지에서는 광대한 담수호가 생겨 다채로운 해양과 담수생물이 탄생하게 되었다.

온난화는 식생에도 많은 변화를 가져왔다. 이를테면 지중해 연안부근에서는 식용에 적합한 열매를 맺는 낙엽수가 자라기 어려워지자 낙엽수림은 서늘한 유럽 북부로 이동했다. 그 대신 지중해에는 상록수가 자라게 되었다.

그러자 낙엽수의 나뭇잎과 열매를 먹고 살던 붉은사슴, 유럽노루, 멧돼지 같은 초식동물들도 낙엽수를 따라 서식지를 북쪽으로 이동

타실리 나제르의 암벽화(사진)
알제리의 사하라 사막 오지에 있는 타실리 나제르에는 기원전의 벽화가 다수 남아 있다. 사진은 기원전 8천 년~기원전 4천 년에 그려진 수렵민의 그림. 당시에 그곳은 물과 식물이 풍부한 토지였다.

아라냐 동굴의 벽화
스페인 동부의 아라냐 동굴에 남아 있는 기원전 6천 년 무렵의 벽화에는, 야생 벌집에서 꿀을 채취하는 모습이 그려져 있다. 인류는 약 1만 년 전부터 꿀과 과일로 잼을 만들었던 것을 알 수 있다.

카모니카의 암벽화
이탈리아 북부의 카모니카 계곡에 남아 있는, 1만 년 전부터 로마제국시대까지 약 8천 년 동안 바위에 새겨진 선각화. 사냥의 한 장면으로, 사슴으로 보이는 동물 뒤에 인간의 파트너인 사냥개가 그려져 있다.

지 않을 수 없게 된다. 또한 빙하기의 유럽에서 번영하고 있었던 큰뿔사슴과 매머드 같은 대형동물은 개체수가 늘어나 생활권이 넓어진 호모 사피엔스가 수렵기술을 발전시킨 결과, 포획되어 점차 수가 줄어들다가 전멸해버린 것으로 추정된다.

1년 내내 기온변화가 적은 지역이 있는 반면에, 사계절이 뚜렷해서 식량을 구하기 어려워지는 계절이 있는 지역도 나오게 되었다. 그러자 물가나 습지, 삼림지대의 가장자리 등, 자연자원을 1년 내내 구할 수 있는 지역에서는, 완전한 정주는 아니지만 사람들이 한곳에 머물러 생활하는 경향이 나타나 소규모 공동체가 형성되었다. 그와 아울러 1년 내내 식량을 구할 수 없는 환경은 호모 사피엔스의 식생활을 극적으로 다양화시키게 된다.

차탈 후유크 유적
터키 중남부 코니아 시에 있는 신석기 시대의 유적. 기원전 7400년~기원전 6200년 무렵의 대규모 취락으로, 최다 8000명이 살았던 것으로 추정된다. 계급의 유무는 알 수 없지만 종교의 존재를 시사하는 벽화 등이 남아 있다.

농업에서의 동물 활용과
청동기문화의 탄생

호모 사피엔스가 수렵채집에만 의지하는 생활을 하던 무렵에는, 동물을 포획하여 고기를 식용으로 하거나 가죽과 뼈를 의류나 장식품에 사용하는 정도밖에 이용가치가 없었다. 그런데 식량생산혁명이 일어날 즈음, 그들은 동물을 유효하게 이용하는 기술을 습득하게 되었다. 동물을 직접 키워서 그 고기와 가죽과 뼈뿐만 아니라 젖, 털, 알도 계속적으로 이용하게 된다. 또 농경이 발전함에 따라 호모 사피엔스는 동물의 배설물을 비료로 사용할 수 있고, 농작업에 수반되는 운반, 견인 등의 중노동을 동물로 대체하면 된다는 것을 알게 되었다. 동물의 다양한 용도를 발견함으로써 가축 자체가 부와 명성을 나타내는 중요한 자산이 된 것이다. 참고로, 유럽에서 젖을 짜기 시작한 것은 기원전 5000년 무렵, 아시아에서는 더욱 빠른 단계에서 시작한 것으로 추정된다. 직물로 이용할 수 있는 털을 가진 양의 사육도 같은 무렵에 시작되었던 것 같다. 이와 같이 동물을 농업에 이용함으로써 호모 사피엔스의 생산력과 기술력은 급속하게 향상되는데, 기원전 3500년 무렵이 되자 그들의 생활에 다시 한 번 획기적인 변화가 찾아온다. '청동기'가 탄생한 것이다.

그때까지 석기, 목기, 골각기 등의 도구를 오랫동안 사용해온 인류는 구리를 정제하여 더욱 튼튼한 소재를 만들고, 그것으로 도구를 만드는 데 성공한다. 새로운 소재인 청동으로 만든 농기구는 개간의 효율을 높여 생산성을 향상시켰다. 도구가 발달한 것은 호모 사피엔

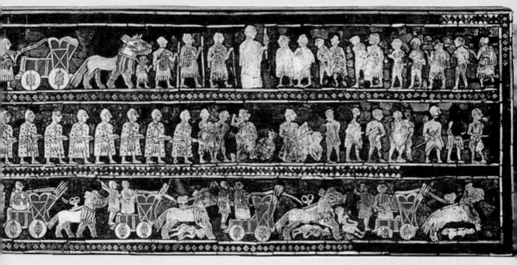

우르 왕족 무덤의 모자이크화
우르는 고대 메소포타미아에 있었던 수메르인의 도시국가로, 사진은 기원전 2600년 무렵의 벽화. 전쟁을 그린 장면
으로, 왕과 병사 외에 전쟁포로와 전차에 짓밟히는 적이 묘사되어 있다.

스의 '기술' 진보에 박차를 가했다. 그들은 실
용적인 도구 이외의 '공예품'을 제작하게 되어,
도예와 야금(冶金)뿐만 아니라 기원전 2200년
무렵에는 놀랍게도 '유리'가 발명되었다.

나아가서 의류의 소재에는 동물의 모피나
가죽이 사용되다가 점차 '직물'로 대신하게 된
다. 초기에는 아마, 마, 면 등의 식물섬유를 재
료로 사용했지만, 청동기 시대가 되자 양털을
실로 뽑아내 모직물을 짜거나 펠트로 가공하
는 기술이 발명되었다. 동물을 유효하게 이용
하고 또 청동기라는 새로운 소재를 손에 넣은
인류의 농업 생산력은 더욱 높은 수준으로 발
전하여, 정주화와 함께 취락 내의 '신분'과 '직
분'에 차이가 생기게 되었다. 또 취락 간의 '생
산력'의 차이는 '빈부의 차'로 직결됨으로써 대
립과 항쟁이 끊임없이 발생하게 된다.

투쟁을 위해 사람들이 더욱 강한 정치력과
군사력을 가진 지도자를 원하게 되자, 그로써
정치'와 '체제'가 태어나게 된다. 이제 호모 사

피엔스는 현대인이 교과서를 통해 잘 알고 있
는 '세계사'의 입구에 서게 된 것이다.

음주(飮酒)의 양각화
기원전 2천 년 무렵에 제작된 테라코타제 양각화로,
병에 든 맥주를 긴 빨대로 마시고 있는 모습이 그려져
있다. 당시에는 빵을 재료로 한 맥주제조가 성행했다
고 한다.

38억 년 전

작은 세포에서 시작된 생명 38억 년의 변천

46억 년 전

수분·가스를 함유한 별이 지구와 충돌한 충격으로 가스가 방출되어 지구에 대기가 생기고 기온이 올라간다. 그 뒤 기온 강하와 비가 계속되어 바다와 육지가 생성된다.

38억 년 전

지구탄생
태양의 둘레를 돌고 있었던 미행성(微行星)이 충돌하거나 다른 미행성을 흡수하여 현재의 지구가 형성된다.

생명탄생
물과 무기분자가 화학반응을 계속한 결과 복잡한 유기물이 생겨나 핵이 없는 박테리아 같은 단세포 생물이 태어난다.

3억5900만 년 전

4억4천 만 년 전부터 대형식물이 땅 위로 진출하기 시작. 한편 바다 속에서는 절지동물이 다양화하여, 턱 있는 물고기가 등장. 3억 8천 년 전부터 양서류가 출현한다.

5억4100만 년 전

양서류 증가와 파충류 출현
식물과 곤충 등 풍부한 먹이 덕분에 대형화한 양서류 등장하고 양서류에서 파충류가 출현한다.

종의 증가와 어류 출현
몸 바깥쪽에 단단한 골격을 가진 생물(삼엽충과 조개 등의 무척추동물)과 턱이 없는 물고기가 나타난다.

2억5200만 년 전

대량 절멸

2억5200만 년 전

1억5000만 년 전

공룡 출현과 번영
대량절멸 뒤에 파충류의 종류가 늘어나고 거기서 공룡 출현. 그밖에도 익룡, 수장룡, 어룡 등이 탄생했다.

시조새 등장
알로사우루스 등을 포함한 수각류(獸脚類)라 불리는 그룹에서 조류가 탄생한다.

28~27억 년 전부터 유해한 우주선을 튕겨 내는 자장이 발생하자, 빛이 닿지 않는 바다 속에 있던 진정세균(眞正細菌) 가운데, 태양 빛으로 에너지를 만드는 광합성 세균으로 진화한다.

산소생성 개시
광합성세균에서 엽록체의 기원으로 추정되는 시아노박테리아(남색세균)가 탄생하여 산소를 만들기 시작한다.

진핵생물(眞核生物) 출현
DNA를 손상시키는 산소에서 세포를 보호하는 핵막이 있고, 미토콘드리아를 받아들인 진핵생물이 태어난다.

약 5억4000만 년 전부터 생물의 종류가 늘어나기 시작하는 '캄브리아 폭발'이 일어난다.

다세포생물 증가
여러 개의 세포가 모인 다세포생물이 탄생하여 다양화하지만, 단단한 뼈와 껍데기는 갖고 있지 않았다.

진핵세포는 모든 동물의 몸을 형성하는 '동물세포'와 엽록체의 조상을 받아들여, 세포벽을 가진 식물의 몸을 형성하는 '식물세포'로 갈라져 그 수를 점점 늘려갔다.

공룡의 다양화가 진행되는 한편, 꽃을 피우는 피자식물(被子植物)이 출현한다.

공룡의 멸망
지구에 소행성이 충돌한 듯하며, 그로 인해 공룡뿐만 아니라 지구상의 생물 가운데 70%의 종이 대량 절멸한다.

먹이사슬의 정점에 있는 공룡이 절멸함으로써 포유류가 번영하게 된다. 그 속에는 인류로 이어지는 영장류도 있었다.

분기와 진화를 계속하는 영장류의 등장
—인류의 기원은 원숭이에서 시작되었다

사람의 뿌리를 더듬기 위해 영장류의 행적을 추적한다

현재의 인류까지 이어지는 진화의 길을 추적하려면 영장류라는 동물이 어떤 존재인지 재확인할 필요가 있다. 생물학상으로는 원숭이, 고릴라, 침팬지, 그리고 우리 사람(인간) 등이 영장류 원숭이목으로 분류된다. 이 그룹에 들어가는 동물의 공통적인 특징으로는 앞쪽을 향한 두 개의 안구, 다섯 개의 가락을 가진 손발, 체격에 비해 상당히 큰 뇌 등을 들 수 있다. 이것은 모두 발달된 지각을 사용한 섬세하고 복잡한 동작을 하는 데 없어서는 안 되는 특징이라고 할 수 있다. 깊이와 거리를 정확하게 인식할 수 있는 시각과 섬세한 동작

을 할 수 있는 손발은, 먹잇감의 다양화뿐만 아니라 도구를 만들어 그것을 다루는 데까지 이어진다. 그리고 큰 뇌는 상황변화에 따른 다양성을 분출해 내는 것을 가능하게 했다.

서식하는 지역의 환경이 새로운 진화 촉진

그러나 원시적인 원숭이가 하루아침에 진화되어 인류처럼 복잡한 지성을 가진 영장류로 이 지구상에 등장한 것은 아니다. 그 최초의 흔적을 확인할 수 있는 것은 9200만 년 전으로 추정된다. 영장류는 대륙이 분열된 8000만~7000만 년 전 이후에 분기와 진화를 시작한다. 처음에는 현재 '곡비원류(曲鼻猿類)', '직비원류(直鼻猿類)'라고 불리고 있는 두 그룹으로 갈라졌고, 초기영장류로 알려진 아다피스류와 오모미스류가 출현했다.

아다피스류는 곡비원아목(曲鼻猿亞目)이라

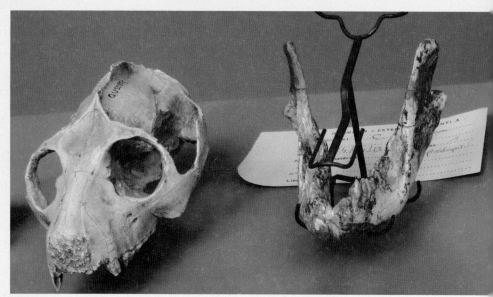

아다피스류의 두개골 화석
콧등이 긴 데 비해 하악골(아래턱뼈)이 가늘고, 하관이 후방으로 뻗어 있다. 대체로 주행성(晝行性)이었을 것으로 추정된다.

장류 올리브개코원숭이

도 하며, 현재의 여우원숭이와 로리스 종류
분류된다. 오모미스류는 안경원숭이 그룹
훗날의 사람과 고릴라를 포함한 진원류(眞
類)로, 다른 진화의 길을 걸어간다. 영장류
다양한 형태로 진화하는 데는 환경 변화를
반하는 자연선택의 힘이 강한 영
을 끼쳤다.

초기 영장류 시대는 신생대라 불
고 있는데, 지구의 전체적인 경향
로 남극빙하시대라고 불릴 정도
기온이 내려갔다. 이 한랭화에는
각변동에 따른 표고(標高) 변화와,
극 부근에서의 해류의 영향이 있
다고 추정되며, 진화하고 있었던
다피스류와 오모미스류도 그 영
을 피하지 못해, 그 이전의 오래
영장류 대부분이 이 시기에 절멸
다.

그러나 모든 것이 다 절멸한 것은
니었다. 이 시기의 영장류, 그 중

에서도 오모미스류에서 진화한 진원류는 신
세계원숭이라고도 불리는 광비원류(廣鼻猿類)
로 갈라지게 된다. 오랜 시간을 거쳐 현재의
원숭이와 고릴라, 그리고 사람을 향해 진화해
간 것이다.

광비원류에 속하는 갈색거미원숭이
코가 납작하고 콧구멍이 겉으로 뚫렸다.

기후변동에 시달리는 초기 유인원들
—진화를 계속하는 원숭이들

사람과 원숭이 구별하는 최대 분수령 유인원

구세계원숭이의 계통에서 진화한 유인원은 이윽고 긴팔원숭이와 고릴라, 오랑우탄, 침팬지, 그리고 사람으로 분기하는데, 여기에는 몇 가지 공통되는 특징이 있다.

유인원은 3000만 년 전에 구세계원숭이에서 분기한 사람 상과(上科)에 속하는 동물을 가리키며, 사람과 오랑우탄이 속한 사람과(科)와 긴팔원숭이가 속한 긴팔원숭이과로 크게 나뉜다. 사람과와 긴팔원숭이과로 갈라진 진화는 2000만 년 전쯤으로 추정되고 있다.

초기 유인원은 몇 가지 유형으로 갈라져 있었다. 2000만 년 전에는 모로토피테쿠스, 1800만 년 전에는 헬리오피테쿠스가 각각 아프리카와 아라비아반도에서 화석이 발견됨으로써 그 존재가 확인되었다. 단, 확실한 기록으로서 가장 오래된 유인원 화석은 독일에서 발견된, 튼튼한 턱을 가지고 있음이 밝혀진 1700만 년 전의 그리포피테쿠스일 것이다. 그 밖에도 아프리카에서 서식했던 케냐피테쿠스 등이 유인원 최초 세대로 알려져 있다.

공통 조상 아래에서 진화의 방향이 갈라진다

유인원은 앞에 말한 대로 크게 두 분류에 수렴된다. 긴팔원숭이과를 가리키는 소형 유인원은 나무 위에서 생활하는 유형으로, 주로

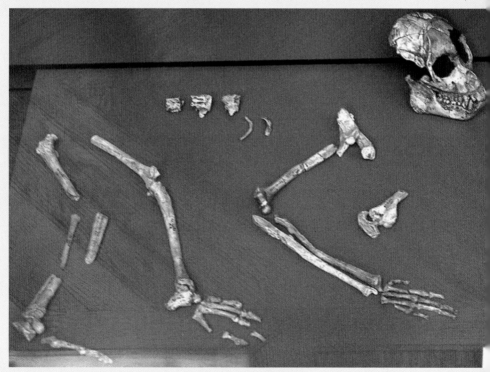

프로콘술 뼈 화석
2300만 년 전부터 1700만 년 전의 동아프리카에 존재했던 것으로 추정되는 초기영장류로, 꼬리가 없고 수상생활(樹上生活)을 하고 있었다. 유인원의 조상으로 추측된다.

분기의 시기와 DNA상의 차이

200만 년 전　　　　　　100만 년 전　　　　　　　　　　사람

오랑우탄
논코딩 DNA에서 인간과의 차이
는 3.1%

침팬지
논코딩 DNA에서 인간과의 차이
는 1.2%

고릴라
논코딩 DNA에서 인간과의 차이는 1.6%

※ 논코딩 DNA란, 염색체와 게놈상에서
기능이 확인되지 않은 DNA를 가리킨다.

나무열매를 먹고 산다. 이름에서도 알 수 있듯이 휘어지는 긴 팔다리로 나뭇가지를 붙잡고 나무 위를 이동하는 생활에 특화되어 있다고 할 수 있다.

한편, 사람과에 속하는 고릴라와 침팬지, 오랑우탄 등의 대형유인원은 긴팔원숭이에 비하면 상당히 탄탄한 체격을 갖고 있고 지상에서도 먹이를 확보할 수 있다. 그중에서도 침팬지는 먹이를 구할 수 없는 시기에는 작은 원숭이까지 먹는 일도 있다. 더욱 주목할 만한 것은 그들의 사회적 행동이다. 단독으로 행동하는 일이 많은 오랑우탄도 7세부터 8세 정도까지는 어미와 함께 생활하고, 침팬지와 고릴라도 무리지어 집단생활을 하는 것으로 알려져 있다.

현대인이 유인원이라는 말을 사용할 때, 대부분의 경우 거기에는 자신들, 즉 사람은 들어가지 않는다. 사람은 다른 동물이 가질 수 없는 높은 지성을 가지고 있다는 무의식적인 자만심의 발로일지도 모르지만, 사람을 포함한 모든 유인원은 공통의 조상을 가지고 있다. 검출방법에 따라 차이는 있지만, DNA의 구조가 거의 같은 것이 그것을 증명한다.

1400만 년 전부터 약 3000만 년 동안 계속된 기후변동의 영향이 아프리카보다는 덜했던 유럽에서 발견된 피에롤라피테쿠스는, 서로 상반되는 특징을 갖고 있어서 사람과에 속하는 사람과 대형유인원의 공통조상의 하나로, 분기와 진화 과정을 밝혀줄 열쇠의 하나로 추정된다.

드리오피테쿠스의 복원상상도 19세기 프랑스에서 아래턱 화석이 발견된 초기유인원으로, 그 이후 유럽과 아프리카, 아시아 각지에서 화석이 출토되었다. 1350만 년 전~900만 년 전에 살았던 것으로 추정되며 침팬지를 닮은 체형으로 예상된다.

유인원의 역사 공백

종의 선택이 진화를 더욱 촉진했다

아프리카에서 발견되는 유인원의 화석을 시계열(時系列)에 따라 배열하면, 1400만 년 전부터 300만 년 동안 화석이 전혀 발견되지 않았던 공백이 있다. 이것은 아프리카 지역의 대부분이 건조하여, 서식하고 있었던 유인원이 줄어들 정도로 커다란 기후변동이 있었음을 보여주고 있다. 유럽 지방에는 다소의 영향이 있었지만, 유라시아 지방의 열대에서는 온난한 기후가 계속된 것으로 보인다. 이러한 기후변동의 차이도 유인원의 진화에 큰 영향을 미쳤다.

이 시기에 유럽에서는 그리포피테쿠스가 등장하고, 같은 시기에 드리오피테쿠스, 코라트피테쿠스 등의 새로운 유인원이 동남아시아와 유럽 등지에 나타났다. 1300만 년 전에는 인도에서 유럽에 걸쳐 시바피테쿠스, 즉 오랑우탄의 조상으로 추정되는 유인원이 등장한다. 앞으로 튀어나온 위턱의 형상이 오랑우탄과 매우 닮았다.

구세계원숭이 그룹은 다종다양하게 발전했지만, 현대의 인류로 이어지는 유인원의 조상들도 종을 줄여가면서 환경변화에 더욱 강하게 적응했다고 할 수 있다. 약 1000만 년 전의 시기에는 한랭화 경향이 조금 회복되어 기후가 생활하기 좋은 기온으로 변해갔다. 이 시대는 중신세(中新世) 최적기온기라 불리고 있다. 이때부터 100만 년 정도 유인원의 번영시대가 이어졌고, 아프리카에서는 나칼리피테쿠스와 초로라피테쿠스 등의 새로운 종이 나타났는데, 역사 전체에서 보면 그 번영시대는 짧았다.

고 할 수 있다.

환경변화의 공격
각지에서의 유인원의 동향

900만 년 전부터 600만 년 전까지 아프리카에서는 유인원의 화석에 대한 기록이 다시 단절된다. 이 시기에 지각변동에 따른 히말라야 산맥과 티베트고원의 융기, 거기에 뒤따르는 지구규모의 한랭화에 의해 유인원을 포함한 포유류의 대부분이 절멸한 것으로 추정된다.

이것은 기온저하라는 직접적인 이유뿐만 아니라 계속 열매만 먹으며 살고 있었던 유인원이, 한랭화에 의해 열매가 맺는 시기가 짧아져서 그 공백을 버티지 못했을 가능성이 더 높다.

이러한 대규모 기후변화의 영향 속에서도 유인원은 전부 멸종하지는 않았다. 이따금 모습을 감추는 일은 있었어도, 선택의 영향을 받아 더욱 진화한 종이 출현했고, 그 진화는 마침내 현재의 사람인 호모 사피엔스로 이어진 것이다.

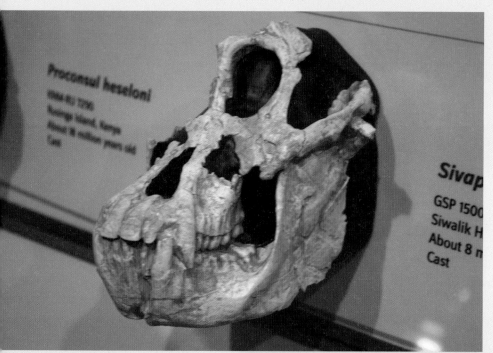

▲시바피테쿠스의 두개골 화석
1250만 년 전~450만 년 전에 히말라야산맥 기슭에 있는 시왈리크에서 살고 있었던, 오랑우탄 계통에 속하는 초기유인원의 일종. 큰어금니의 에나멜질이 두꺼워 씨앗과 열매 같은 단단한 것을 먹었던 것으로 추측된다.

▶나칼리피테쿠스의 아래턱 화석
케냐 중부 나칼리에서 발견된, 1000만 년 전에 살았던 것으로 알려진 대형 유인원의 것. 그리스에서 발견된 오우라노피테쿠스(960만 년~870만 년 전)와 비슷하여 나칼리피테쿠스가 아프리카에서 유럽으로 건너가 오우라노피테쿠스로 진화했을 가능성도, 그 반대일 가능성도 있다.

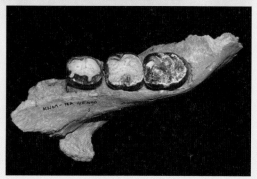

제3장 유인원에서 진화한 인류의 조상

인류의 조상 사헬란트로푸스 차덴시스
—수수께끼에 싸인 가장 오래된 인류

가속되는 진화 속에서
최적화하는 유인원

우리 호모 사피엔스를 제외하고, 현재 지구상에 존재하는 유인원은 열대우림에서 살고 있다. 식량이 되는 과실이 풍부하기 때문이다. 이것은 초기유인원도 마찬가지였다.

초기 영장류의 화석이 발견된 아프리카는

2400만~1700만 년 전의 중신세 전기에는 열대우림이 펼쳐져 있었고, 1800만 년 전부터 유인원의 특징인 꼬리가 없는 화석이 출현했다.

지구는 수백만 년 단위의 장기간에 한랭한 기후와 온난한 기후를 반복해 왔다. 그리하여 생물은 살아남기 위해 형태와 기능을 변화시키는 진화의 길을 선택한 것이다. 실제로 원인(猿人)과 원인(原人) 같은 초기인류가 출현하는 시기는 극심한 기후변화의 시기와 일치한다.

그러한 진화 끝에 유인원이 당도한 것이 사헬란트로푸스 차덴시스이다. 현재 가장 오래

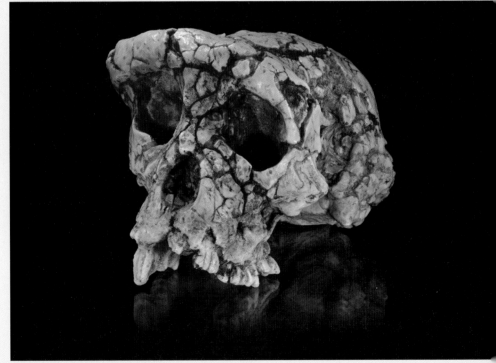

사헬란트로푸스 차덴시스의 두개골 복원모형 발견 당시의 화석은 보존 상태는 좋았지만 전체에 금이 가 있었고, 심하게 일그러져서 오른쪽이 완전히 부서져 있었다. 사진은 그것을 수정한 모형이다. 발견된 두개골에는 현지 언어로 '삶의 희망'을 의미하는 '투마이'라는 이름이 붙여졌다.

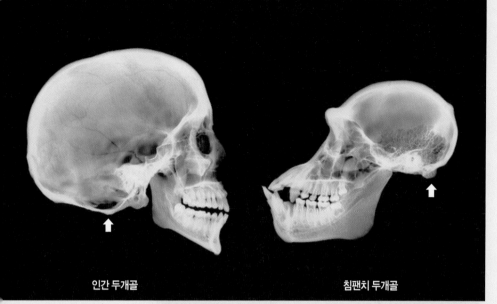

인간 두개골　　　　　　　　　　침팬지 두개골

▲인간과 침팬지의 두개골 비교
인간의 두개골은 대후두공(大喉頭
孔)이 두저부(頭底部) 중앙에 있다.
이러한 형상이면 머리의 무게가 거
의 수직으로 걸리기 때문에 '직립보
행'이 가능하다.
침팬지의 두개골은 대후두공이 두
저부 뒤에 있어 머리의 무게 때문에
자세가 앞으로 기울어지므로 '직립
보행'이 어렵다.

▶사헬란트로푸스 차덴시스의 복원
고형

된 원인(猿人)으로 간주된다. 2001년 차드에서
화석이 발견되었으며, 700~600만 년 전에 살
았던 것으로 추정된다. 발견된 두개골은 비교
적 손상이 적어서 형상을 잘 확인할 수 있었
다. 그 화석에는 훗날 사람으로 이어지는 호모
속과, 그보다 앞의 인류인 원인(猿人)의 양쪽
특징이 다 포함되어 있다.

　그때까지의 유인원에 비하면 송곳니는 작

지만 뇌의 용량은 침팬지와 비슷하여 호모속
만한 크기는 아니었다. 또 그 형상에서 직립한
척추 위에 두개골이 안정된 형태를 유지하고
있었던 것으로 추정되며, 이족보행에 적합한
골격을 하고 있었을지 모른다는 의견도 있었
지만, 두개골 외에 보행하고 있었던 것을 증명
하는 골반이 발견되지 않았기 때문에 그럴 가
능성이 있었다는 단계에만 머물러 있다.

나무 위에서 생활한 아르디피테쿠스속

—직립이족보행을 했다

거의 전신화석이 발견되어
더 깊은 지식을 알 수 있었다

1992년 에티오피아 아라미스 지방 아와쉬강 중류 아라미스 유적지에서 캘리포니아대학교 화이트 교수가 유인원 화석을 발견했다. 이것은 훗날 많은 부분의 화석이 발견된 아르디피테쿠스라미다스라고 불리는 유인원의 것이었다. 거의 전신에 걸친 부분들이 발견된 데다 연대를 특정할 수 있는 환경에서 출토된, 450~430만 년 전에 살았던 인류 옆에 인접했던 유인원으로 추정된다. 라미다스 원인(猿人)이라고도 불리는 이 유인원은 골격의 구조에서 인류학에 다양한 지식을 가져다주었다.

먼저 나무 위에서 이족보행을 하고 있었을 가능성이 매우 높다. 손처럼 엄지발가락이 펴져 있는 원시적인 특징이 있으면서도, 튼튼한 골격의 중족골은 이족보행을 충분히 견딜 수 있게 한다. 인류 이전의 유인원의 특징인 길게 굽은 발가락이 선명하게 남아 있고, 손목의 유연한 구조에서도 나무를 타고 다니며 생활했던 것으로 추측되는데, 그 이족보행은 상당히 한정적이었던 것 같다. 나무 위에서 생활한 흔적이 있다는 점에서, 훗날의 인류가 서식의 영역을 넓은 초원이나 평원이 아니라 삼림지대에서 나무열매를 주식으로 삼았던 것으로 추정된다.

라미다스 원인의 복원 모형 발굴된 골격에서 제작된 복원상상도의 모형. 뇌는 300~350CC 정도로 침팬지와 큰 차이가 없었던 것이 밝혀졌다.

라미다스 원인의 생활상상도 지상에서는 이족보행을 하고, 나무 위에서는 사족(四足)을 사용하여 이동했을 것으로 추정된다.

뼈에서 볼 수 있는 패턴

운동의 혼재(混在)는 진화의 증명

1994년부터 이듬해까지 에티오피아의 인류학자 요하네스 하일레 세라시에(클리브렌드 자연사박물관)는 아라미스 지방에서 라미다스 원인의 한 개체의 화석을 100점 이상 발견했다. 이 라미다스 원인의 화석, 통칭 '아르디'는 다른 화석보다 조금 날씬한 골격을 하고 있다는 점에서 여성의 것으로 추정되며, 키 120cm, 몸무게 50kg 정도로 현생인류보다는 약간 작은 편이다. 체격의 크기에는 개체차가 있지만 성별에 따른 형상의 차이가 뚜렷하지 않은 것도 특징이라고 할 수 있다. 치아의 에나멜질의 마모가 적은 것에서 과일이나 나무열매 등의 식물과, 곤충이나 알, 소형 포유류 등을 포식했을 가능성도 있다.

골격의 성차이가 그다지 없는 것에서 여성과 남성 가운데 어느 한쪽이 식량채집과 육아에 전업적인 형태를 취하는 것이 아니라, 양쪽이 같은 행동을 했던 것으로 추정된다.

기본적으로 나무 위에서 생활하면서 지상에서의 활동도 가능하다는 것을 골격을 통해 알 수 있었던 예는, 1974년 케냐에서 최초로 발견된 오로린투게넨시스에서도 볼 수 있었다. 2001년 대퇴골의 단편이 발견되었다. 골반에 연결된 골두가 둥글고 상부가 굵고 튼튼한 형상을 하고 있는 점에서, 몸무게를 지탱하며 걷는 것이 가능했던 것으로 보인다. 라미다스 원인과 마찬가지로 나무 위와 지상을 오가는 생활을 했다는 것은 치아와 손가락뼈의 형상에서도 짐작할 수 있다.

선사시대에 빛난 오스트랄로피테쿠스속
—인류사 연구가 시작되었다

가장 진화한 원인(猿人)들을
호모속으로 이어주는 명확한 차이

420만 년 전 아르디피테쿠스가 절멸한 아프리카에 새롭게 등장한 것이 원인인 오스트랄로피테쿠스 아나멘시스이다. 최초의 오스트랄로피테쿠스속으로 알려진 아나멘시스는, 이 속에서는 비교적 발견이 늦어 오스트랄로피테쿠스 아프리카누스가 최초로 발견되었다.

1924년 아프리카누스는 남아프리카의 위트워터즈랜드 대학에서 해부학 교수였던 레이먼드 다트에 의해 발견되었다. 그는 이 유인원과 인류의 중간적인 특징을 가진 두개골을, 이족보행을 시작한 무렵의 인류의 조상이라고 생각하여 '남쪽의 원숭이'라는 뜻의 이름을 붙여 학회에 발표했다. 그러나 당시 학회의 권위자들에게 인정받지 못했을 뿐만 아니라, 유인원의 특징이 강하게 나타나 있는 아프리카누스를 인류의 직접적인 조상으로서 생각하는 것은, 인간은 신의 창조물이기에 신에 대한 모독이라고 간주하는 관점에서 도저히 받아들이기 힘든 것이었다. 그 뒤에도 오스트랄로피테쿠스속의 화석이 많이 발견되었다. 1974년 에티오피아에서 오스트랄로피테쿠스 아파렌시스의 화석이, 1994년 케냐 북부에서 오스트랄로피테쿠스 아나멘시스의 화석이 각각 발견되어, 아나멘시스는 아파렌시스의 조상이었을 것으로 추측되고 있다.

1974년에 에티오피아에서 발견된 것은 그때까지와는 다른 신종(新種) 유인원이었다. 나중에 오스트랄로피테쿠스 아파렌시스로 분류된 이 화석에 대해서는 그 계통관계에 대해 여러 가지 설이 있었지만, 온몸의 약 30~40%가 한꺼번에 발견되어 커다란 화제가 되었다. 그 일련의 화석군은 '루시'라고 명명된다.

스테르크폰테인 유적 발굴장
다트 교수가 최초로 오스트랄로피테쿠스 아프리카누스를 발굴한 장소. 1999년 '남아프리카의 인류화석 유적군'의 하나로서 세계유산으로 지정되었다.

레이먼드 다트(1893~1988) 오스트레일리아 출신 인류학자
1924년 스테르크폰테인 유적에서 발굴한 타웅두개골을 '오스트
랄로피테쿠스 아프리카누스'라고 명명하고 이를 인류의 선조라
했다.

▶오스트랄로피테쿠스 아프리카누스의 골격

▶오스트랄로피테쿠스 아파렌시스의 전신 골격

'루시' 복원 모형
발자국 화석의 체격차이로 보아 오스트랄로피테쿠스 아파렌시
스는 성별에 따른 체형의 차이(성적이형性的二形)가 있다는 설과,
두 개의 발자국 화석은 종이 다르므로 성 차이로 볼 수 없다는
설이 있다.

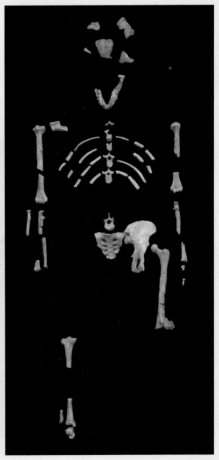

확실하게 도구를 사용한
최초의 원인(猿人) 호모 하빌리스
—화석기록상 가장 오래된 사람속

세계에서 가장 오래된 석기의 출토로
사람속으로 분류 결정

1974년 에티오피아에서 발견된 318만 년 전 아파렌시스 원인의 뼈표본, 통칭 루시는 유인원에 가까운 뇌용량과 직립이족보행의 흔적에서, 인류의 기원에 가까운 종족으로 추정된다. 그러나 그 이전인 60년대 초, 루시보다 연대가 새로운 화석이 탄자니아의 올두바이 계곡에서 발견되었다. 이 뼈화석 주인의 생존연대는 240만 년~160만 년 사이. 키는 최대 135cm에 불균형하게 긴 팔을 가지고 있었다. 뇌용량은 호모 사피엔스의 반 정도이지만, 초기인류에 비하면 약간 크다. 코린돈 박물관의 루이스 리키 박사 부부는 이 화석의 주인을 호모속의

가장 오래된 종으로 '손재주 있는 사람'을 의미하는 호모 하빌리스라고 명명했다.

그러나 하빌리스의 분류를 결정적으로 만든 것은, 가장 오래된 석기제조기술로 만들어진 석기와 함께 발견되었다는 점일 것이다.

처음에 고인류학에서는 석기의 제작이야말로 초기의 호모속을 결정하는 특징으로 보았지만, 실제로는 석기가 호모속의 화석과 함께 출토된 예는 없었다. 그런데 하빌리스가 출토된 올두바이 계곡에서는 220만 년 전부터 17만 년 전의 지층에서 거의 인공유물인 '올두바이 석기'가 수천 점이나 발견되었다.

이것은 현무암이나 석영 등의 환석(丸石)을 돌망치로 쳐서 만들어내는 몸돌이나 예리한 박편(剝片) 등의 석기이다. 실제로 이러한 석기를 만들려면 학습능력과 시각, 손재주 같은 고도한 협조가 필요하며, 지성(知性)이 있었다는 증거가 되었다. 올두바이 석기의 제작기술은 도구 만들기의 원조라고 할 수 있다.

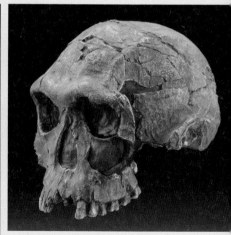

▲호모 하빌리스 두개골
턱이 앞뒤로 짧아서 하빌리스 이전의 종보다 얼굴 아래쪽이 앞으로 돌출하지 않았고, 얼굴은 현생인류와 비교적 닮은 것으로 추정된다.

◀호모 하빌리스 복원 모형

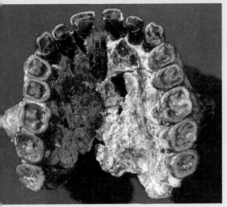

모 하빌리스 하악골(아래턱뼈)
큰어금니와 작은어금니는 하빌리스 이전의 종보다 작
만, 에나멜질이 오스트랄로피테쿠스속에 비하면 상
히 얇은 점이, 육식의 증가를 시사하고 있다.

올두바이 석기
위의 왼쪽 석기는 잡기 좋도록 다듬은 부분 외에, 매끄러운
부분이 남아 있다.

오스트랄로피테쿠스에서 갈라진 화석인류들

그렇다면 호모 하빌리스의 생활을 추측해
자. 뼈표본에는 턱이나 치아가 완전하게 남
 있어서, 그것을 통해 그들의 생활을 상상
 수 있다. 하빌리스의 턱은 오스트랄로피테
스보다 길쭉하고 큰어금니와 작은어금니는
 이전의 원인보다 작다. 이것은 이전보다는
드러운 것을 먹게 되어 씹는 횟수가 줄었다
 해석도 있다. 앞니와 송곳니는 비교적 큰
이어서 하빌리스가 다른 영장류보다 고기
 많이 먹었을 가능성이 있다.

참고로 250만 년 전에 출현한 오스트랄로
테쿠스 보이세이는 지금까지 파란트로푸스
으로 알려져 왔다. 보이세이의 가장 큰 특징
 넓고 긴 얼굴과 단단한 것을 먹을 수 있는
수화된 튼튼한 아래턱으로 인해 '호두까기
간'이라고 불리었다.

보이세이는 하빌리스와 마찬가지로 리키 박
 부처에 의해 올두바이 계곡에서 발견되었
, 발견 당시에는 동아프리카에서 발견된 가
 오래된 인류종의 화석이었다.

오스트랄로피테쿠스 보이세이의 두개골과 치아
커다란 광대뼈가 옆으로 퍼져 있는 것과 큰 치아를 가지고
있는 점에서 '호두까기 인간'이라는 별명이 붙었다. 앞니가
작은 데 비해 큰어금니는 모든 인류종 가운데 가장 큰 것으
로 알려져 있다. 치아의 에나멜질이 3.10mm로 화석인류에서
가장 두꺼운 점에서 동물의 뼈를 먹었던 것으로 추측된다.

유라시아 대륙에서 가장 오래된 초기인류 호모 게오르기쿠스
—조기(早期)의 '출아프리카'를 증명한다

매우 특이하여
여러 설이 분분했던 사람속

240만 년 전 동아프리카에 출현한 호모 하빌리스는 활동시기와 분포지역이 겹치고 있었던 오스트랄로피테쿠스 보이세이보다 50만 년 빠른 160만 년 전에 자취를 감추지만, 뒤이어 새로운 호모속인 호모 에르가스터가 출현했다.

옛날에는 에르가스터가 아시아로 이동하여 호모 안테세소르로 진화했다는 설도 주장되었지만 현재는 부정되고 있으며, 호모 사피엔스

이전에 이루어진 초기인류의 '출아프리카'는 에렉토스부터라는 설이 일반적이다. 그런데 그보다 이전인 180만 년 전, 뇌의 크기도 아직 작은 단계의 초기인류가 아프리카 땅에 출현했을 가능성이 있다.

1991년 조지아 동남부에 있는 드마니시 유적에서 아프리카 이외의 지역에서 발굴된 가장 오래된 화석인류의 두개골과 하악골이 발견되었다. 유적 자체는 중세 마을이었지만 170만~180만 년 전의 퇴적층이 존재한 것이다. 발견한 것은 조지아 국립박물관의 다비드 로드키파니제가 이끄는 국제팀으로, 그 화석은 국명을 따서 '호모 게오르기쿠스'라고 명명되었다.

드마니시에서 발견된 화석군에는 남성, 여자의 두개골과 많은 치아와 온몸의 뼈가 있었다.

드마니시 시오니 바실리카와 중세 요새의 폐허 흑해 동안, 조지아 남서부에 있는 드마니시는 이웃나라 아르메니아와 가까워 중세부터 동서교역의 요충지로 번영했던 곳이다.

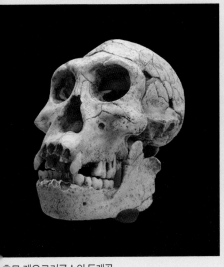

호모 게오르기쿠스의 두개골
와상 융기는 있지만 두께는 그다지 없어서 호모 하
~리스보다 산뜻한 형상이다. 후두부는 둥글지만 상당
~홀쭉하고, 뇌용량은 최대 775mm정도밖에 안 된다.

▶호모 게오르기쿠스의 복원 모형

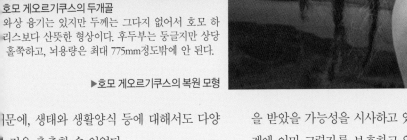

~문에, 생태와 생활양식 등에 대해서도 다양
~ 것을 추측할 수 있었다.

골격의 치수에서 산출한 신장은 150cm, 몸
~게는 50kg로 그 뒤의 사람속보다 작았다.
~지의 균형은 호모 사피엔스나 가장 초기의
~모속에 가깝지만, 발끝이 안쪽을 향하는
~짱다리로 체중의 분산이 균일했음이 판명
~었다. 또 약간 좁고 긴 두개골로, 뇌용량은
~모 하빌리스와 같은 정도로 별로 크지 않아
~모 평균에는 못 미쳤다.

흥미로운 것은 동굴에서 출토된 것 중에는
~아가 하나도 없는 상태에서 살았던 것으로
~정되는 고령자의 두개골이 있었다는 점이다.
~전에 치아를 잃으면 치조골이 흡수되어 턱
~ 독특한 형태로 변형된다. 출토된 두개골에
~ 이런 변형을 볼 수 있었다. 이것은 곧, 이 인
~이 치아를 잃은 뒤 주변 사회집단의 보살핌

을 받았을 가능성을 시사하고 있다. 태고의 세
계에 이미 고령자를 보호하고 있었던 것은 고
도한 사회생활을 증명하는 증거이기도 하다.

다만 게오르기쿠스의 화석은 처음에는 신
종으로 생각되었으나, 학자에 따라서는 독립
된 종으로 인정하지 않고 나중에 호모 에르
가스터나 호모 에렉투스의 지리적 변이에 지
나지 않는다는 설도 제기했다. 지금도 생물학
적 분류에 대해 의견이 분분하다. 몸의 크기
와 뇌용량이 호모 하빌리스와 비슷하다는 점
에서 그 후계아종이라는 학설도 있다.

유감이지만 발견된 게오르기쿠스의 화석
은 몇 사람분으로, 그들이 아프리카에서 멀리
떨어진 장소에서 발견된 이유도 밝혀지지 않
고 있다. 또 초기의 사람속은 완전히 절멸하
여 호모 사피엔스의 조상은 아니었음이 밝혀
졌다.

'출아프리카'를 이룩한 호모 에렉투스들
—보다 높은 지성을 획득한 원인(原人)

원인치고는 작지만
인류에 있어서는 커다란 한걸음

180만 년 전에 '직립한 사람'을 의미하는 원인(原人) 호모 에렉투스가 아프리카에 등장한다. 에렉투스의 신장은 최대 185cm나 되는 개체도 있어 현대인에 비해서도 큰 편이며 뇌의 용량은 900CC로 그때까지의 원인(猿人)에서는 볼 수 없는 크기였다. 이것은 고기 등 단백질을 섭취하는 양이 늘어났기 때문이라고 생각하는 견해도 있다. 즉 에렉투스들은 대형포유류를 사냥하기 시작했을 가능성이 높다.

에렉투스는 180만 년 전에 아프리카에서 나와 조지아를 거쳐 유럽과 아시아로 진출한다.

현재 에렉투스의 화석이 발견된 지역은 인도, 인도네시아, 중국 북부, 시리아, 이라크 등 세계 각지이다. 그 뒤 에렉투스보다 진화한 인(舊人)과 현생인류인 호모 사피엔스도 아프리카 대륙에서 탄생하는데, 그러한 인류가 지로 확산되어 생식 영역을 넓히기 훨씬 전에렉투스는 '출아프리카'를 감행했고, 그들 강점인 환경에 적응하는 지능과 기술을 사하여 유럽과 아시아를 향한 긴 여로에 오것이다.

많은 지식을 제공해주는
투르카나 보이

1971년 케냐 투르카나 호수 근처에서 초호모속의 하악골(아래턱뼈)이 발견되었다. '하는 사람'이라는 의미를 가진 '호모 에레가터'라 불리는 이 호모속의 뼈는, 그 뒤에도 개골의 표본이 몇 점 발견되는데, 1984년에 장 완전한 상태로 출토된 것이 150만 년 전년의 전신 골격이다. '투르카나 보이'라는 애을 얻은 이 원인소년(原人少年)의 화석은 호에르가스터로 분류되었다.

투르카나 보이 두개골

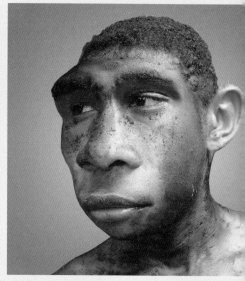

투르카나 보이 복원 모형

술 문화 석기 갈라지기 쉬운 성질의 돌을 사용했기 때문에, 원하는 형태를 상상하여 그렇게 되도록 돌의 갈라짐을 ─산하면서 작업을 진행하는 높은 지능이 필요하다.

바원인 복원 모형

베이징원인 복원 모형

세계 각지의 다양한 에렉투스 아종들

호모속의 분류가 복잡한 것은 호모 에르가 ─터와 호모 안테세소르 등, 세분화한 것처럼 ─이고, 실은 그것을 총칭하여 호모 에렉투스 ─고 부르는 경우도 아직 있기 때문이다.

이를테면 아시아에서 발견된 자바원인, 베 ─징원인, 플로레스원인 등, 인류진화의 역사 ─ 이야기하는 데 중요한 원인종족도 같은 에 ─투스에 속하며, 화석이 발견된 지역에 따라 ─ 호칭이 다를 뿐이다.

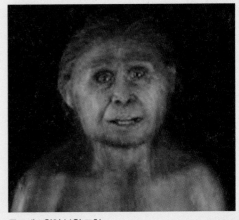

플로레스원인 복원 모형

구인 호모 하이델베르겐시스의 활약
—현생인류의 마지막 공통 선조

더욱 현생인류에 가깝게 진화한 옛 인류

1907년 독일 하이델베르크 남동부 모레채 굴장에서 발견한 하악골에 이듬해 지명을 따서 구인(舊人) 호모 하이델베르겐시스라는 이름을 붙여서 공표했다. 그 뒤 70년대까지 스페인이나 그리스 등에서 60만 년 전부터 40만 년 전의 화석이 많이 발견됐다.

에렉투스보다 진화한 인류, 그러니까 구인은 100만 년 전부터 60만 년 전 아프리카에 출현했다고 추측한다. 35만 년 전 무렵이 되자 유럽에 더욱 진화한 구인 네안데르탈인이 등장하는데 이와는 별도로 중기 갱신세(更新世)에 유럽으로 이주해 네안데르탈인과 같은 시기에 활약한 구인이 하이델베르겐시스였다.

호모 하이델베르겐시스의 아래턱

그 무렵 유럽에는 가혹한 한랭기후와 뚜렷한 계절이 있었는데 하이델베르겐시스는 이런 새로운 환경뿐만 아니라 그 땅에 살던 동물 자원을 이용하는 지성도 갖췄다. 화석 발굴 현장에서는 나무창으로 보이는 도구가 뼈와 함께 발견됐으며 오랜 기간 사용한 석기도 출토됐다. 이런 흔적으로 그들이 수렵 기술이 높았다는 사실을 알 수 있다. 아마도 무리지어 큰 동물을 사냥하기도 했을 것이다.

호모 하이델베르겐시스의 수렵모습 상상도

World Book 276

Charles Robert Darwin

THE DESCENT OF MAN, AND SELECTION IN RELATION TO SEX

인간의 기원 I

찰스 다윈/ 추한호 옮김

동서문화사

이 책은, Charles Darwin, *The Descent of Man, and Selection in Relation to Sex*, London∶ John Murray ; New York∶ D. Appleton, 1871 완역, 일본 講談社《人間の 由來, 2016》을 참고했다.

인간의 기원 I II
차례

인간의 기원 I

인간의 기원 II

[컬러화보]

제2부 성 선택(이어서)

옮긴이 노트

머리글

　이 책의 성격을 여러분이 잘 이해할 수 있도록, 내가 어떻게 이 책을 쓰게 되었는지 짤막하게 설명하고자 한다. 나는 이제까지 매우 오랫동안 인간[*1]의 기원 또는 유래에 대해 많은 것을 기록해 왔지만 그것을 출판할 생각은 전혀 없었다. 아니, 오히려 출판하지 않기로 결심하고 있었는데, 그것은 출판하면 나의 생각에 대한 편견을 부채질하게 될 뿐이라고 생각했기 때문이다. 나는 《종의 기원》제1판에, 이 연구를 통해 '인간의 기원과 그 역사에 빛이 비춰지게 될 것'이라고 썼다. 그것은 인류가 이 지구상에 등장하게 된 과정에 대해서도 다른 모든 생물과 같은 결론이 적용되어야 하는 것을 의미하며, 그 정도로 지적하는 것만으로 충분하다고 생각했다.

　그런데 상황은 완전히 다른 양상을 띠게 되었다. 1869년 제네바 국립연구소 소장인 카를 보크트(Karl Vogt) 박물학자는 한 연설에서 '이제 유럽에서는 종(種)이 개별적으로 창조되었다고 생각하는 사람은 아무도 없을 것'이라고 선언했을 정도로, 적어도 대부분의 박물학자는 종은 다른 종에서 변형되어 발생한다는 것을 인정하고 있음이 분명하다. 특히 젊고 미래가 기대되는 박물학자들은 더욱 그러하다. 그리고 많은 사람들이 자연선택의 작용을 인정하고 있다. 물론 그 가운데에는 내가 자연선택의 작용에 지나치게 무게를 두고 있다고 생각하는 사람들도 있지만, 그것이 옳은지 어떤지는 시간이 밝혀줄 것이다. 그러나 더욱 오랜 세대에 속하는 자연과학의 노장들 대부분은 유감이지만 모든 진화의 개념에 아직도 반대하고 있다.

---

*1 (역주) 이 책에서 다윈은 'man'이라는 말을 사용하고 있다. 이 말은 '사람', '인간' '인류' 등 다양하게 번역할 수 있는데, '현재의 우리와 같은 존재'라는 것을 가장 중립적인 말로 표현하기 위해 '인간'이라는 역어를 쓰기로 한다. 다윈이 염두에 둔 것은 그런 것이었다고 생각된다. 또 그때는 인간이 신과 같은 모습으로 만들어진 특별한 존재라는 의미에서 'Man'이라고 대문자로 쓰는 것이 통례였지만, 다윈은 굳이 소문자 'man'을 쓰고 있다. 이것도 동물과 관련을 가진, 특별한 존재가 아닌 '인간'이라는 그의 주장이 나타난 것으로 볼 수 있다.

지금은 많은 박물학자들이 받아들이고 있으며, 다른 예와 마찬가지로 최종적으로는 다른 사람들도 받아들이게 될 이 견해가 이끄는 대로, 나는 자신이 기록한 것들을 그러모아서 내가 이전의 연구에서 얻은 결론이 인간에게도 얼마나 적용될 수 있는지 고찰하였다. 특히 이 견해를 하나의 종에 적용해 본 적이 없기 때문에, 이 작업은 더욱 해볼 만한 가치가 있다고 생각했다. 어떤 하나의 종에만 주의를 집중하면 생물의 그룹 전체를 결합하고 있는 공통성이 어떤 것인지, 즉 그것들이 과거와 현재에 지리적으로 어떻게 분포되어 있으며 또 지질학적으로는 어떻게 변화해 왔는지 등에 입각하여 설득력 있게 논의할 수 없게 된다. 다루는 종이 인간이든 다른 동물이든 우리의 관심은 상동구조(相同構造), 배발생(胚發生), 그 종에 남아 있는 흔적기관 등에 향해지게 마련이며, 그것은 계속 고찰되어야 할 문제이다. 그러나 이러한 개략적인 사실들조차 점진적 진화의 원리를 지지할 수 있는 확실한 증거를 충분히 제공해 줄 거라고 나는 생각한다. 그러나 다른 논의에서 얻을 수 있는 강력한 증거를 언제나 고려해야 할 것이다.

　이 책의 목적은 첫째로 인간도 다른 종과 마찬가지로 그 이전에 존재했던 어떤 형태의 생물로부터 유래한 것인지, 둘째로 인간이 어떻게 발전해 왔는지, 셋째로 인종들 사이의 차이가 지닌 중요성에 대해 고찰하는 것이다. 나는 이러한 문제에 논점을 좁힐 생각이므로, 인종간의 차이에 대해서는 깊이 들어갈 필요는 없을 것이다. 이것은 그 자체가 매우 방대한 문제이며, 이미 많은 귀중한 연구를 통해 충분히 논의되었기 때문이다. 인간의 역사가 매우 오래되었음은, 최근에 부셰 드 페르트(Boucher de Perthes)를 비롯한 많은 위대한 사람들의 업적을 통해 밝혀졌는데, 이는 인간의 기원을 아는 데 꼭 필요한 기초가 된다고 할 수 있다. 그러므로 이 결론은 이미 명백한 것으로 받아들이고, 독자들에게는 찰스 라이엘(Charles Lyell) 경과 존 러벅(John Lubbock) 경, 그 밖의 학자들의 훌륭한 연구를 참조하라고 권하는 정도에 머물기로 한다. 인간과 유인원의 차이가 어느 정도인지에 대해서도 아주 간단하게만 언급할 생각이다. 가장 확실한 식견을 가진 사람들의 견해에 따르면, 관찰할 수 있는 어떠한 형질에 대해서도 인간과 유인원의 차이가 같은 영장목의 더 하등한 동물과 유인원의 차이보다 훨씬 작다는 것은 헉슬리 교수(Prof. Huxley)가 이미 분명히 밝힌 바 있다.

이 책에는 인간에 관한 새로운 사실은 거의 들어 있지 않다. 그러나 초고를 쓰고 나서 내가 도달한 결론은 흥미로운 것이었기에 아마 다른 사람들도 흥미를 느낄 거라고 생각했다. 인간의 기원에 대해서는 절대로 알 수 없다고 자신 있게 주장하는 사람들이 있었다. 그러나 지식보다 무지 쪽이 더 많은 자신감을 낳는 법이다. 이런 저런 문제들이 과학을 통해 풀리는 일은 결코 없을 거라고 강력하게 주장하는 것은 더 많은 것을 알고 있는 사람들이 아니라 조금밖에 알지 못하는 사람들이다. 인간이 오래되고 하등하며 지금은 절멸해 버린 어떤 형태의 생명체로부터 유래되었다고 보는 결론은 결코 새로운 것이 아니다. 라마르크(Lamarck)는 아주 오래전에 같은 결론에 도달했다. 월리스(Wallace), 헉슬리, 라이엘, 포크트, 러벅, 뷔히너(Büchner), 롤(Rolle),[*2] 그리고 특히 헤켈(Häckel) 같은 저명한 박물학자와 철학자들도 최근에 같은 견해를 갖게 되었다. 마지막에 이름을 든 헤켈은 그의 위대한 업적인 《일반형태학》(1866년) 외에 최근 출간한 《자연창조사》(1868년, 제2판은 1870년)에서 인간의 계통에 대해 자세하게 논의를 전개한 바 있다. 만일 나 자신의 연구를 기록하기 전에 그 책이 먼저 출판되었더라면, 나는 이 책을 완성시키지 못했을지도 모른다. 나는 여러 가지 점에서 그가 나보다 훨씬 풍부한 지식을 갖추고 있으며, 내가 도달한 결론의 대부분은 이 박물학자의 결론과 같다는 것을 알았다. 이 책 속에서 헤켈 교수의 책으로부터 얻은 사실과 견해를 덧붙인 대목에는 그 사실을 표시했다. 그 밖에 애초 내 원고대로 쓴 곳에도, 의심스러운 부분이나 흥미로운 점에 대해 그의 연구가 나의 결론을 뒷받침하는 경우에는 주석을 달았다.

나는 오랫동안 인종의 분화에는 성 선택이 중요한 역할을 해온 것이 틀림없

---

*2 처음에 이름을 든 연구자의 저서들은 세상에 잘 알려져 있으므로 제목을 밝힐 필요도 없겠으나, 다른 사람들은 영국에는 그다지 알려져 있지 않아 여기에 제시하기로 한다. L. 뷔히너 박사의 'Sechs Vorlesungen über die Darwin'sche Theorie,' zweite Auflage, 1868. 프랑스어 역은 'Conférences sur la Théorie Darwinienne,' 1869. F. 롤 박사의 'Der Mensch, seine Abstammung und Gesittung im Lichte der Darwin'sche Lehre,' 1866. 같은 의견을 가진 사람들의 저서를 여기에 모두 들지는 않겠다. G. 카네스트리니(G. Canestrini)는 흔적기관이 인류의 기원에 대한 증거를 보여주고 있다는, 매우 흥미로운 논문을 발표했다('Annuario della Soc. d. Nat.,' Modena, 1867, p. 81). 바라고 프란체스코(Barrago Francesco) 박사는 "신의 모습을 본떠서 만들어진 인류는 유인원의 모습과도 닮았다"는 의미의 이탈리아어 제목을 붙인 저서를 출판했다(1869년).

다고 생각해 왔다. 그러나 《종의 기원》에서는 이 생각을 단순히 암시하는 데 그쳤다. 일단 이 생각을 인간에게 응용하려면 이 문제 전체를 세부에 이르기까지 충분히 논할 필요가 있음을 알았다.[3] 그 결과 성 선택을 다룬 이 책의 제2부는 제1부에 비해 지나치게 길어지고 말았다.

나는 이 책에 인간과 하등동물의 다양한 감정 표현에 관한 고찰도 써 넣을 생각이었다.[4] 내가 이 문제에 흥미를 갖게 된 것은, 벌써 몇 년 전에 찰스 벨경(Sir Charles Bell)의 훌륭한 연구를 보고 나서였다. 이 저명한 해부학자는 인간은 자신의 감정을 표현하기 위해서만 사용하는 근육을 가지고 있다고 말했다. 그것은 인간이 더 하등한 다른 종류의 동물로부터 유래했다는 신념과 분명히 대립하는 것이기 때문에, 나는 이에 대해 곰곰이 생각해 볼 필요가 있었다. 나는 서로 다른 인종 사이에서 감정이 얼마나 똑같이 표현되고 있는지에 대해서도 확인하고 싶었다. 그러나 이 책의 분량을 생각하면 이미 반쯤 써내려간 이 문제에 대해서는 또 하나의 책에서 다루는 편이 나으리라 판단했다.

---

[3] 나의 《종의 기원》 출판 이래, 성 선택에 대해 다양한 논문 속에서 올바르게 평설하며 그 중요성을 충분히 인식하고 있는 사람은 헤켈 교수뿐이다.

[4] (역주) 다윈의 *The Expression of the Emotions in Man and Animals*, London : John Murray, 1872 는, 《인간의 기원》을 펴낸 다음 해에 출판되었다. 이 저작은 인간 및 다양한 동물이 보여주는 표정과 그 바탕에 있는 감정에 대해 자세히 논한 것으로, 본디부터 다윈은 이 저작을 인간과 다른 동물의 연속성을 보여주는 증거의 일부로서 《인간의 기원》 일부에 포함시킬 생각이었다.

제1부 인간의 유래 또는 기원

제1장 인간이 하등형태의 생물로부터 유래했다는 증거

인간의 기원을 나타내는 본질적 증거—인간과 하등동물의 상동구조(相同構造)—다양한 공통점—발생—흔적기관, 근육, 감각기관, 모발, 뼈, 생식기관과 그 밖의 다른 것들—인간의 기원에 관한 이 세 가지 중요한 사실들이 의미하는 것.

인간이 옛날 지구에 살았던 어떤 생명체로부터 변화해 온 자손인지 알고 싶은 사람은, 몸의 구조와 정신적 능력에 있어서 사람들 사이에 아주 조금이라도 변이가 있는지를 먼저 탐구하려 할 것이다. 만일 변이가 있다면 하등동물에서 작용하고 있는 법칙과 마찬가지로, 그 변이가 자손에게 전해지고 있는지를 탐구할 것이다. 이는 그 부모와 같은 나이와 같은 성(性)인 자손에게 그 성질이 전해진다는 법칙이다.[*1] 그리고 우리가 가지고 있는 부족한 지식으로 판단하는 한, 그것의 변이는 다른 생물의 경우와 같은 일반적 원인에 의해 일어나며, 같은 일반적 법칙에 지배받고 있다고 생각할 것이다. 그것은 이를테면 상관(相關), 용불용(用不用) 효과의 유전[*2]과 같은 법칙이다. 인간에게도 다른

---

*1 (역주) 다윈의 시대에는 유전의 기초와 그 법칙에 대해 알려진 것이 아무것도 없었다. 유전자와 DNA는 말할 것도 없고 염색체의 존재도 몰랐으며, 더 중요한 사실은 성호르몬의 작용도 몰랐다는 것이다. 그래서 이 책에서 다윈이 유전에 대해 고찰한 것에는 잘못되었거나 모호한 기술이 많이 나오는데, 그것은 당시의 한계라고 볼 수 있다.—이 책 전체를 통해 되풀이해 나오는 '대응(또는 일치)하는 나이와 성에서의 형질의 유전'이라는 표현은, 이를테면 남성의 수염처럼 부모 세대에서 한쪽의 성개체(性個體)에서만 일정한 나이가 지난 뒤에 발견되는 형질이 자식 세대에서도 같은 성개체의 같은 나이가 지난 뒤에만 나타나는 것을 가리킨다. 현대에는 성호르몬의 작용을 생각하면 쉽게 이해할 수 있다. 또 혈우병과 같이 성호르몬과는 관계없이 한쪽 성개체에서만 나타나는 반성유전(伴性遺傳)도 있다. 다윈은 이것을 성호르몬의 지배를 받는 형질과 구별하지 않았다.
*2 (역주) 다윈은 또 용불용(用不用)에 의한 유전, 즉 라마르크가 주장한 획득형질의 유전의 영향도 인정하고 있었다. 이 책에서 몇 군데나 용불용(사용하거나 사용하지 아니함)에 의한 효

생물과 마찬가지로 발달장애, 신체 일부의 중복복제 등에 의한 기형이 존재하며, 그 가운데에는 그 이전에 존재한 어떤 오래된 유형의 구조로 격세유전(복귀돌연변이)한 경우로 생각되는 것이 있는가, 또 인간도 다른 수많은 동물과 마찬가지로 서로 아주 조금 다른 변종이나 아종을 탄생시켰는가, 아니면 너무 다르기 때문에 종으로 나누어야 하는 것으로 의심받은 많은 변종을 탄생시켰는가 하는 것도 당연히 탐구 대상이 될 것이다. 그러한 변종은 세계에 어떻게 분포되어 있으며, 교잡(交雜)했을 때는 최초의 세대와 그 다음 세대에서는 서로에 대해 어떻게 반응할까? 그 밖에도 많은 의문점들이 있다.

그리고 탐구자는 중요한 의문점에 도달한다. 그것은 인간의 숫자가 무서운 기세로 불어나며, 그것이 때로는 존속을 위한 심각한 투쟁을 불러일으킴으로써 육체적 정신적으로 유리한 변이는 남고 불리한 변이는 제거되는가 하는 문제이다. 인간 속의 인종 또는 종은, 그것을 어떠한 용어로 부르든 상관없지만 서로 침입하거나 치환되어 어떤 종은 언젠가 절멸하는 일이 일어날 것인가? 이러한 의문은 대부분 명백하지만, 모든 것에 대해 하등동물에서와 마찬가지로 확고한 긍정의 대답을 얻지 않으면 안 된다. 그러나 지금 여기에 든 몇 가지 사항들은 잠시 논고를 뒤로 미루기로 하고, 먼저 인간의 육체적 구조가 인간이 어떤 하등한 형태의 생물로부터 유래하는가를, 많든 적든 어느 정도의 확실성을 나타내고 있는지 검토할 것이다. 그 다음의 두 장(章)에서는 인간의 정신적 능력에 대해 하등동물과 비교하여 논하고자 한다.

인간의 육체 구조

인간이 다른 포유류와 같은 일반적 유형 또는 기본 구조를 가지고 있다는 것은 널리 알려져 있다. 인간의 뼈는 어느 것이나 원숭이, 박쥐, 바다표범 등의 뼈와 일치하여 대응하고 있다. 그것은 근육, 신경, 혈관, 내장도 마찬가지이다. 각 기관 가운데 가장 중요한 뇌에도 같은 법칙이 적용되는 것은 헉슬리와 그 밖의 해부학자들이 보여준 바와 같다. 비숍(Bischoff)[*3]은 진화론을 반대하는 증인이지만, 인간의 뇌에서 중요한 이랑과 고랑이 오랑우탄의 뇌 구조와 일

과에 관한 기술을 볼 수 있는데, 그가 그것을 어떻게 작용하는 과정으로 생각하고 있었는지는 명확하지 않다.

[*3] 'Grosshirnwindungen des Menschen,' 1868, S. 96.

치한다는 것을 인정했다. 그러나 그는 발달의 어느 단계를 보아도 인간과 오랑우탄의 뇌가 정확하게 일치하지는 않는다고 덧붙였다. 그런 일은 상상할 수조차 없다, 그렇지 않으면 이 둘의 정신능력이 같음을 뜻하기 때문이다. 불피안(Vulpian)[4]은 "인간과 고등영장류의 뇌 사이에 존재하는 실제적인 차이는 미미하다. 이 사실을 가볍게 여겨서는 안 된다. 인간은 뇌의 해부학적 구조에서 일반적인 포유류뿐만 아니라 사수류(四手類)[5]에 속하는 긴꼬리원숭이나 마카크원숭이와 비교한다 해도 훨씬 유인원에 가깝다"고 말했다. 그러나 뇌와 몸의 다른 부분의 구조에서 인간과 고등포유류가 어떻게 일치하는지에 대해서는 여기서 더 자세히 다룰 필요는 없을 것이다.

그러나 직접적으로 또는 뚜렷하게 구조와 관련이 있는 것은 아니지만, 이 일치 관계를 잘 보여주고 있는 몇 가지를 명시해 둘 필요는 있을 것 같다.

인간은 하등동물에게서 광견병, 천연두, 마비저(馬鼻疽) 등의 질병에 감염되거나 반대로 그들에게 감염시키기도 하는데, 그것은 이 둘의 조직과 혈액이 미세한 구조와 성분에 있어서 유사하다는 사실을 증명한다. 가장 좋은 현미경으로 비교하거나 가장 뛰어난 화학분석을 통해 얻을 수 있는 결과보다 훨씬 더 명확하게 보여주고 있다고 할 수 있다. 원숭이류는 우리가 가지고 있는 비전염성 질병의 대부분에도 걸리기 쉽다. *Cebus Azarœ*[6]를 본디의 서식지에서 오랫동안 주의 깊게 관찰한 렝거(Rengger)[7]는 그들이 비염에 감염되어 인간과 같은 증상을 나타내며, 여러 번 그것에 걸리는 동안 결핵으로 발전하는 과정을 발견했다. 이러한 원숭이류는 뇌졸중, 장염, 백내장에도 걸렸다. 젖니가 빠질 무렵의 어린 원숭이는 고열로 죽는 일이 자주 있었다. 그들에게 약을 주면 인간에게서와 같은 효과가 나타났다. 많은 종류의 원숭이는 차, 커피, 독한 술을 좋아하며, 담배를 즐겨 피우는 것을 내 눈으로 직접 목격했다. 브레엠(Brehm)에 따르면, 북동아프리카 원주민들은 독한 맥주를 항아리에 담아두

---

[4] 'Leç. sur la Phys.,' 1866, p. 890은 달리(M. Dally)의 'L'Ordre des Primates et le Transformisme,' 1868, p. 29에 인용되어 있다.

[5] (역주) 사수류(Quadrumana)는 고등영장류를 가리키는 그 무렵의 용어로, 지금은 사용되지 않는다.

[6] (역주) 지금은 사용되지 않는 학명. 흰머리카푸친(*Cebus capucinus*)을 가리키는 것으로 추측된다.

[7] 'Naturgeschichte der Säugethiere von Paraguay,' 1830, S. 50.

고 개코원숭이가 와서 그것을 먹고 취해 있을 때 붙잡는다고 한다. 그는 자신이 키우던 개코원숭이 몇 마리가 술에 취한 것을 본 적이 있으며, 그들의 행동과 기묘하게 찌푸린 얼굴에 대해 재미있는 글을 쓰기도 했다. 술을 마신 다음 날 아침에 개코원숭이들은 매우 언짢은 듯 아픈 머리를 두 손으로 감싸안고 비참한 표정을 짓고 있었다. 맥주와 와인을 보여주면 불쾌한 표정으로 고개를 돌렸지만 레몬주스는 맛있게 마셨다.[*8] 아메리카 원숭이인 거미원숭이는 브랜디에 한 번 취하고 나면 다시는 거들떠보지도 않았다. 이것은 수많은 인간들보다 영리한 행동이라고 할 수 있다. 이 사소한 사실들은 원숭이류와 인간의 미각신경이 얼마나 닮았는지를 보여주는 증거이며, 이 둘의 모든 신경계가 같은 영향을 받고 있음을 말해준다.

인간은 체내기생충에 감염되어 때로는 치명적인 영향을 받는 일이 있으며 외부기생충에도 늘 노출되어 있다. 이러한 기생충은 모두 다른 포유류들에 기생하는 것과 같은 속 또는 같은 과에 속한다. 인간은 임신 같은 정상적인 과정이나 여러 가지 질병의 진행과 그 지속 기간 등이 월령(月齡, 달의 운행 주기)을 따라가는 기묘한 법칙의 지배를 받고 있는데, 다른 포유류, 조류, 나아가서는 곤충류도 같다.[*9] 상처가 낫는 과정도 하등동물과 같으며, 사지를 절단한 뒤에는 특히 그것이 발생 초기에 일어난 경우, 하등동물과 마찬가지로 재생할 힘을 어느 정도 가지고 있다.[*10]

가장 중요한 기능인 번식에서는, 수컷으로부터[*11] 출산과 수유에 이르기까

[*8] Brehm(브레엠), 'Thierleben, Bd. 1, 1864, S. 75, 86. 거미원숭이에 대해서는 S. 105. 같은 기술에 관해서는 S. 25, 107 참조.

[*9] 곤충에 관해서는 레이콕 박사(Dr. Laycock)의 'On a General Law of Vital Periodicity,' British Association, 1842. 매컬러크(McCulloch) 박사의 'Silliman's North American Journal of Science,' Vol. 17, p. 305는 삼일열말라리아에 걸린 개에 대해 설명하고 있다.

[*10] 이에 대해서는 나의 졸저 《사육동식물의 변이》 제2권 15쪽에 증거를 제시해 두었다.

[*11] "사수류의 수컷들은 의심할 여지없이 인간 남자와 여자를 구별할 줄 안다. 생각건대 먼저 후각으로, 그 다음에는 시각으로 구별할 것이다. 오랫동안 런던 동물원에서 수의사로 일했던 유에트 씨는 신중하면서도 예리하게 관찰하는 사람인데, 나에게 그렇게 단언했으며, 그곳의 감독자와 다른 조수도 그렇게 확언했다. 앤드루 스미스 경과 브레임도, 개코원숭이에 대해 같은 것을 인정하고 있다. 그 유명한 퀴비에도 이것에 대해 많은 이야기를 하면서 인간과 사수류의 모든 유사점 가운데 이보다 보기 흉한 것은 없을 거라고 말했다. 그의 말로는 특정한 개코원숭이 수컷은 특정한 암컷을 보고 발정을 하지, 결코 모든 암컷에 대해 흥분하지는 않는다고 한다. 언제나 더 젊은 암컷을 고르며, 무리 가운데 그것을 알아보

지 전 과정이 모든 포유류에서 놀랄 만큼 유사하다. 원숭이류의 젖먹이는 우리 인간의 유아와 마찬가지로 무력한 상태에서 태어나며, 어떤 속(屬)에서는 인간의 유아가 성인과 매우 다르듯이, 새끼의 겉모습은 성체(成體)와 매우 다르다.*12 몇몇 사람들은 인간의 어린이가 성인이 되기까지 걸리는 시간이 다른 어떤 동물에 비해서 길다는 사실이, 인간과 다른 동물의 중요한 차이라고 주장해 왔다. 그러나 오랑우탄은 열 살에서 열다섯 살이 되기 전에는 어른이 되지 않는다고 하므로,*13 열대에 살고 있는 인종들을 생각하면 그 차이는 그리 크다고 말할 수 없다. 남성은 몸의 크기와 체력, 체모의 양, 그리고 정신 면에서도 여성과 다른데, 그것은 많은 포유류의 암수 차이와 같다. 간단히 말하면 일반적 구조, 미세한 조직, 화학적 구조와 성분 등에 있어서 인간이 다른 고등동물, 특히 유인원과 얼마나 유사한지는 아무리 강조해도 지나치다고 볼 수 없다.

배(胚)의 발생

인간은 지름이 1인치[약 25mm]의 125분의 1 크기의 알에서 발생하는데, 알은 다른 동물들의 것과 조금도 다를 게 없다. 배 자체는 발생의 극히 초기 단계에는 척추동물계의 다른 어떠한 종류의 배와도 거의 구별이 되지 않을 정도이다. 이 시기에는 동맥이 아치 모양의 가지처럼 뻗어 있어서, 마치 고등척추동물에는 존재하지 않는 아가미로 혈액을 보내려 하는 것처럼 보인다. 아가미는 이미 사라지고 없지만 목 양쪽에 갈라진 틈이 남아 있어(〈그림1〉의 f. g), 옛날 아가미가 있었던 위치를 가르쳐주고 있다. 좀 더 진행되어 사지가 발달할 무렵이 되면, 저명한 폰 베어(Von Baer)가 기록했듯이 "도마뱀과 포유류의 다리, 새의 날개와 다리는 모두 완전히 같은 기본 형태로부터 발생했으며, 그것은 인간의 팔다리도 마찬가지이다." 헉슬리 교수*14는 "인간의 배(胚)가 유인원의 배와 확실히 다른 양상을 띠는 것은 발생 초기로부터 꽤 시간이 지난 후

고 목소리와 몸짓으로 부른다는 것이다"[원문 라틴어].

*12 이것은 개코원숭이와 유인원에 관하여 각각 조프루아 생 틸레르와 F. 퀴비에가 지적했다. Geoffroy Saint-Hilaire and F. Cuvier, 'Hist. Phys.,' des Mammifères,' tome 1, 1824.

*13 헉슬리, 'Mans's Place in Nature,' 1863, p. 34.

*14 Huxley(헉슬리), 'Man's Place in Nature,' 1863, p. 46.

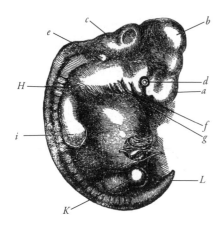

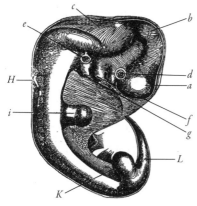

〈그림1〉 위 : 인간의 배(에커), 아래 : 개의 배(비숍)
a : 전뇌, 대뇌반구 등   g : 제2내장궁
b : 중뇌   H : 발달중인 척추와
c : 후뇌, 소뇌, 숨뇌   근육
d : 눈   i : 앞발
e : 귀   K : 뒷발
f : 제1내장궁   L : 꼬리 또는 꼬리뼈

기부터이며, 유인원의 배(태아) 발생은—인간과 개의 태아가 서로 다른 것과 마찬가지로—개와 다르다. 이 마지막 주장은 놀라운 것으로 보일지 모르지만 사실이 그것을 뚜렷하게 보여주고 있다"고 말했다.

독자 가운데는 배 그림을 본 적이 없는 사람도 있을 것이므로, 여기에 같은 발생 시기에 있는 인간의 배와 개의 배 그림을, 가장 오류가 없다고 생각되는 두 가지 연구 부분에서 주의 깊게 차용해 보았다.[15]

저명한 학자들이 이미 이렇게 말했으므로, 인간의 배가 다른 포유류의 배와 매우 비슷하다는 것을 보여주기 위해 다른 것에서 상세한 항목을 빌려 와 늘어놓을 필요는 없을 것이다. 그러나 인간의 배에서 하등동물의 성체(成體)와 닮은 몇 가지 구조가 있음은 덧붙여두어야겠다. 이를테면 심장은 처음에는 박동하는 맥관(脈管)에 지나지 않으며 배출물은 총배설강(總排泄腔)을 통해 밖으로 내보낸다. 꼬리뼈는 진짜 꼬리처럼 나와서

*15 인간의 배의 그림(위의 그림)은 에커(Ecker)의 'Icones Phys.,' 1851−1859, Tab. xxx, Fig. 2. 이 배의 길이는 약 2cm이므로 그림은 확대한 것이다. 개의 배 그림은 비숍(Bischoff)의 'Entwicklungsgeschichte des Hunde-Eies,' 1845, Tab. xi, fig. 42B. 이 그림은 다섯 배 확대한 그림이며, 배는 태생 25일째를 보여준다. 내장은 생략되어 있고, 두 그림 모두 자궁의 부속물은 생략되어 있다. 내가 이 그림들을 싣게 된 것은 헉슬리 교수의 저서 'Man's Place in Nature'에서 그 아이디어를 얻었기 때문이다. 헤켈도 그의 'Schöpfungsgeschichte'에서 비슷한 그림을 싣고 있다.

'이제 막 나오기 시작한 발보다 훨씬 길게 뻗어 있다.*16 공기로 호흡하는 모든 척추동물의 배에서는 볼프체(體)라 불리는 샘(腺)이 성체(成體) 어류의 신장과 일치하며 또 그렇게 기능하고 있다.*17 인간과 하등동물 사이의 놀라운 유사성은 배발생의 후기 단계에서도 볼 수 있다. 비숍은 임신 7개월 된 인간 태아의 뇌 주름은 성체가 된 개코원숭이의 뇌주름과 거의 같은 발달 단계에 있다고 말했다.*18 엄지발가락은 오언 교수(Prof. Owen)가 말하듯이,*19 '서 있거나 걸을 때 몸을 지탱할 수 있도록 지레의 지점(支點)을 형성한다.' 와이만 교수는 아마도 인간의 형태적 구조의 가장 두드러진 특징으로서, 1인치(약 2.5cm) 정도 자란 배는 '엄지발가락은 다른 발가락보다 짧고 다른 발가락과 평행이 아니라 발 옆에서 각도를 이루며 뻗어 있는데, 그것은 사수류(四手類)의 일반적인 상태와 일치한다'는 사실을 발견했다.*20 인간은 개와 새, 개구리 또는 물고기와는 다른 방법으로 발생하는가 하는 물음에 대한 헉슬리의 대답*21을 인용하며 이 절을 끝내기로 한다. "그 물음에는 한 점의 의혹도 없이 대답할 수 있다. 인간의 발생 방법이나 그 초기 단계의 모습이, 인간 바로 아래 단계에 있는 동물의 초기 모습과 같은 것은 의심할 여지가 없다. 이 점에 있어서 유인원과 개가 서로 닮은 것보다 훨씬, 인간과 유인원이 닮은 것은 틀림없는 사실이다."

흔적기관

이 문제는 앞에 든 두 가지 사항에 비해 본질적으로 중요한 것은 아니지만, 몇 가지 이유에서 여기서 더욱 상세히 다루기로 한다.*22 어떠한 고등동물도

---

*16 와이만(Wyman) 교수의 'Proceedings of the American Academy of Arts and Sciences,' Vol. 4, 1860, p. 17.

*17 오웬(Owen)의 'On the anatomy of Vertebrates,' Vol. 1, p. 533.

*18 'Die Grosshirnwindungen des Menschen,' 1868, S. 95.

*19 'On the Anatomy of Vertebrates,' Vol. 2, p. 553.

*20 'Proc. Soc. Phys.,' Hist.,' Boston, 1863, Vol. 9, p. 185.

*21 'Man's Place in Nature,' 1863, pp. 80–81.

*22 내가 이 장의 본디 원고를 쓴 것은 G. 카네스트리니(G. Canestrini)가 쓴 중요한 논문 〈Caratteri anomali e rudimentali in ordine all'origine dell'uomo〉('Annuario della Soc. d. Nat.,' Modena, 1867, p. 81)을 읽기 전으로, 나는 이 논문에서 많은 도움을 얻었다. 헤켈은 그의 〈Generelle Morphologie der Organismen〉과 〈Schöpfungsgeschichte〉에서 '반목적론'이라는 제

어딘가에 흔적의 상태를 지니지 않은 것은 없으며, 인간도 그 예외가 아니다. 흔적기관은 발달 과정에 있는 기관과 구별하지 않으면 안 되지만, 그 구별이 어려운 경우도 있다. 흔적기관은 이를테면 네발 동물 수컷의 젖꼭지와 잇몸을 뚫고 나오는 일이 없는 반추동물의 앞니처럼 전혀 쓸모가 없거나 현재의 소유자에게는 너무나 미미한 역할밖에 하지 않기 때문에 현재와 같은 조건 아래에서 그것이 발달해 왔다고는 도저히 생각할 수 없는 기관이다. 이 후자의 단계에 있는 기관은 엄밀하게 흔적을 남기고 있다고는 할 수 없으며, 그 (퇴화) 과정에 있다고 말할 수 있다. 한편 발달 과정에 있는 기관은 아직 완전히 발달하지는 않았지만 그 소유자에게 매우 유용한 것이어서 더욱 발달할 가능성이 있다. 흔적기관은 변이가 매우 다양하지만, 그것은 이해할 수 없는 것은 아니다. 그것은 전혀 또는 거의 쓸모가 없어서 더 이상 자연선택이 아니라 도태 상태에 있기 때문이다. 그것은 완전히 발현이 억제되는 경우도 있다. 그러한 경우에도 격세유전에 의해 다시 나타나는 일이 있는데, 그것이야말로 매우 주목할 만한 현상이다.

기관이 주로 사용되는 것은 일반적으로 성체 시기였으나, 그 시기에 기관을 사용하지 않게 되면서 유전과 더불어 그 기관이 흔적만 남게 되는 것으로 보인다. '불사용(不使用)'이라는 말은 단순히 근육 운동이 적어지는 것만 가리키는 것이 아니라, 그 부분에 걸리는 압력의 변화가 줄어들거나 활동이 일반적으로 줄어들게 됨으로써, 그 기관에 혈액이 제대로 가지 않게 되는 것도 포함한다. 그러나 한쪽의 성개체(性個體)에는 보통 존재하는 것이 다른 쪽 성에서는 흔적만 나타나는 일이 있는데, 그러한 흔적기관은 이제부터 살펴보듯이 매우 뚜렷이 나타나고 있다. 그 종의 생활방식이 변하면 어떤 기관이 소유주에게 해를 끼치게 되는 일이 있으며, 그 때문에 자연선택의 작용에 의해 기관이 축소되기도 한다. 그것이 축소되는 과정은 아마도 성장의 보상과 경제성이라는 두 원리에 의해 촉진되겠지만, 불사용에 의해 작아질 수 있는 한 충분히 축소되고, 성장의 경제성에 의해 그 이상 성장을 절약해도 얻는 것이 없게 된 후기 단계에서 더욱 축소가 일어난다[23]는 것은 이해하기 어렵다. 이미

목 아래, 이 문제 전체에 대해 매우 뛰어난 논의를 전개했다.

[23] 뮈리와 마이바트(Messrs. Murie and Mivart)가 쓴 'Transact. Zoolog. Soc.,' Vol. 7, 1869, p. 92에는 이 문제에 관한 뛰어난 비판이 담겨 있다.

크기도 충분히 작아져서 쓸모없게 되고 보상과 경제성의 원리도 작용하지 않게 된 뒤, 최종적으로 기관이 완전히 사라지는 것은 판게네시스의 가설[24]을 적용하는 것 말고는 이해할 방법이 없는 것으로 생각된다. 그러나 흔적기관의 문제 전체에 대해서는 전작(前作)[25]에서 충분히 고찰했기 때문에, 여기서는 이 문제에 대해 더 이상 이야기할 필요는 없을 듯하다.

인체의 많은 부분에서 우리는 다양한 근육의 흔적을 볼 수 있다.[26] 또 몇몇 하등동물에 반드시 존재하는 근육이 인간에게서도 매우 축소된 형태로 나타나는 것을 적지 않게 볼 수 있다. 내부분의 동물, 특히 말이 피부를 움직이거나 당긴다는 것은 누구나 알고 있을 것이다. 이것은 피부 밑 근육조직의 작용에 의한 것이다. 이 근육의 흔적은 우리 몸 곳곳에서 충분히 사용할 수 있는 형태로 나타난다. 이를테면 이마에 있는 근육으로는 눈썹을 치켜 올릴 수 있다. 목 부분에 잘 발달해 있는 광경근(廣頸筋)도 이 근육계의 일부이지만, 그것을 마음대로 움직일 수는 없다. 에든버러의 터너 교수(Prof. Turner)가 나에게 알려준 바로는, 겨드랑이나 견갑골 근처에서 다섯 개의 서로 다른 근육다발이 발견되는 일이 있다고 하는데, 그것은 모두 피근(皮筋) 계통으로 보아야 한다. 그는 또 600구가 넘는 시신의 3% 정도에서 흉골근(胸骨筋, Musculus sternalis 또는 sternalis brutorum)은 복직근(腹直筋)의 연장이 아니라 피근계통과 밀접하게 관련되어 있는 사례를 보여주었다.[27] 그는 또 "인체에서 가끔 볼 수 있는 흔적 구조는 그 배치에 변이가 매우 풍부하며 이 근육이야말로 그것의 가장 좋은 예증이 된다"고 말했다.

두피 근육을 수축시킬 수 있는 사람도 있는데, 이 근육은 변이가 풍부하며, 부분적으로 흔적을 남기고 있다. A. 드 캉돌(M. A. de Candolle)은 이 능력이 비

---

[24] (역주) '판게네시스(pangenesis)의 가설'이란 다윈이 1868년 제창한 유전에 관한 설명으로, 몸의 각 세포가 그 성질을 전하는 제뮬(gemmule, 자기증식적 입자)이라는 물질을 내어 그것이 자손에게 전달된다는 학설. 《사육동식물의 변이》에서 다윈이 상세히 다루었다.

[25] 《사육동식물의 변이》 제2권, 317, 397쪽. 또 《종의 기원》 제5판, 535쪽도 참조할 것.

[26] 이를테면 리샤르(M. Richard)는 ('Annales des Sciences Nat., 3rd series, Zoolog., 1852, tome 18, p. 13')에서, 그가 '손의 단지신근(短指伸筋)'이라 부르고 있는 것은 흔적기관으로, 때에 따라 '극소'한 형태로 나타난다고 하며 그것을 그림으로 표시했다. 또 하나의 근육인 '후경골근(後脛骨筋)'은 보통 팔에는 없지만 가끔 그 흔적이 나타나기도 한다.

[27] W. 터너 교수의 'Proc. Royal Soc. Edinburgh,' 1866–67, p. 65.

정상적으로 발달되어 있을 뿐만 아니라 오랫동안에 걸쳐 유전되어 온 흥미로운 사례를 이야기해주었다. 그가 알고 있는 어떤 가족의 가장은, 젊었을 때 두피를 움직여서 머리 위에 올린 무거운 책을 몇 권이나 내던질 수 있었으며, 그 재주를 보여주는 조건으로 내기를 걸어 이겼다고 한다. 그의 아버지와 백부, 조부, 그의 세 아이들도 모두 같은 능력을 비슷한 정도로 가지고 있었다. 이 가계는 8세대 전에 두 가계로 갈라졌으며, 앞에 든 가계의 가장은 다른 가계 가장의 7촌의 사촌이 된다. 프랑스의 다른 지역에 살고 있는 그 먼 친척에게 그런 능력을 가지고 있느냐고 묻자, 그 자리에서 그것을 보여주었다. 이 사례는 아무 쓸모도 없는 능력이 얼마나 확고하게 유전되고 있는지 잘 보여주고 있다.

귀 전체를 움직이는 데 사용되는 외적인 근육과, 다른 부분을 움직이는 데 사용되는 내적인 근육은 모두 피근(皮筋) 계통에 속하고 있으며, 인간에게서 그 흔적을 찾아볼 수 있다. 이러한 것의 발달 정도는 적어도 기능 부분에서 그 변이가 크다. 나는 귀를 앞으로 젖힐 수 있는 사람과 뒤로 젖힐 수 있는 사람을 만난 적이 있는데,[28] 그들 가운데 한 사람은 귀를 만지며 거기에 정신을 집중하면서 되풀이해 시도하면 대부분 귀를 움직이는 능력을 회복할 수 있다고 말했다. 귀를 세우거나 여러 방향으로 움직이는 능력이 있으면 위험이 어느 쪽에서 오는지 알 수 있기 때문에 대부분의 동물들에게 분명히 유용할 것이다. 인간도 귀를 세울 수 있으면 편리할 테지만 그런 능력을 조금이라도 익혀서 습득한 사람은 아무도 본 적이 없다. 이갑개(耳甲介) 전체가 주름이나 돌출부(이륜(耳輪), 대이륜(對耳輪), 이주(耳珠), 대이주(對耳珠) 등)도 포함하여 흔적기관일지도 모른다. 이러한 부분은 하등동물의 경우에는 귀를 더 이상 무겁게 하지 않고 쉽게 세울 수 있도록 보강되어 있다. 학자들 가운데에는 귀의 연골이 청신경에 진동을 전달하는 데 도움을 준다고 생각하는 사람도 있다. 그러나 토인비는 이 문제에 관해 알려져 있는 모든 증거를 수집한 뒤 이갑개에는 특별한 역할이 없다는 결론을 내렸다.[29] 침팬지와 오랑우탄의 귀는 인간의 귀와 기묘하게 유사한데, 나는 그들이 결코 귀를 움직이거나 세우지 않는다는 것을 런던 동물원의 사육사를 통해 확인했다. 그러므로 기능에 관한 한

---

*28 같은 효과에 대해 카네스트리니는 히르트(Hyrt)('Annuario della Soc. dei Naturalisti,' Modena, 1867, p. 97)를 인용했다.

*29 J. 토인비(J. Toynbee), FRS의 'The Diseases of the Ear,' 1860, p. 12.

그들의 이갑개도 인간의 그것과 마찬가지로 흔적만을 남기고 있다. 이러한 동물들이 인간의 조상과 함께 어떻게 귀를 세우는 능력을 잃게 되었는지는 알 수 없다. 나는 이러한 견해에 완전히 만족하는 것은 아니지만, 어쩌면 그들이 주로 나무 위에서 생활한데다가 힘도 세기 때문에 위험에 노출되는 일이 좀처럼 없어서, 오랫동안 거의 귀를 움직이지 않고 지내는 사이에 이 능력을 잃게 된 것인지도 모른다. 그렇다면 이것은 몸집이 크고 무거운 새가 멀리 떨어진 바다 위의 섬에서 맹수에게 노출되지 않고 사는 동안, 자신의 날개로 나는 힘을 잃은 것과 같은 예라고 할 수 있겠다.

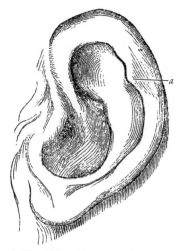

〈그림2〉 인간의 귀(울너의 묘사)
a : 뭉툭한 돌기

저명한 조각가인 울너(Woolner)는 남성과 여성 모두에게서 종종 나타나며, 자신이 매우 중요한 의미가 있다고 생각한 이갑개에 관한, 사소하면서도 놀라운 특징에 대해 나에게 알려주었다. 그가 처음 그것을 깨달은 것은, 퍼크[셰익스피어의 《한여름밤의 꿈》에 나오는 장난을 좋아하는 요정]의 모습을 다듬으면서, 뾰족한 귀를 만들고 있을 때였다. 그때부터 그는 다양한 원숭이류의 귀를, 그리고 이어서 인간의 귀를 주의 깊게 관찰하기 시작했다. 그 특징이라는 것은 안쪽으로 접힌 귓바퀴에서 튀어나와 있는 작고 뭉툭한 돌기를 말한다. 울너는 그 정확한 모형을 만들어 그림과 함께 나에게 보내주었다(〈그림2〉).

그 돌기는 안쪽을 향해 튀어나와 있을 뿐만 아니라 종종 약간 바깥쪽으로도 향하고 있어서, 머리를 정면 또는 바로 뒤에서 보았을 때는 그것이 보인다. 크기가 다양하며 그 위치도 약간 위이거나 아래로 차이가 있다. 또 한쪽 귀에만 있고 다른 한쪽에는 없는 경우도 있다. 이 돌기가 지닌 의미는 나에게는 명백하다. 그런 것은 주의를 기울일 가치가 없는 사소한 특징이라고 생각하는 사람도 있을 것이다. 그렇게 생각하는 것은 자연스러운 일인 것 같지만 잘못된 것이다. 아무리 사소한 특징도 어떤 확실한 원인에 의해 생기는 것이 분명하다. 그리고 그것이 많은 개체에 존재한다면 더욱 고찰할 가치가 있다. 귓바

귀는 명백하게 가장 바깥쪽 가장자리가 안쪽으로 약간 말려 있는데, 이 말려 있는 구조는 이갑개 전체가 머리 뒤쪽을 향해 젖혀져 있는 것과 어떤 관계가 있는 것으로 보인다. 개코원숭이나 일부 마카크원숭이처럼 그리 고등하지 않은 원숭이류의 대부분*30은 귀의 상부가 약간 뾰족한데, 귀의 가장자리는 전혀 안쪽으로 말려 있지 않다. 그러나 만약 가장자리가 안쪽으로 말려 있다면 뾰족한 부분이 틀림없이 귀 안쪽으로 향할 것이고, 그리고 아주 약간 바깥쪽으로 향할 것이 틀림없다. 이것은 런던동물원에 있는 흰이마거미원숭이(*Ateles beelzebuth*)*31의 표본에서 실제로 확인할 수 있다. 그래서 이것도 비슷한 구조, 즉 이전에는 뾰족했던 귀의 흔적이 우연히 인간에게 나타난 것이라고 결론지어도 좋을 것이다.

제3의 눈꺼풀이라고 불리는 순막(瞬膜)과, 그것에 부수되는 근육이나 그 밖의 구조는 새의 경우 매우 잘 발달해 있으며 기능적으로도 큰 의미를 지니고 있다. 이를테면 순막은 재빨리 안구 전체를 덮을 수 있다. 그것은 파충류나 양서류의 일부, 또 상어 같은 어류에서도 볼 수 있다. 그것은 또 포유류 가운데에서도 하등한 편인 두 그룹, 즉 단공류(單孔類, 난생. 오스트레일리아의 오리너구리·바늘두더쥐)와 유대류(有袋類, 육아낭이 있는 캥거루·코알라)에도 매우 발달해 있으며, 고등포유류 가운데에서도 이를테면 해마 같은 몇몇 종에서 볼 수 있다. 그러나 인간과 사수류(四手類)를 비롯한 대부분의 포유류에는 모든 해부학자가 인정하듯이 결막반월주름으로 불리는 흔적으로밖에 남아 있지 않다.*32

많은 포유류에게 후각은 매우 중요하다. 그것은 반추동물(한번 삼킨 먹이를 다시 게워내어 씹어 먹는 동물. 사슴·소·낙타)에게는 위험을 감지하는 수단이고, 육식동물에게는 먹잇감을 발견하는 수단이며, 늑대 같은 동물에게는 이 두 가지 목적을 위해 작용하고 있다. 그러나 후각은 문명인보다 일반적으로

---

*30 뮈리와 마이바트의 뛰어난 논문 'Transact. Zoolog. Soc.,' Vol. 7, 1869, pp. 6 and 90의 여우원숭이류의 귀 그림과 설명 참조.

*31 (역주) 지금은 *Ateles belzebuth*라고 쓴다.

*32 뮐러(Müller)의 'Elements of Physiology,' English translation, 1842, Vol. 2, p. 1117. 오언의 'On the Anatomy of Vertebrates,' Vol. 3, p. 260. 해마에 대해서는 마찬가지로 오언의 'Proc. Zoolog. Soc.,' November 8, 1854와 R. 녹스(R. Knox)의 'Great Artists and Great Anatomists,' p. 106 참조. 이 흔적기관은 흑인이나 오스트레일리아 인이 유럽인보다 약간 큰 것 같다. 이에 대해서는 카를 포크트(Karl Vogt)의 'Lectures on Man,' English translation, p. 129 참조.

훨씬 잘 발달해 있는 미개인*33에게도 아주 미미한 역할밖에 하지 않았다. 인간은 후각만으로는 위험을 피하지도 못하고 먹을 것을 찾지도 못한다. 후각은 에스키모가 악취로 가득한 환경에서 잠자는 것을 방해하지 않기에 대부분의 미개인은 반쯤 썩은 고기도 예사로 먹는다. 점진적인 진화원리에 따른다면, 현재의 상태와 같은 후각이 원래부터 현재와 같은 생활을 하고 있는 인간에 의해 획득된 것이라고 생각하는 사람은 아무도 없을 것이다. 의심할 것도 없이 인간은, 후각을 매우 중요하게 사용했던 조상으로부터 점차 그 기능이 약해져서 흔적의 상태로 남게 된 능력만을 물려받은 것이 틀림없다. 그래서 모즐리 (Maudsley) 박사가 정확하게 지적한 것처럼*34 인간의 후각이 '잊고 있었던 장소나 풍경을 생생하게 떠올리는 데 뛰어난 효과를 발휘하는' 까닭을 아마 여기서 이해할 수 있을 것이다. 특히 개와 말처럼 후각이 잘 발달한 동물들은 오래전에 만난 사람과 장소를 냄새로 기억해낸다.

인간은 거의 알몸이라는 점에서 다른 영장류와 뚜렷이 구별된다. 남성의 몸은 대부분 짧고 성긴 털로 뒤덮여 있고, 여성의 몸은 가느다란 솜털로 덮여 있다. 같은 인종에 속하는 개체 사이에서도 이 체모는 양뿐만 아니라 자라는 부위에 있어서도 상당한 변이를 볼 수 있다. 유럽인들 가운데에는 어깨에 털이 없는 사람도 있지만 굵은 털로 뒤덮인 사람도 있다.*35 이렇게 온몸에 성기게 자라고 있는 체모는 하등동물의 몸 전체를 일정하게 뒤덮고 있는 체모의 흔적으로 봐도 틀림없을 것이다. 이것은 오랫동안 비정상적인 염증이 있었던 피부 주변에는, 팔다리와 몸의 다른 부위에 자라고 있는 가늘고 짧고 색깔이 연한 털과 달리 '굵고 길며 뻣뻣하고 짙은 빛깔의 털'이 자라나는 점도 이러한 견

---

*33 (역주)이 책에서는 이후에도 '미개인, 야만인(savages)'이라는 말이 빈번하게 나온다. 이것은 대부분의 경우 현대의 언어에서 말하는 수렵채집인을 가리키지만, 더욱 넓은 의미에서는 우리를 포함한 비유럽인 전체를 가리키는 경우가 많다. 이것은 19세기 서구사회 전체가 상식으로 여겼던 차별적 문명관에 따른 것이다. 물론 지금은 그러한 생각은 완전히 부정되고 있지만, 그 무렵에는 일반적인 것이었으며 다윈만 특별히 차별적인 생각을 가지고 있었던 것은 아니다. 오히려 이러한 표현에도 불구하고 다윈은 그 사회에서는 진보적인 편에 속했다.

*34 'The Physiology and Pathology of Mind,' 2nd edition, 1868, p. 134.

*35 에쉬리히트(Eschricht)의 "Ueber die Richtung der Haare am menschlichen Körper," 'Mullers Archiv für Anat. und Phys.,' 1837, S. 47. 나는 매우 흥미로운 이 논문을 자주 인용하게 될 것이다.

해를 더욱 뒷받침해 준다.[36]

패짓(Mr. Paget)은 눈썹 속에 다른 털보다 유난히 긴 털을 몇 가닥 가진 사람이 같은 가족 구성원 가운데에서도 나타날 수 있음을 나에게 알려주었다. 이 사소하고 기묘한 특징도 유전되는 듯하다. 이러한 털은 많은 하등동물에서 촉각기관으로 사용되고 있는 수염의 일종일 것이다. 나는 어린 침팬지의 눈 위 눈썹에 해당하는 부위에 긴 털이 몇 가닥 나 있는 것을 관찰했다.

더 기묘한 예로, 인간의 6개월 된 태아의 몸을 빽빽하게 뒤덮고 있는 가느다란 양털 같은 배냇솜털을 들 수 있다. 그것은 5개월 때 눈썹, 얼굴, 특히 입 주변에 자라기 시작하는데, 그 부위에서는 머리카락보다 훨씬 길다. 에쉬리히트는 이러한 콧수염을 여성의 태아에서도 관찰했는데[37] 이것은 처음 들었을 때만큼 놀라운 일은 아닐지도 모른다. 왜냐하면 양성은 발육 초기에는 몸의 모든 외적 형태가 일반적으로 매우 비슷하기 때문이다. 태아의 몸에 자라고 있는 털의 방향과 배열은 몸의 어느 부위에서도 성체(成體)와 같지만 더욱 변이가 심하다. 태아는 온몸이, 심지어 이마와 귀까지 이러한 털로 빼곡하게 뒤덮여 있다. 그러나 손바닥과 발바닥만은 대부분의 하등동물과 마찬가지로 털이 나 있지 않은 것은 중요한 사실이다. 이것은 도저히 우연의 일치라고 생각할 수 없으며, 태아의 몸을 뒤덮고 있는 양털 같은 털은 온몸이 털로 뒤덮여 태어나는 하등동물이 원래 가지고 있었던 체모의 흔적이라고 생각해야 할 것이다. 이 흔적은 배발생에서 일반적으로 볼 수 있는 법칙에 따라, 몸에 드문드문 털이 나 있는 성인보다 태아 쪽에서 훨씬 더 완벽한 형태로 나타난다.

문명이 발달한 인종일수록 제3대구치(大臼齒), 즉 사랑니는 서서히 흔적기관이 되어가고 있는 것처럼 보인다. 사랑니는 다른 어금니보다 작은데, 이것은 침팬지나 오랑우탄의 이빨에서도 마찬가지이다. 또 거기에는 치아도드리(치아의 씹는 면에 솟아오른 부분. 앞니에는 없다)가 단 두 개밖에 없다. 그것이 잇몸을 뚫고 올라오는 것은 17세가 지난 뒤이며, 다른 이보다 훨씬 썩기 쉽고 빨리 빠지는 것을 확인할 수 있다. 그러나 일부 치과의사는 이 사실을 부정하고 있다. 사랑니는 또 그 구조와 나오는 시기도 다른 이보다 훨씬 변이가 크다.[38]

---

*36 패짓(Paget)의 'Lectures on Surgical Pathology,' 1853, Vol. I. p. 71.

*37 Eschricht(에쉬리히트), '같은 책,' S. 40, 47.

*38 C. 카터. 블레이크(C. Carter Blake) 박사는 'Anthropological Review,' July, 1867, p. 299에서 웹

한편 흑인에서는 어금니에 대개 세 개의 치아도드리가 있으며 일반적으로 건실하다.[39] 또 다른 어금니와의 크기 차이가 코카서스인종에게서 나타나는 차이보다 작다.[40] 샤프하우젠(Schaaffhauen) 교수는 인종에 따른 이 차이는 문명인에서는 '턱에서 치아가 나는 곳의 뒷부분이 항상 짧기' 때문에 일어난다고 설명했는데,[41] 문명인의 그 부분이 짧아진 것은 늘 부드럽게 조리한 음식을 먹으며 턱을 별로 사용하지 않게 되었기 때문이라고 생각할 수 있다. 브레이스(Brace)는 미국에서는 정상적인 수의 치아가 모두 자랄 만큼 턱이 발육하지 않기 때문에, 어린이의 어금니 일부를 뽑아버리는 것이 매우 일반화되었다고 알려주었다.

소화기의 흔적기관은 내가 아는 한 단 하나뿐이다. 바로 맹장의 충수(蟲垂, 막창자꼬리)이다. 맹장은 끝이 막혀 있는 소장의 곁주머니 또는 게실(憩室)이며, 대부분의 하등한 초식동물에서는 매우 길다. 유대류인 코알라의 맹장은 몸길이의 세 배나 된다.[42] 그것은 끝이 점점 가늘어지는 긴 돌기로 되어 있는 경우도 있고, 군데군데 잘록한 경우도 있다. 그것은 마치 식성이나 습관이 변했기 때문에 여러 동물에서 맹장이 훨씬 짧아지고, 그 짧아진 부분의 흔적으로서 충수가 남은 것처럼 보인다. 충수가 흔적기관이라는 것은 크기가 작다는 사실에서도, 또 카네스트리니(Canestrini) 교수가 수집한 증거에서 볼 수 있듯이[43] 인간에게 있어 변이가 매우 크다는 사실에서도 추론할 수 있다. 그것은 거의 없는 경우도 있고 상당히 크게 발달한 경우도 있다. 내부가 절반에서 3분의 2까지 완전히 막혀 있고, 끝이 납작하고 공동이 없는 돌기로 되어 있는 것도 있다. 오랑우탄의 충수는 길고 복잡하게 말려 있지만, 인간은 짧은 맹장 끝에서 11~12cm 돌출해 있고 지름이 약 0.8cm 정도인 것이 보통이다. 그것은 아무 쓸모도 없을 뿐만 아니라 때로는 죽음의 원인이 되기도 한다. 최근에 그

박사(Dr. Webb)의 'Teeth in Man and the Anthropoid Apes'를 인용하고 있다.
* 39 (역주) 인종의 분류 자체의 타당성과 현재 인류학에서의 일반적 인식에 대해서는 제7장 역주에서 상세히 설명한다.
* 40 Owen(오언), 'On the Anatomy of Vertebrates,' Vol. 3, pp. 320, 321, 325.
* 41 'On the Primitive Form of the Human Skull,' 영어역은 'Anthropological Review,' October, 1868, p. 412.
* 42 Owen(오언), 'On the Anatomy of Vertebrates,' Vol. 3, pp. 416, 434, 441.
* 43 'Annuario della Soc. d. Nat.,' Modena, 1867, p. 94.

예를 두 번 본 적이 있다. 그것은 씨앗 같은 딱딱하고 작은 물체가 막혀서 염증을 일으키기 때문이다.[*44]

사수류나 다른 포유류의 목(目), 특히 식육목에서는, 위팔뼈 아래쪽 끝에 과상돌기와(髁狀突起窩)라고 하는 구멍이 있고, 그곳을 아래팔의 큰 신경은 물론 가끔 동맥도 통과하고 있다. 그런데 스트러더스(Struthers) 박사를 비롯한 여러 사람들이 보여준 것처럼[*45] 인간의 위팔에서는 그 구멍의 흔적을 널리 볼 수 있으며, 때로는 매우 잘 발달하여 갈고리 모양의 뼈돌기가 형성되어 힘줄 다발까지 갖추고 있는 경우도 있다. 그것이 존재할 때는 큰 신경이 반드시 그 속을 통과하는데 그것이 하등동물의 상과상와와 같은 것이며, 그 흔적 기관임을 말해주고 있다. 터너 교수는 현재 인간의 골격 가운데 약 1%에서 그것을 볼 수 있을 것으로 추정하고 있다.

위팔뼈에는 과상돌기 사이구멍이라고 부를 만한 또 하나의 구멍이 있는데, 이것은 유인원의 여러 속(屬)에서 볼 수 있으며 때로는 인간에게서도 볼 수 있다.[*46] 이 구멍이 근세보다 고대에 훨씬 빈번히 존재했던 것으로 추정되는 것은 주목할 만한 일이다. 버스크(Busk)[*47]는 이것에 관해 몇 가지 증거를 수집했는데, 브로카(Broca) 교수가 파리의 '남부묘지'에서 얻은 위팔뼈의 4.5%에서, 그리고 청동기시대의 것으로 알려진 오로니 동굴에서 발굴된 32개의 위팔뼈 가운데 8개에서 이 구멍을 발견했다고 한다. 그러나 이렇게 비정상적으로 높은 빈도로 보아 이 동굴이 '가족의 납골당' 같은 것이었을지도 모른다고 그는 생각하고 있다. 뒤퐁(Dupont)은 순록기(馴鹿期)에 속하는 레스 계곡의 동굴에 있었던 뼈 가운데 30%에서 이 구멍을 발견했으며, 르게이(Leguay)는 아르장퇴유의 고인돌 같은 유적지에서 발굴된 뼈의 25%에서 이 구멍을 발견했다. 또

---

*44 C. 마르탱(M. C. Martins) ("De l'Unité Organique," in 'Revue des Deux Mondes,' June 15, 1862, p. 16)과 헤켈(Häckel) ('Generelle Morphologie,' Bd. 2, S. 278)은 함께 이 흔적기관이 이따금 죽음을 부른다는 진기한 사실을 지적했다.

*45 'The Lancet,' January 24, 1863, p. 83. 녹스 박사의 'Great Artists and Great Anatomists,' p. 63 참조. 이 과정에 관해서는 그루브 박사(Dr. Gruber)의 중요한 논문인 'Bulletin de l'Acad. Imp. de St. Petersbourg,' tome 12, 1867, p. 448도 참조할 것.

*46 세인트 조지 마이바트(St. George Mivart)의 'Transact. Phil. Soc.,' 1867, p. 310.

*47 "On the Cavers of Gibraltar," 'Transact. Internat. Congress of Prehist. Arch.,' 3rd session, 1869, p. 159.

프루너 베이(M. Pruner-bey)는 보레알에서도 발굴된 뼈의 26%에서 구멍이 있는 것을 발견했다. 또 프루너 베이가 이러한 상태는 구안쉐에서 발견된 뼈에서도 흔히 볼 수 있다고 주장한 사실도 잊어서는 안 될 것이다. 고대의 인종이, 이러한 예와 다른 예들에서 현대의 인종보다 하등동물과 닮은 형태를 더 많이 간직하고 있는 것은 흥미로운 일이다. 그 주된 이유의 하나는 인간의 조상에 이르는 긴 계열에서 고대의 인종이 현대의 인종보다 동물적인 조상에 가깝기 때문으로 생각된다.

인간의 꼬리뼈는 꼬리로서는 아무 기능도 하지 않지만, 다른 척추동물의 꼬리와 뚜렷이 일치하고 있다. 배발생 초기에는, 이미 보았듯이 그것은 자유롭게 움직이며 다리보다 길었다. 이시도르 조프루아 생 틸레르(Isidore Geoffroy St.-Hilaire)와 그 밖의 사람들에 의하면*48 비정상적인 예에서는 드물게 외견적으로도 꼬리와 비슷한 기관을 형성했다고 알려져 있다. 꼬리뼈는 짧으며, 보통 네 개의 척추뼈로만 형성되어 있다. 그리고 그것은 가장 기저부에 있는 것을 제외하고는 추체(椎體)로만 이루어져 있기 때문에 그 흔적만을 볼 수 있다.*49 터너 교수에 따르면, 거기에는 몇 개의 작은 근육이 있는데 그 중 하나를 두고, 틸르(Theile)가 대부분의 포유류에 잘 발달해 있는 꼬리의 신근(伸筋)이 흔적으로 남은 것이라고 주장했다고 한다.

인간의 척수는 마지막 흉추 또는 첫 번째 요추까지만 도달하는데, 척수관의 천골 부분 또는 꼬리뼈 뒤까지 실 같은 구조의 종말끈이 통하고 있다. 그 섬유의 상부는 터너 교수가 알려준 바에 따르면 틀림없이 척수와 같은 구조이다. 그러나 그 하부는 명백하게 척수연막(脊髓軟膜)에 지나지 않는다. 이 예에서도 꼬리뼈는 골성(骨性)의 관으로 에워싸여 있지 않더라도, 척수와 같은 중요한 구조의 흔적을 유지하고 있다고 할 수 있다. 다음의 사실은, 이 또한 터너 교수로부터 들은 것인데, 꼬리뼈가 다른 하등동물의 꼬리와 얼마나 밀접하게 일치하고 있는지를 나타내고 있다. 최근에 루시카(Luschka)는 꼬리뼈 맨 끝에 중천골동맥과 이어져 있는 매우 기묘하고 복잡한 구조를 발견했다. 이 발견에 따라 크라우제(Krause)와 마이어(Meyer)가 원숭이(마카쿠스)와 고양이의

---

*48 이것에 관해서는 최근에 카트르파지(Quatrefages)가 증거를 수집했다. 'Revue des Cours Scientifiques,' 1867-1868, p. 625.

*49 Owen(오언), 'On the Nature of Limbs,' 1849, p. 114.

꼬리를 조사했더니, 둘 다 이와 유사한 복잡한 구조가 말단부가 아닌 다른 부위에서 발견되었다.

생식계에는 다양한 흔적구조가 있는데, 이것들은 매우 중요한 한 가지에 있어서는 앞에 든 예와 다르다. 여기서 문제가 되는 것은 그 종이 불완전한 상태로 가지고 있는 구조의 흔적이 아니라, 한쪽 성에서는 언제나 완전한 상태로 존재하는데도 다른 쪽 성에는 흔적으로만 나타나는 구조이다. 어쨌든 이러한 흔적이 존재하는 것도, 앞에 말한 예의 경우와 마찬가지로 각각의 종이 개별적으로 창조되었다고 보는 견해로는 설명이 되지 않는다. 앞으로는 이러한 흔적기관으로 자주 돌아가서, 그것이 존재하는 것은 일반적으로 단순한 유전에 의한 것임을 밝히려고 한다. 즉 한쪽 성이 가지고 있는 구조가 다른 성에 불완전하게 전달된다는 것이다. 여기서는 그러한 흔적기관에 대해 몇 가지 예를 드는 데 그치기로 한다. 인간도 포함하여 모든 포유류 수컷에 흔적기관으로만 남은 유두(乳頭)가 있는 것은 잘 알려진 사실이다. 수컷의 유두는 때로 잘 발달하여 대량의 젖을 분비하는 경우도 있다. 양성의 유두가 본질적으로 같은 것임은, 홍역에 걸렸을 때 어느 쪽 성이든 유두가 그것에 반응하여 커지는 것에서도 알 수 있다. 대부분의 포유류 수컷이 가지고 있는 전립선소실(前立腺小實)은 그것에 부수하는 관도 포함하여 암컷의 자궁과 같은 것임은 이미 널리 인정되고 있다. 이 기관에 관한 로이카르트(Leuckart)의 뛰어난 서술과 고찰을 읽는다면 그의 결론이 타당하다는 사실을 인정하지 않을 수 없을 것이다. 이 사실은 암컷이 쌍각자궁(雙角子宮)을 가지고 있는 포유류에서는 수컷의 전립선소실 또한 두 갈래로 갈라져 있다는 것에서 특히 뚜렷이 드러난다.[50] 생식계에 속하는 다른 몇 가지 흔적 구조에 대해서도 마찬가지로 예증할 수 있을 것이다.[51]

크게 나눠서 세 그룹에 속하는 이러한 사실들이 의미하는 것은 명백하다. 그러나 내가 《종의 기원》에서 자세히 전개한 논의를 여기서 다시 한 번 모두 되풀이하는 것은 무의미한 일일 것이다. 같은 그룹에 속하는 종의 전체적인

---

[50] 토드(Todd)의 'Cyclop. of Anat. and Physiology,' 1849-52, Vol. 4, p. 1415에 인용된 로이카르트의 주장. 사람의 이 기관은 겨우 12분의 3~6인치(약 0.64~1.27cm) 길이밖에 되지 않지만, 많은 다른 흔적기관과 마찬가지로 그 발달 정도와 그 밖의 성질은 매우 변이가 풍부하다.

[51] 이 문제에 대해서는 오언의 'On the Anatomy of Vertebrates,' Vol. 3, pp. 675, 676, 706 참조.

형태구조가 서로 같은 것은 그것이 공통의 조상으로부터 파생한 것이며, 또 그 뒤의 다양한 상황에 적응해 왔기 때문이라고 생각하면 쉽게 이해할 수 있다. 그렇게 생각하지 않는다면 인간과 원숭이의 손, 말의 다리, 물개의 지느러미, 박쥐의 날개 등의 구조가 서로 유사한 것을 도저히 설명할 수가 없다. 이 생물들이 모두 동일한 이상적인 설계도에 따라 만들어졌다는 주장은 과학적인 설명이 아니다. 발달 단계에 있어서는 놀라울 만큼 다른 형태의 배(胚)가, 많든 적든 완벽한 형태로 공통 조상의 구조를 유지하고 있는 원인이 무엇인가 하는 문제는, 배의 분화는 배발생 시점으로부터 한참 뒤에 일어나는 것이며, 각각 일치하는 시기에 유전이 발현한다는 원칙에 입각하면 쉽게 이해할 수 있다. 그 밖에 인간, 개, 물개, 박쥐, 파충류의 배가 처음에는 서로 거의 구별이 되지 않는다는 경이로운 사실에 대한 설명은 지금까지 하나도 제시된 것이 없다. 흔적기관의 존재를 이해하기 위해서는 그 조상이 문제의 구조를 완벽한 상태로 유지하고 있었으며, 그 뒤에 생활양식이 변함에 따라 단순히 사용하지 않게 되거나, 더 이상 필요하지 않게 된 기관을 지니는 것에 대한 부담을 최소한으로 지려는 개체의 자연선택 작용을 통해, 또 앞에서 논한 다른 과정의 도움을 입어 서서히 축소되었다고 추론하는 수밖에 없을 것이다.

이와 같이 우리는 인간과 다른 모든 척추동물이 어떻게 해서 같은 일반적 모델에 따른 구조를 하고 있는지, 왜 그들이 모두 같은 배발생의 초기단계를 거치는지, 왜 그들이 일종의 흔적기관을 공통으로 갖고 있는지에 대해 이제 이해할 수 있게 되었다. 그러므로 우리는 이 모두가 공통의 조상으로부터 유래하기 때문이라는 것을 솔직하게 인정하지 않으면 안 된다. 그렇지 않으면, 우리 자신의 형태구조나 다른 모든 동물의 그것이 단순히 우리의 판단을 방해하는 함정이 될 뿐이다. 동물계의 모든 종을 비교하여 그 분류와 유사성에서 얻을 수 있는 증거를 고찰하고, 지리적 분포와 지질적 변천을 눈앞에서 본다면 이 결론은 더욱더 강화될 것이다. 이 결론에 대해 이의를 제기하는 것은, 우리의 조상으로 하여금 인간은 신과 같은 존재로부터 태어났다고 말하게 한 오만함과, 우리가 당연한 듯 여기고 있는 편견 때문일 뿐이다. 그러나 인간과 다른 동물들의 구조와 발생에 대해 이토록 많은 지식을 지닌 박물학자들이, 각각의 종이 개별적 창조에 의해 만들어진 것으로 믿었다는 사실 자체가 놀라운 일로 여겨질 때가 머지않아 올 것이다.

제2장 인간과 하등동물의 정신적 능력 비교

가장 고등한 유인원과 가장 하등한 미개인 사이의 커다란 정신적 능력의 차이—공통으로 볼 수 있는 본능—감정—호기심—모방—주의—기억—상상력—이성—진보적 향상—동물이 사용하는 도구와 무기—언어—자의식—미적 감각—신에 대한 믿음, 영적 매체, 미신..

앞장에서는 인간이 어떤 하등한 형태의 생물로부터 파생했음을 보여주는 뚜렷한 특징들이 인간의 신체구조에 갖춰져 있는 것을 보았다. 그러나 인간은 다른 모든 동물들보다 훨씬 정신적 능력이 뛰어나기 때문에, 이 결론에는 뭔가 오류가 있는 것이 틀림없다는 강한 주장이 제기될지도 모른다. 넷 이상의 수를 표현하는 말도 없으며, 가장 흔한 대상과 감정에 대한 추상적 언어도 없는 가장 하등한 미개인을 가장 고등한 유인원과 비교해도 이 점에 대한 차이가 매우 큰 것은 명백하다.[*1] 개가 본래 조상인 늑대나 자칼에서 변화해 온 것과 마찬가지로, 고등유인원의 한 종류를 향상시켜서 문명화시켰다고 해도 이 차이는 의심할 여지없이 여전히 크게 남을 것이다. 푸에고 섬 주민들은 야만인 가운데에서도 가장 하위에 해당한다.[*2] 그래도 몇 년 동안 영국에서 지내면서 영어를 조금 배운 뒤 비글호에 승선했던 푸에고 섬 주민 세 사람의 성질과 정신적 능력이 우리와 얼마나 비슷했는지 나는 늘 놀라곤 했다. 만약 인간 이외의 모든 생물이 정신적 능력을 전혀 갖추고 있지 않거나, 인간의 정신

[*1] 이러한 점에 관한 증거는 러벅(Lubbock)의 'Prehistoric Times,' p. 354 등을 참조할 것.

[*2] (역주) 푸에고 섬 사람은 남미의 티에라델푸에고에 사는 수렵채집인. 비글호 선장 피츠로이가 다윈보다 앞서 티에라델푸에고에 상륙했을 때, 네 명의 푸에고 섬 사람을 영국으로 데리고 갔다. 그들 가운데 셋은 영국에서 교육을 받은 뒤, 다윈과 같은 배를 타고 고향으로 돌아갔다. 그 무렵의 문명관은 서구인을 정점으로 하여 다양한 문화를 서열적으로 배열했기 때문에, 간단한 물질문화밖에 갖지 않은 사람들을 가장 '야만적이며 미개하고 하등한' 문명에 속한다고 생각하고 있었다.

적 능력이 하등동물의 그것과 완전히 다른 성질의 것이라면, 우리의 높은 능력이 점진적 진화에 따른 것이라고는 도저히 생각할 수 없게 될 것이다. 그러나 여기에도 본질적인 차이가 없다는 사실을 분명히 보여줄 수 있다. 우리는 또 칠성장어나 창고기 같은 가장 하등한 어류와 고등유인원 사이의 정신적 능력의 차이는 유인원과 인간 사이의 차이보다 훨씬 크다는 사실을 인정하지 않으면 안 된다. 그래도 이 큰 차이는 헤아릴 수 없을 정도의 점진적 변화에 의해 메워져 갔다.

그 옛날 항해자 바이런(Byron)이 기술한 것처럼, 어린이가 성게 바구니를 떨어뜨렸다는 이유만으로 그 아이를 바위에 내동댕이치는 야만인과, 하워드(Howard)나 클락슨(Clarkson) 같은 사람들 사이의 윤리적 성질의 차이도 결코 작지 않다. 또 추상적인 언어를 전혀 사용하지 않는 미개인과, 뉴턴이나 셰익스피어 사이의 지적 능력의 차이도 마찬가지이다. 최고의 인종 가운데서도 최고의 인물과 가장 하등한 미개인 사이의 차이점들은, 몇 가지 세세한 점진적 변화로 연결되어 있다. 그래서 그것이 서로 상대 쪽을 향해 변화해 가는 것이 가능하다.

이 장에서 나의 목표는 인간과 고등포유류 사이에는 정신적 능력에서 본질적인 차이가 없음을 보여주는 것이다. 여기서 다룰 주제의 어느 것이나 그 자체로 독립된 논문으로 써야 하겠지만 각각 간결하게 다루지 않을 수 없다. 정신적 능력에 관해 누구나 널리 인정하는 분류는 없기 때문에, 나 자신의 목적에 맞도록 그것을 정리하여 나에게 가장 인상 깊었던 사실만을 선택하기로 했다. 그래서 독자 여러분에게 무언가의 영향을 줄 수 있다면 다행이라고 생각한다.

매우 하등한 동물에 관해서는[*3] 성선택 편에서 몇 가지 사실을 추가하여,

─────────────

*3 (역주) 현대의 진화생물학에서는 지구상의 생물이 필연적으로 하등한 것에서 고등한 것으로 진화했다고는 생각하지 않기 때문에, 이러한 말은 더 이상 사용되지 않으며, 분류체계를 하등에서 고등으로 가는 서열로 생각하지도 않는다. 계통적으로 오래된 동물 쪽이 신경계의 구성이 단순하며, 새롭게 출현한 생물일수록 그것이 복잡해지는 경향은 있지만, 시대가 나아감에 따라 생물이 일반적으로 복잡해지는지에 대해서는 의문이 있어 지금도 논의되고 있다. 다윈의 시대에는 모든 생물을 자연의 계층(scale) 속에 서열에 따라 배열하여, 하등동물에서 고등동물로 진화했다고 생각하는 것이 일반적이었다. 그 무렵 에른스트 헤켈의 계통도 그러한 자연관에 따른 것이다.

그들의 정신적 능력이 일반적으로 생각하는 것보다 높을지도 모른다는 사실을 보여주어야 할 것이다. 같은 종에 속하는 개체 사이의 능력의 변이는 우리에게 중요한 논점이 되므로, 그것에 대해서도 이 장에서 몇 가지 논하고자 한다. 그러나 조류도 포함하여 다양한 동물을 오랫동안 다뤄온 사람들 사이에서는 어떠한 정신적 성질에 있어서도 개체가 각각 매우 다르다는 것은 모두가 한결같이 인정하는 것이므로, 그것에 대해 깊이 들어갈 필요는 없을 것 같다. 가장 하등한 생물에서 정신적 능력이 최초로 어떻게 발달해 왔는지에 대해서는, 생명이 어떻게 시작되었는가 하는 의문과 마찬가지로 아직 해답을 찾지 못하고 있다. 만약 인간이 그 해답을 찾는다 해도 훨씬 먼 미래의 일이 될 것이다.

인간은 하등동물과 같은 감각들을 가지고 있기 때문에 기본적인 직관은 다르지 않을 것이다. 또 인간은 자기보존, 성애(性愛), 자식에 대한 어머니의 사랑, 갓난아기가 젖을 빠는 능력 등 몇 가지 본능을 하등동물과 공유하고 있다. 그러나 인간 바로 아래에 속하는 동물에 비하면, 더 적은 수의 본능밖에 갖고 있지 않을지도 모른다. 동양의 섬에서 사는 오랑우탄이나 아프리카 침팬지는 잠을 자기 위한 집을 나무 위에 짓는다. 그들이 같은 습성을 보여주는 것은 본능에 따른 것이라고 할 수도 있지만, 두 종 모두 같은 요구에 대해 비슷하게 추론하는 능력을 가지고 있기 때문이 아니라고 단정할 수는 없다. 이러한 유인원은 열대에서 자라는 독이 든 열매를 먹는 것은 피하는데, 우리 인간은 그러한 상식을 가지고 있지 않다. 그러나 우리의 가축도 낯선 땅에 옮겨져서 초봄에 처음 밖으로 나가면 종종 독초를 먹기도 하지만 나중에 그것을 피하는 것을 보면, 유인원도 자기 자신이나 부모의 경험을 통해 어떤 열매를 먹어야 하는지 학습하는 것이 아니라고 단정할 수는 없다. 이제부터 살펴보겠지만, 유인원이 뱀이나 다른 위험한 동물들에 대해서도 본능적인 공포를 품고 있는 것은 확실하다.

하등동물에 비해 더 고등한 동물의 본능적 욕구가 적고 비교적 단순한 것에 놀라지 않을 수 없다. 퀴비에는 본능과 지능은 서로 반비례한다고 주장했고, 어떤 사람들은 고등동물의 정신적 능력은 본능으로부터 서서히 발달했다고 생각한다. 그러나 푸셰(Pouchet)는 흥미로운 논문에서,[4] 그러한 반비례 관

---

[4] "L'Instinct chez les Insectes," 'Revue des Deux Mondes,' February, 1870, p. 690.

계는 존재하지 않는다는 것을 보여주었다. 가장 놀라운 본능을 지니고 있는 곤충은 확실히 가장 지적이기도 하다. 척추동물의 계열에서 가장 지적이지 않은 것, 즉 어류와 양서류는 복잡한 본능은 가지고 있지 않다. 포유류 가운데 가장 특징적인 본능을 가지고 있는 것으로 알려진 비버는, 이 동물에 관한 모건(Morgan)의 훌륭한 글을 읽은 사람이라면 누구나 인정하듯이 대단히 지적이다.*5

허버트 스펜서(Herbert Spencer)에 따르면,*6 최초의 지능은 반사행동이 증폭되어 서로 연관성을 갖게 된 것에서 시작되었다고 하며, 동물의 새끼가 젖을 빠는 행동처럼 단순한 본능들이 서서히 이러한 반사행동이 되어 그것과 거의 구별이 가지 않게 된 경우도 있지만, 더 복잡한 본능은 지능과 독립된 기원을 가진 것으로 생각된다. 그렇다 해도 나는 본능적인 행동이 타고난 고정적인 성질을 잃고, 자유의지의 도움으로 이루어지는 다른 행동으로 대체될 가능성을 부정할 생각은 전혀 없다. 한편 대양 한가운데 떠 있는 섬에 사는 새가 사람 가까이 가면 안 된다는 것을 처음 배울 때처럼, 일종의 지적인 행동이 몇 세대 동안 되풀이된 뒤에 본능이 되어 유전되는 경우도 있다. 그러한 행동은 더 이상 이성이나 경험을 통해 이루어지는 것이 아니므로 그 성질이 퇴화했다고 할 수 있을지도 모른다. 그러나 더 복잡한 본능들은 전혀 다른 형태로, 즉 더 단순한 본능행동의 변이에 대해 자연선택이 작용함으로써 획득된 것으로 생각된다. 이러한 변이는 몸의 각 부분에서 미미한 변이와 개체 차이를 불러일으키는 것과 똑같은 미지의 원인이 뇌 조직에도 마찬가지로 작용함으로써 일어날 것이다. 변이가 왜 일어나는지에 대해서는 아직 아무것도 모르기 때문에, 보통 자발적으로 일어나는 것으로 여기고 있다. 불임인 일벌이나 일개미가 경험의 영향과 변화한 습성을 전하는 새끼를 전혀 남기지 않는데도 본능을 유지하고 있는 것을 고려하면, 그보다 복잡한 본능의 기원에 대해 이 밖의 결론은 없다고 나는 생각한다.

지금 여기에 예로 든 곤충과 비버에서 볼 수 있듯이, 고도의 지능이 복잡한 본능과 동시에 존재하는 것은 확실하지만 양자가 서로 상대의 발달을 어느 정도 방해하는 것도 전혀 불가능한 일은 아니다. 뇌의 기능에 대해서는 거

---

*5 'The American Beaver and His Works,' 1868.

*6 'The Principles of Psychology,' 2nd edition, 1870, pp. 418−443.

의 알려져 있지 않지만, 지적능력이 고도로 발달함에 따라 뇌의 다양한 부분이 매우 복잡한 정보교환의 경로로 서로 연결되어 있을 거라고 생각해도 좋을 것이다. 그 결과, 각각 다른 뇌의 부분은 지극히 당연하고 동일한, 다시 말해 본능적으로 특정한 감각과 연합에 반응하는 데는 적합하지 않게 될지도 모른다.

나는 이렇게 잠시 옆길로 빠져 이런 문제를 논하는 것도 무의미한 일은 아니라고 생각한다. 왜냐하면 고등동물이 과거의 사건에 대한 기억, 통찰, 이성, 상상력에 따라 하는 행동을, 하등동물이 본능에 따라 수행하고 있는 완전히 같은 행동과 비교하면, 고등동물, 특히 인간의 정신적 능력을 쉽게 과소평가하는 경향이 있기 때문이다. 후자의 경우, 그러한 행동을 불러일으키는 능력은 정신적 기관의 변이와 자연선택에 의해 한 단계씩 획득된 것이며, 그것이 획득되는 어느 세대에서도 의식적인 지능은 전혀 개입하지 않는다. 물론 월리스(Wallace)가 논한 것처럼,[7] 인간들의 지적활동도 이성이 아니라 모방에 의해 이루어지고 있기는 하지만, 인간의 행동과 하등동물이 보여주는 복잡한 행동 사이에는 다음과 같은 커다란 차이가 있다. 즉 인간은 모방의 힘만으로 처음부터 돌도끼와 카누를 만들 수는 없다. 인간은 연습을 통해 일을 익히지 않으면 안 된다. 한편 비버가 댐과 운하를 만들고 새가 둥지를 짓는 것은 나이가 많고 경험이 풍부한 동물과 거의 비슷할 정도로 처음부터 능숙하다.

다시 본론으로 돌아가면, 하등동물도 인간과 마찬가지로 기쁨과 고통, 행복, 비참함을 느끼는 것은 분명한 사실이다. 강아지나 새끼고양이, 새끼양 등이 서로 어울려 노는 것만큼 행복하고 즐거운 장면은 없는데, 그것은 인간의 어린아이들도 마찬가지이다. 탁월한 관찰가인 P. 유베르(P. Huber)는 개미들이 서로 쫓아다니거나 깨무는 시늉을 하는 모습을 기록했듯이,[8] 곤충도 강아지처럼 장난을 치며 놀기도 한다.

하등동물도 인간과 같은 감정에 따라 반응한다는 사실은 이미 누구나 인정하고 있는 사실이므로 더 이상 자세히 설명하여 독자 여러분을 따분하게 만들 필요는 없을 것이다. 공포는 그들에게도 우리와 같은 작용을 하여 근육이 떨리고 심박수가 올라가며 괄약근이 이완되고 온몸의 털이 곤두선다. 공포의

---

[7] 'Contributions to the Theory of Natural Selection,' 1870, p. 212.

[8] 'Recherches sur les Mœurs des Fourmis,' 1810, p. 173.

산물인 의심은 대부분의 야생동물에게서 널리 볼 수 있는 성질이다. 용기와 두려움은 개를 보면 분명하듯이, 같은 종에 속하는 개체 사이에도 매우 큰 변이를 볼 수 있다. 개와 말 중에는 성격이 나빠서 툭하면 화를 내는 것이 있는가 하면 성격이 매우 좋은 개체도 있는데, 이러한 성격은 명백하게 유전된다. 동물들이 매우 화를 잘 내고 그것을 얼마나 확실하게 표현하는지는 널리 알려진 바와 같다. 여러 동물들이 상당히 시간이 지난 뒤 교묘하게 복수하는 이야기들이 많이 출판되어 있는데, 아마 그것은 사실일 것이다. 렝거와 브레엠이 쓴 것이 정확하며, 그들이 키우고 있었던 미국과 아프리카산 원숭이는 분명히 복수를 했다고 한다.*9 개가 주인에게 주는 사랑은 매우 유명하다. 개는 죽음의 고통 속에서도 주인을 애무하는 행동을 할 때가 있다. 생체가 해부되고 있는 동안에도 수술자의 손을 핥은 개 이야기는 누구나 들은 적이 있을 것이다. 그 사람이 돌처럼 차가운 마음의 소유자가 아니었다면, 아마 삶을 마감하는 자리에서 크게 자책감을 느꼈을 것이다. 휴얼(Whewell)이 말한 것처럼*10 "모든 나라의 여성들 사이에서 종종 화젯거리가 되는 감동적인 어머니의 사랑에 대한 이야기와, 모든 동물의 암컷도 다르지 않다는 이야기를 읽고, 어느 경우에나 행동의 원리는 같다는 것에 반론을 제기할 사람은 아마 없을 것이다."

어머니의 사랑은 매우 사소한 점에까지 표현되는 경우가 있다. 즉 렝거는 (꼬리감는 원숭이류의) 미국 원숭이가 자기 새끼에게 달라붙는 파리를 세심하게 쫓아주는 것을 관찰했으며, 뒤보셀(Duvaucel)은 긴팔원숭이가 냇가에서 새끼의 얼굴을 씻어주는 것을 목격했다. 암컷 원숭이가 새끼를 잃으면 그 상심이 얼마나 큰지, 브레엠이 북아프리카에서 키우던 원숭이들은 그로 인해 결국은 모두 죽어버렸을 정도였다. 고아가 된 원숭이는 늘 다른 암컷이나 수컷의 양자가 되어 자상하게 보호받았다. 어떤 개코원숭이 암컷은 마음이 매우 넓어서 다른 종의 새끼뿐만 아니라 개와 고양이 새끼까지 훔쳐 와서 늘 데리고 다녔다. 그러나 암컷 원숭이의 친절은 양자들에게 먹이까지 나눠줄 정도는 아니었다. 자기 원숭이들이 새끼들에게 먹이를 골고루 나눠주는 것을 늘

---

*9 이 두 박물학자가 관찰했다고 하는, 여기서 다루는 모든 사례들은 렝거(Rengger)의 'Naturges. der Säugethiere von Paraguay,' 1830, S. 41–57과 브레엠(Brehm)의 'Thierleben,' Bd. l, S. 10–87에서 인용했다.

*10 'Bridgewater Treatise,' p. 263.

보고 있었던 브레엠은 그 사실에 매우 놀랐다고 한다. 어느 날 양자가 된 새끼고양이가 이 마음씨 좋은 암컷 개코원숭이를 할퀴자, 확실히 머리가 좋은 이 개코원숭이는 할퀸 것에 놀라 곧 새끼 고양이의 발을 살펴본 뒤 곧바로 발톱을 물어뜯어 버렸다. 나는 런던동물원의 사육사에게서 늙은 차크마개코원숭이가 붉은털원숭이를 양자로 삼은 예를 들은 적이 있다. 그런데 드릴개코원숭이와 맨드릴개코원숭이를 우리 속에 넣자, 암컷 차크마개코원숭이는 좋은 다르지만 그들이 자신과 더 가깝다고 느낀 모양인지 곧 붉은털원숭이를 버리고, 대신 그들을 양자로 삼았다. 그렇게 버림받은 것에 불만을 품은 어린 붉은털원숭이는, 내가 관찰한 바로는 자신이 안전하다고 생각하자마자 마치 심술쟁이 아이처럼 이 드릴개코원숭이와 맨드릴개코원숭이의 새끼를 괴롭히기 시작했다. 그러자 늙은 개코원숭이는 이 행동에 매우 화를 냈다. 브레엠에 따르면, 원숭이는 주인이 공격을 받으면 그를 보호하려 하고, 개에게 애착을 가지고 있는 경우에는 그 개가 다른 개에게 공격을 받을 때도 보호하려고 한다는 것이다. 이 이야기는 공감이라는 주제의 영역이므로 나중에 다시 다루기로 하겠다. 브레엠의 원숭이 가운데에는, 자기들이 매우 싫어하던 늙은 개와 그 밖의 동물들을 여러 가지 방법으로 교묘하게 괴롭히는 것에서 큰 기쁨을 느끼는 몇몇 원숭이들도 있었다.

이보다 복잡한 감정도 대부분 고등동물과 우리 인간들에게 공통적으로 나타난다. 개는 주인이 다른 개체를 사랑하면 몹시 질투한다는 것을 누구나 알고 있는데, 나는 원숭이에게서도 그와 같은 것을 발견했다. 이것은 동물들이 다른 개체를 사랑할 뿐만 아니라 자신이 사랑받고 싶은 욕망도 가지고 있음을 보여준다. 동물들은 명백하게 경쟁의식을 가지고 있다. 그들은 찬성이나 칭찬받는 것을 좋아한다. 주인에게 바구니를 물어다주는 개의 자기만족과 자긍심은 누가 봐도 알 수 있다. 개가 공포와는 다른 감정인 치욕을 느끼며, 먹을 것을 너무 자주 조를 때는 염치와 매우 비슷한 감정을 가지기도 한다. 큰 개는 어린 개가 으르렁거리는 것을 봐도 코웃음치고 마는데, 그것은 도량이라고 부를 수 있을지도 모른다. 몇몇 관찰자는 원숭이는 사람들이 자기를 보고 웃는 것을 싫어하며, 화가 나는 일을 상상으로 지어내기도 한다고 말한다. 나는 사육사가 편지나 책을 꺼내어 소리 내어 읽을 때마다 매우 화를 내는 런던동물원의 개코원숭이를 알고 있는데, 그 원숭이의 분노가 어찌나 맹렬하던지, 어느 날은 자신의 발을 피가 나도록 물어뜯는 것을 본 적이 있다.

다음에는 더 높은 정신적 능력의 발달에 기초가 되기 때문에 매우 중요한, 더욱 지적인 감정과 능력에 대해 살펴보기로 한다. 동물은 명백하게 흥분을 좋아하고 따분한 것을 싫어하는데 그것은 개에서도 볼 수 있고, 렝거에 따르면 원숭이도 그렇다고 한다. 모든 동물들은 '놀람이나 경이'를 느끼며 대부분 '호기심'을 나타내기도 한다. 그들은 사냥꾼의 우스꽝스러운 몸짓을 보고 호기심에 이끌려 따라올 때처럼, 후자의 감정 때문에 피해를 입는 일도 있다. 나는 그것을 사슴, 겁 많은 샤모아, 몇 종류의 오리에서 본 적이 있다. 브레엠은 그의 원숭이들이 뱀에 대해 보여주는 본능적인 혐오에 대해 재미있는 이야기를 들려주었다. 그들은 호기심이 너무 강해서 인간이 하는 것처럼 뱀이 들어 있는 상자 뚜껑을 이따금 들쳐 공포심을 만족시킨다. 나는 그의 보고에 매우 놀라서 런던동물원의 원숭이 우리에 똬리를 튼 박제뱀을 가지고 간 적이 있는데, 그것이 불러일으킨 흥분은 내가 그때까지 한 번도 본 적이 없을 만큼 흥미로운 구경거리였다. 가장 강하게 놀라움을 표시한 것은 세 종(種)의 긴꼬리원숭이였다. 그들이 우리 속을 이리저리 뛰어다니면서 위험을 알리는 날카로운 소리를 질렀을 때, 주위에 있던 모든 원숭이들은 그 의미를 이해했다. 뱀에 아무런 관심도 보이지 않는 것은 어린 원숭이 몇 마리와 늙은 아누비스개코원숭이 한 마리뿐이었다. 나는 이 박제를 더 큰 우리 속에 놓아두었다. 좀 더 시간이 지나자 모든 원숭이들이 그것을 빙 둘러싸고 뚫어져라 바라보았는데, 그것은 참으로 우스꽝스러운 광경이었다. 그들은 신경이 매우 날카로워져서, 늘 가지고 놀아 익숙한 나무공이 짚더미 속에 반쯤 가려져 있다가 우연히 움직이는 것을 보더니 모두 깜짝 놀라 달아나고 말았다. 반면에 이 원숭이들은 죽은 물고기나 쥐, 그 밖에 새로운 것이 우리 속에 들어왔을 때는 그것과는 매우 다른 행동을 보여주었다. 처음에는 공포를 나타냈지만, 곧 그 물체에 다가가서 손으로 만지며 살펴보았던 것이다. 그래서 나는 살아 있는 진짜 뱀을, 입구를 느슨하게 오므린 종이봉투에 담아서 커다란 우리 한 복판에 두었다. 원숭이 한 마리가 곧 다가와서 조심스럽게 봉투를 조금만 열어 안을 들여다보고는 쏜살같이 달아났다. 그리고 나는 브레엠이 쓴 것과 똑같은 광경을 목격했다. 유혹을 이기지 못한 다른 원숭이들은 고개를 높이 들고 갸우뚱하면서, 무서운 물체가 꼼짝하지 않고 모습을 감추고 있는 봉투가 오똑 서 있는 곳으로 한 마리 또 한 마리, 아주 잠깐씩 들여다보려 다가가는 것이었다. 원숭이들은 마치 동물학적 유사성에 관한 어떤 개념을 가지고 있는 것 같다. 왜냐하면 브레엠이 키우고 있었던 원숭이들은 무해한 도마뱀이나 개구리에 대해서도, 잘못되었지만 기묘한 본능적 공포를 드러냈기 때문이다. 오랑우탄도 거북을 처음 보았을 때는 매우 두려워하는 것으로 알려져 있다.[*11]

인간에게는 '모방'의 원칙이 매우 강한데 그것은 미개인들이 특히 더 강하다. 데조르(Desor)는, 우스꽝스러운 행동을 흉내내는 것으로 유명한 원숭이류까지 계통을 거슬러 올라가지 않는 한, 어떠한 동물도 인간이 하는 행동을 스스로 흉내내는 일은 없다고 말했다.[*12] 그러나 동물은 서로의 행동을 흉내내는 일이 있다. 이를테면 개에게 길러진 두 종의 늑대는 개처럼 짖는 것을 배웠는데, 때로는 자칼도 그것을 배운다.[*13] 그것이 자발적으로 하는 모방이라 부를 수 있는지 어떤지는 별개의 문제이다. 내가 읽은 어떤 논문에 따르면, 고양이에게 길러진 강아지는 자신의 발을 핥고 얼굴을 닦는 것을 배우는 경우가 있다고 한다. 내가 전적으로 신뢰하는 친구한테서 들은 바로는, 그러한 행동을 하는 개가 있는 것은 확실한 것 같다. 새는 어버이의 노랫소리를 따라하며 때로는 다른 새소리도 흉내낸다. 앵무새는 자주 듣는 소리를 무슨 소리든지 흉내내는 것으로 유명하다.[*14]

인간의 지적 진보에서 '주의력'보다 더 중요한 능력은 아마 없을 것이다. 고양이가 굴 입구를 지키면서 사냥감을 덮치려 할 때처럼, 동물에게도 이 능력은 분명히 존재한다. 야생동물이 그러한 상태에 있을 때는, 너무나 한곳에 정신이 팔려 있어서 누가 다가가도 모를 정도이다. 원숭이류에서 이 능력에 얼마나 변이가 있는지에 대해 바틀릿(Bartlett)은 나에게 흥미로운 증거를 제공해 주었다. 원숭이에게 재주를 가르치는 사람이 있었는데, 그는 동물학회에서 언

[*11] W. C. L. Martin(W. C. L. 마틴), 'Nat. Hist. of Mammiferous Animals,' 1841, p. 405.

[*12] 포크트(Vogt)의 'Mémoire sur les Microcéphales,' 1867, p. 168에서 인용.

[*13] 《사육동식물의 변이》 제1권 27쪽.

[*14] (역주) 동물의 모방(imitation) 문제는 다윈이 여기서 말한 것처럼 단순하지 않다. 현재는 참된 모방과 겉으로의 모방을 구별하고 있다. 참된 모방이란 다른 개체가 하는 행동의 의미를 이해하고 자신도 같은 행동을 하는 것이며, 겉으로의 모방이란 행동의 의미는 이해하지 못한 채 행동만 흉내내는 것을 가리킨다. 인간 이외의 동물 가운데 참된 모방의 예는 거의 없다.

제나 보통 원숭이를 한 마리 5파운드에 구입하였다. 그런데 그가 서너 마리의 원숭이를 며칠 동안 곁에 두고 살펴본 뒤에 한 마리를 고르게 해준다면 두 배의 가격을 내겠다고 제안했다. 그렇게 짧은 기간에 어느 원숭이가 재주를 잘 배울지 알 수 있느냐고 묻자, 그는 그것은 모두 주의력에 달려 있다고 대답했다. 그가 원숭이에게 말을 걸거나 설명할 때, 원숭이가 벽에 붙어 있는 파리 같은 사소한 것에 주의가 쉽게 흐트러진다면, 그 원숭이에게는 가능성이 없다. 주의력이 없는 원숭이에게 벌을 주면서 재주를 가르치려고 하면, 그들은 곧바로 기분이 상해 토라져버린다. 반면에 자신에게 자주 관심을 기울이는 원숭이는 훈련을 잘 받는다는 것이다.

동물들이 인간과 장소에 대해 뛰어난 '기억력'을 가지고 있는 것에 대해서는, 여기서 새삼 되풀이할 필요는 없을 것이다. 앤드루 스미스 경(Sir Andrew Smith)은, 희망봉의 개코원숭이는 9개월 동안 떨어져 있었던 그를 알아보고 반가워했다고 한다. 나는 성격이 거칠고 낯선 사람에게는 무조건 적대감을 드러내는 개를 키운 적이 있는데, 5년하고도 이틀 동안이나 녀석을 멀리 한 뒤, 특별히 기억력을 시험해 보았다. 녀석이 있는 집 근처에 가서 옛날처럼 녀석의 이름을 부르자, 특별히 반가워하지는 않았으나 곧바로 달려 나와서 마치 30분 만에 다시 만난 것처럼 산책길에서 익숙하게 내 말에 복종했다. 즉 옛날에 기억했던 어떤 것들의 연결고리가 5년이 지난 뒤에도 순간적으로 녀석의 마음에 되살아난 것이다. 개미도 P. 유베르가 분명하게 보여준 것처럼,[15] 4개월이나 헤어져 있은 뒤에도 자신의 동료를 알아볼 수 있었다. 동물들이 어떤 방법으로든, 되풀이해 일어나는 일들 사이에 경과한 시간을 판단할 수 있는 것은 틀림없다.[16] '상상력'은 인간이 누리는 최고의 특권 가운데 하나이다. 이 능력을 통해 인간은 의지와 상관없이 독립적으로, 그때까지 얻은 이미지와 생

---

* 15 'Les Mœurs des Fourmis Indigénes,' 1810, p. 150.
* 16 (역주) 기억에도 다양한 메커니즘이 있으며, '하등동물'에서 '고등동물'로 갈수록 기억이 반드시 좋아지는 것은 아니다. 이를테면 같은 조류라도, 나무열매를 다양한 장소에 비축해 두고 나중에 꺼내 먹는 저식(貯食) 행동을 하는 새는, 그렇지 않은 새보다 기억 용량이 훨씬 크다. 여기서 이야기한, 개미가 4개월 뒤에도 동료들을 알아본다는 것은, 인간과 같은 기억에 의한 것은 아니다. 개미의 식별 능력은 페로몬을 통해 이루어지며, 이제 막 성충이 되었을 때 자기 자신과 주변에 있는 개체의 냄새를 기억 속에 아로새기며 그것을 표식으로 삼는 것이다.

각을 결합하여 훌륭하고 신기한 산물을 만들어낼 수 있다. 장 폴 리히터(Jean Paul Richter)에 따르면,[17] '등장인물에게 예스라고 말하게 할지 노라고 말하게 할지 수없이 고민하는' 시인은 '지옥에나 가라. 그런 자는 무능한 송장이나 다름없다'고 말한다. 꿈은 그 힘을 가장 잘 보여주고 있다. 또 장 폴이 말했듯이 '꿈은 무의식 속의 시적예술(詩的藝術)이다.' 우리의 상상력이 낳은 산물에 어느 정도의 가치가 있는지, 또 우리가 받은 인상이 얼마나 풍부하고 정확하며 명료한 것인지, 마음에 절로 떠오르는 상상의 연결고리들 가운데 어느 것을 선택하고 어느 것을 버릴 것인가 하는 우리의 판단과 취향, 그리고 어느 정도는 스스로 그러한 연결고리를 만드는 힘에 달려 있다. 그 분야의 권위자가 말하듯이,[18] 개, 고양이, 말, 아마도 모든 고등동물, 그리고 새까지도 선명하게 꿈을 꾼다. 그것은 그들 몸의 움직임과 목소리에 나타나기 때문에 그들도 어느 정도 상상력을 가지고 있음을 인정해야 할 것이다.

인간의 모든 능력 가운데 아마 '이성(理性)'이 그 정점에 있다는 것은 누구나 인정하는 사실이다. 동물에게도 어느 정도 추론 능력이 있음은 이미 대부분의 사람들이 의심하지 않고 있다. 동물도 걸음을 멈추고 곰곰이 생각한 뒤 문제를 해결하는 것을 종종 볼 수 있다. 어떤 특정한 동물의 습성에 대해 박물학자는 많은 것을 알면 알수록 그 동물의 행동을, 학습과 관계없는 본능이 아니라 이성에 따른 것으로 해석하게 된다는 것은 중요한 사실이다.[19] 이 책의 뒤에서는 매우 하등한 단계에 있는 동물도 어느 정도 이성을 보여주는 사례를 살펴보게 될 것이다. 이성의 힘과 본능의 힘을 구별하는 것은 분명히 쉬운 일은 아니다. 헤이즈(Hayes) 박사는 저서 《끝없는 북극해(The Open Polar Sea)》에서, 그의 개들이 얼음이 얇은 곳에 접어들면 함께 모여서 썰매를 끄는 것을 중지하고, 서로 흩어져서 체중이 널리 분산되게 한다는 사실을 되풀이하여 기술했다. 얼음이 얇아서 위험할 뻔했다는 것을 여행자가 처음 아는 것은, 개의 이런 행동이 보여주는 경고를 통해서인 경우가 종종 있다. 그런데 개

---

*17 모즐리 박사(Dr. Maudsley)의 'The Physiology and Pathology of Mind,' 1868, pp. 19, 220에서 인용.

*18 저든 박사(Dr. Jerdon)의 'Birds of India,' Vol. 1, 1862, p. 21.

*19 L. H. 모건(L. H. Morgan)의 저작 'The American Beaver and His Works,' 1868이 이 점에 관한 좋은 예를 제공하고 있다. 그러나 나는 그가 본능의 힘을 과소평가했다고 생각하지 않을 수 없다.

는 각자의 개별 경험을 통해 이러한 행동을 하게 되는 것일까. 아니면 늙고 현명한 개로부터 배우는 것일까, 그것도 아니라면 본능에 따라 습성을 물려받은 것일까? 이것이 본능이라면 원주민들이 최초로 개에게 썰매를 끌게 한 먼 옛날부터 유래했을 것이다. 또는 에스키모 개의 조상인 북극 늑대들이 얇은 얼음 위에서는 한데 모여서 사냥감을 공격하지 못한 데서 획득한 본능일지도 모른다. 이러한 물음에 대답하는 것은 가장 어려운 일 가운데 하나이다.

동물이 어느 정도 이성을 가지고 있음을 보여주는 사례들이 매우 많은 연구들 속에 기록되어 있기 때문에, 여기서는 원숭이 가운데에서는 하등한 위치에 속하는 미국 원숭이에 대해, 권위자인 렝거가 기술한 몇 가지 사항을 소개하는 정도로 그치고자 한다.

그는 다음과 같은 사실을 기록했다. 그가 처음 이 원숭이들에게 달걀을 주었을 때, 원숭이들은 그것을 내동댕이쳐서 내용물을 거의 모두 잃고 말았다. 그러나 나중에는 달걀 끝을 단단한 것에 살짝 쳐서 껍질을 손가락으로 벗기게 되었다. 날카롭고 뾰족한 도구에 베이고 나면, 그 한 번의 경험만으로 원숭이들은 그 도구를 만지려 하지 않거나 조심해서 다루게 되었다. 원숭이들에게 종종 설탕덩이를 종이에 싸서 주곤 했는데, 렝거는 이따금 살아 있는 벌을 종이에 싸서 줘 보았다. 그런데 그것을 급하게 열다 보면 벌에 쏘이게 되는데, 맨 처음 쏘인 뒤에는 원숭이들은 언제나 꾸러미를 먼저 귀에 갖다 대어 안에서 뭔가 움직이는 것이 없는지 확인했다. 이러한 사실과 자신이 키우는 개를 관찰하여 동물에게도 추론하는 능력이 있음을 인정하지 않는 사람은 더 이상 무슨 말을 해도 납득하지 않을 것이다. 그래도 나는 개에 대한 사례를 한 가지 더 소개하고 싶다. 그것은 두 사람의 저명한 관찰가에 의한 것으로, 어떠한 본능을 조작해도 이러한 일은 불가능하다고 생각되기 때문이다.

콜쿤(Colquhoun)[20]은 들오리 두 마리를 동시에 쏘아서 강 건너편 기슭에 떨어뜨렸다. 그의 리트리버 사냥개는 두 마리를 한꺼번에 물어오려고 했으나 잘 안 되는 것을 알았다. 그러자 이제까지 사냥감의 깃털을 흩뜨린 적이 한 번도 없었던 개가 고의로 한 마리를 물어죽이고는 다른 한 마리를 물고 돌아온 다음, 다시 죽은 새를 가지러 돌아갔다. 허친슨(Hutchinson) 대령은 메추라기

---

*20 'The Moor and the Loch,' p. 45. 허친슨 대령(Colonel Hutchinson)의 'Dog Breaking,' 1850, p. 46.

두 마리를 동시에 쏘아서, 한 마리는 죽고 또 한 마리는 다쳐서 떨어졌을 때의 일을 기록해 두었다. 다친 메추라기가 달아나려고 하자 그의 리트리버가 그것을 붙잡았다. 새를 물고 온 개는 또 한 마리의 죽은 메추라기를 만났다. "사냥개는 멈춰서서 매우 당혹해하는 것 같았다. 둘 다 물고 가려 하면 다친 새가 달아나려 한다는 것을 한두 번의 경험을 통해 알고 나자, 잠시 생각한 뒤 일부러 세게 물어서 그 새를 죽인 뒤에 두 마리를 모두 물고 돌아왔다. 사냥개가 사냥감을 고의로 다치게 한 것은 그때뿐이었다." 최초의 들오리 두 마리의 예처럼 다친 새를 먼저 물고 돌아온 뒤, 나중에 죽은 새를 가져올 수도 있었기 때문에 아주 완벽하다고는 할 수 없으나, 여기서 우리는 그 사냥개가 생각하는 능력이 있음을 알 수 있다.

노새를 모는 남아메리카 사람들은 "가장 걸음이 가벼운 노새가 아니라 가장 생각을 잘하는 노새를 당신에게 드리지요"라고 말하는데, "오랜 경험에서 나온 이 유명한 말은 아마도 사변철학의 어떠한 논리보다도 강하게 동물기계론을 반박하고 있다"고 훔볼트[*21](Humboldt)는 덧붙였다.

이것으로 인간은 고등동물, 특히 영장류와 몇 가지 본능을 공유하고 있음이 밝혀졌다고 생각된다. 모두가 같은 감각, 직관, 감정을 가지고 있으며, 열정과 애정, 더 복잡한 감정에 있어서도 마찬가지이다. 모두가 경이와 호기심을 느끼고 정도의 차이는 있지만 모방, 주의, 기억, 상상력, 그리고 추론의 능력도 가지고 있다. 그래도 많은 저술가들은 하등동물이 뛰어넘을 수 없는 뛰어난 정신적 능력을 인간이 지니고 있다고 주장해 왔다. 나는 전에 그러한 경구를 많이 수집해 둔 적이 있는데, 그것을 여기서 소개할 필요는 없으리라. 양도 많고 다양하게 다른 것들이 많이 포함되어 있어서, 간단하게 소개하기가 곤란하다. 이제까지 점진적으로 진보하고 개선하는 능력을 보여 온 것은 인간뿐이며, 불과 도구를 사용하고 다른 동물을 길들이며 재산을 소유하고 언어를 사용하는 것도 인간뿐이라고 주장해 왔다. 반면에 동물은 자의식을 가지고 있지 않으며 자신을 이해하지도 못하고, 추상화하거나 일반화할 수도 없다고 말해왔다. 인간만이 미의식을 가지고 있고 마음껏 공상을 펼치며, 감사의 마음

---

*21 'Personal Narratives,' English translation, Vol. 3, p. 106.

과 신비의 개념을 지니고 있고, 신을 믿으며 양심을 가지고 있다고 말해왔다. 이러한 문제들 가운데 더욱 중요하고 흥미로운 것에 대해 몇 가지를 감히 지적하고자 한다.

섬너(Sumner) 대주교는 전부터 인간만이 점진적으로 진보하는 능력을 가지고 있다고 계속 주장해 왔다.[22] 먼저 동물을 개체로서 바라보면, 동물에게 덫을 놓은 적이 있는 사람이라면 누구나 어린 동물이 늙은 동물보다 훨씬 쉽게 잡힌다는 것을 알고 있을 것이다. 그리고 포식자 쪽에서도 어린 먹잇감에게 접근하기가 훨씬 쉽다. 늙은 동물의 경우를 봐도, 같은 장소에서 같은 덫을 사용하거나 같은 독물을 사용하여 많은 개체를 붙잡거나 죽이는 것은 불가능하다. 그러나 늙은 동물 모두가 독을 먹어본 경험이 있다고는 생각하기 어려우며, 또 모두가 덫에 걸리는 것도 있을 수 없는 일이다. 그들은 동료가 붙잡히거나 독약을 먹고 죽는 것을 보고 배운 것이 분명하다. 오랜 기간에 걸쳐 모피동물 사냥이 계속되고 있는 북아메리카에서는, 모든 관찰자들이 한결같이 증언하는 바에 따르면, 동물들은 믿을 수 없을 만큼 기민하고, 조심성이 있으며, 영리하다는 것이다. 그러나 덫은 매우 오랫동안 사용되고 있으므로, 여기에는 유전의 요소도 들어 있을지 모른다.

연속하는 세대와 변종을 비교해보면, 새와 그 밖의 동물이 인간 같은 적의 존재에 대해 경계심을 서서히 가지거나 경계하지 않는 것에는 의심할 여지가 없다.[23] 이러한 경계심은 대부분 유전 또는 본능에서 나오는 것이 확실하지만, 일부는 개체의 경험에 의한 결과이다. 뛰어난 관찰가인 르로이(Leroy)는 여우사냥을 자주 하는 지방에서는, 어린 새끼여우가 보금자리를 처음 떠날 때 드러내는 깊은 경계심은 여우사냥을 별로 하지 않는 지방의 늙은 개체보다 훨씬 강하다고 말했다.[24]

인간이 기르는 개는 늑대와 자칼의 자손으로,[25] 그다지 영악해지지는 않았고 신중함과 경계심은 상당히 잃어버렸을지 모르지만, 그래도 애착과 신뢰, 흥분하기 쉬운 성질, 그리고 어쩌면 일반적인 지능 같은 몇 가지 도덕적 성질

---

*22 C. 라이엘 경(Sir C. Lyell)의 'Antiquity of Man,' p. 497에서 인용.
*23 《비글호 항해기》 1845년, 398쪽, 《종의 기원》 제5판, 260쪽.
*24 'Letters Phil. sur l'intelligence des Animaux,' nouvelle édition, 1802, p. 86.
*25 이것에 관한 증거는 《사육동식물의 변이》 제1권 제1장 참조.

에 있어서는 확실히 진보했다고 할 수 있다. 시궁쥐는 유럽 전역, 북아메리카 일부, 뉴질랜드, 그리고 최근에는 대만과 중국대륙에까지 침입하여 몇몇 다른 종을 정복하게 되었다. 중국에서의 이 예에 대해 기록한 스윈호(Swinhoe)는,[26] 시궁쥐가 다른 대형쥐인 무스코닝거(Mus coninga)를 물리치고 승리를 거둔 이유는 그 영리함에 있다고 보았다. 그는 시궁쥐가 그러한 영리함을 획득한 것은, 그보다 영리하지 않은 약한 쥐들이 인간들에게 차례차례 퇴치된 영향도 있지만, 쥐들을 절멸시키고자 하는 인간의 노력을 피하기 위해 시궁쥐들이 자신의 능력을 최대한으로 사용했기 때문이라고 말했다. 직접적인 증거는 아무것도 없이 지능과 그 밖의 정신적 능력이 나이와 함께 진보하는 동물은 없다고 주장한다면, 종의 진화에 대해 다시 묻지 않으면 안 될 것이다. 라르테 (Lartet)에 따르면, 현생 포유류의 몇몇 목(目)은 제3기에 살았던 옛날의 원종 (原種)보다 큰 뇌를 가지고 있는 것을 알 수 있다고 한다.[27]

동물은 도구를 전혀 사용할 줄 모른다고 말하는 사람들이 종종 있다. 그러나 야생 침팬지는 그 서식지에 자라고 있는 호두 같은 열매를 돌로 깨뜨린다.[28] 렝거[29]는 아메리카 원숭이에게도 똑같이 단단한 야자열매를 깨는 것을 간단하게 가르칠 수 있었는데, 그 뒤 원숭이들은 스스로 다른 단단한 열매와 상자를 여는 데도 돌을 사용했다. 그들은 부드럽지만 맛이 없는 과일 껍질을 벗기는 데까지도 돌을 사용했다. 다른 원숭이는 커다란 상자 뚜껑을 나뭇가지로 여는 방법을 가르쳐주자, 나중에는 무거운 물체를 움직이기 위해 나뭇가지를 지레로 사용했다. 나도 어린 오랑우탄이 갈라진 틈에 나뭇가지를 끼워 넣은 뒤, 그 가지 끝을 붙잡고 지레처럼 이용하는 것을 본 적이 있다. 지금 말한 예에서는 돌과 나뭇가지를 도구로 이용했지만, 원숭이들은 그것을 무기로 사용하기도 한다. 브레엠[30]은 유명한 여행가인 심퍼(Schimper)가 관찰한 것을 소개했는데, 아비시니아[에티오피아]에 사는 개코원숭이의 일종(겔라다

---

*26 'Proc. Zoolog. Soc.,' 1864, p. 186.
*27 (역주) 뇌의 크기는 몸무게와 관련이 있으므로 단순히 뇌 크기의 절대치를 비교해봤자 의미가 없다. 그러나 몸무게를 고려한 상대적인 값을 계산하면 확실히 제3기부터 제4기로 시대가 새로워질수록 포유류의 뇌는 커지고 있다.
*28 새비지와 와이먼(Savage and Wyman)의 'Boston Journal of Nat. Hist.,' Vol. 4, 1843-44, p. 383.
*29 'Säugethiere von Paraguay,' 1830, S. 51-56.
*30 'Thierleben,' Bd. 1, S. 79, 82.

개코원숭이 C. gelada)이 산에서 내려와 밭을 마구 파헤치다가 다른 종류의 개
코원숭이(망토개코원숭이 C. hamadryas)를 만나면 이 두 종 사이에 싸움이 일어
난다. 겔라다개코원숭이는 산 위에서 커다란 돌을 굴리고 망토개코원숭이는
그것을 피하면서, 두 종이 큰 소리를 지르며 서로를 향해 달려든다고 한다. 브
레엠은 코부르크 고타(Coburg-Gotha) 공작을 수행하고 있을 때, 아비시니아의
멘사 고개에서 개코원숭이 집단을 총기로 공격하는 데 참여한 적이 있었다.
하지만 개코원숭이들이 산 위에서 사람 머리만 한 크기의 돌을 굴려 응전하
자, 그들은 서둘러 달아나지 않을 수 없었다. 그 고개는 한때 캐러밴이 지나가
지 못하도록 폐쇄되기까지 했다. 이 경우 개코원숭이들이 단체행동을 한 것에
주목할 필요가 있다. 월리스(Wallace)*31는 "새끼를 거느린 암컷 오랑우탄이 극
도로 화를 내면서 두리안나무*32 가지를 꺾고 가시가 잔뜩 있는 과일을 따서
우리를 향해 소나기처럼 던지는 바람에 도저히 그 나무에 다가가지 못했는데,
그런 일을 세 번이나 겪었다"고 말했다.

런던동물원에서는 이가 약한 원숭이가 단단한 열매를 깨는 데 돌을 사용했
다. 내가 사육사에게 확인한 바에 따르면, 이 원숭이는 돌을 사용한 뒤에 짚
더미 밑에 그것을 숨겨두고, 다른 원숭이들은 만지지도 못하게 했다는 것이다.
여기서는 소유에 대한 개념을 생각할 수 있을지도 모른다. 그러나 이러한 개념
은 개도 뼈에 대해 가지고 있고, 새도 자신의 둥지에 대해 가지고 있다.

아가일(Argayll) 공작*33은 특별한 목적을 가지고 도구를 발명하는 것은 전적
으로 인간에게만 있는 특유한 능력이며, 그 때문에 인간과 다른 하등동물 사
이에는 결코 넘을 수 없는 벽이 있다고 생각했다. 그것이 중요한 차이인 것은
틀림없지만, 나는 J. 러벅(J. Lubbock) 경의 생각*34이 더욱 진실에 가깝다고 생
각한다. 즉 원시인이 맨 처음 부싯돌을 무슨 목적으로 사용했든, 처음에는 그
단단한 열매를 우연히 깬 것이었고, 나중에 그 날카로운 조각을 사용하게 된
것이 틀림없다. 그 뒤에 고의로 부싯돌을 쪼개어 작은 조각을 만드는 데까지
는 작은 진보였을 뿐이며, 그것에 조잡한 디자인을 가하게 된 것은 그다지 큰

---

*31 'The Malay Archipelago,' 1869, p. 87.
*32 '과일 중의 왕자'라고 불릴 만큼 크고 맛있는 열매를 생산하지만 냄새가 고약하다.
*33 'Primeval Man,' 1869, pp. 145, 147.
*34 'Prehistoric Times,' 1865, p. 473 etc.

진보는 아니다. 그러나 신석기 시대 사람이 석기를 다듬게 되기까지는 상당히 오랜 세월이 흐른 것을 고려하면, 이 마지막 발전에 이르는 데는 매우 긴 시간이 걸렸던 것 같다. 부싯돌을 깨면 불꽃이 튀고, 그것을 문지르면 열이 발생한다. 마찬가지로 J. 러벅 경이 지적한 것처럼, '이렇게 하여 불을 얻는 두 가지 방법이 시작되었을지도 모른다.' 용암이 삼림에 종종 흘러드는 지역의 대부분에서는 불의 성질에 대해 옛날부터 알고 있었을 것이다.

유인원은, 본능에 따라 임시로 선반 같은 잠자리를 만든다. 그러나 많은 본능은 이성에 의해 상당히 통제되고 있기 때문에, 선반을 만드는 것과 같은 비교적 간단한 행위가 자발적이며 의식적인 행동이 될 가능성이 충분히 있었을 것이다. 오랑우탄은 밤이 되면 판다누스*35 잎으로 몸을 덮는다는 사실이 알려져 있고, 브레엠은 뜨거운 햇볕을 피하기 위해 짚 망토를 머리에 뒤집어쓴다고 했다. 이 후자의 예에서 우리는 몇 가지 단순한 형태의 기술에 이르는 최초의 단계를 보고 있는 것인지도 모른다. 즉 초기 인간의 조상에게 소박한 건축과 옷이 출현한 단계이다.

언어

언어야말로 인간과 하등동물을 구별하는 가장 중요한 능력으로 여겨져 왔다. 그러나 탁월한 판단가인 웨이틀리(Whately) 대주교가 말했듯이 '인간은 마음속에 일어나고 있는 것을 언어로 표현하고, 타자가 표현하는 것을 많든 적든 이해할 수 있는 유일한 동물은 아니다.'*36 파라과이에 사는 *Cebus Azarae*는 흥분하면 적어도 여섯 종류의 다른 소리를 내는데, 그것은 다른 원숭이에게도 같은 감정을 불러일으킨다.*37 렝거와 그 밖의 사람들이 말한 것처럼, 우리는 원숭이의 표정과 몸짓을 이해할 수 있으며, 그들도 우리의 그것을 어느 정도 이해할 수 있다. 개가 가축화된 이래, 적어도 4~5가지의 다른 소리로 짖을 수 있게 된 것은 놀라운 일이다.*38 짖는 것은 새로운 기술임이 분

---

*35 (역주) 열대성 상록교목. 사람 머리만 한 열매를 맺으며 잎은 모자나 바구니 등을 엮는 데 사용된다.

*36 'Anthropological Review,' 1864, p. 158에서 인용.

*37 Rengger, 같은 책., S. 45.

*38 졸저 《사육동식물의 변이》 제1권 27쪽.

명하지만, 개의 조상은 자신들의 감정을 다양한 종류의 소리로 표현하고 있었을 것이 틀림없다. 가축화된 개의 경우, 무언가를 쫓고 있을 때 맹렬히 짖는 소리, 화가 나서 짖는 소리, 내쫓겼을 때 절박하게 내는 소리, 주인과 함께 산책하러 갈 때 기뻐서 내는 소리, 그리고 문이나 창문을 열어달라고 할 때처럼 매우 특징적인 요구나 호소를 표현하는 소리가 각각 다르다.

분절화된 언어는 확실히 인간에게 고유한 것이다. 그러나 인간도 하등동물처럼 몸짓과 얼굴 근육의 움직임도 사용하며, 분절화되지 않은 울음소리로도 의미를 표현한다.*39 이것은 높은 지능과는 거의 관계가 없는 단순하고 생생한 감정에 특히 적용된다. 우리가 고통, 공포, 놀람, 분노 등으로 소리를 지르고 그것에 어울리는 동작을 할 때, 또 어머니가 사랑하는 자식을 어를 때, 그것은 어떠한 언어보다도 표현력이 강하다. 인간을 다른 동물과 구별짓는 것은 단순한 분절화의 능력이 아니다. 누구나 알고 있듯이 앵무새도 말을 할 줄 한다. 중요한 것은 인간이 특정한 소리를 특정한 생각과 결부할 줄 아는 커다란 힘이다. 그리고 이것은 명백하게 정신적 능력의 위대한 발달에 의한 것이다.

언어학이라는 고귀한 학문을 창시한 사람인 혼 투크(Horne Tooke)는 언어는 술을 빚고 빵을 굽는 것과 같은 기술이라고 말했는데, 이 비유는 쓰는 것 쪽에 더욱 잘 적용될 수 있다. 어떠한 언어든 연습하지 않으면 쓸 수 없으므로 언어는 확실히 진정한 의미에서의 본능은 아니다. 그러나 그것은 일반적인 다른 기술과는 크게 다르다. 왜냐하면 어린아이가 더듬더듬 말을 하는 것을 보면 알 수 있듯이, 인간에게는 언어를 말하고자 하는 본능적인 경향이 있기 때문이다. 이에 비해 어떤 아이에게도 술을 빚거나 빵을 굽고, 글자를 쓰는 본능적인 경향은 없다. 또 지금은 어느 언어도 고의로 발명된 것이라고 생각하는 언어학자는 아무도 없다. 모든 언어는 천천히 무의식 속에, 많은 단계를 거쳐 발전해 온 것이다. 새가 내는 소리는 몇 가지 점에서 언어에 가장 가까울지도 모른다. 그것은 같은 종에 속하는 모든 개체가 똑같은 본능적인 지저귐 소리로 감정을 표현하며, 지저귀는 능력을 갖추고 있는 모든 종류가 그것을 본능적으로 사용함에도 불구하고 실제의 소리는 그 높낮이조차 진짜 어버이나 키워준 어버이로부터 배우는 것이기 때문이다. 이러한 새의 지저귐은 데인즈 배

---

*39 이 문제에 관한 논의는 E. B. 타일러(E. B. Tylor)의 매우 흥미로운 저작인 'Researches into the Early History of Mankind,' 1865, 2–4장 참조.

링턴(Daines Barrington)이 증명했듯이,*⁴⁰ '언어가 인간에게 그렇듯이 본능적인 것은 아니다.' 최초의 지저귐은 '아기가 처음으로 말을 하려는 것과 같다고 할 수 있다.' 조류사냥꾼의 말에 따르면 어린 수컷들은 10~11개월 동안 연습을 계속하면서, 다른 새의 소리도 기억한다. 그들의 첫 시도는 나중에 내는 소리와는 거의 다르지만, 성장함에 따라 그들이 무엇을 표현하는지 알 수 있게 된다. 그리고 마침내 '완벽하게 의도하는 대로 지저귄다'고 말할 수 있을 때가 오는 것이다. 티롤*⁴¹에서 가르침을 받은 카나리아처럼 다른 종의 목소리를 배운 새끼는 그 새로운 지저귐을 자신의 자손들에게 가르치고 전한다. 다른 지역에 서식하는 동종의 개체들 사이에서 지저귐 소리의 아주 미세한 차이는, 배링턴의 말처럼 '지방마다의 방언'에 비유하는 것이 적절할지도 모른다. 그리고 종은 다르지만 가까운 친척이 되는 종(種)의 지저귐은, 인간에게 있어서 다른 인종의 언어와 같은 것일지도 모른다. 내가 이렇게 상세하게 말한 것은, 어떤 기술을 본능적으로 획득하는 경향은 인간에게만 있는 것이 아님을 보여주기 위한 것이다.

분절화된 언어의 기원에 대해서는, 한편으로 헨즐리 웨지우드(Hensleigh Wedgwood)나 F. 파라 신부, 슐라이허 교수의 매우 흥미로운 연구 저작을 읽고,*⁴² 다른 한편으로 막스 뮐러(Max Müler)의 강의를 들은 뒤에는, 언어는 다양한 자연의 소리와 다른 동물의 소리, 그리고 인간 자신의 본능적인 발성을 기호와 몸짓을 곁들여 모방하고 변용시키는 데서 생겨난 것이 틀림없다고 생각하게 되었다. 성(性) 선택을 다루게 될 때, 원시인 또는 인간의 옛날 조상은 아마 현재의 긴팔원숭이가 하는 것처럼 목소리를 주로 진짜 음악적인 선율, 즉 노래를 부르는 데 사용했을 것임을 보여줄 작정이다. 넓은 의미에서 보면 이 능력은 특히 양성이 서로 구애할 때 사용되며, 사랑, 질투, 승리, 그 밖

---

*40 데인즈 베링턴(Daines Barrington)의 'Philosoph. Transactions,' 1772, p. 262. 또 뒤로 드 라말 (Dureau de la Malle)의 'Ann. des Sc. Nat.,' 3rd series, Zoolog. tome 10, p. 119도 참조.

*41 (역주) 오스트리아 서부에 있는 지역.

*42 H. 웨지우드(H. Wedgwood)의 'On the Origin of Language,' 1866 ; F. W. 파라(F. W. Farrar)의 'Chapters on Language,' 1865. 이 저작들이 가장 흥미롭다. 알베르 르무안(Albert Lemoine)의 'De la Phys. et de Parole,' 1865, p. 190도 참조. 이 문제에 관한 고(故) 아우구스트 슐라이허 교수(Aug. Schleicher)의 저작은 비커스(Bikkers) 박사에 의해 'Darwinism Tested by the Science of Language,' 1869라는 제목으로 영역되었다.

의 다양한 감정을 표현하는 데에도, 경쟁자에 대한 도전으로서도 사용되었음이 틀림없다고 결론지을 수 있다. 음악적인 발성을 분절화된 소리로 모방하는 것에서 다양하고 복잡한 감정을 표현하는 단어가 생겨났을지도 모른다. 모방이라는 문제에 대해서는, 우리와 가장 가까운 동물인 원숭이류나 소두증(小頭症)의 백치,[*43] 야만인종 등이 자신들이 들은 것은 뭐든지 모방하려고 하는 것은 주목할 만하다. 원숭이류가 인간이 말하는 것을 잘 이해하는 것은 확실하며 자연상태에서는 동료에게 위험을 알리는 신호의 소리를 내므로,[*44] 특별히 영리한 어떤 유인원적인 동물이 자신의 동료에게 어떠한 위험이 닥쳐오고 있는지 알리기 위해, 포식자가 으르렁거리는 소리를 흉내내려 했다는 것도 전혀 있을 수 없는 일은 아닐 것이다. 그리고 이것이 언어 발생의 첫 번째 단계였음이 틀림없다.

목소리를 더 많이 사용할 수 있게 되자 발성기관은 사용에 따른 유전 효과의 원리에 의해 더욱 강화되고 구조도 완전한 것이 되었고, 그것이 또 발화(發話) 능력에 반영되었을 것이다. 그러나 언어를 계속 사용하는 것과 뇌의 발달 사이의 관계가 더욱 중요한 것은 의심할 여지가 없다. 인간 초기 조상의 정신적 능력은 가장 불완전한 형태의 발화가 시작되기 전에도, 현생 유인원의 그것보다 훨씬 발달해 있었겠지만, 언어를 사용하고 그것을 진보시켜 온 것이야말로 사고의 흐름을 길게 더듬는 것을 가능하게 하고, 그것을 촉진시킴으로써 인간의 지력에 영향을 미쳤을 것이 틀림없다. 숫자나 대수(代數)를 사용하지 않고는 긴 계산을 할 수 없는 것처럼, 길고 복잡한 사고의 흐름을 더듬는 것도, 소리를 내고 안 내고와는 별도로 언어의 도움이 없이는 불가능하다. 또 청각장애인 데다 시각장애까지 있는 소녀 로라 브리지먼(Laura Bridgman)이 꿈을 꿀 때 손가락을 사용하는 것이 관찰된 것으로 보아[*45] 극히 평범한 사고의 흐름에서도 언어 같은 형태의 무언가를 필요로 하는 것 같다. 그리하여 서로 연결된 생각들이 전혀 언어의 도움 없이 마음을 가로지르는 일도 있다. 리

[*43] 포크트(Vogt)의 'Mémoire sur les Microcéphales,' 1867, p. 169. 야만인에 대해서는 나 자신이 《비글호 항해기》 1845년, 206쪽에서 몇 가지 사실을 다루었다.

[*44] 이 문제에 관한 명백한 증거는, 종종 인용한 브레엠과 렝거의 저작에서 다루고 있는 예를 참조할 것.

[*45] 이 점에 대해서는 모즐리 박사의 'The Physiology and Pathology of Mind,' 1868, p. 199 참조.

트리버견(犬)이 어느 정도 추론을 할 줄 아는 것은 이미 살펴보았지만, 그들이 언어의 도움 없이 추론을 하는 것은 명백하다. 우리가 현재 유지하고 있는 발달된 뇌와 언어능력 사이에 밀접한 관계가 있다는 것은, 명사(名詞)를 기억하는 능력만 손상되고 다른 언어는 정확하게 사용할 수 있는 기묘한 뇌손상의 예[46]에 잘 나타나 있다. 발성기관과 정신적 기관을 줄곧 사용하는 것에 따른 효과가 유전한다는 것은 더 이상 의심할 여지가 없다. 그것은 인간의 글씨체가 일부는 손의 구조에 의존하며 일부는 성격에 의존하는 것으로, 확실히 유전하는 것과 완전히 같다.[47]

현재 발화에 사용되고 있는 기관은 처음부터 이 목적에 맞도록 완성되었고, 다른 기관은 그렇게 되지 않았던 것은 무엇 때문인가 하는 의문에 대답하는 것은 그다지 어렵지 않다. 유베르가 한 장(章)을 통째로 개미의 언어에 할애하여 보여준 것처럼, 개미는 촉각을 통해 서로 정보를 교환하는 고도의 능력을 가지고 있다. 연습을 많이 한 사람이 공공 모임에서 잇달아 연설하는 모든 말을 한 마디도 빠뜨리지 않고 청각장애인에게 전달할 수 있는 것처럼, 우리도 손가락을 커뮤니케이션의 유효한 도구로 사용할 수 있었을지도 모른다. 그러나 손가락을 그런 일에 사용하면 손을 다른 일에 사용할 수 없게 되므로 심각한 불편이 초래될 것이다. 모든 고등동물은 우리 인간과 일반적으로 같은 구조의 발성기관을 가지고 있으며 그것을 커뮤니케이션에 사용하고 있으므로, 커뮤니케이션의 힘이 커지면 이러한 기관들이 더욱 발달했을 것이 분명하다. 그리고 이것은 그것에 인접한 부분, 즉 혀와 입술이 더욱 잘 적응함으로써 더욱 효과를 발휘했을 것이다.[48] 고등유인원이 발성기관을 발화(發話)에 사용하지 않는다는 사실은 그들의 지능이 거기까지 발달하지 않았기 때문임에 틀림없다. 그들은 발성기관을 가지고 있기는 하므로 실제로 사용하지 않더라도 오랫동안 연습을 하면 어느 정도는 발화가 가능하게 될지도 모른다는 것은, 지저귈 수 있는 기관을 가지고 있으면서도 한 번도 지저귀지 않는 새가 많

---

[46] 이에 대한 기묘한 예가 많이 기록되어 있다. 이를테면 애버크롬비(Abercrombie) 박사의 'Inquiries Concerning the Intellectual Powers,' 1838, p. 150 참조.

[47] 《사육동식물의 변이》 제2권, 6쪽.

[48] 이 문제에 관한 뛰어난 고찰로서는 모즐리 박사의 'The Physiology and Pathology of Mind,' 1868, p. 199 참조.

이 있는 것과 비슷하다. 이를테면 나이팅게일과 까마귀의 발성기관은 비슷한 구조를 가지고 있는데도, 나이팅게일은 그것을 다양한 소리를 내는 데 사용하는 반면에 까마귀는 그저 까악까악 울기만 할 뿐이다.[49]

다른 언어들이 다양하게 형성되어 가는 것과, 다른 종이 생겨나는 것, 그리고 그 어느 쪽도 점진적인 과정을 통해 완성되어 간다는 사실의 증명은 기묘하게 일치하고 있다.[50] 그러나 우리는 다양한 언어의 기원을 생물종의 기원보다 더 먼 옛날까지 거슬러 올라가서 찾아볼 수 있다. 왜냐하면 언어의 경우, 그것이 어떠한 다양한 소리의 모방에서 발생했는지를 실제로 지각할 수 있기 때문이다. 우리는 다른 언어들 속에서도 유래가 같은 데서 오는 극적인 상동관계(相同關係)를 발견할 수 있으며, 같은 형성 과정을 거침으로써 나타나는 상사관계(相似關係)를 발견할 수도 있다. 어떤 문자와 목소리가 변하면 다른 문자와 목소리도 변하는 양상은 상관성장(相關成長)과 매우 비슷하다. 어느 경우에도 부분이 중복 재생되는 것이나, 오랫동안 사용된 것의 영향 등을 볼 수 있다. 언어에서도 생물종에서도 과거의 흔적이 종종 보이는 것은 더욱 놀라운 일이다. am이라는 단어의 m이라는 문자는 I를 의미한다. 따라서 I am 이라는 표현에는 불필요하고 쓸모없는 흔적이 남아 있는 것이다. 단어의 철자에도 과거에 발음한 형태의 흔적이 남아 있는 예가 많이 있다.

언어도 생물과 마찬가지로 커다란 집단과 거기에 속하는 작은 집단으로 분류할 수 있으며, 그 유래에 따라 자연 분류할 수도 있는가 하면, 그 성질에 따라 인위적으로 분류할 수도 있다. 우세한 언어와 방언은 광범위하게 퍼져 다른 언어를 서서히 절멸시킨다. C. 라이엘 경이 지적했듯이, 언어도 생물종과 마찬가지로 한 번 절멸하면 다시는 부활하지 않는다. 두 개의 다른 장소에서 동일한 언어가 발생하는 일은 없지만 다른 언어끼리는 서로 교배하거나 혼합

---

*49 맥길리브레이(Macgillivray)의 'Hist. of British Birds,' Vol. 2, 1839, p. 29. 매우 뛰어난 관찰가인 블랙월(Blackwall)은 까치는 영국의 어떠한 새보다도 단어를 빨리 기억하고 짧은 문장을 암송할 수도 있다고 지적했다. 그래도 오랫동안 그 습성을 상세하게 연구해 본 결과, 자연상태에서 이 새가 보통새보다 뛰어난 모방능력을 보여준다는 증거는 얻을 수 없었다고 그는 덧붙였다. 'Researches in Zoology,' 1834, p. 158.

*50 C. 라이엘(C. Lyell)경이 'The Geolog. Evidences of the Antiquity of Man,' 1863, 23장에서 말한, 종의 발달과 언어 발달 사이의 매우 흥미로운 유사성을 참조할 것.

되는 일이 있다.[51] 어떠한 언어에도 변이가 있고 새로운 단어가 항상 발생하는 것은 널리 알려진 사실이지만, 기억력에는 한계가 있으므로 개개의 단어는 언어 전체와 마찬가지로 서서히 사라진다. 막스 밀러가 지적한 대로[52] "어느 언어에서도 단어끼리와 문법표현 사이에서 존속을 위한 투쟁이 늘 일어나고 있다. 더욱 뛰어나고, 더욱 짧고, 더욱 간단한 형태가 항상 전파되는데, 그러한 언어가 성공하는 것은 그 자체가 가지고 있는 좋은 점 때문이다." 어떤 종의 단어가 생존하는 더욱 중요한 원인의 하나로서, 나는 단순하고 새로운 견해도 덧붙이고 싶다. 인간의 마음에는 무엇에 대해서든 아주 약간의 변화를 주고 싶어하는 강한 바람이 있기 때문이다. 단어끼리의 존속을 위한 투쟁 속에서 특정한 단어가 선호되고, 생존 또는 보존되어가는 것이 바로 자연선택이다.

미개한 나라의 언어가 대부분 완전히 규칙적이고 놀라울 만큼 복잡한 구조를 하고 있는 것은, 종종 이러한 언어의 기원이 신에게서 유래하는 것이거나, 그들의 조상이 이전에는 높은 예술적 문화를 지니고 있었던 것의 증거로 여겨져 왔다. F. 폰 슐레겔(F. von Schlegel)은 "지적 문화의 최저단계에 속한다고 생각되는 이러한 언어에서, 우리는 종종 그 문법 구조 속에 매우 고도로 세련된 기교를 발견하는 일이 있다. 이것은 특히 바스크어 와 라프 어, 그리고 여러 가지 아메리카 언어에서 뚜렷하다"고 말했다.[53] 그러나 어떤 언어도 정교하고 질서정연하게 형성되어 왔다는 의미에서 기술(技術)이라 부르는 것은 전적으로 잘못된 것이다. 언어학자들은 이미 동사 활용이나 어형변화는 원래 개별 단어로서 존재하고 있었던 것이 연결된 것임을 인정하고 있다. 그리고 그러한 언어는 물체와 인물 사이의 가장 명백한 관계를 나타내는 것이므로, 그러한 언어가 대부분의 인종에서 아득한 옛날부터 사용되어 왔다는 것은 그리 이상한 일이 아니다. 완벽함에 대해서는, 다음과 같은 예를 보면 우리가 얼마나 오류를 범하기 쉬운지 알 수 있다. 갯나리는 보통 방사상으로 뻗은 선을 따라 완전한 대칭으로 늘어선 15만 개나 되는 껍질로 이루어져 있다.[54] 그렇다

---

[51] 이 문제에 대해서는 "Philology and Darwinism"이라는 제목으로 'Nature,' March 24, 1870, p. 528에 실린 F. W. 파라(R. W. Farrar) 신부의 흥미로운 논문에서 지적한 내용을 참조할 것.

[52] 'Nature,' January 6, 1870, p. 257.

[53] C. S. 웨이크(C. S. Wake)의 'Chapters on Man,' 1868, p. 101에서 인용.

[54] Buckland(버클랜드), 'Bridgewater Treatise,' p. 411.

고 해서 이러한 동물이, 더 적은 수의 껍질로 이루어진 좌우대칭 동물보다 비교도 할 수 없을 만큼 더 완벽하다고 말하는 박물학자는 아무도 없을 것이다. 박물학자들은 완벽한지 어떤지에 대한 검증은, 기관이 어떻게 분화하고 특수화했는가에 있다고 생각하는데, 그것이 타당하다. 그래서 언어에 대해서도 가장 대칭을 이루고 구조가 복잡한 것이, 정복하거나 정복당한 민족과 이주민에게서 다양한 표현과 문법구조를 빌려온, 불규칙하고 단순화되거나 왜곡된 언어보다 높다고 여겨서는 안 된다.

여기에 든 예는 수도 적고 불완전하지만, 나는 대부분의 미개인 언어가 특별히 복잡하고 규칙적인 구조를 가지고 있다는 사실만으로, 그 기원이 특별한 창조의 행위를 바탕으로 한 것이라는 증거는 되지 않는다고 결론 내리고 싶다.[55] 또 이미 살펴본 것처럼 분절화한 발화(發話) 능력 자체는, 인간이 다른 하등(下等)의 형태로부터 진화해 왔다는 생각을 무너뜨릴 수 있는 것은 결코 아니다.[56]

자의식, 개성, 추상화, 일반개념 등

이러한 고도의 능력에 대해 여기서 논하는 것은 무의미한 일일지도 모른다. 왜냐하면 최근의 몇몇 저자들은 이러한 능력이야말로 인간을 하등한 동물과 완벽하게 구별하는 성질이라고 말하지만, 그 정의가 서로 일치하는 사람은 두 사람도 없기 때문이다. 이러한 능력은 인간의 정신적 능력이 높은 수준에 도달하기 전에는 충분히 발달할 수 없었을 것인데, 이것은 언어의 완전한 사용을 암시한다. 하등동물이 자신들은 어디서 와서 어디로 가는가, 죽음은 무엇이고 삶은 무엇인가 따위를 고찰할 것이라고는 아무도 생각하지 않는다. 그러나 놀라운 기억력과 꿈을 꾸는 것에서 알 수 있듯이 약간의 상상력을 가진 늙은 개가, 자신이 과거에 즐겼던 사냥을 한 번도 추억하지 않는다고 누가 자

---

*55 언어의 단순화에 대해서는 J. 러벅 경의 'Origin of Civilisation,' 1870, p. 278의 몇 가지 뛰어난 지적을 참조할 것.

*56 (역주) 다윈의 시대에는 언어의 진화에 대한 단서가 거의 아무것도 없었다. 지금은 뇌가 언어를 어떻게 처리하고 있는지에 관한 인지신경과학적 연구, 다양한 연대의 고인류(古人類) 화석 연구, 유인원의 언어훈련 연구, 커뮤니케이션과 신호의 진화에 관한 행동·생태학적 연구 등으로 다윈의 시대보다 훨씬 많은 것들이 밝혀져 있다. 그러나 언어는 화석으로 남지 않으므로, 결정적인 이해에 도달하기에는 아직도 거리가 멀다.

신있게 단정할 수 있을까? 그것은 자의식의 한 형태임이 틀림없다. 한편 뷔히너(Büchner)가 말한 대로,[57] 추상적인 언어를 거의 갖고 있지 않고 넷보다 큰 수를 헤아릴 줄 모르는, 오스트레일리아에 사는 비천한 미개인의 부지런한 아내가 자의식을 발휘하여 자기 존재의 본질에 대해 고찰하는 일은 거의 없을 것이다.

동물이 자기의 개성을 가지고 있는 것은 의심할 여지가 없다. 내 목소리가 앞에 말한 개의 마음에 일련의 오래된 연상을 불러일으킨 것은, 그의 뇌세포 원자들이 과거 5년 동안 여러 번 교체되었음에도 불구하고, 그가 자기의 개성을 보존하고 있었기 때문임이 틀림없다. 이 개는 모든 진화론자를 제압하기 위해 이루어진 최근의 논의를 제시하며 이렇게 말했을지도 모른다. "나는 모든 감정 상태와 물질적 변화의 한복판에 여전히 존재한다. ……원자는 자신이 튀쳐나간 뒤에 그 자리를 채우는 다른 원자에게 자신이 받은 인상을 유산으로 남긴다는 견해는 의식의 표현과는 모순된다. 따라서 이 생각은 잘못된 것이다. 그러나 이것이야말로 진화론에는 필요한 생각이므로 이 가설은 잘못된 것이다."[58]

미의식

이 의식은 인간에게 고유한 것이라고 주장되어 왔다. 그러나 아무런 장식도 갖추지 않고 구애를 위한 과시도 하지 않는 새도 있지만, 어떤 수컷 새는 암컷 새 앞에서 깃털과 화려한 색깔을 세련된 방법으로 과시하는 것을 보면, 암컷이 파트너인 수컷의 아름다움에 반하는 일이 없다고 생각하는 것은 불가능하다. 어느 세계에서도 여성은 이러한 깃털로 몸을 장식하므로, 그런 장식 깃털의 아름다움에는 논쟁의 여지가 없다. 바우어새[59]가 자신의 무대를 화려한 빛깔로 아름답게 장식하고 벌새도 둥지를 그렇게 장식하는 것은, 그들도 무언가 미의식을 가지고 있다는 뚜렷한 증거이다. 새의 노랫소리도 마찬가지로, 사랑의 계절에 수컷이 불러 젖히는 달콤한 노래를 암컷은 멋지다고 느

---

*57 'Conférences sur la Théorie Darwinienne,' French translation, 1869, p. 132.

*58 J. 매캔(J. M'Cann) 박사의 'Anti-Darwinism,' 1869, p. 13.

*59 (역주) 오스트레일리아와 뉴기니에 서식하는 새. 화려하게 집을 지어놓고 암컷을 유인하는 습성으로 유명하다.

끼는 것이 틀림없다. 그 증거가 되는 사실은 뒤에 가서 다룰 생각이다. 암컷이 수컷 파트너의 아름다운 빛깔과 장식과 노랫소리에 대해 아무것도 느끼지 않는다면, 자신의 매력을 암컷 앞에서 발휘하려고 하는 그들의 모든 수고와 간절함은 헛수고로 끝나게 되므로, 그런 것은 도저히 믿을 수가 없다. 아름다운 빛깔과 소리가 조화를 이루었을 때 왜 기쁜 감정이 솟아나는가 하는 것은, 어떤 맛과 냄새가 왜 기분이 좋은가 하는 의문만큼이나 나로서는 잘 설명할 수가 없다. 그러나 인간과 많은 하등동물이 같은 빛깔과 소리를 멋지다고 느끼는 것은 확실하다.

특히 여성의 미(美)에 관한 한, 미에 대한 취향은 인간의 마음에만 있는 고유한 성질이라고 할 수 없다. 그것은 인종이 다르면 크게 달라지며, 앞으로 보여주겠지만, 같은 인종 사이에서도 나라가 다르면 같지 않기 때문이다. 대부분의 미개인이 즐기는 섬뜩한 장식이나 섬뜩한 음악에서 판단하건대, 그들의 심미관(審美觀)은 이를테면 새 같은, 어떤 종의 동물보다 발달해 있지 않은 것이 아닌가 하는 생각이 들지도 모른다. 분명히 어떠한 동물도 밤하늘의 별, 아름다운 풍경, 세련된 음악을 멋지다고 생각하는 능력은 없으며, 이러한 고도의 취향은 문화와 복잡한 연상을 바탕으로 하는 것으로, 미개인이나 교육을 받지 않은 사람은 즐길 수가 없는 것이다.

상상력, 경이, 호기심, 무엇에 대해서라고 한정할 수 없는 미의식, 모방의 경향, 흥분과 신기함에 대한 동경 같은 여러 가지 성질은, 인간이 진보하는 데 헤아릴 수 없는 도움을 주었지만, 습관과 유행을 매우 변덕스럽게 변화시키기도 했다. 내가 이 점에 대해 언급한 것은, 최근에 어떤 저술가가 기묘하게도 '변덕'을 '미개인과 짐승 사이의 가장 크고 전형적인 차이의 하나'라고 말했기 때문이다.*60 그러나 인간이 얼마나 변덕스러운지는 이미 우리가 잘 알고 있을 뿐만 아니라, 이제부터 살펴보겠지만 하등동물도 애정, 혐오, 미의식에 있어서 변덕스럽다. 그리고 동물이 신기함 자체를 좋아한다는 것을 믿을 만한 충분한 이유도 있다.

---

*60 'The Spectator,' December 4, 1869, p. 1430.

신에 대한 믿음-종교

인간에게는 전능한 신의 존재를 존귀한 것으로 믿는 경향이 원래부터 갖추어져 있다는 증거는 없다. 오히려 미개인을 잠깐 보고 온 여행자가 아니라, 그들과 오랫동안 살아본 사람들의 정보에 따르면, 유일신 또는 다신(多神)의 개념이 전혀 없으며, 그들의 언어 속에 그러한 개념에 상당하는 단어가 전혀 없는 많은 인종들이 옛날에도 있었고 지금도 있다는 증거가 얼마든지 있다.[61] 여기서 문제가 되는 것은, 우주의 창조주이자 지배자인 신은 존재하는가 하는, 더욱 고상한 의문과는 완전히 다른 것이다. 이쪽의 의문에 대해서는 이제까지 존재했던 가장 뛰어난 지성인들이 긍정적인 대답을 찾아냈다.

그러나 '종교'라는 말에 눈에 보이지 않는 영적인 매체의 존재에 대한 신앙을 포함시킨다면 이야기는 완전히 달라진다. 그러한 신앙은 문명화가 진행되지 않은 거의 모든 인종에서 보편적으로 볼 수 있기 때문이다. 그리고 왜 그렇게 되는지 이해하는 것도 어려운 일은 아니다. 상상력, 경이, 호기심 같은 중요한 능력이 어느 정도의 추론 능력과 함께 조금이라도 발달했다면, 인간이 지금 자기 주변에서 일어나는 일을 이해하고 싶어 하는 것은 매우 자연스러운 일로서, 자신의 존재에 대해 막연히 고찰하게 될 것이다. 매클레난(M'Lennan)이 말한 것처럼 "삶의 모든 현상에 대해 인간은 무언가의 설명을 만들어내지 않고는 견딜 수가 없다. 그리고 그것이 보편적이라는 점에서 판단하면 가장 단순한 가설로서 인간이 맨 처음 생각한 것은, 자연현상을 동물, 식물, 그 밖의 자연물의 존재, 그리고 자연의 힘으로 돌리는 것이, 인간 자신이 지니고 있다고 자각하고 있는 것과 같은, 행동을 일으키게 하는 영혼의 힘으로 돌리려는 생각이었던 것 같다."[62] 타일러(Tylor)가 말한 것처럼, 최초로 영혼의 존재를 불러일으킨 것은 꿈일지도 모른다는 것은 매우 그럴듯한 생각이다. 미개인은 주관적인 모습과 객관적인 모습을 쉽게 구별하지 못하기 때문이다. 미개인은 꿈 속에 나타나는 인물을 멀리서 찾아와서 자기 앞에 서 있는 거라고 생각하거나, '꿈을 꾸고 있는 사람의 영혼이 육체를 빠져나가 여행을 하고 돌아

＊61 이 문제에 관한 훌륭한 논문인 F. W. 파라 신부의 'Anthropological Review,' August, 1864, p. ccxvii 참조. 더 상세한 것은 러벅 경의 'Prehistoric Times,' 2nd edition, 1869, p. 564와 'Origin of Civilisation,' 1870에서 종교를 다룬 장 참조.

＊62 'Fortnightly Review,' October 1, 1869, p. 422의 "The Worship of Animals and Plants.

온 뒤, 그곳에서 본 것을 기억하는' 것으로 생각한다.*⁶³ 그러나 상상력, 호기심, 추론과 같은 능력이 인간의 마음속에 충분히 발달하기 전에는, 개와 마찬가지로 꿈을 꾸어도 영혼에 대한 신앙이 태어나지는 않았을 것이다.

미개인이 자연물이나 자연의 힘은 영적인 것 또는 삶의 본질에서 생겨난다고 생각하는 경향은, 이전에 내가 깨달았던 어떤 사소한 사실에 의해 상상할 수 있을지도 모른다. 나의 개는 충분히 성장했고 영리한 동물이었는데, 무덥고 바람이 없는 어느 날 잔디 위에 누워 있었다. 그런데 조금 떨어진 곳에서 파라솔이 부드러운 바람에 이따금 흔들리고 있었다. 만일 그 옆에 사람이 서 있었다면 개는 그것에 아무런 관심도 보이지 않았을 것이다. 그런데 아무도 없었기 때문에, 파라솔이 조금 움직일 때마다 개는 겁에 질려 으르렁거리거나 사납게 짖어댔다. 내 생각에 그 개는 자기 나름대로 무의식 속에 재빨리, 뚜렷한 원인이 없는데도 움직임이 일어난 것은, 뭔가 기묘한 생물의 존재를 보여주는 것이라고 추론했던 것 같다. 그리고 낯선 존재는 결코 자신의 영역에 들어와서는 안 된다고 느낀 것이 틀림없다.

영적인 매체가 존재한다는 신념은, 쉽사리 하나 또는 다수의 신이 존재한다는 믿음으로 이어진다. 왜냐하면 미개인은 자신들이 경험하는 열정과 복수에 대한 성향, 단순한 형태의 정의, 애착 등을, 영혼에도 귀속시키려고 할 것이 분명하기 때문이다. 푸에고 섬 사람들은 이 점에서 중간적 상태에 있는 것 같다. 비글호에 승선했던 외과의사가 새끼오리 몇 마리를 표본으로 만들기 위해 쏘

---

* 63 타일러(Tylor)의 'Early History of Mankind,' 1865, p. 6. 또 러벅의 'Origin of Civilisation,' 1870에서 종교의 발달에 관해 쓴 훌륭한 세 장을 참조할 것. 마찬가지로 허버트 스펜서(Herbert Spencer)는 'Fortnightly Review,' May 1, 1870, p. 535)의 뛰어난 논문에서, 전 세계적으로 종교적 신념의 최초 형태는, 인류가 꿈이나 그림자, 그 밖의 것을 통해 자기 자신을 육체적인 것과 정신적인 것 이중의 본질로 파악하는 데서 시작되었다고 말했다. 정신적인 존재는 죽은 뒤에도 강하게 남는다고 생각했기 때문에 다양한 공물과 의식으로 그 존재를 위로하게 되었고, 그것이 우리를 도와준다고 생각했다. 그는 또, 부족의 초기 창설자와 조상에게 이름이나 별명으로 주어진 어떤 동물이나 다른 대상을, 오랫동안 부족의 진짜 조상으로 간주했음을 보여주었다. 그 다음에는 그러한 동물과 물체가 정령으로서 존재한다고 믿게 되어 성스러운 존재로 여기며 신으로 숭배하게 된다. 어쨌든 나는 그 이전에 더욱 미개했던 시대가 있었으며, 그 무렵에는 힘과 움직임을 나타내는 것은 무엇이든 어떤 생명이나 우리 인간에게 있는 것과 같은 정신적 능력을 가지는 것으로 여기지 않았을까 생각한다.

앉을 때, 요크 민스터(York Minster)는 매우 장중한 표정으로 "바이노(Bynoe)씨, 비와 눈이 많이, 아주 많이 내릴 겁니다" 하고 말했는데, 그것은 인간의 식량을 낭비한 것에 대한 명백한 천벌을 의미하는 것이었다. 그는 또 자기 형이 '야만적인 남자'를 죽였을 때, 얼마나 폭풍이 몰아치고 비와 눈이 내렸는지에 대해서도 이야기했다. 그래도 우리는 푸에고 섬 사람들이 우리가 생각하는 신에 해당하는 것을 믿고 있으며, 종교적 의식에 해당하는 제(祭)를 올리고 있었다는 증거는 전혀 발견할 수 없었다. 또 제미 버턴(Jemmy Burton)은 그들의 토지에는 악마 따위는 절대로 없다고 완고하게 주장하며 그것에 대해 긍지를 지니고 있었는데, 그 긍지에는 고개가 끄덕여진다. 미개인은 좋은 영혼보다 나쁜 영혼을 더 많이 믿고 있어서 이 후자의 주장은 주목할 만한 것이기 때문이다.

종교적 신앙심은 애정, 고귀하고 신비로운 우위자에 대한 절대적 복종, 강한 의존심,[64] 공포, 존경, 감사, 미래에 대한 소망, 그 밖의 요소들로 구성된 고도로 복잡한 감정이다. 어떠한 존재도 지적 윤리적 능력이 일정한 수준이 되기 전에는 이렇게 복잡한 감정은 경험할 수 없을 것이다. 그래도 개가 주인에게 깊은 애정을 품고 완전한 복종과 약간의 공포, 그리고 다른 여러 가지 감정을 가지는 것을 보면서, 그들 속에도 그 같은 마음의 상태가 나타나는 것을 볼 수 있다. 주인이 한동안 집을 비운 뒤 돌아왔을 때 개가 보여주는 행동이나 원숭이가 자신이 좋아하는 사육사에 대해 보여주는 행동은, 동료끼리 보여주는 행동과는 매우 다르다. 동료에 대해서는 기쁨의 감정은 조금 덜하고 곳곳에서 평등의 감정이 드러난다. 브라우바흐(Braubach) 교수는 개는 주인을 신으로 여기고 있다고 말했다.[65]

인간을 최초로 눈에 보이지 않는 영적 매체의 신앙으로 이끈 뒤 주물숭배, 다신교, 그리고 최종적으로 일신교로 이끈 고도의 정신적 능력은, 추론의 힘이 낮은 수준에 머물러 있는 한, 여러 가지 기묘한 미신과 습관을 낳게 되었을 것이 틀림없다. 그 대부분은 피를 좋아하는 신에게 사람을 희생으로 바치는 것이나, 죄 없는 인간을 독이나 불의 시련으로 시험하는 것과 마술 등은

---

64 L. 오언 파이크(L. Owen Pike)의 뛰어난 논문인 "Psychical Elements of Religion," 'Anthropolog. Review,' April, 1870, p. lxiii 참조.

*65 'Religion, Moral & c., der Darwin' schen Art-Lehre,' 1869, S. 53.

생각만 해도 무서운 것이지만, 이러한 미신에 대해 이따금 생각해 보는 것은 좋은 일이다. 그것은, 우리의 이성이 향상되고 과학과 다른 지식이 축적된 것을 얼마나 감사하게 여겨야 하는지 여실히 보여주기 때문이다.*66 J. 러벅 경이 탁월한 관찰을 통해 보여주었듯이, "미개인의 삶에는 미지의 악마 같은 두려운 존재가 두터운 구름처럼 깔려 있어, 모든 기쁨에 그림자를 드리우고 있다고 해도 지나친 말은 아닐 것이다." 우리가 가장 고도의 능력을 지니게 됨으로써 이러한 비참한 간접적인 결과들이 나타나는 것은, 하등동물의 본능이 이따금 우연히 저지르는 실수와 비슷한 것인지도 모른다.

＊66 'Prehistoric Times,' 2nd edition, p. 571. 이 저작에서는(p. 553) 야만인의 기묘하고 희한한 풍습들에 관한 훌륭한 기술을 읽을 수 있다.

제3장 인간과 하등동물의 정신적 능력 비교(이어서)

도덕관념—근원적 주장—사회성 동물의 성질—사회성의 기원—상반되는 본능 사이의 갈등—사회적 동물로서의 인간—오래가는 사회적 본능은 짧은 기간 계속되는 다른 본능을 정복한다—미개인만이 평가하는 사회적 미덕—후기의 발달단계에서 획득되는, 자신과 관련된 미덕—행위에 대해 같은 공동체의 다른 개체들이 내리는 판단의 중요성—도덕적 경향의 유전—요점.

인간과 하등동물을 구별하는 모든 차이 가운데 도덕관념 또는 양심이 가장 중요한 차이라고 주장하는 사람들이 있는데[1] 나는 그 결론에 전적으로 동의한다. 매킨토시(Mackintosh)가 지적했듯이[2] 이 감각은 '인간행동의 다른 어떠한 원리보다 우선한다.' 그것은 짧지만 압도적인 힘을 지니고 있는 매우 중요성을 띤 말인 '~인 것이 마땅하다(ought)'라는 말에 집약되어 있다. 그것은 인간이 갖추고 있는 모든 특성 가운데 가장 고귀한 것으로, 자신의 동료를 위해 한 순간도 주저하지 않고 자신의 목숨까지 걸게 하며, 한순간의 주저함도 없이 단순히 그것이 옳은 일이고 해야 할 일이라는 깊은 감정에 의해, 무언가의 대의명분을 위해 자신을 희생하게 하기도 한다. 칸트(Kant)는 다음과 같이 말했다. "의무감! 그 얼마나 신비로운 감정인가! 그대는 교묘한 호소나 부추김에 따라 움직이는 것이 아니고, 또 위협으로 움직이는 것도 아니다. 영혼 속에 그대의 적나라한 원칙을 비춰주는 것만으로 움직이며, 언제나 복종할 것을 요구하지는 않아도 항상 그대에 대한 존경을 강요한다. 온갖 욕구들이 그대 앞에서 은밀하게 반역하여도 그대는 침묵을 지킨다. 그대의 기원은 어디에 있는

---

[1] 이 문제에 대해서는, 예를 들어 카트르파지(Quatrefages)의 'Unité de l'Espèce Humaine,' 1861, p. 21 등 참조.

[2] 'Dissertation on Ethical Philosophy,' 1837, p. 231 etc.

것인가?"*3

이 중대한 의문은 이제까지 많은 위대한 학자들에 의해 논의되어 왔다.*4 여기서 내가 이 문제를 언급하는 유일한 까닭은, 그것을 피해 그냥 넘어갈 수 없기 때문이며 내가 아는 한, 그것을 오직 자연사(自然史)의 측면에서 논한 사람은 아직 없기 때문이다. 이 문제의 탐구에는 또, 인간이 지니고 있는 최고의 정신적 능력에 대해 하등동물에 대한 연구가 어디까지 설명할 수 있는지를 확인한다는 별개의 흥미도 포함되어 있다.

다음과 같은 주장은 매우 타당한 것으로 생각된다. 즉 잘 발달한 사회적 본능을 갖춘 동물이라면*5 어떠한 동물이든, 그 지적능력이 인간에 필적할 만큼 발달한다면 필연적으로 도덕관념 또는 양심을 획득하게 된다는 것이다. 그것은 첫째로, 사회적 본능은 동물에게, 또 동료와 함께 살아가는 사회에 속하는 것에 기쁨을 느끼게 하고 동료에 대해 어느 정도 공감을 품게 하며, 그들에 대해 다양한 봉사를 하도록 이끌기 때문이다. 봉사는 지극히 마땅하고 명백하게 본능적인 성질의 것이기도 하고, 대부분의 고등한 사회적 동물들 사이에서 그렇듯이, 일반적인 의미에서 자신의 동료를 돕고자 하는 경향이기도 하다. 그러나 이러한 감정과 봉사의 대상은 같은 종에 속하는 모든 개체에 미치는 것

---

*3 J. W. 셈플(J. W. Semple) 역, 'Metaphysics of Ethics,' Edinburgh, 1836, p. 136.

*4 베인(Bain)은, 널리 알려져 있는 인물로 이 문제에 대해 책을 쓴 영국인 26명의 명단을 소개했다('Mental and Moral Science,' 1868, pp. 543–725). 여기에 베인 자신과 렉키, 호지슨, 러벅 경, 그 밖에 여러 사람을 추가할 수 있다.

*5 B. 브로디(B. Brodie) 경은 인간이 사회적 동물이라는 사실을 관찰한 뒤('Psychological Enquiries,' 1854, p. 192), "이것으로, 도덕 감정의 존재에 대해 논의되었던 의문이 해결되는 것이 아닐까?" 하고, 의미심장한 의견을 제시했다. 그 옛날 마르쿠스 아우렐리우스도 그랬던 것처럼, 많은 사람들이 그와 같은 생각을 분명히 했을 것이다. J. S. 밀(J. S. Mill)은 유명한 저서 'Utilitarianism'(1864, p. 46)에서 사회적 감정은 '매우 강력하게 일어나는 자연스러운 감정이며', '공리주의적 도덕 감정에 필요한 자연적 기반'이라고 말했다. 그러나 그 앞 쪽에서는 '만일 내가 생각하는 것처럼, 도덕 감정이 타고나는 것이 아니라 획득되는 것이라 해도, 그 때문에 그것을 자연스럽지 않다고 할 수는 없다'고 말했다. 이 위대한 철학자와 다른 의견을 말하는 것은 거북하지만, 하등동물의 사회적 감정이 본능적으로 타고나는 것임은 확실한 것 같다. 그렇다면 인간도 그렇지 않을 이유가 어디 있겠는가? 베인(이를테면 'The Emotions and the Will,' 1865, p. 481)과 그 밖의 사람들은, 도덕 감정은 개인이 저마다 일생 동안 획득하는 것으로 생각하고 있다. 진화의 일반론에서 본다면 이것은 가장 있을 수 없는 일이다.

은 결코 아니며, 늘 함께 생활하고 있는 개체에만 한정된다. 두 번째로, 정신적 능력이 고도로 발달하면서 각 개인의 머릿속에는 과거의 행위와 동기의 이미지가 끊임없이 스쳐지나가게 될 것이다. 그리고 이제부터 살펴보겠지만, 항상 밑바탕에 뿌리 깊게 존재하고 있는 사회적 본능이 일시적으로는 매우 강하지만 늘 존재하는 것이 아니며, 뒤에 생생한 인상을 남기는 것도 아닌 다른 본능에 패배하고 말았다고 느꼈을 때는 언제나 충족되지 않은 사회적 본능 때문에 불만의 감정이 일어나게 된다. 이를테면 배가 고플 때 느끼는 본능적 욕구는 단기간에 그치는 것으로, 그것이 채워지고 나면 곧 다시 생생하게 떠오르는 성질의 것은 아니다. 세 번째로, 언어의 능력을 획득하여 같은 사회에 속하는 구성원들이 자신들의 요구를 명확하게 표현할 수 있게 되면, 공공의 선을 위해 각자가 무엇을 해야 하는지에 대한 공통의견이, 마땅히 행동지침의 대부분을 차지하게 될 것이다. 그래도 사회적 본능은 여전히 사회의 선을 위해 행동하도록 충동할 것인데 공공의 의견이 이 충동을 강화하고 방향을 부여하며, 때로는 방향을 바꾸기도 할 것이다. 그 힘은 이제부터 살펴보듯이, 본능적 공감으로부터 비롯된다. 마지막으로 각각의 개체가 어떻게 행동해야 하는지에 대한 지침으로서는, 궁극적으로 개체의 습관이 큰 역할을 할 것이 틀림없다. 그것은 사회적 본능과 충동도 다른 모든 본능과 마찬가지로 습관에 의해 강화되며, 공공의 의지와 판단을 따를 것인가 하는 문제도 그렇기 때문이다. 이러한 몇 가지 보조적인 주장에 대해서는 앞으로 살펴보아야 할 것이며, 그 가운데 몇 가지는 매우 상세히 논의할 필요가 있다.

미리 말해둘 것은 나는 어떤 동물이든 지적 능력이 인간과 비슷할 정도로 활발하게 고도로 발달한다면, 즉 엄밀하게 말해서 사회적인 동물이라면 반드시 인간과 완전히 같은 유형의 도덕관념을 획득하게 될 거라고 주장하는 것은 아니다. 다양한 동물들이 모두 일종의 미적 감각을 지니고 있으면서 저마다 매우 다른 대상을 보고 감탄하는 것과 마찬가지로, 동물들은 좋은 것과 나쁜 것에 대한 감각을 각각 갖추고 있으면서, 종에 따라 크게 다른 행동을 취할지도 모른다. 매우 극단적인 예를 들면, 만일 인간이 꿀벌과 완전히 같은 상황 속에서 성장한다면, 결혼하지 않은 여성은 일벌이 그렇듯이 자신의 형제를 죽이는 것을 신성한 의무로 여기고, 어머니는 스스로 번식이 가능한 딸을 어떻게든 죽이려 할 것이며, 틀림없이 아무도 그것을 못하게 막지 않을 것이다. 아무튼 나는, 꿀벌이든 다른 어떤 사회적 동물이든 이처럼 문제가 되는 상황에서는 올바른 것과 나쁜 것에 대한 감각, 또는 양심이라는 감각을 저마다 획득하리라고 생각한다. 왜냐하면 어떠한 개체이든 어떤 종류의 본능은 강하고 사라지기 어렵지만, 다른 본능은 그 정도는 아니라는 감각을 내부에 가지고 있을 것이므로, 어떠한 충동에 따라야 할지에 대해 종종 갈등이 뒤따를 것이 분명하기 때문이다. 그리하여 과거의 인상이 끊임없이 마음을 가로지르는 동안 그것을 서로 비교하면서, 만족 또는 불만을 느낄 것이다. 그런 경우에는 마음속의 감시자가 그 가운데 어느 쪽 충동을 따르는 것이 나은지 그 동물에게 알려줄 것이 틀림없다. 어느 것이든 하나를 선택해야만 하며, 하나는 올바르고 다른 하나는 그릇된 것이다. 이 문제에 대해서는 나중에 다시 다루기로 하겠다.*6

사회성

동물은 거의 대부분 사회적이다. 아메리카 원숭이의 일부나, 떼까마귀와 갈까마귀, 찌르레기가 함께 무리를 짓는 것처럼 다른 종끼리 함께 살아가는 경우도 볼 수 있다. 인간이 개를 매우 사랑할 때도 같은 감정이 나타나는 것으로 보이며, 개도 그것에 넘칠 만큼 보답해 준다. 말, 개, 양 그 밖의 동물들을 동료에게서 떼어놓았을 때 얼마나 비참해하는지, 또 적어도 서로 다시 만났을 때 얼마나 기뻐하는지 누구나 알고 있다. 개는 주인이나 가족이 한 방에 있을 때는 전혀 아는 척하지 않아도 몇 시간이고 있는 줄도 모를 만큼 얌전하게 있지만, 잠시라도 혼자 두면 매우 구슬프게 울거나 짖어댄다. 그들이 어떻게 느끼고 있는지 그 감정을 추측하는 것은 매우 흥미로운 일이다. 곤충도 여러 가지 중요한 방법으로 서로 돕고 있기는 하지만, 여기서는 곤충은 제외하고 고도의 사회성을 지닌 동물에 한하여 살펴보기로 한다. 고등동물이 서로에게 베푸는 가장 일반적인 봉사는 모두가 함께 자신들의 감각을 사용하여 서로에

---

*6 (역주) 다윈은 사회성과 이타적인 행동이 일어나기 위해서는 동물에게 그러한 행동을 하게 하는 감정이 필요하다고 생각했으며, 이후에도 그러한 동물의 정신적 상태에 대해 많은 이야기를 하고 있다. 그러나 현재는, 어떤 행동이 적응에 유리하기 때문에 진화하는지의 여부는 '궁극요인의 연구'라고 불리며, 실제로 동물에게 그러한 행동을 하게 하는 직접적 계기가 되는 '지근요인(至近要因)의 연구'와는 구별되고 있다.

게 위험을 알리는 것이다. 예거(Jaeger) 박사가 지적했듯이,[7] 사냥꾼이라면 누구나 무리를 지어 있는 동물에게 접근하는 것이 얼마나 어려운 일인지 잘 알고 있다. 야생말과 가축 소는 어떤 경계 신호도 보내지 않는다고 생각하기 쉽지만, 최초로 적을 발견한 개체의 행동이 다른 개체에게 경고를 주고 있다. 토끼는 뒷다리로 지면을 세게 차는 것으로 신호를 보낸다. 양과 샤모아도 같은 행동을 하는데, 그들은 앞발로 신호를 보내며 날카로운 울음소리를 낸다. 대부분의 새와 몇몇 포유류는 망을 보고 물개는 보통 암컷이 망 보는 일을 담당한다고 한다.[8] 원숭이 무리의 리더는 망보기 역할을 하고 위험과 안전 양쪽을 나타내는 소리를 낸다.[9] 사회적 동물은 서로에게 세세하게 많은 봉사를 하고 있다. 몸에 가려운 곳이 있으면, 말은 서로 입술로 깨물어주고 소는 서로 핥아준다. 원숭이는 서로의 몸에서 외부기생충을 찾아서 잡는데, 브레엠은 버빗원숭이(Cercopithecus griseo-viridis) 떼가 가시덤불을 지나간 뒤, 한 개체가 나뭇가지 위에 몸을 뻗고 누워 있으면, 다른 개체가 그 옆에 앉아 상대의 털을 '꼼꼼하게' 살펴보고 가시를 하나씩 제거해 준다고 보고했다.

동물들은 서로에게 더욱 중요한 봉사도 한다. 이를테면 늑대 같은 포식동물은 무리를 지어 사냥을 함으로써, 서로 먹잇감을 공격하는 것을 돕는다. 펠리컨은 무리가 함께 물고기를 잡는다. 망토개코원숭이는 곤충을 찾기 위해 돌을 뒤집는데, 큰 돌을 만나면 그 주위를 빙 둘러쌀 수 있을 만큼 많은 개체가 모여서, 함께 돌을 뒤집고 전리품을 나누어갖는다. 사회적인 동물은 서로를 방위한다. 반추동물 가운데에는 위험에 대비해 수컷들이 앞에서 뿔로 무리를 지키는 것이 있다. 앞으로 어린 야생 수소 두 마리가 함께 다른 늙은 수소를 공격한 예와, 수말 두 마리가 공동으로 다른 수말을 암말들로부터 쫓아낸 예에 대해서도 이야기할 생각이다. 브레엠은 아비시니아에서 개코원숭이의 큰 집단이 골짜기를 건너는 것을 목격했다. 무리의 일부는 이미 반대쪽 산으로 올라가기 시작했고 나머지는 아직 골짜기에 있었다. 그 무리가 개의 공

---

[7] 'Die Darwin'sche Theorie,' S. 101.

[8] R. Brown(R. 브라운), 'Proc. Zoolog. Soc.,' 1868, p. 409.

[9] Brehm(브레엠), 'Thierleben.,' 1864. S. 52, 79. 서로 가시를 뽑아주는 원숭이의 예에 대해서는 S. 54 참조. 망토개코원숭이가 돌을 굴리는 것에 대해서는 앨버레즈가 직접 본 것으로 소개되어 있는데(S. 76), 브레엠은 그의 관찰을 신뢰할 수 있다고 여겼다. 늙은 개코원숭이 수컷이 개를 공격한 일에 대해서는 S. 79, 독수리에 대해서는 S. 56 참조.

격을 받자 나이 든 수컷들이 곧바로 바위산에서 내려와 입을 크게 벌리고 무서운 목소리로 으르렁거리자 당황한 개들은 뿔뿔이 흩어지고 말았다. 개들이 다시 공격하려 했지만, 그때는 이미 모든 개코원숭이들이 산으로 올라간 뒤였다. 그런데 생후 6개월쯤 된 개체 한 마리가 뒤처져서 바위 위에 기어올라갔고 개들이 그 주위를 포위하고 있었다. 이 어린 원숭이는 큰 소리로 울면서 도움을 청했다. 그러자 그때 가장 큰 수컷들 가운데 한 마리가―그는 진정한 영웅이었다―산에서 다시 내려와 천천히 새끼에게 다가가서 달래준 뒤, 유유히 그를 데리고 돌아갔다. 개들은 너무 놀라서 공격하는 것도 잊어버렸을 정도였다. 나는 이 박물학자가 목격한 또 한 가지 예를 여기에 소개하지 않을 수가 없다. 그것은 어린 긴꼬리원숭이가 독수리의 습격을 받았을 때의 일이었다. 새끼가 나뭇가지에 매달려 버티면서 큰 소리로 도움을 청하자, 그 무리의 다른 개체들이 마구 소리를 지르며 새끼를 구하러 달려와서 독수리를 에워싸고 독수리의 깃털을 마구 뽑기 시작했다. 그러자 독수리는 먹잇감이고 뭐고 더 이상 버티지 못하고 발버둥치며 달아나기에 바빴다. 이 독수리는 그때부터는 무리지어 있는 원숭이는 두 번 다시 공격하지 않았다고 브레엠이 말했다.

동물들은 동료에 대해 서로 애정을 느끼지만 사회적이지 않은 동물의 성체(成體)는 그것을 느끼지 않는 것이 확실하다. 대부분의 경우를 보면, 그들이 얼마나 다른 개체의 고통이나 기쁨을 자신의 것처럼 느끼고 있는지는 의문스럽다. 특히 기쁨에 대해서는 더욱 그렇다. 그러나 뛰어난 관찰가인 벅스턴 (Buxton)*10은 노픽*11에서 자유롭게 키우고 있던 그의 마코앵무새들이 함께 지내고 있는 짝에게 '깊은 관심'을 나타내며, 암컷이 둥지를 떠나면 반드시 무리가 암컷을 에워싸고 '암컷의 명예를 위해 무시무시한 소리를 내며 엄호한다'고 말했다. 동물들이 서로의 고통을 느낄 수 있는지 어떤지는 판단하기가 어렵다. 소들이 죽어가고 있거나 이미 죽은 동료를 에워싸고 가만히 지켜보고 있을 때, 그들이 무엇을 느끼고 있는지 누가 알겠는가? 동물들이 때로는 아무런 동정도 느끼지 않는 일이 있는 것은 확실하다. 그들은 다친 개체를 무리에서 쫓아내거나, 때리고 물어서 죽여버리는 일도 있기 때문이다. 이에 대해서는 그들이 다친 동료를 쫓아내는 것은 본능 또는 이성에 따른 것으로, 인간을

---

*10 'Annals and Mag. of Nat. Hist.,' November, 1868, p. 382.

*11 (역주) 영국 잉글랜드 동부에 있는 주.

포함한 포식동물이 무리를 추적하지 못하게 하기 위해서라고 설명하는 사람들도 있지만, 만일 그것이 진실이 아니라면 자연사 속에서 가장 어두운 부분이라고 해도 좋을 것이다. 만일 이 설명대로라면, 그들의 행위는 약한 동료를 초원에 내다버려 죽게 만든다는 북아메리카 인디언이나, 부모가 늙거나 병들면 그들을 산 채로 매장한다는 푸에고 섬 사람들의 행동보다 더 나쁘다고 말할 수 없는 것이다.*12

그러나 많은 동물들은 확실히 서로의 고뇌와 위험에 공감하고 있다. 그건 새도 마찬가지이다. 스탠스버리(Stansbury) 대위*13는 유타 주의 소금호수에서 늙어서 완전히 눈이 멀었지만 통통하게 살찐 펠리컨을 발견했는데, 이 개체는 동료들이 오랫동안 먹이를 듬뿍 먹이며 보살폈던 게 분명했다. 블라이스(Blyth)는 인도 까마귀가 눈이 보이지 않는 동료들을 부양하고 있는 것을 보았다고 나에게 알려주었는데, 가축인 닭도 이와 유사한 일이 있다는 사실을 들은 적이 있다. 이러한 행동은 본능에 의한 것이라고 볼 수도 있다. 그러나 이러한 사례는 특별한 본능으로 발전할 만큼 자주 일어나지는 않는다.*14 나도 어떤 개가 친한 친구인 고양이가 병에 걸려 바구니 안에 누워 있을 때 그 옆을 지나갈 때마다 혀로 몇 번씩 핥아주는 것을 본 적이 있는데, 이것은 개가 가지고 있는 친절한 감정의 증거라고 할 수 있다.

용기 있는 개를 자기 주인을 공격하는 상대에게 달려들게 하는 것은 공감(共感)이라고 해도 좋을 것이다. 개는 정말 그렇게 한다. 나는 어떤 사람이 겁이 많은 어린 개를 무릎에 안고 있는 부인을 때리는 시늉을 하는 것을 본 적이 있다. 그것은 첫 시도였다. 이 어린 개는 곧바로 그 자리에서 달아났는데, 때리는 시늉이 끝나자 주인에게 다시 돌아와서 열심히 얼굴을 핥아주며 위로하려는 모습은 정말 애처로울 지경이었다. 브레엠*15은 사육하는 개코원숭이를 벌하기 위해 붙잡으려고 하면, 동료들이 그 개체를 보호하려 한다고 말했

---

* 12 J. Lubbock(J. 러벅) 경, 'Prehistoric Times,' 2nd edition, p. 446.

* 13 L. H. 모건(L. H. Morgan)의 'The American Beaver and His Works,' 1868, p. 272에서 인용. 스탠스버리 대위는 어린 펠리컨이 강한 물살에 떠내려갔을 때, 큰 펠리컨 6마리가 어린 펠리컨을 이끌고 기슭에 오르는 것을 지켜보았다고 하는 매우 흥미로운 일화를 들려주었다.

* 14 베인(Bain)이 말했듯이, '어려움을 겪고 있는 상대에 대한 효과적인 도움은 진정한 공감에서 나온다.' 'Mental and Moral Science,' 1868, p. 245.

* 15 'Thierleben,' Bd. 1, S. 85.

다. 앞에 든 예와 같은 개코원숭이나 긴꼬리원숭이가 어린 동료를 개나 독수리로부터 보호하려고 하는 것은 공감의 감정 때문임이 분명하다. 나는 여기서 또 한 가지, 어린 아메리카 원숭이가 보여준, 공감에 찬 영웅적 행위를 소개하고자 한다. 몇 년 전, 런던동물원의 사육사 한 사람이 목덜미에 난, 아직 거의 낫지 않은 깊은 상처를 나에게 보여준 적이 있다. 그것은 그가 바닥에 무릎을 꿇고 있을 때 사나운 개코원숭이에게 물려서 생겼다는 것이었다. 그 큰 우리 안에는 이 사육사의 좋은 친구였던 어린 아메리카 원숭이도 함께 있었는데, 이 원숭이는 큰 원숭이를 몹시 두려워하고 있었다. 그런데도 자신의 친구인 사육사가 위험에 처한 것을 보자마자, 이 원숭이가 구하러 달려와서 미친 듯이 소리를 지르면서 개코원숭이를 물어뜯었고, 그 개코원숭이가 잠시 거기에 정신이 팔린 사이에 사육사는 간신히 몸을 피할 수 있었다. 상처를 치료한 의사에 따르면, 하마터면 생명을 잃을 수도 있는 상처였다고 한다.

애정과 공감 외에도, 동물은 우리 인간에게는 도덕적이라고 부를 수 있는 특성을 보여주는 일이 있다. 그리고 나는, 개가 양심과 매우 가까운 어떤 감정을 가지고 있다고 한 아가시(Agassiz)의 의견에 전적으로 동의한다.*[16] 그들은 확실히 극기심 비슷한 것을 가지고 있는데, 그것은 반드시 공포에 뿌리내리고 있는 것만은 아니다. 브라우바흐(Braubach)가 지적했듯이*[17] 개는 주인이 없는 사이에 먹을 것을 훔치는 짓은 하지 않는다. 개는 오랫동안 충실과 순종 그 자체의 상징으로 여겨져 왔다. 서로 돕거나 함께 적을 공격하면서 무리지어 사는 동물이라면 어느 것이나 서로에 대해 무언가의 충실함을 가지고 있는 것이 틀림없으며, 리더를 따르는 어느 정도의 복종심을 가지고 있을 것이다. 아비시니아의 개코원숭이들이 농원을 약탈할 때는*[18] 조용히 리더를 따른다. 그리고 건방진 어린 개체가 소리를 내면, 다른 개체가 그를 때려서 침묵과 복종을 가르친다. 그러나 위험이 없어지는 순간, 그들은 크게 날뛰면서 기쁨을 표현한다.

어떤 종류의 동물들을 동료와 함께 있도록 하여 다양한 방법으로 서로 돕게 만드는 충동에 관해서는 대부분의 경우, 다른 본능적 행동을 할 때 느낄

---

* 16 'De l'Espèce et de la Class.,' 1869, p. 97.
* 17 'Der Darwin'schen Art-Lehre,' 1869, S. 54.
* 18 Brehm(브레엠), 'Thierleben,' Bd. 1, S. 76.

수 있는 만족감과 기쁨, 또는 본능적 행동을 금지당했을 때 느끼는 불만족과 같은 감정들에 의해 움직이는 것이라고 생각해도 무방하다. 그것을 보여주는 예는 수없이 많으며, 가축화된 동물이 획득한 본능 속에 뚜렷이 나타나 있다. 어린 양치기개는 양떼 주위를 달리면서 그들을 돌보는 것에 큰 기쁨을 느끼지만, 그들을 괴롭히는 것은 좋아하지 않는다. 어린 폭스하운드견은 여우를 사냥하는 것을 즐기지만, 내가 본 바로는 다른 종류의 개 중에는 여우에게 전혀 관심을 보이지 않는 것도 있다. 언제나 날아다니는 것을 즐기는 새가 며칠 동안이나 움직이지 않고 알을 품고 있는 것을 보면, 상당히 강한 내적 만족감이 있는 것이 분명하다. 철새는 이동을 저지당하면 비참해하지만, 긴 비행이 시작될 때는 매우 큰 기쁨을 느끼는 것 같다. 몇 가지 본능은 공포와 같은 고통스러운 감정에 의해서만 결정되며, 그러한 본능은 자기 보존으로 이어지거나 특정한 적을 향해 표출된다. 쾌락과 고통의 감정을 분석할 수 있는 사람은 아무도 없을 것이다. 그러나 많은 경우, 동물이 완강하게 본능에 따르는 것은 단순히 유전의 힘 때문이며, 쾌락이나 고통의 자극은 중요하지 않은 것일지도 모른다. 어린 포인터견*19이 최초로 사냥감의 냄새를 맡으면 그 방향을 가리키지 않고는 배길 수가 없다. 우리 속의 다람쥐는 자신이 다 먹을 수 없는 나무 열매를 땅에 묻으려는 것처럼 손으로 톡톡 건드리는데, 그렇게 행동하는 것은 쾌락 또는 고통의 감정 때문이라고는 도저히 생각할 수 없다. 그래서 인간의 행동은 모두 과거에 경험한 어떤 쾌락이나 고통에서 비롯되는 것이 분명하다는, 그런 가정은 잘못된 것인지도 모른다. 습성은 어떤 시점에서 느껴지는 쾌락이나 고통과는 상관없는 맹목적인 것일지도 모르지만, 갑자기 힘으로 저지당하면 막연한 불만이 끓어오르는 법이다. 이것은 특히 지능이 낮은 사람들 사이에서 뚜렷하게 나타난다.

처음부터 동물은 사회적인 존재이며, 그렇기 때문에 동료로부터 분리되면 불안해지고 함께 있으면 기분이 좋아지는 거라고 주장하는 사람들이 종종 있다. 그러나 사회생활을 하는 것이 이익이 되는 동물들의 경우에는, 동료와 함께 살기 위해 이러한 감정이 발달해 온 것이라고 생각하는 것이 더 그럴듯하다. 그것은 동물에게 먹이를 먹게 하기 위해 배고픔이나 먹는 즐거움을 면

---

*19 (역주) 포인트견은 주인이 사냥할 때 사냥감을 발견하여 주인에게 알리는(포인트하는) 역할을 한다.

저 느끼게 하는 것과 같다. 사회생활을 하는 기쁨은 아마도 부모나 형제자매 사이의 애정이 확장된 것이리라. 그리고 이렇게 감정의 확장이 일어난 것은 주로 자연선택에 따른 것이겠지만, 어느 정도는 단순히 관습 때문일지도 모른다. 함께 사는 것이 유리한 동물에게는, 다 같이 있는 것에서 가장 많은 기쁨을 찾아낸 개체가 여러 가지 위험을 가장 잘 극복할 수 있었을 것이며, 자신의 동료에게 관심을 주지 않고 단독으로 사는 것은 많은 개체의 죽음을 불러왔을 것이다. 사회적 애정의 밑바탕을 이루고 있다고 생각되는 부모자식과 형제자매 사이의 애정에 대해서는, 그 기원을 추측해 본다 해도 알 수가 없다. 그러나 대부분은 자연선택을 통해 알게 되었다고 생각해도 틀리지 않을 것이다. 그러므로 일벌이 형제인 수벌을 죽이고 여왕벌이 여왕이 될 딸을 죽이는 경우에는, 가까운 친족 사이에 부자연스러운 증오의 감정이 생겨난 것이며, 그것은 근친을 사랑하기보다 죽이고자 하는 욕망이 집단 전체에 유리하기 때문이라고 생각해도 좋을 것이다.

공감은 매우 중요한 감정이지만 사랑과는 다르다. 어머니는 잠들어 있는 무력한 자식을 열렬히 사랑하지만 그 자식에게 공감하고 있다고 말하기는 어렵다. 개에 대한 인간의 애정이나 주인에 대한 개의 애정도 공감과는 다르다. 아담 스미스가 예전에 말했고 최근에 베인도 말한 것이지만, 공감의 기초는 우리가 이전에 느낀 고통과 쾌락을 오래 기억할 수 있는 것에 뿌리내리고 있다. 즉 '타인이 굶주림, 추위, 피로 등으로 괴로워하는 것을 보면, 자신이 그런 상황에 있었을 때의 일이 떠오르기 때문에 생각만 해도 고통을 느끼게 된다. 그래서 우리는 자신이 느끼는 고통의 감정을 제거하기 위해 타인의 고통을 제거해 주지 않을 수 없는 것이다. 마찬가지로 우리는 타인의 기쁨도 함께 하려고 한다.[20] 그러나 그렇게 생각하면, 왜 아무 관계도 없는 타인보다는 자신이 사랑하는 인물에게 헤아릴 수 없는 큰 공감을 느끼는 것인지에 대해서는 설명

---

[20] 애덤 스미스(Adam Smith)가 쓴 'Theory of Moral Sentiments'의 매우 훌륭한 첫 번째 장을 참조할 것. 또 베인(Bain)의 'Mental and Moral Science,' 1868, pp. 244, 275-283도 참조할 것. 베인은 '공감의 마음은 간접적으로, 공감하는 사람의 기쁨의 원천'이 된다고 말했으며 이를 서로 주고받는 호혜적 관계로 설명했다. 그는 '이익을 얻은 사람이나 남이 뭔가를 대신해 준 사람은, 공감의 마음과 좋은 행위로 돌려줌으로써 그 희생에 대한 빚을 갚는다'고 지적했다. 그러나 만일 공감이 엄밀하게 본능적이라면 그 공감의 마음을 베푸는 것에는, 앞에서 보여주었듯이 거의 모든 본능의 경우처럼 직접적인 기쁨이 뒤따를 것이다.

할 수가 없다. 애정과 상관없이 남의 고뇌를 보기만 해도 추억이 생생하게 되살아나 상황을 상상하는 데 충분할 것이다. 공감은 처음에는 앞에 설명한 상황에서 발생했을지 모르지만, 지금은 공포가 동물의 특별한 적에게만 향하듯이, 애정을 느끼고 있는 대상에게만 특별히 향하는 본능이 되어버린 것 같다. 공감이 그러한 방향을 향하고 있기 때문에, 같은 집단에 속하는 개체 사이의 애정에도 한계가 있다. 사자와 호랑이는 자신의 자손이 괴로워하고 있는 것에 대해서는 공감을 느끼지만, 다른 동물에게서는 느끼지 않는 것이 분명하다. 엄밀하게 사회적인 동물에는 잘 알려져 있듯이, 그 감정은 많든 적든 함께 있는 모든 개체에 적용된다. 인류에서는 베인이 보여주었듯이, 공감의 힘에는 아마도 이기성, 경험, 모방이 포함되었을 것이다. 그것은 우리가 타인을 동정하고 친절을 베풀 때는 뭔가 좋은 보답이 있을 것을 기대하게 마련이며, 공감이 습성에 의해 크게 강화되는 것도 사실이기 때문이다. 이 감정이 아무리 복잡한 양상으로 시작되었다 해도, 그것은 서로 돕고 보호하는 모든 동물에게 매우 중요한 감정이며 자연선택에 의해 증강되는 것이 분명하다. 즉 가장 공감적인 개체를 가장 많이 거느린 집단이 가장 번성하여 더 많은 자손을 남겼을 것이 틀림없기 때문이다.

일종의 사회적 본능이 획득된 것은 자연선택을 통해서인지, 또는 공감과 이성, 경험과 모방의 성향이 같은 다른 본능과 능력에 수반되는 간접적인 결과인지 단순히 오래 계속된 습관의 결과에 지나지 않는 것인지를 결정하는 것은 매우 불가능하다. 집단에 대해 위험을 경고하기 위해 망보기를 두는 것과 같은 본능은 너무나도 훌륭하여 다른 능력에 수반되는 간접적인 결과로서 생겼다고는 도저히 생각할 수 없으므로, 직접적으로 획득된 것이 틀림없다. 한편, 어떤 사회적 동물의 수컷들이 다 함께 무리를 보호하거나 적을 공격하며 공동으로 먹잇감을 공격하는 습성은, 아마 서로에 대한 공감에서 비롯되었을 것이다. 그러나 용기와, 많은 경우의 강인함은 자연선택을 통해 획득된 것이 틀림없다.

다양한 본능과 습성 가운데에도 어떤 것은 다른 것보다 훨씬 강하다. 즉 어떤 본능은 그것이 실행되면 더 큰 기쁨을 가져다주며, 저지당하면 더 큰 불만을 부른다. 또 그것만큼이나 중요한 사실은, 어떤 본능은 특별한 쾌락이나 고통의 감정을 불러일으키지 않고 유전을 통해 견고하게 보존되고 있다는 것이다. 우리는 누구나, 어떤 습성은 다른 것보다 훨씬 고치거나 바꾸기가 어려운 것을 알고 있다. 그래서 동물 가운데 다른 본능끼리, 또는 어떤 본능과 다른 습성이 갈등을 일으키는 것을 종종 볼 수 있다. 이를테면 개가 토끼를 쫓다가 주인에게 꾸지람을 들으면, 멈추어 서서 잠시 주저하다가 다시 잡으러 가거나 시무룩하게 주인 곁으로 돌아올 때, 또 암캐가 새끼에 대한 애정과 주인에 대한 애정 사이에 끼어 주인을 따라가지 않는 것을 반쯤 아쉬워하는 듯하면서 새끼에게 슬금슬금 다가갈 때가 그러하다. 그러나 하나의 본능이 다른 본능을 이기는 가장 흥미로운 예는, 이동본능이 모성본능을 이기는 경우이다. 이동본능은 상상할 수 없을 만큼 강하여, 새장 안의 새는 이동의 계절이 돌아오면 깃털이 빠지고 피가 나도록 가슴을 새장 쇠창살에 부딪친다. 어린 홍연어는 물속에 있으면 살 수 있는데도 그곳에서 나가 자기도 모르는 사이에 자살을 감행하게 된다. 모성본능이 얼마나 강한 것인지는 누구나 알고 있다. 그것은 아무리 겁이 많은 새도 커다란 위험과 맞서게 하는데, 자기보존 본능에 반하는 것이어서 망설임과 함께 표현된다. 그래도 이동본능은 매우 강하여, 제비와 바위제비는 가을이 되면 어린 새끼를 버리고 떠나버려 새끼들이 둥지 속에서 죽는 일이 종종 있다.*21

어떤 본능적 충동이 다른 본능이나 또는 상반되는 본능보다 어떤 의미에서 종에 있어 유리하다면, 자연선택에 의해 그쪽이 더욱 강력해지는 것으로 생각된다. 왜냐하면 그러한 본능을 가장 강하게 발달시킨 개체가 더 많이 살아남을 수 있기 때문이다. 그것을 모성본능과 비교했을 때의 이동본능에도 적용할 수 있을지는 의문이 남는다. 1년 가운데 일정한 계절이 돌아오면, 이동본능이 하루 종일 강하게 지속되므로, 그때만큼은 무엇보다도 강하게 작용할지도 모른다.

---

*21 뛰어난 제너(Jenner)에 따른 'Phil. Transact.,' 1824에 처음으로 보고한 이 사실은 그 뒤 많은 관찰자들, 특히 블랙월(Blackwall)이 뚜렷이 입증했다고 L. 제닌스(L. Jenyns)는 주장했다(그가 편집한 'White's Nat. Hist. of Selborne,' 1853, p. 204 참조). 주의 깊은 관찰자인 블랙월은 2년 동안 늦가을에 36개나 되는 둥지를 조사했는데, 그 가운데 12개의 둥지에는 죽은 새끼가, 5개의 둥지에는 부화되기 직전의 알이, 3개의 둥지에는 갓 낳은 알이 들어 있었다. 아직은 먼 거리를 날 수 없는 어린 새들도 많이 버려져 죽어 있었다. 블랙월의 'Researches in Zoology,' 1834, pp. 108, 118 참조. 이것만으로도 충분하겠지만 더 증거가 필요하다면 르로이(Leroy)의 'Lettres Phil.,' 1802, p. 217를 참조하기 바란다.

제3장 인간과 하등동물의 정신적 능력 비교(이어서) 167

사회적 동물로서의 인간

대부분의 사람들은 인간이 사회적 동물이라는 것을 인정할 것이다. 인간이 고독을 싫어하고 가족의 틀을 넘어서서 사회적 교류를 하고 싶어 하는 것만 보아도 그것은 명백하다. 혼자 방에 가두는 것은 가장 엄격한 벌의 하나이다. 학자들 가운데에는, 인간은 아주 먼 옛날에는 가족이 각각 독립적으로 살았다고 생각한 사람도 있지만, 내가 아는 한 오늘날에는 황야 속을 한 가족 또는 두세 가족만 떠돌아다니는 사람들도, 같은 지역에 살고 있는 다른 가족들과 우호적인 관계를 맺고 있다. 그 가족들은 가끔 서로 모여 대화를 나누며 공동방위를 위해 협력한다. 인접한 지역에 살고 있는 부족끼리는 거의 언제나 전쟁상태에 있다 해도, 그것이 미개인들이 사회적인 동물이라는 것의 반증이 되지는 않는다. 왜냐하면 사회적 본능은 동종에 속하는 모든 개체로 확장되는 일은 결코 없기 때문이다. 많은 사수류(四手類)의 예에서 판단하건대, 유인원과 비슷했던 인간의 조상도 마찬가지로 사회적이었을 것이다. 그러나 이 사실은 그리 중요하지 않다. 인간은, 지금은 초기의 조상이 가지고 있었던 본능을 많이 잃어버리고 특별한 본능은 조금밖에 보존하고 있지 않지만, 그렇다고 해서 인간이 동료에 대한 어느 정도의 애정과 공감을 본능으로서 오랜 옛날부터 지니고 있지 않았다고 할 수는 없다. 우리가 그러한 공감의 감정을 지니고 있다는 것은 모두가 의식하고 있지만[22] 그것이 하등동물에서와 마찬가지로 먼 옛날에 획득된 본능인지, 아니면 각자가 어린 시절부터의 경험을 통해 획득한 것인지 구별할 수 없다. 인간은 사회적 동물이므로 동료에 대해 충실한 경향을 유전적으로 물려받았을 가능성은 충분히 있다. 이 성질은 대부분의 다른 사회적 동물에게서 공통적으로 볼 수 있기 때문이다. 인간은 또한 어느 정도의 극기심과 집단의 리더에 대한 복종심도 지니고 있는 것 같다. 인간은 유전적으로 물려받은 경향으로서 타인과 함께 동료를 지키려 할 것이고, 자기 자신의 행복이나 강한 욕망을 크게 방해하지 않는 한, 어떤 일에서든 기꺼이 타인을 도와주려고 할 것이다.

---

[22] 흄(Hume)은 ('An Enquiry Concerning the Principles of Morals,' edition of 1751, p. 132) 다음과 같이 말했다. "타인의 행복과 불행은 우리에게 무관심한 남의 일이 아니라 전자는 우리의 마음에도 은근한 기쁨을 가져다주고, 후자는 우리의 상상력에 우울한 그림자를 던져준다는 것을 인정해야 한다.

가장 하등한 단계에 있는 사회적 동물은 같은 집단에 속하는 구성원을 도와줄 때 철저하게 특별한 본능에 따라 행동하고 있으며, 그보다 고등한 사회적 동물도 대부분의 경우 본능에 이끌리고 있다. 그러나 그들에게도 서로에 대한 애정과 공감이 그렇게 행동하게 하는 부분도 있으며, 어느 정도는 이성(異性)도 영향을 미치는 것 같다. 앞에서 지적했듯이, 인간에게는 동료를 어떻게 도와야 할지를 지시하는 특별한 본능은 없지만 그래도 그 충동은 갖고 있으며, 지적 능력이 높기 때문에 이 점에 있어서 이성과 경험에 이끌리는 것은 마땅하다. 또 본능적으로 일어나는 공감에 의해, 인간은 동료의 칭찬에 높은 가치를 두게 되었을 것이다. 이를테면 베인(Bain)이 분명하게 보여주었듯이[23] 칭찬받는 기쁨과 영광에 대한 높은 평가, 그리고 경멸과 불명예에 대한 더욱 강한 공포는 공감 작용에 의한 것이다. 그 결과 인간은 몸짓과 언어로 표현된 동료의 바람과 동의, 비난 등에 크게 영향을 받게 된다. 즉 인간이 아주 미개한 상태에 있었을 때, 어쩌면 초기의 유인원 같은 조상의 단계에서 획득한 사회적 본능이 아직도 인간에게 여러 가지 훌륭한 행동을 하게 만드는 충동을 주고 있는 것이다. 그러나 인간의 이러한 행동은 동료가 표명하는 희망과 판단에 따라 많은 것이 결정되고, 불행하게도 그보다 더 많은 것이 자기 자신의 강한 이기적 욕망에 따라 결정되고 있다. 그렇지만 애정과 공감의 감정과 극기심의 힘이 습관에 의해 강해지고, 또 이성이 더욱 확실하게 작용하면 동료가 한 판단의 정당성을 이해할 수 있게 되므로, 인간은 그 시점의 쾌락과 고통의 감정을 떠나서 어떤 종류의 행동을 취하지 않으면 안 된다는 충동을 느끼게 된다. 그렇게 되면 인간은 '나는 나 자신의 행위에 대한 최고의 심판자'라고 말해도 될 것이고, 칸트가 말하는 의미에서 스스로 인간의 존엄성을 손상시키려 하지는 않을 것이다.

장기적인 사회적 본능은 단기적인 본능을 정복한다

우리는 아직 도덕감정에 관한 모든 의문의 중요한 요점에 대해서는 고찰하지 않았다. 인간은 왜, 다른 것이 아닌 어떤 하나의 본능적 욕구에 따라야 한다고 느끼는 것일까? 인간은 왜 자기보존의 강한 욕구에 굴복하여 동료를 구

---

* 23 'Mental and Moral Science,' 1868, p. 254.

하기 위해 위험에 뛰어들지 않았을 때 괴로워하며 후회하는 것인가? 또 인간은 왜 배가 고파 음식을 훔쳤을 때도 후회하는 것인가?

무엇보다 인류가 가지고 있는 다양한 본능적 충동은 명백하게 그 강도가 각각 다르다. 모성본능이 강한 젊고 겁 많은 어머니는 자기 아이가 위험에 빠졌을 때는 한 순간도 주저하지 않고 위험에 뛰어들지만, 모르는 타인에 대해서는 그렇게 행동하지 않는다. 전에 타인의 목숨을 위험에 빠뜨린 경험이 없어도 용기와 공감이 충분히 발달해 있으면, 물에 빠진 타인을 구하려고 자기 보존 본능은 돌아보지 않고 격류 속에 뛰어든 남자들이 많으며 심지어 어린 소년도 있다. 이 경우, 인간은 앞에 말한 용감한 어린 아메리카원숭이가 사육사를 돕기 위해 크고 무서운 개코원숭이를 공격한 것과 같은 본능적 동기에 따라 움직인 것이다. 이런 행동은, 다른 어떠한 본능이나 동기보다 강한 사회적 또는 모성적 본능에 의한 것으로 보인다. 왜냐하면 그것은 생각하거나 쾌락과 고통의 감정을 생각할 것도 없이 눈 깜짝할 사이에 일어나며, 그것을 저지당하면 오히려 고통을 느끼게 되기 때문이다.

위에 든 충동적인 행위는 도덕 감정의 지배를 받고 있는 것은 아니므로, 윤리라고 부를 수 없다고 주장하는 사람들이 있다는 것은 나도 알고 있다. 그들은 이 말을, 상반되는 욕망을 극복한 뒤에 의식적으로 취해진 행동이나, 어떤 고상한 동기에서 이루어진 행동에만 한정하려고 한다. 그러나 이러한 구별이 실제로 존재한다 해도 그것을 명확하게 구별하는 것은 거의 불가능한 것으로 생각된다. 고상한 동기에 관해 말하면, 인류에 대한 일반적인 인애(仁愛)의 감정과는 거리가 멀고, 또 어떠한 종교적 동기에도 이끌리지 않는 미개인이 포로가 되었을 때, 동료를 배신하기보다는 스스로 자신을 희생시켰다는 기록이 많이 있는데*24 그들의 행위는 분명히 도덕적인 것으로 생각해야 할 것이다. '의식적인 행위'라는 것과 '상반되는 동기에 대한 승리'라는 점에서는 동물도 위험으로부터 새끼를 구해야 할지, 동료를 구해야 할지, 두 개의 본능 사이에서 망설이는 것처럼 보일 때가 있다. 그러나 그들이 아무리 다른 개체의 선을 위해 행동한다 해도, 그것을 도덕적이라고 볼 수는 없다. 그리고 우리가 수없이 되풀이하는 행위는 결국은 의식하거나 머뭇거리지 않고 일어나게 되므로

---

*24 나는 파타고니아 인디언 세 명이 전쟁 때 자기 편의 계획을 누설하기보다는 한 사람씩 총살당하는 쪽을 선택했다는 이야기를 들은 적이 있다(《비글호 항해기》 1845년, 103쪽).

그것을 본능과 구별하는 것은 매우 어려운 일이다. 그래도 그렇게 이루어진 행위는 도덕적이 아니라고 주장할 사람은 아무도 없을 것이다. 오히려 우리 모두는 어떤 행위가 그것에 필요한 성질을 나면서부터 갖추고 있는 사람처럼 의식과 노력 없이 저절로 이루어진 것이 아니면, 완벽하게 또는 가장 고귀한 방법으로 이루어졌다고는 느끼지 않는다. 그러나 반대로 공포 또는 공감의 결여를 억지로 극복한 뒤에 행동한 사람은, 타고난 성질에 의해 아무 노력 없이 행동할 수 있는 사람보다 어떤 의미에서는 더 높게 평가해야 할지 모른다. 우리는 다른 동기(動機)들을 구별할 수 없기 때문에, 도덕적인 존재에 의해 이루어진 어떤 범주 안의 행위를 모두 도덕이라고 부른다. 도덕적 존재란 자신의 과거 및 미래의 행위와 동기를 비교하며, 좋다거나 나쁘다고 판단할 수 있는 존재이다. 하등동물에게 그러한 능력이 있다고 생각해야 할 근거는 하나도 없다. 그러므로 원숭이가 동료를 돕기 위해 위험과 맞서거나 부모 잃은 원숭이를 주워서 키워도, 그 행위를 도덕적이라고 부르지는 않는다. 그러나 확신을 가지고 도덕적 존재라고 부를 수 있는 유일한 존재인 인간의 경우에는, 그것이 상반되는 동기와 갈등한 뒤에 의식적으로 행한 행동이거나 서서히 획득된 습관의 영향인지, 아니면 본능을 통해 충동적으로 행한 것인지와는 관계없이 어떤 범주의 행위를 도덕이라고 부른다.

그러나 이쯤에서 더욱 긴급한 주제로 돌아가기로 하자. 어떤 본능은 다른 것보다 강력하며 그것에 대응하는 행동을 불러일으키는데, 인간은 보통 사회적 본능이, 이를테면 자기보존, 배고픔, 성적 욕구, 복수 등의 본능보다 강하다거나 또는 오랜 연습을 통해 강해졌다고는 할 수 없다. 그렇다면 왜 인간은, 하나의 자연 충동에 따르고 다른 충동에는 따르지 않았을 때 후회하는 것일까? 아무리 그 후회하는 마음을 지우려고 해도 후회는 끈질기게 남는다. 그리고 인간은 왜 자신의 행위를 후회하지 않으면 안 된다고 느끼는 것일까? 인간은 이 점에서 하등동물과 크게 다르다. 어쨌든 나는 이 차이가 생기는 원인을 어느 정도는 밝힐 수 있을 거라고 생각한다.

인간은 정신적 능력의 작용 때문에 자기성찰을 피할 수가 없다. 과거의 인상이나 이미지는 뚜렷한 형태를 갖추고 사람의 마음을 끊임없이 가로지른다. 그런데 언제나 집단으로 서식하는 동물에게는 사회적 본능은 늘 존재하며 늘 작용하고 있다. 그러한 동물은 언제나 스스로 경고 신호를 보내며 집단을 보호하고 그 습성에 따라 동료를 도울 마음이 있다. 그들은 특별한 열정이나 욕구의 자극이 없어도 동료에 대한 어느 정도의 애정과 공감을 항상 느끼고 있다. 그들은 동료에게서 오래 격리되면 불행해지고 동료와 함께 있으면 행복을 느낀다. 이것은 모두 우리 자신에게도 적용된다. 이러한 감정이 없는 인간은 부자연스러운 괴물일 것이다. 한편 주린 배를 채우는 욕망이나 복수 같은 열정을 채우는 욕망은, 그 성질상 일과성이며 잠시 동안은 완벽하게 만족시킬 수 있다. 그리고 이를테면 배고픔의 감각을 생생하게 되살리는 것은 매우 어려운 일로 거의 불가능할지도 모른다. 그것은 사람들이 흔히 말하듯이 어떤 고통의 감각에도 적용될 수 있다. 자기보존의 본능은 위험이 눈앞에 닥치지 않는 한 느낄 수 없으며, 많은 겁쟁이들은 적과 맞닥뜨리기 전까지는 자신이 용감하다고 생각한다. 타인의 소유물에 대한 욕망은 아마 다른 이름의 욕망과 마찬가지로 강렬한데, 이 경우에도 실제로 그것을 소유했을 때의 만족감은 그것을 가지고 싶은 욕망보다 일반적으로 약한 법이다. 상습범이 아닌 도둑은 대부분 무언가를 훔친 뒤에, 자기가 왜 그것을 훔치려고 했는지 의아하게 여긴다.

즉 인간은 과거의 인상이 연속적으로 마음을 가로지르는 것을 멈추게 할 수 없기 때문에, 이를테면 과거의 굶주림과 복수의 감정이 충족되었을 때와 타인을 희생시켜 위험으로부터 벗어났을 때의 약한 인상, 항상 마음속에 존재하며 일정한 강도로 작용하는 공감이나 동료에 대한 선의 의지의 본능을 비교하지 않을 수 없다. 그래서 인간의 마음속에서 강한 본능이, 이제는 비교적 약하게 느껴지는 본능에 져버렸다고 느끼고 필연적으로 불만족스럽게 된다. 그 불만족감은, 인간을 본능에 따르게 하기 위해 다른 동물과 마찬가지로 인간에게 갖춰진 감정이다. 앞에서 이야기한 제비의 예는 이것이 역전(逆轉)한 것으로 일시적이기는 하지만 그 시점에서 매우 강렬한 본능이, 일반적인 경우에는 다른 어떠한 본능보다 우선하는 본능을 능가한 경우를 보여주고 있다. 그 계절의 철새는 온종일 이동하고 싶은 욕망에 가득 차 있는 것 같다. 그들의 습성은 변화하여 불안해지고 안절부절못하다가 무리지어 모이게 된다. 어미새가 새끼에게 먹이를 주거나 새끼를 품고 앉아 있을 때는 아마도 모성본능이 이동본능보다 강한 것 같다. 그러나 완고하게 계속 존재하고 있는 욕망이 승리를 거두면, 새끼가 눈앞에 없을 때 마침내 어미새는 새끼를 버리고 날아오른다. 어미가 긴 여행 끝에 목적지에 도달하여 이동본능이 사라졌을 때, 과연 강렬한 후회의 고뇌가 어미새들을 엄습할까? 만일 그 새들이 높은 지적 능력을 지니고 있다면, 쓸쓸한 북쪽 땅에서 자기 새끼들이 추위와 굶주림으로 죽어가는 광경이 자꾸만 마음속에 떠오르는 것을 막을 수 없을 것이다.

인간은 행동하는 순간에는 의심할 여지없이 더욱 강한 충동에 따른다. 그것은 때로는 인간을 가장 고귀한 행위로 이끄는 경우도 있지만, 대부분은 타인을 희생으로 삼아 자신의 욕망을 만족시키게 된다. 그러나 그것이 채워진 뒤에는 이미 지나간, 좀 더 약했던 인상이 항상 지속되고 있는 사회적 본능과 비교하게 되며 그 대가는 반드시 찾아온다. 그러면 인간은 자신에게 만족할 수 없게 되어 다음에는 다르게 행동할 거라고 굳게 결심한다. 이것이 양심이다. 즉 양심은 과거를 돌아보고 과거의 행위를 심판하므로, 약한 경우에는 후회하고 강한 경우에는 마음의 가책을 느끼는 불만족으로 이어진다.

이러한 감정들이 다른 종류의 본능과 욕구가 채워지지 않았을 때 느끼는 감정과 다른 종류의 것임은 의심할 여지가 없다. 그러나 채워지지 않은 본능은 무엇이든지 마치 배고픔과 갈증처럼 각각에 특유한, 그것을 촉구하는 감각을 동반하고 있다. 그렇게 촉발되고 있는 인간은 오랜 습관 끝에는 완벽한 극기심을 획득하고, 마지막에는 욕망과 열정이 곧바로 자신의 사회적 공감에 굴복하게 되며 이러한 욕구들 사이에서 갈등이 일어나지 않도록 할 수 있다. 그래서 아직 배고픔과 복수심을 느낀다 해도, 더 이상 음식을 훔치거나 원한을 풀려고 하지는 않을 것이다. 극기의 습성도 다른 습성과 마찬가지로 유전하는 것이 가능하며, 이제부터 살펴보겠지만 그것은 충분히 있을 수 있는 일이다. 그렇게 하여 획득된, 아마도 유전적으로 계승된 습성에 의해, 마침내 인간은 더욱 오래 지속되는 본능을 따르는 것이 가장 좋다고 느끼게 된다. 그 강압적인 '~해야 한다'는 말은 그것이 생득적(生得的)이든 획득된 것이든 지속적인 본능의 존재가 의식되고 있음을 암시하는 것이며, 그것에 따르지 않는 일도 간혹 있지만 인간의 행동 지침으로 작용하고 있다. 사냥개는 사냥을 해야 한다, 포인터는 사냥감의 위치를 알려주어야 한다, 리트리버는 사냥감을 물고 돌아와야 한다고 말할 때, 우리는 '~해야 한다'는 말을 은유적인 의미로는 거의 사용하지 않는다. 그들이 그러한 행동을 하지 않는 것은 의무를 게을리하는 것이며 나쁜 행동을 하는 것이다.

타인의 이익에 반하는 행동으로 이끄는 욕구와 본능이 나중에 마음속에 되살아났을 때, 그것이 사회적 본능과 같거나 그 이상으로 강하게 나타날 때는 그것에 따른다 해도 인간은 그다지 깊은 후회에 사로잡히지는 않을 것이다. 그러나 인간은 그런 일이 타인에게 알려졌을 때는 동의(同意)를 얻을 수 없으리라는 것을 인식하며, 그걸 알면서도 여전히 불쾌하게 느끼지 않을 만큼 공감능력이 결여된 사람은 거의 없을 것이다. 만일 그러한 공감을 느끼지 않고 나쁜 행위로 이끄는 욕구가 그 시점에서 매우 강하며, 나중에 돌이켜 생각했을 때도 지속적으로 존재하는 사회적 본능으로 그것을 정복할 수 없다면, 그는 본질적으로 나쁜 인간이다.*25 그리고 그러한 인간을 제어하는 유일한 동기는 처벌에 대한 공포와, 자기 자신의 이익보다 타인의 이익을 고려하는 것이 장기적으로 보아 결국 자신의 이익이 된다는 확신밖에 없다.

만일 욕망이 사회적 본능과 충돌하지 않는다면, 즉 타인의 이익과 대립하지 않는다면 누구나 안심하고 자신의 욕망을 만족시킬 수 있을 것은 분명하다. 그러나 자책하는 마음, 적어도 불안한 마음에서 벗어나기 위해서 인간은 동료의 비난은 어떻게든 피할 필요가 있다. 그 비난이 합리적인 것인지 어떤지는 또 다른 문제이다. 인간은 또 자신의 생활에 정해진 습관을 깨지 못한다. 특히 그것을 이성이 뒷받침하는 경우에는 더욱 그러하다. 그것을 깨면 거의 틀림없이 불만족을 느낄 것이기 때문이다. 마찬가지로 인간은 지식이나 미신에 따라 믿고 있는 신 또는 신들의 비난을 피해야 한다. 그러나 이 경우에는 종종 신벌(神罰)이라는 공포가 자주 뒤따른다.

처음 전적인 가치로서 존중받은, 엄밀하게 사회적인 도덕

우리가 무엇을 해야 할지 가르쳐주는 도덕감정과 그것에 따르지 않았을 때 느끼는 양심의 가책이 지닌 성질과 기원에 대한 위의 견해는, 인간에게 이 능력이 발달하지 않았던 초기 무렵의 모습과 매우 일치하고 있다. 초기의 조잡한 인간이 집단에서 살아가기 위해 적어도 일반적으로 이행해야 하는 도덕은, 오늘날에도 가장 중요한 도덕으로 여겨지고 있다. 그러나 그것은 거의 반드시

---

* 25 프로스페르 데스핀(Prosper Despine)은 자신의 'Psychologie Naturelle,' 1868(tome 1, p. 243 ; tome 2, p. 169)에서 양심이라고는 눈곱만큼도 없어 보이는 극악무도한 자들의 흥미로운 예를 많이 소개했다.

자신과 같은 부족(部族)에 속한 인간과의 관계에서 이행되고 있으며, 다른 부족에 대해서는 그것을 어겨도 죄악으로 여겨지지 않는다. 살인, 강도, 배신 등이 일반적으로 만연해 있으면 어떤 부족도 통합을 유지할 수 없기 때문에, 같은 부족 내부에서의 그러한 범죄는 '영원한 불명예의 낙인이 찍히게' 되지만*26 부족의 틀을 넘어서면 그러한 감정이 일어나지 않는다. 북아메리카 인디언은 다른 부족의 두피(頭皮)를 벗겼을 때는 스스로 긍지를 느끼고 타인에게 칭찬을 받는다. 다약족*27은 죄 없는 타인의 머리를 베어내어 건조시켜서 트로피로 삼는다. 영아살해는 전 세계에서 널리 볼 수 있지만*28 아무도 비난받지 않았다. 오히려 여아 살해는 부족에게 이익이 되거나 적어도 해가 되지 않는다고 여겼다. 자살은 옛날에는 그다지 나쁜 일로 생각되지 않았으며,*29 오히려 용기를 보여주는 명예로운 행위로 간주된 적도 있다. 지금도 반쯤 미개한 국민들 사이에서는 비난받는 일 없이 널리 행해지고 있다. 국민 전체에서 한 개인의 죽음은 손실로 느껴지지 않기 때문이다. 그러나 어떤 원인에서인지 미개인들 사이에서 자살은 드문 일이다. 그러나 W. 리드(W. Reade)한테서 들은 바로는, 아프리카 서해안의 흑인은 이 점에서는 예외인 듯하다. 인도의 강도단은 자신의 아버지처럼 많은 여행자를 죽이고 그 소지품을 훔치지 못하면 진심으로 분하게 여긴다고 기록되어 있다. 문명이 조잡한 단계에서는 실제 남의 물건을 빼앗는 것은 일반적으로 명예로운 일로 여겨졌다.

죄 깊은 노예제는 전 세계 곳곳에서 볼 수 있으며, 노예는 흔히 치욕스러운 방법으로 취급되어 왔다. 미개인들은 여성의 의견을 존중하지 않기 때문에, 대부분 여자는 노예나 다름없이 다루어지고 있다. 대부분의 미개인들은 자기와 관계없는 타인의 고통에는 전혀 관심이 없으며 오히려 그것을 구경하는 것

---

*26 'North British Review,' 1867, p. 395의 뛰어난 논문 참조. 또 'Fortnightly Review,' 1867, p. 529와 1868, p. 457 등에 실린 W. 배젓(W. Bagehot)의 논문 "On the Importance of Obedience and Coherence to Primitive Man" 참조.

*27 (역주) 인도네시아 보르네오 섬 남서부에 사는 비이슬람계 종족의 총칭.

*28 이 문제에 대한 가장 상세한 기술은, 갈랑드(Gerland) 박사의 'Ueber das Aussterben der Naturvölker,' 1868이라고 나는 생각하는데, 자식 살해에 대해서는 다음에 다시 논할 필요가 있다.

*29 자살에 관한 매우 흥미로운 논의는 레키(lecky)의 'History of European Morals,' Vol. 1, 1869, p. 223 참조.

을 즐긴다. 북아메리카 인디언은 적을 고문할 때 여자들도 거들었다고 널리 알려져 있다. 미개인들 가운데에는 동물을 잔혹하게 다루는 데서 헤아릴 수 없는 기쁨을 느끼는 자가 있으며,[30] 그들에게서는 자비 같은 미덕은 전혀 존재하지 않는다. 그러면서도 같은 부족 구성원 사이의 공감과 친절은 흔히 볼 수 있으며 특히 병자에 대해서는 더욱 그러한데, 때로는 그것이 부족의 한계를 넘어서 적용되기도 한다. 망고 파크(Mungo Park)가 내륙의 흑인 여성이 자신에게 어떠한 친절을 베풀었는지에 대해 쓴 유명한 이야기는 참으로 감동적이다. 미개인들은 서로에 대해서는 훌륭한 충심을 지니고 있지만 모르는 사람에 대해서는 그렇지 않은 것을 보여주는 예가 얼마든지 있다. 그런 경험은 어디서나 볼 수 있으므로, 스페인 사람들이 '인디언을 절대로 믿지 말라'고 말한 것도 이해가 된다. 진실성이 없는 충성은 존재하지 않는다. 그리고 이 본질적인 미덕은 같은 부족에 속하는 구성원들 사이에서는 결코 드물지 않다. 망고 파크는 흑인 여성들이 자식들에게 진실을 소중히 하라고 가르치는 것을 들은 적이 있다. 그것은 마음속 매우 깊은 곳에 뿌리내리게 되는 미덕이며, 미개인이 매우 큰 희생까지 치르면서 전혀 모르는 타인에게 이행하는 일도 있다. 그러나 최근에는 외교역사가 명백하게 보여주듯이 자신의 적에 대해 거짓말하는 것은 좀처럼 죄악으로 여기지 않는다. 부족 구성원 모두가 인정하는 리더를 두게 되면 불복종은 죄가 되고 비굴한 순종도 성스러운 미덕으로 여긴다.

야만적인 시대에는 용기가 없으면 어느 누구도 부족에 도움이 되지 않고 충성을 실천할 수도 없었기 때문에, 이 성질은 어디서나 가장 높은 평가를 받고 있다. 문명화된 나라에서는 겁은 많아도 선량한 남자가 용감한 남자보다 집단에 훨씬 도움이 될지는 모르지만, 우리는 아무리 선량해도 겁이 많은 남자보다는 용감한 남자를 본능적으로 칭찬하게 마련이다. 한편 조심성이 깊은 것은 매우 유익한 덕이기는 하지만, 타인의 이익에 대한 배려와는 관계가 없기 때문에 높이 평가되지 않는다. 자기 부족의 행복에 필요한 도덕은 자기희생이나 극기심, 인내의 힘이 없이는 아무도 이행할 수 없기 때문에 그러한 성질은 늘, 그리고 정당하게 높은 평가를 받아 왔다. 아메리카의 미개인들은 자신의 불굴의 정신과 용기를 드러내고 강화하기 위해 신음소리 한 번 내지 않

---

[30] 이를테면 해밀턴(Hamilton)의 카피르 인에 관한 논문 'Anthropological Review,' 1870, p. 15 참조.

고 무서운 고통을 견뎌내는데, 우리는 그러한 그들을 칭찬하지 않을 수 없다. 어리석은 종교적 동기에서 자신의 살에 고리를 걸어 자신을 매다는 인도 수행자에 대해서도 마찬가지이다.

그 밖의 자기에 관한 미덕으로 부족의 이익에 영향을 주는 것이 확실하지 않은 미덕은, 실제로는 이익을 줄지도 모르지만 미개인 사이에서는 조금도 높이 평가되지 않는다. 그러나 문명국에서는 지금은 높게 평가되고 있다. 미개인에게 있어서 무절제는 비난의 대상이 아니다. 그들이 매우 문란한 것은 놀라울 정도이며 그 부자연스러운 죄악에 대해서도 말할 것이 없다.*31 그러나 일부다처이든 일부일처이든 결혼이 보편화되자 곧 질투심이 여성의 정절을 가르치기 시작하고, 정절이 명예가 되자 미혼여성에게까지 확대된다. 그것이 남성에게도 확대되는 것이 얼마나 느린지는 오늘날에도 관찰되고 있다. 정절에는 뛰어난 자기억제가 필요하다. 그러므로 문명화한 인간의 도덕 역사에서는 훨씬 오래전부터 그것은 명예로운 것으로 여겨져 왔다. 그 결과 금욕생활이라는 무의미한 것이 옛날부터 미덕으로 자리잡았다.*32 무절제에 대한 혐오감은 우리에게는 매우 당연한 것이어서 선천적이라는 생각까지 들 정도이다. 그것은 또 정절을 실천하는 데 중요한 도움을 주기도 하지만, 근대 이후의 미덕이며, G. 스톤턴(G. Staunton) 경이 지적한 것처럼*33 문명생활에만 적용된다. 이것은 여러 나라의 고대 종교적 의식과 폼페이의 벽화, 수많은 미개인들의 관습을 보면 알 수 있다.

이와 같이 미개인들에게 어떤 행동이 좋고 나쁜지는, 오직 그것이 부족의 복지에 얼마나 좋은 영향을 주는지에 따라 결정되며, 그것은 종(種)을 위한 것도, 또 부족 구성원인 개인을 위한 것도 아니라는 것을 알았다. 이것은 원시인도 아마 마찬가지였을 것이다. 결론은, 이른바 도덕감정이라고 하는 것은 원래 사회적 본능에서 파생된 것이며, 그것은 양쪽 다 처음에는 소속집단에 한정된 것이기 때문이라고 보는 견해와 일치한다. 우리의 수준에서 보아 미개인의 도덕관이 낮게 느껴지는 주된 원인은 첫째로 그들의 공감이 같은 부족 구성원에게만 한정되어 있는 것이다. 두 번째는 이성의 힘이 충분하지 않다는 것이

---

*31 매클레난(M'Lennan)은 이 일에 대해 많은 사례를 수집했다('Primitive Marriage,' 1865, p. 176).
*32 Lecky(레키), 'History of European Morals,' Vol. 1, 1869, p. 109.
*33 'Embassy to China,' Vol.2, p. 348.

다. 그 때문에 특히 극기심과 관련된 많은 미덕이 부족 전체의 복지와 얼마나 관계가 있는지 이해하지 못하고 있다. 이를테면 미개인들은 절제와 정절 등이 결여되면 얼마나 많은 악이 발생하는지를 이해하지 못한다. 세 번째는 자기억제력이 약하다는 것이다. 그것은 이 힘이 장기간에 걸쳐 유전적으로 계승되는 습성과 교육, 종교 등에 의해 강화되지 않았기 때문이다.

이제까지 미개인의 부도덕적인 것에 대해 상세히 이야기했는데[34] 그것은 최근에 그들의 도덕적 성향을 높이 평가하거나, 그들이 저지르는 죄악의 대부분을 그릇된 자애 탓으로 돌리는 학자가 있기 때문이다.[35] 그들이 그러한 결론을 내린 근거는 미개인이 부족집단의 존속에 유용하거나 또 필수적인 도덕을, 때로는 매우 고도로 발달한 형태로 지니고 있다는 점에 있는 것 같다. 그들이 의심할 여지없이 그러한 도덕을 가지고 있는 것은 사실이다.

결론

파생주의학파 철학자들은[36] 본디부터 도덕의 기초는 이기심의 한 형태에 있다고 생각해 왔는데, 최근에는 '최대다수의 행복 원리'에 있다고 생각하고 있다.[37] 위의 견해에서는 도덕 감정은 본질적으로 사회적 본능과 동일하다. 그래서 하등동물의 경우에는 이러한 본능이 이기심에서 나온 것인지, 아니면 집단의 행복을 위해 발달해 온 것인지를 논하는 것은 어리석은 일일 것이다. 그러나 하등동물의 본능이 집단의 일반적인 이익을 위해 발달해 왔다는 것은 확실하다. 일반적인 이익이라는 말은, 그들이 처한 조건 속에서 최대한의 능력을 갖춘 건강하고 활기 있는 개체를 최대한 많이 키울 수 있는 수단으로 정의할 수 있을 것이다. 사회적 본능은 인간도 하등동물과 같은 단계를 거

---

[34] 이 문제에 관해서는 J. 러벅(J. Lubbock) 경의 'Origin of Civilisation,' 1870의 제7장에 그 많은 증거들이 언급되어 있다.

[35] 이를테면 레키, 'Hist. of European Morals,' Vol. 1, p. 124.

[36] 이 용어는 'Westminster Review,' October, 1869, p. 498의 논문 속에 사용되었다. 최대 행복의 원리에 대해서는 J. S. 밀(J. S. Mill)의 'Utilitarianism,' p. 17 참조.

[37] (역주) '파생주의학파'란, 행위의 선악과 옳고 그름은 그 행위가 가져올 수 있는 결과의 선악에 의존하므로, 결과의 선악이 결정된 뒤 파생적으로 행위의 선악이 결정된다고 생각하는 학파. 실질적으로는 공리주의와 같다. 지금은 결과주의(또는 귀결주의)라고 한다. 이와 대립하는 것이 뒤에 나올 직관주의학파로, 이쪽은 행위의 선악과 정사(正邪)는 도덕감각과 같은 일종의 직관으로 직접 파악할 수 있다고 생각한다.

처 발달해 온 것이 틀림없기 때문에, 만일 가능하다면 도덕의 존재를 검증하기 위해서는 일반적인 행복보다는 집단의 일반적인 이익 또는 복지의 정의를 인간과 동물에게 적용하는 것이 좋을 것이다. 그러나 이 정의는 정치적인 윤리에 대해서는 약간의 한정을 둘 필요가 있을지 모른다.

인간이 위험에 몸을 드러내며 동료를 도울 때는, 인류의 보편적인 행복을 위해 행동했다기보다는 자신이 속한 공동체 사회의 보편적인 이익 또는 복지를 위해 행동했다고 말하는 편이 좀더 적절할 것이다. 복지와 개인의 행복은 대부분 일치할 것이며, 만족과 행복을 느끼는 부족이 불만족과 불행을 느끼는 부족보다 번영할 것이다. 인류 역사의 초기에 집단의지로 나타나는 희망이, 이제까지 구성원 하나하나의 행동에 큰 영향을 미쳐왔을 것이다. 그리고 누구나 행복을 원하므로 '최대다수의 행복의 원리'는 가장 중요한 이차적 지침이고 목적이 될 것이며, 공감을 포함한 사회적 본능이 언제나 첫 번째 충동이며 지침이 될 것이다. 그렇게 되면 인간성 가운데 가장 고귀한 부분의 기초를, 비천한 이기심의 원리에 두고 있다는 비난을 면할 수 없다. 물론 이것은 모든 동물이 올바른 본능에 따랐을 때 느끼는 만족과, 그것을 저지당했을 때 느끼는 불만족을 '이기적'이라고 부르지 않는다는 가정 아래에서이다.

같은 집단에 속하는 구성원의 희망과 판단은 처음에는 소리로 나중에는 문자로 표현되며, 앞에서 말했듯이 사회적 본능을 돕는 가장 중요한 이차적 지침이 되고 있다. 그러나 그것은 때로는 사회적 본능과 상반되는 경우도 있다. 그러한 예는 '예의범절'에 잘 나타나 있는데, 그것은 자신과 같은 계급에 속하는 동료의 의견에 의한 결정이며 모든 국민과 일치하는 것은 아니다. 이것을 깬 경우에는 엄밀하게 말해서 진정한 도덕에 위배되는 것이 아니라 해도, 많은 사람들에게 범죄를 저지른 것보다 더 큰 고뇌를 가져다준다. 사소하지만 결정된 에티켓의 규칙을 우연히 어겼을 때를 떠올리면, 몇 년이 지난 뒤에도 치욕의 감정이 되살아나는 것은 이런 종류의 것이다. 집단의 판단은 일반적으로 긴 안목으로 보면 집단의 모든 구성원에게 무엇이 가장 좋은가 하는 대략적 경험을 통해 나오는데, 무지와 이성의 힘이 약한 데서 그릇된 판단을 내리는 경우도 드물지 않다. 그리하여 인간의 진정한 복지와 행복에 완전히 상반되는 기묘한 관습과 미신이 매우 강한 힘을 가지는 경우를 전 세계 어디서나 볼 수 있게 된다. 자신이 속한 계급제도의 규칙을 어긴 힌두 교도가 느끼는 공포, 얼굴을 보인 이슬람 교도 여성이 느끼는 치욕, 그 밖에도 많은 예들이 있다. 청정하지 않은 음식을 먹은 힌두 교도가 느끼는 자책감과 남의 것을 훔친 뒤에 느끼는 자책감을 비교하기는 쉽지 않지만, 아마 전자가 더 강할 것이다.

행위에 대한 불합리한 규칙과 어리석기만 한 종교적 신념이 왜 이토록 많이 생겨났는지는 아무도 알 수 없으며, 세계의 어느 곳을 가더라도 그것이 왜 이토록 사람들의 마음을 강하게 사로잡는지도 알 수 없다. 그러나 뇌가 아직 유연한 어린 시기에 되풀이해 주입된 신념은 본능과 같은 성질을 띠게 되며, 본능의 본질은 그야말로 이성과는 아무 관계가 없다는 것을 지적해 둘 만하다. 진실의 존중 같은 훌륭한 미덕이, 왜 미개인의 다른 부족보다 어떤 부족 사이에서는 더 높게 평가받는가 하는 것도 우리는 알 수 없으며,*38 문명국 사이에서도 왜 그와 같은 차이가 생기는 건지도 우리는 확신할 수 없다. 기묘한 관습과 많은 미신들이 얼마나 확고한 자리를 차지할 수 있는지를 보면, 극기심에 관한 도덕이 인간의 초기 단계에서는 평가받지 못했음에도 불구하고, 현재의 우리에게는 이성으로 유지되고 있는 동시에 선천적인 것으로도 생각될 만큼 자연스럽게 여겨지는 것도 놀라운 일이 아니다.

의문의 여지는 많이 있지만, 인간은 보통 고차원의 도덕규칙과 저차원의 도덕규칙을 쉽게 구별할 수 있다. 고차원의 것은 사회적 본능에 기초를 둔 타인의 복지와 관련된 것이다. 그것은 동료의 동의와 이성으로 뒷받침되고 있다. 저차원의 규칙은 때로는 자기희생을 요구하기도 하기 때문에, 그러한 경우에는 도저히 저차원이라고 부를 수 없겠지만, 주로 자기 자신에 관한 것이다. 그것은 미개한 부족에서는 볼 수 없는 것이므로 경험을 통해 성숙하고 문명화했을 때 공공의 견해에서 발생한다.

인류의 문명이 진보하여 작은 부족이 큰 집단에 통합되면, 개인적으로 모르는 인물이라도 같은 나라에 소속된 모든 사람에 대해, 모두가 자신의 사회적 본능과 공감을 확장시켜야 한다는 것은 가장 단순한 이성의 소유자에게도 분명해 보였을 것이다. 일단 이 결론에 이르면 모든 나라, 모든 인종에 속하는

---

*38 이것의 좋은 예는, 월리스(Wallace)의 'Scientific Opinion,' September 15, 1869에 나오며, 더 전체적으로 다룬 것으로는 그의 'Contributions to the Theory of Natural Selection,' 1870, p. 353을 참조할 것.

사람들에게 공감이 확장되는 것을 방해하는 것은 단순히 인공적인 장벽밖에 남지 않는다. 실제로 겉모습과 습관이 자신과 매우 다른 타인을 자신의 동료로 인식하게 되기까지는 유감스럽게도 매우 오랜 시간이 필요하다는 것은 경험을 통해 명백하게 알 수 있다. 인간을 넘어선 공감, 즉 하등동물에 대한 사랑은 윤리적으로는 가장 최근에 획득된 것으로 보인다. 미개인들은 그것을 자신의 애완동물 말고는 느끼지 못하는 것 같다. 고대 로마인들이 그것을 거의 느끼지 않았다는 것은, 그들이 즐겼던 소름 끼치는 검투사 쇼에 자주 나타난다. '인간의 도리'라는 개념 자체는, 내가 보는 한 팜파스*[39]에 사는 가우초*[40]들에게는 전혀 들어본 적 없는 새로운 개념이었다. 이 미덕은 인간이 지닌 가장 고귀한 가치의 하나인데, 그것은 우리의 공감이 더욱 많은 사랑을 싣고 더욱 널리 확장되어, 마침내 감각이 있는 모든 존재에 적용됨에 따라 부수적으로 획득된 것으로 생각된다. 이 미덕이 존중되고 일부 사람들이 그것을 실천하면, 교육과 어린이에 대한 모범을 통해 전파되어 결국 공공의 견해가 되는 것이다.

우리가 도달할 수 있는 도덕문화의 가장 높은 단계는, 우리가 자신의 사고를 제어하고 '과거에 그토록 자신들을 즐겁게 했던 죄악에 대해 마음속으로 두 번 다시 생각하는 일이 없어야'*[41] 한다는 것을 이해할 수 있을 때에만 가능하다. 아무리 나쁜 행위도 무언가의 이유에서 그것이 자주 마음에 떠오르면 그만큼 실행에 옮기기 쉬운 법이다. 마르쿠스 아우렐리우스가 아득한 옛날에 말했듯이, "그것이 그대가 일상적으로 생각하는 것이라면, 그것이 바로 너의 마음의 성질이다. 왜냐하면 영혼은 생각에 의해 물들기 때문이다."*[42]

위대한 철학자 허버트 스펜서는 최근에 윤리관에 대한 그의 견해를 다음과 같이 설명했다.*[43] "인류의 과거 모든 세대를 통해 무엇이 유용한가 하는 경험이 조직화되고 통합되었으며, 그것이 다음 세대에 전해져서 축적되는 동안 여러 가지로 수정이 이루어져서 우리 속에 일종의 도덕적 직관이 깃들게 된 것

---

*39 (역주) 아르헨티나를 중심으로 펼쳐진 대초원.

*40 (역주) 남아메리카의 팜파스에 사는 주민을 일반적으로 이르는 말.

*41 Tennyson(테니슨), 'Idylls of the King,' p. 244.

*42 "The Thoughts of the Emperor M. Aurelius Antoninus," English translation, 2nd edition, 1869, p. 112. 마르쿠스 아우렐리우스는 서기 121년 출생.

*43 베인(Bain)의 'Mental and Moral Science,' 1868, p. 722에 실려 있는 밀의 편지.

이라고 나는 생각한다. 올바른 행위나 잘못된 행위에 따르는 감정은, 무엇이 유효한가 하는 개인의 경험에 기초를 두고 있다고는 생각되지 않는다." 나는 도덕적 경향이 강한 유전성을 지니는 것은 본질적으로 전혀 불가능하다고 생각하지는 않는다. 많은 가축동물에서 다양한 성질과 습성이 유전되는 것은 말할 것도 없고, 나는 상류계급의 가계에서 도둑질의 욕구와 거짓말을 하는 성향을 볼 수 있는 예가 있다고 들은 적이 있다. 유복한 계급에서는 절도는 매우 드문 범죄이므로, 같은 가족 가운데 두세 사람에게 그러한 성벽(性癖)이 동시에 나타나는 것을 우연의 일치로 생각하기는 어렵다. 만일 나쁜 성벽이 유전한다면 마찬가지로 좋은 성벽도 유전할 것이다. 도덕적 성향이 유전의 원리와 거리가 먼 것이라면, 다양한 인종들 사이에서 나타나는 도덕적 성향의 차이를 이해할 수 없게 된다. 그러나 이 문제에 대해 우리는 아직 충분한 증거를 얻지 못하고 있다.

도덕적 성질이 부분적으로만 유전된다 해도 사회적 본능에서 직접적으로 발생하고 동료의 칭찬에 의해 간접적으로 유발된 최초의 충동에 대해서는 크게 도움이 되었을 것이다. 만일 도덕적 성질이 유전한다 해도, 적어도 정절, 절제, 동물에 대한 사랑 등에 관해서 처음에는 습관이나 교육과 본보기 등에 의해 같은 가족 속에서 몇 세대에 걸쳐 지속적으로 마음속에 각인되었으며, 그러한 미덕을 지닌 개체가 존속을 위한 투쟁에 가장 유리했기 때문이라는 것은 거의 또는 전혀 아니었을 것으로 생각된다. 그러한 것의 유전에 관해 내가 의심하는 가장 큰 이유는, 의미가 없는 습관이나 미신, 힌두 교도가 청정하지 않은 음식에 대해 느끼는 공포 같은 경향도 완전히 같은 원리에 의해 계승되고 있는 것이 틀림없기 때문이다. 그러한 일 자체는 동물이 어떤 음식에 대한 기호나 어떤 적에 대한 공포를 유전적으로 물려받는 것과 마찬가지로 있을 수 있는 일이기도 하겠지만, 나는 아직 미신적인 습관이나 의미 없는 습성이 유전한다는 증거는 본 적이 없다.

마침내 인간도 하등동물과 마찬가지로 사회적 본능은 집단의 선을 위해 획득된 것이며, 처음부터 자신의 동료를 돕고 싶은 마음과 어떤 공감의 감정을 지니고 있었던 것이 틀림없다. 극히 초기 단계에서 이러한 충동은 무엇이 좋고 무엇이 나쁜가 하는 대략적인 규칙을 인간에게 부여했을 것이다. 그러나 인간의 지적 능력이 서서히 진보하여 자신이 한 행위의 결과를 더 멀리 내다

볼 수 있게 되고, 좋지 않은 습관과 미신을 물리치는 데 충분한 지식을 갖게 됨에 따라, 그리고 동료의 복지뿐만 아니라 행복까지 생각하게 됨에 따라 습성, 유익한 경험, 교육, 본보기 등에서 공감이 더욱 자애로 넘쳐나서 널리 적용되었을 것이다. 그는 모든 인종의 지능이 낮거나 장애가 있어 집단을 위해 일할 수 없는 사람에게까지 확장되고, 마지막에는 하등동물에게까지 확장되어 인간의 도덕 수준이 서서히 높아졌을 것이다. 그리고 파생주의학파의 윤리학자들과 일부 직관주의자들도 인정하듯이, 인류 역사의 새벽 이래로 도덕 수준은 나날이 향상을 계속하고 있다.*44

하등동물도 여러 가지 본능 사이에서 갈등을 겪는다는 사실이 알려져 있듯이 인간은 다양한 사회적 본능과 거기서 파생한 미덕, 또 저차원이지만 순간적으로 강렬한 충동과 욕망 사이에서 갈등이 일어난다 해도 이상할 것이 없다. 이것은 골튼(Galton)이 지적했듯이,*45 인간이 야만적인 상태에서 벗어난 것이 비교적 최근인 것을 생각하면 더욱 놀랄 것도 없다. 어떤 유혹에 굴복하고 나면 우리는 불만족을 느낀다. 그것은 다른 본능이 채워지지 않았을 때 느끼는 것과 유사한데, 이 경우에 그것을 양심이라고 한다. 우리는 끊임없이 마음속을 스치는 과거의 이미지와 인상들을 막을 수는 없으며, 그것들이 약해졌을 때 우리 안에 언제나 존재하고 있던 사회적 본능 또는 유전에 의해서나 어린 시절에 습득한 뒤로 삶을 통해 강화된 습관과 그것들(과거의 이미지와 인상들)을 비교하게 되므로, 마침내 양심이 본능과 마찬가지로 강해지는 것이다. 미래의 세대를 생각해보면 사회적 본능이 약해질 우려는 전혀 없으며, 좋은 습관은 더욱 강해져서 유전에 의해 고정될지도 모른다. 그렇게 되면 고차원의 충동과 저차원의 행동 사이의 갈등은 약해지고 미덕이 승리를 거둘 것이다.

---

*44 탁월한 판단을 내리는 'North British Review'(July, 1869, p. 531)의 저자는 이를 강하게 주장하고 있다. 레키(Lecky)도 어느 정도 같은 의견인 듯하다('Hist. of European Morals,' Vol. 1, p. 143).

*45 그의 훌륭한 저작 'Hereditary Genius,' 1869, p. 349 참조. 아가일 공작(Duke of Argyll)은 인간의 본성 안에서 일어나는 선과 악의 투쟁에 대해 뛰어난 지적을 한 바 있다('Primeval Man,' 1869, p. 188).

앞 2장의 요약

가장 야만적인 인간과 가장 고등한 동물의 정신적 차이가 매우 큰 것은 말할 것도 없다. 만일 유인원이 자신을 객관적으로 볼 수 있다면, 그들이 아무리 밭을 습격하는 훌륭한 계획을 세울 수 있고 또 적과 싸우거나 열매를 깨기 위해 돌을 사용할 줄 알아도, 돌을 가공하여 도구를 만든다는 생각은 자신들의 능력을 넘어서는 일임을 틀림없이 인정할 것이다. 또한 형이상학적인 논리를 세우고, 수학문제를 풀고, 신에 대해 고찰하고, 웅대한 자연 경관을 찬양할 수 없다는 것을 인정할 것이다. 그러나 유인원 중에는 자신들은 결혼상대의 피부와 털의 아름다운 빛깔을 칭찬할 수 있으며, 실제로 그렇게 하고 있다고 주장하는 경우가 틀림없이 있을 것이다. 그들은 자신들이 감지한 것과 단순한 욕구를 울음소리를 통해 동료에게 전할 수는 있지만, 특정한 목소리로 특정한 개념을 표현하는 것은 생각지도 못한다고 인정할 것이다. 그들은 자신과 같은 집단에 속하는 다른 개체들을 여러 방법으로 흔쾌히 돕고 그들을 위해 자기 목숨을 위험에 빠뜨리는 일도 마다하지 않으며, 어미 없는 새끼를 거두어 돌볼 용의가 있다고 주장할지도 모르지만 인간이 가진 가장 고귀한 감정인, 모든 생물에 대한 대가 없는 애정이야말로 완전히 이해 관계를 넘어선 것임을 인정하지 않을 수 없을 것이다.

그럼에도 불구하고 인간과 고등동물의 정신적 차이가 아무리 크다 해도 정도의 문제이지 질(質)의 문제는 아니다. 우리는 감각, 직관, 애정, 기억, 주의, ·호기심, 모방, 추론 등과 같은, 인간이 자랑하는 다양한 감정과 정신적 능력은 하등동물 속에서도 초보적인 상태로 볼 수 있으며, 때로는 매우 잘 발달해 있는 경우도 있는 것을 보아왔다. 그것은 가축화된 개를 늑대와 자칼과 비교하면 알 수 있듯이, 유전에 의해 향상시킬 수 있다. 자의식, 추상화 능력 등 몇 가지의 정신적 능력은 인간에게 특유한 것이라 해도, 그것은 단순히 다른 지적능력이 고도로 발달한 것에 따른 우연의 결과에 지나지 않을지도 모른다. 또 그러한 고도의 능력은 주로 고도로 발달한 언어를 끊임없이 사용한 결과이다. 신생아는 언제부터 추상화 능력을 획득하며, 언제쯤 자의식을 획득하여 자신의 존재에 대해 생각하게 될까? 그것에 대해 우리는 대답할 수 없다. 또 생물의 계통적 단계에 대해서도 우리는 모른다. 언어가 반쯤 기술이고 반쯤 본능인 것은 그것이 서서히 진화해 왔다는 증거이다. 신을 고귀한 존재로서 믿는 신앙은 인간에게 보편적인 것은 아니다. 영적인 매체가 활동하고 있다고 믿는 것은, 인간이 지니고 있는 또 다른 정신적 능력에서 자연히 발생하는 것이다. 도덕감정은 인간과 하등동물을 구분하는 가장 뚜렷하고 가장 큰 차이이다. 그러나 이 문제에 대해서는, 여기서 더 이상 말할 필요가 없을 것이다. 바로 조금 전에 인간의 도덕적 성질의 기본원리인 사회적 본능*[46]이 활발한 지적 능력의 도움과 습관의 영향을 받으면, 극히 자연스럽게 '남이 그대에게 해주기를 바라는 것을 그대도 남에게 해주어라'고 하는 황금률로 이끄는 것을 보여주었기 때문이다. 이것이 도덕의 근본이다.

다음 장에서 나는 인간의 여러 가지 정신적 도덕적 성질이 어떤 단계와 수단을 거쳐 서서히 진화해 왔는지에 대해 설명할 생각이다. 아이들 속에 그것이 발달해 가는 것은 날마다 볼 수 있는 일이며, 가장 하등한 동물보다 더 어리석은 완전한 바보 상태로부터 뉴턴 같은 정신에 이르기까지의 모든 단계를 더듬을 수 있다면, 도덕적 성질이 진화할 가능성이 있음을 부정할 수 없을 것이다.

---

*46 'The Thoughts of Marcus Aurelius,' etc., p. 139.

제4장 인간이 어떻게 하등한 형태에서 발달해 왔는지에 대하여

인간의 형태와 정신의 변이—유전—변이의 원인—변이의 법칙은 인간과 하등동물에서 동일하게 나타난다—생활조건의 직접적 영향—신체 각 부분의 용불용(用不用) 효과—발달저해—격세유전—변이의 상관성—증가율—증가의 제어—자연도태—이 세상에서 가장 지배적인 동물인 인간—인간의 신체구조의 중요성—인간이 직립하게 된 원인—그 결과 생긴 구조적 변화—송곳니의 크기 축소—머리뼈의 크기 증가와 형태의 변화—무모성(無毛性)—꼬리가 없는 것—인간의 무력한 상태.

첫 장에서 검토했듯이 인간 신체의 상동구조(相同構造), 배발생, 그리고 인간이 아직도 유지하고 있는 흔적기관 같은 것은 모두 인간이 무언가 하등한 형태에서 유래한 것임을 분명하게 이야기하고 있다. 인간이 고도의 정신적 능력을 갖추고 있는 것은, 이 결론에 대한 넘을 수 없는 장벽이 되지는 않는다. 유인원 같은 생물이 인간으로 변화하려면 그 최초의 생물도, 그것과 우리 사이를 잇는 어떤 생물도 모두 정신적으로나 형태적으로 변이를 가지고 있지 않으면 안 된다. 이에 관한 직접적인 증거를 얻는 것은 불가능하지만 인간은 지금도 변이를 하고 있으며, 그 변이는 다른 하등동물들과 같은 일반적인 원인에 의한 것으로, 같은 일반 법칙에 따르고 있음을 보여줄 수 있다면, 과거의 생물과 인간을 잇는 연결고리가 되는 동물도 마찬가지로 변이하고 있었음이 틀림없다고 할 수 있다. 인간에 이르기까지 각각의 연속적 단계에서의 변이 또한, 무언가의 방법으로 축적되고 고정되어 왔음이 분명하다.

이 장에서 다루는 사실과 결론은 거의 다 몸의 구조에 관해 인간이 어떻게 변화해 왔는지 그 과정에 대한 것이다. 그 뒤의 장에서는 인간의 지능과 도덕적 성질의 발달을 다룬다. 그러나 여기서의 논의는 여러 가지 명칭은 있지만 일반적으로 인종 또는 인류라고 부르는 것의 기원에 있어서도 의미를 가지고 있다.

지금도 인간들 사이에 크나큰 변이가 있는 것은 분명하다. 같은 인종 중에도 똑같이 생긴 사람은 한 사람도 없다. 수백만 명의 얼굴을 비교해 보아도 저마다 다르다. 몸의 여러 부분의 비율과 크기에 있어서도 마찬가지로 다양성을 볼 수 있는데, 특히 다리의 길이는 가장 변이가 큰 것 중의 하나이다.[1] 또 지역에 따라 어느 곳에는 긴 머리 모양이 많고 다른 곳에는 짧은 머리 모양이 많이 분포해 있는데,[2] 아메리카나 오스트레일리아 남부의 원주민에게서 볼 수 있듯이 같은 인종 중에서도 머리뼈 형태에 큰 변이를 볼 수 있다. 후자는 '혈통과 관습, 언어에 있어서, 존재하는 모든 인종 가운데 가장 순수하고 균일하다'고 여겨지는 인종이다. 샌드위치 제도 사람처럼 아주 좁은 지역에 한정된 주민들에게도 변이가 있다.[3] 어느 저명한 치과의사는 겉모습과 마찬가지로 치아에도 다양성이 있음을 알려 주었다. 주요 동맥이 흐르는 방식에도 특이한 사례를 종종 볼 수 있어서 외과수술에 참고가 되도록 1만2천 구의 사체를 조사하여, 어떠한 방식이 어떤 비율로 존재하는지 조사했을 정도이다.[4] 특히 근육은 변이가 풍부하다. 터너(Tunner) 교수가 조사한 바로는 50명의 다리 근육에서 완전히 같은 것은 하나도 없었으며, 개중에는 상당한 일탈을 보여주는 것도 있었다고 한다.[5] 이러한 일탈 가운데에는 적절하게 움직이는 능력에 상당한 변용을 가한 것도 있는 것이 틀림없다고 터너 교수는 덧붙였다. J. 우드(J. Wood)는 36구의 사체에서 295가지의 근육 변이를 기록했고, 또 다른 36구의

---

[1] B. A. 굴드(B. A. Gould)에 의한 'Investigations in the Military and Anthropolog. Statistics of American Soldiers,' 1869, p. 256.

[2] (역주) 긴 두상, 짧은 두상은, 1842년 스웨덴 사람 렛시우스가 인간의 머리뼈 형태를 표현하기 위해 만들어낸 두시수(頭示數, cephalic index)에 따른 분류. 두시수란 머리뼈의 전후 길이에 대한 좌우폭의 비율을 말한다. 이것이 75%이하인 머리뼈를 장두(長頭), 80%가 넘는 것을 단두라고 했다. 북유럽인은 장두이기 때문에 이 지표도 인종을 서열화하는 지표의 하나로 사용되었다.

[3] "Cranial forms of the American aborigines"에 대해서는 에이트컨 메이그스(Aitken Meigs) 박사의 'Proc. Acad. Nat. Sci.,' Philadelphia, May, 1866 참조. 오스트레일리아 인에 대해서는 라이엘(Ryell)의 'Antiquity of Man,' 1863, p. 87에 인용된 헉슬리 참조. 샌드위치 제도에 대해서는 J. 와이먼(Prof. J. Wyman) 교수의 'Observations of Crania,' Boston, 1868, p. 18 참조.

[4] R. 퀘인(R. Quain)의 'Anatomy of the Arteries.'

[5] 'Transact. Royal Soc.,' Edinburgh, Vol. 14, pp. 175, 189.

사체에서는 몸 양쪽에서 발생한 변이를 하나로 계산했을 때 558가지에 이르는 변이를 기록했다.[6] 후자의 예에서는 36구 가운데 '해부학 교과서에 실려 있는 표준적인 근육계의 모습과 완벽하게 일치하는 사례는 하나도 없었다'. 한 사체는 25가지나 되는 특별한 비정상 근육을 가지고 있었다. 같은 근육에서도 경우에 따라 다양하게 변이한다. 이를테면 마칼리스터(Macalister) 교수는 부장근(副掌筋)에서 20가지나 되는 변이를 기록했다.[7] 과거의 유명한 해부학자인 볼프(Wolff, 1733~1794)는[8] 내장의 변이는 외부형태의 변이보다 다양하다고 주장했다. "세부에 이르기까지 같은 것은 하나도 없으며, 타인과 똑같은 사람도 없다'[원문 라틴어]. 그는 내장의 전형으로 어떤 예를 선택해야 하는가 하는 논문까지 썼다. 간장, 폐, 신장 등 내장기관에 나타난 형태의 이상적인 아름다움에 대해, 마치 사람 얼굴의 아름다움에 대해 이야기하고 있는 듯한 논의는 우리의 귀에는 기묘하게 들린다.

인간의 정신적 능력에는 같은 인종 속에서도 변이와 다양성이 있으며, 다른 인종 사이에서는 더 큰 차이가 있다는 것은 잘 알려져 있는 사실이기에 여기서 많은 이야기를 할 필요는 없을 것이다.[9] 앞 장에서 몇 가지 예를 들어 보여주었듯이, 이것은 하등동물 사이에서도 볼 수 있다. 동물원에서 일한 사람들은 누구나 이 사실을 인정하고 있으며, 개와 다른 가축을 봐도 쉽게 알 수 있는 일이다. 브레엠은 자신이 아프리카에서 키웠던 원숭이들은 각 개체가 저마다 고유한 성격과 기질을 가지고 있었음을 특별히 강조하고 있다. 그는 월등하게 지능이 높았던 개코원숭이 한 마리에 대해 썼는데, 런던동물원의 사육사도 놀랄 만큼 영리하다는 신세계원숭이 한 마리를 나에게 가리켰다. 렝거도 자신이 파라과이에서 키웠던 원숭이들은 같은 종이라 하더라도 개체들 사이에서 다양한 성질이 나타난다고 설명했는데, 그것은 일부는 타고나는 것이며 일부는 어떻게 다루고 가르치는가에 달려 있다고 덧붙였다.[10]

---

*6 'Proc. Royal Soc.,' 1867, p. 544 ; 1868, pp. 483, 524. 그 전에도 1866, p. 229에 논문이 있다.

*7 'Proc. R. Irish Academy,' Vol. 10, 1868, p. 141.

*8 'Act. Acad.,' St. Petersburg, 1778, Part 2, p. 217.

*9 (역주) 인간의 다양한 정신적 능력에 유전적인 변이와 다양성이 있는 것은 확실하지만, 다른 인종간의 차이가 크다는 것은 당시에 '미개인'을 관찰한 것을 토대로 한 편견이며 과학적인 증거는 없다.

*10 Brehm(브레엠), 'Thierleben,' Bd. 1, S. 58, 87. Rengger(렝커), 'Säugethiere von Paraguay,' S. 57.

유전 문제에 대해서는 다른 데서 충분히 논의했으므로[11] 여기서는 더 이상 덧붙일 필요가 없을 것 같다. 인간의 유전에 대해서는 가장 사소한 성질에서 가장 중요한 성질에 이르기까지, 어떠한 하등동물보다 많은 사실들이 이렇게 수집되어 있다. 물론 동물에 대해서도 사례가 충분히 모아졌다고 할 수 있다. 개, 말, 그 밖의 가축의 성질이 유전하는 것은 분명하다. 특별한 취향이나 습성뿐만 아니라 일반적인 지능, 용기, 좋은 기질, 나쁜 기질 등도 확실히 유전한다. 인간에 있어서도 어느 가족에서나 같은 현상을 볼 수 있다. 그리고 이제 우리는 골턴(Galton)의 뛰어난 연구 덕분에[12] 고도의 능력이 놀랄 만큼 복잡하게 조합된 결과로 여겨지는 천재적 재능도 유전하는 경향이 있음을 알고 있다. 또 한편 광기와 정신 지체도 같은 가족 안에서 마찬가지로 유전하는 것이 확실하다.

변이가 일어나는 원인에 대해서는 우리는 거의 아무것도 모르고 있다.[13] 그러나 인간에 있어서도 하등동물과 마찬가지로 종(種)이 몇 세대에 걸쳐 살아온 환경과 어떤 관계를 가지고 있다는 것은 알 수 있다. 가축화된 동물은 자연 상태에 있는 동물보다 변이가 큰데, 그것은 그들이 살고 있는 환경조건이 다양하고 변화가 풍부하기 때문일 것이다. 인간의 다양한 인종은 이 점에서 가축화된 동물과 비슷하다. 그리고 아메리카에서와 같이 매우 넓은 지역에 걸쳐 인간이 살고 있는 경우에는, 같은 인종에 속하는 개체들 각각에 대해서도 같은 말을 할 수 있다. 다양한 환경이 불러오는 영향은 더욱 문명화된 국민들 가운데 서로 다른 계층에 속하고 다른 직업을 가진 사람들 사이에서만 볼 수 있다. 이러한 문명화된 사회의 사람들은 미개인들보다 형질 변이의 폭이 크다. 그러나 미개인의 유전자 형질이 균일한 것은 종종 지나치게 과장되어 있으며, 균일성이 거의 없다고 할 수 있는 경우도 있다.[14] 어쨌든 인간이 살아온 환경

---

[11] 《사육동식물의 변이》 제2권, 제12장.

[12] 'Hereditary Genius : an Inquiry into its Laws and Consequences,' 1869.

[13] (역주) 유전의 기초가 알려져 있지 않았던 그 무렵에는 변이가 왜 일어나는지 전혀 모르는 것도 당연하다. 지금은, 변이는 유전자 상에 일어나는 돌연변이와 유성생식의 과정에서 일어나는 유전자의 재편이 주요 원인으로 알려져 있다. 진화와 자연선택과 관계가 있는 변이는 유전자에서 일어난 것뿐이며, 게다가 그것이 개체의 체세포에 일어난 것이 아니라 생식세포를 통해 다음 세대에 전달되는 것이어야 한다.

[14] 베이츠(Bates) 씨는 ('The Naturalist on the Amazons,' 1863, Vol. 2, p. 159), 남아메리카에 사는

만 봐도, 인간은 다른 동물보다 '훨씬 길들여져 있다'[15]고 말하는 것은 잘못된 것이다. 오스트레일리아 원주민 같은 미개인이라고 해서 매우 넓은 지역에 분포되어 있는 동물종의 대부분이 처해 있는 것보다 다양한 조건 속에 살고 있는 것은 아니다. 그보다 더 중요한 점으로는 인간은 엄밀한 의미에서 가축화된 동물과는 매우 다르다. 그것은 의식적이든 무의식적이든 인간의 번식이 무언가의 선별에 의해 제어된 적이 없기 때문이다. 어떠한 인종이나 어떠한 집단도 그 주인에게 무언가의 의미에서 더욱 유용하기 때문에 어떤 종류의 개인이 잘 보존되고, 그 결과 무의식적으로 선택되는 일이 일어날 만큼 타인에게 완전히 종속된 적은 없다. 또 남성이든 여성이든 특정한 개인이 의도적으로 선별되어 결혼하게 되는 일도 없다. 단 프러시아의 보병은 널리 알려진 대로 예외로 한다. 그들은 조직적인 선택의 규칙에 따르고 있었는데, 그것은 어쩔 수 없는 일이었을 것이다. 보병이 키가 큰 아내와 살고 있었던 마을에서는 키 큰 남자아이들이 많이 양육되었다고 한다.

모든 인류를 하나의 종으로 생각한다면 그 분포범위는 매우 광대해진다. 그러나 아메리카인디언이나 폴리네시아 인은 인종을 따로 분리해서 살펴봐도 그 분포지역이 매우 넓다. 분포범위가 좁은 종보다 분포범위가 넓은 종이 변이가 훨씬 크다는 것은 잘 알려진 법칙이며, 인간의 다양성은 가축화된 동물과 비교하는 것보다는 넓은 분포범위를 가진 종과 비교하는 편이 진실에 가까울 것이다.

인간도 하등동물과 동일한 일반적 원인에 의해 변이가 일어나는 것으로 보일 뿐만 아니라 같은 형질이 매우 비슷한 양상으로 영향을 받는다. 이것은 고드론과 카트르파지가 매우 상세하게 증명했기 때문에, 여기서는 그들의 연구를 언급하는 것만으로 충분할 것이다.[16] 미미한 변이가 연속적으로 나타나는 기형도 인간과 하등동물에서도 매우 유사하므로, 이시도르 조프루아 생틸레

한 인디언 부족에 대해, "머리뼈의 모양이 똑같은 사람은 한 사람도 없고, 계란형의 아름다운 얼굴이 있는가 하면, 광대가 넓고, 코가 넓적하며, 눈꼬리가 치켜 올라간 몽골인 같은 얼굴도 있다"고 말했다.

[15] Blumenbach(블루멘바흐), 'The Anthropological Treatises,' English Translation, 1865, p. 205.

[16] Godron(고드론), 'De l'Espèce,' 1859, tome 2, livre 3. Quatrefages(카트르파지), 'Unité de l' Espèce Humaine,' 1861. 또 'Revue des Cours Scientifiques,' 1866~1868에 실려 있는 인류학 강의.

르(Isidore Geoffroy St.–Hilaire)의 뛰어난 업적에서 볼 수 있듯이,[*17] 인간과 하등동물에서 같은 용어와 분류를 사용할 수 있다. 이것은 동물계 전체가 같은 유전변이의 법칙을 따르는 데서 오는 필연적인 결과이다. 가축동물의 변이에 관한 나 자신의 연구에서, 나는 다음과 같은 제목으로 변이의 법칙들을 대략 정리해 보았다.—동종에 속하는 모든, 또는 거의 모든 개체가 같은 상황 속에서 똑같이 변이하는 경우에 볼 수 있는, 변화된 환경이 미치는 직접적이고도 한정적인 작용. 오랜 기간에 걸쳐 사용하거나 사용하지 않을 결과가 몸의 각 부분에 미치는 영향. 상동부분(相同部分)의 유합(癒合). 봄의 여러 부분들에서 일어나는 변이. 성장의 보상(補償). 그러나 이 (성장의 보상) 법칙을 보여주는 좋은 예는 인간에게서는 발견할 수 없었다. 어떤 부분이 다른 부분에 가하는 기계적 압력의 영향. 이 기계적 압력에 따른 영향은 골반이 자궁 속 태아의 머리뼈에 미치는 영향을 예로 들 수 있다. 성장저해의 결과 발생하는 부분의 왜소화 또는 미발달. 격세유전에 의한, 특히 잃어버린 형질의 재발견. 그리고 마지막으로 변이의 상관(相關) 관계이다. 이러한 '법칙'은 인간과 하등동물에게 똑같이 적용되며 대부분은 식물에도 적용된다. 그 모든 것에 대해 여기서 논할 필요는 없겠지만,[*18] 그중에는 매우 중요한 법칙들이 있기 때문에 그것들에 대해서는 매우 자세히 다룰 생각이다.[*19]

변화한 환경이 미치는 직접적이고 한정적인 작용

이것은 가장 곤혹스러운 문제이다. 어떠한 생물이든 조건이 바뀌면 무언가 변화가 일어나며, 때로는 그 변화의 폭이 매우 큰 것에 대해 부정할 수 없다. 그리고 이러한 일이 충분히 오래 지속되면 그 변화가 고정된다는 것은 있을 법한 일로 생각된다. 그러나 나는 이 결론을 지지하는 확실한 증거를 찾을 수 없었다. 그리고 이것과 반대되는 것에도 정당한 이유를 부여하지 않으면 안 될

[*17] 'Hist. Gen. et Part. des Anomalies de l'Organisation,' 3 vols., tome 1, 1832.
[*18] 나는 이 법칙에 대해 《사육동식물의 변이》 제2권, 제22장 및 제23장에서 상세히 논했다. J. P. 뒤랑(J. P. Durand)은 최근(1868년)에 'De l'Influence des Milieux'와 그 밖의 귀중한 논문을 출판했다. 그는 토양의 질을 강조했다.
[*19] 여기서 다윈이 든 변이가 생기는 원인의 대부분은 개체의 일생 동안 체세포에 생기는 변이이며, 유전적 요소가 있는 것과 없는 것이 모두 포함되어 있다. 현대진화생물학의 지식에서 보면 다윈의 이 '변이의 법칙'에는 더 이상 의미가 없다.

것이다. 특별한 목적에 적응한 수많은 기관들에 관한 한, 그것은 보존되고 있기 때문이다. 그러나 조건이 변화하면 생물 사이에 거의 무한하다고 할 수 있는 미묘한 변이가 발생하는 것은 확실하므로, 그것에 의해 조직 전체는 어느 정도 가소성(可塑性, 본래로 돌아가지 않는 성질)이 높아질 것이 틀림없다.

미국에서는 최근의 전쟁(남북전쟁을 가리킨다)에 참가한 100만 명이 넘는 병사들의 신체를 계측하고 그들이 태어나고 자란 주를 기록했다.*20 이 놀라운 분량의 자료에서 무언가의 지역적 요인이 키에 직접적인 영향을 미쳤음이 증명되었다. 그리고 몸이 주로 성장하는 시기에 살았던 주와, 조상이 누구인가를 보여주는 지표인 출신 주가 키에 큰 영향을 미친 듯하다. 이를테면 성장기에 서부에 위치한 주에서 살면 키가 커지는 경향이 있는 것은 분명하다. 한편 해군병사는 그 생활방식 때문에 성장이 늦어지는 것이 확실하며, 그것은 17세와 18세의 보병과 해군병사의 키 차이가 매우 크다는 점에 나타나 있다. B. A. 굴드(B. A. Gould)는 키에 이러한 영향을 미치는 성질을 확정하려고 시도했지만 부정적인 결론만 얻는 것으로 끝났다. 즉 키는 기후와 토지의 고도(高度), 토양의 질과는 관계가 없을 뿐만 아니라, 생활상태가 풍족한지 그렇지 않은지와도 전혀 관계가 없음을 안 것이다. 이 마지막 결론은 프랑스 각지에서 온 징용병의 키 통계에서 비예르메(Villermé)가 이끌어낸 결론과는 완전히 반대된다. 폴리네시아 족장의 키와 같은 섬 안에 살고 있는 신분이 낮은 자들의 키를 비교하거나, 같은 대양 위에 떠 있는 비옥한 화산섬에 사는 주민과 거친 산호초 섬의 주민을 비교하고*21 또 생업형태가 매우 다른 동해안과 서해안 푸에고 섬 주민을 비교하면, 먹을 것이 풍부하고 생활이 쾌적한 것이 키에 큰 영향을 준다는 결론을 피할 수가 없다. 그러나 앞에 말한 것은 명확한 결론을 얻는 것이 얼마나 어려운지를 보여주고 있다. 베도우(Beddoe) 박사는 최근에 영국 주민에 대해서, 도시에서 사는 것이나 특정한 직업에 종사하는 것이 키에 악영향을 미치는 것을 증명하며, 그 가운데 몇 가지는 미국의 예와 마찬가지로 유

---

*20 B. A. 굴드(B. A. Gould)의 'Investigations in the Military and Anthrop. Statistics,' etc., 1869, pp. 93, 107, 126, 134.

*21 폴리네시아 인에 대해서는 프리차드(Prichard)의 'Physical Hist. of Mankind,' Vol. 5, 1847, pp. 145, 283 참조. 또 고드론(Godron)의 'De l'Espèce,' tome 2, p. 289. 갠지스 강 상류의 힌두 인과 벵갈의 힌두 인 사이에도 얼굴 모습에 큰 차이를 볼 수 있다. 엘핀스톤(Elphinstone)의 'The History of India,' Vol. 1, p. 324 참조.

전적임을 시사했다. 베도우 박사는 또 어떤 인종이 육체적으로 가장 잘 발달한 지역에서는 그 활력과 도덕성도 가장 높다고 생각했다.[22]

외적인 조건이 인간에 대해 이 밖에도 직접적인 영향을 미치는지는 아직 밝혀지지 않았다. 기온이 낮은 지역에서는 폐와 신장의 작용이 활발하고 기온이 높은 지역에서는 간장과 피부의 작용이 활발하기 때문에 기후의 차이가 큰 영향을 준다고 예측할 수는 있다.[23] 이제까지 피부색과 모발의 성질은 햇빛 또는 더위에 의해 결정된다고 생각했다. 확실히 그런 영향이 있는 것은 부정할 수 없지만, 대부분의 연구자들은 몇 년 동안 그러한 상황에 있다 해도 그 효과는 매우 적다는 점에서 의견이 일치하고 있다. 그러나 이 문제는 인종간의 차이에 대해 다루는 부분에서 더욱 적절하게 논하기로 하자. 가축에 관해서는 추위와 습기가 그들의 털에 직접적인 영향을 준다고 생각해도 좋은 증거가 있다. 그러나 나는 인간에 대해서는 아직 좋은 예를 본 적이 없다.

신체 부분에 대한 사용·불사용의 효과

개인에게 있어서 근육은 사용하면 더욱 발달하고, 전혀 사용하지 않거나 근육을 지배하는 신경이 파괴되면 그 근육이 약해진다는 것은 널리 알려진 사실이다. 눈을 다치면 종종 시신경이 퇴화한다. 동맥을 묶으면 측성혈관(側性血管)의 지름이 증가할 뿐만 아니라 혈관 벽의 두께와 힘도 증가한다. 질병에 의해 한쪽 신장이 활동하지 않게 되면 다른 쪽 신장이 커지면서 두 몫의 일을 하게 된다. 무거운 짐을 운반하면 뼈가 굵어질 뿐만 아니라 길이도 늘어난다.[24] 어떤 직업에 오래 종사하면 신체 각 부분의 비율에 변화가 일어난다. 이를테면 미합중국위원회가 명확하게 보여주었듯이[25] 해군병사는 평균키가 보병보다 작은데도, 최근의 전쟁에 참가한 해군병사의 다리 길이는 보병보다 약 0.55센티미터 길었다. 한편 해군병사의 팔길이는 약 2.77센티미터나 짧아서 키

---

* 22 'Memoirs, Anthropolog. Soc.,' Vol. 3, 1867-69, pp. 561, 565, 567.

* 23 브레이큰리지(Brakenridge) 박사의 'Theory of Diathesis'('Medical Times,' June 19 and July 17, 1869).

* 24 나는 졸저 《사육동식물의 변이》 제2권, 297-300쪽에서, 이러한 예들을 확실하게 기록해 두었다. 예거(Jaeger) 박사의 "Ueber das Längenwachsthum der Knochen," 'Jenaischen Zeitschrift', Bd. 5, Heft 1.

* 25 B. A. 굴드(B. A. Gould)의 'Investigations,' etc., 1869, p. 288.

에 비해 상대적으로 짧았다. 팔이 이렇게 짧은 것은 그들이 팔을 자주 사용하기 때문일 텐데 이것은 예상 밖의 결과이다. 그러나 해군병사는 팔을 주로 노를 젓는 데 사용하며 무게를 지탱하는 데는 사용하지 않는다. 또 해군병사는 보병보다 목이 굵고 발등은 높지만, 가슴둘레와 몸통둘레, 허리둘레는 모두 보병보다 작다.

이러한 변용 가운데 몇 가지라도, 같은 생활상태가 몇 세대에 걸쳐 지속되면 유전하게 되는지 어떤지 밝혀지지는 않았지만 있을 법한 일이다. 파야구아스 인디언은 다리가 가늘고 팔이 굵은데, 렝거(Rengger)는*26 그것을 그들이 거의 평생 동안 카누 안에서 생활하며 다리를 전혀 쓰지 않는 생활을 몇 세대나 계속했기 때문이라고 설명했다. 비슷한 예에 대해 같은 결론을 이야기한 사람들은 또 있다. 오랫동안 에스키모와 함께 생활한 크란츠(Cranz)에 따르면,*27 '에스키모들은 그들이 가장 높게 평가하는 기술이며 미덕인 바다표범 사냥의 기량이 유전되는 것으로 생각하고 있다. 분명히 여기에는 무언가 유전적 요소가 있다. 왜냐하면 모두가 인정하는 바다표범 사냥꾼의 아들은, 어릴 때 아버지가 사망해도 역시 바다표범 사냥의 명수가 되기 때문이다.' 그러나 이 경우에는 정신적 경향도 몸의 구조와 마찬가지로 유전되고 있다. 영국 노동자의 손은 태어날 때부터 부르주아지의 손보다 크다고 한다.*28 적어도 몇 가지 예에서는*29 사지의 발달과 턱의 발달 사이에 상관관계가 있음이 인정되고 있기 때문에, 팔 다리를 사용하여 노동하는 계급이 아닌 경우에는 그 때문에 턱의 크기도 축소되는 일이 있을 것이다. 세련된 사람들 또는 문명인은 노동자계급이나 미개인보다 일반적으로 아래턱이 작은 것은 확실하다. 그러나 허버트 스펜서(Herbert Spencer)가 지적했듯이,*30 미개인은 단단하고 조리하지 않은 음식을 씹기 때문에 턱을 자주 사용하므로 교근(咬筋, 턱 위에서 아래턱을 앞쪽으로 당기는 근육)이나 그것이 부착되어 있는 뼈에 직접적인 영향을 미친다. 태아는 태어나기 훨씬 전부터 발바닥의 피부가 몸의 다른 부분보

＊26 'Säugethiere von Paraguay,' 1830, S.4.

＊27 'History of Greenland,' English translation, 1767, Vol. 1, p. 230.

＊28 알렉산더 워커(Alex. Walker)의 'Intermarriage,' 1838, p. 337.

＊29 《사육동식물의 변이》 제1권, 173쪽에 이러한 예를 확실하게 기술해 두었다.

＊30 'Principles of Biology,' Vol. 1, p. 455.

다 두꺼운데*[31] 이것은 몇 세대에 걸쳐 받은 압력의 효과가 유전된 것으로 생각할 수밖에 없다.

시계 기술자와 조판공은 근시가 되기 쉬우며, 거의 날마다 밖에서 일하는 사람들이나 특히 미개인들에게 원시가 많은 것은 잘 알려져 있다. 근시와 원시가 유전하는 경향이 있는 것은 분명하다.*[32] 시력과 그 밖의 감각에서 유럽인이 미개인에 비해 열등한 것은 몇 세대에 걸친 불사용의 효과가 축적되어 유전되어 왔기 때문임이 틀림없다. 이를테면 렝거(Rengger)는 인디언과 함께 자라고 평생 그들과 함께 생활해온 유럽인들이, 여전히 감각의 예민함에서 인디언과 동등해지지 않는 예를 여러 번 보았다고 말했다.*[33] 그는 또 몇 개의 감각기관이 들어 있는 두개골의 크기에서 아메리카 원주민이 유럽인보다 큰 것을 발견했는데, 이것은 그것에 대응하는 감각기관 자체의 크기의 차이를 반영하고 있는 것이 분명하다. 블루멘바흐(Blumenbach)도 아메리카 원주민의 두개골 비강(鼻腔)이 큰 것을 지적하고, 이 사실을 그들의 후각이 매우 예민한 것과 관련지었다. 팔라스(Pallas)에 따르면, 아시아 북부의 초원에 사는 몽골인은 놀랄 만큼 뛰어난 감각을 가지고 있다는 것이다. 또 프리처드는 광대뼈 위치에서 그들의 두개골 폭이 매우 넓은 것은 감각기관이 잘 발달해 있기 때문이라고 생각했다.*[34]

케추아 인디언은 페루의 고지 초원에 살고 있는데, 알시드 도르비니(Alcide d'Orbigny)는 그들이 항상 산소가 부족한 공기를 호흡하고 있기 때문에 매우 큰 가슴과 폐를 가지게 되었다고 말했다.*[35] 그들의 폐세포도 유럽인들보다 크고 수도 많다. 이러한 관찰에 의심을 품은 일도 있었다. 그러나 D. 포브스(D. Forbes)는 그들과 비슷한 부족으로, 약 3000~4500미터의 고지에 사는 아이마

---

*31 패짓(Paget)의 'Lectures on Surgical Pathology,' Vol. 2, 1853, p. 209.

*32 《사육동식물의 변이》 제2권 8쪽.

*33 'Säugethiere von Paraguay,' S. 8, 10. 나는 푸에고 섬 사람들의 시력이 얼마나 뛰어난지를 관찰할 좋은 기회를 얻었다. 같은 문제에 대해 로렌스(Lawrence)의 'Lectures of Physiology,' etc., 1822, p. 404도 참조. 지로 툴롱(Giraud-Teulon)은 최근에 근시가 발생하는 원인을 증명하는 귀중한 증거들을 수집했다("C'est le travail assidu, de près." 'Revue des Cours Scientifiques,' 1870, p. 625).

*34 Prichard(프리차드), 'Phys. Hist. of Mankind.' 블루멘바흐의 기술에 대해서는, Vol. 1, 1851, p. 311, 팔라스의 기술에 대해서는 Vol. 4, 1844, p. 407 참조.

*35 프리차드의 'Researches into the Phys. Hist. of Mankind,' Vol. 5, p. 463에서 인용.

라족을 몇 사람이나 주의 깊게 측정한 결과, 그들의 몸 둘레와 길이가 그때까지 그가 보아온 어떠한 인종과도 뚜렷이 달랐음을 나에게 알려주었다.[36] 그의 측정치 표는 각자의 키를 1000으로 하고, 다른 측정치를 이 표준에 맞춰 계산한 것이었다. 그것을 보면, 아이마라족의 펼친 두 팔의 폭은 유럽인보다 짧고 흑인보다도 훨씬 짧다. 다리도 마찬가지로 짧지만, 놀랍게도 아이마라 족은 누구나 할 것 없이 대퇴골이 경골보다 짧다. 평균하면 경골(脛骨, 정강이뼈)에 대한 대퇴골의 길이는 211~252이지만, 동시에 계측을 한 유럽인은 경골에 대한 대퇴골이 244~230이고, 흑인은 258~241이었다. 위팔뼈도 아래팔에 비하면 짧다. 사지 가운데 몸통에 가까운 부분이 짧은 것은, 포브스가 나에게 시사해 준 것처럼 몸통 자체의 길이가 매우 길어진 데 대한 보상으로 생각된다. 아이마라족에 관해 또 하나의 두드러진 형태적 특징은 발뒤꿈치의 돌출이 매우 작다는 것이다.

그것은 그들이 거주지인 한랭한 고지의 기후에 완전히 적응했기 때문이며 옛날 스페인 사람들에게 동쪽의 저지 초원으로 끌려갔을 때도, 현재 금 채굴장에서 지불되는 높은 임금을 받기 위해 스스로 낮은 지대로 내려왔을 때도 놀라울 만큼 높은 사망률을 보였다. 포브스는 그런데도 2세대에 걸쳐 살아남은 순수한 아이마라 가족을 몇몇 발견했는데, 그들은 그 특징적인 형질을 아직도 계승하고 있었다. 그러나 그러한 특징이 얼마나 약화되어 있는지는 측정해 볼 것도 없이 명백했다. 그리고 실제로 측정해 보면 그들의 몸통은 고지 사람들처럼 길지 않았고 대퇴골은 길어졌으며, 그만큼 두드러지는 않지만 정강이뼈도 길어졌음을 알 수 있었다. 실제 측정치는 포브스의 기록에서 볼 수 있다. 이러한 귀중한 관찰들로부터 알 수 있듯이, 몇 세대에 걸쳐 매우 높은 고지에서 살면 직간접적으로 몸의 비율에 커다란 유전적 변화가 일어난다는 것은 의심할 여지가 없다고 나는 생각한다.[37]

인간은 인간으로서 존재하게 된 뒤로부터 몸의 어떤 부분을 잘 사용하거나 사용하지 않는 것으로 인해 그리 크게 변용되지는 않았을지 모르지만, 이제까

---

*36 포브스의 귀중한 논문은 'Journal of the Ethnological Soc. of London,' New series, Vol. 2, 1870, p. 193에 발표되어 있다.
*37 위킨스(Wilckens) 박사는 최근에 산악지대에 사는 가축의 형태가 어떻게 변화하는지에 대한 흥미로운 논문을 발표했다('Landwirthschaft. Wochenblatt,' No. 10, 1869).

지 나타난 사실에서 인간이 그렇게 변용될 가능성이 없지는 않음을 알 수 있다. 그리고 같은 법칙이 하등동물에게도 잘 적용되는 것은 확실하게 알려져 있다. 그래서 먼 옛날 인간의 조상이 네발짐승에서 두발보행동물로 이행하는 단계에 있었을 때, 몸의 여러 부분에 대한 사용과 불사용의 유전적 효과가 아마도 자연선택을 크게 도왔을 거라고 생각해도 틀림없을 것이다.[*38]

발달 저해

발달 저해는 몸의 어떤 부분이 계속 성장하면서도 초기 상태를 유지한다는 점에서 성장 저해와는 다르다. 다양한 기형이 이 항목에 속하는데, 구개열(口蓋裂)처럼 유전적인 경우도 알려져 있다. 여기서는 포크트(Vogt)의 뛰어난 연구논문에서 언급된 소두증(小頭症)을 뇌 발달 저해의 예로 드는 것으로 충분할 것이다.[*39] 소두증은 정상인보다 두개골이 작으며, 뇌회(腦回, 대뇌주름)도 별로 복잡하지 않다. 전두골(前頭骨) 또는 눈썹 부분의 뼈가 잘 발달해 있고 턱은 '섬뜩할 만큼' 돌출되어 있다. 그 때문에 소두증은 하등한 인류와 비슷한 느낌이 든다. 그들의 지능과 정신력은 매우 낮다. 그들은 언어 구사 능력이 없고 오래 집중을 유지하는 것도 전혀 불가능하지만, 모방 능력은 충분히 있다. 그들은 강인하고 매우 활동적인데, 늘 얼굴을 찌푸린 채로 바삐 돌아다닌다. 그들은 종종 계단을 네 발로 기어 올라가며 가구나 나무에 기어오르는 것을 좋아한다. 이것은 대부분의 어린아이들이 나무에 올라가며 즐거워하는 장면을 연상시키는데, 원래 산짐승인 새끼양이나 새끼염소가 작은 언덕이라도 즐겁게 뛰어오르는 모습을 떠올리게 한다.

격세유전

여기서 소개하는 예들은 대부분 앞의 '발달 저해'에서 다루었어야 하는 것

[*38] 이제까지 언급된 예의 대부분은 개체의 일생 동안 체세포에 생기는 변이다. 케추아 인디언의 고지적응은 현대인류학에서도 잘 연구되어 있다. 개체는 태어났을 때부터 이러한 고지에서 자라면 흉곽이 커지고 폐활량이 늘어나며 헤모글로빈의 산소 운반량도 증가하는데, 그러한 적응을 기후순화(氣候馴化)라고 한다. 그러나 발달과정에서 개체가 보여주는 변화는 아니며, 그 속에 어느 정도의 유전적 변화를 수반하는 적응이 포함되어 있는지에 대해서는 아직 밝혀지지 않았다.

[*39] 'Mémoire sur les Microcéphales,' 1867, pp. 50, 125, 169, 171, 184–198.

인지도 모른다. 어떤 구조가 발달이 저해되고는 있지만, 같은 분류군에 속하는 원시적인 종의 성체(成體)가 가지고 있는 구조와 매우 유사한 정도까지 성장을 계속할 경우, 그것은 어떤 의미에서는 격세유전의 예가 될 수 있다. 분류군 속의 원시적인 종은 그 집단의 공통조상이 어떤 구조를 하고 있었는지에 대해 몇 가지 힌트를 준다. 그리고 배발생 초기 단계에서 발달이 저해된 부분이 계속 성장하는 능력을 가지고 최종적으로는 적절한 기능을 하게 되는 것은, 현시점에서 저해되고 있는 구조가 아직 정상이었던 초기 단계에서 성장을 계속할 수 있는 능력을 획득했다고 보지 않는 한 생각할 수도 없는 일이다. 소두증의 단순한 뇌는 유인원의 뇌와 비슷하다는 점에서는 격세유전의 예로 볼 수도 있을 것이다. 더욱 엄밀한 의미에서 격세유전이라는 주제에 적용할 수 있는 예들이 몇 가지 있다. 인간이 속한 분류군의 원시적인 종에 흔히 나타나는 어떤 구조가 이따금 인간에게도 출현하는 일이 있는데, 그것은 정상적인 인간 태아에는 출현하지 않는다. 또는 그것이 정상적인 인간 태아에도 존재하는 구조인 경우에는 비정상적으로 발달하지만, 원시적인 종의 구성원에게는 일반적인 상태로 발달한다. 이 점에 대해서는 다음의 예를 보면 더욱 잘 알 수 있다.

다양한 포유류를 보면, 자궁은 유대류(有袋類)의 자궁처럼 두 개의 다른 입구와 몸통을 가진 쌍각기관(雙角器官)으로부터, 고등유인원이나 인간처럼 내부의 작은 주름을 제외하면 두 개로 갈라진 징후가 전혀 없는 단일한 기관으로 서서히 변해간다. 설치류에서는 이 두 개의 극단적인 형태를 잇는 연속적인 각 단계를 완벽하게 볼 수 있다. 모든 포유류에서 자궁은 두 개의 단순하고 원시적인 관에서 발생하며, 그 관의 하부는 각상돌기(角狀突起)를 형성한다. 파르(Farre) 박사의 표현에 따르면 "인간에게는 두 개의 각상돌기가 최하부에서 유합함으로써 자궁체가 형성된다. 이 중간부분인 자궁체가 없는 동물에서는 각상돌기가 결합하지 않고 남아 있다. 자궁이 발달함에 따라 두 개의 각상돌기는 점점 짧아지고 마지막에는 자궁체에 흡수된 것처럼 사라져버린다." 하등한 원숭이 종류나 여우원숭이 등의 고등한 동물이 되어서도 자궁은 뿔모양으로 되어 있다.

그런데 인간 여성의 경우에도 성숙한 자궁에 각상돌기가 갖춰져 있거나 자궁의 일부가 두 부분으로 갈라져 있는 비정상적인 예가 결코 드물지 않으며, 오언(Owen)에 의하면 그러한 예는 설치류의 일부에서 볼 수 있는 것과 마찬가지로 '발달 정도가 연속적으로 다른 단계'를 나타내고 있다. 이것은 아마도 배발생의 단순한 저해로, 나중에는 성장하여 완전한 기능을 하게 되는 경우라고 할 수 있다. 왜냐하면 부분적으로 두 개로 갈라진 자궁의 어느 쪽에서도 임신 기능을 적절하게 할 수 있기 때문이다. 이것과 다른 더욱 드문 예에서는, 자궁이 독자적인 입구와 산도(産道)를 갖춘 완전한 두 부분으로 갈라져 있다.*40 일반적인 배발생에서는 이러한 단계를 거치는 일이 없어서 과거에 현존하는 유대류에서 볼 수 있는 발생 과정을 거치지 않은 한, 두 개의 작은 원시적인 관이 어떻게 해서 양쪽 다 제대로 된 입구와 산도를 갖추고 많은 근육과 신경, 샘, 혈관을 갖춘 두 개의 완전한 자궁이 될 수 있는지 알고 있었다는 것은(만일 이러한 표현을 사용해도 된다면), 불가능하지는 않겠지만 매우 믿기 힘든 일이다. 인간 여성에게는 비정상적인 쌍각자궁 같은 완전한 구조가 단순한 우연의 결과로 생겼다고 주장하는 사람은 아무도 없을 것이다. 그러나 먼 과거에 사라져 잠자고 있었던 구조가 다시 출현하는 격세유전의 원리는, 매우 오랜 시간을 거친 뒤에도 기관의 완전한 발달 단계를 이해하는 지침으로 작용할 수 있을지도 모른다.

카네스트리니*41는 앞에서 말한 것과 유사한 다양한 사례들에 대해 논한 뒤, 같은 결론에 도달했다. 그는 또 하나의 예로서, 몇몇 사수류와 다른 포유류에서는 보통 두 부분으로 구성되어 있는 광대뼈를 들고 있다. 인간의 태아도 2개월 때는 그런 상태에 있으며 성인이 되어서도, 특히 아래턱이 튀어나오는 경향이 강한 인종에서는 발달저해에 의해 그것이 남는 예가 가끔 있다. 그래서 카네스트리니는 인간의 조상인 동물에서는 이 뼈가 보통 두 부분으로 갈라져 있었으며, 그것이 나중에 하나로 유합된 것이라고 결론지었다. 인간의 전두골은 하나이지만 태아, 유아, 그리고 거의 모든 하등한 포유류에서는 확실한 봉합선으로 갈라진 두 부분으로 되어 있다. 이 봉합선은 성인에게도 매우

---

*40 'Cyclop. of Anat. and Phys.,' Vol. 5, 1859, p. 642에 실린, A 파르 박사의 유명한 논문 참조. 오언(Owen)의 'On the Anatomy of Vertebrates,' Vol. 3, 1868, p. 687. 터너(Turner) 박사의 'Edinburgh Medical Journal,' February, 1867.

*41 'Annuario della Soc. dei Naturalisti in Modena,' 1867, p. 83. 카네스트리니(Canestrini) 교수는 확실한 여러 권위자들로부터 이 문제에 관한 요점을 발췌해 인용했다. 로릴라르는 몇 명의 인간과 특정한 유인원 사이에서 두 개의 뼈의 형태와 비율, 연결에 관해 완전한 유사성을 발견했으며, 그것은 결코 우연으로 생각되지는 않는다고 말했다.

뚜렷한 형태로 남아 있는 일이 있는데, 근세의 두개골보다 고대의 것에 더 많다. 특히 카네스트리니가 관찰했듯이, 홍적층(洪積層)에서 발굴되는 단두형(短頭型)에 속하는 두개골에서 많이 볼 수 있다. 여기서도 그는 광대뼈의 예와 같은 결론에 도달했다. 여기에 든 예나 그 밖의 예에서 몇 가지 형질에 관해, 고대의 인종이 현대의 인종보다 하등동물에 가까운 사례들이 더 많은 이유는, 과거에 반인간의 상태에 있었던 조상으로부터 이어지는 긴 계통 속에서 현대인이 더 멀리 떨어져 있기 때문일 것이다.

여기에서 말한 것과 비슷하고 다양한 인간의 이상(異常)을 많은 연구자[42]들은 격세유전의 예로 보고 있다. 그러나 포유류 중에서도 현저하게 하등한 것까지 내려가지 않는 한, 그러한 구조가 정상적으로 존재하지 않는 것이 있어서 그것을 격세유전으로 부르는 것은 크게 의심스럽다.[43]

인간의 송곳니는 음식을 씹는 데 완벽하게 유효한 도구이다. 그러나 오언이 지적했듯이[44] 송곳니의 진짜 성질은 '치아머리가 원뿔형이고 끝이 날카로우

---

[42] 이러한 모든 예는 이시도르 조프루아 생틸레르(Isid. Geffroy St.-Hilaire)의 'Hist. des Anomalies,' tome 3, p. 437에 실려 있다.

[43] 《사육동식물의 변이》(제2권 57쪽)에서, 나는 여성에게 나타나는 유두의 과잉이 결코 드물지 않은 것을 격세유전의 예로 설명했다. 내가 이것이 있을 법한 일이라고 생각하는 것은, 과잉 유두는 가슴에 좌우대칭으로 배치되어 있는 것 외에, 특히 유일하게 기능하는 유두가 서혜부(鼠蹊部)에 있었던 여성이 있었는데, 그 여성의 어머니가 과잉 유두였다는 일례 때문이다. 그러나 프라이어(Preyer) 교수는 ('Der Kampf um das Dasein,' 1869, S. 45), 비정상적인 유두는 이밖에도 발생하며 등에 생기기도 한다고 말했기 때문에, 나의 논의는 매우 약화되거나 완전히 무너져버렸다. 같은 저서 속에서(제2권, 12쪽), 나는 조심스럽게 인간의 다지증(多指症)도 격세유전의 예일지 모른다고 말했다. 이런 생각을 하게 된 것은 부분적으로는, 몇몇 익룡류가 5개보다 많은 수의 발가락을 가지고 있었다고 한 오언 교수의 기술을 참고로, 인간의 다지증이 원시적 상태를 그대로 유지한 것이 아닌가 생각했기 때문이다. 그러나 이 문제에 관한 유럽의 손꼽히는 권위자인 게겐바우어(Gegenbaur) 교수가 오언을 비판한 논문('Jenaischen Zeitschrift,' Bd. 5, Heft 3, S. 341)을 읽은 뒤에는, 다지증이 그렇게 설명될 수 없다는 것은 이해할 수 있었다. 내가 위와 같은 결론에 도달한 주된 이유는, 다지증이 빈번하게 발생하며 그것은 유전할 뿐만 아니라 절단한 뒤에도 하등동물의 발가락처럼 재생된다는 사실에 있었다. 이것이 재생된다는 놀라운 사실은, 아득한 옛 조상에 대한 격세유전이라는 생각을 부정하는 것이라고 설명할 수는 없다. 그러나 나는 다른 골격도 마찬가지로 변용하지 않으며, 과잉된 발가락이 격세유전에 의해 나타나는 일은 없다는 게겐바우어 교수의 의견에는 찬성할 수 없다. 왜냐하면 단일한 형질이 격세유전에 의해 재출현하는 일이 흔히 있기 때문이다.

[44] 'On the Anatomy of Vertebrates,' Vol. 3, 1868, p. 323.

며, 바깥쪽은 볼록면이지만 안쪽은 평평하거나 약간 오목하게 되어 있고, 그 기부의 표면에는 희미한 돌기가 있는 것에서 볼 수 있다. 원뿔형은 피부색이 검은 인종, 특히 오스트레일리아 인종에서 뚜렷이 나타나 있다. 송곳니는 앞니보다 이뿌리가 깊고 강하다'. 어쨌든 인간의 송곳니는 더 이상 적이나 음식을 찢기 위한 무기로는 사용되지 않는다. 그러므로 본래의 기능에 관한 것은 흔적으로서만 남아 있다고 할 수 있다. 인간 두개골의 어느 커다란 표본에서도 헤켈(Häckel)이 관찰했듯이*45 송곳니가 다른 치아보다 훨씬 돌출해 있는 개체가 있는데, 그 돌출 정도는 유인원보다 훨씬 작다. 유인원은 한쪽 턱의 치아와 치아 사이에 다른 쪽 턱의 송곳니가 딱 맞물릴 수 있는 공간이 벌어져 있다. 바그너(Wagner)가 기록한 카피르족의 두개골*46에서는 그 공간이 놀랄 만큼 크다. 고대의 두개골을 현대의 것과 비교한 연구가 매우 적은 것을 생각하면, 적어도 세 가지 예에서 송곳니의 돌출이 크다는 것은 매우 흥미로운 사실이다. 놀레트의 아래턱 송곳니는 매우 컸다고 한다.*47

유인원의 송곳니가 잘 발달한 것은 수컷뿐이다. 그러나 암컷 고릴라는 송곳니가 다른 이보다 훨씬 돌출되어 있으며, 정도는 덜하지만 암컷 오랑우탄도 마찬가지다. 그러므로 인간도 이따금 송곳니가 매우 돌출되는 일이 있다고 들었는데, 그렇다고 해서 이것은 유인원에 가까운 조상에 대한 격세유전의 예라는 생각에 대해 중대한 장애가 되지는 않는다. 인간의 송곳니 모양과 이따금 그것이 매우 크게 발달한 사람을 보고 우리의 조상이 그러한 무서운 무기를 가지고 있었기 때문이라고 생각하는 견해를 비웃으며 배격하는 사람은, 그 비웃음으로 인해 자신의 기원을 스스로 폭로하게 될 것이다. 왜냐하면 인간은 이미 그것을 무기로 사용할 생각도 없고 그런 힘을 가지고 있지도 않지만, 곧바로 달려들어 싸우려는 개처럼 무의식적으로 '으르렁거리는 근육'(C. 벨(C. Bell)

---

*45 'Generelle Morphologie,' 1866, Bd. 2, S. clv.

*46 Karl Vogt(카를 포크트), 'Lectures on Man,' English translation, 1864, p. 151.

*47 라 놀레트의 아래턱에 대해서는 C. 카터 블레이크(C. Carter Blake)의 'Anthropolog. Review,' 1867, p. 295 참조. Schaaffhusen(샤프하우젠), 같은 책., 1868, p. 426 참조. (역주) 치아의 크기에도 개체간의 변이가 많지만, 유인원과 비교했을 때 사람의 특징의 하나는 송곳니가 작아지고 다른 치아보다 돌출되는 일이 없다는 점이다. 따라서 유인원의 큰 송곳니를 담기 위해 대응하는 턱에 생긴 공간(치극齒隙)도 사람에게는 없다. 오스트랄로피테쿠스에서는 송곳니는 아직 다소 크지만 Homo(사람속)가 된 뒤부터는 치극은 존재하지 않는다.

경이 그렇게 명명했다)[48]을 수축시켜 자신의 치아를 크게 드러낼 것이기 때문이다.

사수류나 다른 포유류에서 흔히 볼 수 있는 근육이 인간에게도 발달하는 일이 종종 있다. 블라코비치(Vlacovich) 교수는 40명의 남성을 조사한 결과, 그가 좌골치골근(坐骨恥骨筋)이라고 명명한 근육을 가지고 있는 자가 19명이었다.[49] 다른 3명은 이 근육에 해당하는 힘줄을 가지고 있었다. 나머지 18명에게서는 그러한 흔적을 발견할 수 없었다. 여성 피험자 30명에서는, 이 근육이 양쪽에 발달한 사람은 단 2명뿐이었으며, 3명은 그 흔적으로서 힘줄을 가지고 있었다. 따라서 이 근육은 여성보다 남성에게 훨씬 널리 나타나는 것 같다. 인간이 어떤 하등동물에서 유래했다는 원리를 생각하면 이 사실을 잘 이해할 수 있다. 왜냐하면 하등동물의 몇몇 종에서 이 근육을 볼 수 있는데, 그 모든 종에서 이 근육은 수컷의 번식행동을 돕는 데만 사용되었기 때문이다.

J. 우드는 그의 귀중한 일련의 논문 속에서[50] 인간의 근육변이 가운데, 하등동물의 정상적인 구조와 닮은 수많은 예를 매우 상세히 기술했다. 우리와 가장 가까운 동물인 사수류에 흔히 있는 것과 매우 닮은 근육만 해도 너무 많아서 여기에 다 나열할 수 없을 정도이다. 강인한 체격과 아름다운 형태의 두개골을 가진 한 남성은, 몇 가지 유인원에서 분명히 볼 수 있는 근육의 변이를 7개나 가지고 있었다. 이 남성은 이를테면 목 양쪽에 모든 유인원에서 볼 수 있는 매우 강력한 '쇄골거근(鎖骨擧筋)'을 가지고 있었으며, 이것은 인간에서는 60명에 한 사람 꼴로 볼 수 있다고 한다.[51] 이 남성은 또 '새끼발가락의 중족골(中足骨, 발허리뼈)'에 헉슬리와 플라워(Flower)가 고등 및 하등 원숭이류에

---

[48] 'The Anatomy of Expression,' 1844, pp. 110, 131.

[49] 카네스트리니(Canestrini)의 'Annuario,' etc., 1867, p. 90에 인용.

[50] 우리의 근육이 얼마나 빈번하게 변이를 보여주는지, 또 그 변이가 사수류(四手類)의 것과 얼마나 유사한지 알고 싶은 사람이라면 이러한 논문을 주의 깊게 읽어야 할 것이다. 이 책에서 다루고 싶은 몇 가지 점에 관한 문헌은 'Proc. Royal Soc.,' Vol. 14, 1865, pp. 379-384 ; Vol. 15, 1866, pp. 241 ; Vol. 15, 1867, p. 544 ; Vol. 16, 1868, p. 524. 여기서 가장 하등한 영장류에 속하는 이러한 동물들에서 몇몇 근육이 얼마나 극단적인 변이가 풍부하게 일어나는지에 대해 보여주는 것으로, 뮈리(Murie) 박사와 세인트 조지 마이바트(St. George Mivart)의 논문을 들어둔다('Transact. Zoolog. Soc.,' Vol. 7, 1869, p. 96). 그리고 하등한 동물에게서 볼 수 있는 구조로 이어지는 근육의 변이는 여우원숭이류에서 풍부하게 볼 수 있다.

[51] 마칼리스터(Macalister) 교수의 'Proc. R. Irish Academy,' Vol. 10, 1868, p. 124.

서 반드시 볼 수 있다고 말했던 특별한 외전근(外轉筋)을 가지고 있었다'. 인간의 손과 팔은 매우 특수한 구조를 하고 있는데, 그 근육은 매우 변이를 일으키기 쉽고, 거기에 대응하는 하등동물의 근육과 닮은 경우가 있다.[52] 그 유사한 정도는 완전한 것도 있고 불완전한 것도 있는데, 불완전한 경우에는 명백하게 이행적(移行的)인 성질을 띠고 있다. 그 원인은 잘 알 수 없지만, 어떤 변이는 남성에게 많고 또 어떤 변이는 여성에게 많다. 우드는 많은 예를 묘사한 뒤에, 다음과 같이 의미심장한 지적을 했다. "일반적인 유형의 근육구조에서 볼 수 있는 현저한 일탈에는 정해진 경향이나 방향을 볼 수 있기 때문에, 그것은 아직 알려져 있지 않지만 일반적이고 과학적인 해부학 지식을 포괄적으로 이해하는 데 있어서 매우 중요한 요소가 있다고 보아야 할 것이다."[53]

아직 알려지지 않은 그 요소란, 이전 상태에 대한 격세유전일 가능성이 매우 높다고 봐도 좋을 것이다. 인간과 유인원 사이에 어떤 유전적 연결이 되어 있지 않고서는 인간이 유인원처럼 7개나 되는 근육을 단순히 우연에 의해 비정상적으로 갖게 되었을 리가 없기 때문이다. 만일 인간이 무언가의 유인원적인 동물에서 유래한다면, 말, 당나귀, 노새 등에서 몇 백 몇 천이나 되는 세대를 거친 뒤에 갑자기 다리와 어깨에 짙은 색 줄무늬가 나타나듯이, 몇 천 세대나 거친 뒤에 갑자기 어떤 근육이 재발현하는 것에 대해 충분히 합리적인 설명을 할 수 있을 것이다.

이러한 다양한 격세유전의 예는 첫 장에서 설명한 흔적기관의 예와 깊은 관련이 있으므로, 이 두 장에 배치해도 좋을 것 같다. 즉 각상돌기를 갖춘 인간

---

[52] 마칼리스터 교수(같은 책., p. 121)는 자신의 관찰을 표로 만들어, 비정상 근육을 가장 흔히 볼 수 있는 것은 팔뚝이며, 다음이 얼굴, 세 번째로 발이라고 했다.

[53] 호튼(Rev. Dr. Haughton)은 인간의 장무지굴근(長拇指屈筋, 엄지손가락을 굽힐 때 작용하는 긴 근육)의 놀라운 변이의 예를 든 뒤('Proc. R. Irish Academy,' June 27, 1864, p. 715), '이 놀라운 예는 인간이 가끔 마카크원숭이에 특징적인 엄지나 다른 손가락의 힘줄 배열을 가지고 있음을 보여주고 있는데, 이러한 형질은 마카크가 인간을 향해 올라가고 있다고 생각해야 하는 것인지, 또는 인간이 마카크를 향해 내려가고 있다고 생각해야 하는 것인지, 아니면 자연의 선천적 이상인지 나는 알 수 없다'고 말했다. 그토록 뛰어난 해부학자로서 진화에 강하게 반대하고 있는 인물이, 최초의 두 가지 생각에 대해 의문의 여지를 남기고 있는 것을 듣는 것만으로도 충분하다. 마칼리스터 교수는 장무지굴근의, 이에 대응하는 사수류의 근육과의 관계에서 주목할 만한 변이에 대해 설명했다('Proc. R. Irish Acad.,' Vol. 10, 1864, p. 138).

의 자궁은 포유류에서 정상상태로 보이는 이 기관의 흔적을 보여주고 있다고
할 수 있다. 양성 모두 가지고 있는 꼬리뼈와, 남성의 유두 같은 흔적기관은 자
주 볼 수 있다. 그러나 하과상공(下顆狀孔)처럼 가끔씩만 나타나는 것도 있으
며, 그것에 대해서는 격세유전 항목에서 설명했다. 이러한 격세유전의 형질 또
는 엄밀한 흔적 구조는 인간이 하등한 형태에서 발생한 것임을 뚜렷이 말해주
고 있다.

변이의 상관(相關)

인간도 하등동물과 마찬가지로 많은 형태구조가 서로 밀접하게 관련되어
있기 때문에, 하나의 부분에 변이가 일어나면 다른 부분에도 변이가 일어난다.
그러나 대부분의 경우, 그것이 어떻게 해서 일어나는지는 밝혀지지 않았다. 한
쪽이 다른 쪽을 제어하고 있는 것인지, 아니면 양쪽 다 더 이른 시기에 발달
한 제3의 부분에 의해 제어되고 있는 것인지는 알 수 없다. I. 조프루아가 되풀
이해 주장한 것처럼 여러 가지 기형들은 이렇게 서로 밀접하게 관련되어 있다.
몸의 양쪽이나 팔다리 같은 상동구조는 특히 양쪽이 동시에 변이하는 경우가
많다. 상당히 오래전에 메켈(Meckel)은 팔 근육이 정상 유형에서 벗어나면 항
상 다리 근육과 닮은 형태가 된다는 것을 지적했다. 그 반대도 마찬가지이다.
시각을 위한 기관과 청각을 위한 기관, 치아와 모발, 피부색과 머리카락의 색
깔, 피부색과 체질은 많든 적든 서로 상관관계에 있다.[54] 근육질의 체격과 매
우 발달한 안와상융기(眼窩上隆起, 눈썹뼈가 돌출된 것) 사이에 상관관계가
있을 가능성에 최초로 주목한 것은 샤프하우젠인데, 이것은 특히 하등한 인종
에서 현저하게 나타난다.[55]

다소나마 가능성을 가지고 있어 이 항목에 넣을 수 있는 변이 외에, 잠정적
으로 자발적이라 부를 만한 변이들이 많이 있다. 그것은 그 원인에 대해 우리

---

[54] 이러한 몇몇 기술이 확실하다는 것은 《사육동식물의 변이》 제2권, 320-335쪽에 소개해
두었다.

[55] (역주) 하나의 유전자가 두 개 이상의 형질에 영향을 주는 일이 있는데, 그것을 플레이오트
로피(pleiotropy. 다면발현)라고 한다. 플레이오트로피는 하나의 유전자가 두 개 이상의 형질
을 지배하고 있을 때나, 하나의 유전자가 두 개 이상의 형질에 영향을 미치는 효소과정(酵
素過程)을 지배하고 있을 때 발생한다. 그러나 여기에 든 예의 대부분은 플레이오트로피가
아니다. 또 여기서 설명한 '하등한 인종'이 무엇을 가리키고 있는지는 분명하지 않다.

가 아는 것이 아무것도 없기 때문에, 원인이 전혀 없는데도 나타나는 것처럼 보인다. 그러나 약간의 개체변이이든, 갑자기 나타나는 뚜렷한 구조적 일탈이든, 그러한 변이는 그 생물이 살아온 환경보다는 그 생물의 구조 자체에 더 크게 의존한다는 것을 어렵지 않게 증명할 수 있다.[56]

증가의 비율

문명화한 집단은 좋은 환경 속에서 살면 미국이 그랬듯이 25년 만에 인구가 두 배가 되는 일이 있는데, 오일러(Euler)의 계산에 따르면 12년이 조금 넘는 기간에도 일어날 수 있다고 한다.[57] 앞에 말한 비율로 본다면 미국의 현재 인구 3천만 명은 657년 뒤 지구 전체를 온통 뒤덮어버려, 91센티미터 사방에 네 사람씩 서 있어야 하게 될 것이다. 인구의 무제한적 증가를 막는 중요하고도 본질적인 제어는, 생계를 유지하면서 안락하게 살아가는 것을 어렵게 만드는 일이다. 미국처럼 생활이 편리하고 땅도 넓은 곳에서 일어나고 있는 일을 보면 정말 그럴 수 있다는 생각이 들 것이다. 우리 영국에서도 생계 수단이 갑자기 두 배로 늘어난다면 인구도 기하급수적으로 두 배로 늘어날 것이다. 문명국에서 이와 같은 제어는 주로 결혼의 제한에 있다. 빈민계급의 유아사망률이 높은 것도 매우 중요하지만, 좁은 곳에 다수가 살고 있는 빈곤한 가정에서는 어느 연령층에서도 다양한 질병에 의한 사망률이 매우 높다. 좋은 조건 속에 살고 있는 나라에서는 강력한 전염병과 전쟁의 영향은 곧 사라지고 그 이상으로 인구가 늘어난다. 그리고 다른 곳으로 이주하는 것도 일시적으로는 제어가 되지만 빈민계급에서는 효과적인 제어로 작용하지 않는다.

맬서스(Malthus)가 지적한 것처럼, 번식력은 실제로 문명인보다 미개인 쪽이 낮다고 생각할 만한 이유가 있다. 미개인의 인구통계는 나온 적이 없기 때문에 이 점에 대해서 확실한 것은 알 수 없지만, 선교사들이나 그러한 인종과 오랫동안 함께 산 사람들의 이야기에서 유추하면, 그들의 가족 단위는 대개 소가족이며 대가족은 드문 것 같다. 이것은 우리가 이제까지 알고 있었던 것처럼 여성이 유아에게 오랫동안 젖을 물리는 것도 그 원인이 되겠지만, 미개인은 하루하루 생활이 혹독하고, 문명인처럼 영양이 풍부한 음식을 충분히 얻을 수

---

*56 이 문제 전체에 대해서는 《사육동식물의 변이》 제2권, 제23장에서 다루었다.

*57 T. 맬서스(T. Malthus)의 'Essay on the Principle of Population,' Vol. 1, 1826, pp. 6, 517 참조.

없기 때문에 실제로 번식력이 낮은 것도 큰 요인으로 생각할 수 있다. 나는 이전 책*58에서 가축화된 모든 네발짐승과 새, 모든 재배식물이 야생종보다 번식력이 높다는 것을 보여주었다. 동물이 갑자기 너무 많은 음식을 공급받거나 매우 살이 찐 경우, 식물이 매우 척박한 토지에서 갑자기 비옥한 토지로 옮겨진 경우에 많든 적든 번식력이 떨어진다는 것은 이 결론에 대한 정당한 반론이 되지 않는다. 그러므로 어떤 의미에서는 고도로 가축화되어 있는 문명인은 미개인보다 번식력이 높다고 생각할 수 있을 것이다. 그리고 문명인의 높아진 번식력은 가축동물이 그러한 것처럼 곧 유전적 형질이 될 수도 있다. 적어도 인간이 쌍둥이를 낳는 경향은 가족에게 유전되는 것으로 알려져 있다.*59

미개인은 문명인보다 번식력이 낮을지 모르지만, 그들의 인구를 엄격하게 제어하지 않으면 그들도 급속하게 증가할 것이 틀림없다. 인도의 산악부족인 산탈리족이 최근에 이 사실에 대한 좋은 사례가 되고 있다. 헌터가 보여준 것처럼*60 예방접종이 도입되어 전염병이 줄고 전쟁이 엄격하게 억제된 뒤로, 그들의 인구수는 놀라운 비율로 증가하고 있다. 그러나 그들이 인근 지역으로 퍼져나가 임금을 받고 일하지 않았다면 이렇게 증가하는 일은 불가능했을 것이다. 미개인들은 대부분 모두 결혼하지만 그렇더라도 몇 가지 분별 있는 억제는 실행하고 있다. 이를테면 그들은 결혼이 가능한 가장 젊은 나이에 바로 결혼하지는 않는다. 젊은 남성은 종종 아내를 먹여살릴 수 있는 능력이 있음을 보여주지 않으면 안 되며, 일반적으로 여자를 그 부모한테서 사들일 비용을 먼저 벌어두어야 한다. 모든 미개인 부족이 정기적으로 혹독한 기근에 맞닥뜨리기 때문에 생계의 어려움이 문명인에 비해 훨씬 직접적으로 인구를 억제하고 있다. 기근일 때는 미개인은 질이 나쁜 음식을 많이 먹게 되므로 건강을 해칠 수밖에 없다. 기근을 겪는 동안 그들의 배가 부풀어오르고 팔다리가 가늘어지는 것에 대해 연구한 많은 책들이 출판되었다. 그들은 넓은 지역을 걸어다니지 않으면 안 되며, 내가 오스트레일리아에서 확인한 것처럼 수많은 어린아이들이 젖먹이 때 죽어버린다. 주로 심한 계절 변화로 정기적으로 기근이 닥치기 때문에 모든 부족의 인구가 변동한다. 또 인공적인 수단으로 식량 공급을

---

*58 《사육동식물의 변이》 제2권, 111−113, 163쪽.

*59 세지윅(Mr. Sedgwick)의 'British and Foreign Medico-Chirurg. Review,' July, 1863, p. 170.

*60 헌터(W. W. Hunter)의 'The Annals of Rural Bengal,' 1868, p. 259.

늘릴 수가 없어서 그들의 인구는 결코 일정하게 증가할 수 없다. 또한 매우 심각한 상황이 되면 다른 부족의 영역을 침입하지 않을 수 없게 되어 전쟁이 일어난다. 실제로 그들은 늘 이웃한 부족과 전쟁상태에 있다. 그들은 식량을 찾는 과정에서 육지나 물 위에서 사고를 당할 위험이 높고, 지역에 따라서는 큰 포식동물에게 죽음을 당하는 일도 많다. 인도에서도 호랑이의 맹위에 의해 인간이 살아남지 못하는 지역이 있다.

맬서스는 이러한 인구 억제에 대해 설명했는데, 아마도 가장 중요하게 생각되는 한 가지 요인에 대해서는 충분히 무게를 두지 않은 것 같다. 그것은 자식살해, 특히 여아살해와 낙태의 풍습이다. 이러한 풍습은 지금도 세계 여러 곳에 남아 있는데, 맥레난(M'Lennan)이 보여주었듯이[61] 자식살해는 이전에는 더욱 넓은 지역에서 일어났던 것 같다. 이러한 풍습이 미개인들에게 발생한 것은, 태어나는 아기를 다 키우기가 어려운 정도가 아니라 아예 불가능하다는 인식 때문인 듯하다. 방탕함도 억제 속에 넣어야 할지는 모르겠지만, 이것은 생계를 지탱할 수 없기 때문에 일어나는 것은 아니다. 물론 어떤 지역에서는 인구를 억제하기 위해 의도적으로 이 수단이 사용된 증거도 있다.

인간이 인간으로서의 위엄을 갖추게 되기 이전인 먼 옛날을 뒤돌아보면, 그때의 인간은 현재의 미개인보다 훨씬 더 이성보다는 본능을 따르는 경향이 강했을 것이다. 반쯤 인간이 된 초기의 조상은 자식살해를 하지 않았던 것으로 추정된다. 왜냐하면 하등동물의 본능은 새끼를 정기적으로 살해할 만큼 사악하지는 않았기 때문이다.[62] 결혼에 대한 신중한 제한은 아무것도 없었을 것이며, 양성은 젊었을 때부터 자유롭게 관계를 가졌을 것이다. 그래서 인간의 조상은 인구가 급속히 증가하는 경향이 있었겠지만, 이따금 일어나는 것이든 늘 존재하는 것이든 무언가의 억제가, 현재의 미개인들에 대한 것보다 더 강하게 작용하고 있었던 것이 틀림없다. 그것이 정확하게 어떠한 성질의 억제였는지는, 다른 대부분의 동물들과 마찬가지로 아직 잘 밝혀지지 않고 있다. 말과 소는 번식력이 그다지 높은 편이 아니었지만, 남아메리카에 최초로 방목된 뒤에는

---

*61 'Primitive Marriage,' 1865.
*62 (역주) 자식살해는 다윈이 생각한 것처럼 본능이 사악해져서 일어나는 행동이 아니다. 여러 동물들에 대한 최근 연구에서 보면, 다윈의 예측과 달리 자연상태에 있는 많은 동물에게서 자식살해를 볼 수 있으며, 그 대부분은 환경 적응을 위한 것으로 알려져 있다.

엄청난 기세로 증가한 사실이 알려져 있다. 모든 동물 가운데 가장 천천히 번식하는 코끼리는 수천 년이 지나는 동안 전 세계에 넘쳐나게 된다. 어떤 원숭이들에게도 무언가의 수단으로 그 증가가 억제되었는데, 브레엠이 지적한 것처럼 그것은 포식자로부터의 공격 때문이 아니다. 아메리카에서 야생화한 말과 소의 번식력 자체가 방목과 동시에 조금이라도 증가하여 각 지방이 말과 소로 가득차게 되면 번식력이 다시 내려갔을 거라고 생각하는 사람은 아무도 없을 것이다. 이 예와 그 밖의 예에서도 많은 억제가 동시에 작용하고 있고, 다른 환경 속에서는 다른 억제가 작용하고 있는 것이 분명하다. 혹독한 계절 변화에 따라 정기적으로 발생하는 결핍이 아마도 가장 중요한 요인이 되었을 것이다. 이것은 초기 인류의 조상에게도 마찬가지였을 것이다.

자연선택

지금까지 인간은 그 형태와 정신에 변이가 있다는 것, 또 그러한 변이는 직접적이든 간접적이든 하등동물에게 작용하고 있는 것처럼 일반적 원인에 의해 일어나며, 같은 일반적 법칙에 따르고 있음을 설명했다. 인간은 지구상에 널리 분포해 있으며, 끊임없는 이주 과정에서 참으로 다양한 환경에 맞닥뜨리며 살아왔을 것이다.[63] 남반구의 티에라 델 푸에고와 희망봉, 태즈메이니아의 주민, 북반구의 극지 주민은 현재 살고 있는 곳에 정착하기까지 많은 다른 기후들을 극복하며 수없이 생활양식을 바꿔왔을 것이 틀림없다.[64] 초기인류의 조상은 다른 동물과 마찬가지로 그들의 생활수단이 허락하는 한 번식했을 것이 틀림없으므로 종종 존속을 위한 투쟁을 벌인 결과, 자연선택의 엄격한 법칙에 따라야 했을 것이다. 그래서 유리한 변이는 어떤 것이든 가끔 또는 항상 보존되었으며, 불리한 변이는 제거되었을 것이다. 나는 오랜 시간 간격을 둔 뒤 가끔 나타나는 구조상의 강한 일탈이 아니라 단순한 개인차를 문제삼고 있다. 이를테면 운동능력은 우리의 손발 근육이 결정하는데, 거기에는 하등동물과 마찬가지로[65] 끊임없이 변이가 일어난다. 그래서 유인원과 비슷한 인간의 조상이

---

*63 이 문제에 관한 유용한 지적으로는 W. 스탠리 제번스(W. Stanley Jevons)의 "A Deduction from Darwin's Theory," 'Nature,' 1869, p. 231 참조.

*64 Latham(래섬), 'Man and His Migrations,' 1851, p. 135.

*65 뮈리와 마이바트(Messers. Murie and Mivart)는 그들의 "Anatomy of the Lemuroidea"('Transact.

어느 지역에서 살았든 그곳의 환경에 변화가 일어났고, 그들의 집단이 두 개의 같은 집단으로 나뉘어 한쪽 집단에 속한 모든 개체가 식량획득이나 자기방어를 위한 운동 능력에서 더 잘 적응했다면, 평균적으로 그쪽의 개체가 적응력이 그다지 높지 않은 다른 집단의 개체보다 많이 생존하여 많은 자손을 남겼을 것이다.

현재 존재하고 있는 가장 미개한 인간이라도 이 지상에 이제까지 나타난 어떤 생물보다 뛰어나다. 인간은 어떠한 고등생물보다 널리 퍼져나갔고, 다른 모든 생물은 인간 앞에 굴복했다. 인간이 이토록 뛰어난 것은 그 지적능력과 동료를 돕고 보호하는 사회성, 그리고 육체적 구조 덕분인 것은 분명하다. 이러한 형질이 매우 중요하다는 것은 삶의 투쟁의 최종 결과로 입증된다. 인간의 지적능력이 진보함에 따라서 분절화(分節化)한 언어도 진화했는데, 바로 그 언어 덕분에 인간에게는 놀라운 발전이 가능했던 것이다. 인간은 다양한 무기와 도구, 덫을 발명했고, 그것을 사용하여 자신을 보호하거나 사냥을 하고 식량을 획득한다. 인간은 뗏목과 카누를 발명하여 그것을 타고 물고기를 잡거나 근처의 비옥한 섬으로 건너가기도 했다. 인간은 불을 피우는 기술을 획득하여 그것으로 단단하고 섬유질이 많은 뿌리를 먹을 수 있게 되고, 독성이 있는 뿌리와 잎에서 그 독을 제거할 줄 알게 되었다. 이 마지막 발견은 인간의 발명과 발견 가운데 아마 언어를 제외하고는 가장 중요한 것으로 생각되는데, 그것은 역사가 시작되기 훨씬 이전에 획득되었다. 인간이 가장 미개한 상태에서 이토록 향상하는 원인이 된 이러한 몇 가지 발명은 인간의 관찰력과 기억력, 호기심, 상상력, 이성이 발달한 직접적인 결과로서 얻은 것이다. 그러므로 왜 월리스가 '자연선택으로 미개인의 뇌는 유인원의 뇌보다 아주 조금 나은 뇌가 되었을 뿐*[66]이라고 말했는지 나는 도무지 이해할 수가 없다.

Zoolog. Soc.,' Vol. 7, 1869, pp. 96-98)에서 '몇 개의 근육은 그 분포가 너무 불규칙해서, 위에 말한 그룹의 어느 것에도 쉽게 분류될 수 없는 것이 있다'고 말했다. 이러한 근육은 같은 개체의 좌우에서도 다르게 나타나는 경우가 있다.

*66 'Quarterly Review,' April, 1869, p. 392. 이 문제에 대해서는 월리스(Mr. Wallace)가 'Contributions to the Theory of Natural Selection,' 1870에서 충분히 설명했으며, 여기서 인용한 논문은 모두 재판되었다. 'The Essay on Man'에 관해서는 유럽에서 가장 유명한 동물학자인 클라파레드(Prof. Claparéde)가 'Bibliothèque Universelle,' June, 1870에 발표한 논문에서 충분히 비판을 전개했다. 'Anthropological Review,' May, 1864, p. clviii에 발표된 월리스의 유

지적능력과 사회적 습성이 인간에게 무엇보다 중요한 것은 확실하지만 육체 구조의 중요성을 경시해서는 안 되며, 이 장의 나머지 부분에서는 이 문제를 다루기로 하고, 지적, 사회적, 도덕적 능력의 발달에 대해서는 다음 장에서 다루기로 한다.

목수 일을 배워본 적이 있는 사람이면 누구나 알고 있듯이 정확하게 망치를 사용하는 일조차 결코 쉬운 일은 아니다. 푸에고 섬 사람이 자신의 몸을 보호하거나 새를 잡기 위해 돌을 던질 때처럼 정확하게 던지려면 손, 팔, 어깨의 근육이 완전한 조화를 이루지 않으면 안 되며, 날카로운 촉각이 없어서도 안 된다. 돌과 창을 던지거나 다른 행동을 하기 위해서 인간은 다리로 버티고 서지 않으면 안 된다. 그리고 그러기 위해서도 근육들 사이의 완전한 연결 작용이 필요하다. 수석을 다듬어 조잡한 도구를 만들거나 미늘이 있는 창을 만들고, 뼈를 깎아 낚시바늘을 만들기 위해서는 손을 완전하게 사용하지 않으면 안 된다. 왜냐하면 이 일에 대해 가장 유능한 판단을 내릴 수 있는 스쿨크래프트(Schoolcraft)가 지적한 것처럼*[67] 돌을 깎아 칼이나 창, 화살촉을 만드는 데는 '탁월한 능력과 오랜 연습'이 필요하기 때문이다. 이 점에 대해 원시인들이 분업을 했다는 증거가 있다. 즉 모든 사람이 자신이 쓸 석기와 조잡한 토기를 스스로 만들었던 것은 아니며, 일부 사람들이 그런 일에 전문적으로 종사하고 있었던 것 같다. 그리고 그 대가로 사냥한 동물을 얻었을 것이 틀림없다. 고고학자들은 우리의 조상이 조각난 부싯돌을 갈아서 매끄러운 도구로 만들게 되기까지는 참으로 기나긴 세월이 걸렸을 거라고 생각한다. 돌을 정확하게 던지고 부싯돌로 조잡한 도구를 만들 수 있는 손과 팔을 가진 인간을 닮은 동물은 충분히 연습하면 기계적인 기술에 관한 한, 문명인이 만들 수 있는 것이

명한 논문 'The Origin of Human Races Deduced from the Theory of Natural Selection'을 읽은 사람이라면 내가 본문에서 인용한 그의 주장에 대해 누구나 의구심을 품게 될 것이다. 나는 여기서, 월리스 씨는 "욕심 없는 그 특유의 무사(無私) 정신에 의해, 이 개념—즉 자연 선택—을 다윈의 공으로 돌렸다. 그러나 잘 알려진 바와 같이 그도 독자적으로 이 개념에 도달했으며, 다윈처럼 세련되지는 않았지만 그의 책도 같은 시기에 출판되었다"는 이 논문에 관한 J. 러벅 경의 가장 적절한 지적('Prehistoric Times,' 1865, p. 479)을 인용하지 않을 수 없다.

*67 로손 테이트(Lawson Tait)가 그의 "Has the Law of Natural Selection" ('Dublin Quarterly Journal of Medical Science,' February, 1869)에서 인용했다. 켈러 박사도 같은 말을 인용했다.

라면 대부분 만들게 되었을 것이다. 그 점에서는 손의 구조를 발성기관에 비교할 수 있다. 유인원은 발성기관을 다양한 신호를 나타내는 울음소리를 내는 데 사용하며 어떤 것은 음악적인 가락을 노래하는 데 사용하는데, 인간의 발성기관은 사용에 따른 유전효과로 분절화(分節化)된 언어 발성에 적응하게 되었다.

여기서 인간과 가장 가까운 동물로서 우리의 초기 조상에 가장 가깝다고 생각되는 동물들을 보면, 사수류(四手類)의 손은 우리 인간의 손과 모양은 같지만 다양한 용도에는 완벽하게 적응하지 않은 것을 알 수 있다. 그들의 손은 개의 다리처럼 이동에 완벽하게 적응하지는 않았다. 그것은 원숭이들이 손바닥 가장자리를 짚고 걸어갈 때나, 침팬지와 오랑우탄이 구부러진 손등을 짚고 걸어갈 때 볼 수 있다.*68 그러나 그들의 손은 나무에 오르는 데는 놀랄 만큼 잘 적응되어 있다. 원숭이류는 가느다란 나뭇가지나 로프를, 엄지손가락을 한쪽에 두고 다른 손가락과 손바닥을 다른 쪽에 둠으로써 우리와 완전히 똑같은 방식으로 붙잡는다. 그들은 똑같은 방식으로 큼직한 병을 잡고 입으로 가져갈 수 있다. 개코원숭이는 돌을 뒤집어 뿌리를 캐낸다. 그들은 엄지손가락을 다른 손가락과 마주하여 나무열매, 곤충, 그 밖의 작은 것을 집으며 같은 방식으로 새 둥지에서 새알이나 새끼도 훔쳐낸다. 미국원숭이는 야생 오렌지를 껍질이 갈라질 때까지 나뭇가지로 두드린 다음, 두 손의 손가락으로 껍질을 벗긴다. 다른 원숭이들은 두 개의 엄지손가락을 사용하여 조개껍데기를 벌린다. 그들은 손가락으로 가시를 빼고 서로 기생충을 잡아주기도 한다. 또 자연상태에서 돌을 사용하여 단단한 과일 껍질을 벗기고, 적을 향해 돌을 굴리거나 던지기도 한다. 그런데도 그들의 이렇게 다양한 동작들은 서툴고 매우 어색하며, 내가 직접 관찰한 바로는 돌을 정확하게 던지지는 못한다.

원숭이는 물건을 어설프게 붙잡을 수 있을 뿐이므로, 그들이 훨씬 특수화되지 않은 파악기관(把握器官)을 오늘날의 손처럼 사용했으리라는 추측*69은, 내 생각에는 사실과 다른 것 같다. 그와 반대로 그들에게 더 완전한 구조를 할 수 있는 손이 주어진다면 그것은 그런 대로 유익했을지 모른다. 그러나 더 중요한 사실은 그들의 손이 나무에 올라가는 데 더없이 잘 적응하지 않았

---

*68 Owen(오언), 'On the Anatomy of Vertebrates,' Vol. 3, p. 71.
*69 'Quarterly Review,' April, 1869, p. 392.

더라면 하는 조건 아래에서의 이야기라는 점이다. 완전한 손을 갖고 있었다면 나무에 올라가는 데는 불리했을지도 모른다. 왜냐하면 가장 수상성(樹上性)이 강한 원숭이인 미국의 거미원숭이나 아시아의 긴팔원숭이는 엄지손가락이 매우 작아서 흔적처럼 남아 있거나, 손가락이 반쯤 붙어 있어서 손이 단순히 붙잡고 움켜잡기 위한 갈고리처럼 되어 있기 때문이다.*70

다양한 영장류 가운데 옛날의 종이 먹이를 구하는 방법이거나 살고 있는 지역의 환경이 변하여, 나무 위보다 땅에서 지내는 일이 많아졌더라면, 그들의 이동 방식에도 곧 변화가 일어났을 것이다. 이 경우, 그들은 더욱 엄밀하게 사족(四足)보행을 하거나 이족(二足)보행을 하게 되었을 것이다. 개코원숭이는 바위투성이의 산악지대에 서식하는 일이 많은데, 정말로 필요할 때가 아니면 높은 나무에는 올라가지 않는다.*71 그들은 거의 개와 똑같은 방식으로 이동한다. 인간만이 이족보행을 하게 되어 있다. 인간의 직립자세는 인간과 가까운 동물과의 가장 뚜렷한 차이의 하나인데, 인간이 어떻게 그런 자세를 취하게 되었는지 나는 어느 정도 이해할 수 있다고 생각한다. 인간은 완벽하게 자신의 의지대로 움직일 수 있는 손이 없었더라면, 이 세상에서 현재 차지하고 있는 우세한 위치에 설 수 없었을 것이다. C. 벨(C. Bell) 경이 주장했듯이*72 손은 모든 도구 기능을 수행하며 또 지능과 공동으로 작용함으로써, 인간이 세계를 정복할 수 있게 했다. 그러나 손과 팔도 항상 체중 전체를 받치면서 이동 도구로 사용되거나 앞에 말한 것처럼 나무에 올라가기 위해 특수한 적응을 하게 되었더라면, 무기를 만들거나 목표를 겨냥해 돌과 창을 던지는 일을 완벽하게 해낼 수 있게 되지 못했을 것이다. 손을 조잡하게 사용하면 촉각도 둔해지는데, 손을 섬세하게 사용하는 데는 촉각이 중요한 역할을 한다. 이러한 이유만으로도 이족보행은 인간에게 매우 유리했을 것이 분명하다. 그러나 많은 동작

---

*70 큰긴팔원숭이(*Hylobates syndactylus*)는 이름 그대로(역주 ; syn은 '하나가 된', dactylus는 '손가락'을 의미하는 라틴어), 보통 두 개의 손가락이 유합(癒合)되어 있다. 이것은 블라이스가 나에게 알려준 것처럼, *H. agilis, lar, leuciscus*에서도 가끔 발생한다. 콜로부스원숭이에게는 엄지손가락이 없다. 이러한 원숭이는 나무에서만 살며 놀랄 만큼 활동적이지만(Brehm(브레엠) 'Thierleben,' Bd. 1, S. 50), 유사한 속의 원숭이보다 나무를 잘 타고 손으로 잘 움켜잡는지는 알 수 없다.

*71 Brehm(브레엠), 'Thierleben,' Bd. 1, S. 80.

*72 "The Hand," etc., 'Bridgewater Treatises,' 1833, p. 38.

을 위해서는 두 팔과 상반신 전체가 자유로워야 하며, 그러기 위해서는 두 다리로 안정감 있게 서 있어야 한다. 이 커다란 이점을 획득하려면 발이 평평해지고, 특히 엄지발가락의 모양이 변형되지 않으면 안 되는데, 그렇게 되면 물건을 움켜잡는 파악능력은 잃어버리고 만다. 손이 물건을 움켜잡기 위한 완전한 형태가 될 때 발이 체중 지지와 이동을 위한 완전한 형태가 되는 것은, 모든 동물계에서 볼 수 있는 생리학적 분업의 원리에 따른 것이다. 그러나 미개인들 가운데에는 나무에 오를 때 발을 다양한 용도로 사용하는 것에서 볼 수 있듯이 발의 파악능력을 완전히 잃지 않은 경우도 있다.*73

손과 팔이 자유롭고 두 발로 서는 것이 인간에게 유리하다면, 그리고 이것은 인간이 삶의 투쟁에서 승리해온 것으로 보아 명백하지만, 그렇다면 인간의 조상에게도 서서히 직립하여 두 발로 걷게 되는 것이 틀림없이 유리했던 것으로 생각된다.*74 그리하여 그들은 돌이나 막대기로 자신을 더 잘 보호하거나 사냥감을 공격하고, 다른 식량을 획득할 수 있게 되었을 것이다. 긴 안목으로 보면 가장 적합한 구조를 한 개체가 가장 성공하여 가장 많은 자손을 남겼을 것이다. 만일 고릴라나 그것과 유사한 다른 유인원이 절멸해 버렸다면 중간 단계에 있는 동물은 불행히도 더 이상 진보하기에는 부적절했다고 생각되므로, 사족보행에서 이족보행으로 서서히 변용하는 일은 불가능하다고 강력하게 주장할 수 있고, 또 그것이 진실인 것처럼 보였을 것이다. 그러나 (이것은 생각할 가치가 있는 것이지만) 실제로는 몇 종류의 유인원이 중간적 상태에서 생존해 있고, 그들이 모두 그 생활상태에 대체로 잘 적응하고 있는 것은 명백하다. 이

---

*73 헤켈(Häckel)은 인간이 두 발로 걷게 되는 단계에 대해 훌륭한 논의를 펼쳤다('Natürliche Schöpfungsgeschichte,' 1868, S. 507). 뷔히너(Büchner) 박사는 인간이 물건을 움켜잡는 기관으로 발을 사용하는 사례를 들었다('Conférences sur la Théorie Darwinienne,' 1869, p. 135). 내가 다음 단락에서 시사한, 고등유인원이 진화하는 과정에 대해서도 마찬가지이다. 또 이 마지막 문제에 관해서는 오언(Owen)의 주장('On the Anatomy of Vertebrates,' Vol. 3, p. 71)도 참조하기 바란다.

*74 (역주) 인간의 직립보행이 어떻게 이루어졌는지에 대한 다윈의 생각은 손의 자유로운 사용과 관련이 있으며, 이것은 현재는 하나의 가설로 받아들여질 뿐이다. 직립보행을 재촉한 진화적 요인에 대해서는, 지금도 인류학상 가장 큰 숙제의 하나로서 계속 논의되고 있다. 최근의 유력한 가설 가운데 하나는 삼림과 사바나가 공존하는 서식지에서, 삼림에서 삼림으로 이동하기 위해 사바나를 지나갈 때 직립보행이 기능적으로 가장 효율적인 이동형태였기 때문이라는 것이다.

를테면 고릴라는 몸을 옆으로 흔들면서 달리기도 하지만 보통은 구부러진 손에 체중을 싣고 이동한다. 팔이 긴 유인원은 종종 팔을 지팡이처럼 사용하여 두 팔 사이로 몸을 흔들며 앞으로 나아가며, 어떤 긴팔원숭이들은 가르쳐주지 않아도 직립한 자세로 상당히 빠르게 걷거나 달리기도 한다. 그래도 그들의 움직임은 인간보다 훨씬 서툴고 안정감이 없다. 단적으로 말하면 우리는 현생 영장류 중에 사족보행으로, 그리고 이족보행에 이르는 다양한 이행단계를 볼 수 있다.

인간의 조상이 점점 직립하여 손과 팔이 무엇을 잡거나 그 밖의 목적에 더 적합하게 되고, 동시에 발과 다리가 체중의 지지와 이동에 적합하도록 변용해 감에 따라, 다른 구조상의 변화도 끊임없이 일어날 필요가 있었을 것이다. 골반은 더욱 넓어지고 척추는 특징적인 곡선을 보여주며 머리는 다른 위치에 있지 않으면 안 되는데, 이러한 변화는 모두 인간에게서 일어났다. 샤프하우젠(Schaafthausen)은*75 인간의 두개골에서 꼭지돌기(귓바퀴 바로 뒤쪽에서 아래로 뻗은 관자뼈의 돌기)가 매우 큰 것은 인간이 직립자세를 취한 결과라고 주장했는데, 이 돌기는 오랑우탄, 침팬지, 그 밖의 유인원에는 존재하지 않으며 고릴라의 경우는 인간보다 작다. 이 밖에도 인간의 직립자세와 연관이 있어 보이는 다양한 구조적 특징들을 찾아볼 수 있다. 이렇게 서로 관련된 변화들 가운데 어디까지가 자연선택에 의한 것이며, 어디까지가 특정한 부분을 특별히 사용한 것의 유전적 효과인지, 또 어느 것의 한 부분이 다른 부분에 미친 영향인지를 결정하기는 매우 어려운 일이다. 이러한 여러 요인들이 서로 반응한 것임은 틀림없다. 즉 어떤 근육과 그 근육이 부착되어 있는 뼈의 모서리 부분이 과중한 사용 때문에 커졌을 때는, 어떤 특정한 운동이 습관적으로 일어났음을 보여주는 것이다. 그러므로 그러한 운동을 가장 잘 보여주는 개체가 가장 많이 생존하는 경향이 있었을 것이다.

손과 팔의 자유로운 사용은 인간이 직립자세를 취하게 된 것의 원인이기도 하고 결과이기도 하지만, 간접적으로는 인간의 신체 구조에 다른 변화를 가져온 것 같다. 인간의 초기 조상의 남성은, 앞에 말했듯이 아마 커다란 송곳니를

---

*75 'Anthropological Review,' October, 1868, p. 428에 실린 "On the Primitive Form of the Human Skull." 고등유인원의 꼭지돌기에 대해서는 오언(Owen)의 'On the Anatomy of Vertebrates,' Vol. 2, 1866, p. 551 참조.

가지고 있었을 것이다. 그러나 그들이 적과 싸울 때, 돌이나 막대기 같은 무기를 사용하는 습성을 점점 몸에 익힐수록 턱과 치아는 점점 사용되지 않게 되었을 것이 틀림없다. 그 경우, 이와 유사한 수많은 예에서 예측할 수 있듯이 턱과 치아도 크기가 점차 작아졌을 것이다. 이후의 장에서 반추동물의 수컷은 송곳니가 매우 작아지거나 완전히 사라져버리는데, 그것은 뿔의 발달과 관련이 있어 보인다는 것과, 말에서는 그것이 앞니와 발굽으로 싸우는 습성과 관련이 있다는 점 등, 몇 가지 비슷한 예를 보게 될 것이다.

뤼티마이어(Rütimeyer)[76]와 그 밖의 학자들이 주장한 것처럼, 유인원의 성체 수컷이 인간과 여러 가지로 크게 다르게 보이는 주된 원인은 턱 근육이 매우 발달하여 두개골에 영향을 미쳤기 때문이며, '실제로 그들의 모습은 정말 험상 궂게 보인다.' 그러므로 인간의 조상이 턱과 치아의 돌출이 점점 작아짐에 따라 어른의 두개골은 현생 유인원의 어린 개체가 가지고 있는 형질과 비슷해지면서, 현재의 인간에 더 가깝게 변화해 갔을 것이다. 수컷의 송곳니가 매우 작아진 것은, 앞으로 살펴보겠지만 유전을 통해 암컷의 치아에도 큰 영향을 미친 것이 틀림없다.

다양한 정신적 능력이 서서히 발달해 감에 따라 뇌는 틀림없이 커져갔을 것이다. 인간의 뇌가 몸에 비해 상대적으로 커서 고릴라나 오랑우탄과 비교해도 큰 것은, 인간의 정신적 능력이 높은 것과 밀접한 관계가 있다는 것을 의심하는 사람은 아마도 없으리라고 생각한다. 곤충도 이와 매우 비슷한 예를 볼 수 있다. 개미는 대뇌신경절이 매우 크다. 모든 벌목(目) 곤충의 신경절은 딱정벌레처럼 지적 능력이 낮은 목(目)의 것보다 몇 배나 크다.[77] 한편, 동물 두 마리와 인간 두 사람의 지능을 두개골의 부피로 정확하게 측정할 수 있다고 생각하는 사람은 없을 것이다. 절대치로서는 매우 작은 신경조직 속에서 놀라운 정신적 활동이 일어나고 있는 것은 확실하다. 즉 개미는 참으로 다양한 본능과 정신적 능력, 그리고 애정이라는 감정을 지니고 있다는 것은 널리 알려진 사실인

---

*76 'Die Grenzen der Thierwelt, eine Betrachtung zu Darwin's Lehre,' 1868, S. 51.
*77 Dujardin(뒤자르댕), 'Annales des Sc. Nat.,' 3rd series, Zoolog. tome 14, 1850, p. 203. 또 로운 (Lowne)의 'The Anatomy and Phys. of the Blow-Fly, Musca vomitoria Linn,' 1870, p. 14도 참조 할 것. 나의 아들인 F. 다윈은 나를 위해 Formica rufa(불개미)의 신경절을 해부해 주었다.

데, 그들의 대뇌신경절은 작은 바늘귀의 4분의 1보다도 작다. 후자의 관점에서 보면 개미의 뇌는 세계에서 가장 훌륭한 원자로 만들어진 물질로, 어쩌면 인간의 뇌보다 훌륭할지도 모른다.

인간의 뇌 용량과 지능 발달 사이에는 무언가 밀접한 관계가 있다는 것은, 미개인의 뇌와 문명인의 뇌 그리고 고대인의 뇌와 현대인의 뇌를 비교하거나 모든 척추동물의 예에서 유추해 보면 알 수 있다. J. 버나드 데이비스(J. Barnard Davis)[78]는 수많은 신중한 계측을 통해 유럽인의 두개골 용량의 평균은 234.4cc, 아메리카 원주민은 222.3cc, 아시아인은 221.2cc, 그리고 오스트레일리아 인은 208cc밖에 되지 않음을 보여주었다. 브로카[79] 교수는 19세기 파리의 묘지에서 발굴된 두개골은, 12세기의 납골당에서 발굴된 두개골보다 커서 1484와 1426의 비율로 차이가 있음을 발견했다. 또 프리처드는 현재의 영국 국민은 과거의 국민보다 뇌용량이 훨씬 크다고 확신했다. 어쨌든 유명한 네안데르탈 인처럼 상당히 오래된 두개골에서도, 잘 발달하여 용량이 큰 것이 있다는 것을 인정하지 않으면 안 된다.[80] 하등동물에 관해 E. 라르테(M. E. Lartet)[81]는 같은 분류군에 속하는 제3기 포유류의 두개골을 현생의 두개골과 비교한 결과, 현대로 갈수록 일반적으로 뇌용량이 크고 뇌가 작용하는 횟수도 많아지고 복잡해진다는 결론에 이르렀다. 한편 나는 가축화된 토끼의 뇌는 야생토끼나 산토끼에 비해 매우 작다는 것을 보여주었는데,[82] 그것은 그들이 몇 세대나 걸쳐 좁은 곳에 갇힌 채 지능, 본능, 감각, 자발적인 운동을 거의 억제당했기 때문일 것이다.

---

[78] 'Philosophical Transactions,' 1869, p. 513.

[79] 포크트(Vogt)의 'Lectures on Man,' English translation, 1864, pp. 88, 90. Prichard(프리처드), 'Phys. Hist. of Mankind,' Vol. 1, 1838, p. 305.

[80] (역주) 뇌의 용량을 비교할 때 몸의 크기를 고려하지 않으면 의미가 없다. 몸이 큰 동물일수록 뇌 용량의 절대치가 크기 때문이다. 오스트랄로피테쿠스에서 호모사피엔스에 이르는 인류의 계통을 보면, 몸의 크기를 고려하더라도 뇌용량은 점차로 증가해 왔다. 그리고 그와 함께 지능도 높아진 것으로 생각된다. 그러나 현생인류에 속하는 개체에서 뇌용량과 지능 사이에 직접적인 관계는 없으며, 여기에 설명된, 12세기와 19세기의 인간과 다양한 인종사이에 의미 있는 차이는 없다. 여기 소개된 분석에 대해 통계적 검정은 실시되지 않았다.

[81] 'Comptes Rendus des Séances,'etc., June 1, 1868.

[82] 《사육동식물의 변이》 제1권, 124–129쪽.

인간의 뇌와 두개골이 서서히 무거워지면서 그것을 지탱하는 척추의 발달에 큰 영향을 미친 것이 틀림없지만, 인간이 직립하는 과정에서 특히 더 현저했을 것이다. 이러한 위치 변화가 일어나는 동안, 뇌의 내부 압력이 뇌의 형태에도 영향을 미쳤을 것이다. 그것은 두개골이 이러한 영향을 매우 받기 쉬운 것을 보여주는 많은 사실들이 있기 때문이다. 민족학(인종학)을 연구하는 학자들은 유아를 잠재울 때 눕히는 요람의 형태가 두개골을 변용시킨다고 생각했다. 상습적인 근육 경련이나 심한 화상으로 생기는 흉터는 안면골을 완전 변화시켜버린다. 질병 때문에 머리가 한쪽 또는 뒤쪽에 고정되어 버린 아이는, 한쪽 눈의 위치가 바뀌고 두개골의 형태도 변하는 일이 있는데, 이것은 뇌가 새로운 방향으로 압력을 받은 결과로 생각된다.[*83] 나는 귀가 긴 토끼가 한쪽 귀를 앞으로 눕히고 달리는 사소한 원인이 그쪽의 모든 뼈를 앞쪽으로 쏠리게 함으로써, 반대쪽 뼈가 더 이상 대칭하지 않게 되는 일이 있음을 시사했다. 어떠한 동물도 정신적 능력이 변하는 일 없이 전체적인 몸의 크기가 커지거나 작아지면, 또는 몸의 크기가 그다지 바뀌지 않고 정신적 능력이 증가하거나 감소한다면, 두개골의 모양에도 반드시 변화가 일어나는 것이다. 나는 가축화된 토끼를 관찰한 결과 그러한 결론을 내렸다. 어떤 종류의 집토끼는 야생토끼보다 훨씬 몸이 커지고 다른 종류는 비슷한 크기에 머물렀는데, 어느 경우에도 뇌는 몸에 비해 매우 작아졌다. 나는 이 모든 토끼의 두개골이 길쭉해진, 즉 장두(長頭)가 되었다는 사실을 처음 발견하고 매우 놀랐다. 이를테면 하나는 야생에 또 하나는 커다란 가축종에 속하는, 폭이 거의 같은 두 개의 두개골을 비교하면, 전자는 길이가 8센티미터인데 비해 후자는 10.9센티미터였다.[*84] 다른 인종에게서 볼 수 있는 가장 뚜렷한 차이의 하나는, 어떤 인종의 두개골은 장두(長頭)이고 다른 인종의 두개골은 단두라는 점이다. 그 설명으로 토끼의 예에서 제시된 것을 부분적으로 적용할 수 있을지도 모른다. 벨

---

*83 샤프하우젠(Schaaffhausen)은 'Anthropolog. Review,' October, 1868, p. 420에서 블루멘바흐와 부슈가 주장하는 경련과 반흔의 예를 인용했다. 재럴드(Jarrold) 박사는('Anthropologia,' 1808, pp. 115, 116) 캠퍼와 자신의 관찰로부터, 머리 부분이 부자연스러운 위치에 고정되어 있으면 두개골이 변형된다고 추론했다. 그는 구두기술자처럼 늘 머리를 앞쪽으로 숙이고 있는 직업에서는 전두부가 더욱 둥글게 돌출한다고 생각했다.
*84 두개골의 신장(伸長)에 대해서는 《사육동식물의 변이》 제1권, 117쪽 참조. 한쪽 귀를 추켜올리는 효과에 대해서는 119쪽 참조.

커(Welcker)는 키가 작은 인간은 단두이며 키가 큰 인간은 장두인 경향이 있음을 발견했는데[85] 키가 큰 인종은 몸집이 커지고 머리가 길어진, 다시 말해 장두가 된 토끼에 비유할 수 있을지도 모른다.

이러한 몇 가지 사실에서, 인간의 두개골이 어떠한 과정을 거쳐 크고 둥근 형태가 되었는지 어느 정도 이해할 수 있을 것이다. 바로 이러한 성질이 하등동물과 비교했을 때 인간의 두드러진 특징이다.

인간과 하등동물이 뚜렷하게 다른 또 하나의 특징은, 인간에게는 피부에 털이 없다는 것이다. 고래와 돌고래(고래목), 듀공(바다소목), 하마도 털이 없다. 이것은 그들이 물속을 헤엄치는 데 유리하기 때문일 것이다. 또한 추운 지방에 살고 있는 종들은 물개와 해달의 모피와 같은 작용을 하는 두꺼운 지방층이 있어서, 털이 없어도 체온 손실이라는 점에서 불리하지는 않은 듯하다. 코끼리와 코뿔소도 털이 거의 없다. 극지의 기후 속에 살다가 멸종한 종에는 길고 굵은 털로 뒤덮여 있었던 것들이 있으므로, 현생하는 속(屬)에 속하는 이 두 종은 더위에 노출된 결과로 털을 잃은 것으로 추정된다. 이것은 인도코끼리 가운데 낮은 지대에서 사는 개체보다 높은 지대의 추운 지역에서 사는 개체가 털을 많이 가지고 있는 것으로 보아[86] 더욱 가능성이 높다. 그렇다면 인간이 털을 잃은 것도 처음에 어딘가 열대 지대에서 살았기 때문이라고 생각할 수 있을까? 털이 특히 남성의 가슴과 얼굴, 또 양성에서 팔다리가 몸통과 연결된 부분에 남아 있다는 사실은, 털이 사라진 시기가 인간이 직립하기 이전이었다고 가정한다면, 그렇게 추측하는 것이 당연해 보인다. 왜냐하면 지금 털이 남아 있는 부분은 태양열로부터 보호받고 있었기 때문이다. 그렇다면 머리는 특이한 예외라고 할 수 있다. 머리는 늘 태양에 노출되어 있는데도 몸의 하부보다 훨씬 많은 털로 뒤덮여 있기 때문이다. 이 점에서 볼 때 인간은 햇빛에 노출되어 있는 몸 위쪽이 아래쪽보다 굵은 털로 뒤덮여 있다는 점에서 대부분의 네발동물과 같다. 어쨌든 인간이 속해 있는 영장목의 다른 종은 다양한 열대지역에 살고 있는데도 모두 털로 뒤덮여 있으며, 게다가 몸 위쪽의 털이 더 빽빽하다.[87] 이것은 인간의 몸에서 털이 사라진 것은 태양열에 대한 반응이

---

[85] 샤프하우젠(Schaaffhausen)이 'The Anthropolog. Review,' October, 1868, p. 419에 인용.

[86] 오언(Owen)의 'On the Anatomy of Vertebrates,' Vol. 3, p. 619.

[87] 이시도르 조프루아 생틸레르(Isidore Geoffroy St.-Hilaire)는 ('Hist. Nat. Générale,' tome 2, 1859,

라는 설에 강하게 대립하는 것이다. 나는 성 선택 항목에서 논하겠지만, 인간
특히 여성이 털을 잃은 것은 장식적 목적에서였다고 생각하고 있는데, 그렇다
고 하면 인간의 털의 양이 다른 영장류와 현저하게 다른 것도 그리 이상한 일
이 아니다. 성 선택에 의해 획득된 성질은, 매우 가까운 종 사이에서도 놀랄 만
큼 크게 다른 일이 종종 있기 때문이다.

일반 사람들이 보기에는 꼬리가 없는 것이 인간의 중요한 특징이 된다. 그
러나 인간과 가장 가까운 유인원에도 꼬리가 없으므로, 인간의 꼬리가 없어진
것은 특별한 관심거리가 아닌 것 같다. 어쨌든 내가 아는 한, 유인원과 인간에
게 꼬리가 사라진 원인에 대해 이제까지 어떠한 설명도 되어 있지 않다는 점
은 알아두어야 할 것이다. 그러나 꼬리의 길이는 같은 종에 속하는 사이에서
도 매우 다른 일이 있으므로 꼬리가 사라졌다고 해서 놀랄 일은 아니다. 이를
테면 마카크원숭이의 일부 종에서는 꼬리가 몸길이보다 길어서 24개나 되는
척추뼈로 이루어져 있는데, 다른 종에서는 단 3, 4개의 척추뼈로 이루어져 있
어 꼬리가 거의 보이지 않을 정도로 뭉툭하고 짧다. 개코원숭이의 어떤 종류
는 꼬리뼈가 25개인데, 맨드릴 원숭이는 10개밖에 되지 않으며, 게다가 작게 축
소되어 있다. 퀴비에에 따르면 때로는 5개밖에 없는 것도 있다고 한다.*[88] 거의
같은 생활을 하고 있는 같은 속에 속하는 동물의 꼬리 길이와 구조가 이토록
다양하다는 것은, 그들에게 꼬리는 그다지 중요하지 않다는 의미가 될 것이다.
만일 그렇다면, 다른 구조에 있어서도 자주 볼 수 있는 것처럼, 때로는 그것이
거의 흔적만 남아 있는 상태가 되어버리는 경우도 있다고 생각할 수 있다. 꼬
리는 긴 것이나 짧은 것이나 끝으로 갈수록 가늘어진다. 나는 이것을 꼬리 끝
의 근육과 동맥, 신경 등을 사용하지 않은 결과, 꼬리 끝의 뼈까지 영양이 가
지 않아서 위축된 것이라고 생각한다. 인간과 고등유인원의 꼬리뼈는 일반적
인 꼬리에서 볼 수 있는 기저(基底) 마디 부분과 끝이 가늘어진 뼈들로 이루어

---

pp. 215-217), 인간의 머리가 긴 머리카락으로 뒤덮여 있는 것과, 원숭이와 다른 포유류의
등이 배 부분보다 털이 훨씬 더 많이 뒤덮여 있는 것을 지적했다. 이것은 다른 많은 연구
자들에 의해서도 관찰되었다. 제르베(P. Gervais) 교수는('Hist. Nat. des Mammifères,' tome 1,
1854, p. 28), 그러나 고릴라는 등을 문지르기 때문에 배보다 털이 적다고 말했다.
*88 St. George Mivart(세인트 조지 마이바트), 'Proc. Zoolog. Soc.,' 1865, pp. 562, 583. J. E. Gray(J.
E. 그레이), 'Cat. Brit. Mus. Skeletons.,' 오언(Owen)의 'On the Anatomy of Vertebrates,' Vol. 2, p.
517. Isidore Geoffroy(이시도르 조프루아), 'Hist. Nat. Gén.,' tome 2, p. 244.

진 것이 분명히 존재하는데, 어째서 그것이 몸속에 완전히 묻혀버렸는가 하는 의문을 던지는 사람이 있다. 그러나 진짜 꼬리를 가지고 있는 많은 원숭이에서도, 기저 마디는 똑같이 몸속에 묻혀 있기 때문에 이것은 이상한 현상이 아니다. 이를테면 뮈리(Murrie)는 무어원숭이(Macaca inornatus)*89의 미성숙 개체의 뼈에서는 꼬리뼈가 9개나 10개밖에 안되고, 꼬리 전체가 4.6센티미터밖에 되지 않았다고 나에게 알려주었다. 그 가운데 기저(基底) 마디 3개는 몸속에 묻혀 있는 것처럼 보였으며 나머지만이 자유롭게 움직이는 꼬리를 형성하고 있었는데, 그 부분은 길이가 2.5센티미터도 되지 않고 지름은 1.3센티미터였다. 이 예에서는 몸속에 묻혀 있는 3개의 꼬리뼈가 인간의 몸속에 묻혀 있는 4개의 꼬리뼈와 정확하게 일치하고 있음이 분명하다.

여기까지 나는 인간의 특징 가운데 가장 두드러진 몇 가지는 직접적으로, 또는 더 자주 간접적으로 자연선택에 의해 획득되었을 가능성이 매우 높다는 것을 보여주고자 했다. 여기서 잊지 말아야 할 것은, 생물이 생활방식이나 소화하는 음식에 적응하는 과정에서 아무런 역할도 하지 않거나 주위 환경에 수동적으로만 반응하는 구조와 성질에 일어난 변용은 자연선택에 의한 것이 아니라는 점이다. 그러나 각각의 개체에 대해 어떠한 변용이 도움이 되는 것인지 결정하는 데는 신중하지 않으면 안 된다. 몸의 많은 부분이 어떤 역할을 하고 있는지, 혈액과 조직에 어떠한 변화가 일어나면 생물이 새로운 기후와 음식에 적응하는 데 유리해지는지, 우리는 아직도 아주 조금밖에 모른다는 사실을 명심해야 한다. 또 이시도르 조프루아가 인간에 대해 보여준 것처럼, 많은 기묘한 구조상의 일탈은 서로 연관되어 있다는 상관 원리도 잊어서는 안 된다. 상관 관계와는 독립적으로 어떤 부분에 일어난 변화가, 다른 부분의 용불용(用不用)을 통해 전혀 예측할 수 없는 다른 변화를 불러일으키는 일도 있다. 또 식물이 곤충의 독에 의해 놀라운 벌레혹을 발달시키는 것이나, 앵무새가 어떤 종류의 물고기를 먹거나 두꺼비의 독을 주사하면 깃털 색깔이 크게 달라지는*90 사실에 대해서도 생각해야 한다. 이러한 일에서 생물의 체액 시

---

*89 (역주) Macaca inornatus는 지금은 사용하지 않는 학명. 현재 무어원숭이는 Macaca maurus라고 한다.

*90 《사육동식물의 변이》 제2권, 280, 282쪽.

스템은, 어떤 특별한 목적을 위해 변화하면 다른 기묘한 변화도 불러일으키는 것을 알 수 있다. 특히 과거에 어떤 유용한 목적에 의해 획득되어 일관되게 사용되어 온 변이는 아마도 견고하게 고정되어 오랫동안 유전하게 될 거라는 사실에 대해 특히 유념해야 할 것이다.

이와 같이 자연선택의 직접적이거나 간접적인 결과는 아직 뚜렷이 정의할 수는 없지만, 매우 광범위하다고 생각할 수 있다. 그러나 식물에 관한 네겔리(Nägeli)의 논문과 동물에 관한 몇몇 연구자의 논문, 특히 브로카 교수가 최근에 지적한 것을 읽고 나서는, 《종의 기원》 초기판에서 내가 자연선택 또는 최적자의 생존에 지나치게 무게를 둔 경향이 있었음을 인정하지 않을 수 없었다. 나는 《종의 기원》 제5판에서는 표현을 바꿔, 내 생각을 적응적인 구조 변화에만 한정하기로 했다. 이전에는 우리가 판단하는 한에서 생존에 유리하지도 불리하지도 않을 것 같은 많은 구조의 존재에 대해서는 충분한 주의를 기울이지 않았는데, 이것은 나의 연구에서 이제까지 발견된 오류 가운데 가장 큰 것이었다고 생각된다. 나에게는 두 가지 뚜렷한 목적이 있었다는 것이 변명이 될지도 모르겠다. 하나는, 종(種)은 저마다 독자적으로 창조된 것이 아님을 보여주는 것과, 또 그 변화의 주된 요인은 자연선택이라는 것을 보여주는 것이었다. 물론 자연선택의 작용은, 습성이 유전되는 것의 효과와 함께 주위 환경의 직접적인 영향도 어느 정도 있었다고 생각된다. 어쨌든 예전에 퍼져 있었던, 각각의 종이 어떤 목적을 가지고 창조되었다는 생각을 당시에는 나도 믿었기 때문에 그 영향으로부터 완전히 벗어날 수는 없었다. 그래서 흔적기관을 제외한 모든 구조상의 세세한 내용을 지금은 알지 못하지만 무언가 특별한 도움이 되었을 거라고 무의식적으로 가정하게 되었다. 이러한 가정을 하고 있는 사람이라면 누구든지, 당연히 과거 및 현재의 자연선택의 작용을 지나치게 널리 적용하게 될 것이다. 진화의 원리는 인정하지만 자연선택은 인정하지 않는 몇몇 사람들이 나의 저작을 비판할 때, 나에게는 이러한 두 가지 목적이 있었다는 점을 잊어버린 것이라고 생각한다. 그래서 만일 내가 자연선택의 작용을 지나치게 강조했던 것이 잘못되었다고 한다면, 나는 전혀 그럴 의도가 없었으며, 내가 자연선택의 힘을 과대평가했을 가능성은 인정하지만 적어도 내가 원하고 있는 것처럼 개별 창조라는 도그마를 무너뜨리는 데는 큰 공헌을 했다고 말하고 싶다.

인간을 포함한 모든 생물에 있어서, 현재 아무런 도움도 되지 않고 과거에도 도움이 되지 않았던 구조에 많은 변용이 일어난다는 것을, 지금의 나는 있을 수 있는 일이라고 생각하고 있다. 각각의 종에 속하는 개체 사이에 헤아릴 수 없이 많은 작은 변이를 일으키는 요인이 무엇인지 우리는 알 수 없다. 격세유전은 문제를 조금 전의 단계로 되돌릴 뿐이다. 그러나 각각의 독자적인 모든 변이에는 충분한 원인이 있을 것이다. 그것이 무엇이든, 또 그러한 원인이 오랜 기간에 걸쳐 더욱 넓고 강하게 작용했다면(그리고 그런 일이 가끔 일어나지 않을 이유는 없다), 그 결과 단순한 약간의 개체차이가 아니라 매우 뚜렷하고 일정한 변용을 가져오게 될 것이다. 나쁜 영향을 주는 변용은 자연선택으로 제거되지만, 어떠한 유익함도 가져다주지 않는 변용은 자연선택에 의해 일정하게 유지될 수는 없을 것이다. 그러나 형질이 일정하게 유지되고 있는 것은, 그것을 불러일으키는 요인이 일정하게 작용하고 있기 때문이며, 또 마찬가지로 많은 개체가 자유롭게 교배하고 있기 때문이라고 생각하는 것은 당연하다. 같은 생물은 몇 세대나 이어지는 동안 이런 방법으로 많은 변용을 획득하겠지만, 이러한 변용은 그것을 불러일으키는 요인에도 마찬가지로 계속 작용하여 자유로운 교배가 이어지는 한, 거의 일정한 형태로 이어져 갈 것이다. 현재로서는 그것을 불러일으키는 요인이 무엇인지에 대해서는, 이른바 자발적인 변이에 대해 설명했듯이 그 생물이 처해 있는 환경의 성질보다는 다양한 생물의 구조 자체와 더욱 깊이 관련되어 있다고 말할 수밖에 없다.

결론

이 장에서는 현재의 인간은 다른 모든 동물과 마찬가지로 다양한 개인차와 작은 변이를 많이 가지고 있으며, 따라서 인간의 초기 조상도 마찬가지였음에 대해 살펴보았다. 변이는 옛날이나 지금이나 동일한 일반적 원인으로 일어나, 마찬가지로 일반적이며 복잡하고 동일한 법칙에 지배받고 있다. 모든 동물은 생존할 수 있는 것 이상으로 번식하는 경향이 있기 때문에, 인간의 조상도 그랬을 것임에 틀림없다. 이것은 필연적으로 존속을 위한 투쟁을 불러일으켜 자연선택이 작용하게 되었을 것이다. 후자의 과정은 특정한 부분을 자주 사용하는 효과가 유전됨으로써, 이 두 과정은 끊임없이 서로 영향을 주고받았을 것으로 생각된다. 또 앞으로 살펴보겠지만, 인간은 그리 중요하지 않은 다양한 특징을 성 선택을 통해 획득한 것으로 보인다. 그 밖의 변화에서는 원인이 설명되지 않는 것들이 많이 있는데, 이따금 인간이 길들여 온 가축에 갑자기 매우 큰 일탈을 가져오는, 뭔지 잘 모르지만 보편적으로 작용하고 있는 요인에 의한 것으로 해두는 수밖에 없을 것이다.

미개인과 많은 사수류의 습성에서 판단하건대, 원시인과 유인원 같은 인간의 조상조차도 아마 사회생활을 하고 있었을 것이라고 생각된다. 철저하게 사회적인 동물에게 자연선택은 집단전체에만 유리한 변이를 보존함으로써, 개체에 대해 간접적으로 작용하는 일이 있다. 좋은 성격을 지닌 개체가 많은 집단은 그렇지 않은 집단보다 많은 개체를 낳아 그 집단을 이겼겠지만, 집단 안의 각 개체는 같은 집단의 다른 개체보다 특별히 얻는 것은 없었을지도 모른다. 사회성 곤충에서는 꽃가루를 수집하는 장치, 일벌의 침, 병정개미의 큰 턱과 같은 훌륭한 구조는, 개체나 그 새끼들에게는 거의 아무 이익도 가져다주지 않지만, 위와 같은 방법으로 획득된 것으로 생각된다. 더욱 고등한 사회성 동물에서는, 2차적으로 집단에 이로운 구조는 있지만 오직 집단의 이익을 위해서만 변화한 구조는 알려진 것이 전혀 없다. 이를테면 반추동물의 뿔이나 개코원숭이의 송곳니는 성적인 투쟁에 사용하는 무기로서 수컷이 획득한 것이지만, 무리의 방위를 위해서도 사용된다. 일종의 정신적 능력은 오히려 특별히 집단에 이익이 되도록 획득된 것이며, 집단을 구성하고 있는 개인은 거기서 간접적으로 이익을 얻고 있다.

인간은 이 세상에서 가장 무력하고 무방비한 생물의 하나이며, 초기의 아직 발달하지 않았던 시기에는 더욱 무력했을 것이라는 사실은, 종종 위의 견해에 반하는 것으로 여겨져 왔다. 이를테면 아가일 공작(Duke of Argyll)은,[*91] "인간의 체격은 미개인의 체격보다 육체적으로 훨씬 약하고 무력해지는 방향으로 변화해 왔다. 이것은 다양한 변화들 가운데에서도 단순한 자연선택으로 돌리기가 가장 불가능한 변화이다"라고 말했다. 그는 인간의 몸이 알몸으로 보호받지 못하고 있는 것, 몸을 보호하기 위한 커다란 치아와 갈고리발톱을 가지고 있지 않은 것, 힘이 약한 것, 빨리 달리지 못하는 것, 먹을 것을 찾

[*91] 'Primeval Man,' 1869, p. 66.

거나 적을 알아내기 위한 후각이 둔한 것을 예로 들었다. 이 무력함의 목록에는 더욱 심각한 것으로서 나무에 재빨리 올라가 적으로부터 달아나는 능력의 부족함도 넣어야 할 것이다. 혹독한 기후 속에서도 푸에고 섬 사람들이 옷을 입지 않고 살아가는 것을 보면, 인간의 조상이 더운 지방에서 살고 있었다면 털을 잃은 것도 그다지 큰 타격이 아니었을 것이 분명하다. 인간의 무방비함을 무서운 송곳니를 갖춘 유인원과 비교한다면, 이러한 송곳니가 충분히 발달한 것은 수컷뿐이며, 수컷은 그것을 자신의 경쟁자와 싸울 때 주로 사용하지만 그런 송곳니가 없는 암컷도 충분히 생존할 수 있다는 것을 기억해 두어야 할 것이다.

몸의 크기와 힘에 대해서는 인간이 침팬지 같은 비교적 작은 종에서 진화했는지, 또는 고릴라 같은 힘이 센 종에서 진화했는지 알 수 없기 때문에 인간이 조상에 비해 커진 것인지 작아진 것인지, 약해진 것인지 강해진 것인지 단정할 수가 없다. 그러나 커다란 몸, 강인함, 용맹함을 갖추고 있으며 고릴라처럼 어떠한 적으로부터도 몸을 보호할 수 있는 동물은, 반드시 그런 것은 아니지만 아마도 사회성을 갖추게 될 수 없었을 것이다. 그렇다면 인간이 타인에 대해 느끼는 공감이나 애정 같은 고도의 정신을 획득하는 것도 사실상 불가능하다. 따라서 인간이 비교적 약한 생물에서 진화해 온 것은 인간에게 매우 다행한 일이었을지도 모른다.

인간이 육체적으로 약하고, 느리며, 자연의 무기를 갖추고 있지 않은 점 등은, 첫째로 인간이 지적능력을 지니고 있으며 아직 야만적인 상태에 있었을 때부터 무기와 도구를 만들 줄 알았던 것과, 두 번째로는 사회적 자질에 의해 동료를 돕고 자신도 도움을 받는 것으로 충분하고 남을 만큼 보상을 받고 있다. 아프리카 남부보다 맹수가 많은 나라는 아마 없을 것이다. 극지지방보다 생활환경이 혹독한 나라도 없다. 그래도 가장 작은 인종의 하나인 부시맨은 남아프리카에서 살고 있으며, 극지에는 몸집이 작은 에스키모들이 살고 있다. 인간의 초기 조상은 지적능력에 있어서나 사회적 성질에 있어서나 현재의 가장 하등한 미개인보다도 뒤떨어져 있었을 것이 틀림없지만, 그들이 나무에 올라가는 능력 같은 조잡한 힘을 서서히 잃어가는 동안 고도의 지적능력을 획득했다면, 그들은 존재하면서 개체수를 계속 늘려 갔을 거라고도 생각할 수 있다. 그러나 인간의 조상이 현재의 미개인들보다 훨씬 무력하고 무방비 상태였다 해도, 그들이 따뜻한 대륙이나 오스트레일리아, 뉴기니, 보르네오(여기에는 현재 오랑우탄이 살고 있다) 같은 커다란 섬에서 살았더라면 그들은 특별한 위험에 처하지 않았을 것이다. 그러한 섬만큼 넓고 환경이 좋은 곳이라면 부족과 부족 사이의 생존 경쟁을 통해 최적자의 생존과 습성의 유전 효과가 전해져서, 인간이 현재와 같은 생물계에서 충분히 높은 위치를 획득했을 거라고 생각된다.

제5장 원시시대와 문명시대에 일어난 도덕적 능력 발달에 대하여

자연선택을 통한 지적 능력의 진보—모방의 중요성—사회적 및 도덕적 능력—같은 부족 안에서의 그 발달—문명화한 국민에게 작용하는 자연선택—문명인도 옛날에는 미개했다는 증거.

이 장에서 논할 주제는 매우 흥미로운 것이지만, 나는 이것을 매우 불완전하고도 단편적으로 다룰 수밖에 없다. 월리스(Wallace)는 앞에 인용한 훌륭한 논문에서,[*1] 인간과 하등동물을 구별하는 성질인 지적, 도덕적 능력을 인간이 어느 정도 획득한 뒤에는 자연선택이나 다른 어떠한 수단에 의해서도 몸의 구조가 변하는 일은 거의 없었을 것이라고 말했다. 왜냐하면 인간은 그 정신적 능력으로 '몸을 변화시키지 않고도, 변해가는 자연과 조화를 이루어갈' 수 있었을 것이기 때문이다. 인간은 새로운 생활조건에 자신의 습성을 적응시키는 큰 힘을 획득했다. 또 인간은 무기, 도구, 그 밖의 책략을 궁리하여 그것에 따라 식량을 확보하고 몸을 보호한다. 인간이 추운 지역으로 이주할 때는 옷을 만들고 오두막을 짓고 불을 피운다. 그 불 덕분에 그때까지 먹을 수 없었던 음식을 요리하여 먹을 수 있게 되었다. 인간은 다양한 방법으로 동료를 돕고 앞날을 예측한다. 아주 먼 옛날에도 인간은 어느 정도 분업을 하고 있었다.

반면에 하등동물은 크게 변화된 환경에서 생존하려면 몸의 구조를 바꾸지 않으면 안 된다. 그들은 새로운 적으로부터 몸을 보호하기 위해서는 더욱 힘이 강해지거나, 더욱 유효한 치아와 갈고리발톱을 획득하지 않으면 안 된다. 또는 노출될 위험을 피하기 위해 몸 크기를 작게 해야 한다. 그들이 추운 지역으로 이주할 때는 더 두꺼운 털가죽으로 옷을 만들어 입거나, 몸의 구조 자체를 바꾸지 않으면 안 된다. 만일 그렇게 바꾸지 못하면 그들은 존속할 수

[*1] 'Anthropological Review,' May, 1864, p. clviii.

없게 될 것이다.

그러나 월리스가 정당하게 주장한 것처럼 인간의 지적, 도덕적 능력에 의해서는 모든 것이 크게 달라진다. 이러한 능력에는 변이가 있으며, 그 변이는 유전하는 것으로 보아도 될 이유가 많이 있다. 그러므로 그것이 옛날 원시인이나 유인원과 비슷한 조상에게 매우 중요했다면 틀림없이 자연선택에 의해 진보하고 개량되었을 것이다. 인간이 이 세상에서 우위를 차지하게 된 것은 주로 지적 능력 덕분이므로, 이것이 중요하다는 사실은 의심할 여지가 없다. 매우 조잡한 상태의 사회에서 가장 좋은 무기와 덫을 발명하여 사용함으로써 자신의 몸을 가장 잘 보호할 수 있게 된 가장 현명한 개체는, 가장 많은 자손을 키울 수 있었을 것이다. 이러한 재능을 갖춘 개체를 가장 많이 거느리고 있었던 부족은 그 수가 늘어나서 다른 부족으로 대체했을 것이다. 개체수는 무엇보다 생계수단에 의존하는데 그 생계수단의 일부는 토지의 물리적 성질에 달려있지만, 더 중요한 것은 거기서 어떠한 기술이 사용되고 있는가 하는 것이다. 부족의 인구가 늘어나고 번성하게 되면 다른 부족을 흡수하여 그 수가 더욱 늘어나게 마련이다.[2] 그 부족 구성원의 키와 힘도 부족의 성공에 어느 정도 중요하며, 그것은 어떤 식량을 얼마나 얻을 수 있는지에 따라서도 결정된다. 유럽에서는 철기시대 사람들이 그들보다 힘이 세고, 칼 손잡이로 판단하는 한 그들보다 손이 큰 사람들에게 자리를 내준 것으로 보이며,[3] 그 사람들이 성공한 것은 아마도 기술적 우위성 덕분이었을 가능성이 훨씬 크다.

미개인에 대해 현재 알려져 있는 모든 것과 그들의 전통이나 현재의 우리에게 그 역사가 완전히 잊혀진 오래된 유적 등에서 추론해보면, 아득히 먼 옛날부터 성공한 부족이 다른 부족의 자리를 차지해 온 것을 알 수 있다. 절멸되거나 잊혀진 부족의 자취는 아메리카 대평원, 태평양의 외딴섬 등 문명이 나타난 이 지상의 곳곳에서 볼 수 있다. 현재는 기후가 최악의 장벽이 되는 곳이 아닌 한, 문명인이 미개인을 대체하고 있다. 그 주된 원인은 문명인의 기술, 즉 지적 능력의 산물에 있다. 그러므로 인간의 지적 능력은 자연선택을 통해 서서히 향상되어 왔을 가능성이 매우 높으며, 여기서의 목적에는 이 결론을

---

[2] 메인(Maine)이 지적한 것처럼('Ancient Law,' 1861, p. 131), 다른 부족에 흡수된 부족은, 세월이 지나면 그들도 같은 조상으로부터 함께 유래했다고 생각하게 된다.

[3] Morlot(모를로), 'Soc. Vaud. Sc. Nat.,' 1860, p. 294.

이야기하는 것만으로 충분할 것이다. 각각의 다른 지적 능력에 대해, 하등동물에게서 볼 수 있는 것에서 인간의 것에 이르기까지 어떻게 발달해 왔는지 추적할 수 있다면, 매우 흥미로운 일이 될 것이다. 그러나 그렇게 하기에는 나의 능력과 지식이 너무나 부족하다.

인간의 조상이 사회적인 존재가 된 순간(그것은 아마도 매우 이른 시기였을 것이다) 그 지적 능력은 하등동물에서는 조금밖에 볼 수 없는 중요한 방법, 즉 모방의 원리를 통해 이성이나 경험의 힘으로 발달하면서 변용해 갔을 것이다. 유인원은 미개인과 마찬가지로 모방을 잘한다. 앞에 예를 든, 시간이 좀 지나면 같은 장소에서 같은 덫에 잡히는 동물은 하나도 없게 된다는 것은 동물이 경험에서 배우고 다른 개체의 경계심을 모방한다는 것을 보여준다. 그런데 어떤 부족의 한 사람이 다른 사람보다 현명하여 새로운 덫과 무기, 공격 또는 방어를 위한 새로운 수단을 발명했다면, 다른 구성원은 그리 큰 이성의 힘을 빌리지 않아도 순전히 자기의 이익을 위해 그 발명을 모방할 것이다. 그리고 모든 구성원이 그것을 통해 이익을 얻을 것이며, 새로운 기술이 나올 때마다 같은 일이 되풀이되면 지능이 조금씩 높아질 것이 틀림없다. 만일 새로운 발명이 중요한 것이라면 그 부족은 인구가 늘어나 지역에 널리 퍼져서 다른 부족을 정복하게 될 것이다. 또한 인구가 늘어난 부족은 언제나 뛰어난 발명의 재능을 타고난 구성원을 낳을 기회가 더 많아질 것이다. 만일 그런 사람이 뛰어난 지적 능력을 물려받게 될 자손을 남긴다면, 발명의 재능이 더욱 풍부한 아이를 낳을 가능성이 좀 더 높아질 것이며 집단의 규모가 적은 곳에서는 확실히 그랬을 것이다. 설령 그들이 자손을 하나도 남기지 않는다 해도 부족 안에는 그 혈연자가 반드시 있을 것이다. 도살할 때 가치가 높다고 판단된 개체를 남겨 번식시키면 바람직한 형질을 보존할 수 있다는 것은 동물사육가들에 의해 확인된 사실이다.[4]

다음에는 사회적·도덕적 능력에 대해 살펴보기로 한다. 원시인 또는 유인원과 비슷한 조상이 사회생활을 하기 위해서는, 다른 동물을 집단으로 살아가게 만드는 것과 같은 본능적인 감정을 획득해야 했을 것이다. 그리고 같은 일반적인 성향을 보여주었을 것이 틀림없다. 그들은 동료에 대해 무언가 애정을

---

[4] 나는 졸저 《사육동식물의 변이》(제2권, 196쪽)에서 몇 가지 예를 들어두었다.

느끼고, 동료에게서 멀어지면 불안을 느꼈을 것이다. 그들은 서로 위험을 알려주고 공격하거나 방어할 때도 서로 협력했을 것이다. 이 모든 것은 어느 정도의 공감과 충성심, 그리고 용기가 있었음을 암시한다. 이러한 사회적 성질이 하등동물에게 무엇보다 중요하다는 것을 의심하는 사람은 없을 것이다. 인간의 조상들도 틀림없이 같은 방법, 즉 습성의 유전에 도움을 받은 자연선택에 의해 그러한 사회적 성질을 획득했을 것이다. 같은 지역에 살고 있는 두 원시인 부족이 경쟁하게 될 때, (다른 조건은 모두 같을 경우) 한 부족이 언제나 서로 위험을 알려주고 도울 용의가 있는, 즉 용기와 공감과 성실함을 갖춘 구성원을 더 많이 가지고 있다면, 그 부족이 다른 부족을 정복하고 가장 번영하게 될 것이다. 늘 전쟁이 끊이지 않는 미개인의 사회에서 성실함과 용기가 얼마나 중요한지 주목해야 한다. 규율이 잡힌 병사들이 규율이 흐트러진 오합지졸을 이기는 것은 주로 모든 구성원이 동료에게 품고 있는 신뢰 때문이다. 배젓(Bagehot)이 자주 보여주었듯이,*5 복종은 가장 가치가 높은 덕목이다. 어떠한 형태의 정부이든 없는 것보다는 있는 것이 낫기 때문이다. 이기적이고 싸우기 좋아하는 사람들은 다같이 모이지 못하며, 모이지 않으면 아무런 결실도 얻지 못한다. 앞에 든 성질을 많이 갖추고 있는 부족은 잘 번식해서 다른 부족을 이기지만, 과거의 역사에서 판단하건대 그러한 부족도 오랜 세월이 흐르는 동안 더욱 고도의 능력을 갖춘 다른 부족에게 정복되고 만다. 그리하여 사회적이고 도덕적인 능력이 서서히 높아져서 온 세계에 퍼지게 된다.

그러나 같은 부족의 범위 안에서 애당초 많은 구성원들이 어떻게 사회적, 도덕적 능력을 획득하게 되었으며, 그 표준은 어떻게 높아져 갔을까? 더욱 공감적(共感的)이고 사랑이 많으며 동료에 대해 가장 성실한 부모가, 같은 부족 속의 이기적이고 신뢰할 수 없는 부모보다 더 많은 자식을 낳고 키웠을 거라고는 도저히 생각하기 어렵다. 대부분의 미개인들이 그렇듯이, 동료를 배신하기보다는 차라리 자신의 목숨을 희생시키는 사람은 그 고귀한 성질을 이어받을 자손을 전혀 남기지 않는 일이 종종 있다. 전쟁에서 언제나 최전선에 서서 동료를 위해 목숨을 바칠 용의가 있는 가장 용감한 사람이, 그렇지 않은 사람보다 평균적으로 더 많이 죽게 된다. 그러므로(지금 여기서는 한 부족이 다른

---

*5 'Fortnightly Review,' November, 1867 ; April 1, 1868 ; July 1, 1869에 실린, 물리학과 정치에 관한 일련의 우수한 논문 참조.

부족을 이기는 경우를 이야기하는 것이 아님에 주의), 이러한 자질이 풍부한 사람의 수, 또는 그러한 훌륭한 성질의 표준이 자연선택을 통해, 즉 적자생존을 통해 높아져 간다고 생각하기는 매우 어렵다.

어떠한 상황에서 같은 부족에 속한 인간 가운데 이러한 자질을 갖춘 인간의 수가 늘어났는지 밝히는 것은 너무나 복잡한 문제이지만, 몇 가지 가능한 단계를 추적할 수는 있을 것 같다. 첫째로, 각 구성원의 추론의 힘과 예측의 힘이 향상해 감에 따라 각자가 자신의 경험을 통해 누군가를 도와주면 보통은 보답을 받게 된다는 것을 재빨리 학습하는 것이 분명하다. 이렇게 비천한 이유에서 인간은 동료를 돕는 습관을 가지게 되었을지도 모른다. 그리고 동료를 자애롭게 대하는 습관이 최초로 자애로운 행동을 하도록 충동을 준 공감의 감정을 더욱 강화했을 것이다. 그리고 몇 세대에 걸쳐 지속된 습관은 유전하게 되는 것이다.*6

그러나 사회적 도덕의 발달을 촉구한 더욱 강력한 자극이 있다. 그것은 동료의 칭찬과 비난이다. 칭찬을 좋아하고 불명예를 싫어하는 것은, 칭찬과 비난을 줄곧 기억에 담아두는 것과 함께 제3장에서 검토한 대로 주로 공감의 본능에 의한 것이다. 이 본능도 다른 사회적 본능과 마찬가지로 자연선택에 의해 획득된 것이 틀림없다. 인간의 진화 과정에서 인간의 조상이 얼마나 일찍부터 동료의 칭찬과 비난에 따라 움직이는 감정을 가지게 되었는지는 물론 아무도 알 수 없다. 그러나 개조차도 격려와 칭찬, 비난을 구별하는 듯하다. 가장 거친 미개인도 자신의 무용을 과시하는 전리품을 보존하거나, 자기 자신의 외견(外見)과 장식에 매우 민감한 것에서 분명히 알 수 있는 것처럼, 명예를 추구하는 감정을 가지고 있다. 그들이 동료의 평가를 진심으로 마음에 두지 않는다면 이러한 습관들은 아무런 의미도 없을 것이다.

사소한 규칙을 어겼을 때 그들이 치욕을 느끼는 것은 확실하지만, 얼마나 후회의 감정을 느끼는지는 의문이다. 나는 처음에 미개인의 그러한 감정에 관

---

*6 (역주) 이타행동의 진화에 관한 연구는, 최근 진화생물학의 가장 큰 성과의 하나라고 할 수 있다. 현재는 이타행동은 기본적으로 혈연자들 사이에 나타나는 포괄적 관계의 상승을 통한 혈연선택과, 비혈연자들 사이의 호혜적 이타행동으로 설명된다. 후자에 관해서는, 이타행동이 어떠한 조건에서 어떻게 진화할 수 있는지에 대해 게임원리와 그 밖의 수학적 해석을 구사하여 매우 많은 사항이 논의되어 있다. 또 실제의 동물에서 어떠한 이타행위를 볼 수 있는지도 실증적 연구가 축적되어 있다.

한 기록을 전혀 보지 못해서 놀랐는데 J. 러벅(J. Lubbock) 경도 그런 기록은 본 적이 없다고 말했다.[7] 그러나 사소한 실수에 대한 부끄러움이나 회한은 종종 볼 수 있어도, 소설이나 연극에 나오는 것이나, 죽음의 자리에서 사제에게 하는 고백 등을 제외하면, 과연 얼마나 많은 사람이 실제로 후회라는 감정이 표현되는 것을 본 적이 있을지 의심스럽다. 후회는 사람의 마음속 깊이 숨겨진 감정이다. 자기 부족을 배신할 바에는 자신의 목숨을 희생시키는 것을 선택하는 미개인이나 가석방 기간이 지난 뒤 달아나지 않고 스스로 죄수로서 출두하는 사람이라면,[8] 자신이 신성하게 행동해야 하는 의무라고 믿고 있는 것을 실천하지 못했을 때, 그것을 타인의 눈으로부터 아무리 숨긴다 해도 후회의 감정을 느끼지 않을 거라고는 생각할 수 없다.

따라서 먼 옛날의 원시인도 동료의 칭찬과 비난에 영향을 받았을 거라고 결론지어도 좋을 것이다. 같은 부족에 속한 구성원은, 그들의 관점에서 모든 구성원들의 행복을 위해 좋다고 생각되는 행동은 칭찬하며, 좋지 않다고 생각되는 행동은 비난했을 것이 분명하다. 타인을 위해 좋은 일을 하는 것, 타인이 자신에게 해주기를 바라는 일을 오히려 타인을 위해 하는 것은 도덕의 기초이다. 그러므로 인간이 아직 미개했던 시대에 칭찬을 좋아하고 비난을 두려워하는 것이 얼마나 중요했는지는 아무리 과장해도 지나치지 않을 것이다. 깊은 본능적 감정에 의해 움직이는 것은 아니지만, 그래도 명예를 얻기 위해 타인을 대신하여 자신의 목숨을 희생하는 행동을 하는 자는 타인에게도 같은 명예에 대한 갈망을 불러일으키고, 그러한 연습을 통해 고귀한 칭찬의 감정을 강화하게 될 것이다. 그러므로 그런 사람은 자신의 성향을 물려받은 자손을 많이 낳는 것보다 훨씬 더 많은 선을 자신의 부족에게 베푸는 거라고 말할 수 있을지 모른다.

경험과 이성이 증가하면서 인간은 자신이 한 행위의 결과를 좀더 미래까지 예견할 수 있게 되므로, 이미 본 것처럼 초기에는 전혀 인정받지 못하지만 나중에는 높이 평가되어 신성한 것으로 여겨지는 절제와 정절 등의 자신에 관한 미덕을 인식하게 된다. 그러나 이미 제3장에서 말한 것을 여기서 다시 되

---

*7 'Origin of Civilisation,' 1870, p. 265.

*8 월리스(Wallace)는 'Contributions to the Theory of Natural Selection,' 1870, p. 354에서 예를 들고 있다.

풀이할 필요는 없을 것이다. 궁극적으로는 매우 복잡한 감정이 우리의 도덕감 정과 양심을 구성하게 되는데 그 최초의 기원은 사회적 본능에 있고, 그것은 동료의 칭찬에 의해 크게 좌우되며 이상과 자기이익, 나아가서는 깊은 종교 적 감정에 인도되어, 교육과 습관에 의해 강화된 것이 모두 합쳐져서 만들어 진다.

도덕성의 높이는 특정한 개인이나 그 자손들에게는 같은 부족의 다른 구성 원들에 비해 거의 또는 전혀 유리하게 작용하는 것은 아니지만, 도덕의 수준 이 올라가고 그러한 성질을 갖춘 사람이 많아지면 그 부족이 다른 부족에 비 해 매우 유리해질 거라는 점을 잊어서는 안 된다. 애국심, 충성, 복종, 용기, 그 리고 공감의 감정을 더욱 높게 유지하고 있으며, 서로 돕거나 모두의 이익을 위해 자신을 희생시킬 마음이 있는 구성원이 많은 부족이 다른 부족을 이길 것은 자명한 일이다. 그리고 이것이 자연선택이다. 어느 시대에나, 세계 어디에 서나 한 부족이 다른 부족을 대신해 왔다. 그리고 도덕은 그들을 성공으로 이 끈 한 요인이므로 세계 어디에서나 도덕의 표준은 올라가고, 더 높은 도덕을 지닌 사람의 수가 증가한 것이다.

그러나 왜 다른 부족이 아니라 어느 특정한 부족이 성공하여 문명의 계단 을 올라가게 되었는지 판단하는 것은 매우 어려운 일이다. 많은 미개인들은 맨 처음 발견된 이래 몇백 년 동안 완전히 같은 상태에 머물러 있다. 배젓이 지적한 것처럼 우리는 인간사회가 반드시 진보한다고 생각하는 경향이 있지 만, 역사는 그것을 부정하고 있다. 고대인은 그런 것은 꿈도 꾸지 않았으며, 동 양에서는 지금도 그렇게 생각하지 않고 있다. 또 다른 권위자인 메인(Maine)에 따르면[9] 인류의 대부분은 자신들의 문명을 통해 향상하고자 하는 소망을 전 혀 보여준 적이 없다. 진보하기 위해서는 수많은 조건들이 갖춰져야만 하는 것 같지만, 그것이 무엇인지 결정하는 것은 너무나 복잡한 문제이다. 그러나 서늘한 기후는 기술이나 다양한 공예가 발전하는 데 유리하며, 번영을 위해서 는 불가결한 조건이라고 종종 지적되어왔다. 에스키모는 필요에 따라 수많은 뛰어난 발명을 이룩했지만, 그 기후는 그들이 계속 진보하기에는 너무 혹독했 다. 유동생활(遊動生活)은 넓은 평원에서든, 열대의 깊은 삼림에서든, 바닷가에

---

*9 'Ancient Law,' 1861, p. 22. 배젓의 지적에 대해서는 'Fortnightly Review,' April 1, 1868, p. 452.

서든, 어디든 문명의 발달에 커다란 장애였다. 티에라 델 푸에고의 미개한 주민들을 관찰했을 때, 나는 문명의 발달을 위해서는 어느 정도의 재산과 고정된 주거, 그리고 우두머리 아래에서 연대하는 여러 가족 집단이 필요불가결하다고 느꼈다. 그러한 습관이 있으면 거의 확실하게 토지를 경작하게 되었을 것이다. 그리고 최초의 농경은 내가 다른 책에서 썼듯이,[10] 열매를 맺는 나무의 씨앗이 쓰레기더미 위에 떨어져서 매우 좋은 변이가 발생하는 우연한 일에서 시작되었을 것이다. 그러나 미개인이 최초로 문명을 향해 나아가기 시작한 원인이 무엇인지에 대한 해답을 얻기에는 아직 어려운 점이 너무나 많다고 할 수 있다.

문명화한 국민에게 작용하고 있는 자연선택

앞 장과 이번 장에서 나는 과거의 반인간 상태에서 현재의 미개인 상태에 이르는 진보에 대해 고찰했다. 그러나 문명화한 인간에게 작용하고 있는 자연선택에 대해서는 언급해두는 것이 좋을 것 같다. 이 문제에 대해서 W. R. 그레그(W. R. Greg)는 뛰어난 고찰을 했으며,[11] 그 전에는 월리스와 골튼[12]도 논의한 바 있다. 나의 지적은 거의 이 세 사람의 책에서 인용한 것이다. 미개인은 몸이나 마음이 약한 개체는 금방 제거되고, 살아남은 개체는 일반적으로 건강상태가 좋다. 한편 우리 같은 문명인은 정신지체자나 장애자, 병자를 위한 수용소를 짓고, 구빈법을 제정하여 그들이 제거되는 일이 없도록 큰 노력을 기울이고 있다. 의사는 모든 사람의 생명을 구하기 위해 마지막 순간까지 최선을 다한다. 원래 몸이 허약해 천연두에 걸릴 수도 있는 많은 사람들이 예

---

[10] 《사육동식물의 변이》제1권, 309쪽.

[11] 'Fraser's Magazine,' September, 1868, p. 353. 이 논문은 많은 사람들에게 충격을 주었던 것 같다. 그리하여 두 편의 주목할 만한 논문과 그것에 대한 답변('Spectator,' October 3 and 17, 1868)이 나왔다. 이 문제는 'Q. Journal of Science'(February, 1869, p. 152)에서도 논의되었고, 로손 테이트(Lawson Tait)는 'Dublin Q. Journal of Medical Science'(February, 1869)에서, E. 레이 랭커스터(E. Ray Lankester)도 'Comparative Longevity'(1870, p. 128)에서 논했다. 이와 같은 견해는 전에 'Australasian'(July 13, 1867)에도 발표되었다. 나는 이러한 여러 사람들의 생각을 빌려왔다.

[12] 월리스의 견해에 대해서는 앞에 나온 'Anthropolog. Review' 참조. 골튼(Galton)의 'Macmillan's Magazine,' August, 1865, p. 318. 또 그의 뛰어난 저작 'Hereditary Genius,' 1870 참조.

방접종 덕분에 살아남을 수 있게 된 것은 확실하다. 그리하여 문명사회에서는 약한 구성원들도 자손을 남길 수 있게 되었다. 가축동물의 번식에 종사한 적이 있는 사람이라면 이것이 인류에게 매우 나쁜 영향을 주는 것을 의심하는 자는 아무도 없을 것이다. 충분히 보살피지 않거나 잘못된 방법으로 보살피면 가축의 계통이 놀랄 만큼 빠른 속도로 열화(劣化)한다. 그러나 인간 자신을 제외하면 가장 나쁜 상태의 동물에도 번식을 허용하는 무지한 육종가(育種家)는 없다.[*13]

우리가 약자를 도와야 한다고 느끼는 것은, 원래 사회적 본능의 일부로서 획득된 공감 본능이, 앞에 말한 과정을 통해 더 우수하고 더 넓은 대상으로 확장된 것에 따른 우연한 결과일 것이다. 우리는 또 무언가 가혹한 이유가 있을 때도 자신의 성질 가운데 가장 고귀한 부분이 손상되지 않는 한, 그 공감을 잃는 일이 없다. 외과의사는 수술을 할 때는 마음을 냉담하게 가질지도 모르지만, 그것은 자신이 하고 있는 일이 환자에게 유익하다는 것을 알기 때문이다. 그러나 우리가 고의로 약자를 무시한다면, 그것은 일시적 이익을 위해서일 뿐이며, 틀림없이 큰 악을 수반하게 될 것이다. 그래서 우리는 약자가 살아남아 자손을 남기는 것이 수반하는 명백한 나쁜 영향을 불평하지 않고 견디지 않으면 안 된다. 그러나 여기에는 하나의 억제가 확실하게 작용하고 있는 것 같다. 그것은 사회 속에서 약하고 열등한 구성원은 건전한 구성원에 비해 결혼하는 빈도가 낮다는 것이다. 이 억제는 심신이 약한 자가 결혼을 하지 않음으로써 사회가 강해질 수 있을지는 모르지만, 그런 일은 그러기를 원하는 것만으로 그렇게 될 것을 기대할 수 있는 것은 아니다.

모든 문명국에서는 사람은 재산을 축적하고 그것을 자손에게 남긴다. 그래서 같은 나라에 살고 있는 어린이들은 성공을 향한 경쟁에서 결코 평등한 기회를 가지고 있는 것은 아니다. 그러나 이것은 결코 나쁜 일이라고만 할 수는 없다. 왜냐하면 재산의 축적이 없으면 기술의 진보도 없으며, 문명화한 인종

[*13] (역주) 이러한 지적은 다윈 이후, 20세기 초부터 제2차 세계대전 사이에 융성했던 우생학적 발상과 쉽게 연결된다. 다윈 자신은 그 뒤에 이어지는 단락을 봐도 알 수 있듯이 우생학을 적극적으로 제창하지는 않았지만, 자연선택이라는 자연현상을 인간사회의 개량이라는 이데올로기에 안이하게 적용하면 이러한 우생학적 발상이 얼마나 간단하게, 또 얼마나 설득력을 가지고 출현하게 될지 이 문장만 봐도 알 수 있다.

이 영토를 서서히 확장해 간 것은 기술의 힘 덕분이었기 때문이다. 이제 문명인은 온 세계로 나아가 문명이 낮은 인종의 토지를 빼앗고 있다. 또 어느 정도 부가 축적되어도 그것이 자연선택을 방해하지는 않는다. 가난한 사람이 부자가 되면 그 자손들은 경쟁이 치열한 상업이나 다른 직업에 종사하게 되므로, 심신이 모두 뛰어난 개인이 가장 성공하게 될 것이다. 나날의 양식을 위해 일할 필요가 없는, 좋은 교육을 받은 인간의 집단이 있는 것이 얼마나 중요한지는 아무리 과장해도 지나친 일이 아니다. 고도로 지적인 일은 모두 이러한 사람들에 의해 이루어지고 있고, 물질적 발전은 모두 그러한 일에 의존하고 있다. 물질적인 것 이외의 고도한 발전에 대해서는 더 말할 것도 없다. 부가 지나치게 거대해지면 오히려 남을 돕지 않게 되어버리는 것은 확실하지만 그런 사람은 결코 많지 않으며, 여기에도 어느 정도 배제가 작용하고 있는 듯하다. 어리석거나 방탕한 부자가 재산을 탕진해버리는 일은 어렵지 않게 볼 수 있기 때문이다.

어떠한 정부든 무정부상태보다는 나았을 것이며, 지배계급을 만들어냈다는 점에서 토지나 저택의 장자상속제는 옛날에는 커다란 이점이 있었겠지만, 여기에는 더욱 직접적인 악이 수반되어 있다. 즉 장남은 몸과 마음이 약하더라도 일반적으로 결혼을 하게 마련인데, 차남부터는 설령 능력 면에서 뛰어나더라도 좀처럼 결혼할 수가 없다. 재산을 상속한 무능한 장남은 부를 낭비하지 못한다. 그러나 여기에도 다른 경우와 마찬가지로, 문명생활 속의 인간관계는 지나치게 복잡해서 무언가의 보상작용을 하는 제동이 걸린다. 장자상속으로 부유해진 사람은, 몇 세대에 걸쳐 더 아름답고 매력적인 여성을 선택할 수 있다. 그러한 여성은 일반적으로 몸도 건강하고 정신도 활발하지 않으면 안 된다. 선택이 작용하지 않고 같은 가계의 자손만 계속 유지됨으로써 일어날지도 모르는 나쁜 영향은, 언제나 자신의 부와 권력을 향상시키려 하는 평민이 재산이 있는 여성과 결혼함으로써 제동이 걸린다. 그것은 그들이 적출(嫡出)인 여성과 결혼함으로써 이루어진다. 그러나 형제가 없는 외동딸은, 골튼(Galton)이 지적했듯이[14] 불임이 될 가능성이 높기 때문에 귀족 가계는 항상 직계가 단절될 위기에 있으며, 그들의 부는 방계(傍系)로 흘러가게 된다. 그

---

* 14 'Hereditary Genius,' 1869, pp. 132–140.

러나 불행히도 그 재산이 어떻게 이어지는지는 무언가의 우수성에 의해 결정되는 것은 아니다.

이와 같이 문명은 많은 점에서 자연선택의 작용을 저지하고 있지만, 문명 덕분에 식량의 질이 높아져서 때때로 찾아오는 기근에서도 벗어날 수 있게 되었기 때문에 신체의 발달이 좋아진 것은 분명하다. 이것은 비교가 실시된 한에서는 어디서나 문명인이 미개인보다 육체적으로 강인한 것에서도 추정할 수 있다. 또 수많은 모험적 탐험을 보아도 명백한 것처럼, 문명인도 그들과 비슷한 정도의 인내력을 가지고 있는 것 같다. 부자의 막대한 부도 그다지 나쁜 영향을 주지 않을지 모른다. 왜냐하면 영국 귀족의 평균 기대수명은 성별이나 나이와 상관없이 영국의 건강한 하층계급에 비해 전혀 짧지 않기 때문이다.

그럼 이제부터 지적 능력에 대해 살펴보기로 하자. 어떤 사회에서든 그 구성원을 같은 크기의 두 집단으로 나누어 한쪽은 지적으로 뛰어난 사람들로, 다른 쪽은 지적으로 떨어지는 사람들로 구성한다면, 모든 직업에서 전자가 더 뛰어나고 더 많은 자식을 키울 수 있을 것이 분명하다. 가장 하층계급에도 기술이나 능력이 있으면 무언가 이점이 있을 것이 틀림없다. 물론 대부분의 직업에서 분업이 진행되고 있으므로 그 정도는 낮을지도 모른다. 그래서 문명국에서는 지적 능력이 뛰어난 사람이 많아지고 그 수준도 향상되는 경향이 나타날 것이다. 그러나 나는 이 경향이, 무분별하고 앞일을 생각하지 않는 사람이 자꾸자꾸 자손을 낳는 사태를 단순히 상쇄하는 효과밖에 없을 거라고 주장하고 싶지는 않다. 그러나 설령 그렇다 해도 능력이 있다는 것은 무언가의 이점이 될 것이다.

이러한 사고방식에 대한 반론으로 이제까지 존재했던 가장 위대한 사람들의 대부분은, 그 위대한 지능을 물려받을 자손을 남기지 않았다는 점이 종종 거론된다. 골튼(Galton)은[15] "비범한 재능을 가진 남녀는 어째서 불임인가, 아니면 얼마나 번식력이 낮은가 하는 의문에는 유감이지만 대답할 수 없다. 그러나 위대한 남성이 그렇다는 것은 내가 보여준 그대로이다"라고 말했다. 위대한 법전 제정자, 자애로운 종교 창시자, 위대한 철학자, 과학의 발견자는 그들의 자식을 많이 남기는 것보다 그들의 업적을 통해 훨씬 크게 인류의 발전에

---

[15] 'Hereditary Genius,' 1869, p. 330.

공헌하고 있다. 육체적인 구조에 있어서는, 종이 진화해 온 것은 아주 조금 뛰어난 개체가 남고 아주 조금 떨어지는 개체가 제거되는 자연선택에 의해서이지, 매우 이상하고 비정상인 것이 남은 결과가 아니다.[16] 지적 능력에 있어서도 마찬가지일 것이다. 즉 사회의 어느 계층에서도 다른 개체보다 조금 뛰어난 개체가 조금 뒤떨어진 개체보다 성공하고, 다른 조건에 의해 방해받지 않는 한 많은 자손을 남기고 갔을 것이 틀림없다. 어느 나라에서든 지능의 수준과 지적인 인간의 수가 상승한다면, 골튼이 보여주었듯이 평균 일탈의 법칙에 따라 비범한 천재가 나타나는 비율이 이전보다 높아질 거라고 예상할 수 있다.

도덕적 성질에 있어서는, 문명이 가장 발달한 나라에서도 가장 나쁜 성질의 개체를 제거하는 과정이 늘 작용하고 있다. 악인은 처형되거나 오랫동안 형무소에 들어가게 되므로 그들의 나쁜 성질을 자유롭게 전달할 수가 없다. 우울증이나 정신병이 있는 사람은 수용되거나 자살한다. 폭력적이고 싸움을 좋아하는 사람은 종종 좋지 않은 최후를 맞이한다. 일정한 직업을 가지지 못하고 한 군데 성실하게 있지 못하는 사람은 야만적인 시대의 흔적으로서 문명을 저해하는 커다란 원인이 되지만[17] 새로운 식민지로 이주했을 때는 거기서 훌륭한 개척자가 된다. 섭생을 잘못하면 건강을 매우 해치게 되는데, 이를테면 섭생을 잘못한 30세의 남은 수명은 단 13.8년이지만, 같은 나이의 건강한 영국 노동자는 40.59년이다.[18] 방탕한 여성은 자식을 거의 낳지 않고 방탕한 남성은 거의 결혼을 하지 않으며, 양쪽 모두 질병에 걸리기 쉽다. 가축의 번식에서는 무언가 뚜렷하게 열등한 특징을 가진 개체를 조금이라도 제거하는 것은 성공에 큰 역할을 한다. 이것은 이를테면 검은 양처럼 격세유전을 통해 나타나는 경향이 강한 유해한 성질에 특히 잘 적용된다. 인간의 경우에는 가장 나쁜 성질이 특별한 이유도 없이 가족 중에 나타나는 일이 가끔 있는데, 그것은 미개인 시대부터 수많은 세대가 흐르는 동안 제거되지 않은 성질의 격

---

[16] 《종의 기원》 제5판, 1869년, 104쪽.

[17] 'Hereditary Genius,' 1869, p. 347.

[18] E. Ray Lankester(E. 레이 랭키스터), 'Comparative Longevity,' 1870, p. 115. 불섭생의 효과에 대해서는 네이슨(Neison)의 'Vital Statistics.' 방탕에 관해서는 파(Farr) 박사의 "Influence of Marriage on the Mortality," 'Nat. Assoc. for the Promotion of Social Science,' 1858 참조.

세유전일지도 모른다. 이 견해는 그러한 사람을 흔히 '가족 속의 검은 양(black sheep)'이라고 부르는 표현 속에 나타나 있다고 말할 수 있다.

기본적인 사회적 본능은 본래 자연선택에 의해 획득된 것이지만, 문명국의 경우에는 발달한 도덕 수준과 그러한 높은 도덕성을 갖춘 인물의 수에 관한 한 자연선택의 효과는 미미한 것 같다. 그러나 나는 하등한 인종을 다룬 부분에서 도덕의 진보를 이끈 원인에 대해 충분히 설명했다. 즉 동료의 칭찬과 습성에 의해 강화되는 공감, 본보기와 모방, 이성, 경험, 자신의 이익, 젊은 시절의 교육, 그리고 종교적 감정이다.

문명국에서 상류계급의 인구 증가를 방해하고 있는 중요한 원인에 대해서는 그레그(Greg)와 골튼(Galton)*[19]이 강력하게 주장한 바 있다. 즉 매우 빈곤하고 분별심이 없는 사람은 종종 악덕에 물들며 그런 사람은 거의 예외 없이 일찍 결혼하는 데 비해, 신중하고 절제하며 다른 점에서도 일반적으로 덕이 높은 인물은 자신과 자손들의 생활을 충분히 감당할 수 있도록 늦게 결혼한다는 것이다. 그래서 일찍 결혼하는 사람은 일정한 기간에 더 많은 세대를 산출할 뿐만 아니라 던컨(Duncan) 박사가 보여주었듯이*[20] 더 많은 아이를 낳는다. 그리고 젊은 어머니에게서 태어난 아이들은 몸무게가 무겁고 체격이 크기 때문에, 나이가 많은 어머니에게서 태어난 아이들보다 아마도 건강 상태가 좋을 것이다. 그래서 사회 속의 무모하고 덕이 낮으며 종종 성질이 나쁜 구성원이 신중하고 일반적으로 덕이 높은 구성원보다 빠른 속도로 증가하는 경향을 보이게 된다. 그것은 그레그가 다음과 같이 말한 것과 같다. "부주의하고 무절제하며 향상심이 없는 아일랜드 인은 토끼처럼 번식한다. 그러나 검소하고 미래를 내다볼 줄 알며 자기를 존중하고 야심이 강한 스코틀랜드 인은 도덕심과 신앙심이 강하고 현명하며 지혜를 가꾸기 때문에, 인생의 가장 좋은 시절을 투쟁과 금욕 속에 보내고, 늦게 결혼하여 자손을 적게 남긴다. 처음에 천 명의 색슨 인과 천 명의 켈트 인이 정착한 토지를 가정해 보면, 10세대가 지난 뒤에는 켈트 인이 인구의 6분의 5를 차지하지만, 6분의 5의 재산과 권력, 지능

*19 'Fraser's Magazine,' September, 1868, p. 353. 'Macmillan's Magazine,' August, 1865, p. 318. F. W. 파라(F. W. Farrar)는 다른 견해를 채택하고 있다('Fraser's Mag.,' August, 1870, p. 264).

*20 "On the Laws of the Fertility of Women," in "Transact. Royal Soc.," Edinburgh, Vol. 24, p. 287. 위의 효과에 관한 관찰에 대해서는, 골튼의 'Hereditary Genius,' pp. 352-357도 참조.

은 단 6분의 1밖에 되지 않는 색슨 인이 차지할 것이다. 영원히 이어지는 '생존 경쟁'에서 번성하는 것은 더 열등하고 더 바람직하지 않은 인종이며, 그들이 번성하는 것은 좋은 자질 덕분이 아니라 결점 때문이다."[21]

그러나 이 하강경향에는 일종의 억제가 작용하고 있다. 이미 살펴본 것처럼, 무절제한 사람은 사망률이 높고 극단적으로 방탕한 사람은 거의 자식을 남기지 않는다. 빈민계급은 도시로 몰려들지만, 스타크(Stark) 박사가 스코틀랜드의 10년 통계에서 보여주었듯이,[22] 어느 연령을 봐도 도시에서의 사망률이 시골의 사망률을 웃돌고 있다. 생후 5년 이내의 사망률은 도시가 시골의 거의 두 배나 된다. 이러한 숫자에는 부자와 가난한 사람이 다 포함되어 있기 때문에, 시골에 사는 인구에 비례하여 도시에 사는 빈민계층의 인구가 유지되기 위해서는 그들의 출생률이 두 배 이상 높아지지 않으면 안 될 것이다. 여성이 너무 일찍 결혼하는 것은 유해하다. 이를테면 프랑스에서는 '1년 동안 사망한 20세 미만의 여성 가운데 결혼한 여성이 결혼하지 않은 여성의 두 배나 된다는 사실이 알려져 있다. 20세 이하 결혼한 남자의 사망률도 매우 높은데,[23] 그 원인이 무엇인지는 의심스럽다. 마지막으로, 가족이 만족스럽게 살아갈 수 있을 때까지 결혼을 미루는 신중한 남성은 종종 실제로 그런 것처럼 인생의 전성기에 있는 여성을 결혼상대로 선택할 것이므로, 더 나은 계급의 인구증가율은 비교적 조금밖에 감소되지 않을 것이다.

1853년에 조사된 방대한 양의 통계에서, 프랑스에서 20~80세 사이의 남성 가운데 미혼남성이 기혼남성보다 사망률이 훨씬 높은 것으로 나타났다. 이를테면 20~30세 사이의 미혼 남성은 해마다 1000명에 11.3명꼴로 사망하지만, 기혼남성은 6.5명밖에 사망하지 않았다.[24] 이와 같은 법칙은 1863년부터 1864년 사이에 20세가 넘는 전 스코틀랜드 인을 대상으로 한 조사에도 적용

---

[21] (역주) 이것은 그 시절 아일랜드 인에 대한 영국인의 차별관이 노골적으로 드러난 인용이다. 이 논의에서 뚜렷이 알 수 있듯이, 다윈의 시대에는 개인의 성질을 형성하는 요인으로서 유전적 요인과 환경적 요인을 구별하지 못했다.

[22] 'Tenth Annual Report of Births, Deaths, etc., in Scotland,' 1867, p. 29.

[23] 이것은 이 문제에 대해 가장 신뢰할 수 있는 인물인 파(Farr) 박사의 논문 "On the Influence of Marriage on the Mortality of the French People"('Nat. Assoc. for the Promotion of Social Science,' 1858에 발표된 것)에서 인용했다.

[24] 파 박사의 같은 논문. 다음의 인용도 이 획기적인 논문에서 옮긴 것이다.

된다. 이를테면 20~30세 사이의 미혼남성은 해마다 1000명에 14.97명 꼴로 사망했지만 기혼남성은 7.24명밖에 사망하지 않았다. 이것은 반도 안 되는 비율이다.[25] 스타크 박사는 이에 대해 '독신으로 있는 것은 아무리 바람직하지 않은 직업보다도, 또 아무리 위생적인 개선이 시도된 적 없는 가장 바람직하지 않은 주거나 지역에 사는 것보다도 인생에 있어서 훨씬 더 파괴적이다'라고 말했다. 그는 기혼자의 사망률이 낮은 것은, 결혼을 하면 더욱 규칙적이고 가정적인 습관이 몸에 배는 것이 그 직접적인 원인이라고 생각한다. 그러나 그는 무절제하고 방탕하며 범죄적인 계급은 수명이 짧고, 그런 사람들은 대개 결혼을 하지 않는다는 것도 인정하고 있다. 그리고 마찬가지로 정신이 약하고 몸도 건강하지 않으며 심신에 무언가 장애를 가진 사람은 보통 결혼하고 싶어하지 않으며, 하고 싶어도 거절당한다는 점도 인정해야 할 것이다. 스타크 박사는 결혼한 고령자는 결혼하지 않은 고령자보다 더 오래 산다는 것을 발견했기 때문에, 결혼하는 것 자체가 장수의 주된 원인이라고 결론을 내린 것 같다. 그러나 젊었을 때 건강이 좋지 않아서 결혼하지 못했고, 늘 건강이 나쁜 상태에서 인생의 기회도 많지 않았던 사람이, 어떻게든 노년까지 장수하는 예는 누구나 알고 있을 것이다. 그 밖에도 스타크 박사의 결론을 뒷받침하는 것처럼 보이는 놀라운 사실이 있다. 그것은, 프랑스에서는 배우자와 사별한 사람은 결혼한 사람에 비해 사망률이 매우 높다는 것이다. 그러나 파 박사는 이것을 가족이 붕괴한 뒤의 빈곤과 좋지 않은 습관, 그리고 슬픔 때문이라고 생각한다. 전체적으로 미혼자보다 기혼자가 사망률이 낮은 것은 일반적인 법칙 같지만 우리는 파 박사를 따라, 그것은 연속하는 각 세대에서 불완전한 유형을 계속해서 제거하고, 가장 뛰어난 개체를 선택하는 노련한 선택의 힘 덕분이라고 결론지어도 좋을 것이다. 결혼 여부에 관한 선택이 모든 육체적, 지적, 도덕적 성질에 영향을 미치고 있는 것이다. 그러므로 신중함에서 일시적으로 결혼을 보류하는 건강하고 자질이 좋은 남성은 사망률이 그리 높지 않다고 생각할 수 있다.

마지막 두 문단에서 특정한 여러 가지 억제들과, 그 밖에 아직 알려지지 않

---

[25] 나는 'The Tenth Annual Report of Births, Deaths, etc., in Scotland,' 1867에 실린 5년마다의 평균의 평균을 인용했다. 스타크 박사의 인용은 'Daily News,' October 17, 1868에 실린 논문에서 옮긴 것이다. 파 박사는 이 논문을 높이 평가했다.

은 종류의 억제들이 무분별하고 악의가 가득하며 다른 점에서도 열등한 구성원이 더 나은 구성원보다 빠른 속도로 증가하는 것을 저지하지 않았더라면, 세계 역사에서 여러 번 되풀이해서 볼 수 있었던 것처럼 문명은 쇠퇴해 버렸을 것이다. 진보는 반드시 늘 볼 수 있는 법칙이 아니라는 것을 잊어서는 안된다. 한 문명이 다른 문명보다 융성하고 더욱 강해져서 온 세계에 퍼져가는 것인지, 또 어떤 문명이 왜 다른 시기가 아니라 그 시기에 융성했는지를 논하는 것은 지극히 어려운 문제이다. 우리가 말할 수 있는 것은, 인구의 실제적 증가, 높은 지성과 도덕성을 갖춘 사람의 증가, 그리고 그들의 우수성에 달려 있다는 것뿐이다. 육체적 구조는 몸이 건전하면 마음도 건전해진다는 것을 제외하면, 여기에 대단한 영향을 미친 것 같지 않다.

몇몇 연구자들은 지적 능력이 높은 것은 국가에도 유리하므로, 이제까지 존재한 어떠한 인종보다 높은 지능을 가지고 있었다고 생각되는 고대그리스인은, 자연선택의 힘이 진실이라면 지금은 더 우수해지고 인구도 늘어나서 모든 유럽을 가득 채우고 있어야 한다고 주장하고 있다.*26 여기서 암묵적으로 가정되어 있는 것은 몸의 구조에서 종종 볼 수 있듯이, 마음도 몸도 지속적으로 발달해가는 선천적인 경향이 있다는 것이다. 그러나 어떠한 발달도 존재하는 많은 조건들에 의존하고 있다. 자연선택은 잠정적으로 작용할 뿐이다. 개체와 인종은 어떤 점에서 무엇보다 좋은 이점을 획득할 수도 있지만, 다른 성질에서 실패하여 멸망해버리는 일도 있다. 그리스 인은 수많은 작은 도시국가들이 연대하지 못했기 때문에 멸망했을지도 모르며, 전체적으로 나라가 너무 작았기 때문에, 노예제에 의존하고 있었기 때문에, 또는 그들이 '골수까지 허약해지고 타락할 때까지' 굴복하지 않았던 것에서 볼 수 있듯이*27 지나치게 관능적이었기 때문에 멸망했을지도 모른다. 유럽 서부 사람들은 이전의 야만적인 조상들을 완전히 대체하고 문명의 정점에 서 있는데, 그들의 우수성은 고대그리스 인이 쓴 책에 힘입은 바는 매우 크지만 고대그리스로부터 직접적으로 물려받은 것은 거의 없다.

한때 그토록 막강하게 세계를 지배했던 스페인이라는 나라가 왜 경쟁에서 뒤처지고 말았는지 확실하게 대답할 수 있는 사람이 누가 있을까? 유럽 국가

---

*26 이 문제에 대한 골튼(Galton)의 뛰어난 논의 'Hereditary Genius,' pp. 340-342 참조.

*27 Greg(그레그), 'Fraser's Magazine,' September, 1868, p. 357.

들이 중세의 암흑시대에서 일어선 것은 더 큰 의문이다. 골튼이 지적한 것처럼,*28 이 시기에 좋은 성질을 갖추고 명상과 마음의 교양을 추구했던 사람들은 교회의 품 속에 들어가는 것 말고는 안주할 땅이 없었다. 교회는 그들에게 금욕생활을 강요했다. 이런 일이 몇 세대나 계속되면 나쁜 영향이 드러나지 않을 수 없다. 그 시기에 종교재판소는 용의주도하게 가장 자유롭고 대담한 정신을 지닌 자를 색출하여 화형에 처하고, 감옥에 가두었다. 의심하거나 의문을 품지 않고는 어떠한 진보도 있을 수 없는데, 스페인만 봐도 의심하거나 의문을 제기하는 사람은 3세기 동안 1년에 1천 명 꼴로 제거해왔던 것이다. 가톨릭교회가 얼마나 끔찍한 악을 불러왔는지는 상상도 할 수 없을 정도이다. 물론 그것은 다른 점에서 보완되었으며, 어떤 의미에서는 보완하고도 남은 것이 틀림없지만. 그럼에도 유럽은 유례를 볼 수 없는 속도로 진보해 갔다.

다른 유럽각국에 비해 영국인이 식민자로서 뛰어났던 것은, 영국과 프랑스에 기원을 둔 캐나다 인의 진보상황과 비교해 보면 분명한데, 그것은 영국인은 '대담하고 언제나 에너지가 넘치고 있기' 때문으로 여겨져 왔다. 그러나 영국인이 어떻게 해서 그런 에너지를 갖게 되었는지 말해줄 수 있는 사람이 누가 있을까? 미국의 놀라운 성공과 그 국민의 성질이 자연선택의 결과라는 견해는 진실인 것처럼 보인다. 그 위대한 나라에는 10~12세대에 걸쳐 유럽 전역에서 더욱 정력적이고 변화를 추구하는 용기 있는 사람들이 이주했으며, 그러한 인물들이 그 땅에서 가장 성공을 거두어 왔다.*29 먼 미래를 생각하면 징케(Zincke)의 견해도 반드시 과장된 것이 아니라는 느낌이 든다. 즉 '그리스에 교양을 가져다주고 로마에 제국을 안겨준, 그 밖의 모든 일련의 사건들은, 앵글로색슨 인이 서쪽으로 이주한 위대한 물결과 관련이 있거나 그것을 도운 것으로 보지 않는 한, 아무런 목적도 가치도 없는 것처럼 보인다.'*30 문명이 어떻게 진보하는지는 모호한 문제이지만, 적어도 오랜 기간에 걸쳐 고도로 지적

＊28 'Hereditary Genius,' 1870, pp. 357-359. F. W. 파라(F. W. Farrar)는 ('Fraser's Magazine,' August, 1870, p. 257) 논의를 반대 방향으로 이끌어갔다. C. 라이엘(C. Lyell) 경은 주목할 만한 문장 ('Principles of Geology,' Vol. 2, 1868, p. 489) 속에서 이단심문이 유럽의 일반적인 지적수준을 내린 나쁜 영향에 대해 이미 말했다.

＊29 Galton(골튼), 'Macmillan's Magazine,' August, 1865, p. 325. 그리고 "Darwinism and National Life," 'Nature,' December, 1869, p. 184 참조.

＊30 'Last Winter in the United States,' 1868, p. 29.

이고 활력이 넘치며 용감하고 애국적이고 자애로움을 지닌 사람을 가장 많이 배출한 나라가 그렇지 않은 나라보다 번영한다는 정도는 일반적으로 말할 수 있을 것이다.

자연선택은 생존경쟁에서 일어나고, 생존경쟁은 급속한 증가에서 일어난다. 인간이 증가하는 속도는 미개인들에게는 자식살해와 그 밖의 많은 악을 가져다주며, 문명국에는 빈곤, 금욕, 그리고 분별 있는 인간의 결혼을 지연시키는 결과를 가져오는 것을 보면 씁쓸한 마음을 금할 수가 없는데, 그렇게 생각하는 것이 현명한 건지 아닌지는 별개의 문제이다. 그러나 인간도 하등동물과 같은 육체적인 해악을 입고 있기 때문에, 생존경쟁의 나쁜 결과로부터 자유로울 거라고 기대할 수는 없다. 인간이 자연선택의 작용을 받지 않았으면 당연히 인간으로서의 성질을 획득하지 못했을 것이다. 세계의 많은 지역에서, 수많은 행복한 가정을 이룰 수 있는 가장 비옥하고 광대한 토지를 이동생활을 하는 극소수의 미개인들이 차지하고 있는 것을 보면, 거기서는 생존경쟁이 인간으로 하여금 가장 높은 수준에 도달하게 할 만큼 엄격하지 않았다고 주장할 수 있을지 모른다. 인간과 하등동물에 대해 알려져 있는 모든 사실에서 판단하건대, 지적 도덕적 능력이 자연선택을 통해 서서히 높아지기에 충분한 개체변이가 항상 있었을 것이다. 그러한 진보가 실제로 일어나려면, 많은 양호한 환경조건이 동시에 갖춰져야 하는 것은 말할 것도 없다. 그러나 인구가 빠르게 증가하고 그에 따라 생존경쟁이 매우 치열하지 않았다면, 과연 가장 좋은 성질의 개체가 남겨졌을지는 의문이다.

어떤 문명인도 처음에는 미개인이었다는 증거에 대하여

어떤 종류의 반인간 같은 생물이 천천히 가장 안전한 상태의 인간이 되어가는 단계를 고찰하고자 한다면, 이것은 피해 갈 수 없는 문제이다. 그러나 이 문제에 대해서는 J. 러벅(J. Lubbock),[*31] 타일러(Tylor), 맥레난(M'Lennan), 그 밖의 사람들이 이미 뛰어난 방법으로 충분히 논의했기 때문에, 여기서는 그들의 고찰 결과를 몇 가지만 간단하게 소개하는 것으로 충분할 것 같다. 아가일(Argyll) 공작이 최근에 펼친 주장[*32]과 옛날 웨이틀리 대주교가 말한 주장, 즉

---

*31 'On the Origin of Civilization,' 'Proc. Ethnological Soc.,' November 26, 1867.
*32 'Primeval Man,' 1869.

인간은 이 세상에 나타난 처음부터 문명화되어 있었고, 미개인은 모두 그 이후에 후퇴한 것이라는 주장은, 그것과 반대되는 입장의 주장에 비해 매우 허술한 것으로 생각된다. 많은 국가들이 문명 속에서도 쇠망한 것은 틀림없고, 어떤 것은 완전한 야만상태까지 전락했을지도 모르지만, 나는 그 증거를 본 적이 없다. 푸에고 섬 사람들은 아마도 정복자에 의해 지금과 같은 가혹한 지역에서 살지 않을 수 없게 되었을 것이며, 그 결과 어느 정도는 퇴화했을 것이다. 그러나 그들이 브라질에서 가장 비옥한 지역에 살고 있는 보토쿠도족보다도 훨씬 아래로 전락해 버렸다고 증명하는 것은 곤란하다.

문명화한 국민은 모두 미개인에서 발생한 자손들이라는 증거의 하나는, 아직도 존속하고 있는 습관과 신앙, 언어, 그 밖에 옛날의 하등한 상태를 분명하게 나타내는 것이 있다는 것이며, 또 하나는 미개인은 자신들의 힘으로 문명의 사다리를 몇 개 올라가 실제로 높은 수준이 될 수 있다는 것이다. 전자의 증거는 매우 기묘하지만 아무래도 여기에서 언급하지 않을 수 없다. 이를테면 타일러가 어떤 장소에서는 아직도 사용되고 있는 언어 속에서 뚜렷이 보여주듯이 처음에는 한쪽 손가락에서 시작하여 다른 쪽 손가락을 꼽고, 마지막에는 발가락까지 꼽는 숫자 계산법이 그것이다. 이는 우리가 사용하고 있는 10진법과 로마숫자 속에서 볼 수 있다. 즉 V까지 간 뒤에 VI이 되는 것은, 다른 한쪽 손을 사용했기 때문임이 틀림없다. 그리고 "three score and ten'이라는 표현으로 '인생 70년'을 말할 때 우리는 20진법을 사용하고 있으며, 1스코어는 20을 나타낸다. 왜냐하면 멕시코나 카리브 지방에서는 20은 '한 사람의 인간'을 가리키고 있기 때문이다."[33] 최근에 세력이 커지고 있는 한 언어학파에 따르면, 어떤 언어도 그 느린 진화의 흔적을 간직하고 있다고 한다. 그것은 문자의 기술도 마찬가지이다. 문자는 회화적 표현의 흔적이기 때문이다. 맥레난(M' Lennan)의 저작[34]을 읽고, 거의 모든 문명국에 아직도 신부약탈 같은 야만적

---

[33] 'Royal Institution of Great Britain,' March 15, 1867. 또 'Researches into the Early History of Mankind,' 1865.

[34] 'Primitive Marriage,' 1865. 또 같은 저자가 쓴 'North British Review,' July, 1869의 훌륭한 논문도 참조할 것. 또 L. H. 모건(L. H. Morgan)의 'Proc. American Acad. of Sciences' (Vol. 7, February, 1868). "A Conjectural Solution of the Origin of the Class. System of Relationship"도 참조할 것. 샤프하우젠(Schaaffhausen) 교수는 '호메로스 및 구약성서에서 볼 수 있는 인신공양의 흔적에 대해' 지적했다('Anthropolog. Review,' October, 1869, p. 373).

인 습관의 흔적이 남아 있는 것을 인정하지 않는 사람은 없을 것이다. 맥레난이 물었듯이, 처음부터 일부일처제였다고 말할 수 있는 고대 국가가 어디 있겠는가? 전투에서의 규칙이나 그 밖의 습관에서 그 흔적을 볼 수 있듯이, 정의에 대한 원시인의 생각도 조잡한 것이었다. 아직도 남아 있는 미신의 대부분은 옛날에 존재했던 잘못된 종교적 신념의 흔적이다. 종교의 가장 숭고한 형태, 즉 신은 죄악을 싫어하고 정의를 사랑한다는 위대한 생각은 원시인의 시대에는 알려져 있지 않았다.

다른 증거로 눈을 돌리면, 러벅 경은 미개인들 가운데 최근에 그들의 단순한 기술을 약간 진보시킨 경우가 있음을 보여주었다. 그가 예로 든 세계의 다양한 지역에서 미개인이 사용해온 무기와 도구, 공예 등 매우 기묘한 예에서 판단하건대, 불을 피우는 기술을 제외하면 아마 어떠한 것도 독자적으로 발명된 것임은 의심할 여지가 없다.*35 오스트레일리아 인의 부메랑은 그 독자적인 발명의 좋은 예이다. 타히티 사람이 최초로 발견되었을 때, 그들은 다른 폴리네시아제도 사람보다 많은 부분에서 진보해 있었다. 페루와 멕시코 원주민의 높은 문명이 어딘가 외국에서 온 것이라고 믿을 만한 증거는 아무것도 없다.*36 거기서는 많은 토착식물이 재배화되고 동물의 가축화도 어느 정도 진행되어 있었다. 선교사들의 영향이 얼마나 적은지를 보면, 반쯤 문명화된 나라에서 아메리카 해안으로 밀려온 난파선의 선원들이 그곳을 돌아다닌다 해도 현지인들이 이미 어느 정도 진보해 있지 않은 한, 어떠한 영향도 미치지 않았을 것이다. 세계 역사의 먼 과거를 거슬러올라가면, 러벅 경의 유명한 용어를 빌린다면 구석기시대와 신석기시대에 도달한다. 그리고 조잡한 돌로 석기를 만드는 기술을 어딘가에서 빌려온 것이라고 말할 사람은 아무도 없을 것이다. 동쪽은 그리스를 포함한 유럽 전체, 팔레스타인, 인도, 일본, 뉴질랜드, 그리고 이집트를 포함한 아프리카에서도 석기가 많이 발견되었다. 그것을 어떻게 사용하는지에 대해, 현재의 주민들에게는 그 전통이 전혀 남아 있지 않다. 중국과 고대 유대 사회에서도 석기가 사용되었음을 보여주는 간접적인 증거가 있다. 그러므로 세계의 거의 모든 문명을 보유하고 있는 이러한 많은 나라

---

*35 J. Lubbock(J. 러벅) 경, 'Pre-historic Times,' 2nd edition, 1869, Chap. 15 and 16.

*36 F. 뮐러(F. Müller) 박사는 이 문제에 대해 'Reise der Novara : Anthropolog. Theil'(Abt. 3, 1868, S. 127)에서 놀라운 지적을 했다.

의 사람들은 옛날에는 야만적인 상태로 살았던 것이다. 인간이 처음부터 문명을 지니고 있었으며 그것이 많은 지역에서 완전히 후퇴하고 말았다는 견해는, 인간성에 대해 통탄스러울 정도로 낮은 평가를 하는 셈이다. 후퇴보다 진보가 훨씬 더 일반적이었으며, 인간은 느리기는 하지만 꾸준히 하등한 상태에서 가장 높은 수준까지 올라가 지식과 도덕, 그리고 종교를 획득했다는 견해가 진실에 더 가깝고 희망적인 것으로 여겨진다.

제6장 인간의 유연관계(類緣關係)와 혈통에 대하여

동물 계열에서 인간이 차지하는 위치—유연관계에 바탕을 둔 자연분류 체계—하찮은 가치를 지닌 적응적 형질—인간과 사수류(四手類) 사이의 다양하고 세세한 유사성—자연분류 체계에서 인간이 차지하는 지위—인간의 발생지와 그 오랜 역사—그것을 연결하는 화석(化石)의 결여—첫째로 인간과 다른 것 사이의 유사성, 둘째로 인간의 구조에서 시사되는 인간 계통의 하등한 단계—척추동물 초기의 양성적(兩性的) 상태—결론.

인간과 인간에 가장 가까운 동물과의 신체 구조 차이가 몇몇 박물학자들이 주장하고 있는 것처럼 매우 크다 해도, 또 정신적 능력의 차이는 그 이상으로 엄청나게 크다는 것을 인정하지 않을 수 없다 해도, 앞 장에서 설명한 사실에서 내가 보는 한, 인간과 하등동물과의 사이를 연결하는 동물은 아직 발견되지 않았지만 인간이 하등한 생물에서 유래한 것은 불을 보듯 명백하다고 생각된다.

인간이 지니고 있는 작고 다양한 수많은 변이들은 하등동물에서처럼 일반적 원인에 의해 일어나, 같은 일반적 법칙에 따라서 자손에게 전해지고 있다. 인간은 엄청난 기세로 증식하는 경향이 있기 때문에 그 자손은 필연적으로 생존경쟁을 하게 되며, 그 결과 자연선택이 작용한다. 인간은 많은 인종으로 갈라져 왔는데, 그 가운데는 차이가 너무 큰 것이 있어서 박물학자 중에는 그것을 별종으로 분류하는 사람도 있다.[*1] 인간의 신체구조는 몸 각 부분의 용불용(用不用)과는 독립적으로 다른 포유류와 공통되는 같은 설계도에 따라 구성되어 있다. 인간은 그들과 같은 배발생(胚發生) 단계를 거친다. 또 인간은 옛날에는 유용했을 것이 틀림없지만 지금은 의미가 없는 흔적기관을 많

---

*1 (역주) 물론 지금은, 인간은 하나의 종으로 분류되고 있다. 인종의 의미에 대해서는 제7장의 역주1 참조.

이 가지고 있다. 인간에게는, 초기의 조상이 가지고 있었을 것으로 추정되는 형질이 이따금 다시 출현하는 일이 있다. 만일 인간의 기원이 다른 모든 동물과 전혀 다르다면, 이 다양한 특징들은 완전히 무의미한 속임수에 지나지 않게 되지만, 그것은 도저히 생각할 수 없는 일이다. 한편 이러한 특징들은 인간이 이제까지 밝혀지지 않은 미지의 하등한 포유류에서 유래했다고 생각하면, 적어도 그 대부분은 이해할 수 있는 성질의 것이다.

박물학자 중에는 인간의 지적, 정신적 능력이 너무나 독특해서 생물계를 인간계, 동물계, 식물계의 셋으로 나누어 인간을 독자적인 계(界)로 분류하는 사람도 있다.*2 박물학자가 정신적 능력을 비교하거나 분류할 수는 없지만, 내가 한 것처럼 인간의 정신적 능력과 하등동물의 정신적 능력은 정도는 크게 달라도 질적으로는 다르지 않음을 보여줄 수 있다. 정도의 차이가 아무리 크다 해도 그것이 인간을 독자적인 계(界)로 분리하는 정당한 이유는 될 수 없다. 그것은 의심할 것도 없이 같은 강(綱)에 속하는 곤충인 깍지벌레와 개미의 지적 능력을 비교하면 곧 알 수 있다. 이 두 종의 차이는 성질은 약간 다르지만 인간과 가장 고등한 포유류 사이의 차이보다도 크다. 암컷 깍지벌레는 어릴 때 긴 입을 식물에 꽂아서 거기에 밀착한다. 그리고 그 즙을 빨아마시며 다시는 이동하지 않는다. 그들은 거기서 교미하고 알을 낳고 일생을 마친다. 한편 암캐미의 습성과 지적 능력을 기술하는 데는, 피에르 후버가 쓴 것처럼 두꺼운 책이 될지도 모른다. 그러나 여기서는 몇 가지만 간단하게 소개하고자 한다. 개미는 서로 정보를 교환하며 여러 마리가 함께 같은 일을 하거나 놀이를 하기도 한다. 그들은 몇 개월이나 헤어진 뒤에도 동료를 알아본다. 그들은 거대한 구축물을 만들고 그것을 청결하게 유지하며, 밤이 되면 문을 닫고 보초를 선다. 그들은 길을 만들고 강 밑으로 터널을 뚫기도 한다. 그들은 집단을 위해 먹이를 모으고, 문에 들어가기에 너무 큰 먹이가 운반되어 오면 문을 확장했다가 나중에 다시 막는다.*3 그들은 규율이 선 군단을 구성하여 싸움

---

*2 이시도르 조프루아 생틸레르(Isidore Geoffroy St.-Hilaire)는 여러 박물학자들이 인간을 어떠한 분류학적 위치에 두었는지를 상세히 기술했다. 'Hist. Nat. Gén.,' tome 2, 1859, pp. 170-189.

*3 조르주 푸셰(Georges Pouchet)가 쓴 매우 흥미로운 논문 "L'Instinct chez les Insectes"('Revue des Deux Mondes,' February, 1870, p. 682) 참조.

터에 나가며, 집단의 이익을 위해 기꺼이 목숨을 바친다. 그들은 또 미리 결정된 계획에 따라 이동한다. 그들은 노예사냥을 하고 진딧물을 젖소처럼 키운다. 그들은 자신의 알이나 번데기와 마찬가지로 진딧물의 알도 부화를 앞당기기 위해 집 안의 따뜻한 장소로 이동시킨다. 이와 비슷한 사실은 그 밖에도 얼마든지 들 수 있다. 전체적으로 개미와 깍지벌레의 지적 능력에는 엄청난 차이가 있다. 그러나 이제까지 개미를 특별한 강(綱)으로 분류하려고 했던 사람은 없었으며, 하물며 독립된 계(界)를 두려고 했던 사람도 없다. 물론 이 두 곤충 사이의 격차를 메워주는 중간적인 지적 성질을 띤 많은 곤충들이 있지만, 인간과 고등유인원 사이를 메워주는 것은 없다. 그러나 그것이 메워지지 않은 것은, 단순히 많은 형태의 생물들이 이미 절멸해 버렸기 때문으로 생각되는 증거는 얼마든지 있다.

오언 교수는 주로 뇌 구조의 차이에서 포유류를 네 개의 아강(亞綱)으로 분류했다. 그 하나가 인간이다. 또 하나의 아강에는 유대류(有袋類)와 단공류(單孔類)가 함께 들어 있어서, 그는 이 후자의 두 그룹을 함께 묶은 것과 마찬가지로 인간도 다른 포유류와는 다르다고 생각한 것이다. 그러나 내가 아는 한 독자적 판단을 내릴 수 있는 다른 박물학자들은 어느 누구도 이 견해를 지지하고 있지 않기 때문에, 여기서 더 이상 논할 필요는 없을 것이다.

뇌처럼 놀랄 만큼 복잡하고 중요한 기관이든, 고도로 발달한 지적 능력이든, 단 하나의 형질과 기관만 고려하여 분류하면 반드시 만족스럽지 않은 결과를 보게 될 것임은 쉽게 이해할 수 있다. 그것은 이미 벌목 곤충에서 시도되었으나 그들의 습성과 본능을 토대로 분류해도 전적으로 인공적인 분류밖에 되지 않는 것이 증명되었다.[*4] 분류는 크기, 색깔, 서식지의 요인 등 무엇을 기준으로 해도 가능하지만, 박물학자는 옛날부터 거기에 자연의 체계가 있다고 강하게 확신해 왔다. 이 분류체계는 지금은 일반적으로 인정되고 있는데 가능한 한 계통을 따른 것, 즉 동일한 조상으로부터 나온 것을 같은 그룹에 넣고 다른 조상으로부터 나온 것은 다른 그룹에 넣지 않으면 안 된다. 그러나 조상의 형태가 서로 가까운 관계에 있다면 당연히 그 자손들도 마찬가지로 가까운 관계에 있을 것이므로, 그 두 그룹은 더 큰 그룹을 형성하게 된

---

*4 Westwood(웨스트우드), 'Modern Class. of Insects,' Vol. 2, 1840, p. 87.

다. 다른 그룹들과의 차이, 즉 저마다 거쳐온 변용의 정도는 속(屬), 과(科), 목(目), 강(綱) 등의 용어로 표현되어 있다. 조상의 유래에 대한 기록은 어디에도 없기 때문에, 분류하고자 하는 생물들의 유사한 정도를 잘 관찰하여 그 연관성을 발견해야만 한다. 이 목적을 위해서는 몇 가지 사항에 있어서 얼마나 유사하고 얼마나 다른가 하는 것보다는, 수많은 사항에서의 유사성이 훨씬 더 중요한 의미를 가진다. 만일 두 언어가 수많은 단어와 문법에서 유사하다면, 소수의 단어와 문법에서 서로 다르더라도 같은 언어로부터 파생했다는 것은 누구나 인정할 것이다. 그러나 생물에서는 그 유사점이 같은 생활양식에 적응한 결과여서는 안 된다. 이를테면 어떤 두 종의 동물이 모두 물 속에서 살고 있다는 점 때문에 몸의 모든 구조가 똑같이 변용했어도, 자연의 시스템 속에서는 전혀 가까운 관계에 있지 않은 경우도 있다. 그래서 중요하지 않은 구조, 아무런 역할도 하지 않는 흔적기관, 아직 충분히 발달하지 않았거나 기능적으로 활동하지 않는 구조의 유사성이 분류에 있어서 가장 유효하다는 것을 알 수 있다. 그것은 최근의 적응에 의한 것일 리가 없으므로, 오래된 계통관계나 또는 진정한 가까운 관계를 보여주기 때문이다.

또 어떤 하나의 형질이 양자 사이에 매우 큰 차이가 있다 해도, 그것 때문에 두 생물 사이의 거리가 매우 멀어지는 것은 아니라는 것도 곧 이해할 수 있을 것이다. 진화이론에 따르면, 어떤 생물의 어떤 부분이 그것과 가까운 생물의 그 부분과 크게 달라진 경우에는 그 부분의 변이가 매우 컸음을 뜻한다. 그 결과, (그 생물이 동일한 자극을 주는 조건에 있는 한) 그 부분은 더욱 같은 변이를 낳기 쉬우며, 그것이 유리하면 보존되기 때문에 그 차이는 자꾸자꾸 증폭되어 갈 것이다. 이를테면 새의 부리나 포유류의 이빨이 언제까지나 계속 발달하면 식량획득이나 그 밖의 목적에 유리하지 않을 것이다. 그러나 인간의 뇌와 지적 능력의 지속적 발달은, 그것이 가져오는 이익에는 확실한 한계가 없는 것으로 생각된다. 그러므로 자연의 분류체계 또는 계통관계 속에서의 인간의 위치를 결정하는 데 있어서는 뇌가 극도로 발달해 있는 것을 중시한 나머지, 덜 중요하거나 전혀 중요하지 않은 사항들의 수많은 유사성을 경시해서는 안 된다.

인간의 신체구조를 그 지적 능력과 함께 전체적으로 고찰한 박물학자의 대부분은 블루멘바흐와 퀴비에를 따라 인간을 이수류(二手類 Bimana)라는 특별한 목으로 분류해 왔다. 즉 사수류, 식육류 등과 동렬의 목(目)이다. 최근에는 우리 시대의 가장 뛰어난 박물학자들은 놀라운 예지의 소유자였던 린네(Linnaeus)가 최초로 제창한 견해로 돌아가고 있다. 린네는 인간을 사수류 속에 넣고 그 전체를 영장목(Primates)이라고 불렀다. 이 결론이 타당하다는 것은 다음과 같은 점들을 고려하면 누구나 인정할 것이다. 첫째로, 조금 전에 지적했듯이 인간의 뇌가 크게 발달한 것은 분류 면에서는 비교적 중요하지 않다. 또 (최근에 비숍, 에이비(Aeby), 그 밖에 다른 사람들이 주장하고 있는) 인간과 사수류 사이의 두개골의 큰 차이는 뇌 발달의 차이에서 생긴 것으로 보인다. 두 번째로 손, 발, 골반의 구조, 척추가 휘어진 형태, 머리의 위치 등, 인간과 사수류 사이의 더 중요한 차이는 거의 모두가 뚜렷하게 적응의 결과임을 나타내고 있다. 그것은 인간이 직립한 것과 관련이 있다. 적응한 형질이 분류에 그다지 중요하지 않다는 것은 물개과에 잘 나타나 있다. 물개는 몸의 모양과 사지의 형태에서 인간이 고등유인원과 다른 것보다 훨씬 더, 식육목의 다른 모든 종과 다르다. 그럼에도 불구하고 퀴비에의 분류로부터 가장 최근의 플라워(Flower)*5의 분류에 이르기까지 모든 분류체계에서, 물개는 식육목 속에 단순하게 하나의 과(科)로 분류되어 있을 뿐이다. 인간이 자기 자신을 분류하려고 하지 않았다면, 자신을 위해 특별한 목(目)을 설치할 생각은 결코 하지 않았을 것이다.

인간이 다른 영장류와 유사한 수많은 형태적 특징을 설명하는 것은 그 이름을 드는 것만으로도 나의 한계를 넘어서는 일이며, 나는 그것에 대해 충분한 지식을 가지고 있지 않다. 저명한 해부학자이자 철학자인 헉슬리(Huxley) 교수는*6 이 문제를 충분히 논의한 끝에, 인간과 고등유인원 사이의 구조적 차이는 모든 점에서 그들과 하등한 영장류의 차이보다 작다는 결론을 내렸다. 그러므로 인간을 특별한 목에 분류할 만한 정당한 근거는 어디에도 없다.

이 책 앞부분에서 나는 인간의 구조가 다른 고등포유류의 구조와 얼마나 비슷한지 보여주는 다양한 사실들을 들었는데, 이것은 사소한 구조와 화학적 성분의 유사성에 의한 것임이 분명하다. 나는 같은 질병에 걸리는 것, 비슷한 기생충의 공격을 받는 것, 같은 자극에 대해 비슷한 반응을 보여주는 것, 그

---

*5 'Proc. Zoolog. Soc.,' 1869, p. 4.
*6 'Evidence as to Man's Place in Nature,' 1863, p. 70 *et passim*.

결과로서 같은 영향이 나타나는 것, 다양한 약물에 대해서도 마찬가지인 것 등을 예로 들었다.

분류학 연구에서는 인간과 고등유인원 사이에 나타나는 그리 중요하지 않은 사소한 유사성에 대해서는 일반적으로 지적하지 않지만, 그것이 여러 개에 이르는 경우에는 양자의 관계를 명백하게 보여주는 것이므로, 여기서 그러한 점에 대해 약간 설명해 두고자 한다. 형태의 상대적 위치는 인간과 사수류에서는 명백하게 같다. 그리고 양자는 다양한 감정을 표현할 때 주로 눈썹 위나 입 주위 근육을 거의 같은 방법으로 움직인다. 어떤 원숭이가 울 때나 다른 원숭이가 웃음소리를 낼 때는 입 양끝을 뒤로 당기고 아래 눈꺼풀에 주름이 잡히듯이, 몇 가지의 감정은 거의 같게 표현되고 있다. 귀도 기묘하게 유사하다. 인간의 코는 원숭이류보다 훨씬 돌출해 있지만, 흰눈썹긴팔원숭이에게서도 매부리코처럼 구부러진 코의 선을 볼 수 있다. 또 그것은 코주부원숭이 (*Semnopithecus nasica*)[7]에서는 우스꽝스러울 만큼 극단적으로 발달해 있다.

대부분 원숭이류의 얼굴은 콧수염 등 여러 가지 수염으로 장식되어 있다. 회색랑구르의 일부는 머리털이 매우 길게 자라고,[8] 보닛원숭이(Macacus radiatus)는 인간처럼 정수리를 중심으로 방사상으로 자라며 한가운데에서 양쪽으로 갈라져 있다. 인간의 이마는 고귀하고 지적인 이미지를 주는 것이라고들 말한다. 그러나 보닛원숭이의 굵은 머리털은 아래로 내려오면 느닷없이 사라지고 거기서부터 짧고 가느다란 잔털로 바뀌기 때문에, 조금 떨어진 곳에서 보면 이마에는 눈썹 외에는 거의 털이 없는 것처럼 보인다. 모든 원숭이에게 눈썹이 없다고 주장한 것은 잘못된 것이다. 보닛원숭이의 이마에 털이 얼마나 없는지는 개체차이가 있으며, 에쉬리히트(Eschricht)[9]는 인간 어린이는 털이 난 두피와 털이 없는 이마의 경계가 그다지 뚜렷하지 않은 경우도 있다고 말했다. 그러므로 이것은 조상의 이마가 아직 확실하게 벗어지지 않았을 때의 상태로 격세유전하는 작은 예일지도 모른다.

우리의 팔에 난 털은 위팔과 아래팔의 털이 모두 팔꿈치를 향하고 있는 것은 잘 알려져 있다. 이 기묘한 현상은 하등포유류에서는 볼 수 없지만 고릴라,

---

*7 (역주) 지금은 사용되지 않는 학명. 코주부원숭이의 학명은 *Nasalis larvatus*.

*8 Isid. Geoffroy(이시도르 조프루아), 'Hist. Nat. Gén.,' tome 2, 1859, p. 217.

*9 "Ueber die Richtung der Haare," etc., Müller's 'Archiv für Anat, Phys.,' 1837, S. 51.

침팬지, 오랑우탄, 긴팔원숭이류 일부, 그리고 아메리카 원숭이류 일부에서는 나타난다. 그러나 검은손긴팔원숭이(Hylobates agilis)는 아래팔의 털이 일반 포유류와 마찬가지로 아래쪽, 즉 손목을 향해 자란다. 흰손긴팔원숭이(Hylobates lar)의 털은 거의 서 있고 다소 앞쪽을 향해 쏠려 있는 정도이다. 그래서 이 후자의 종에서는 그것이 이행(移行) 단계에 있다. 대부분의 포유류에서 등의 털이 굵고, 뒤로 쏠려 있는 것은 빗물을 흘려보내기 위한 것임이 틀림없다. 개의 앞다리 옆으로 자란 털도 개가 몸을 둥글게 말고 잠을 잘 때 그러한 역할을 하고 있다. 월리스는 오랑우탄의 팔에 난 털이 팔꿈치쪽으로 쏠려 있는 것은 (오랑우탄의 습성에 대해 그는 매우 상세히 연구했다) 이 동물이 습관적으로 자주 하는 것처럼, 손으로 머리 위의 나뭇가지를 붙잡거나 자신의 머리에 손을 얹는 등 팔을 구부리고 있을 때 비를 흘려보내는 데 도움이 되기 때문이라고 지적했다. 그러나 어쩌면 동물의 습성이 털이 자라는 방향에 의해 결정되어 있는 것이며, 습성이 털의 방향을 결정하고 있는 것은 아닐지도 모른다는 사실도 고려해야 한다. 오랑우탄에 대해 위의 설명이 맞는다면, 우리 인간의 아래팔에 난 털은 조상의 상태를 나타내는 흥미로운 흔적이 되는 셈이다. 왜냐하면 지금은 그것이 비를 흘려보내는 역할을 한다고 생각하는 사람은 아무도 없을 것이고, 현재의 이족보행 상태에서는 도움이 되는 방향이 아니기 때문이다.

그러나 인간과 초기조상의 털의 방향에 대해 적응 원리를 너무 중시하는 것은 경솔한 것인지도 모른다. 인간 태아의 털이 자라는 방향(이것은 성인과 같다)에 대해 에쉬리히트가 보여준 그림을 자세히 보면, 여기에는 뭔가 더욱 복잡한 원인이 작용하고 있는 것이 틀림없다는 이 고명한 관찰자의 결론에 동의하지 않을 수 없기 때문이다. 털이 쏠리는 점은, 배가 발생하는 단계에서 가장 마지막에 닫히는 부위와 어떤 관계가 있는 듯하다. 또 사지의 털이 자라는 방향과 골수동맥의 발달 사이에도 무언가 관련이 있는 것 같다.[*10]

* 10 긴팔원숭이의 털에 대해서는 C. L. 마틴(C. L. Martin)의 'Nat. Hist. of Mammaliferous Animals,' 1841, p. 415 참조. 또 아메리카원숭이나 다른 것에 대해서는 이시도르 조프루아 (Isid. Geoffroy)의 'Hist. Nat. Gén.,' tome 2, 1859, pp. 216, 243. 에쉬리히트(Eschricht)의 '같은 책,' S. 46, 55, 61. 오언(Owen)의 'Anat. of Vertebrates,' Vol. 3, p. 619. 월리스(Wallace)의 'Contributions to the Theory of Natural Selection,' 1870, p. 344 등을 참조할 것.

인간과 일부 유인원은 이마에 털이 없고 머리카락이 긴 것 등, 여기에 든 많은 점에서 유사성이 보이는 것은, 반드시 그러한 형질을 갖추고 있었던 공통 조상에게서 끊임없이 이어져 내려온 것이거나, 그 이후의 격세유전에 의한 것이라고 해석해서는 안 된다. 이러한 유사성의 대부분은 내가 다른 책에서 밝히려 했던 것처럼[11] 같은 조상에서 유래하는 생물들이 비슷한 구조를 가지고 있으며, 비슷한 원인의 영향을 받아왔기 때문에 비슷한 변이가 일어났을 가능성이 높다. 인간과 일부 원숭이류는 아래팔에 난 털의 방향이 유사한데, 이것은 거의 모든 유인원에게 공통되므로 유전에 의한 것일지도 모른다. 그러나 상당히 계통이 다른 아메리카 원숭이류에도 같은 형질을 가진 것이 있으므로, 확실히 그렇다고 단정할 수는 없다. 이것은 인간이 꼬리를 가지고 있지 않은 것에도 적용된다. 모든 유인원에게는 꼬리가 없다. 그런데도 이 형질을 완전히 유전 탓으로만 돌릴 수는 없다. 몇몇 구세계원숭이나 신세계원숭이에게는 흔적으로 남아 있고, 여우원숭이류에도 꼬리가 거의 없는 종류가 있기 때문이다.

이것으로 명백해진 것처럼 인간은 자신만을 위한 독자적인 목(目)을 설정하기에 충분히 정당한 근거를 가지고 있지는 않지만, 독자적인 하목(下目), 또는 과(科)는 주장할 수 있을지 모른다. 헉슬리 교수는 가장 최근의 저작에서[12] 영장목을 인간만을 포함하는 Anthropidae, 모든 원숭이류를 포함하는 Simiadae, 다양한 여우원숭이류를 포함하는 Lemuridae의 세 하목으로 분류했다. 형태상의 몇 가지 중요한 차이에 관한 한, 인간은 정당하게 독자적인 하목을 가질 수 있을 것이며 주로 인간의 지적 능력에 주목한다면 하목은 너무 낮은 위치일지도 모른다. 그럼에도 유연관계라는 관점에서 보면 이 위치는 너무 높아서, 인간은 과 또는 어쩌면 단순히 아과(亞科)를 구성할 뿐이다. 지금 공통조상으로부터 일어난 세 개의 계통을 상정해 보자. 그 가운데 둘은 긴 세월이 지나도 거의 조금밖에 변화하지 않고 여전히 같은 속 안의 두 종으로 남아 있는 한편, 제3의 계통은 매우 크게 변하여 독자적인 아과, 과(科) 또는 목(目)을 형성해도 좋을 정도가 되었다고 생각해도 무리가 없다. 그러나 이 경우, 제3의 계통은 유전을 통해 다른 두 계통과 유사한 세세한 형질을 많이 간직하

---

[11] 《종의 기원》 제5판, 1869년, 194쪽, 《사육동식물의 변이》 제2권, 1868년, p. 348.
[12] 'An Introduction to the Classification of Animals,' 1869, p. 99.

고 있는 것이 분명하다. 그렇게 되면 그것을 분류할 때 서로의 연관성 또는 계통을 보여주는 적은 수의 형질에서 매우 뚜렷한 차이가 있는 것, 즉 변용의 정도를 중시해야 할 것인가, 또 중요하지 않은 점에서 수많은 유사성이 나타나는 것을 얼마나 중시해야 할 것인가 하는, 현시점에서는 해결할 수 없는 어려운 문제가 생긴다. 전자의 방식이 가장 명확하고 아마도 안전한 방법이겠지만, 후자 쪽이 진정한 자연분류를 보여주는 정당한 방법이라고 생각된다.

인간에 대해 이 문제에 판단을 내리는 데는, Simiadae(진원류, 眞猿類)의 분류로 눈을 돌리지 않으면 안 된다. 거의 모든 박물학자가 이 과를 (그 이름에 표현되어 있는) 콧구멍의 기묘한 형태와, 위아래의 턱에 작은어금니가 네 개 있는 특징을 가진 협비원류(狹鼻猿類) 또는 구세계원숭이와, 그것과는 다른 콧구멍의 형태와 위아래 턱에 작은어금니가 여섯 개 있는 특징을 가진 광비원류(廣鼻猿類) 또는 신세계원숭이(두 개의 매우 다른 서브그룹을 포함한다)로 나누고 있다. 그 밖의 작은 차이도 몇 가지 있다. 그런데 인간은 치식(齒式 : 동물의 이빨 종류, 수, 배열순서를 나타내는 식)과 콧구멍의 형태, 그 밖의 다른 특징에서도 틀림없이 협비원류 또는 구세계원숭이에 속하며, 명백하게 적응된 모습을 보여주는 몇몇 작은 형태를 제외하면 광비원류보다 협비원류에 훨씬 가깝다. 그러므로 신세계원숭이 가운데 먼 조상의 일부가 변이를 일으켜 구세계원숭이의 특징적인 독자적 형질을 모두 발달시키는 동시에, 자신들의 특징적인 형질을 모두 잃어버리면서 인간과 비슷한 생물을 낳았다고 생각하는 것은 전혀 가능할 것 같지 않다. 그래서 인간은 구세계원숭이의 계통에서 파생한 가지이며, 계통의 관점에서 보면 협비원류로 분류되어야 한다는 결론은 의심할 여지가 없다.[13]

유인원, 즉 고릴라, 침팬지, 오랑우탄, 그리고 긴팔원숭이는 대부분 박물학자들에 의해 다른 구세계원숭이와는 구별되는 서브그룹으로 분류되어 있다. 그라티올레(Gratiolet)[14]가 뇌의 구조에서 이 서브그룹의 존재를 인정하지 않

---

[13] 이 분류는 세인트 조지 마이바트(St. George Mivart)가 잠정적으로 채용한 분류('Philosoph. Transact. Soc.,' 1867, p. 300)와 거의 같다. 그는 먼저 여우원숭이를 분류한 뒤, 나머지 영장류를 유인원과 긴꼬리원숭이과로 나누고, 후자를 Catarhines(협비원류)와 Cebidae(꼬리감는 원숭이), Hapalidae로 분류했다. 후자의 두 종류가 광비원류에 대응한다.
[14] (역주) 프랑스의 해부학자·동물학자.

았다는 것은 나도 알고 있다. 확실히 이것은 변칙적인 문제이다. 이를테면 세인트 조지 마이바트가 지적했듯이[15] 오랑우탄은 이 목에서 가장 기묘하고 비정상적인 형태이다. 유인원을 제외한 나머지 구세계원숭이도 몇몇 박물학자들에 의해 두세 개의 더 작은 서브그룹으로 분류되어 있다. 기묘하게 분할된 위를 가진 Semnopithecus(회색랑구르) 속은 그러한 서브그룹의 하나이다. 그러나 고드리(Gaudry)[16]가 아티카에서 놀라운 발견을 했는데, 그것에 따르면 중신세(中新世)에는 회색랑구르와 마카크원숭이를 연결하는 형태가 있었던 것 같다. 이것은 더욱 상위그룹에 속하는 종들도 옛날에는 아마 혼연일체였을 것임을 말해주고 있다.

만일 유인원이 하나의 자연적인 서브그룹을 형성한다고 인정할 수 있다면, 인간은 구세계원숭이 전체와 공유하고 있는 모든 형질뿐만 아니라 꼬리가 없는 것과 볼기에 털이 없고 가죽이 두꺼운 부분(엉덩이못)이 없는 것 등의 기묘한 형질과 전체적인 모습에서 유인원과 공통되므로, 유인원의 서브그룹에 속했던 오래된 어떤 생물이 인간을 낳았을 거라고 추정할 수 있을 것이다. 더 하등한 다른 서브그룹의 일원이 상사변이(相似變異)의 법칙에 따라 많은 점에서 고등유인원과 닮은 인간 같은 생물을 낳았을 가능성은 거의 없어 보인다. 인간은 대부분의 근연종(近緣種)에 비해 매우 큰 변용을 일으켰는데, 그것은 주로 뇌가 극단적으로 발달한 것과 직립자세 때문이다. 그럼에도 인간은 '영장류의 특별한 형태의 하나에 지나지 않는다.[17]는 사실을 잊어서는 안 될 것이다.

진화의 원리를 채용하고 있는 모든 박물학자는 Simiadae(진원류)의 두 개의 큰 분류군, 즉 협비원과 광비원 및 각각의 서브그룹은 모두 먼 옛날에 존재한 하나의 조상에서 발생했음을 인정할 것이다. 이 조상의 초기 자손은 아직 확실하게 알 수 있을 만큼 달라지기 전에는, 하나의 자연스러운 그룹을 형성했을 것이다. 그러나 어떤 종류 또는 새로 발생한 속이 미래의 협비원류와 광비원류의 차이를 예측하게 하는 다른 형질을 보여주기 시작했을지도 모른다. 즉 이 상상 속의 조상 그룹은 치식이나 콧구멍의 구조가 현존하는 협비

---

* 15 'Transact. Zoolog. Soc.,' Vol. 6, 1867, p. 214.
* 16 (역주) 프랑스의 고생물학자.
* 17 St. G. Mivart(세인트 G. 마이바트), 'Phil. Transact. Soc.,' 1867, p. 410.

원류와 광비원류처럼 일정하지 않으며, 그런 점에서는 가까운 관계에 있는 Lemuridae(여우원숭이류)를 닮았을 것이다. Lemuridae의 각종은 코의 형태가 매우 다양하며,[18] 특히 치식은 극단적으로 다양하다.

협비원류(狹鼻猿類)와 광비원류(廣鼻猿類)는 같은 하나의 목에 속하는 것으로 의심할 여지가 없을 만큼 매우 많은 형질이 일치한다. 그들이 공유하고 있는 많은 형질이 그토록 많은 종으로부터 저마다 독립적으로 획득된 것이라고는 도저히 생각할 수 없으므로, 그것은 유전적으로 물려받은 것이 틀림없다. 그러나 옛날의 화석종으로, 광비원류와 협비원류에 공통적인 형질을 많이 갖추고 있는 것, 그 중간적인 상태에 있는 것, 또 현재의 어느 그룹과도 다른 형태의 것이 있었다 해도 박물학자가 보면 그것이 유인원인지 원숭이인지는 틀림없이 분류할 수 있을 것이다. 인간은 계통의 관점에서 보면 협비원류, 즉 구세계원숭이에 속하므로 그 결론이 우리의 긍지를 아무리 손상시킨다 해도, 인간의 초기 조상은 틀림없이 구세계원숭이라는 결론을 내리는 수밖에 없다.[19] 그러나 인간을 포함한 모든 원숭이류의 초기 조상이, 현존하는 유인원과 원숭이 속의 어느 것과 동일하다거나 매우 닮았을 거라고 생각하는 오류에 빠져서는 안 된다.

인간의 발상지와 그 시기에 대하여
따라서 우리의 조상이 협비원류의 계통과 갈라진 단계에서 인간의 발상지는 어디인가 하는 의문이 생긴다. 그들이 이 계통에 속해 있었던 것은 그들이 구세계에 살았다는 것을 명백하게 말해주지만, 지리적 분포의 법칙을 생각하면 오스트레일리아나 대양의 섬은 아닐 것이다. 세계의 각 대륙을 살펴보면, 현존하는 포유류는 그 지역에서 과거에 절멸한 종과 가깝다. 그러므로 아프리카에는 이전에 고릴라나 침팬지와 가까운, 절멸된 유인원이 살았을 거라고 생각된다. 그리고 이 두 종은 현재의 인간과 가장 가까운 종이므로, 우리의 초

---

* 18 뮈리와 마이바트(Murie and Mivart)의 여우원숭이류에 관한 논문 'Transact. Zoolog. Soc.,' Vol. 7, 1869, p. 5.
* 19 헤켈은 이것과 같은 결론에 도달했다. 피르호(Virchow)의 'Sammlung. gemein. wissen. Vorträge,' 1868, S. 61의 'Ueber die Entstehung des Menschengeschlechts' 참조. 또 그의 'Natürliche Schöpfungsgeschichte,' 1868 에는 인간의 계통에 관한 견해가 상세히 적혀 있다.

기조상은 다른 어느 곳보다 아프리카 대륙에서 살았을 가능성이 높다고 할 수 있다. 그러나 이를테면 긴팔원숭이와 가까운 라르테의 드리오피테쿠스 같은, 인간과 체격이 비슷한 유인원이 중신세(中新世) 후기에 유럽에서 살았으므로, 이 문제에 대해 이리저리 추측하는 것은 의미가 없다. 그리고 그때부터 거쳐 온 기나긴 시간 속에서 지구는 혁명적인 변화를 수없이 거쳤을 것이며, 가장 큰 규모의 이주가 일어나는 데 필요한 시간이 충분히 있었을 것이다.

그게 언제 어디였든, 인간이 최초로 털을 잃은 것은 인간이 더운 지역에 살고 있었을 때였을 것이다. 더 유추하자면 그들은 열매를 먹고 살았을 것이며, 더운 환경은 열매를 먹고 살아가는 데 안성맞춤이었을 것이다. 인간이 최초로 협비원류에서 갈라져 나온 것이 얼마나 먼 옛날 일인지는 전혀 알 수 없지만, 어쩌면 시신세(始新世)까지 거슬러 올라갈지도 모른다. 왜냐하면 드리오피테쿠스의 존재로 밝혀졌듯이, 중신세 후기에 이미 하등한 유인원에서 고등한 유인원이 갈라져 나오기 시작했기 때문이다. 우리는 또 고등이든 하등이든, 생물이 양호한 환경에 있을 때 어느 정도의 속도로 변용하는지에 대해서도 전혀 아는 바가 없다. 그러나 어떤 것은 매우 오랜 기간에 걸쳐 똑같은 형태를 유지하고 있다는 사실이 알려져 있다. 가축화의 과정을 생각하면, 같은 조상에서 유래한 종이라도 같은 기간에 조금도 변하지 않는 것도 있고, 조금 변하는 것도 있으며, 크게 변해버리는 것도 있다. 인간은 고등유인원에 비하면 일부 형질에 대해서는 큰 변용을 볼 수 있으므로, 매우 크게 변한 예일지도 모른다.

생명의 연쇄 속에서 인간과 가장 가까운 관계에 있는 것을 연결하는 것이 절멸한 종에서도 현존하는 종에서도 발견되지 않고 커다란 갭(간격)이 있는 것은, 인간이 하등한 형태로부터 진화해 왔다는 견해에 대한 중대한 반론이 되어왔다. 그러나 이 반론은 일반적인 추론을 바탕으로 진화의 일반원리를 확신하고 있는 사람들에게는 그리 중요하게 생각되지 않을 것이다. 생명의 연쇄 속에서는 이러한 간격은 늘 일어나고 있어서 어떤 것은 넓고 날카롭고 확실하고, 어떤 것은 그렇지 않아서, 모든 계통 속에서 다양한 정도를 볼 수 있다. 오랑우탄과 그것에 가장 가까운 종 사이, 안경원숭이와 다른 여우원숭이류 사이, 코끼리와 다른 포유류 사이 등이 그러하며 오리너구리류나 가시두더지류와 다른 포유류 사이의 관계는 더욱 잘 알 수 없다. 그러나 이러한 모든 간격의 크기는 지금까지 절멸해 버린 가까운 생물의 수에 달려 있을 뿐이다. 미래, 세기로 계산할 만큼 머지않은 미래에 문명화한 인종은 아마 전 세계의 야만적인 인종을 절멸시키고 그 자리를 대신 차지하고 말 것이다. 동시에 샤프하우젠(Schaaffhausen)이 지적했듯이,[20] 유인원도 모두 절멸당해 버릴 것이 틀림없다. 그렇게 되면 현재의 흑인이나 오스트레일리아 원주민과 고릴라 사이의 간격을 대신하여, 지금의 코카서스 인종보다 더 문명화가 진행되기를 간절히 바라는 인종과, 개코원숭이 같은 하등한 원숭이류 사이의 간격이 생길 것이므로 그 차이는 더욱 벌어질 것이다.

인간과 유인원적 조상을 잇는 역할을 하는 화석이 존재하지 않는 것에 관해서는, C. 라이엘(C. Lyell) 경의 논문[21]을 읽은 적이 있는 사람이라면 누구나 그것에 지나친 무게를 두지는 않을 것이다. 그는 모든 척추동물에서 화석이 시기적으로 얼마나 늦게 나타나며, 얼마나 우연이 지배하고 있는 과정인지를 보여주었다. 또 인간과 그 절멸한 유인원적 생물을 잇는 화석이 나올 것으로 생각되는 지역은, 아직 어떠한 지질학자도 탐구조차 한 적이 없다는 사실을 잊어서는 안 된다.

인간의 계통에서 하등한 단계

인간은 진원류(眞猿類, Simiadae)에 속하는 협비원류 또는 구세계원숭이로부터 파생했는데, 그것은 그들이 신세계원숭이류에서 분기한 뒤에 일어났음을 보여주고 있다. 이제부터는 먼저 다양한 강과 목 사이의 근연성을 토대로, 알고 있는 범위 안에서 그것이 어떠한 순서로 지상에 나타났는지 그 시기도 참조하면서 인간의 계통을 더욱 먼 과거까지 거슬러 올라가 보기로 한다. 여우원숭이류(Lemuridae)는 진원류(Simiadae) 바로 밑에 위치하며 영장목 가운데 독자적인 과를 형성하고 있는데, 헤켈에 따르면 그것은 독자적인 목이다. 이 그룹은 참으로 다양하고 방대한 종류로 갈라져서 비정상적인 형태를 많이 포함하고 있다. 그래서 이제까지 많은 종이 절멸해 버린 것으로 생각된다. 지금 남아 있는 것은 대부분 마다카스카르나 말레이제도 등의 섬에 살고 있는데, 만일 그들이 종이 많이 있는 대륙에 살고 있었더라면 직면했을 혹독한 경쟁에

---

*20 'The Anthropological Review,' April, 1867, p. 236.
*21 'Elements of Geology,' 1865, pp. 583-585, 'Antiquity of Man,' 1863, p. 145.

서 시달리지 않을 수 있었을 것이다. 이 그룹도 많은 연속적 단계를 보여주고 있으며, 헉슬리가 지적했듯이[22] '동물 창조의 정점으로부터, 태반동물 가운데 가장 하등하고 작고 지능이 낮은 동물에 이르기까지, 조금씩 연속적인 변화를 보여주고 있다'. 이러한 다양한 고찰에서, 원래 진원류는 현존하는 여우원숭이류의 조상으로부터 발달한 것이고, 여우원숭이류의 조상은 매우 하등한 포유류의 일종에서 파생한 것으로 생각된다.

유대류(有袋類)는 많은 중요한 형질에 있어서 유태반류(有胎盤類)보다 하위에 있다. 그들은 지질연대가 더욱 옛날에 나타났지만, 그때는 현재보다 훨씬 넓은 범위에 걸쳐 분포하고 있었다. 그러므로 유태반류는 일반적으로 무태반류(無胎盤類) 동물, 즉 유대류에서 파생했다고 생각하고 있다. 그러나 그것은 현존하는 유대류와 닮아서가 아니라, 그들의 초기 조상 때문이다. 단공류(單孔類)는 명백하게 유대류와 가까우며, 포유류 전체 가운데 세 번째로 더욱 하등한 분류군을 형성하고 있다. 오늘날에는 오리너구리류와 가시두더지류밖에 남아 있지 않으며, 이 두 종류는 어떤 좋은 조건으로 인해 오스트레일리아에 남은 커다란 분류군의 흔적으로 생각해도 무방할 것이다. 단공류는 형태상 중요한 몇 가지 점에서 파충류로 이어진다고 생각되므로 특별히 더 흥미롭다.

포유류와 인간의 계통을 차례로 아래쪽까지 더듬어 내려가다 보면 갈수록 모호한 부분이 많아진다. 어떠한 재능과 지식이 필요한지 알고 싶은 사람은 헤켈(Häckel) 교수의 저작[23]을 읽기 바란다. 여기서는 일반적인 지적을 몇 가지 하는 것에 그치기로 한다. 진화론자라면 누구나 척추동물의 커다란 다섯 개의 강, 즉 포유류, 조류, 파충류, 양서류, 어류는 서로 많은 공통점을 가지고 있으며, 특히 배가 발생하는 시기에는 현저하므로 이것이 모두 무언가 하나의 원시적인 형태로부터 발생한 것을 인정할 것이다. 어류의 강은 가장 하등한 구조를 하고 있고 다른 강이 출현하기 전에 나타났기 때문에, 척추동물에 속하는 모든 생물은 지금까지 발견된 가장 원시적인 것보다 더 원시적인, 무언가

---

[22] 'Man's Place in Nature,' p. 105.

[23] 그의 'Generelle Morphologie,' (Bd. 2, S. cliii and S. 425)에 상세한 표가 실려 있다. 특히 인간에 대해서는, 'Natürliche Schöpfungsgeschichte,' 1868 참조. 헉슬리 교수는 후자의 저작을 평가하여('The Academy,' 1869, p. 42), 헤켈은 척추동물의 분류와 계통에 대해 훌륭하게 고찰했지만, 자신의 견해는 몇 가지 점에서 다르다고 말했다. 그는 또 헤켈의 모든 저작에 관해 그 주지(主旨)와 정신을 높이 평가했다.

물고기 같은 생물로부터 파생되었다고 결론을 내려도 될 것이다. 근래에 박물학의 진전을 보지 못한 사람들에게는 원숭이, 코끼리, 벌새, 뱀, 개구리, 그리고 물고기처럼 서로 다른 동물들이 모두 같은 부모에게서 태어났다는 생각은 너무나 어리석은 것으로 들릴지도 모른다. 그러나 지금은 완전히 다른 생물들도 그 이전에 존재했던 생명체를 통해 서로 밀접하게 연결되어 있음을 암시한다.

어쨌든 척추동물의 커다란 강(綱) 사이를 많든 적든 연결하는 동물군이 옛날에 존재하고 있었고, 지금도 존재하는 것은 확실하다. 오리너구리류가 파충류와 연속적인 것은 이미 말했다. 헉슬리 교수는 옛날의 공룡이 여러 가지 중요한 점에서 일부 파충류와 일부 조류의 중간 단계를 보여주고 있다는 뛰어난 발견을 했는데, 그것은 코프(Cope)와 그 밖의 사람들에 의해서도 확인되었다. 이 조류의 일부라는 것은 타조류(이것 자체가 더 큰 그룹이 옛날에 널리 분포해 있었다는 흔적이다)와 도마뱀처럼 긴 꼬리를 가진 저 기묘한 제2의 새, 시조새이다. 또 오언 교수에 따르면*24 물갈퀴를 가지고 있었던 거대한 바다파충류 이크티오사우루스는 많은 점에서 어류와 비슷한데, 헉슬리는 그것을 오히려 양서류에 가깝다고 했다. 후자의 강(가장 진보된 그룹은 개구리와 두꺼비이다)은 명백하게 경골어류와 가까운 관계에 있다. 경골어류는 지질시대의 아득한 옛날에 대량으로 출현하여 고도로 일반화된 유형으로 불리는 구조를 가지고 있었다. 즉 그들은 다양한 점에서 다른 분류군의 생물과 유사했다. 양서류와 어류는 또 레피도시렌류(남아메리카산 폐어의 일종)에 의해 밀접하게 연결되어 있어서, 레피도시렌을 어느 쪽 강에 분류해야 하는지를 둘러싸고 박물학자들은 오랫동안 논쟁을 펼쳐왔다. 레피도시렌과 다른 소수의 경골어류는 강에 살고 있었기 때문에 완전한 절멸을 면했는데, 강은 그들에게 피난처를 제공해 주었기에 강과 대양의 관계는 대륙과 섬의 관계와 같다고 할 수 있다.

마지막으로 어류 가운데 매우 크고 다양성이 풍부한 분류군인 창고기류, 또는 Amphioxus는 다른 모든 어류와 너무 달라서, 헤켈은 그것을 척추동물계 속에서 독자적인 강으로 분류해야 한다고 주장했다. 이 물고기는 아무것

---

*24 'Palaeontology,' 1860, p. 199.

도 갖고 있지 않다는 점이 훌륭한 특징이다. 그것은 뇌도 등뼈도 심장도 없다고 해도 무방할 정도여서 이전의 박물학자들은 지렁이 종류로 분류했다. 오래전에 굿서(Goodsir) 교수는 창고기(Lamcelet)가 멍게류와 약간 닮은 것을 발견했다. 멍게는 무척추동물로 자웅동체이며 평생 동안 뭔가에 붙어서 사는 바다생물이다. 그것은 단단하고 울퉁불퉁하며 단순한 주머니와 두 개의 돌출된 구멍으로 이루어져 있어 거의 동물로는 보이지 않는다. 그것은 연체동물문 Mollusca의 하위 분류군인, 헉슬리가 말한 Molluscoida에 속해 있다. 그러나 최근의 박물학자 중에는 이것을 연충류(蠕蟲類)에 포함시키는 사람도 있다. 그것의 유생(幼生)은 어딘지 모르게 올챙이를 닮았고[25] 스스로 헤엄쳐다닐 수 있다. 최근에 코발레프스키(Kowalevsky)가 한 관찰은[26] 쿠퍼(Kupffer) 교수가 확인했지만 현재 나폴리에 있는 코발레프스키로부터 내가 들은 바로는, 그가 그 연구를 더욱 진행한다면 매우 흥미로운 발견이 될 것이다. 그 발견이란, 멍게의 유생은 그 발생 과정과 신경계의 상대적 위치, 그리고 척추동물의 척삭(脊索)과 매우 닮은 구조를 갖고 있다는 점에서 척추동물과 근연성이 있다는 것이다. 그러므로 분류에 있어서는 늘 가장 안전한 지침임이 증명되어 있는 발생학을 믿는다면, 우리는 마침내 척추동물의 발생에 관한 단서를 손에 넣게 될 것이다. 그래서 아득히 먼 옛날, 현재의 멍게 유생과 많은 점에서 유사한 그룹의 동물이 존재했으며, 그것이 크게 두 갈래로 갈라져 한쪽은 발생과정에서 후퇴하여 현재의 멍게를 낳고, 다른 쪽은 척추동물을 낳음으로써 동물계의 최정상을 차지하게 되었다고 볼 수 있다.

여기까지, 척추동물의 계통을 구조의 유사성을 토대로 대략 살펴보았다. 여기서 지금 오늘을 살고 있는 인간의 모습을 바라보자. 그러면 우리의 초기 조

＊25 나는 1833년 4월 포클랜드 제도에서 Synoicum(방사딸기만두멍게)과 가깝기는 하지만 확실히 속이 다른 집합성 멍게류의 유생(幼生)에 운동성이 있는 것을 발견하고 매우 기뻤다. 이것은 다른 박물학자의 관찰보다 몇 년은 앞선 것이다. 꼬리는 길이가 타원형 머리의 다섯 배이고, 끝은 매우 가느다란 섬유로 되어 있었다. 그것은 내가 단순한 현미경으로 스케치한 것조차 불투명한 가로 격벽(隔壁)으로 뚜렷이 둘로 나뉘어 있었는데, 그것은 코발레프스키가 말한 거대한 세포를 나타내는 것이라고 생각된다. 발생 초기에는 꼬리가 유생의 머리를 칭칭 감고 있었다.

＊26 'Mémoires de l'Acad. Impériale des Sciences de St. Pétersbourg,' tome 10, no. 15, 1866.

상이 어떠한 형태를 하고 있었는지, 반드시 언제라고 정확하게 알 수는 없어도 시대를 좇아 일부는 재현할 수 있을 거라고 생각한다. 그것은 인간이 아직도 지니고 있는 흔적기관의 형질, 격세유전에 의해 이따금 나타나는 형질, 그리고 형태학과 발생학 원리의 도움을 빌리면 가능할 것이다. 이제부터 추론의 토대가 될 다양한 사실들은 앞 장에서 이미 소개해두었다. 인간의 초기 조상은 의심할 여지없이 온몸이 털로 뒤덮여 있었고, 양성 모두 얼굴에 수염이 자라고 있었을 것이다. 그들의 귀는 뾰족하고 자유롭게 움직일 수 있었을 것이 분명하다. 몸에는 꼬리가 있고 그것을 움직이기 위한 근육도 있었을 것이다. 그들의 팔다리와 몸통을, 사수류는 흔히 가지고 있지만 인간에게는 지금은 아주 조금밖에 나타나지 않는 많은 근육들을 이용하여 움직였다. 상완골의 대동맥과 신경은 상과상와(上顆狀窩)를 통과하고 있었다. 이 시기, 또는 좀더 이른 시기에, 소장은 현재의 것보다 훨씬 큰 게실, 즉 맹장을 갖추고 있었다. 태아의 커다란 엄지발가락에서 판단하건대 발가락으로도 물건을 집을 수 있었을 것이다. 그리고 우리의 조상은 틀림없이 나무 위에서 살았고, 숲으로 뒤덮인 따뜻한 지역에서 살았을 것이다. 수컷에는 커다란 송곳니가 있어 무서운 무기 역할을 했을 것이 틀림없다.

더 먼 옛날에는 자궁은 쌍각(雙角)구조였으며 총배설강을 통해 배설물을 내보냈다. 눈은 제3의 눈꺼풀인 순막(瞬膜)으로 보호되고 있었다. 그보다 더 옛날, 인간의 조상은 수생생활(水生生活)을 하고 있었을 것이 틀림없다. 그것은 우리의 폐가 형태에서 보면 옛날에 부표 역할을 했던 부레가 변형한 것임이 분명하기 때문이다. 인간 태아의 목에 있는 갈라진 자국은 옛날에 있었던 아가미의 위치를 나타내고 있다. 대체로 이 시기에는 진짜 신장 대신 중신(中腎)이 있었다. 심장은 단순히 박동하는 혈관이었을 뿐이고, 척추 대신 척삭(脊索 : 척수 아래로 뻗어 있는 연골로 된 줄 모양의 물질)이 있었다. 아득히 먼 옛날 인간의 초기조상은 창고기만큼, 또는 그보다 더 원시적으로 만들어져 있었을 것이 틀림없다.

또 한 가지 더욱 상세히 설명해두어야 할 것이 있다. 척추동물계에서는 이제까지 오랫동안, 통상적으로 한쪽 성의 생식기관에 부속되어 있는 여러 가지 부속기관을, 다른 쪽 성에서도 그 흔적을 찾아볼 수 있다는 사실이 널리 알려져 있었다. 그리고 지금은 배발생의 극히 초기에는 양성 모두 수컷의 샘과 암컷의 샘 양쪽을 다 가지고 있음이 밝혀졌다. 따라서 모든 척추동물의 아주 먼 옛날 조상은 자웅동체였을 것으로 추정된다.[27] 그러나 바로 여기서 우리는 매우 어려운 문제에 부딪치게 된다. 포유류의 수컷에는 전립선소실(前立腺小室)이라는 것이 있는데, 그것은 자궁과 그것으로 이어지는 도관의 흔적이다. 수컷은 유두의 흔적도 가지고 있으며, 유대류의 수컷 중에는 육아낭의 흔적을 가지고 있는 것도 있다.[28] 그 밖에도 몇 가지 유사한 사실들을 더 들 수 있다. 그렇다면 아주 먼 과거의 포유류는 양성에게 적합한 기관을 가지고 있었으며 완전히 포유류로 분류된 뒤, 즉 척추동물의 원시적인 그룹에서 갈라진 뒤에도 계속 자웅동체였다고 생각해야 할까? 이것은 도저히 생각할 수 없는 일이다. 정말 그렇다면 더 원시적인 두 강인 어류[29]와 양서류에 아직도 자웅동체인 종이 어느 정도 존재할 것이기 때문이다. 그렇지 않고 다섯 개의 척추동물강이 공통조상에서 갈라졌을 때는 이미 양성이 분리되어 있었다고 생각하지 않으면 안 된다.[30] 그러나 포유류의 수컷이 암컷 부속기관의 흔적을 가지고 있거나, 포유류 암컷이 수컷 기관의 흔적을 가지고 있는 것에 대해서는, 그들의 초기 조상이 포유류의 기본적인 특징을 획득한 뒤에도 계속 자웅동체였기 때문이라고 가정할 필요는 없다. 한쪽의 성이 그 성에 적절한 부속기관을 획득하는 과정에서 연속적인 몇 단계, 또는 그 변이 가운데 어느 것인가가 다른 한쪽의 성에도 유전하는 것은 크게 가능성이 있는 일이기 때문

---

[27] 이것은 비교해부학의 최고 권위자 가운데 한 사람인 게겐바우어(Gegenbaur) 교수가 도달한 결론이다('Grundzüge der vergleich. Anat.,' 1870, S. 876). 이 결론은 주로 양서류 연구에서 나온 것으로 보이며, 생식기는 '가장 고등한 척추동물에서도 발생초기에는 자웅동체적인 상태에 있다'고 한 발다이어(Waldeyer)의 연구(험프리의 'Journal of Anat. and Phys.,' 1869, p. 161에서 인용)에서 도움을 얻은 바가 큰 것 같다. 옛날부터 많은 연구자들이 그러한 견해를 품고 있었으나 그 근거는 최근까지 확실하지 않았다.

[28] *Thylacinus*(주머니늑대) 수컷이 가장 좋은 예이다. 오언(Owen)의 'On the Anatomy of Vertebrates,' Vol. 3, p. 771.

[29] *Serranus*는 종종 자웅동체 상태로 있다는 사실이 널리 알려져 있는데, 귄터 박사가 알려준 바로는, 그는 그것을 정상이 아니라고 확신하고 있는 것 같다. 어쨌든 그 옛날의 자웅동체 원형에서 유래했다는 견해는 이러한 어류에서 자웅동체를 종종 볼 수 있는 것을 어느 정도 설명해 주고 있다.

[30] (역주) 자웅동체는 자웅이체보다 적응도가 높은 경우에만 생기는 상태로, 계통적으로 오래된 것이 그것을 발생시키는 직접적인 원인은 아니다. 척추동물에서 동시적인 자웅동체 및 성전환을 보여주는 종이 있는 것은 어류뿐이다.

이다. 수컷 새가 투쟁이나 장식을 위해 획득한 며느리발톱, 장식깃털, 아름다운 색깔 등이 불완전한 흔적의 상태로 암컷에게 유전되는 경우처럼, 이러한 유전의 많은 예를 성 선택을 다루는 부분에서 살펴보기로 한다.

수컷 포유류가 기능적으로 불완전한 상태로 유두(乳頭)를 가지고 있는 것은 어떤 의미에서 특별히 기묘하다. 단공류(單孔類)는 젖을 분비하기 위한 구멍을 갖춘 샘을 가지고 있지만 유두는 없다. 그리고 단공류는 포유류 계열 속에서 가장 하위에 위치하므로, 포유강의 조상도 마찬가지로 젖을 분비하는 샘은 가지고 있었지만 유두는 없었을 것이 분명하다. 포유류의 발생과정에 대해 알려져 있는 사실에서도 이 결론은 정당한 것으로 보인다. 터너 교수가 알려주었는데, 켈리커(Kölliker)와 로거(Lauger)라는 두 사람의 권위자에 의하면, 태아는 유두가 눈에 보이기 훨씬 이전에 유선이 먼저 확실하게 형성된다고 한다. 그리고 개체에서 연속적으로 발생하는 부분은, 그 생물이 속한 같은 계통 안에서 연속적으로 존재하는 각각의 종의 발달을 일반적으로 재현하고 있는 듯하다는 점을 기억해 두어야 한다. 유대류는 유두를 가진 점에서 단공류와 구별된다. 그래서 유두라는 기관은 그들이 단공류에서 갈라진 뒤에 처음으로 획득되었고, 그것이 유태반류에게 전해진 것으로 생각된다. 유대류가 현재의 형태를 거의 모두 획득한 뒤, 즉 포유류의 진화 가운데 오히려 뒤쪽 단계에서 이러한 동물들이 여전히 자웅동체였을 거라고 생각하는 사람은 아무도 없을 것이다. 따라서 이제까지 말한 방식으로 다시 돌아가, 유두는 아주 먼 옛날 유대류 암컷에 처음으로 발생하여 유전의 공통법칙에 따라 수컷에게도 기능적으로 불완전한 상태로나마 전해진 것이라는 결론을 내리지 않을 수 없게 된다.

그런데도 포유강(哺乳綱) 전체의 조상이 자웅동체가 아니게 된 훨씬 뒤에도, 수컷과 암컷 양쪽이 젖을 분비하여 새끼를 키우지 않았을까, 그리고 유대류의 경우에는 양성이 모두 새끼를 주머니에 넣고 다니지 않았을까 하는 의문이 이따금 고개를 쳐든다. 이것은 결코 있을 수 없는 일은 아니라고 생각한다. 왜냐하면 실고기과 물고기의 수컷은 암컷에게서 알을 받아 복부의 육아낭에 넣어서 부화시키고, 일부 사람들이 생각하고 있는 것처럼 치어를 키우기도*[31] 한다. 또 어떤 물고기의 수컷은 입안이나 아가미방 속에서 알을 부화시

---

*31 록우드(Lockwood)는 해마의 발달과정을 관찰하고, 수컷의 육아낭 벽에서 무언가의 형태로 영양분이 공급되고 있다고 생각했다('Quart, Journal of Science,' April, 1868, p. 269). 수컷

킨다. 어떤 종류의 수컷 두꺼비는 암컷에게서 알 덩어리를 받아 자신의 넓적다리에 감아서 올챙이가 될 때까지 데리고 다닌다. 새의 수컷 중에는 혼자서 알을 부화시키는 것이 있으며, 비둘기는 암컷뿐만 아니라 수컷도 젖을 분비하여 새끼를 키운다. 그러나 위에 말한 방식이 맨 처음 내 마음에 떠오른 것은, 한쪽 성에는 적절한 형태로 발달하고 다른 쪽 성에는 흔적으로만 나타나는 것 말고는 부속성 생식기관에 비해 수컷 포유류의 유선(乳腺)은 훨씬 완전한 형태로 발달한다는 사실 때문이었다. 수컷 포유류가 가지고 있는 유선과 유두는 도저히 흔적기관이라고는 볼 수 없다. 그것은 단순히 완전하게 발달하지 않아서 활발하게 기능하지 않을 뿐이다. 그것은 어떤 질병에 걸리면 여성의 그것이 받는 것과 같은 영향을 받는다. 출생 직후에는 종종 젖을 몇 방울 분비하거나, 인간과 다른 포유류는 가끔 잘 발달하여 상당한 양의 젖을 분비하는 것이 알려져 있다. 그래서 이전에는 수컷 포유류는 오랫동안 수유를 하여 암컷을 돕고 있었는데 나중에 태어나는 새끼의 수가 적어지는 등, 무언가의 이유에 의해 수컷이 이 일을 그만두게 되면, 성숙한 뒤에 이 기관을 사용하지 않는 데서 오는 효과가 그 활동성을 낮추고, 또 잘 알려진 유전의 두 가지 원리에 의해 이 불활성 상태가 아마도 그 대응하는 성숙연령에 전달되었을지도 모른다. 그러나 성숙하기 이전까지 이 기관은 아무런 영향도 받지 않고 남아 있었을 것이기 때문에 어릴 때는 양성에 동등하게 발달하게 될 것이다.

결론

폰 베어는 생물의 단계적 향상 또는 진보에 대한 가장 훌륭한 정의를 내렸다. 그것은 같은 종이 가지고 있는 몇 가지 부분에서 일어난 분화와 특수화의 정도에 따르고 있는데, 나는 여기에 '그 생물이 성숙한 시점에서'라는 말을 덧붙이고 싶다. 그런데 생물이 자연선택에 의해 다양한 생활양식에 점차로 적응해 감에 따라, 몸의 각 부분은 생리적 분업을 한쪽이 유리하다는 점에서 다양하게 다른 기능으로 더 분화되어 갔을 것이다. 같은 부분은 종종 맨 처음 한 가지 목적에 맞도록 변용하며, 나중에는 그것과 매우 다른 목적을 위해 다

이 입 안에서 새끼를 키우는 물고기에 대해서는 와이먼(Wyman) 교수의 매우 흥미로운 논문 'Proc. Boston Soc. of Nat. Hist.,' September 15, 1857 참조. 또 터너(Turner) 교수의 'Journal of Anat. and Phys.,' November 1, 1866, p. 78 참조. 귄터 박사도 이 같은 사례들을 기록했다.

시 변용하는 일이 있는 것 같다. 그리하여 모든 부분이 점점 더 복잡해지게 된다. 그러나 모든 생물은, 그것이 처음 발생한 조상의 보편적인 구조를 계속 유지하고 있다. 지질학적인 증거를 살펴보면, 생물은 전체적으로 지구 어디에 서나, 느리고 드문드문 끊어지는 발걸음으로 진보를 계속해 온 것처럼 보이는 데, 그것은 이 생각과 일치하고 있다. 척추동물계의 정점은 인간이다. 그러나 생물의 그룹은 더욱 완전한 다른 그룹을 낳자마자 절멸한다고 생각해서는 안 된다. 후자는 그 전임자보다 강할지는 모르지만, 자연의 경제성에 따라 어떤 장소에서나 적응을 잘하는 것은 아니다. 오래된 형태의 일부는 너무 엄격한 경쟁만 없으면, 보호받는 지역에서 계속 살아갈 수 있다. 그리고 이러한 생물 은 이전에 절멸해버린 개체군이 어떤 모습을 하고 있었는지 확실한 정보를 제 공해 주기 때문에, 우리가 조상의 계통을 탐구하는 데도 종종 도움이 되고 있 다. 그러나 현존하는 어떠한 하등생물도 그 조상의 완전한 모습을 보여준다고 간주하는 오류에 빠져서는 안 된다.

우리가 조금이나마 알 수 있는 범위 안에서 척추동물의 가장 오래된 조상 은 현존하는 멍게류의 유생과 비슷했던 바다생물이었던 것 같다.*32 이러한 동물들이 아마 창고기 같은 매우 원시적인 어류를 낳았고, 거기서 경골어류 나 레피도시렌 같은 다른 물고기가 생겨났을 것이다. 그러한 물고기가 매우 작은 진보를 거듭하면서 양서류가 되었을 것이 틀림없다. 조류와 파충류가 옛 날에는 매우 가까웠다는 것은 이미 살펴보았다. 그리고 현재의 단공류는 아 주 미미하기는 하지만 포유류와 파충류를 이어주는 것 같다. 그러나 현재는 포유류, 조류, 파충류처럼 서로 가까운 관계에 있는 고등 단계의 강이, 어떠한

---

*32 모든 중요한 기능은 고정되어 주기적인 시간에 따라 움직이는 경향이 있다. 조간대(潮間 帶)의 동물에서 그것은 월령(月齡 : 달의 주기)이다. 왜냐하면 그러한 동물들은 몇 세대에 걸쳐 일정한 월령의 간격에 따라 마르거나 물에 잠길 것이며, 식량이 풍부하거나 식량이 사라지기도 했을 것이 분명하기 때문이다. 그래서 척추동물이 현생하는 조간대 생물인 멍 게류로부터 파생했다면, 고등한 지상성(地上性) 척추동물에서도, 다른 동물은 말할 것도 없이, 많은 정상 및 비정상적인 과정이 다의 주기에 지배받고 있다는 신기한 사실을 이해 할 수 있게 될 것이다. 주기성(週期性)은 그것이 대체적으로 옳은 것이라면 한 번 획득되 면 좀처럼 변하지 않을 것이고, 그 결과 몇 세대에 걸쳐 전달될 것이다. 또한 이 결론이 옳 다는 것이 증명된다면 매우 흥미로운 일이다. 정말 그렇다면 각각의 포유류의 임신기간과 새의 포란기, 그 밖의 중요한 과정은 그러한 동물들의 원시의 생식장소를 나타내는 셈 이기 때문이다.

계통관계에 따라 다른 두 개의 원시적인 척추동물의 강(綱)인 양서류와 어류 어느 쪽으로부터 파생해왔는지에 대해 대답할 수 있는 사람은 아마도 없을 것이다. 포유류의 강 중에서는, 고대의 단공류에서 고대의 유대류에 이어지는 길, 거기서 현재의 유대반류의 조상으로 이어지는 길을 추적하는 것은 그리 어렵지 않다. 그리하여 여우원숭이류까지 거슬러 올라갈 수 있지만, 그것과 Simiadae(진원류)와의 거리는 그리 크지는 않다. Simiadae는 신세계원숭이와 구세계원숭이의 커다란 두 분류군으로 갈라졌고, 구세계원숭이로부터 먼 옛날 이 세상의 경이이며 영광인 인간이 태어난 것이다.

이와 같이 상당한 긴 인간의 계보를 제시했으나, 그것을 결코 고귀한 것이라고 할 수는 없을 것 같다. 이제까지 종종 말해온 것처럼, 세계는 오래전부터 인간의 출현에 대비하고 있었던 것처럼 보인다. 그리고 인간이 태어난 것은 그 오래된 조상 덕분이므로, 이는 어떤 의미에서는 완전히 정당하다고 할 수 있다. 만일 이 연속하는 고리 속의 어느 하나라도 존재하지 않았다면, 인간은 지금 존재하는 것과 완전히 똑같지는 않을 것이다. 우리가 고의로 못 본 척하는 것이 아닌 한, 오늘날 우리가 지니고 있는 지식을 통해 자신들의 성장을 대체로 인식할 수 있으며, 그것을 부끄럽게 여길 필요는 없다. 가장 하등한 생물도 우리 발아래 있는 무기물인 먼지보다 훨씬 더 뛰어난 것이다. 아무런 편견도 없는 사람이라면, 아무리 하등한 생물이라도 그 구조와 훌륭한 성질에 열정적인 감동을 받지 않고 그것을 연구할 수 있는 사람은 없을 것이다.

제7장 인종에 대하여

특정한 형질이 지닌 본질과 가치—인종에 대한 적용—인종이라 불리고
있는 것을 개별의 종으로서 분류하는 것에 대한 찬반양론—아종(亞種)—
단원(單原)발생론자와 다원(多原)발생론자—형질의 수렴—가장 다른 인종들
의 육체와 정신의 유사성—인간이 처음 지상에 퍼졌을 때의 상태—각 인
종은 단일한 한 쌍으로부터 유래되지 않았다—인종의 절멸—인종의 형성
—혼혈의 영향—생활조건이 직접적으로 미치는 영향은 미미하다—자연선
택의 영향은 미미하거나 전혀 없다—성 선택.

여기서 나의 목적은 몇몇 인종에 대해 설명하는 것이 아니다. 분류라는 관
점에서 인종 간의 차이가 얼마나 의미가 있는 것인지, 또 그것이 어떻게 하
여 생겨났는지를 탐구하는 것이 주 목적이다.[1] 둘 또는 그 이상의 유사한 형
태를 종으로 해야 할지 품종으로 해야 할지 결정할 때, 박물학자는 실제적으
로 다음과 같은 사항을 기준으로 한다. 그들 사이의 차이가 어느 정도인가, 그

---

[1] (역주) 다윈의 시대에는 백인종, 흑인종, 황색인종 등이 확실한 집단으로 분리되어 있다고
생각하여, 여기서 논하고 있는 것처럼 그것을 하나하나 독립된 종으로 분류해야 하는지가
문제로 되어 있었다. 현재는 모든 사람은 *Homo sapiens sapiens*라는 한 종에 속하는 것으로
밝혀져 있다. 인류에게는 다양한 변이가 일어났는데, 가장 뚜렷하게 볼 수 있는 피부색을
비롯한 다양한 인류의 형질은 어느 것이나 연속적이며, 명확하게 분리하여 인종을 분류하
는 것은 불가능하다는 것도 밝혀져 있다. 피부색과 치아의 형태 등, 몇 가지 점에서 인종이
매우 다르게 보여도, 인류가 가지고 있는 압도적으로 많은 유전적 변이는 어느 인종에서도
볼 수 있다. 또 아미노산과 산소의 변이 등, 많은 유전적 변이의 빈도를 보면, 지표로 선택
한 변이의 종류에 따라 집단의 분류가 달라진다. 이제까지 여러 번 지적한 것처럼, 인종 연
구는 언제나 차별적 편견 아래에서 차별을 조장하고 정당화하기 위한 것이었다. 그러한 불
행한 역사적 배경과 함께 명확하게 분류할 수 있는 것도 아니기 때문에, 최근에는 '인종
(race)'이라는 용어도 그다지 사용되지 않고 있다. 그러나 종으로서 보았을 때의 인종에 다
양한 변이가 존재하는 것은 분명하며, 그러한 변이에 대한 연구는 인류에 대해 많은 것을
밝혀주고 있다.

러한 차이가 소수의 구조에서 일어나고 있는가 아니면 다수의 구조인가, 그리고 그것이 생리학적으로 얼마나 중요한가이다. 그러나 더 중요한 것은 그것에 일관성이 있는지에 대한 것이다. 형질의 일관성이야말로 박물학자가 중시하고 탐구하는 것이다. 문제로 삼고 있는 형태의 것이 장기에 걸쳐 확실하게 구별되고 있었음이 드러나면, 또는 그럴 가능성이 있으면 그것을 종으로 인정하는 데 매우 좋은 재료가 된다. 두 그룹을 맨 처음 교배했을 때, 또는 그 자손에게 아주 조금이라도 불임의 징후가 보인다면 보통은 그 둘이 독자적인 종임을 분명히 보여주는 것으로 간주된다. 그리고 같은 지역에 살면서 교배하지 않고 계속 존속해왔다면, 그것이 서로의 불임성에 의한 것이든, 동물의 경우에는 교배하는 것을 싫어하는 경향 때문이든 다른 종으로 하는 데 충분한 증거로 인정된다.

교배에 의한 혼혈이 있는지의 여부와는 독립적으로 충분히 조사가 이루어진 지역에서 유연관계에 있는 생물을 잇는 품종이 전혀 존재하지 않는다면, 그것은 그 둘이 독자적인 종임을 나타내는 기준 가운데에서 아마 가장 중요할 것이다. 이것은 단순히 형질에 일관성이 있는가 하는 고찰과는 약간 다른 것이다. 왜냐하면 이 두 형태의 것은 많은 변이를 가지고 있을지 모르지만 중간적 변종을 낳는 일은 없기 때문이다. 우리는 종종 무의식적으로, 때로는 의식적으로 지리적 분포를 고려하게 된다. 즉 두 형태의 것이 매우 떨어진 두 지역에 살고 있으며, 각각의 영역에 살고 있는 다른 생물이 대부분 확실하게 다른 종일 경우에는 그 두 형태의 것도 이종(異種)으로 간주되는 일이 많다. 그러나 실제로 이것은 진정한 종에서 지리적 변이를 구별하는 데는 아무런 도움도 되지 않는다.

그렇다면 박물학자가 동물들을 바라볼 때와 같은 태도로 인간을 바라보면서, 일반적으로 인정된 원리를 인종에 적용해 보기로 하자. 인종간의 차이가 어느 정도인지에 대해서는 오랫동안 자신들을 관찰함으로써 우리 자신에 대한 식별력이 높아진 점을 감안해야 한다. 엘핀스톤(Elphinstome)은[2] 인도에 간 유럽 인은 처음에는 그곳의 다양한 인종을 구별할 수 없지만, 잠시 지나면 그들이 서로 매우 다르다는 것을 알게 된다고 말했다. 그리고 힌두 인들도 처

---

[2] 'The History of India,' 1841, Vol. 1, p. 323. 리파 신부도 중국인에 대해 똑같은 것을 지적했다.

음에는 유럽 각국에서 온 사람들을 구별하지 못한다. 그러나 일부 흑인 부족을 제외하고는 서로 가장 다른 인종도 처음 생각했던 것만큼 형태의 차이가 없는 법이다. 이것은 파리의 인류학박물관에 있는 다양한 인종의 사진을 보면 잘 알 수 있는데, 내가 그것을 보여준 많은 사람들이 그렇게 대답했던 것처럼 그 대부분은 유럽 인이라고 말해도 구별하지 못한다. 그럼에도 불구하고 그런 사람들을 직접 눈으로 보면 매우 다르게 보이는 것은 분명하므로, 우리는 단순히 피부색이나 머리카락 색깔, 얼굴 생김새의 미세한 차이나 표정 등에서 판단에 큰 영향을 받고 있는 것이다.

그러나 주의 깊게 비교하고 측정하면 머리카락의 질, 신체 각 부분의 상대적 비율,[3] 폐의 용량, 두개골의 용량과 형태, 그리고 뇌주름의 모양까지[4] 다양한 인종이 서로 크게 다른 것은 의심할 여지가 없다. 수많은 구조적 차이를 각각 특정하는 것은 끝이 없는 작업이 될 것이다. 인종마다 성격과 기후순화(氣候馴化), 질병에 걸리기 쉬운 정도가 다 다르다. 그들의 성격도 마찬가지이다. 그것은 주로 감정적인 면의 차이처럼 보이지만, 부분적으로는 지적인 능력의 차이도 있다. 비교할 기회가 많은 사람이라면 말수가 적고 우둔해보이는 남미 원주민과, 명랑하고 수다스러운 흑인 사이의 차이에 놀랄 것이다. 말레이 사람과 파푸아 사람 사이에도 이와 똑같은 차이를 볼 수 있는데,[5] 그들은 거의 같은 지리적 조건에서 좁은 해협을 사이에 두고 살고 있을 뿐이다.

인종은 먼저 각각 독자적인 종으로 분류해야 한다는 견해에 유리한 것부터 논의한 다음, 그 반대론을 살펴보기로 하자. 박물학자가 흑인, 호텐토트 인, 오스트레일리아 인, 그리고 몽골 인을 처음 보고 서로 비교한다면, 그는 곧 사소한 것과 매우 중요하게 생각되는 것을 포함하여, 그들이 수많은 점에서 다르다는 것을 알게 될 것이다. 연구를 진행할수록 박물학자는 이러한 인종이 매우 다른 기후 속에서 살 수 있도록 적응하고 있으며, 신체의 구조뿐만 아니

---

*3 B. A. 굴드(B. A. Gould)의 'Investigations in the Military and Anthropolog. Statistics of American Soldiers,' 1869, pp. 298-358에는 백인, 흑인, 인디언에 관한 대량의 측정치가 실려 있다. 폐 활량에 대해서는 p. 471 참조. 또 셰르체르 박사와 슈바르츠 박사의 관찰 자료들을 보고 바이스바흐(Weisbach) 박사가 작성한 많은 귀중한 표('Reise der Novara : Anthropolog. Theil,' 1867)도 참조할 것.

*4 이를테면 부시맨의 뇌에 관한 마샬(Marshall)의 논문 'Phil. Transact.,' 1864, p. 519 참조.

*5 Wallace(월리스), 'The Malay Archipelago,' Vol. 2, 1869, p. 178.

라 성격에 있어서도 다르다는 것을 발견하게 된다. 그리고 이 박물학자가 같은 나라에서 몇백 명의 사람들로부터 같은 표본을 얻을 수 있다는 것을 안다면, 이들은 각각이 진정한 종이며, 저마다에 고유한 종명을 부여해야 한다고 자신있게 주장할 것이다. 또 그들이 같은 형질을 몇 세기 동안 유지하고 있으며, 현존하는 흑인종과 같은 흑인종이 적어도 4천 년이나 존속해 왔다.[6]는 것을 안다면 이 결론은 더욱 힘을 얻을 것이다. 이 박물학자는 또 뛰어난 관찰가인 룬트(Lund) 박사로부터[7] 브라질의 동굴에서 절멸한 많은 포유류와 함께 묻힌 채 발견된 인간의 두개골은, 현재의 아메리카 대륙에서 널리 볼 수 있는 사람들과 같은 유형에 속한다는 것도 알게 될 것이다.

그렇다면 이 박물학자는 아마 다음에는 지리적 분포로 눈을 돌려 겉모습이 다를 뿐만 아니라 가장 덥고 습기가 많은 지역, 건조한 지역, 극지 등에 적응한 형태는 각각 독자적인 종이 틀림없다고 선언할 것이다. 그는 인간과 가장 가까운 생물, 즉 사수류(四手類) 가운데는 추운 날씨 또는 큰 기후변화를 견딜 수 있는 것은 없다는 것과, 인간과 가장 가까운 종은 그 어느 것도 유럽의 온대기후에서도 성체로 자랄 때까지 사육된 적이 없다는 사실을 인용할지도 모른다. 그는 아가시(Agassiz)가 최초로 지적한,[8] 다양한 인종은 다른 종 또는 속이 틀림없는 것으로 보이는 포유류가 분포해 있는 것과 같은 동물구(動物區)를 따라 온 세계에 분포해 있다는 사실에 깊은 감동을 받을 것이다. 이것

---

[6] 유명한 이집트 아부심벨 동굴에 그려져 있는 인물에 대해 푸셰(Pouchet)는 ('The Plurality of the Human Races,' English translation, 1864, p. 50), 어떤 연구자들은 10여 국가 이상의 사람들을 구별할 수 있다고 주장했지만, 자기에게는 도저히 불가능한 일이라고 말했다. 가장 특징이 뚜렷한 인종도, 이 문제에 대해 적혀 있는 것에서 기대되는 것처럼 모든 사람의 눈에 분명하게 식별되는 것은 아니다. 즉 노트와 글리던(Nott and Gliddon)은 ('Types of Mankind,' p. 148) 람세스 2세 왕은 매우 유럽적인 얼굴이라고 말했는데, 인종이 매우 확실하게 갈라졌다고 믿는 녹스(Knox)는 ('The Races of Men,' 1850, p. 201), 젊은 멤논(람세스 2세와 동일인물이라고 버치에게서 들었다)이 앤트워프에 사는 유대 인의 얼굴과 꼭 닮았다고 강력하게 주장했다. 또 대영박물관 직원인 유능한 두 판정자와 함께 아무노프 3세의 상을 보았을 때는, 그가 매우 흑인적인 얼굴이었다는 것에 모두의 의견이 일치했다. 그런데 노트와 글리던은 (같은 책, p. 146, Fig. 53) 그를 혼혈이기는 하지만 흑인과의 혼혈은 아니라고 말했다.

[7] 노트와 글리던(Nott and Gliddon)의 'Types of Mankind,' 1854, p. 439에서 인용. 그들은 그것을 확인하는 증거도 들었지만, C. 포크트는 이 문제에 대해서는 더욱 연구가 필요하다고 생각하고 있다.

[8] 'Christian Examiner,' July, 1850에 실린 "Diversity of Origin of the Human Races."

은 오스트레일리아 인, 몽골 인, 그리고 흑인에게는 명백하며 호텐토트도 마찬가지이지만 그리 확실하지는 않다. 그러나 파푸아 인과 말레이 인의 경우에는, 월리스가 보여준 것처럼 말레이 구와 오스트레일리아 구의 동물구를 분할하는 선과 거의 같은 선으로 갈라져 있는 것은 명백하다. 아메리카 원주민은 대륙 전체에 분포하고 있지만, 대륙의 북쪽과 남쪽에서는 동물 분포도가 대부분 다르기 때문에 얼핏 보면 위의 규칙에 반대되는 것처럼 보인다. 그러나 주머니쥐 같은 현생생물의 몇 가지는 양쪽에 걸쳐 분포해 있고, 거대한 빈치목의 일부도 옛날에는 그랬다. 에스키모도 다른 극지지방의 동물과 마찬가지로 극지 전체에 퍼져 있다. 몇 개의 동물구에 걸쳐 살고 있는 포유류의 형태는 서로의 차이가 비슷한 정도가 아니라는 것을 기억해 두어야 한다. 그래서 같은 대륙의 다른 지방에 살고 있는 포유류가 서로 다른 것보다도 흑인은 다른 인종보다 다르고, 아메리카 인은 조금밖에 다르지 않다 해도 전혀 이상한 일이 아니다. 게다가 인간은 처음부터 대양 위에 떠 있는 섬에 살고 있었다고는 생각할 수 없으며, 그 점에서도 영장류의 다른 종과 유사하다는 점도 덧붙여 둔다.

같은 종류의 가축 가운데 변종을 독자적인 것으로 보아야 하는가, 다시 말해 그것이 각각 다른 야생종에서 유래하는가를 결정할 때는, 모든 박물학자들은 각각에 기생하는 기생충의 종류가 다르다는 사실을 알면 그것에 무게를 둘 것이 틀림없다. 이 사실에는 더 큰 중요성을 부여해야 할 것이다. 왜냐하면 내가 데니(Denny)에게서 들은 바에 따르면, 영국에 살고 있는 모든 다른 종류의 개, 가축, 비둘기가 모두 같은 종의 이(이목에 속하는 곤충)를 가지고 있다고 하므로, 만일 기생충의 종류가 다르다면 그것은 매우 예외적인 일일 것이기 때문이다. 그런데 A. 머리(A. Murray)가 다른 대륙에 사는 다른 인종으로부터 수집한 이를 주의깊게 조사한[9] 결과, 그것들은 색깔뿐만 아니라 집게발과 다리의 구조도 각각 다르다는 것이 밝혀졌다. 대량의 표본을 수집한 곳에서는 그 차이를 언제나 볼 수 있었다. 태평양의 포경선에서 근무하는 의사가 나에게 알려준 바로는, 같은 배를 타고 있던 샌드위치 제도 사람에게 들끓고 있던 이가 우연히 영국인 선원의 몸에 옮기면, 3,4일 안에 죽어버린다는 것이었

---

[9] 'Transact. R. Soc. of Edinburgh,' Vol. 22, 1861, p. 567.

다. 그러한 이는 색깔이 짙었고, 남아메리카 칠레 원주민이 흔히 가지고 있는 것과는 다른 것 같았다. 그는 나에게 그 표본을 제공해 주었는데, 그것은 유럽의 이보다 훨씬 크고 부드러워 보였다. 머리는 아프리카 동해안의 흑인과 서해안의 흑인, 호텐토트, 카피르의 네 개의 표본, 오스트레일리아 원주민에게서 두 개의 표본, 남북 아메리카에서 각각 두 개의 표본을 손에 넣었다. 남북아메리카의 이는 다른 지방에 살고 있는 원주민의 것일지도 모른다. 곤충에서는 아주 미미한 형태상의 차이라도 그것을 늘 볼 수 있는 것이면 분류상 일반적인 종으로는 충분한 가치가 있다고 본다. 그리고 각각의 인종이 다른 종에 속하는 것으로 보이는 기생충을 가지고 있다는 사실은, 인종을 독자적인 종으로 분류해야 한다는 주장에 유리하게 작용할 것이다.

우리가 지금 상상하고 있는 박물학자는 여기까지 조사한 다음 인종끼리 교배시켰을 때, 아주 조금이라도 불임의 징후가 나타나는지 조사할 것이다. 그는 신중하고 철학적인 관찰가인 브로카(Broca) 교수의 저작*10을 들춰볼지도 모른다. 거기에는 어떤 인종끼리는 매우 번식력이 높다는 증거가 있지만, 다른 인종들 사이에서는 그 반대되는 증거가 있다고 적혀 있을 것이다. 이를테면 오스트레일리아나 태즈메이니아의 원주민 여성과 유럽 인 남성 사이에는 좀처럼 아기가 태어나지 않는다는 것이다. 그러나 이 문제에 대한 증거는 지금은 전혀 가치가 없다는 것이 밝혀졌다. 순수한 흑인은 혼혈이 태어나면 죽였기 때문이다. 최근에 11명의 혼혈아가 살해되어 불태워졌고, 그 유해가 경찰에 발견된 사건이 발표되었다.*11 또 물라토*12끼리 결혼했을 때는 거의 자식이 태어나지 않는다는 말도 종종 들렸다. 한편 찰스타운의 바흐만(Bachman)은*13 이미 몇 세대에 걸쳐 물라토끼리 결혼하여 순수한 백인이나 순수한 흑인끼리와 마찬

---

*10 'On the Phenomena of Hybridity in the Genus Homo,' English translation, 1864.

*11 'Anthropolog. Review,' April, 1868, p. liii에 실린 T. A. 머리(T. A. Murray)의 흥미로운 보고를 참조할 것. 이 보고에서 오스트레일리아 여성이 백인 남성과의 사이에서 아이를 낳은 뒤에는, 자기와 같은 부족 남성과는 불임이 되었다는 스트르젤레키 백작의 기술은 오류임이 밝혀졌다. A. 드 카트르파지(M. A. de Quatrefages)도 오스트레일리아 인과 백인이 서로 불임이 아닌 증거를 대량으로 수집했다('Revue des Cours Scientifiques,' March, 1869, p. 239).

*12 (역주) 백인과 흑인의 제1대 혼혈아를 가리킨다. 스페인 어 기원의 언어로, 남미와 카리브 해 제도에서 사용되고 있었다.

*13 'An Examination of Prof. Agassiz's Sketch of the Nat. Provinces of the Animal World,' Charleston, 1855, p. 44.

가지로 가계가 계속 이어지고 있는 가족을 많이 알고 있다고 강력하게 주장했다. C. 라이엘 경도 이전에 이 문제를 조사하여 같은 결론에 도달했다고 나에게 알려준 바가 있다. 바흐만 박사에 의하면, 1854년 미국에서 실시된 인구조사에서는 40만 5751명이 물라토였다. 이 숫자는 모든 상황을 생각하면 적은 것처럼 보인다. 그러나 이것은 그들의 지위가 낮았으며, 여성이 품행이 나쁜 것과 관련이 있을지도 모른다. 물라토의 일부는 늘 흑인으로 분류되므로, 이것도 물라토를 감소시키는 작용을 할 것이다. 물라토에게 생명력이 떨어지는 것은 잘 알려진 현상으로 신뢰할 수 있는 책에도 그렇게 언급되어 있는데,*14 이 것은 그들의 번식력이 낮은지 어떤지와는 별개의 문제로서 부모의 인종이 독자적인 종에 속한다는 증거로 삼을 수는 없다. 동물도 식물도 매우 다른 종끼리 교배시켰을 때 잡종은 일찍 죽는 경향이 있는 것은 의심할 여지가 없다. 그러나 물라토의 부모를 서로 매우 다른 종으로 볼 수는 없다. 노새는 수명이 길고 체질이 강한 것으로 유명하지만 그래도 불임이어서, 잡종이 번식력이 낮은 것과 생명력이 없는 것 사이에는 거의 아무런 관계가 없음을 보여주고 있다. 이와 같은 예는 그 밖에도 더 있다.

여기서 만일 모든 인종은 서로 완전히 생식력이 있다는 것이 증명된다 해도 다른 이유에서 인종을 개별의 종으로 나누고 싶어 하는 사람들은 당연히 임성과 불임성은 종을 나누는 안전한 기준이 아니라고 주장하겠지만, 그것도 전혀 일리가 없는 것은 아니다. 이러한 성질은 생활조건이나 교배의 근연성에 쉽게 영향을 받고 있으며, 또 두 종을 교배할 때도 어느 쪽이 수컷인지 암컷인지에 따라 번식력이 같지 않은 경우도 있는 것처럼 매우 복잡한 법칙에 지배받고 있음을 우리는 관찰을 통해 알고 있다. 다른 종으로 분명하게 분류되어 있는 것도, 교배했을 때 완전히 불임인 것에서 많은 경우에 번식력이 있는 것까지 완전한 연속성을 볼 수 있다. 불임의 정도는 외견적 구조의 차이에서 생활습관의 차이와 엄밀하게 일치하지는 않는다. 인간은 많은 점에서 오랫동안 가축화된 동물과 비슷한데, 가축화의 결과, 자연상태에서 다른 종을 교배시켰을 때 종종 발생하는 불임성이 사라지는 경향이 있다는 팔라스(Pallas)의

---

*14 B. A. 굴드(B. A. Gould)의 'Military and Anthropolog. Statistics of American Soldiers,' 1869, p. 319.

원리*[15]에 유리한 증거들이 많이 있다. 이러한 몇 가지의 고찰에서, 인종 사이에 완전한 생식능력이 있음이 증명되었다 해도, 인종을 독자적인 종으로 분류할 가능성을 완전히 배제하는 것은 아니라고 주장할 수 있을지도 모른다.

번식력과는 별도로 잡종에서 태어난 자손의 형질은, 부모의 형태를 종으로 분류해야 하는지 품종으로 보아야 하는지를 결정하는 증거가 된다고 여겨진 적도 있었다. 그러나 증거를 신중하게 검토한 결과, 나는 이에 대해 신뢰할 만한 보편적인 법칙을 이끌어낼 수는 없다는 결론에 이르렀다. 즉 다른 인종 사이에서 태어난 자손은 진정한 종끼리의 잡종의 특징과 품종간의 혼혈의 특징, 양쪽을 충분히 갖추고 있다. 이것은 이를테면 부모의 형질이 혼합되는 일도 있고, 교배를 되풀이함으로써 어느 한쪽의 형질이 다른 쪽의 형질을 흡수해 버리는 일도 있는 것에서 알 수 있다. 후자의 예에서는 종 사이의 잡종의 자손도, 품종 사이의 잡종의 자손도 오랫동안 조상의 형질로 돌아가는 경향을 유지하고 있으며, 특히 유전에 있어서 우성적인 형질 쪽으로 돌아가려고 한다.

---

*15 《사육동식물의 변이》 제2권, 109쪽. 나는 여기서 다른 종을 서로 교배했을 때의 불임은 특별히 획득된 형질이 아니라는 것에 독자의 주의를 환기시키고 싶다. 그러나 어떤 종류의 수목은 접붙이기를 할 수 없는 것과 마찬가지로, 불임은 종이 획득한 차이에 뒤따르는 우발적인 것이다. 이러한 차이의 성질은 알려지지 않았지만 그것은 번식 시스템과 더욱 많이 관련되어 있으며, 외부 조건이나 생활 습관의 차이와는 별로 관련이 없다. 종을 교배했을 때의 불임에 관한 하나의 중요한 요소는, 어느 한쪽 또는 양쪽의 종이 일정한 조건에 오래 길들여져 있는 것 같다. 왜냐하면 환경이 변하면 번식 시스템에 특별한 영향이 미치는 것을 우리는 이미 알고 있고, 또 앞에서 지적했듯이 가축화에 따라서는 조건이 바뀌면, 자연상태에서 교배했을 때 흔히 생기는 불임이 제거되는 경향이 있다고 간주해도 좋은 증거가 충분히 있기 때문이다. 나는 전에 다른 책(동서, 제2권, 185쪽,《종의 기원》제5판, 317쪽)에서, 잡종의 불임은 자연선택으로 획득된 형질이 아니라는 것을 보여주었다. 즉 두 종류가 이미 거의 잡종불임이 되었을 때, 더욱 불임성이 강한 개체가 생존하고 보존되어 불임이 더 강화된다고는 생각할 수 없다. 불임성이 강해지면 더 적은 수의 개체가 태어나고, 그러한 개체가 번식하면 나중에는 단 한 개체씩 태어나게 될 것이며, 그것조차 매우 드문 일이 될 것이다. 그러나 이것보다 더 강한 불임성이 있다. 게르트너와 케르로이터가 많은 종을 거느린 식물의 속을 교배했을 때 더 적은 수의 종자밖에 만들지 않는 종에서, 단 하나의 종자도 만들지 않는 종까지 일련의 것이 발견되는 것을 보여주었는데, 후자의 경우도 다른 종의 꽃가루로부터 영향을 받아 배가 부풀어오르는 것이 있다. 더 이상 종자를 만들지 않는 개체가 선택에 의해 불임성이 더 강해지는 것은 불가능한 일이다. 따라서 배만 영향을 받을 때의 완전한 불임은 선택에 의해 일어날 수는 없다. 완전한 불임이나 다른 다양한 단계의 불임은 교배하는 종의 번식체계에서, 어떤 알 수 없는 차이에 의해 일어나는 우연한 결과임이 분명하다.

많은 기형이 그렇듯이*16 품종 또는 종 속에 어떤 형질이 단일한 변이로서 갑자기 나타났을 때, 그 품종을 그런 형질이 없는 다른 품종과 교배시키면 문제의 형질이 혼합된 상태로 자손에게 나타나는 일은 거의 없으며, 완전하게 발달한 상태에서 전달되거나 전혀 나타나지 않는다. 인종 간의 혼혈에서는 이러한 일은 거의 또는 전혀 일어나지 않기 때문에, 이것은 이를테면 흑인의 검은 피부 같은 형질이 돌연한 변이 또는 별종으로서 최초로 출현했다고 하는 몇몇 민족학자의 견해에 대한 반론으로 사용할 수 있을 것이다. 만일 그런 일이 일어났다면 물라토들은 종종, 완전히 검거나 또 희거나 그 어느 쪽으로 태어나게 될 것이다.

그리하여 이 박물학자는 모든 인종이 저마다 많은 형태와 성질에서 서로 다르며 그 가운데 몇몇은 매우 뚜렷한 차이를 보이므로, 인종을 각각 독자적인 종으로 분류하는 것이 정당하다고 확신했을 것이다. 이러한 차이는 또 상당히 장기에 걸쳐 거의 일정하게 유지되어 왔다. 그는 또 인간이 단일한 종에 속한다면 포유류로서는 부자연스러울 만큼 넓은 범위에 분포해 있다는 사실에서도 어느 정도 영향을 받았을 것이다. 그는 인종이라 불리는 것의 분포가 다른 포유류의 뚜렷하게 다른 종의 분포와 겹치고 있다는 것에서도 깊은 인상을 받았을 것이다. 마지막으로 그는, 다른 인종 간에 번식력이 있다는 것은 아직 완전하게 증명되지는 않았다고 주장하고, 만일 증명된다 해도 그것은 종이 다르다는 것을 보여주는 절대적인 증거가 아니라고 주장할 것이다.

이 의문과는 다른 측면에서 우리의 상상 속 박물학자가 다른 인종이 같은 지역에서 다수로 섞여 살게 되었을 때, 일반적인 종처럼 독자적인 형태를 계속 유지할지 어떨지를 조사한다면 전혀 그렇지 않다는 것을 곧 발견할 것이다. 브라질에서는 흑인과 포르투갈 인의 혼혈이 많이 있고, 칠레와 그 밖의 남아메리카 지방에서는 모든 인구가 어느 정도이든 인디언과 스페인의 혼합인 것을 곧 알게 될 것이다.*17 그는 같은 대륙의 많은 지방에서 흑인, 인디언, 유

---

*16 《사육동식물의 변이》 제2권, 92쪽.
*17 드 카트르파지(de Quatrefages)는 포르투갈 인, 인디언, 그 밖의 인종과의 혼혈인 브라질의 파울리스타족이 매우 활발하게 번성하고 있는 것에 대한 흥미로운 논문('Anthropolog. Review,' January, 1869, p. 22)을 썼다.

럽 인의 가장 복잡한 혼혈을 만나는데, 식물계에서의 증거에서 판단하면, 이러한 3종의 잡종은 부모의 형태끼리의 상호 번식력을 조사하는 데 가장 엄격한 검증 자료가 된다. 태평양의 어떤 섬에서는 폴리네시아 인과 영국인이 혼혈한 작은 집단을 발견할 것이며, 피지 제도에서는 폴리네시아 인과 흑인이 모든 비율로 혼혈한 집단을 만날 것이다. 이같은 예는 남아프리카에서도 많이 볼 수 있다. 이렇게 인종은 서로 섞이지 않고 같은 곳에서 살 수 있을 만큼 서로 다르지는 않은 것이다. 그리고 그러한 사실은 일반적인 경우에 종의 고유성을 시험하는 검증이 되고 있다.

우리의 박물학자는 또 각각의 인종에 고유한 형질로 알려진 것이 매우 변이가 풍부하다는 것을 아는 순간 큰 혼란에 빠질 것이다. 아프리카의 모든 지방에서 끌려온 브라질 흑인노예를 처음 본 사람은 누구나 이 사실에 놀랄 것이다. 이것은 폴리네시아인과 그 밖의 많은 인종에도 적용된다. 애초에 어떤 인종에서 늘 볼 수 있는 고유한 형질이라는 것이 존재하는지조차 의문으로 여길 수도 있다. 미개인은 같은 부족 안에서도, 흔히 말하듯이 모두가 같은 형질을 갖지는 않는다. 호텐토트 여성은 어떤 인종보다 특징적인 형질을 보여 주고 있지만, 그것도 언제나 볼 수 있는 것은 아니다. 아메리카의 몇몇 부족은 피부색과 체모의 양에 큰 변이가 있다. 아프리카 흑인도 피부색이 어느 정도는 다르며 몸의 형태적 특징에서는 큰 차이를 볼 수 있다. 인종에 따라 두개골의 형태에 큰 변이를 볼 수 있는데,*18 다른 여러 가지 형질에서도 마찬가지이다. 그리고 일관성 없는 형질을 토대로 종을 정의하려는 것이 얼마나 무모한 일인지는 모든 박물학자가 경험을 통해 배운 일이다.

그러나 인종을 독자적인 종으로 정하는 것에 대한 반론들 가운데에서도 가장 중요한 것은, 인종은 우리가 아는 한 교잡과는 상관없이 연속적으로 변화하고 있다는 사실일 것이다. 인간은 다른 어떠한 생물보다도 주의 깊게 연구되어 왔다. 그런데도 그것을 몇 개의 종 또는 변종으로 분류해야 하는지에 대해 유능한 연구자들 사이에는 매우 큰 의견 차이가 있다. 이제까지 인간은 1종, 2종(비레이, Virey), 3종(자키노, Jacquinot), 4종(칸트), 5종(블루멘바흐), 6종(뷔

---

*18 이를테면 아메리카와 오스트레일리아의 원주민. 헉슬리(Huxley) 교수는 남독일인과 스위스 인의 두개골은 '타타르 인만큼이나 짧고 폭이 넓다'고 말했다('Transact. Internat. Congress of Prehist. Arch.,' 1868, p. 105.

퐁, Buffon), 7종(헌터, Hunter), 8종(아가시), 11종(피커링, Pickering), 15종(보리 생뱅상, Bory St.-Vincent), 16종(데물랭, Desmoulins), 22종(모턴, Morton), 60종(크로퍼드, Crawfurd), 그리고 버크(Burke)에 따르면 63종[19] 또는 변종으로 분류되어 왔다. 이와 같은 판단의 다양성이 인종을 종으로 분류해서는 안 된다는 증거가 되지는 않지만, 그들이 서로 연속해 있으며 그 사이에 명확한 구별을 두는 것이 거의 불가능하다는 것을 보여주고 있다.

매우 변이가 큰 생물을 기술하는 불행한 일을 떠맡은 박물학자라면 누구나(나 자신의 경험을 토대로 말하건대) 인간과 완전히 똑같은 예를 만난 적이 있을 것이다. 그리고 그가 신중한 사람이라면, 최종적으로는 서로 연속해 있는 모든 것을 묶어서 단일한 종으로 분류할 것이다. 왜냐하면 그는 자신이 정의할 수 없는 것에 이름을 붙일 수 없다고 스스로 인정할 것이기 때문이다. 이러한 예는 인간을 포함한 목(目), 즉 원숭이의 어떤 속에서 볼 수 있으며 긴꼬리원숭이처럼 다른 속에서는 대부분의 종은 확신을 가지고 분류할 수 있다. 한편 아메리카의 꼬리감는원숭이(Cebus) 속의 여러 가지 형태를 일부 박물학자는 종으로, 다른 박물학자는 단순한 지리적 변이로 분류하고 있다. 그래서 꼬리감는원숭이의 표본이 남아메리카 각지에서 대량으로 수집된다 해도, 지금은 독자적인 종으로 보이는 형태들이 서서히 단계적으로 서로 연속해 있는 것을 안다면, 대부분의 박물학자는 그것을 단순한 변이나 변종으로 분류할 것이 틀림없다. 그들은 인종에 대해서도 그렇게 해왔다. 어쨌든 적어도 식물계에서는,[20] 교배와는 별도로 수많은 연속적 변이로 서로 연결되어 있는데도 종으로 명명하지 않을 수 없는 경우가 있다는 것을 인정해야 할 것이다.

일부 박물학자는 최근에 진정한 종으로서의 형질을 많이 가지고 있기는 하지만, 종이라는 높은 지위를 줄 정도는 아닌 형태에 대해 아종이라는 용어를 도입했다. 그런데 위에 든 인종을 종으로 격상시켜야 한다는 강력한 주장이지만, 인종을 정의하는 것이 쉽지 않은 일임을 고려하면 '아종'이라는 말이 여기

---

*19 이 문제에 대해서는 바이츠(Waitz)의 뛰어난 논문 'Introduct. to Anthropology,' English translation, 1863, pp. 198-227을 참조할 것. 나는 위에서 말한 내용 가운데 몇 가지를 H. 터틀(H. Tuttle)의 'Origin and Antiquity of Physical Man,' Boston, 1866, p. 35에서 인용했다.

*20 네겔리(Nägeli) 교수는 자신의 'Botanische Mittheilungen,' Bd. 2, 1866, S. 294-369에서 몇 가지 뚜렷한 예들을 기술했다. 에이사 그레이 교수는 북아메리카의 국화과에서 볼 수 있는 중간적 형태에 대해 같은 지적을 했다.

서 사용하기에 매우 적절할지도 모른다. 그러나 이제까지 오래 사용되어 왔다는 점에서 인종이라는 말은 앞으로도 계속 사용될 것이다.*21 어느 용어를 사용하는가는, 가능한 한 같은 정도의 차이에 대해 같은 말을 사용하는 것이 바람직하다는 점에서 중요할 뿐이다. 그러나 유감스럽게도 그것은 거의 불가능한 일이다. 같은 과 안에서 큰 속은 일반적으로 구별하기 어려울 만큼 비슷한 형태의 것들이 많이 들어 있는 반면, 작은 속에는 구별이 뚜렷한 형태의 것들만 들어 있기 때문이다. 그래도 모든 것에는 종의 지위를 부여하지 않으면 안 된다. 그리고 큰 속에 들어가는 종은 서로 같은 정도로 다른 것은 아니다. 오히려 대부분의 경우, 그들의 일부는 행성 주위를 도는 위성처럼 다른 종의 주위에 작은 그룹을 형성하고 있다.*22

인류가 단일한 종(種)인가 복수의 종인가 하는 문제에 대해, 최근에 일원발생론자와 다원발생론자의 두 학파로 갈라진 인류학자들이 열띤 논의를 벌여 왔다.*23 진화의 원리를 인정하지 않는 사람들은 종을 개별 창조의 결과이거나 무언가의 독자적인 존재로 보겠지만, 그들도 무엇을 종으로 할지에 대해서는 다른 생물에서 일반적으로 종으로 인정되고 있는 것과 비교하여 결정하지 않으면 안 된다. 그러나 모두가 인정하는 '종'이라는 말에 대해 무언가 정의를 내리지 않는 한, 그런 일을 정당한 근거를 두고 한다고 말할 수는 없다. 그리고 그 정의에 창조 행위라는 확인할 수 없는 요소가 포함되어서는 안 된다. 한편 정의 같은 것이 없어도 몇 채의 집의 집합을 마을이라고 부를지, 읍이라고 부를지, 도시라고 부를지를 결정할 수 있을지도 모른다. 북아메리카와 유럽에 각각 살고 있는 매우 근연성이 높은 포유류, 조류, 식물을 독자적인 종으

---

*21 (역주) 영어로 인종은 'race'인데, 이 말은 영어에서는 특별히 사람에게만 사용하지 않고, 동식물의 품종과 변종에도 똑같이 사용된다. 그래서 인종이 분류학상 어느 위치에 해당하는 것인지에 따라, 이 말을 사용해야 하는가 하는 의문이 나올 수 있다. 우리말로 '인종'이라고 말한 경우에는, 다른 생물과 비교한 분류학상의 위치를 나타내는 의미가 없기 때문에 특별히 문제될 것은 없다.

*22 《종의 기원》 제5판, 68쪽.

*23 (역주) 일원발생론과 다원발생론은 인종 차이의 기원에 관한 19세기의 대립하는 두 견해. 일원발생론은 모든 인류는 아담과 이브 두 사람에게서 태어난 자손이라고 보고, 인종의 차이는 그 뒤 다른 기후와 그 밖의 환경에 대해 적응하면서 생겼다고 생각한다. 그에 비해 다원발생론은 모든 인종은 같은 조상으로부터 태어난 자손이 아니라 따로따로 발생했다고 생각한다. 모두 진화적인 생각은 아니다.

로 규정해야 하는지, 지리적 변이로 보아야 하는지에는 끝없는 의문이 따라다닌다는 사실 속에 이 문제의 어려움이 잘 나타나 있다. 그것은 대륙에서 아주 조금 떨어진 섬에 살고 있는 생물에 대해서도 마찬가지이다.

한편 진화의 원리를 인정하는 박물학자는, 지금은 저명한 인물의 대다수가 그렇듯이 모든 인종은 그들 사이의 수많은 차이를 표현하기 위해 그것을 독자적인 종으로 해야 한다고 생각하는가 하는 문제와는 별도로,[24] 단일한 원시적인 계통에서 발생했음은 의심할 나위가 없다. 가축에서 여러 가지 품종이 하나의 종에서 발생했는지 복수의 종에서 발생했는지는 또 다른 문제이다. 그러한 품종은 모두 같은 속에 속하는 모든 자연의 종과 마찬가지로 같은 원시적인 계통에서 발생한 것이 틀림없지만, 그래도 이를테면 모든 개들이 지금과 같은 차이를 획득한 것은, 어떤 개가 인간에게 사육되어 최초로 가축화된 뒤의 일인지, 자연상태에서도 이미 변용한 독자적인 다른 종으로부터 유전을 통해 전해진 차이도 있는지 묻는 것은 의미가 있는 일이다. 인류에 대해서는 그러한 의문이 생길 수가 없다. 인간은 어떤 특정한 시기에 가축화된 것이 아니기 때문이다.

아주 먼 옛날에 인간의 다른 인종이 공통 조상에서 갈라졌을 때, 그들은 서로 아주 조금밖에 다르지 않았고 개체수도 적었을 것이다. 그 결과 그들은 각각의 형질에 관한 한, 현재 인종이라고 불리고 있는 것처럼 독자적인 종을 주장할 정도는 아니었을 것이다. 그럼에도 종이라는 말은 임의로 사용되기 때문에 그들 사이의 차이가 아무리 작았다고 해도 현재 볼 수 있는 것보다 일정하며, 또 서로 연속하고 있는 것이 아니었다면 그러한 초기 인종도 독자적인 종으로 분류하는 사람이 있을 것이다.

그러나 포크트(Vogt)가 말했듯이 인류의 초기 조상의 형질은 처음에 매우 다양하여 한때는 현존하는 어떠한 인종보다 서로 달랐으나 그 뒤 형질에 수렴(收斂 : 동식물의 계통이 다른 군이 같은 환경에 적응한 결과, 닮은 형질을 나타내며 진화하는 일)이 일어났다는 것은, 가능하기는 해도 진실과는 거리가 먼 것으로 생각된다. 사람이 두 개의 다른 종에 속하는 자손을 같은 목적으로 계속 선택하면, 일반적인 외형에 관해서는 상당한 수렴을 불러일으킬 수

*24 이 문제에 대해서는 헉슬리 교수, 'Fortnightly Review,' 1865, p. 275 참조.

있다. 이는 폰 나투지우스(Von Nathusius)가 보여주었듯이*25 두 개의 다른 종에서 유래한 품종개량된 돼지에서 나타난 일이며, 소의 개량종에도 그것보다는 모호하지만 같은 현상이 적용된다. 위대한 해부학자인 그라티올레는 유인원은 자연적인 한 그룹을 형성하고 있지는 않으며 오랑우탄은 긴팔원숭이 또는 *Semnopithecus*[잎원숭이 속을 나타내는 오래된 명칭]가 고도로 발달한 것이고, 침팬지는 마카크원숭이가 고도로 발달한 것이며, 또 고릴라는 맨드릴이 고도로 발달한 형태라고 주장했다. 이 결론은 거의 전적으로 뇌의 형질만 고려한 것으로, 만일 이것이 올바르다면 적어도 외형적인 형질에서의 수렴의 예가 된다. 왜냐하면 유인원은 많은 점에서 다른 원숭이류보다 서로 더 많이 비슷하기 때문이다. 고래가 물고기와 닮았다고 하는 것은 바로 이 같은 수렴의 예라고 할 수 있다. 그러나 이 말은 불분명한 유사성에 적용된 적은 없다. 옛날에는 매우 달랐던 존재들 사이에서 볼 수 있는 구조상의 많은 유사점을 수렴의 결과로 보는 것은, 대부분의 경우 매우 무모한 일이다. 결정(結晶)의 형태는 완전히 분자의 힘에 의해서만 정해지며, 유사성이 없는 물질이 때로는 같은 형태를 취하는 것도 그리 놀라운 일이 아니다. 그러나 생물에서는 각 형태가 그야말로 무한하게 복잡한 관계로 얽혀 있다는 것을 잊어서는 안 된다.

이를테면 어떠한 변이가 생겼는지에 따라 다르지만 다양한 변이가 어떻게 해서 생기는지는 너무 복잡해서 다 추적할 수가 없다. 또한 보존되어온 변이가 어떠한 성질의 것인지에 따라서도 다르고, 또 주위의 물리적 환경에 따라서도 다르다. 그리고 주위에 존재하는 서로 경쟁관계에 있는 생물에 더 많은 것들을 의존하고 있다. 마지막으로 수많은 조상으로부터 물려받은 유전(그것 자체가 변동하는 요소이지만)이 형태에 영향을 주고 있는데, 그 모두가 각각 마찬가지로 복잡한 관계에 의해 결정되고 있다. 두 생물이 확실하게 다른 형태였다가 나중에 수렴을 통해 모든 구조가 거의 동일해지는 일은 전혀 불가능한 것으로 여겨진다. 위에 든 개량종 돼지의 수렴 예에서는, 폰 나투지우스에 의하면 그들이 두 개의 원시적인 계통에서 유래했다는 증거가 지금도 두개골 일부에 뚜렷이 남아 있다고 한다. 일부 박물학자들이 가정하고 있듯이, 각각의 인종이 오랑우탄과 고릴라가 다른 것만큼이나 다른 두 개 이상의 독자

---

*25 'Die Racen des Schweines,' 1860, S. 46, 'Vorstudien für Geschichte, etc., Schweineschädel,' 1864, S. 104. 사육소에 관해서는 드 카트르파지의 'Unité de l'Espèce Humaine,' 1861, p. 119 참조.

적인 종에서 유래했다면, 현재의 인류 중에서도 어떤 종류의 뼈의 구조에 대해서 명백한 차이가 발견되는 것은 당연한 일일 것이다.

현존하는 인종이 피부와 머리카락 색깔, 두개골의 형태, 신체의 비율 등 많은 점에서 서로 다른 것은 사실이지만, 몸 전체를 보면 수없이 많은 점에서 서로 매우 유사한 것도 명백한 사실이다. 이러한 점의 대부분은 전혀 중요하지 않거나 매우 기묘하여, 원래의 종 또는 인종의 조상에서 각각 독자적으로 획득되었을 것이라고는 도저히 생각하기 어렵다. 가장 다르게 보이는 인종 사이에서 볼 수 있는 수많은 정신적 유사성에 대해서도 마찬가지로 또는 그 이상으로 강하게 적용될 것이다. 아메리카 원주민, 흑인, 유럽 인은, 다른 어떤 세 인종을 비교했을 때와 다름없이 서로 정신적으로 달랐다. 그래도 나는 비글호 위에서 푸에고 섬 사람들과 함께 생활했을 때, 수많은 사소한 일에서 그들의 마음이 얼마나 우리의 마음과 똑같이 움직이고 있는지를 알고 늘 놀라곤 했다. 그것은 내가 옛날에 친하게 지냈던 순수한 흑인의 경우도 마찬가지였다.

타일러와 J. 러벅 경의 흥미로운 저작*26을 주의 깊게 읽는 사람은, 온갖 인종에 속한 인간들의 취향과 성질, 습성이 얼마나 비슷한지 알면 틀림없이 깊은 감동을 느낄 것이다. 이것은 모든 인간이 춤과 조잡한 음악, 연극, 그림, 또는 문신 등으로 몸을 장식하는 것을—몸짓언어를 통한 서로의 이해 속에서—좋아하는 것에 나타나 있다. 그리고 나는 이제부터 쓸 책 속에서 보여줄 수 있다고 생각하는데, 그들은 다양한 감정에 마음이 움직였을 때 같은 표정, 같은 분절화된 목소리로 그것을 표현한다. 이 유사성, 아니 오히려 동일성은 원숭이의 다른 종이 나타내는 다른 표정과 비교하면 더욱 놀라운 일이다. 활과 화살로 무엇을 쏘는 기술이 인류 공통의 단일조상으로부터 물려받은 것이 아님을 보여주는 증거는 많이 있지만, 닐슨(Nilsson)이 보여준 것처럼*27 세계의 가장 멀리 떨어진 지역에서 아주 먼 시대를 거쳐 채집된 돌화살촉이 거의 같은 모양을 하고 있다. 이것은 다양한 인종이 발명의 재능 또는 지적 능력에서 거의 같다는 사실로밖에 설명되지 않는다. 이것은 지그재그 무늬나 그 밖

---

*26 타일러(Tylor)의 'Researches into the Early History of Mankind,' 1865. 몸짓언어에 관한 증거는
　　p. 54 참조. 러벅(J. Lubbock) 경의 'Prehistoric Times,' 2nd edition, 1869 참조.
*27 러벅 경의 'The Primitive Inhabitants of Scandinavia,' English translation, 1868, p. 104.

의 것처럼 넓은 범위에 걸쳐 볼 수 있는 장식이나 죽은 사람을 거대한 돌 밑에 묻는 단순한 신앙과 관습 등, 고고학자들이 발견한 몇 가지 사실에도 적용된다.[28] 나는 남아메리카에서 세계의 다른 지역의 것과 완전히 마찬가지로 사람이 높은 언덕 꼭대기를 골라, 뭔가 놀라운 사건을 기록하거나 죽은 사람을 묻기 위해서 그곳에 돌을 쌓아올리고 있는 것을 본 적이 있다.[29]

그런데 박물학자가 두 개나 그 이상의 가축화된 종류, 또는 자연 속에서 가까운 동물들 사이의 습성과 성질, 취향 등 수많은 사소한 점에서 일치한다는 것을 발견했을 때는, 거기서 그들이 모두 그런 성질을 갖추고 있었던 공통의 조상으로부터 유래했다는 주장을 이끌어내고, 마지막으로 그 모든 것을 같은 종으로 분류할 것이 틀림없다. 인종에 대해서도 같은 논의를 강력하게 적용할 수 있을 것이다.

많은 인종에서 몸의 형태와 정신적 능력(여기서는 같은 관습에 대해 말하는 것은 아니다)에 관해서 볼 수 있는 그리 중요하지 않은 수많은 유사성들이 모두 독립적으로 획득되었다는 것은 있을 수 없는 일이므로, 그것은 그러한 형질을 갖추고 있었던 공통의 조상에서 유래한 것이 틀림없다. 그래서 우리는 인간이 한 걸음 한 걸음 지구상에 퍼져가기 전인 초기 상태에 대해 몇 가지 통찰할 수 있다. 바다를 사이에 두고 멀리 떨어진 곳까지 인간이 퍼져간 것은, 의심할 여지 없이 몇몇 인종 사이의 형질이 크게 달라지기 이전의 일이었을 것이다. 그게 아니라면 다른 대륙에서 같은 인종이 살고 있는 것을 이따금 목격할 수 있을 텐데 그런 일은 없기 때문이다. J. 러벅 경은 온 세계에 살고 있는 미개인들이 오늘날 사용하고 있는 기술들 가운데에서 인간이 첫 발상지에서 이주해 왔을 때 알고 있었을 리가 없는 기술들을 찾아내어 명시했다. 기술은 한 번 배우고 나면 절대로 잊어버리지 않기 때문이다.[30] 그 결과 그는 인간이 이주하기 전부터 가지고 있었던 것으로서, 칼끝을 날카롭게만 한 창, 그리고 망치를 길게 늘렸을 뿐인 긴 막대기, 이 두 가지만이 남아 있음을 보여주었다. 그러나 그는 불을 피우는 기술도 아마 이미 발견되었을 거라고 인정

---

[28] 크롬레크 등에 관해서는 호더 M. 웨스트롭(Hodder M. Westropp)의 'Journal of Ethnological Soc.'가 'Scientific Opinion,' June 2, 1869, p. 3에 실려 있다.

[29] 《비글호 항해기》 46쪽.

[30] 'Prehistoric Times,' 1869, p. 574.

했다. 왜냐하면 그것은 현존하는 모든 인종이 알고 있으며, 고대 유럽에 동굴에서 살았던 사람들도 알고 있었던 것이기 때문이다. 조잡한 카누와 뗏목을 만드는 기술도 알려져 있었을지 모르지만, 인간이 존재했던 먼 옛날에는 세계 곳곳에서 지면의 높이가 지금과는 상당히 달랐기 때문에, 카누의 도움 없이도 인간은 널리 퍼질 수 있었을지도 모른다. J. 러벅 경은 또 넷보다 큰 수를 헤아릴 줄 모르는 인종이 지금도 상당히 있는 것으로 보아 인간의 가장 맨 처음 조상이 10보다 큰 수를 알았을 것이라고 생각하기는 어렵다고 지적했다. 그럼에도 불구하고, 그러한 옛날에도 인간의 지적, 사회적 능력이 현재의 가장 하등한 미개인이 지닌 능력보다 훨씬 뒤떨어져 있었던 것은 아니었다. 그렇지 않다면 원시인이 아득한 옛날에 온 세계에 널리 퍼진 것에서도 볼 수 있듯이, 생존경쟁에서 그토록 훌륭하게 성공을 거두지는 못했을 것이기 때문이다.

어떤 언어들은 본질적으로 다르다는 점에서, 언어학자들 가운데에는 인간이 최초로 온 세계에 퍼졌을 때는 아직 말을 하는 동물이 아니었을 것으로 생각하는 사람들도 있다. 그러나 지금보다 훨씬 불완전한 언어가 몸짓과 함께 사용되고 있었지만, 그 뒤 더욱 고도로 발달한 언어가 나오면 옛날의 흔적은 완전히 사라져버리는 것도 있을 수 있는 일이다. 비록 불완전하더라도 어떤 언어도 갖고 있지 않았다면, 인간의 지적 능력이 과거에도 지배적인 위치에 있었다고 생각되는 수준까지 어떻게 도달했을지 의심스러운 일이다.

가장 소박한 기술을 아주 조금밖에 가지고 있지 않고 언어 능력도 매우 불완전했을 때의 그 원시인들을 인간이라고 불러야 할지 어떤지는 어떤 정의를 채택하는가에 달려 있다. 무슨 유인원 같은 생물에서 현재의 인간에 이르기까지 거의 단절 없이 여러 가지 형태의 생물이 연속적으로 존재한다면, '인간'이라는 말을 사용할 수 있는 확실한 시점을 특정하는 것은 불가능한 일이다. 그리고 그것은 조금도 중요한 일이 아니다. 인종이라고 불리고 있는 것이 변이인가, 아니면 종(種)인가 아종(亞種)인가 하는 것도 마찬가지로 사소한 문제이다. 그러나 아종이라는 것이 가장 적절한 언어일지도 모른다. 마지막으로 진화의 원리가 일반적으로 인정되면, 그리고 그것은 그리 먼 일이 아닌 것이 틀림없지만, 일원발생론자와 다원발생론자 사이의 논쟁은 누구에게도 알려지지 않고 조용히 사라질 것이라고 결론지어도 좋을 것이다.

또 하나의 의문, 즉 인종이라 불리는 것은 한 쌍의 조상으로부터 각각 생겨난 것인가 하는 문제를 언급도 하지 않고 그냥 넘어갈 수는 없다. 가축동물에서는 무언가 새로운 형질을 가진 단일한 쌍, 또는 그러한 형질을 가진 한 개체에서도 다양하게 다른 자손을 주의 깊게 교배시키면 새로운 변종을 간단하게 만들 수 있다. 그러나 우리의 인종은 선택받은 두 개체에서 의도적으로 창조된 것이 아니라, 형질이 아주 조금이라도 유리하거나 바람직한 방향으로 변이해 있었던 많은 개체가 무의식적으로 보존되어 온 결과로서 태어난 것이다.

만일 어떤 나라에서는 더 강하고 체중이 무거운 말이 항상 선호되고 다른 나라에서는 체중이 가볍고 발이 빠른 말이 선호되었다면, 특정한 쌍 또는 개체를 격리하여 번식시키지 않아도 시간이 지나면 각각의 나라에 두 개의 다른 변종이 생기는 것은 확실하다. 인종의 대부분은 이렇게 하여 형성되었으며, 그 형성 과정은 자연의 종과 매우 비슷하다. 또 포클랜드 제도에 끌려간 말은 세대가 지날수록 작고 허약해졌지만, 대초원을 뛰어다녔던 말은 더 크고 사나워진 사실이 알려져 있다. 이러한 변화는 명백하게 한 쌍에 일어난 일이 아니라 같은 상황에 처해 있었던 모든 개체에게는 아마 격세유전의 영향도 받아서 일어난 것이 분명하다. 이러한 예에서는 새로운 변종은 한 쌍에서 나타난 것이 아니라 각각 정도는 다르지만 같은 일반적인 경향을 갖춘 많은 개체들로부터 나타난 것이다. 그래서 인종도 이와 같은 방식으로 생겨났으며 각각의 변화는 다른 환경에 노출된 것의 직접적인 결과이거나, 형태의 선택에 의한 간접적인 결과일 것이다. 후자의 문제에 대해서는 곧 다시 다루기로 하겠다.

인종의 절멸에 대하여

많은 인종과 그 하위집단이 부분적으로 또는 완전히 절멸한 것은 역사적으로 잘 알려져 있는 사실이다. 훔볼트는 남아메리카에서 절멸한 부족의 언어를 할 줄 아는 것은 단 한 마리의 앵무새뿐인 것을 목격했다. 현재의 주민에게는 그 전통이 전혀 남아 있지 않은 고대의 건조물과 석기(石器)가 세계 곳곳에서 발견되고 있는데, 그것도 많은 인종들이 절멸했음을 보여주고 있다. 옛날 인종의 흔적인 작은 부족들은 산으로 에워싸인 격리된 지역에 뿔뿔이 흩어져서 생존하고 있다. 샤프하우젠에 따르면*31 유럽의 고대 인종은 모두 '현재 생존해 있는 가장 하등한 미개인보다도 하등했다'고 하니, 그들은 현존하는 어떠한 인종과도 어느 정도 달랐을 것이 틀림없다. 브로카 교수가 기록한, 레제이지에서 발견된 사람 뼈는*32 유감이지만 단 하나의 가족에 속했던 것 같은데, 원숭이 같은 하등한 형질과 고도의 형질을 가장 기묘하게 조합하여 지니고 있는 인종임을 보여주었다. 그것은 고대, 현대를 불문하고 이제까지 본 적이 있는 어떠한 인종과도 전혀 달랐다.*33 그러므로 그것은 벨기에의 동굴에서 발굴된 제4기의 인종과도 달랐던 것이다.

물리적 환경이 좋지 않은 것은 인종의 절멸에 아주 약간의 영향밖에 미치지 않는 것 같다.*34 인류는 카누와 그 밖의 도구를 만들 나무가 전혀 없는 북극지방에서 살면서 고래 지방밖에 태울 것이 없어 난방도 하지 못했으며, 더 중요한 것은 눈 녹인 물을 쓸 수밖에 없는 지역에서도 오랫동안 살아왔다. 아메리카 최남단의 푸에고 섬 사람은 옷으로 몸을 보호하지도 않고, 닭개집이라고 부를 만한 건물조차 없이 살아가고 있다. 또 남아프리카에서는 원주민이 위험한 야수가 어슬렁거리는 가장 건조한 평원을 떠돌고 있다. 이렇듯 인류는 히말라야 기슭 테라이*35의 무서운 위험도 견딜 수 있고, 열대 아프리카의 전염병이 들끓는 곳에서도 살 수 있다.

절멸(絶滅)은 주로 부족과 부족, 인종과 인종 사이의 경쟁에 의해 일어난다. 앞 장에서 밝혔듯이 정기적인 기근, 항상 이동하며 사는 것, 그로 인한 유아의 사망, 오래 계속되는 수유(授乳), 여성 약탈, 전쟁, 사고, 질병, 방탕, 특히 자식 살해, 그리고 아마도 영양이 부족한 음식으로 인한 생식력 저하, 그리고 생활상의 고생 등, 늘 미개인 부족의 인구를 억제하는 요인들이 수없이 작용하

---

*31 'Anthropological Review,' October, 1868, p. 431(영어역) 참조.

*32 'Transact. Internat. Congress of Prehistoric Arch.,' 1868, pp. 172-175. 또 브로카(Broca)의 'Anthropological Review,' October, 1868, p. 410(영어역)도 참조할 것.

*33 (역주) 레제이지는 남프랑스의 도르도뉴 지방의 마을. 1868년 여기서 발굴된 사람뼈는 1만 년 전보다 새로운 해부학적 현대인(Homo sapiens sapiens)이다. 따라서 다소의 특징이 있어도 현대인과 다르지 않다. 벨기에에서 발굴된 사람뼈란 1829년 엔기스에서 발굴된 네안데르탈 인의 뼈를 가리키는 듯하다.

*34 Gerland(겔란드) 박사, 'Ueber das Aussterben der Naturvölker,' 1868, S. 82.

*35 (역주) 히말라야 기슭에 말라리아 같은 전염병이 만연해 있어서 두려움의 대상이었던 지역.

고 있다. 만일 어떤 원인에 의해 이러한 요소가 하나라도 완화된다면 그것이 아무리 미미하더라도 그러한 유리함을 누린 부족은 증가하는 경향을 보일 것이다. 그리고 인접한 부족 가운데 한쪽의 수가 다른 쪽보다 많아지고 힘이 강해졌을 때는 경쟁은 곧 전쟁, 학살, 식인, 노예사냥, 그리고 흡수를 통해 결말이 날 것이다. 약한 쪽의 부족이 그렇게 급속하게 절멸하지는 않더라도 일단 인구가 줄어들기 시작하면 절멸할 정도로 감소해 버리는 것이 보통이다.[*36]

문명인이 미개인을 만났을 때는 혹독한 기후가 현지 인종에게 유리하지 않다면 투쟁은 잠깐밖에 계속되지 않는다. 문명인이 이기게 되는 원인은 때로는 분명하지만 때로는 모호하다. 토지를 경작하는 것은 미개인에게 많은 점에서 치명적이라고 생각된다. 그들은 자신들의 생활습관을 바꿀 수가 없으며 또 바꾸고 싶어하지도 않기 때문이다. 그리고 어느 나라에도 새롭게 들어온 질병과 악덕은 매우 파괴적이다. 새로운 질병은 그 파괴적인 영향을 가장 받기 쉬운 사람이 먼저 제거되어 거의 사라질 때까지 수많은 죽음을 가져온다.[*37] 그리고 독한 술의 나쁜 영향도 마찬가지여서 매우 많은 미개인들이 술에 대해 저항할 수 없는 강한 탐닉을 드러낸다. 그리고 이것은 매우 신기한 일인데, 그때까지 격리되어 있었던 사람이 최초로 다른 사람을 만났을 때는 병에 걸리는 것 같다.[*38] 밴쿠버 섬에서 절멸 문제를 상세히 연구한 스프로트는 유럽 인이 찾아오면 반드시 생활습관이 변하고, 많은 나쁜 질병이 발생한다고 생각했다. 그는 또 원주민은 '그들 주위의 새로운 생활에 평정을 잃고, 우둔해져서 노력해야 할 목표를 잃고 그것을 대신할 것을 찾지 못하는' 사소한 것에도, 원인의 중점을 두었다.[*39]

국가끼리 경쟁하게 되었을 때는 문명화의 정도가 그 나라의 성공에 가장 중요한 것으로 생각된다. 몇 세기 전 유럽은 동방에서 온 야만인의 침입을 두려워했다. 지금은 그런 공포는 어리석은 일이 되었다. 더욱 기묘한 것은 배젓이 지적했듯이, 미개인들은 왜 오래전에 현대의 문명인이 그랬던 것처럼 고대

---

*36 겔란드(같은 책. S. 12)는 이러한 주장을 뒷받침하는 사실을 열거했다.

*37 이 문제에 대해서는 H. 홀랜드(H. Holland) 경의 'Medical Notes and Reflections,' 1839, p. 390 참조.

*38 나는 이에 대해 많은 사례를 수집했다(《비글호 항해기》 435쪽). 또 겔란드의 같은 책. S. 8도 참조할 것. 뢰피그는 '문명의 입김은 야만인에게는 독'이라고 말했다.

*39 Sproat(스프로트), 'Scenes and Studied of Savage Life,' 1868, p. 284.

의 문명 앞에 멸망해 버리지 않았는가 하는 것이다. 만일 그들에게 그런 일이 있었다면 고대의 도덕가들은 그 사건에 슬픔을 표했겠지만, 당시의 저술가 가운데 누구에게서도 미개인의 절멸을 애도하는 기술을 볼 수 없다.*40

인종이 서서히 줄어들며 마지막에 절멸하는 것은 알 수 없는 문제이지만, 때와 장소에 따라 각각 다른 많은 원인에 의한 것이라고 생각된다. 이를테면 이것은 남아프리카에서 살고 있던 말이 사라지고 오늘날 화석으로만 남게 되었으며, 그 뒤 곧 그 지역에 스페인 인이 들여온 말이 수없이 번성한 것과 마찬가지로 고등동물의 절멸에 대한 어려운 문제의 하나이다. 뉴질랜드 인이 유럽의 쥐 때문에 현지의 쥐가 절멸해 버린 것과 자신들의 미래를 비교한 것을 보면 이러한 현상의 유사성을 인식하고 있었던 것 같다. 상상하기에는 어려움이 많고 명확한 원인을 특정하는 것도 참으로 어려운 것이 사실이지만, 모든 종과 변종에는 언제나 그 개체수의 증가를 억제하는 요인이 작용하는 것을 생각하면, 논리적으로는 그다지 어려운 문제는 아니다. 아무리 미미하다 해도 새로운 제동 또는 파괴의 원인이 작용하면, 어떤 인종의 인구는 반드시 감소한다. 그리고 어디서나 관찰되고 있듯이, 미개인은 생활습관의 어떠한 변화도 싫어하여, 나쁜 영향을 없애도록 작용하는 수단을 거부함으로써 인구가 서서히 감소하여 결국 절멸의 길로 들어서게 된다. 마지막에는 대부분의 경우, 증가경향에 있는 다른 부족이 침략하여 재빨리 정복하게 마련이다.

인종의 형성에 대하여

아메리카에서처럼 아무리 다른 부족으로 갈려져 있어도 같은 인종이 넓은 지역에 산재해 있는 것을 발견하면 그들은 서로 닮은 것을 알 수 있는데, 이는 공통조상에서 유래했기 때문이라고 할 수 있을 것이다. 어떤 경우에는 이미 확립되어 있는 인종들이 혼혈하여 새로운 인종이 태어난다. 유럽인종과 힌두인종은 모두 아리아인종에 속하는데, 본질적으로는 같은 언어를 사용하는데도 불구하고 겉모습은 매우 다르다. 한편 유럽인종은 유대 인과 겉모습은 거의 같지만, 유대 인은 셈인종에 속하고 매우 다른 언어를 사용한다는 것은 너무나 흥미로운 사실이다. 브로카(Borca)는*41 이것을 아리아인종이 널리 확

---

* 40 Bagehot(배짓), "Physics and Politics," 'Fortnightly Review,' April 1, 1868, p. 455.
* 41 "On Anthropology," 'Anthropological Review,' January, 1868, p. 38(영어역) 참조.

산하는 동안, 다양한 현지 부족과 혼혈했기 때문이라고 설명했다. 자주 접촉하는 두 인종이 혼혈했을 때, 최초의 결과는 다양한 이질적인 형질의 혼합이다. 인도의 산악민족인 산탈리에 대해 헌터(Hunter)가 말한 것처럼 '새카맣고 키가 작은 산악부족부터 키가 크고 올리브색 피부며, 지적인 눈썹, 온화한 눈, 높지만 좁은 이마를 가진 브라만까지' 몇백 가지나 되는 지각할 수 없을 정도의 차이로 연속되는 계열을 볼 수 있다. 그래서 재판소에서는 증인에 대해 그들이 산탈리족인지 힌두 인인지 물어야 할 정도이다.[42] 폴리네시아제도의 몇몇 섬에 사는 사람들처럼 독자적인 두 인종의 혼혈로 태어나, 순수한 구성원은 거의 또는 전혀 남아 있지 않은 이질적인 사람들이 언젠가는 균질화될 것에 대한 직접적인 증거는 아직 없다. 그러나 가축동물에서는 교배한 잡종은 주의 깊게 선택하면 몇 세대에 걸쳐 고정되어 일정한 형태로 만들 수 있기[43] 때문에, 이질적인 잡종이 많은 세대에 걸쳐 오랫동안 자유롭게 혼혈을 계속하는 동안 선택이 일어날 무대를 제공하고 격세유전의 경향을 억제하여, 새로운 인종의 형질이 각각 평등하게 전달될지는 알 수 없지만 혼혈인종이 최종적으로는 균일해질 수 있다고 생각해도 좋을 것이다.

인종간의 모든 차이 가운데 피부색의 차이가 가장 현저하고 가장 확실하게 나타난다. 이러한 차이를 이전에는, 다른 기후 속에 오래 노출되어 온 것으로 설명할 수 있다고 생각했다. 그러나 이 견해가 타당하지 않다는 것은, 팔라스가 최초로 보여주었고 나중에는 거의 모든 인류학자들이 인정했다.[44] 이 견해가 부정되는 것은 주로 다양한 피부색을 한 인종은 현재 살고 있는 지역에서 오랫동안 살아온 것이 분명한데도, 그 분포가 기후 차이와 대응하지 않는다는 사실 때문이다. 저명한 권위자에 따르면,[45] 남아프리카에서 3세기 동안이나 살아도 네덜란드 인 가족의 피부색은 전혀 변하지 않는다고 하는데, 이러한 예도 중시해야 할 것이다. 세계 어디에 살고 있어도 집시나 유대 인이 완

---

[42] 'The Annals of Rural Bengal,' 1868, p. 134.

[43] 《사육동식물의 변이》 제2권, 95쪽.

[44] Pallas(팔라스), 'Act. Acad. St. Petersburg,' 1780, Part 2, p. 69. 루돌피(Rudolphi)는 'Beyträge zur Anthropologie,' 1812에서 팔라스를 계승하고 있다. 이 문제에 대한 뛰어난 요약은 고드롱(Godron)의 'De l'Espèce,' 1859, Vol. 2, p. 246 등에서 볼 수 있다.

[45] 녹스(Knox)는 'The Races of Men,' 1850, p. 473 중에서 앤드류 스미스(Andrew Smith) 경의 글을 인용했다.

전히 똑같은 모습인 것도 이 논의를 증명하고 있다. 물론 유대 인이 균일한 것은 좀 지나치게 강조된 것 같기는 하다.*46 습도가 매우 높거나 매우 낮은 것은, 단순한 고온보다 피부색의 변화에 큰 영향을 준다고 지금까지 추정되어 왔다. 그러나 남아메리카에 간 도르비니와 아프리카에 간 리빙스턴이 습기와 건조에 대해 정반대의 결론을 내린 것을 보면, 그것은 매우 의심스럽다고 할 수 있다.*47

내가 다른 데서 언급한 다양한 사실들은, 피부와 머리카락의 색깔은 때로는 어떤 식물독의 작용이나 일종의 기생충 감염에 대한 면역성과 놀라울 만큼 관계가 있음을 증명한다. 그래서 나는 흑인이나, 피부색이 짙은 인종은, 피부가 검은 사람이 자신들이 살던 땅에 만연해 있었던 치명적인 질병에서 몇 세대 동안 살아남을 수 있었기 때문에 그런 피부색을 획득한 것이라고 생각한 적이 있다.

나중에 나는, 웰스(Wells) 박사*48가 이와 똑같은 생각을 몇 년 전부터 하

---

*46 이에 대해서는 드 카트르파지(de Quatrefages)의 'Revue des Cours Scientifiques, October 17, 1868, p. 731 참조.

*47 리빙스턴(Livingstone)의 'Missionary Travels and Researches in S. Africa,' 1857, pp. 338, 329. 고드롱(Godron)이 'De l'Espèce,' Vol. 2. p. 266에서 도르비니(d'Orbigny)를 인용했다.

(역주) 피부색과 기후에 대한 적응 관계는 매우 복잡한 문제로, 여기서 다윈이 말한 것처럼 전혀 관계가 없다고 단호하게 부정할 수도 없다. 태양광선 속에 들어 있는 자외선은 인체에 두 가지 영향을 미친다. 하나는 암 유발 같은 나쁜 영향이며, 또 하나는 비타민 D의 합성이다. 지구상에서는 적도 가까이 갈수록 자외선의 양이 많고 극지로 갈수록 적어진다. 피부색은 멜라닌 색소의 양에 따라 결정되며, 많을수록 짙은 색이 된다. 멜라닌은 자외선을 차단하는 작용을 한다. 적도 가까이에서는 자외선의 양이 많기 때문에 그것을 차단하여 나쁜 영향을 막기 위해 멜라닌 색소가 많은 쪽이 유리하지만, 극지로 갈수록 비타민 D의 충분한 합성을 위해 멜라닌 색소가 적은 것이 유리하다. 그러나 피부색의 결정에는 대량의 유전자가 관계하고 있으며, 또 유전적 적응으로 고정되는지의 여부는 각 집단의 과거의 지리적 분포 역사와도 관계가 있기 때문에 확실한 것은 알 수 없다. 또 다윈이 여기서 말한 것처럼 몇 세대 동안 피부 속에 유전적 변화가 일어나는 일은 없지만, 그것이 피부색이 기후에 대한 적응의 결과로 나타난 것이 아니라는 증거는 되지 않는다. 이러한 변화에는 수만 년 단위의 시간이 필요하기 때문이다. 다윈의 시대에는 유전의 기초가 알려져 있지 않았으며, 생활조건이 변이를 불러일으킨다고 생각했기 때문에 이렇게 말한 것으로 보인다.

*48 그가 1813년 왕립협회에서 낭독하고, 1818년 논문으로 발표한 것을 참조하기 바란다. 나는 웰스 박사의 견해를 나의 《종의 기원》 속 역사적 고찰(p. 16)에서 언급해 두었다. 구조적 변이와 색깔의 상관관계를 말해주는 다양한 예에 대해서는 《사육동식물의 변이》 제2

고 있었던 것을 발견했다. 흑인이나 또는 물라토조차 열대 아메리카에서 그토록 파괴적인 황열병에 거의 걸리지 않는다는 것은 이전부터 잘 알려져 있었다.[49] 그들은 또 아프리카 해안의 적어도 4200킬로미터에 걸쳐 들끓고 있는 그 치명적인 간헐열에도 거의 걸리지 않았는데, 이 질병은 해마다 백인 이주자의 5분의 1을 죽음으로 내몰고, 또 5분의 1을 병자가 되어 본국으로 돌아가게 만들었다.[50] 흑인의 이 면역성은, 반은 아직 알려져 있지 않은 특수한 성질의 유전, 반은 기후순화에 의한 것인 듯하다.[51] 푸셰(Pouchet)는[52] 멕시코 전쟁을 위해 이집트 총독에게서 빌려온 흑인부대는 수단 지방에서 징병된 자들이었는데, 아프리카의 다양한 지역에서 데려와서 서인도 제도의 기후에 이미 적응한 흑인들처럼 황열병에 대해 면역력이 있었다고 말했다. 기후순화가 어떤 역할을 하고 있다는 것은, 흑인들이 매우 오랜 기간 동안 추운 기후에서 산 뒤에는 어느 정도 열대의 열병에 걸리기 쉬워지는 많은 예에도 나타나 있다.[53] 백인종이 오랫동안 살아온 기후의 성질도 마찬가지로 그들에게 어느 정도 영향을 미치고 있다. 이를테면 1837년 데메라라[54]에서 무서운 황열병이 발생했을 때, 블레어(Blair) 박사는 백인 이민의 사망률이 그 출신지의 위도와 상관관계가 있는 것을 발견했다. 면역성을 기후순화의 결과로 보는 한, 흑인은

권, 227, 335쪽 참조.

[49] 이를테면 노트와 글리던(Nott and Gliddon)의 'Types of Mankind,' p. 68 참조.

[50] 1840년 4월 20일 통계학회에서 툴로크(Tulloch) 소령이 낭독한 논문. 'Athenæum,' 1840, p. 353에 실려 있다.

[51] (역주) 말라리아에 대한 저항성은 겸상(鎌狀) 적혈구 빈혈증의 유전자와 관계가 있다. 이 유전자를 s, 그것에 대응하는 정상 유전자를 S라고 하면, s를 호모로 가지고 있는 경우(ss)는 중증 빈혈증이 되어 유아기에 사망하므로, 집단 속에서 s의 빈도는 일반적으로 매우 낮다. 헤테로의 Ss는 빈혈이 되기는 하지만 중증은 아니다. 그런데 헤테로 형의 적혈구에는 정상형의 적혈구에 비해 말라리아 원충이 들어가기 어렵기 때문에 말라리아에 대해서는 오히려 정상형인 SS보다 헤테로형 Ss 쪽이 유리하다. 그래서 말라리아가 만연하는 지역에서는 헤테로형의 적응도가 높아지고, s유전자의 빈도가 높아진다. 아프리카 적도에 사는 사람들의 말라리아 저항성이 높은 것은 이 유전자 때문이다. 흑인이 황열병에 대한 저항성을 가지고 있는지 아닌지는 아직 밝혀져 있지 않다.

[52] 'The Plurality of Human Race,' English translation, 1864, p. 60.

[53] 카트르파지의 'Unité de l'Espece Humaine,' 1861, p. 205. 바이츠(Waitz)의 'Introduct. to Anthropology,' English translation, Vol. 1, 1863, p. 124. 리빙스턴(Livingstone)도 그의 'Travels'에서 같은 예를 들었다.

[54] (역주) 남미의 가이아나 북동부에 있는 지방.

엄청나게 오랜 기간에 걸쳐 그것에 노출되어 왔음을 암시한다. 왜냐하면 열대 아메리카의 원주민은 아득한 옛날부터 그곳에서 살고 있는데도 황열병에 걸리기 때문이다. 그리고 B. 트리스트럼(B. Tristram)이 말했듯이, 북아프리카에는 현지 주민은 해마다 그 땅을 떠나지 않으면 안 되는데 흑인은 안전하게 남아 있는 지방이 있다.

흑인의 면역성이 피부색과 관계가 있다는 것은 단지 추측일 뿐이다. 그것은 그들의 혈액, 신경, 또는 다른 조직의 차이와 어떤 상관 관계가 있을지 모른다. 어쨌든 앞에 말한 사실이나 피부색과 결핵에 잘 걸리는 것 사이에 무슨 관계가 있으리라는 추측이 완전히 틀렸을 거라고는 생각하지 않는다. 그래서 나는 그것이 얼마나 타당한지 조사해 봤으나 성과는 거의 없었다.*55 아프리카 서해안에서 오랫동안 살았던 고(故) 다니엘(Daniell) 박사가 나에게 알려준 바로는, 그는 그러한 관계가 있다고는 전혀 생각도 하지 않았다고 한다. 그 자신도 피부가 매우 흰 편인데도 그쪽 기후를 놀랄 만큼 잘 견뎌냈다. 소년시절, 그가 처음 아프리카 해안에 도착했을 때, 나이가 많고 경험도 많은 흑인 추장이 그의 외모를 보고 이 아이는 강해질 거라고 예언했다고 한다. 안티구아*56 의 니콜슨(Nicholson) 박사는 이 문제를 조사해보고 피부색이 짙은 유럽 인이

---

*55 1862년 봄, 나는 육군 의무과 장관의 허락을 받아, 여러 해외에 주둔하고 있는 연대의 군의관에게, 다음과 같은 글과 함께 백지표를 보냈지만 어느 누구에게서도 답장을 받지 못했다. "가축의 피부색과 체질 사이에 관계가 있다는 것은 잘 알려져 있고, 또 인종의 피부색과 그들이 살고 있는 곳의 기후 사이에도 어느 정도 한정적인 관련이 있는 것도 잘 알려져 있는 바, 다음과 같은 사항을 조사할 가치가 있다고 생각됩니다. 즉 유럽 인의 머리카락 색과 열대지방의 질병에 대한 감염성 사이에 어떤 연관성이 있지 않을까 하는 것입니다. 열대의 비위생적인 지역에 주둔하고 있는 연대의 군의관이, 먼저 비교를 위한 기준으로 연대 전체 가운데 몇 명이 짙은 머리색, 밝은 머리색, 중간 또는 뚜렷하지 않은 머리색을 하고 있었는지 헤아리고, 그 가운데 말라리아, 황열병, 이질에 걸린 자에 대해서도 기록을 해주시면, 수천 건의 기록이 축적되어 머리색과 열대병에 걸리기 쉬운 것 사이에 어떤 관계가 있는지 쉽게 밝혀질 수 있을 것입니다. 특별한 관계가 없을지도 모르지만 조사를 해볼 만한 가치가 있다고 생각합니다. 만일 명확한 결과를 얻을 수 없다면, 특별한 임무를 위해 병사를 뽑을 때 도움이 될 수도 있을 겁니다. 먼 과거 시대부터 비위생적인 열대지역에 살아온 인종이 피부가 검어진 것은 긴 세대를 거치는 동안, 짙은 머리색이나 피부색을 한 개체가 더욱 많이 살아남은 것이 한 요인이었을지도 모르므로, 결과는 이론적으로 매우 흥미로운 것이 될 것입니다."

*56 (역주) 서인도제도에 있는 섬.

피부색이 옅은 유럽 인보다 황열병에 걸리기 쉽다고 생각하지는 않는다고 나에게 글을 써 보냈다. J. M. 해리스(J. M. Harris)는[57] 머리카락 색깔이 짙은 유럽 인이 다른 사람보다 열대기후를 잘 견딜 수 있는 것은 아니라고 부정하고, 그의 경험으로는 그와 반대로 아프리카 해안에서 복무할 병사는 머리가 붉은 사람을 보내는 것이 좋을 거라고 말했다. 따라서 이러한 사소한 사실들이 보여주는 바로는, 흑인종의 검은 피부는 그들이 살던 곳에 들끓고 있는 열병에 노출되는 동안 더욱 검은 개체가 더 많이 생존한 결과로 획득되었을 거라는, 몇몇 연구자들이 인정하고 있는 주장에는 근거가 없는 것 같다.

우리의 현재 지식으로는 인종간의 명확한 피부색의 차이를 특수한 조건과의 상관관계나 기후의 직접적인 영향으로 설명할 수는 없지만, 기후의 영향을 통해 약간의 유전적인 효과를 획득했다고 믿기에 충분한 증거는 있으므로,[58] 기후의 영향을 완전히 배제할 수는 없을 것 같다.

제3장에서 풍부한 음식과 쾌적한 생활 조건이 체격의 발달에 직접적인 영향을 미치며, 또한 그것이 유전하는 것을 살펴보았다. 기후와 생활습관의 변화가 함께 영향을 미친 결과, 미국으로 건너간 유럽 인은 일반적으로 인정되고 있듯이 조금씩이기는 하지만 놀라운 속도로 외모가 변했다. 또 남부 각주에서는 집안에서 일하는 노예들이 3세대 뒤에는 들에서 일한 노예들과 외모가 확실히 달라졌음을 보여주는 증거가 많이 있다.[59]

그러나 온 세계에 분포해 있는 인종을 보면, 그들 사이의 특징적인 차이는 아무리 오랫동안 노출되었다 해도 생활조건의 차이가 직접 작용한 결과라는 것만으로는 도지히 설명이 되지 않는다. 에스키모는 두꺼운 모피옷을 입고, 오로지 고기만 먹으면서 혹독한 추위와 오랫동안 이어지는 어둠 속에서 살고

---

[57] 'Anthropological Review,' 1866, p. 21.

[58] 이를테면 아비시니아나 아라비아에 사는 것과, 그 밖의 유사한 예에 대한 카트르파지의 논문('Revue des Cours Scientifiques,' October 10, 1868, p. 724) 참조. 롤(Rolle) 박사는('Der Mensch, seine Abstammung,' etc., 1865, S. 99), 카니코프의 권위를 근거로 그루지아에 이주한 독일인 가족의 대부분이 2세대를 지내는 동안 검은 머리와 검은 눈동자로 변했다고 말했다. D. 포브스는 안데스의 케추아족은 살고 있는 골짜기마다 피부색이 매우 다르다고 알려주었다.

[59] Harlan(할런), 'Medical and Physical Researches,' p. 532. 카트르파지 ('Unité de l'Espèce Humaine,' 1861, p. 128)는 이 문제에 관한 많은 증거를 수집했다.

있지만, 그래도 채소밖에 먹지 않고 태양이 반짝이는 더운 기후 속에 거의 알몸으로 살고 있는 남중국의 주민과 크게 다르지 않다. 옷을 입지 않는 푸에고 섬 사람들은 거친 해안에서 채취하는 해산물만 먹으며 살고 있고, 브라질의 보토쿠도족은 내륙의 삼림 속을 돌아다니며 주로 채식을 하면서 살고 있다. 그래도 이러한 부족들은 서로 매우 닮았기 때문에 비글호에 승선했던 푸에고 섬 사람들은 보토쿠도족과 구별이 안 될 정도였다. 보토쿠도족은 또 다른 열대아메리카의 주민과 마찬가지로 대서양의 반대쪽에 살고 있는 흑인과는 완전히 다른데, 흑인은 그들과 거의 같은 기후 속에서 거의 같은 생활습관을 가지고 있다.

그리고 인종 간의 차이는 매우 사소한 정도를 제외하고는, 신체 일부를 사용하지 않는 것의 유전 효과로도 설명할 수 없다. 카누 위에서 주로 생활하는 사람은 하체의 발달이 조금 나빠질 수 있다. 고지에 사는 사람은 흉곽이 커진다. 특정한 감각기관을 늘 사용하는 사람은 그 감각기관이 들어 있는 공간이 약간 커지고, 그 결과로 외형이 다소 변화한다. 문명인은 턱을 별로 사용하지 않아서 그 크기가 줄어든 것, 다른 감정을 표현하기 위해 다른 근육이 계속 사용되는 것, 그리고 더욱 지적인 활동을 하기 위해 뇌가 커진 것 때문에, 일반적인 외모가 미개인에 비해 매우 달라졌다.*60 또 어떤 인종에서는 뇌가 커지지 않고 체격이 커진 것이(앞에 든 토끼의 예에서 판단하면), 장두형(長頭形)의 기다란 두개골을 낳았을 가능성이 있다.

마지막으로 상관관계의 원리에 대해서는 거의 아무것도 알려져 있지 않지만, 근육의 발달이 강하면 안와상융기(眼窩上隆起)가 발달하는 것에서 볼 수 있듯이, 그것이 작용하고 있는 것은 확실하다. 머릿결은 인종마다 매우 다른데 피부의 구조와 상관관계에 있을 가능성은 부정할 수 없다. 왜냐하면 머리카락 색과 피부색은 확실히 연관성이 있고, 만단족은 머리카락 색과 감촉 사이에 상관관계가 있다.*61 피부의 색깔과 그 냄새 사이에도 마찬가지로 무언

---

*60 샤프하우젠의 'Anthropological Review,' October, 1868, p. 429(영어역) 참조.
*61 캐틀린(Catlin)은 ('N. American Indians,' 3rd edition, 1842, Vol. 1, p. 49) 만단 부족 전체 구성원 가운데 모든 연령의 남녀 10명에서 12명에 한 명은 반짝이는 은발이며, 이는 유전된다고 말했다. 이 머리카락은 강하고 말의 갈기처럼 뻣뻣한데 다른 색깔의 머리카락은 부드럽고 가늘다.

가의 연관성이 있다. 양의 품종에서는, 일정 면적 안에 자라는 털의 수와 땀샘의 수 사이에는 일정한 관계가 있다.[*62] 만일 가축을 비교하여 판단해도 된다면, 인간의 형태적 변화에는 이 발달의 상관원리에 지배받고 있는 것이 많을지도 모른다.

이것으로 다양한 인종간의 차이가 생활조건의 직접적 작용이나 몸의 특정한 부분의 용불용, 상관성의 원리 등으로는 만족스러운 설명을 할 수 없다는 것을 알았다. 그러므로 인간에게 확실하게 나타나는 약간의 개인차는, 오랫동안 많은 세대를 거치면서 자연선택에 의해 보존되고 증폭되어 온 것은 아니지 않을까 하는 의문이 생긴다. 그러나 여기서 곧, 변이는 그것이 유용할 때만 보존된다는 반론이 나올 것이다. 그리고 우리가 판단할 수 있는 한(항상 오류의 가능성이 있지만), 인종간의 외모의 차이는 그 어떤 것도 그 소유자에 대해 직접적이거나 또는 특별한 이익을 가져다주는 것은 아니다. 지적, 도덕적 또는 사회적 능력은 물론 예외이다. 그러나 이러한 능력의 차이는 외형적인 형질에는 아무런 영향을 주지 않고 있다. 이는 앞에서 말한 것처럼 인종간의 특징적 차이는 모두 변이가 크지만, 그러한 차이가 그다지 중요하지 않음을 암시하고 있다. 만일 그것이 중요하다면, 이미 옛날에 고정되어 보존되거나 완전히 제거되었을 것이기 때문이다. 변이의 성질이 그리 중요하지는 않기 때문에 자연선택의 작용을 면한 듯하다는 점에서, 매우 대폭적인 변이를 볼 수 있는 것을 박물학자들은 다형성(多型性)이라 부르고 있다. 이 점에서 인간은 다형의 형태에 가깝다고 할 수 있다.

인종간의 차이를 설명하고자 하는 우리의 시도는 이것으로 모두 벽에 부딪치게 되었지만, 아직 남아 있는 중요한 작용이 한 가지 있다. 그것은 '성 선택'으로 다른 대부분의 동물과 마찬가지로 인간에게도 강력하게 작용해 온 것으로 보인다. 나는 성 선택이 인종간의 차이를 모두 설명해준다고 주장할 생각은 없다. 아직 설명되지 않은 채 남아 있는 것도 있으며 지금처럼 인간이 무지한 상태에서는 개체는 머리가 아주 조금 둥글거나 아주 조금 좁은 외모, 코가 아주 조금 높거나 아주 조금 낮은 외모가 계속해서 태어나기 때문에, 그러

---

*62 피부의 냄새에 대해서는 고드롱의 'De l'Espèce,' tome 2, p. 217. 피부의 샘에 대해서는 빌켄스(Wilckens) 박사의 'Die Aufgaben der landwirth. Zootachnik,' 1869, S. 7 참조.

한 변이들을 불러일으킨 미지의 힘이 일관되게 작용하여 교잡이 오래 계속된다면, 그러한 약간의 차이가 고정되어 일관성을 가지게 될지도 모른다고 말할 수 있을 뿐이다. 그러한 변용은 제4장에서 예를 든 것처럼, 그것밖에는 말할 것이 없기 때문에 자발적 변이라고 임시로 부르고 있는 분류에 들어간다. 나는 또 성 선택의 효과를 과학적으로 명확하게 보여줄 수 있다고 주장할 생각도 없다. 그러나 고등한 것과 하등한 것을 포함하여 수없이 많은 동물들에게 이토록 강력하게 작용하고 있는 이 힘이 인간에게는 작용하지 않고, 이것에 의해 변화하지 않았다고 설명하기는 어렵다는 것을 보여줄 수는 있다. 그리고 피부색, 털의 양, 얼굴 모습 등의 인종간의 차이는, 성 선택이 작용했다면 예측할 수 있는 성질의 것이라는 점도 보여줄 수 있다. 그러나 이 문제를 적절하게 다루려면 모든 동물계를 개략적으로 살펴 볼 필요가 있다는 사실을 알게 되었으므로, 이 책의 제2부를 그 문제에 할애하려고 한다. 그 마지막에 나는 다시 인간으로 돌아가, 인간이 성 선택에 의해 얼마나 변화했는지 설명하고 이 제1부를 짧게 요약할 생각이다.

제2부 성 선택

제8장 성 선택의 원리

이차성징—성(性) 선택—그 작용방식—수컷의 과잉—일부다처—일반적으로 수컷만이 성 선택에 의해 변모한다—수컷의 열성—수컷의 변이—암컷에 의해 이루어지는 선택—자연선택과 비교한 성도태—삶의 특정한 시기와 특정한 계절에 일어나는 유전, 성에 따라 제한된 유전—유전의 여러 양식 사이의 관계—한쪽 성 및 어린 개체가 성 선택에 의해 변모하지 않는 이유—동물계를 통해 볼 수 있는, 양성의 성비율에 관한 보유(補遺)—자연선택에 의해 양성의 수가 한정되는 것에 대하여.

성(性)이 구별되어 있는 동물에서는 마땅히 수컷의 생식기관은 암컷의 생식기관과는 다르며, 그것이 곧 일차성징이다. 그러나 수컷과 암컷은 번식행위와는 직접적인 관계가 없는 성질, 즉 헌터[1]가 이차성징이라 부른 형질도 종종 다르다. 이를테면 암컷이 전혀 가지고 있지 않은 어떤 종류의 감각기관이나 운동기관을 수컷이 가지고 있거나, 암컷보다 훨씬 고도로 발달한 형태로 가지고 있는 일이 있으며, 그러한 기관이 있기 때문에 수컷은 암컷을 발견하거나 암컷을 찾아갈 수 있다. 또 수컷은 특별한 파악(把握) 기관을 가지고 있어서 그것으로 암컷을 꽉 붙들기도 한다. 이 파악기관은 종(種)마다 조금씩 다르고 매우 다양하며, 그 가운데에는 수컷 곤충의 복부에 부속되어 있는 복잡한 돌기처럼 보통 일차성징으로 간주되고 있는 것과 거의 구별이 되지 않는 것도 있다. 사실 이러한 파악기관에 국한하여 '일차'라는 말을 생식샘에 한정하지 않는 한, 어느 것을 일차로 보고 어느 것을 이차로 볼지 결정하는 것은 거의 불가능할 정도이다.

암컷은 보통 포유류의 젖샘과 유대류(有袋類)의 육아낭처럼 새끼에게 영

---

*1 (역주) John Hunter(1728~93년). 영국의 외과의사, 해부학자. 다양한 동물에서 볼 수 있는 성적 형질을 맨 처음 제1차 성징과 제2차 성징으로 분류했다.

양을 공급하거나 보호하기 위한 기관을 가지고 있는 점에서 수컷과 다르다. 또 수는 적지만 어떤 물고기의 수컷은 알을 받아 저장하는 장치를 가지고 있으며, 어떤 수개구리에는 그러한 장치가 일시적으로 발달하는 등 수컷이 이러한 기관을 가지는 경우도 있다. 암벌은 꽃가루를 모아 운반하는 특별한 장치를 가지고 있으며, 난관은 자신이 속한 집단이나 유충을 보호하기 위한 바늘로 변형되어 있다. 많은 곤충의 암컷은 알을 안전한 장소에 낳기 위해 난관이 매우 복잡한 방식으로 변해 있다. 이 같은 예는 그 밖에도 많이 있지만, 여기서는 이것을 문제로 다루려는 것이 아니다. 일차적 기관과는 그다지 관계가 없는 점에서도 성차(性差)를 볼 수 있기 때문에 여기서는 그 문제를 다루고자 한다. 그것은 수컷이 몸이 크고 힘이 세며 투쟁을 좋아하는 것과, 수컷이 자신의 경쟁상대를 공격하고 자신을 방어할 무기를 갖추고 있는 것, 수컷의 화려한 색깔과 다양한 장식들, 수컷이 아름답게 지저귀는 것 등의 성질이다.

앞에 말한 일차 및 이차 성징 외에도 수컷과 암컷은 때로는 번식 기능과는 전혀 관계가 없거나 간접적으로는 관계가 있지만, 생활방식의 차이 때문에 구조가 다른 것이 있다. 이를테면 일부 벌레(모기과와 등에과)의 암컷은 흡혈성이지만, 수컷은 꽃 위에서 살고 있으며 그들의 입에는 턱이 없다.[2] 일부 나방과 갑각류(Tanais 등)는 수컷만이 불완전하고 닫힌 입을 가지고 있어 먹이를 먹을 수가 없다. 만각류(蔓脚類)의 보조적인 수컷[3]은 암컷 또는 자웅동체의 개체 위에서 착생식물(着生植物)처럼 살고 있는데, 입도 없고 자유롭게 움직일 수 있는 다리도 없다. 이러한 예에서는 암컷이나 동종의 다른 개체가 가지고 있는 어떤 중요한 기관을 잃어버리도록 변형해 버린 것은 수컷 쪽이다. 다른 종에서는 암컷이 그러한 기관을 잃게 되는 경우도 있다. 이를테면 반딧불 암컷에는 날개가 없는데 나방에도 그런 종류가 많이 있으며, 그 가운데에는 암컷이 평생 고치 속에서 나오지 않는 것도 있다. 기생성 갑각류의 많은 암컷은 태어날 때는 다리가 있지만 곧 잃어버린다. 바구미(바구미과)에는 입 또는 구

---

*2 Westwood(웨스트우드). 'Modern Class. of Insects,' Vol. 2, 1840, p. 541. 내가 Tanais에 대해 서술한 내용은 프리츠 뮐러에 따른 것이다.

*3 (역주) 이렇게 극단적으로 작고, 종종 암컷의 몸에 붙어 있는 수컷을 '왜웅(矮雄)'이라고 한다. 보넬리아, 아귀 등 몇몇 동물에서 볼 수 있다.

기(口器)의 길이가 수컷과 암컷이 매우 다른 것이 있다.*⁴ 그러나 이런 차이에 어떠한 의미가 있는지, 다른 비슷한 예도 포함하여 이제까지 알려진 것은 아무것도 없다. 생활양식의 차이와 관련하여 암수의 구조가 다른 것은 보통 하등동물에 한정되지만, 새들 가운데에는 수컷의 부리가 암컷과 매우 다른 것도 있다.*⁵ 이러한 예의 전부는 아니지만 대부분 이러한 차이는 그 종의 번식양식과 간접적으로 관련이 있는 것이 틀림없다. 수많은 알에게 영양을 공급해 주어야 하는 암컷은 수컷보다 훨씬 많은 먹이를 필요로 하기 때문에, 그것을 확보하기 위한 특수한 수단이 필요하다. 아주 짧은 기간밖에 살지 않는 수컷 동물은 불사용의 유전에 의해 식량조달기관을 잃어버려도 아무런 불편함이 없겠지만, 암컷에게 가기 위해 운동기관은 완전한 상태로 유지하고 있을 것이다. 한편 암컷은 날거나 헤엄치고 걷는 데 의미가 없는 생활습관을 점차 획득한 경우에는, 그러한 기관은 완전히 사라져도 어려움이 없을 것이다.

그러나 여기서 문제로 삼는 것은 내가 성 선택이라고 명명한 종류의 선택뿐이다. 그것은 번식과 관련하여 어떤 개체가 동종에 속하는 동성의 다른 개체보다 유리한 입장에 놓여 생기는 선택이다. 수컷과 암컷이 앞에 말한 예처럼 생활양식의 차이와 관련하여 형태가 다를 때는, 그것은 어느 한쪽 성에 한정된 유전을 통한 자연선택에 따른 것이 틀림없다. 따라서 기본적인 생식기관과 새끼에게 영양을 주거나 보호하기 위한 기관은, 이 같은 선택에 영향을 받았을 것이다. 즉 다른 조건이 같다면, 새끼를 가장 잘 낳고 영양을 주어 키운 개체가 그 뛰어난 성질을 물려받은 새끼를 가장 많이 남길 것이며, 새끼를 잘 낳거나 영양을 주어 잘 키우지 못하는 개체는 그 불리한 성질을 이어받는 새끼를 조금밖에 남기지 못할 것이다. 수컷은 암컷을 찾아야 하므로 그 목적을 위해 감각기관과 운동기관이 필요한데, 일반적으로 그렇듯이 그러한 기관이 생활의 다른 목적에도 필요하다면 그것은 자연선택을 통해 발달할 것이다. 수컷이 암컷을 발견했을 때, 그 암컷을 붙잡기 위한 파악기관이 절대적으로 필요

＊4 Kirby and Spence(커비와 스펜스) 'Introduction to Entomology,' Vol. 3, 1826, p. 309.

＊5 (역주) 가장 유명한 예는, 뉴질랜드의 후이아(Heteralocha acutirostris, 빰벗찌르레기)로, 암수의 식성이 다르기 때문에 부리의 모양이 다르다. 수컷의 부리는 짧고 굵으며, 나무줄기를 부리로 두드려서 구멍을 파고 곤충을 잡아먹는다. 암컷의 부리는 가늘고 길게 구부러져 있어, 나무 틈새에 살고 있는 곤충을 찾을 수 있도록 특수화되어 있다.

한 경우도 있다. 월리스 박사가 알려준 바에 따르면, 어떤 종류의 나방은 수컷이 정강이 또는 다리가 부러지면 암컷과 교미할 수 없다고 한다. 많은 해양성 갑각류의 수컷은 다리와 더듬이가 암컷을 붙잡기 위해 놀라울 만큼 변형되어 있다. 이러한 동물은 바다에서 늘 파도에 시달리고 있기 때문에 번식을 위해서는 그러한 기관을 가지는 것이 반드시 필요할 텐데, 그렇다면 그런 기관이 발달한 것은 일반적인 자연선택에 의한 결과일 것이다.

양성의 생활양식이 완전히 같고 감각기관과 운동기관이 암컷보다 수컷이 잘 발달해 있는 경우에는, 그 기관들은 수컷이 암컷을 발견하는 데 꼭 필요하기 때문일지도 모른다. 그러나 그러한 예의 대부분에서, 그것은 어떤 수컷이 다른 수컷보다 유리해지도록 만들고 있을 뿐이다. 왜냐하면 그렇게 뛰어난 기관을 갖고 있지 않은 수컷도 시간이 충분하면 암컷과 짝을 지을 수 있을 것이며, 암컷이 어떤 형태를 하고 있는지를 보면 뛰어난 기관을 갖추지 않은 수컷이라도 다른 모든 점에서는 암컷과 마찬가지로 그들의 일상생활에 잘 적응하고 있기 때문이다. 그런 경우, 수컷이 지금과 같은 구조를 획득한 것은 생존경쟁에서 살아남는 데 적합해서가 아니라 다른 수컷에 비해 유리했기 때문이며, 그 유리한 형질이 수컷 새끼에게만 전달되었기 때문이라고 볼 수 있다. 거기에는 성 선택이 작용하고 있음이 분명하다. 그러한 선택을 성 선택이라고 부르는 것은 이 구별이 매우 중요하기 때문이다. 다시 말해 수컷이 가지고 있는 파악기관의 주된 효용이 다른 수컷이 오기 전에 암컷이 달아나는 것을 막거나 다른 수컷의 공격을 저지하는 데 있다면, 그것은 성 선택에 의해, 즉 어떤 수컷이 경쟁자인 다른 수컷늘보다 유리해짐으로써 더욱 그러한 능력이 향상되어 왔을 것이다. 그러나 많은 경우에 자연선택과 성 선택을 구별하는 것은 거의 불가능하다. 수컷과 암컷 사이에 감각기관, 운동기관, 파악기관이 서로 어떻게 다른가 하는 것만으로도 몇 장(章)을 메꿀 수 있을 것이다. 그러나 이러한 구조는 생활의 극히 일반적인 목적에 적응한 다른 형태보다 특별히 흥미로운 것은 아니므로, 각 강(綱)의 동물에 대해 몇 가지 예를 드는 데 그치기로 한다.

성 선택을 통해 발달한 것이 명백한 구조와 본능은 이 밖에도 많이 있다. 예를 들면, 수컷이 경쟁자와 싸우거나 그들이 다가오지 못하게 하기 위해 가지고 있는 공격과 방어 무기, 수컷의 용기와 호전적인 성질, 다양한 장식, 목소리 또는 기계적인 음악을 발생시키는 기관, 냄새를 풍기는 샘 같은 것들이다. 그러나 뒤에 열거한 구조는 대부분 오로지 암컷을 유혹하고 흥분시키기 위해서만 사용되고 있다. 그것이 성 선택의 산물이며 일반적 선택의 산물이 아닌 것은 분명하다. 왜냐하면 무기도 없고 장식도 없는 매력이 없는 수컷들도, 그런 것을 가지고 있는 수컷만 없으면 생존투쟁에서 살아남아 자손을 남기고 가는 데 충분히 성공했을 것이기 때문이다. 그렇게 추측되는 까닭은 무기도 없고 장식도 없는 암컷들이 훌륭하게 생존하여 자손을 남기고 있다는 사실이다. 지금 여기서 지적한 이차성징은 많은 점에서 매우 흥미로운데, 뒤에 가서 상세히 논하겠지만 특히 더욱 흥미로운 것은 그것이 어느 한쪽 성의 의지와 취향과 경쟁의식에 의존하고 있다는 사실이다. 수컷 두 마리가 암컷 한 마리를 두고 싸울 때나, 암컷들 앞에서 수컷 새가 화려한 장식깃털을 과시하면서 기묘한 춤을 추는 것을 보면, 그것이 본능에 의한 것임에도 불구하고 그들은 자신들이 무엇을 하고 있는 것인지 알고 정신적, 육체적인 모든 힘을 의식적으로 발휘하고 있다고 생각하지 않을 수 없다.

투계장에서 가장 강한 샤모(댓닭)를 선택함으로써 그것의 계통을 개선하는 것과 마찬가지로, 자연계에서도 가장 강하고 활기찬 수컷 또는 가장 좋은 무기를 갖춘 수컷이 번성함으로써 자연상태에서의 계통과 종이 개선되어 왔다고 생각된다. 죽음까지 부르는 투쟁이 되풀이되는 곳에서는 아주 조금이라도 변이가 일어나는데, 그것이 아주 조금이라도 유리하다면 성 선택이 작용하기에는 충분할 것이다. 그리고 이차성징이 특히 변이가 많은 것은 분명하다. 인간이 세브라이트 반탐 수컷에 새로운 우아한 깃털을 갖게 만들거나, 똑바로 선 기묘한 자세를 하게 하여 자신의 취향에 따라 가금류 수컷을 아름답게 할 수 있는 것과 마찬가지로, 자연계에서는 오랜 세월에 걸쳐 암컷이 더욱 매력적인 수컷을 선택함으로써 그들에게 아름다움을 더해 왔다고 생각된다. 물론 이렇게 생각하는 데는, 암컷 쪽에 구별 능력과 취향이 있다고 가정해야 하며, 얼핏 생각하기에는 그런 것은 거의 있을 수 없는 일로 여겨질 것이다. 그러나 나는 그렇지 않다는 것을 이제부터 설명하고 보여줄 수 있기를 기대하고 있다.*6

---

*6 (역주) 다윈은 암컷에 의한 선택이 일어나는 원인을 암컷의 지적 식별능력과 심미안에서 찾았다. 암컷의 선택이라는 생각은 그 무렵에는 전혀 받아들여지지 않았는데, 그 큰 원인은 암컷이 실제로 선택을 하고 있다는 사실이 증명되지 않았던 것과 아울러, 암컷의 심미안을 가정하고 있는 데 있었다. 앞으로 이 책을 통해 전개되는 논의에도 불구하고, 동물의 암컷

몇몇 사실에 대해 우리는 아직 아는 것이 없기 때문에, 성 선택의 정확한 작용에 대해서는 어느 정도 불확실한 데가 남아 있다. 그럼에도 종이 변화하는 것을 이미 확신하고 있는 박물학자들이 다음 장을 읽는다면, 생물계의 역사 속에서 성 선택이 매우 중요한 역할을 해왔음을 인정하리라고 나는 믿는다. 거의 모든 동물들이 암컷을 차지하기 위해 수컷들 사이에서 투쟁이 일어나는 것은 확실하다. 이 사실은 너무나 잘 알려져 있어서 예를 들 필요도 없을 것 같다. 암컷의 정신적 능력이 수컷을 선택하기에 충분하다고 가정한다면, 암컷들은 많은 수컷 가운데서 한 마리를 고를 수가 있다. 그러나 대부분의 경우, 마치 가능한 한 많은 수컷들 사이에 투쟁이 일어나도록 특별히 만들어져 있는 것처럼 보인다. 이를테면 철새는 보통 수컷이 암컷보다 먼저 번식지에 도착하는데, 암컷이 한 마리씩 나타날 때마다 수많은 수컷들이 서로 암컷을 차지하려고 곧바로 싸움에 돌입한다. 조류 사냥꾼들은 나이팅게일과 검은머리꾀꼬리는 언제나 그렇다고 주장하고 있다. 검은머리꾀꼬리가 그렇다는 사실은 제너 위어(Jenner Weir)가 확인해주었다.

40년 전 동안 철새가 영국에 맨 처음 도착했을 때 잡는 것이 취미였던 브라이튼의 스웨이슬랜드(Swaysland)는 수컷보다 먼저 도착하는 암컷은 어떤 종이건 한 번도 본 적이 없었다고 나에게 말했다. 어느 해 봄에, 그는 할미새 종류(*Budytes Raii*)의 수컷을 39마리나 잡고 나서야 암컷 한 마리를 보았다고 했다. 굴드(Gould)가 알려준 바에 의하면 도요새 수컷이 암컷보다 먼저 서식지에 도착한다는 것을 새를 해부함으로써 확인했다고 하는데, 여기서는 굳이 다룰 필요가 없을 것 같다. 도요새는 우리나라에서는 번식하지 않기 때문이다. 물고기를 예로 들면, 연어가 강을 거슬러 올라올 때 대부분의 수컷이 암컷보다 먼저 번식할 준비를 마친다. 그것은 청개구리와 두꺼비에게도 적용되는 듯하다. 곤충이라는 커다란 강(綱) 전체에서 수컷은 거의 언제나 암컷보다 먼저 고치에서 나와 암컷이 나오기 전에 그 주위에 떼를 지어 기다린다.[*7]

이 심미안과 식별력을 가지고 있다는 것은 아무도 받아들이지 않았다. 현재의 진화생물학에서는 이러한 주관적 논의는 고려에 넣지 않고, 선택이 어떻게 진화하는지에 대해 연구하고 있다.

[*7] 암수가 분리되어 있는 식물도 보통 수꽃이 암꽃보다 먼저 성숙한다. 자웅동체인 식물은 대부분, C. K. 슈프렝겔이 처음으로 보여주었듯이 자웅이숙(雌雄異熟)이다. 즉 암수의 기관이 동시에 성숙하지 않으며 그것으로 자가수정이 예방되고 있다. 그러한 식물에서는 보통 같

이렇게 수컷과 암컷의 도착 시기와 성숙 시기가 서로 다른 까닭은 명백하다. 어느 나라이든 해마다 맨 처음 그곳으로 건너간 수컷들, 봄에 가장 먼저 번식할 준비를 마친 수컷들 또는 가장 열성적인 수컷들이 가장 많은 새끼를 남겼을 것이며, 그 새끼들은 같은 본능과 성질을 물려받는 경향이 있었을 것이다. 전체적으로 암수가 구별되어 있는 거의 모든 동물들이 암컷의 소유를 둘러싸고 수컷 사이에 끊임없는 투쟁이 일어나고 있는 것은 틀림없는 사실이다.

성 선택에서 어려운 점은, 다른 수컷들에게 승리한 수컷, 또는 암컷에게 가장 매력적이었던 수컷이, 어떻게 하여 패배한 수컷이나 매력이 없는 수컷보다 많은 새끼를 남겨서 그 뛰어난 성질을 새끼에게 전달할 수 있는지 이해하는 것이다. 그러한 결과가 나오지 않는다면 성 선택에 의해 어떤 수컷을 다른 수컷보다 유리하게 만드는 성질이 강화되고 개량되는 일은 일어날 수 없을 것이다. 양성의 개체수가 똑같을 경우에는 가장 매력이 없는 수컷도 결국은 암컷을 발견할 수 있고(일부다처가 주류가 아닌 한), 가장 매력적인 수컷처럼 일반적인 생활환경에 적합한 새끼를 남길 수 있을 것이다. 여러 가지 사실과 고찰에서 나는 이전에 이차성징이 잘 발달한 동물은 대부분 수컷이 암컷보다 개체수가 훨씬 많을 거라고 추측했는데, 몇 가지 예에서는 정말 그러했다. 만일 수컷과 암컷의 비율이 2 대 1, 3 대 2, 또는 그보다 차이가 적더라도 이런 식이라면 모든 문제는 간단할 것이다. 더 나은 무기를 가진 수컷이나 더 매력적인 수컷이 새끼를 더 많이 남길 것이기 때문이다. 그러나 양성의 비율에 대해 가능한 한 많은 사례를 조사한 결과, 나는 일반적으로는 큰 차이가 없다고 생각하게 되었다. 대부분의 예에서 성 선택은 다음과 같은 과정을 거쳐서 작용하고 있는 것 같다.

어떤 종이든 상관없지만, 이를테면 새를 예로 들어 어떤 지역에 살고 있는 암컷을 같은 수의 두 집단으로 나눠보자. 한쪽은 건강하고 영양이 충분한 개체의 집단이며, 한쪽은 덜 건강하고 영양상태가 나쁜 개체의 집단이다. 봄이 되면 전자가 후자보다 먼저 번식 준비를 할 수 있을 것은 의심할 여지가 없다. 새의 습성을 오랫동안 주의 깊게 관찰해온 제너 위어도 같은 의견이었다. 또 가장 건강하고 활기차며 영양 상태도 좋은 암컷이 평균적으로 가장 많은 수

___

은 꽃 속의 암술머리보다 꽃가루가 먼저 성숙하며, 예외적으로 몇몇 종에서는 암꽃의 기관이 먼저 성숙하는 것도 있다.

의 새끼를 키울 수 있다는 것은 두말할 필요도 없는 일이다. 수컷은 이미 살펴 보았듯이 보통 암컷보다 먼저 번식 준비를 마친다. 수컷 중에서는 가장 강한 개체, 종에 따라서는 가장 좋은 무기를 가진 개체가 다른 약한 수컷을 물리치고 더욱 건강하고 영양상태가 좋은 암컷들과 짝을 짓는다. 그런 암컷들이 가장 먼저 번식을 시작하기 때문이다. 양성의 수가 1 대 1이라고 가정하면, 이렇게 건강한 짝은 뒤늦게 번식을 시작하여 투쟁에 진 약한 수컷과 짝을 지을 수밖에 없는 암컷보다 많은 새끼를 남긴다. 그리고 세대를 거치면서 이러한 작용이 거듭되는 동안 수컷의 크기와 힘, 용기, 그리고 그들이 가진 무기도 점차 개선되어 갈 것이다.

그러나 매우 많은 예에서, 다른 수컷에게 승리한 수컷이라도 암컷 쪽의 취향과 관계없이 암컷을 소유할 수 있는 것은 아니다. 동물의 구애는 흔히 생각되고 있는 것만큼 매우 간단하고 짧은 사건이 아니다. 암컷들은 더욱 잘 장식된 수컷, 노래를 가장 잘하는 수컷이나 춤을 가장 잘 추는 수컷에게 가장 흥분하며 그런 수컷과 짝짓기를 원한다. 그러나 동시에 암컷들이 더 건강하고 활발한 수컷을 좋아할 가능성도 충분하며, 실제로 그런 예가 여러 번 관찰되었다.*8 즉 맨 먼저 번식을 시작하는 가장 건강한 암컷은 많은 수컷 가운데 자신의 짝을 고를 수 있다. 암컷들은 언제나 가장 강하고 가장 좋은 무기를 지닌 수컷을 선택하는 것은 아닐지 몰라도 더 건강하고 더 좋은 무기를 갖춘 수컷, 또한 가장 매력적인 수컷을 선택할 것이다. 그리하여 빨리 짝을 이루면 암컷은 앞에 설명한 것과 같은 점에서 봄에 새끼를 키우는 데 유리하며, 수컷에게도 같은 유리함이 있을 것이다. 그리고 이렇게만 이루어진다면, 오랜 세대를 거쳐 수컷의 투쟁능력과 강한 힘뿐만 아니라, 다양한 장식과 그 밖의 매력도 충분히 강화되어 갈 것이다.

더욱 드문 일이지만 수컷이 특정한 암컷을 선택하는 것과는 반대되는 예에서도, 가장 건강하고 싸움에 이긴 개체가 가장 자유롭게 고를 수 있는 것은 분명하다. 그리고 그들은 건강하고 가장 매력적인 암컷을 고를 것이 틀림없다. 그러한 짝은 새끼를 키우는 데 유리할 것이며 몇몇 고등동물에서 볼 수 있듯

---

*8 여기에 든 예는 가금류(家禽類)에서의 이 효과에 대해 내가 얻은 정보이다. 비둘기처럼 평생 짝을 이루고 사는 새도, 제너 위어로부터 들은 바에 따르면, 수컷이 다치거나 약해지면 암컷은 수컷을 버린다고 한다.

이 수컷이 번식기간 중에 암컷을 방어할 힘을 가졌거나, 새끼에게 먹이를 가져다주는 것을 돕는 경우에는 특히 그러할 것이다. 이와 같은 원리는 양성(兩性)이 어떤 특정한 이성을 선택하는 경우에도 적용된다. 그런 경우에도 그들은 가장 매력적일 뿐만 아니라 가장 건강한 상대를 선택한다.

암수의 비율

나는 수컷의 수가 암컷의 수보다 많다면 성 선택은 언제나 간단하게 일어날 것이라고 말했다. 그래서 내 힘이 미치는 한, 많은 동물의 암수 비율을 조사하려 했지만 자료가 조금밖에 없었다. 지금은 논의의 흐름을 방해하지 않도록 여기서는 그 결과를 간단하게 이야기하는 데 그치고, 상세한 것은 나중에 보유(補遺)에서 논하기로 하겠다. 가축이 출생할 때의 성비(性比)를 확인할 수 있는 유일한 기회를 제공해 주지만, 그런 목적을 위해 특별히 기록이 채집된 적은 없다. 그러나 간접적인 방법으로 상당한 통계적 데이터를 수집한 결과 대부분의 가축은 출생시의 성비가 거의 1 대 1인 것 같다. 즉 경주마는 21년 동안 2만 5,560마리의 출생이 기록되어 있는데, 암컷과 수컷의 출생 성비는 99.7대 100이었다. 그레이하운드의 출생성비 편차는 어떠한 동물보다 커서 12년 동안 태어난 6,878마리는 암컷 100에 대해 수컷 110.1의 비율이었다. 그러나 자연 상태에서도 가축화된 동물과 같은 성비가 유지되고 있다고 봐도 되는지에 대해서는 약간 의문이 남는다. 매우 작은 미지의 조건의 차이도 성비에 어떤 영향을 미칠 수 있기 때문이다. 이를테면 인간은 여성 100명에 대한 남성의 출생수는 영국은 104.5명, 러시아는 108.9명, 리보니아*9의 유대 인은 120명이다. 이 성비는 또 신기하게도 그것이 적출(嫡出)인가 비적출인가 하는 상황에도 좌우된다.

그러나 여기서 우리가 알고 싶은 것은 출생성비가 아니라 성인이 되었을 때의 성비이며, 이것은 매우 의심스러운 요소를 포함하고 있다. 그것은 인간은 태아 때와 출산 때, 또 그 뒤의 몇 년 동안 여성보다 남성이 훨씬 많이 죽는다는 사실이 널리 알려져 있기 때문이다. 새끼양 수컷도 거의 확실하게 그러하며, 다른 동물의 수컷도 아마 그러할 것이다. 동물 중에는 수컷끼리 싸워서 서

---

*9 (역주) 라트비아와 에스토니아 두 공화국의 옛 호칭.

로 죽이거나 극도로 쇠약해질 때까지 서로 괴롭히는 것이 있다. 수컷은 또 암컷을 열심히 찾아다니는 동안 다양한 위험에 노출될 것이 분명하다. 많은 어류에서는 수컷이 암컷보다 훨씬 작아서, 종종 동종의 암컷이나 다른 물고기에게 먹혀버리는 것으로 보인다. 어떤 새는 암컷이 수컷보다 많이 죽는데, 둥지에 들어 있을 때와 새끼를 돌보고 있을 때 죽음을 당하기 쉽다. 곤충은 암컷 유충이 수컷 유충보다 큰 경우가 종종 있으며 그것 때문에 암컷의 유충이 잡아먹히기 쉬울 것이다. 성숙한 암컷이 수컷보다 움직임이 둔하거나 느려서 위험에서 잘 벗어나지 못하는 경우도 있다. 이렇게 자연상태에서 성숙한 동물의 성비를 알려면 단순히 추측하는 수밖에 없지만, 성비가 극단적으로 치우쳐 있지 않는 한 그러한 추측은 거의 신뢰할 수 없을 것이다. 그런데도 판단할 수 있는 한에서는, 보유(補遺) 부분에 설명해 둔 사실을 토대로 몇몇 포유류, 많은 조류, 그리고 몇몇 어류와 곤충류에서는, 수컷의 수가 암컷을 크게 웃돈다고 결론내려도 좋을 것이다.

성비(性比)는 해마다 다소 변동한다. 경주마는 암컷 100마리의 출생에 대해 수컷의 출생수는 어느 해에는 107.1이지만 다른 해에는 92.6였고, 그레이하운드는 116.3에서 95.3까지 변동했다. 그러나 영국보다 더 넓은 지역에서 더욱 많은 수를 헤아리면 그러한 변동은 아마 사라질 것이다. 그렇다면 그 정도의 차이는 자연 상태에서 성 선택이 유효하게 작용할 수 있게 하는 데는 전적으로 불충분하다. 그래도 몇몇 야생동물은 보유에서 보여주었듯이 계절과 지역에 따라 성 선택을 작용하게 하는 데 충분할 만큼 성비가 변동하는 일도 있는 것 같다. 어느 해 또는 이느 지역에서 다른 수컷을 이긴 수컷, 또는 암컷에게 가장 매력적이었던 수컷이 가지고 있었던 유리함은 아마 새끼에게 전달될 것이며, 그 이후로는 사라져버리지 않을 거라는 점은 지적해 두어야 한다. 계절이 이어지는 동안, 성비가 1 대 1이어서 모든 수컷이 자신의 암컷을 모든 장소에서 획득할 수 있었다 해도, 앞 계절에 더욱 강하고 더욱 매력적이었던 수컷은 역시 그렇지 않은 수컷보다 새끼를 남길 수 있는 기회를 더 많이 가질 것이다.

일부다처

일부다처라면 성비(性比)가 실제로 치우쳐 있을 때와 같은 결과를 가져올 것이다. 왜냐하면 각각의 수컷이 두 마리 이상의 암컷을 확보한다면 남아 있는 많은 수컷이 짝을 지을 수 없게 될 것인데, 그 수컷은 허약하고 매력이 없는 수컷이 틀림없기 때문이다. 많은 포유류와 몇몇 조류는 일부다처이지만 하등 동물에서 그런 습성을 가진 것이 있다는 증거는 본 적이 없다. 이러한 하등동 물의 지적 능력은 아마 암컷들을 모아놓고 그 영역을 방위할 만큼 충분하지 는 않을 것이다.*10 일부다처와 이차성징의 발달 사이에 어떤 관계가 있는 것 은 거의 확실하며, 이것은 수컷의 수가 많으면 성 선택이 매우 강하게 작용한 다는 견해를 뒷받침한다. 그런데도 엄밀하게 일부일처인 많은 동물, 특히 조류 가운데 이차성징이 뚜렷하게 발달한 것이 있는 한편, 일부다처인데도 그러한 형질을 갖추고 있는 것도 있다.

먼저 포유류부터 대략 훑어보고 나서 조류를 살펴보기로 하자. 고릴라는 일부다처인 듯하며 수컷은 암컷과 뚜렷이 다르다. 이것은 성숙한 암컷의 수가 수컷의 두 배나 되는 그룹에서 살고 있는 개코원숭이도 마찬가지이다. 남아메 리카의 검은고함원숭이(*Mycetes caraya*)*11는 색깔, 수염, 발성기관에 뚜렷한 성 차를 볼 수 있는데, 수컷은 보통 두 마리에서 세 마리의 암컷과 살고 있다. 꼬 리감는원숭이(*Cebus capucinus*) 수컷은 암컷과 약간 다르며 그들도 일부다처인 것 같다.*12 이에 대해서는 다른 원숭이류에서는 거의 알려져 있지 않지만 엄 격하게 일부일처인 종도 있다. 반추동물은 대부분 일부다처이며, 그들은 다른 어떠한 포유류 그룹보다 성차가 뚜렷한 경우가 많다. 그것은 특히 그들의 무 기에 나타나 있으며 다른 형질에서도 마찬가지이다. 사슴, 소, 양은 대부분 일 부다처이지만 영양 가운데에는 일부일처인 것도 있다. 앤드류 스미스(Andrew Smith) 경은 남아프리카의 영양에 대해 12마리 정도로 구성된 집단 속에 성숙

---

*10 (역주) 다윈은 또 수컷끼리의 경쟁과 수컷의 암컷 방위도, 수컷의 열성과 지적 능력에서 찾 고 있다. 수컷끼리의 경쟁에 대해서는 그 무렵 아무도 반대하는 사람이 없었는데, 그것은 수컷의 경쟁을 명백하게 관찰할 수 있었기 때문이다. 그러나 암컷의 선택과 달리 수컷의 경쟁을 불러일으키는 원인으로서, 수컷 동물의 지적 능력과 열성을 드는 설명에 대해 아 무도 의문을 제시하지 않은 것은 주목할 만하다.

*11 (역주) 지금은 사용되지 않는 학명, 현재의 학명은 *Alouatta caraya*.

*12 고릴라에 대해서는 Savage and Wyman(새비지와 와이먼), 'Boston Journal of Nat. Hist.,' Vol. 5, 1845~47, p. 423. 개코원숭이에 대해서는 Brehm(브레엠), 'Illust. Thierleben,' Bd. 1. 1864, S. 77. *Mycetes*에 대해서는 Rengger(렝거), 'Naturgesch. der Saügethiere von Paraguay,' 1830, S. 14, 20. 꼬리감는원숭이에 대해서는 Brehm, 같은 책. S. 108.

한 수컷이 두 마리 이상 섞여 있는 일은 거의 없다고 말했다. 아시아의 사이
가산양(*Antilope saiga*)은 세계에서 가장 극단적으로 일부다처주의인 것 같다.
왜냐하면 팔라스*13 수컷은 모든 경쟁상대를 물리치고 암컷과 새끼가 100마
리나 되는 집단을 자기 주위에 거느리기 때문이다. 암컷은 뿔이 없고 털도 부
드럽지만 다른 점에서는 수컷과 그리 다르지 않다. 말은 일부다처인데, 수컷
은 몸이 크고 비율이 다른 것 외에는 암컷과 그리 다르지 않다. 멧돼지는 수
컷이 훌륭한 엄니를 갖고 있는 것과 그 밖의 성질에서 두드러진 성적(性的) 형
질을 보여주고 있다. 유럽과 인도에서는 수컷 멧돼지는 번식기 이외에는 단독
생활을 한다. 그러나 인도에서 이 동물을 오랫동안 관찰한 적이 있는 W. 엘리
엇(W. Elliot) 경에 따르면, 번식기가 되면 수컷은 여러 마리의 암컷과 교미한다
고 한다. 유럽에서도 그런지는 의문스럽지만 그것을 지지하는 몇 가지 증언이
있다. 성숙한 수컷 인도코끼리는 멧돼지와 마찬가지로 대부분의 시간을 홀로
지내는데, 다른 개체와 함께 있을 때는 캠벨 박사(Campbell)가 말했듯이, '여러
마리의 암컷 집단에 수컷이 두 마리 이상 있는 일은 거의 없다'. 큰 수컷은 더
작고 약한 수컷을 몰아내거나 죽이기도 한다. 수컷은 그 거대한 엄니와 커다
란 몸집, 강인함, 인내력에서 암컷과 차이가 있다. 강인함과 인내력에서 수컷
과 암컷은 매우 다르기 때문에, 잡혔을 때 수컷이 암컷보다 20%나 가치가 높
은 것으로 평가되고 있다.*14 다른 후피동물(厚皮動物)은 성차는 거의 또는 전
혀 없으며, 그들은 이제까지 알려진 바로는 일부다처가 아니다. 박쥐목, 빈치
목, 많은 종을 거느린 설치목과 식충목에서는 이차성징이 두드러지게 발달한
종류는 거의 없다. 나는 이들 가운데 일부다처인 것이 있다는 증거를 한 번도
볼 수 없었지만, 집쥐는 예외인지 쥐사냥꾼에 따르면 그들은 여러 마리의 암
컷과 살고 있다고 한다.

앤드류 스미스 경에게서 들은 바에 따르면, 남아프리카의 사자는 가끔은
암컷 한 마리와 사는 경우도 있지만 보통은 수컷이 여러 마리의 암컷과 함께

＊13 Pallas(팔라스), 'Spicilegia Zoolog.,' Fasc. 12, 1777, p. 29. 코프에 대해서는 앤드류 스미스
(Andrew Smith) 경의 'Illustrations of the Zoology of S. Africa,' 1849, pl. 29. 오언(Owen)은 'On
the Anatomy of Vertebrates'(Vol. 3, 1868, p. 633)에서 어느 산양류가 짝을 지어 다니며, 어느
것이 집단을 이루는지를 보여주는 표를 제시했다.

＊14 Campbell(캠벨) 박사, 'Proc. Zoolog. Soc.,' 1869, p. 138. 존스톤(Johnstone) 중위가 쓴 흥미로
운 논문 'Proc. Asiatic Soc. of Bengal,' May, 1868도 참조할 것.

살며, 때로는 다섯 마리의 암컷과 함께 있는 일도 있으니 일부다처라고 해도 좋을 것이다. 내가 조사한 바에 의하면 사자는 육지에서 사는 식육목(食肉目) 가운데 유일한 일부다처 동물이며, 사자만이 뚜렷한 성적 형질을 가지고 있다. 그러나 해양성의 식육목에 눈을 돌리면 양상이 매우 다르다. 왜냐하면 앞으로 살펴보겠지만 바다표범의 대부분은 극단적인 성차를 보여주고 있으며, 대표적인 일부다처 동물이기 때문이다. 즉 페론(Péron)에 따르면 남쪽 바다의 바다코끼리는 항상 여러 마리의 암컷을 소유하고 있고, 포스터 해안의 강치 수컷은 20~30마리의 암컷을 거느리고 있다고 한다. 북태평양의 스텔러바다소 수컷은 그보다 더 많은 수의 암컷과 함께 있다.

새에 대해서는 암수가 매우 다른 종류의 대부분은 확실히 일부일처이다. 영국에서는 일부일처인데도 성차(性差)가 잘 발달한 예를, 청둥오리, 대륙검은지빠귀, 그리고 평생 짝을 지어 산다고 하는 멋쟁이새 등에서 볼 수 있다. 내가 월리스(Wallace)에게서 들은 바에 따르면, 남아메리카의 장식새과(Cotingidae)에 속하는 새, 그 밖에 많은 새에서도 마찬가지이다. 몇몇 그룹에서는 각각의 종이 일부일처인지 일부다처인지 알 수 없었다. 르송(Lesson, 르네 프리메베르 르송)은 성차가 매우 뚜렷한 것으로 유명한 극락조는 일부다처라고 말했지만, 월리스는 그 충분한 증거가 있는지 의심하고 있다. 살방(Salvin)은 벌새가 일부다처라고 확신하게 되었다고 나에게 알려 주었다. 긴 꽁지깃이 매우 뚜렷한 수컷 긴꼬리과부새는 확실히 일부다처인 것 같다.*15 내가 제너 위어와 그 밖의 사람들에게 들은 바에 따르면, 하나의 둥지 속에 세 마리의 찌르레기가 있는 것은 드물지 않은데, 그들이 일부다처인지 일처다부인지는 확인할 수 없었다.

꿩과의 새도 극락조나 벌새와 거의 비슷하게 성차가 뚜렷하지만, 널리 알려져 있듯이 이러한 종은 대부분 일부다처이다. 그러나 그 중에는 엄격하게 일부일처인 것도 있다. 일부다처인 공작과 꿩의 암수와, 일부일처인 호로새와 메추라기 암수의 차이는 얼마나 대조적인가! 그와 같은 예는 얼마든지 더 들수 있다. 이를테면 뇌조 중에는 일부다처인 큰뇌조와 검은뇌조의 수컷은 암컷

---

*15 긴꼬리과부새에 대해서는 'The Ibis,' Vol. 3, 1861, p. 133. Vidua axillaris에 대해서는 'Ibis,' Vol. 2, 1860, p. 211. 큰뇌조와 느시의 일부다처에 대해서는 L. Lloyd(L. 로이드), 'The Game Birds and Wild Fowl of Sweden and Norway,' 1867, pp. 19, 182 참조. 몬타규와 셀비는 검은뇌조는 일부다처이지만 붉은뇌조는 일부일처라고 말했다.

과 매우 다른데, 일부일처인 붉은뇌조*[16]나 뇌조는 암수가 거의 같다. 주조류(走鳥類)에는 성차가 매우 두드러진 것은 별로 없지만, 예외적으로 느시(*Otis tarda*, 들칠면조)는 일부다처로 알려져 있다. 섭금류(涉禽類)에는 암수가 다른 것은 거의 없으며 목도리도요(*Machetes pugnax*)가 뚜렷한 예외인데, 이 종은 몬타규(Montagu)가 말한 바에 따르면 일부일처라고 한다. 이렇게 새의 경우 일부다처와 뚜렷한 성차의 발달 사이에 종종 밀접한 관계가 있는 것 같다. 새에 대해 매우 풍부한 경험을 가지고 있는 런던 동물원의 바틀릿(Bartlett)에게 (꿩과의 일종인) 호로호로새가 일부다처인지 물었더니, "그건 알 수 없습니다. 하지만 그 화려한 색깔을 보건대 아마 그럴 가능성이 높습니다" 하고 대답해서 매우 놀랐던 기억이 있다.

가축화되면 한 마리의 암컷하고만 짝을 짓는 본능이 곧 사라져버리는 것은 주목할 만하다. 청둥오리는 엄격한 일부일처이지만 가금류인 집오리는 일부다처 경향이 매우 강하다. W. D. 폭스(W. D. Fox)가 나에게 알려준 바로는, 그가 사는 동네의 커다란 연못에 사람에게 반쯤 길들여진 청둥오리가 사육되고 있었는데, 관리인이 너무 많은 수컷을 사냥하는 바람에 암컷 7, 8마리에 수컷 한 마리의 비율이 되고 말았다. 그런데도 전보다 더 많은 새끼가 태어나 사육되었다고 하는 것이었다. 뿔닭은 엄격한 일부일처이지만, 폭스에 따르면 그의 새가 가장 많이 번식하는 것은 수컷 한 마리에 암컷 두세 마리를 키울 때라고 한다.*[17] 카나리아는 자연 상태에서는 한 마리씩 짝을 이루지만, 영국의 사육가는 한 마리의 수컷을 너덧 마리의 암컷과 순조롭게 짝을 지어주고 있다. 그래도 폭스가 확인한 바로는, 최초의 암컷만이 배우자로 간주되며 그 암컷과 그 새끼만이 수컷으로부터 먹이를 받아먹고 나머지 암컷들은 첩으로 취급받았다고 한다. 내가 이와 같은 예를 든 것은 이러한 일들이 자연 상태에서는 일부일처인 종(種)도 일시적 또는 영구적으로 일부다처가 되는 일이 어느 정도는 가능하다는 것을 보여주기 때문이다.

---

*16 (역주) 사할린뇌조(*Lagopus lagopus*)를 가리킨다. 유라시아의 사할린뇌조(Willow grouse)는 배에 하얀 띠 또는 얼룩이 있어서, 다윈 시절에는 영국의 뇌조와 종을 분리하고 있었다. 여기서는 스코틀랜드산을 붉은뇌조(원문 *red grouse*. 원저에서의 학명은 *Tetrao Scotticus*)라고 구분해서 번역했다.

*17 그러나 E. S 딕슨(E. S. Dixon)은 'Ornamental and Domestic Poultry,' 1848, p. 76에서, 두 마리 이상의 암컷 뿔닭을 수컷 한 마리와 키우면 알이 수정되지 않는다고 분명히 말했다.

파충류와 어류의 습성이 거의 알려져 있지 않기 때문에, 그들의 혼인 양식에 대해 말할 수는 없다. 그러나 큰가시고기(Gasterosteus)는 일부다처로 알려져 있으며,*18 번식기의 수컷은 암컷과 매우 다르다.

우리가 판단할 수 있는 정도에서 성 선택이 이차성징의 발달을 이끄는 과정에 대해 정리해보자. 다른 수컷과의 투쟁에 승리하여 가장 강인하고 가장 좋은 무기를 갖춘 수컷이 봄에 맨 먼저 번식을 시작하는 가장 건강하고 영양상태가 좋은 암컷과 짝을 지을 때, 건강한 새끼가 자라는 것은 이미 살펴본 바와 같다. 그러한 암컷들이 더 매력적이며 동시에 더욱 강인한 수컷을 선택한다면, 늦게 번식을 시작하여 건강하지 않고 매력이 없는 수컷과 짝을 지어야하는 암컷보다 많은 새끼를 키울 수 있을 것이다. 더 건강한 수컷이 더 매력적인 동시에 건강하고 활발한 암컷을 선택할 때도 그와 같은 현상이 일어날 것이다. 이것은 특히 수컷이 암컷을 보호하면서 새끼에게 먹이를 주는 것을 돕는 경우에 잘 적용될 것이 틀림없다. 더 건강한 한 쌍이 더 많은 새끼를 키우는 것에 있어서, 이러한 이점이 있으면 성 선택을 불러일으키는 효과가 충분할 것이 틀림없다. 그러나 암컷보다 수컷이 훨씬 많으면 그런 일이 가끔밖에 일어나지 않거나 국소적이거나 또 언제나 그러한지와 상관없이, 출생 때부터 그러한지 성숙하기 전에 많은 암컷이 죽어버리는 결과인지, 또는 일부다처의 습성에 의해 직접적으로 일어나는 것인지와 상관없이 성 선택을 불러일으키는 데 더욱 유효할 것이다.*19

일반적으로 수컷이 암컷보다 더 많이 변용(變容)한다

모든 동물계에서 양성의 외모가 서로 다를 때는, 극히 드문 예외를 제외하고 큰 변용을 보이는 것은 수컷이다. 암컷은 그 종의 유체(幼體)와 비슷하며 같은 분류군의 다른 종과도 더 많이 닮아 있다. 이러한 일이 일어나는 원인은

---

*18 Noel Humphreys(노엘 험프리스), 'River Gardens,' 1857.
*19 (역주) 다윈은 수컷끼리 경쟁하여 암컷이 수컷을 선택하는 성 선택이 작용하려면 수컷의 수가 많아야 한다고 생각했다. 그래서 동물 일반에 있어서 성비가 수컷에 치우쳐 있지 않은가 하고 예측했지만, 그러한 명확한 결과는 얻을 수 없었다. 또 일부다처이면 수컷 사이의 경쟁이 치열할 거라고 고찰했는데, 실제로 이에 대한 논리의 흐름은 명쾌하지 않다. 지금은 수컷과 암컷 개체수의 비율이 아니라 실효 성비의 편중과 잠재적 번식 속도의 성차로 설명되고 있다.

거의 모든 동물에서 수컷이 암컷보다 강한 열정을 갖고 있기 때문인 것 같다. 즉 서로 투쟁하며 암컷 앞에서 매력을 과시하고 유혹하는 것은 수컷이고, 그 투쟁에서 이긴 수컷은 자신의 뛰어난 형질을 수컷 새끼에게 전달한다. 왜 수컷이 그 형질을 양성의 새끼에게 전달하지 않는지에 대해서는 이제부터 고찰하기로 한다. 모든 포유류의 수컷이 암컷을 열심히 쫓아다니는 것은 누가 봐도 명백한 사실이다. 그것은 새의 경우도 마찬가지인데, 대부분의 수컷 새는 암컷을 쫓아다니기보다는 암컷 앞에서 화려한 깃털을 과시하거나 기묘한 춤을 추고 목청껏 노래를 부른다. 이제까지 관찰된 소수의 물고기도 수컷이 암컷보다 훨씬 열정적이다. 악어도 그렇고 양서류도 그런 것 같다. 곤충이라는 거대한 강(綱)에서도 '수컷이 암컷을 찾으러 가는 것이 원칙'이라고 커비는 지적했다.[20] 거미와 갑각류의 권위자인 블랙월(Blackwall)과 C. 스펜스 베이트(C. Spence Bate), 이 두 사람에게서 들은 바로는, 수컷이 암컷보다 훨씬 활동적이며 특이한 행동을 잘한다고 한다. 곤충과 갑각류에서 어느 한쪽 성에만 감각기관과 운동기관이 갖춰져 있거나, 흔히 그렇듯이 한쪽 성이 다른 쪽 성보다 잘 발달해 있을 때는 내가 아는 한, 그러한 기관을 가지고 있거나 잘 발달된 것은 거의 예외없이 수컷 쪽이다. 이것은 양성 가운데 수컷이 구애에 더욱 적극적임을 보여준다.[21]

한편 암컷은 극히 드문 예외를 제외하고는 수컷만큼 열정적이지 않다. 저명한 헌터(Hunter)가 오래전에 관찰했듯이[22] 일반적으로 암컷은 '구애를 받을 필요가 있다'. 암컷은 소극적이어서 오랫동안 수컷에게서 달아나려고 하는 것을 종종 볼 수 있다. 동물의 습관을 관찰한 적이 있는 사람이면 누구나 이러한 예를 바로 떠올릴 수 있을 것이다. 이제부터 다룰 다양한 사실들과, 성 선

---

[20] Kirby and Spence(커비와 스펜스), 'Introduction to Entomology,' Vol. 3, 1826.

[21] 벌목의 어떤 기생성 곤충은 예외이다(Westwood[웨스트우드], 'Modern Class. of Insects,' Vol.2, p. 160). 수컷의 날개는 흔적으로만 남아 있으며 태어난 방에서 밖으로 나가는 일이 없는 데 비해, 암컷은 잘 발달한 날개를 가지고 있다. 오두앵은, 암컷은 자신과 한 방에서 태어난 수컷에 의해 수정된다고 생각했지만, 암컷이 다른 방을 찾아가 근친혼을 피한다는 쪽이 더 설득력이 있다[그러나 지금은 기생성 벌목의 대부분이 근친교배하는 것으로 알려져 있다]. 이하에서는 수컷이 아니라 암컷이 상대를 찾아 구애하는 몇몇 예외적인 종을 살펴보기로 한다.

[22] 'Essays and Observations,' edited by Owen(오언), Vol. 1, 1861, p. 194.

택에 의한 것으로 생각되는 결과로부터 판단하건대, 암컷은 수컷에 비해 수동적이지만 일반적으로 선택을 하며, 어떤 수컷을 다른 수컷보다 기꺼이 받아들인다. 또는 그들을 관찰하면 가끔 드는 생각인데, 암컷은 자신이 가장 매력을 느끼는 수컷을 받아들이는 것이 아니라 가장 싫지 않은 수컷을 받아들이는 것인지도 모른다. 암컷이 어떤 선택을 하는 것은 수컷이 열정적인 것과 마찬가지로 일반적인 법칙이라고 할 수 있다.

그래서 마땅히 이만큼 많고 다양하게 다른 분류군에서, 왜 수컷이 암컷보나 열정적인지, 그리고 왜 수컷이 암컷을 찾고 구애에 적극적인 역할을 하는지가 의문으로 남는다. 만일 양성이 함께 상대를 찾는다면 이는 적지 않은 에너지 낭비이며 아무런 이점도 없을 것이다. 그렇다 해도 왜 수컷은 거의 언제나 찾는 쪽이 되어야만 하는 것일까? 식물의 경우, 수정한 배(胚)는 한동안 영양분을 공급받아야 한다. 그래서 필연적으로 꽃가루가 곤충이나 바람 등을 매개로, 또는 수술의 자발적인 운동에 의해, 암술머리 위에 있는 암컷의 기관을 찾아오게 된다. 조류(藻類: 물 속에 살면서 엽록소로 동화작용을 하는 식물) 등의 경우에는, 그것은 안세로조이드[웅성(雄性)운동성 배우자]의 운동에 의해 운반된다. 같은 장소에 일생 동안 고착해 있는 하등동물 가운데 암수가 분리되어 있는 것은 예외 없이 수컷의 생식요소가 암컷을 찾아오는데, 그 까닭은 분명하다. 난자는 설령 수정 전에 분리되어 수정한 뒤에 영양 공급이나 보호를 받을 필요가 없어도, 수컷보다 상대적으로 크기 때문에 수컷의 생식요소보다 쉽게 확산될 수 없기 때문이다. 이 점에서 식물*[23]과 많은 하등동물은 서로 유사하다. 고착동물의 수컷은 그런 식으로 수정을 위한 요소를 방출하게 되었기 때문에, 더욱 고등하고 운동성을 갖춘 자손이 그와 같은 습성을 유지하며 스스로 암컷에 접근함으로써, 수정을 위한 요소가 오랫동안 바닷물 속을 헤엄치느라 위험에 노출되지 않도록 하는 것은 매우 자연스러운 일이라고 할 수 있다. 하등동물 가운데 소수는 암컷만 고착성인데, 그런 종은 수컷이 찾아가지 않으면 안 된다. 조상이 모두 자유롭게 헤엄을 칠 수 있었던 형태에서는, 왜 어느 경우에도 수컷만이 암컷을 찾아가는 습성을 얻고, 암컷은 수컷에게 접근하지 않게 된 것인지 이해하기는 쉽지 않다. 그러나 모든 예에서

---

*23 작스(Sachs)는 ('Lehrbuch der Botanik,' 1870, S. 633) 수컷과 암컷의 생식세포에 대해 '두 개의 생식세포가 만날 때 한쪽은 활발하게 행동하며, 다른 한쪽은 수동적'이라고 말했다.

수컷이 능숙하게 암컷을 찾기 위해서는 강한 열정을 갖추고 있어야 하며, 그러한 열정을 획득한 것은 당연히 더욱 열정적인 수컷이 그렇지 않은 수컷보다 많은 자손을 남겼기 때문일 것이다.[24]

수컷이 열정적이기 때문에 간접적으로 암컷보다 수컷에서 이차성징이 훨씬 잘 발달하게 되었다. 그러나 그러한 형질의 발달은 내가 가축에 대해 연구한 뒤에 내린 결론, 즉 수컷이 암컷보다 변이가 큰 것이 맞다면 그것에 의해 크게 영향을 받은 것이 틀림없다. 이러한 결론을 실증하는 것이 얼마나 어려운 일인지 나는 충분히 잘 알고 있다. 그러나 인간의 양성을 비교해 보면 작은 증거를 몇 가지 얻을 수 있다. 인간은 다른 어떤 동물보다도 주의 깊게 관찰되어 왔기 때문이다. 노바라 탐험 때,[25] 여러 인종의 신체 각 부분에 대해 막대한 양의 계측이 이루어졌는데, 거의 모든 집단에서 남성이 여성보다 변이의 폭이 큰 것을 알 수 있었다. 이 주제에 대해서는 다음 장에서도 다루게 될 것이다. 인간 근육의 변이에 대해 주의 깊게 연구했던 J. 우드(J. Wood)는[26] '어느 대상에서도 비정상적인 변이의 수가 많은 것은 남성'이라는 결론을 강조했다. 그는 이전에 '전부 102명의 피험자 가운데 다양한 유형의 근육 중복은 여성에게서는 거의 반 정도밖에 볼 수 없었는데, 이것은 앞에 말한 것처럼 근육 결손이 여성 쪽에서 더 많이 발견되는 것과는 매우 대조적'이라고 지적했다. 마칼리스터(Macalister) 교수도[27] 근육의 변이는 '아마 여성보다 남성에게 많을 것'이라고 말했다. 인간에게는 일반적으로 존재하지 않는 근육이 나타날 때도 남성에게서 더 많이 발견되지만, 여기에는 예외도 있다고 알려져 있다. 버트 와일더(Burt Wilder) 박사[28]는 152건의 다지증(多指症)을 조사했는데, 그 가운데 86건이 남성이고, 여성은 그 반도 안 되는 39건뿐이었으며, 나머지 27건은 성

---

[24] (역주) 정자가 어떻게 운동성을 가지게 되어 난자가 있는 곳으로 헤엄쳐 가게 되었는지는, 이형(異型)배우자의 진화로 설명된다. 정자가 소형이고 운동성을 갖게 되면, 난자에 비해 정자가 과잉 생산되어 난자에 도달하여 수정하기 위한 정자 사이의 경쟁이 더욱 치열해진다.

[25] 'Reise der Novara : Anthropolog. Theil,' 1867, S. 216–269. 결과는 K. 셰르처 박사와 슈바르츠 박사가 한 계측을 토대로 바이스바흐 박사가 계산한 것. 가축에서 수컷의 변이가 큰 것에 대해서는 내가 쓴 《사육동식물의 변이》 제2권, 1868년, 75쪽을 참조할 것.

[26] 'Proceedings Royal Soc.,' Vol. 16, July, 1868, pp. 519, 524.

[27] 'Proc. Royal Irish Academy,' Vol. 10, 1868, p. 123.

[28] 'Massachusetts Medical Soc.,' Vol. 2, No. 3, 1868, p. 9.

별 불명이었다. 그러나 여성은 남성보다 기형을 감추려는 경향이 있는 것을 간과해서는 안 될 것이다. 출생 직전, 출생시, 출생 직후에 인간도 양도 수컷새끼가 암컷새끼에 비해 더 많이 죽는 경향이 있는 것은(보유 참조), 수컷의 기관에 변이가 많고, 따라서 구조와 기능의 이상을 부르기 쉬운 것과 어떤 관계가 있는지 없는지 나로서는 아무 대답도 할 수 없다.

여러 가지 분류군의 동물에서 아름다운 색깔이나 커다란 체격, 강한 힘, 호전적인 성격 같은, 잘 발달된 이차성징을 수컷이 아니라 암컷이 가지고 있는 예외가 몇 가지 있다. 이제부터 살펴보겠지만, 새에서는 일반적인 성에서 볼 수 있는 형질이 완전히 역전되어 있는 것을 가끔 볼 수 있다. 그러한 종에서는 암컷이 적극적으로 구애하고 수컷은 비교적 수동적이지만, 결과에서 추측하건대 수컷은 더욱 매력적인 암컷을 선택하고 있는 듯하다. 이와 같이 어떤 새는 암컷이 수컷보다 색깔이 더 화려하거나 여러 가지 장식을 가지고 있고, 힘이 세며 호전적인 성격을 갖게 되었고, 그 성질은 암컷의 새끼에게만 전해지고 있다.

어떤 경우에는 수컷은 더 매력적인 암컷을 선택하고 암컷도 더 매력적인 수컷을 선택하는, 이중의 선택 과정이 작용해 왔다고 생각할 수 있을지도 모른다. 그러나 이 과정이 양성에 변용을 가져오기는 하겠지만, 그들의 미적 취향이 서로 다르지 않다면 양성이 다르게 작용하지는 않는 것이 분명하다. 그러나 암수의 미적 취향과 기준이 다른 것은, 인간을 제외한 동물에서는 거의 있을 수 없는 일이므로 고려할 가치가 없을 것 같다. 암수가 서로 매우 비슷하며 양쪽 다 같은 장식을 가지고 있는 동물은 많이 있다. 그래서 그것도 성 선택에 의한 결과로 생각할 수 있다. 그런 예에서 이중의, 또는 상호적인 성 선택이 작용했을 가능성이 매우 높다고 생각될지도 모른다. 더 건강하고 성숙이 빠른 암컷이 더 매력적이고 활발한 수컷을 선택하고, 수컷은 더 매력적인 암컷 외에는 거부해 왔다는 것이다. 그러나 동물의 습성에 대해 우리가 알고 있는 것에서 판단하면, 수컷은 보통 어떠한 암컷하고도 짝을 짓고 싶어 하므로 그것은 있을 수 없는 일로 생각된다. 양성이 함께 가지고 있는 장식은 한쪽 성의 개체, 보통은 수컷이 획득한 것이 양성의 새끼에게 전달된 결과로 보는 것이 더욱 신빙성이 높다. 실제로 만일 어떤 종에서 오랜 기간에 걸쳐 수컷의 수가 암컷의 수를 훨씬 웃도는 일이 계속되고, 또 다른 시기에는 다른 상황 아래에서 그 반대의 일이 오래 계속된다면, 이중의 성 선택 과정이 시기를 달리하며 쉽게 작용하여 양성이 매우 달라질 수 있을지도 모른다.

이제부터 양성(兩性) 모두 화려한 색깔을 하거나 특별한 장식을 갖고 있지도 않지만, 양성 또는 어느 한쪽 성의 개체가 성 선택에 의해 변용해 온 것으로 생각되는 동물이 많이 있음을 살펴볼 것이다. 선명한 색채나 특별한 장식이 없는 것은 그러한 것을 일으키는 변이가 나타나지 않았기 때문일 수도 있으며, 동물자신이 검은색이나 흰색 같은 수수한 색을 좋아한 탓일 수도 있다. 눈에 띄지 않는 색깔은 보호색으로 작용하므로 종종 자연선택에 의해 획득되는 일이 있다. 성 선택에 의해 화려한 색깔이 획득되는 과정이, 그것에 뒤따른 위험 때문에 저지되고 있는 것인지도 모른다. 그러나 다른 예에서는 아마 수컷들은 오랫동안 사나운 힘을 통해서나 자신들의 매력을 과시하면서 서로 투쟁해 왔겠지만, 성공한 수컷이 그렇지 못한 수컷보다 많은 자손을 남겨 그 자손에게 뛰어난 성질을 전달하지 않았다면 큰 효과는 나타나지 않았을 것이다. 그것은 앞에서도 살펴보았듯이 복잡하고 다양한 우발적 사건에 좌우된다.

성 선택은 자연선택처럼 엄격하게 작용하지는 않는다. 자연선택은 다소나마 성공한 모든 연령의 개체의 삶과 죽음에 영향을 줌으로써 작용한다. 경쟁자인 수컷끼리 싸워도 실제로 죽는 일은 좀처럼 없다. 그러나 일반적으로 그다지 성공하지 못한 수컷은, 암컷과 짝짓기를 아예 못하거나 늦은 시기에 별로 건강하지 않은 암컷과 짝짓기를 하고, 일부다처인 경우에는 적은 수의 암컷하고만 짝짓기를 할 수 있다. 그런 수컷은 적은 수의 자손 또는 별로 건강하지 않은 자손을 남기거나, 전혀 자손을 남기지 못한다. 일반적인 선택, 즉 자연선택에 의해 획득되는 형질에 있어서 대부분의 경우 생활조건이 일정하게 유지된다면, 어떤 특정한 목적을 향한 형질의 유리한 변화에는 한도가 있게 마련이다. 그러나 싸우거나 암컷을 유혹하는 일에서, 한 수컷을 다른 수컷에게 승리하게 만드는 적응 구조에 있어 유리한 변화의 정도에는 특별한 한도가 없다. 그래서 그것에 적합한 변이가 출현하는 한, 성 선택의 작용은 계속될 것이다. 이차성징이 종종 극단적으로 큰 변이를 보이는 것은 어느 정도 이것이 원인일지도 모른다. 어쨌든 자연선택이 작용함으로써 투쟁에 승리한 수컷이 이러한 형질을 무한히 발달시키는 것은 저지되고 있을 것이다. 그것은 그러한 형질이, 그것을 발달시키기 위해 너무 많은 에너지를 사용하거나 수컷을 다양한 위험에 빠뜨려서 그 수컷 자신에게 해를 미치기 때문이다.[29] 그러나 어떤 유제류(有蹄類 : 각질의 발굽이 있는 포유류) 수컷의 뿔처럼, 놀라울 만큼 형태가 발달한 것이 있고, 일반적인 생활조건의 범위에서는 수컷에 조금은 해가 되는 것이 틀림없다고 생각될 정도로 극단적인 예도 있다. 이것에서 다른 수컷과의 투쟁과 암컷의 구애에 승리를 거두어 많은 자손을 남기는 수컷이 가진 유리함은, 긴 안목으로 보면 외적인 환경에 완벽하게 적응함으로써 얻을 수 있는 이익보다 더 크다는 것을 알 수 있다. 이제부터 몇몇 예를 통해 투쟁에서 다른 수컷을 이기는 것보다 암컷을 유혹하는 능력이 더 중요하다는 것을 살펴볼 텐데, 이것은 이제까지 아무도 예상하지 못한 일이다.

유전의 법칙

다양한 분류군에 속하는 많은 동물에서 시간이 지날수록 성 선택이 어떻게 작용하여 두드러진 특징을 낳게 되었는지 이해하려면, 이제까지 알려진 모든 유전 법칙을 고려해야 한다. '유전'이라는 말에는 두 개의 다른 요소가 들어 있다. 곧 형질이 다음 세대에 전달되는 것과, 형질이 발달하는 것이다. 그러나 이것은 보통 함께 나타나기 때문에 종종 그 구별이 간과되고 있다. 이 두 가지가 구별되는 것은 태어나서 일찌감치 형질이 전달되지만, 그 형질이 충분히 발달하는 것은 성숙한 뒤이거나 아니면 더 나이를 먹은 뒤이다. 이 구별은 이차성징에서 더 확실하며, 그것은 이것이 양성에 전달되는데도 한쪽 성에서만 발달하기 때문이다. 이것을 양성이 다 가지고 있다는 것은, 매우 뚜렷한 성적형질을 가지고 있는 두 종을 교배하면 어느 쪽이나 각각의 수컷과 암컷의 특징적인 형질을 잡종의 암수 자손에게 전한다는 사실에서 명백하다. 또 그것은 수컷의 특징적인 형질이 늙은 암컷이나 병에 걸린 암컷에 이따금 나타나는 사실에서도 명백하다. 그 반대의 경우가 수컷에서 일어나기도 한다. 또 때로는 이를테면 어떤 가금류에서 젊고 건강한 암컷에 반드시 며느리발톱이 나타나듯이, 형질이 마치 수컷에서 암컷에게 전달된 것처럼 보이는 일도 있다. 그러나 사실 그것은 단순히 암컷에서도 발달하는 형질이다. 모든 종류에서 며느리발톱의 구조는 모두 암컷을 통해 수컷 새끼에게 전달되기 때문이

---

[29] (역주) 이에 대한 논의는, 현재 진화생태학에서 고찰되고 있는 핸디캡 이론이나 런어웨이 가설 논의를 방불케 한다.

다. 격세유전의 모든 예에서 형질은 2대, 3대, 또는 그 이상의 세대에 걸쳐 계속 전달되는 가운데, 무언가 알 수 없는 유리한 조건이 되었을 때만 발달한다. 전달과 발달의 중요한 구별은 진실과는 관계없이 판게네시스*³⁰ 가설을 생각하면 이해하기 쉬울 것이다. 이 가설에 따르면 몸의 단위인 세포는 모두 제뮬 (gemmule : 小分體)이라고 하는 미발달 원자를 방출하며, 그것이 양성의 자손에게 전달되어 자기분열을 통해 증식한다. 태어나서 얼마동안, 또는 몇 세대 이어지는 동안 그것은 발달하지 않은 상태를 유지하기도 한다. 그것이 스스로 방출된 단위 또는 세포와 닮은 것으로 발달할지는, 성장 순서에 따라 이전에 발달한 다른 세포와 친밀하게 결합할 수 있는지의 여부에 달려 있다.*³¹

삶*³²의 대응 시기에 나타나는 유전

이 경향이 있는 것은 잘 알려져 있다. 만일 새로운 형질이 그 동물이 어렸을 때 나타난다면, 그것이 일생 동안 계속되는 것이든 일시적인 것이든 일반 법칙으로서 그 형질은 그 동물의 자손 세대에서도 같은 나이에 똑같이 나타난다. 한편 새로운 형질이 성숙한 개체나 늙은 개체에 나타날 때도, 그 자손 세대에서도 마찬가지로 성숙한 뒤에 나타나는 경향이 있다. 이 법칙에 예외가 일어날 때는, 그 전달되는 형질은 대응하는 나이보다 늦게 나타나는 경우보다 일찍 나타나는 경우가 훨씬 더 많다. 나는 이 문제에 대해서는 다른 저작 속에서 충분히 논의했기 때문에,*³³ 여기서는 독자들의 마음에 이 문제를 떠올리기 위해 그러한 예를 몇 가지만 들기로 한다. 몇몇 품종의 닭에서 병아리는 솜털로 뒤덮여 있지만, 어린 닭의 최초의 깃털이나 어른 닭의 깃털은 품종마다 서로 매우 다르며, 그들의 공통조상인 적색야계(赤色野鷄, *Gallus*

---

*30 (역주) 동식물체 각 부분의 세포에 있는 제뮬(gemmule)이라는 자기 증식성 입자가 생식세포에 모여서 자손에게 전달됨으로써 어버이와 닮은 형질을 나타낸다고 하는 학설. 다윈이 1868년에 발표했다.

*31 (역주) 제1장의 역주1)에서도 말했듯이, 그 무렵에는 유전자의 작용에 대해 모르고 있었고, 표현형과 유전자형을 구별하고 있지 않았으며, 성호르몬의 작용에 대해 몰랐던 것 때문에, 유전에 관한 다윈의 논의에는 오류와 혼란이 많다.

*32 (역주) 생물의 개체가 발생을 시작하고 나서 죽을 때까지의 삶을 가리킨다.

*33 《사육동물의 변이》 제2권, 1868년, 75쪽. 마지막에서 두 번째 장에서, 위에서 말한 판게네시스 가설이 충분히 설명되어 있다.

bankiva)*³⁴의 깃털과도 매우 다르다. 그러한 형질은 각각의 품종에서, 그 자손 세대의 대응하는 시기에 충실하게 전달되고 있다. 이를테면 희끗희끗한 무늬의 함부르크종은 솜털로 뒤덮여 있을 때는 머리와 꼬리에 몇 개의 검은 반점이 있지만, 다른 많은 품종처럼 줄무늬는 나타나지 않는다. 그들의 최초의 깃털에는 '붓으로 아름답게 터치한' 것처럼 하나하나의 깃털에 그것을 가로지르는 수많은 검은 선이 있다. 그러나 그 다음에 나는 깃털에서는, 모든 깃털 끝에 동그랗고 검은 반점이 나타나 희끗희끗한 무늬를 이룬다.*³⁵ 이처럼 이 품종에서는 세 가지 변이가 일어나 생명의 세 단계에서 각각 전달되고 있다. 비둘기는 더욱 뚜렷한 예를 보여준다. 왜냐하면 조상의 종에서는 성숙과 함께 가슴의 색채가 더욱 무지개빛처럼 화려해지는 것 외에는 나이가 들수록 깃털이 변하는 일이 없지만, 다양한 품종 중에는 두세 번, 또는 네 번까지 털갈이를 하지 않으면 특징적인 색조가 나타나지 않는 것이 있기 때문이다. 그러한 깃털의 변용은 규칙적으로 전달된다.

1년의 대응하는 계절에 나타나는 유전

야생 상태에 있는 동물에서는 계절마다 어떤 형질이 정기적으로 나타나는 예가 수없이 많다. 수사슴의 뿔이나 극지방에 사는 동물의 모피가 겨울이 되면 두꺼워지고 하얀 색을 띠는 것이 그 예이다. 많은 조류는 아름다운 색깔과 장식이 번식기에만 발달한다. 나는 이러한 유형의 유전에 대해, 가축의 관찰에서는 거의 아무것도 밝힐 수가 없다. 팔라스(Pallas)는*³⁶ 시베리아의 가축 소와 말은 정기적으로 겨울에 색깔이 옅어진다고 말했는데, 나도 영국의 어떤 종류의 조랑말에서 같은 색채의 변화가 일어나는 것을 보았다. 계절이 달라지면 모피 색깔이 변하는 경향이 유전하는 것인지는 나는 모르지만, 말의 색깔

---

*34 (역주) 지금은 사용되지 않는 학명. 적색야계의 학명은 Gallus gallus.

*35 이러한 사실은, 유명한 사육가인 티베이한테서 들은 것과 테겟마이어(Tegetmeier)의 'The Poultry Book,' 1868, p. 158에서 발췌한 것이다. 위에 말한 다양한 품종의 닭의 형질 및 비둘기의 다른 품종에 대해서는 《사육동식물의 변이》 제1권, 160, 249쪽, 제2권, 77쪽을 참조.

*36 'Novae species Quadrupedum e Glirium ordine,' 1778, p. 7. 말 색깔의 유전에 대해서는 《사육동식물의 변이》 제1권, 21쪽 참조. 성에 한정된 유전에 관한 일반적 논의에 대해서는 제2권 71쪽.

은 어느 것이나 유전성이 강하기 때문에 그럴 가능성이 높다고 생각된다. 이렇게 계절에 한정되는 유전 양식이 나이와 성에 한정되는 유전보다 더 뚜렷한지도 나는 알 수 없다.

성에 한정된 유전

적어도 뚜렷한 성차가 없는 동물에서는, 대부분 형질이 양성에 동등하게 전달되는 것이 가장 일반적으로 볼 수 있는 유전 양식이다. 그러나 형질이, 그것이 맨 처음 나타난 성에만 전달되는 경우는 결코 드물지 않다. 나는 《사육동식물의 변이》에서 그 예를 많이 다루었는데, 여기서도 그 몇 가지를 소개하고자 한다. 양과 염소의 품종 가운데에는 수컷의 뿔 모양이 암컷의 그것과 매우 다른 것이 있는데, 가축화 과정에서 획득된 이러한 차이는 반드시 같은 성의 개체에 전달된다. 고양이의 삼색 얼룩은 보통 암컷에만 전달되며 수컷은 적청색이다. 대부분의 닭 품종에서는 각각의 성에 특유한 형질이 동성의 개체에만 전달된다. 이 형식의 유전은 매우 흔히 볼 수 있어서, 어떤 품종에서 변이가 양성에 동등하게 유전된다면 그것은 예외라고 할 수 있다. 또 닭의 품종 가운데에는, 수컷끼리는 서로 거의 구별이 되지 않지만 암컷끼리는 색채가 매우 다른 것이 있다. 비둘기에서는 조상종(祖上種)의 암수는 외적인 형질에 있어서 조금도 다르지 않지만, 가축화된 품종의 수컷에는 암컷과 색깔이 매우 다른 것이 있다.[37] 영국 전서구(傳書鳩, 메시지 전달 비둘기)의 육수(肉垂 : 칠면조·닭 등의 목 부분에 늘어져 있는 붉은 피부)나 파우터[38]의 모이주머니는 암컷보다 수컷에 잘 발달해 있다. 이러한 형질은 오랜 기간에 걸친 인위적 선택의 결과로 획득된 것인데, 양성 사이에 차이가 있는 것은 그것을 지배하고 있는 유전법칙이 강하기 때문이다. 그것은 사육가가 원해서가 아니라 오히려 그 의지에 반하여 발생한 것인지도 모른다.

우리가 사육하고 있는 가축의 대부분은 수많은 작은 변이가 축적된 결과이다. 그리고 연속하는 단계 가운데 몇몇 단계에서는 한쪽 성에만 전해지는 것도 있고 양성에 전해지는 것도 있으므로, 같은 종에 속하는 다른 품종에서

---

[37] Chapuis(샤퓌이) 박사, 'Le Pigeon Voyageur Belge,' 1865, p. 87. Boitard et Corbié(부아타르와 코르비에), 'Les Pigeons de Volière, etc., 1824, p. 173.

[38] (역주) 모이주머니를 내밀어 우는 집비둘기 종류.

양성이 매우 다른 것부터 완전히 다른 것까지 모든 단계를 볼 수 있다. 닭과 비둘기의 품종에서 이미 예를 들었지만, 자연 상태에서도 비슷한 예가 많이 있다. 자연 상태에서도 그렇다고 단언할 수는 없지만, 가축화된 동물에서는 한쪽 성이 그 성 특유의 형질을 잃어버리고 다른 쪽 성과 어느 정도 비슷해지는 일이 있다. 이를테면 닭의 품종 중에는 수컷이 특유의 깃털과 목털을 잃어버린 것이 있다. 한편 가축화에 따라 양성 사이의 차이가 증폭되는 일도 있다. 암컷이 뿔을 잃어버린 메리노종 양이 그 예이다. 여기서도 한쪽 성 고유의 형질이 느닷없이 다른 쪽 성에 나타나는 일이 있다. 암탉이 어릴 때 며느리발톱을 갖고 있는 닭의 품종이 그러하며, 어떤 폴란드 품종은 처음에는 암컷이 볏을 획득하고 그것이 나중에 수컷에 전달된 것으로 보이는 것도 있다. 이러한 모든 예는 판게네시스 가설을 적용하면 이해할 수 있을 것이다. 그것은 몸의 특정한 세포의 제물이 본디 양성에 갖춰져 있지만 가축화의 영향 때문에 어느 한쪽 성에서만 휴면하게 되거나, 본디 휴면하고 있던 것이 발달함에 따른 것으로 생각되기 때문이다.

여기에는 또 하나의 문제가 있는데, 그것은 뒤에 가서 논하는 것이 나을 것 같다. 즉 처음에는 양성에 발달해 있었던 형질이, 선택에 의해 그 발달이 한쪽 성에 한정되는 일이 있는가 하는 의문이다. 이를테면 사육가가 자신의 비둘기(형질이 보통 양성에 동등하게 전해지는 종) 가운데 옅은 청색을 띤 변이를 발견한다면, 오랫동안 인위 선택을 계속함으로써 암컷의 색깔은 바뀌지 않고 수컷만이 그 색깔을 띠는 품종을 만들어낼 수 있을까? 여기서는, 그것은 아마 불가능하지는 않겠지만 매우 어려울 거라고만 말해두고자 한다. 옅은 푸른색의 수컷을 번식시키면 양성을 포함하여 모든 가계가 그 색깔로 바뀌는 것이 자연스러운 결과이기 때문이다. 그러나 바람직한 색조의 변이가 처음부터 수컷에만 발달하도록 한정되어 있다면, 양성의 색이 다른 품종을 만들어내는 데는 아무런 어려움도 없을 것이다. 실제로 수컷만 검은 줄무늬를 가지고 있는 벨기에 품종은 그렇게 해서 만들어진 것이다. 마찬가지로 만일 암컷 비둘기에게 어떤 변이가 나타나고 그것이 처음부터 암컷에만 발달하도록 한정되어 있었다면, 암컷만 그러한 형질을 가진 변종을 만들어내는 것은 간단하다. 그러나 변이가 처음부터 그렇게 한정되어 있지 않은 경우에는 그런 품종을 만들어내는 것은 매우 어렵거나 어쩌면 불가능할 것이다.

형질 발달 시기와, 그 형질이 한쪽 성 또는 양성에 유전되는 것의 관계

왜 어떤 종의 형질은 양성에 유전하고 다른 형질은 한쪽 성(性), 즉 그것이 최초로 나타난 성에만 유전하는가에 대해서는 대부분의 경우 아무것도 알려진 것이 없다. 어떤 비둘기 품종에서는 모든 형질이 양성에 동등하게 전해지는데, 검은 줄무늬는 암컷을 통해 전해짐에도 불구하고 왜 수컷에만 발달하는가에 대해 우리는 아무런 추론도 할 수 없다. 또 극히 드문 예외를 제외하고 고양이의 삼모(三毛)는 왜 암컷에만 발달하는 것일까? 발가락의 결손, 다지증, 색맹 등의 완전히 같은 형질이 인간의 경우 어떤 가족에서는 남성에게만 유전되고 어떤 가족에서는 여성에게만 유전되는데, 양쪽의 예에서 유전 경로는 동성으로부터인 경우와 이성으로부터인 경우에 다 있는 듯하다.[*39] 이와 같이 우리는 아직 아무것도 모르고 있지만 다음의 두 가지 규칙은 옳은 것 같다. 즉 삶의 늦은 시기에 처음으로 어느 한쪽 성에 나타나는 변이는 그 성의 개체에만 발달하는 경향이 있다는 것과, 삶의 이른 시기부터 어느 한쪽 성에 나타나는 변이는 양성에서 발달하는 경향이 있다는 것이다. 나는 성 선택에서 중요한 의미를 갖고 있는 이 주제에 대해 아직 어디서도 논한 적이 없으므로 여기서 좀더 상세하게 다루고자 한다.

어떠한 형질이든 어릴 때부터 나타나는 것은, 양성에 동등하게 유전하는 경향이 그 자체로 있을 수 있는 일이다. 왜냐하면 암수는 번식력이 생기기 전에는 그 구조가 거의 다르지 않기 때문이다. 한편 번식력이 획득되고 양성의 구조가 상당히 달라진 뒤에는, 한쪽 성의 몸의 각 부분에서 방출된 제뮬은(판게네시스의 용어를 여기서도 사용한다면) 같은 성의 조직보다 다른 성의 조직과 더 잘 결합하는 뚜렷한 친화성을 가지고 있을 가능성이 훨씬 높으므로 그쪽의 성에만 발달할 것이다.

내가 이러한 관계가 될 거라고 처음 생각하게 된 것은, 수컷 성체가 암컷 성체와 다를 때는 언제나 그것이 어떠한 형태이든 양성의 자손과도 다르다는 사실 때문이었다. 그것이 일반적인 사실인 것은 매우 확실하다. 그것은 대부

[*39] 이러한 예는 나의 《사육동식물의 변이》 제2권, 72쪽에 있다.

(역주) 색맹은 X염색체와 연쇄된 반성열성유전이다. 따라서 색맹은 대부분 남성에게 나타나는데, 색맹인 남성과 보유자인 여성 사이에서 태어난 여아에게도 나타나는 일이 있다. 가계에 따라서 남성에게만 나타나거나 여성에게만 나타난다는 주장은 옳지 않다.

분의 포유류, 조류, 양서류, 어류 등에 적용되며 많은 갑각류와 거미류, 그리고 일부의 직시목이나 잠자리과 곤충에도 적용된다. 이러한 모든 예에서 수컷에 고유한 형질을 만들어내도록 축적되어 온 변이는 삶의 조금 늦은 시기에 나타난 것이 틀림없다. 그렇지 않다면 어린 수컷도 같은 형질을 갖고 있을 것이기 때문이다. 이러한 형질은 우리의 규칙에 따라 수컷 성체에만 전달되어 발달한다.

한편, 수컷 성체가 양성의 자손(자손끼리는 드문 예외를 제외하고 매우 비슷하다)과 매우 비슷할 때는 일반적으로 암컷 성체와도 매우 비슷하며, 그러한 예에서는 대부분 어린 개체이든 어른 개체이든 현재의 형질을 획득하게 된 본디의 변이는 어릴 때 나타났을 거라고 하는, 앞의 규칙에 따른 것이다. 그러나 여기에는 아직 의문의 여지가 남아 있다. 왜냐하면 형질 가운데에는 부모에게 처음 나타난 것보다 이른 시기에 자손에게 나타나는 경우가 있으므로, 어른일 때의 부모에게 변이가 일어나 그 형질이 자손이 아직 어릴 때 전달되는 일이 있을지도 모르기 때문이다. 양성이 서로 닮은 동물 가운데에도 양성 모두 자손과는 다른 동물이 많이 있으므로, 이 경우의 어른의 형질은 태어난 지 한참 뒤에 획득되었을 것이다. 어쨌든 앞에 든 법칙에 어긋나는 것처럼 보이는 예외적인 형질은 양성에게 전달된다. 그러나 같은 조건에 노출됨으로써, 태어난 지 어느 정도 시간이 지난 뒤에 같은 성질의 변이가 양성에서 동시에 잇따라 나타날 수가 있으며, 오히려 그럴 가능성이 높다는 것을 간과해서는 안 될 것이다. 그 경우, 변이는 삶의 늦은 시기가 된 뒤에 양성의 자손에게 전해지게 되는 것이 틀림없다. 그렇다면 이 삶의 늦은 시기에 나타나는 변이는 최초에 그것이 나타난 성의 개체에게만 전달된다는 우리의 규칙에 대해 전혀 모순되는 것이 아니다. 이 후자의 규칙은 두 번째 규칙, 즉 태어나서 이른 시기에 어느 한쪽 성에 나타나는 변이는 양성에 전달되는 경향이 있다는 규칙보다 더욱 보편적으로 성립되는 것으로 보인다. 동물계 전체를 통해 이 두 가지 규칙이 얼마나 많은 사례에서 성립되고 있는지는 추측조차 할 수 없는 것이 명백하므로, 나는 뭔가 극단적이고 결정적인 예를 조사하여 그 결과에 따르는 것이 어떨까 하는 생각을 하게 되었다.

이것을 살펴보는 데는 사슴이 매우 적절한 동물이다. 한 종을 제외한 모든 종에서 수컷에만 뿔이 발달되어 있다. 그러나 그것은 물론 암컷을 통해 전달되며 때로는 예외적으로 암컷에서도 발달하는 일이 있다. 한편, 순록은 암컷에도 뿔이 있다. 그래서 위의 규칙에 따르면, 이 종에서는 양성이 성숙하여 구조상 큰 차이가 생기기 훨씬 전인 이른 시기에 뿔이 나오지 않으면 안 된다. 다른 모든 종류의 사슴은 태어난 뒤 늦은 시기에 뿔이 나타나며, 이 과 전체의 조상에서 맨 처음 나타난 쪽의 성에만 한정적으로 발달하지 않으면 안 된다. 그런데 과 속에서의 위치도 다르고 다양한 다른 지역에 살고 있는 사슴 가운데 수컷만 뿔을 가진 7종의 경우, 유럽노루 수컷은 생후 9개월, 더욱 대형인 다른 6종은 생후 10개월, 12개월, 그리고 그 뒤의 다양한 시기에 뿔이 나타나는 것을 알 수 있었다.[40] 그러나 순록은 매우 달라서 나를 위해 특별히 라플란드에서 조사해준 닐슨(Nilsson) 교수에 따르면, 뿔은 양성의 새끼에게 동시에 생후 4, 5주 만에 나타난다고 한다. 따라서 이 과에서 유일하게 양성이 뿔을 가진 종에서만 뿔이 유난히 이른 시기에 나타나는 셈이다.

영양 가운데에는 수컷만 뿔을 가진 종이 소수 있지만, 대부분의 종은 양성 모두 뿔을 갖고 있다. 그 발달 시기에 대해, 블라이스(Blythe) 씨는 옛날 런던 동물원에 수컷만 뿔을 가진 그레이터쿠두(Ant. strepsiceros)의 어린 개체와, 그것과 근연관계로서 양성 모두 뿔을 가진 오레아스 영양(*Ant. oreas*)의 어린 개체가 있었다고 알려주었다. 그런데 위의 규칙에 정확하게 일치한 것은, 어린 수컷의 쿠두는 생후 10개월이 되었는데도 뿔이 그들이 최종적으로 가져야 할 크기에 비하면 놀랄 만큼 작았던 것에 비해, 오레아스 영양의 어린 수컷은 겨우 생후 3개월이었는데도 쿠두의 뿔보다 훨씬 컸다는 점이다. 가지뿔영양은[41] 뿔이 양성에 다 있지만, 암컷에는 거의 흔적으로만 남아 있다. 그들의 뿔은 생후 6개월이 되기 전에는 나타나지 않는다는 것은 주목할 만하다. 양, 염소, 소는 똑같은 크기는 아니지만 뿔이 양성에 발달하며, 출산 직후에도 뿔이 만져지고

---

[40] 브레달베인 후작의 삼림을 관리했던, 경험이 풍부한 로버트슨 주임에게 스코틀랜드의 유럽노루와 붉은 사슴에 대해 문의해준 커플스 씨에게 감사드린다. 다마사슴(등에 흰 점이 있는 작은 유럽 사슴)에 대해서는 에이튼 씨 등이 정보를 제공해주었다. 북아메리카의 말코손바닥사슴(*Cervus alces*)에 대해서는 'Land and Water,' 1868, pp. 221, 254. 흰꼬리사슴(*C. Virginianus*)과 *Strongyloceros*에 대해서는 'Ottawa Acad. of Nat. Sc.,' 1868, p. 13의 J. D. 카톤(J. D. Caton)을 참조할 것. 또 페구(미얀마 중부의 도시)의 엘드사슴(*Cervus Eldi*)에 대해서는 'Proc. Zoolog. Soc.,' 1867, p. 762의 비반(Beavan) 중위 참조.

[41] *Antilocapra Americana*. 오언(Owen)의 'On the Anatomy of Vertebrates,' Vol. 3, p. 627.

실제로 눈에 보이기도 한다.*⁴² 그러나 메리노종처럼 수컷만 뿔을 가진 몇몇 양의 품종에는 위의 규칙이 적용되지 않는다. 왜냐하면 이 종에 관해 문의했더니, 양성이 뿔을 가지고 있는 일반적인 양에 비해 이 품종은 특별히 태어난 지 상당한 시간이 지난 뒤에 뿔이 발달한다는 증거를 얻을 수 없었기 때문이다.*⁴³ 그러나 가축화된 양에게 뿔이 있고 없고는 확실하게 고정된 형질은 아니다. 메리노 암컷 가운데 몇 할은 뿔을 가지고 있으며, 뿔을 가지고 있지 않은 수컷도 있다. 일반적인 양에서도 뿔이 없는 암컷이 태어나기도 한다.

화려하고 아름다운 꿩과의 종에서 수컷은 뚜렷하게 암컷과 다른데, 그들이 그 형질을 획득하는 것은 삶의 후반기가 된 뒤이다. 그러나 푸른귀꿩 (*Crossoptilon auritum*)은 두드러진 예외로 암수가 모두 아름다운 꼬리깃털, 커다란 귀깃, 그리고 얼굴에 붉은 벨벳을 가지고 있다. 런던 동물원에 문의했더니, 이러한 모든 형질은 위의 법칙에 일치하며 태어난 지 매우 이른 시기부터 나타난다는 것이었다. 그러나 수컷 성체는 한 가지 형태에서 암컷 성체와 다르다. 그것은 바로 며느리발톱을 갖고 있다는 점이다. 내가 바틀릿에게 확인한 바로는, 위의 법칙에 맞게 며느리발톱은 생후 6개월이 되기 전에는 발달하지 않으며, 그 이전 또는 그 시점에서는 암수의 며느리발톱을 구별하는 것은 거의 불가능하다고 한다.*⁴⁴ 암수 공작은 깃털의 거의 모든 부분이 현저하게 다른데 우아한 도가머리(새의 머리에 난 길고 더부룩한 털)만은 양성이 다 갖

---

*42 내가 확인한 바로는, 북웨일스 지방에 사는 양의 뿔은 출생 때 언제나 손으로 느껴질 수 있으며, 2.5cm 정도 길이로 돌출되어 있는 경우도 있다. 소는 출생 때 전두골의 돌기가 피부를 뚫고 나와 있으며, 거기서 뿔이 곧 형성되기 시작한다고 유아트(Youatt)가 말했다 ('Cattle,' 1834, p. 277).

*43 독일 작센 지방의 메리노 양에 대해 가장 권위가 있는 사람들에게 문의해 준 빅터 카루스 교수에게 감사드린다. 아프리카의 기니 해안에는 메리노와 마찬가지로 수컷만 뿔을 가진 품종의 양이 있다. 윈우드 리드 씨가 알려준 바로는, 그가 관찰한 한 예에서 2월 10일에 태어난 수컷이 3월 6일에 뿔이 나타나는 것을 볼 수 있었다고 하므로, 이 예에서는 양성 모두 뿔을 가진 웨일스의 양보다 늦게 나타나고 있어 위의 법칙에 일치하는 셈이다.

*44 인도공작(*Pavo cristatus*)은 수컷만 며느리발톱을 갖고 있지만 자바공작(*P. muticus*)은 예외이며, 양성 모두 며느리발톱을 갖고 있다. 그래서 후자의 종에서는 일반적인 공작보다 빠른 시기에 발달하는 것이 분명하다고 생각했다. 그런데 암스테르담의 헤히트 씨에 따르면, 1869년 4월 23일, 양쪽 종의 1년 된 병아리들을 비교해 봤더니, 며느리발톱의 발달에 전혀 차이가 없었다고 한다. 단, 며느리발톱은 아직 약간만 돌출해 있었을 뿐이었다. 나는 그 뒤 며느리발톱의 발달 속도에 차이가 있는지 그 여부를 물어보았어야 했다.

고 있다. 이 도가머리는 수컷만 갖고 있는 다른 장식이 발달하기 훨씬 이전부터 발달한다. 청둥오리도 같은 사례를 보여준다. 날개의 푸른 색점*45은, 암컷은 약간 흐릿하고 작지만 양성에 모두 있다. 이것은 생후 이른 시기부터 나타나는데, 구부러진 꽁지깃과 수컷에 특징적인 다른 장식은 늦게 발달한다.*46 푸른귀꿩과 공작처럼 암수가 매우 비슷한 것과 매우 다른 것의 양극단 사이에는, 형질의 발달 순서가 위의 두 가지 법칙을 따르고 있는 많은 중간적인 예를 볼 수 있다.

대부분의 곤충은 번데기 단계에서 성체의 상태로 나오기 때문에, 한쪽 또는 양쪽성에 형질이 전달되는 것을 결정하는 것은 발달 시기라고 생각하기는 어렵다. 그러나 이를테면 한쪽은 암수가 다르고 다른 쪽은 암수가 같은 두 종류의 나비에서, 색깔이 있는 비늘가루(비늘모양의 분비물)가 번데기 속에서 같은 시기에 발달하는지 아닌지에 대해서 우리는 아무것도 모른다. 우리는 또 같은 종류의 나비의 날개에서 한쪽 성에만 출현하는 색무늬와 양쪽 모두에 출현하는 색무늬의 비늘가루가 동시에 발달하는지 그 여부도 알 수 없다. 발달 시기에 이러한 차이가 있는 것은, 처음에 그렇게 생각한 만큼 있을 수 없는 일은 아닐지도 모른다. 예를 들면 벌목은 한 번이 아니라 여러 번 변태를 거쳐서 성체가 되는데, 몇몇 종에서는 어린 수컷은 처음에는 암컷과 비슷하지만, 몇 번의 탈피를 거치고 나면 비로소 수컷 특유의 형질을 갖추게 된다. 여러 번 탈피하는 갑각류의 수컷에서도 똑같은 사례를 볼 수 있다.

여기까지는 자연 상태에서의 종에서 발달 시기와 관련하여 형질이 전달되는 것만 다루었는데, 여기서 가축동물에게 눈을 돌려 먼저 기형과 질병에 대해 살펴보자. 여분의 발가락이 자라거나 특정한 발가락뼈가 결손되는 것은 배

---

*45 (역주) 새의 날개 일부에 있는 색이 선명한 반점.
*46 오리과의 다른 몇몇 종은 색점의 성차가 훨씬 크다. 그러나 그러한 종에서는, 이 법칙에서 생각할 수 있듯이 일반적인 오리보다 수컷 색점의 완전한 발달이 늦어지는지 어떤지 나는 관찰할 수가 없었다. 그러나 이것과 근연관계인 관머리비오리(*Mergus cucullatus*)가 바로 그러한 사례를 보여주었다. 이 종의 양성은 깃털 전체가 매우 다르며 수컷의 색점은 새하얀 색이지만, 암컷의 그것은 잿빛을 띤 흰색인 점도 다르다. 그런데 어린 수컷은 처음에는 어떤 점에서든 암컷과 닮았으며, 색점은 회백색이지만 이 부분은 더 뚜렷이 다른 수컷 성체의 깃털보다 빨리 흰색으로 바뀐다. 오듀본(Audubon)의 'Ornithological Biography,' Vol. 3, 1835, pp. 249–250 참조.

발생(胚發生)의 극히 이른 시기에 결정되는 것이 분명하다. 혈우병(血友病)은 선천적이고 색맹도 아마 그럴 것이다. 그래도 이러한 이상은 한쪽 성에만 한정되어 있기 때문에, 삶의 초기에 발달하는 형질은 양성에 전달되는 일이 많다는 위의 법칙은 여기서는 전혀 적용되지 않는다.*47 그러나 앞에서 지적한 대로, 이 법칙은 그 반대 경우인, 삶의 늦은 시기에 한쪽 성에 나타나는 형질은 그 성에만 전달된다는 법칙만큼 보편적으로 적용되는 것은 아닌 듯하다. 성적인 기능이 나타나기 훨씬 전부터, 한쪽 성에 한정된 기형과 이상이 나타난다는 사실에서 양성 사이에는 매우 일찍부터 어떤 차이가 있는 것으로 추정된다. 한쪽 성에 한정된 질환에 대해서는, 그것이 언제부터 나타나는지에 대해 거의 알려져 있지 않으므로 마땅한 결론을 이끌어낼 수는 없다. 그러나 통풍은 위의 법칙에 따르고 있는 것 같다. 왜냐하면 이 질병은 보통 젊었을 때보다 그 뒤의 잘못된 섭생에 기인하는데 아버지에게서 아들에게 쪽이 딸에 대해서보다 훨씬 확실한 형태로 전달되기 때문이다.

양, 염소, 소처럼 가축화된 다양한 품종에서는 수컷은 암컷과 뿔의 모양과 그 발달 정도, 이마, 깃털, 목 아래의 처진 살, 꼬리, 어깨의 혹 등이 다른데, 이러한 특징들은 위의 법칙에 따라 삶의 상당히 늦은 시기가 아니면 나타나지 않는다. 개는 양성이 거의 다르지 않다. 수컷이 암컷보다 훨씬 크고 무거운 스코티시디어하운드가 예외인데, 나중에 살펴보겠지만 이 수컷은 삶의 상당히 늦은 시기까지 계속 몸이 자라는데, 위의 법칙에 따라 이렇게 큰 체격은 수컷새끼에게만 전달된다. 한편, 암고양이에게 한정된 삼색 털은 태어날 때부터 매우 뚜렷하기 때문에 위의 법칙에 어긋난다. 비둘기 품종 중에는 수컷만 검은 줄무늬를 갖고 있는 것이 있으며, 이 줄무늬는 둥지 안에 있는 새끼 때부터 확실하게 볼 수 있다. 그러나 이 줄무늬는 털갈이를 할 때마다 더 뚜렷해지므로, 이 예는 위의 법칙에 일치하는 것 같기도 하고 어긋나는 것 같기도 하다. 영국 전서구의 육수와 파우터의 멀떠구니(새의 모이주머니)는 상당히 늦은 시기에 발달하는데, 위의 법칙에 따라 이러한 형질이 완전히 전달되는 것은 수컷뿐이다. 다음에 드는 예는 아마 양성이 삶의 비교적 늦은 시기에 같은

---

*47 (역주) 혈우병은 X염색체와 연쇄한 반성열성유전이다. 성호르몬이 지배하는 형질의 대부분은 Y염색체 상에 있는 웅성유발유전자에 의해 활성화되므로, 유전과 발현 양식이 전혀 다르다.

방식으로 변이를 일으켜 그 새로운 형질을 양성의 개체에 대해, 대응하는 삶의 시기에 전달한다고 한, 앞에서 추론한 범주에 들어갈 것이다. 만일 그렇다면 그러한 예는 우리의 법칙에 어긋나는 것은 아니다. 이를테면 노이마이스터(Neumeister)가 말하는 비둘기의 변종은*48 양성 모두 두세 번 깃털을 간 뒤에 색채를 바꾸며, 이것은 아몬드텀블러도 마찬가지이다. 그래도 이런 변화는 삶의 늦은 시기에 일어남에도 불구하고 양성에 공통적으로 나타난다. 런던프라이즈라는 이름의 카나리아 품종도 거의 같은 예이다.

닭의 품종에서는 다양한 형질이 한쪽 또는 양쪽의 성에 유전하는지의 여부는 보통 그러한 형질이 발달하는 시기에 따라 정해지는 것 같다. 즉 수컷 성체가 암컷 및 조상의 수컷과 색채가 매우 다른 모든 품종에서, 그들은 어린 닭과도 다르므로, 새롭게 획득된 형질은 삶의 늦은 시기에 나타난 것이 틀림없다. 한편, 양성이 유사한 품종의 대부분은 어린 개체도 부모와 같은 색이므로 그들의 색채는 삶의 이른 시기에 나타났을 가능성이 높다고 생각된다. 이것은 어린 개체와 수컷 성체가 닮은 흑백의 품종 모두에게 적용된다. 흑백의 깃털에는 무언가 기묘한 데가 있어, 이것만이 양성에 전달된다고 할 수는 없다. 왜냐하면 많은 야생종에서는 수컷만 검은색이거나 흰색이며, 암컷은 여러 가지 색깔을 가진 것이 있기 때문이다. 깃털에 검은 가로줄이 들어 있는, 흔히 '뻐꾸기'라고 불리는 닭의 품종은 부모 양성도 새끼도 거의 같은 색이다. 세브라이트반탐의 줄무늬 깃털은 양성이 같고, 새끼는 깃털 끝이 검은 줄무늬로 점차 바뀌어간다. 그러나 희끗희끗한 무늬의 함부르크종은 반쯤 예외이다. 왜냐하면 그들은 양성이 완전히 같은 것은 아니지만, 양성 모두 조상종(祖上種)의 동성보다는 서로 상당히 닮았기 때문이다. 게다가 새끼는 특징적인 줄무늬를 갖고 있으며, 그들이 성체의 깃털 특징을 획득하는 것은 삶의 늦은 시기가 되어서이다. 색채 이외의 형질에 눈을 돌리면 대부분의 가축화 품종의 조상인 야생종은 수컷만 잘 발달된 볏을 갖고 있는데, 스페인종의 새끼는 극히 어릴 때부터 볏이 잘 발달해 있으며, 그 결과로 수컷 성체는 유난히 큰 볏을 가지고 있다. 투계의 품종에서는 호전적인 형질이 놀랄 만큼 일찍부터 발달하는데, 그것을 증명하는 기묘한 사례를 들 수 있다. 그리고 그 형질은 양성에 전

---

*48 'Das Ganze der Taubenzucht,' 1837, S. 21, 24. 줄무늬가 있는 비둘기에 대해서는 샤푸이(Chapuis) 박사의 'Le Pigeon Voyageur Belge,' 1865, p. 87 참조.

달되므로 암탉도 매우 호전적이며, 그것 때문에 각각 다른 우리에서 키우지 않으면 안 될 정도이다. 폴란드종에서는 볏을 지탱하고 있는 두개골의 돌기는 새끼가 알에서 부화하기 전부터 부분적으로 발달하며, 볏 자체도 처음에는 작지만 곧 발달하기 시작한다.[*49] 이 품종에서는 양성의 성체에서 큰 두개골의 융기와 거대한 볏을 볼 수 있다.

마지막으로 많은 야생종과 가축화된 품종의 형질 발달 시기와 그 유전양식 사이에 존재하는 관계에 대해 이제까지 살펴본 것에서, 형질이 한쪽 성에만 한정하여 전달되는, 유일하지는 않지만 중요한 원인의 하나가, 그것이 삶의 늦은 시기에 발달하는 데 있다고 결론지을 수 있을 것이다. 이를테면 양성(兩性)이 뿔을 가진 종인 순록은 뿔이 매우 일찍부터 자라는 데 비해, 수컷만 뿔을 가진 다른 종은 훨씬 나중에 자라난다는 현저한 사실이다. 두 번째로 형질이 양성에 전달되는 원인의 하나는, 앞의 것에 비하면 그리 강하지는 않지만, 양성이 아직 구조적으로 거의 다르지 않은 이른 시기에 형질이 발달한다는 것이다. 그러나 배발생의 극히 초기부터 양성 사이에 어떤 차이가 있는 것은 틀림없다. 왜냐하면 그 시기에 발달하는 형질 가운데에도 한쪽 성에만 한정되어 있는 것이 적지 않기 때문이다.

정리와 결론

이제까지 전개해온 다양한 유전 법칙에 관한 논의에서, 형질은 부모에게 최초로 나타난 것과 마찬가지로 한쪽 성, 어느 특정한 연령, 1년 안의 특정한 계절에 나타는 경향이 있으며, 오히려 그것이 일반적이라는 것을 알 수 있었다. 그러나 이러한 법칙은 이유는 모르지만 변하는 일도 있다. 그래서 종이 변용해 가는 각각의 단계는 어떤 것은 한쪽 성에만, 다른 것은 양쪽 성에, 또 어떤 것은 자손의 특정한 연령 때, 다른 것은 자손의 모든 연령에 얼마든지 다른 방식으로 전달될 수 있다. 유전법칙이 매우 복잡할뿐만 아니라 변이를 일으키거나 제어하고 있는 원인도 마찬가지로 복잡하다. 그렇게 나타난 변이는 성

---

*49 닭의 품종에 대해서 여기에 든 모든 점에 관한 상세한 내용과 문헌은 《사육동식물의 변이》 제1권, 250, 256쪽 참조. 고등동물의 가축화 과정에서 생겨나는 성차에 대해서는 각각의 종별로 같은 책에 기록해 두었다.

선택에 의해 보존되고 축적되는데, 그 과정 또한 매우 복잡한 사항으로 수컷이 갖고 있는 사랑의 열정과 용기, 경쟁의식, 그리고 암컷이 갖고 있는 지각능력, 취향, 의지 등에 의존하고 있다. 또 일반적으로 종에 있어서 좋은 것을 추구하는 자연선택은 성 선택보다 강할 것이다.[*50] 그래서 한쪽 성 또는 양성이 성 선택의 영향을 받는 모습은 무엇보다 지나칠 정도로 복잡하다.

삶의 성숙기부터는 한쪽 성에만 변이가 일어나며 그것이 동성의 같은 연령에 전달될 때는, 반드시 다른 쪽 성 및 어린 개체는 그러한 형질의 변용을 받지 않는다. 삶의 성숙기부터 변이가 일어나지만, 그것이 같은 연령의 양성에 전달될 때는 어린 개체만이 그러한 형질의 변용을 받지 않는다. 그러나 한쪽 성이나 양성에서 삶의 어느 단계에서도 변이가 일어나고 그것이 양성의 어떠한 연령에도 전달된다면, 그 종에 속하는 모든 개체는 비슷하게 변화할 것이다. 다음 장에서는 그 모든 사례들이 실제로 자연계에서 일어나고 있는 것을 살펴보기로 하겠다.

어떠한 동물도 번식이 시작하는 연령 이전에는 성 선택의 작용을 받지 않는다. 수컷이 매우 열정적인 점에서, 일반적으로 성 선택은 수컷에 강하게 작용하며 암컷에서는 강하게 작용하지 않는다. 그래서 수컷은 경쟁자인 수컷과 싸우기 위한 무기나, 암컷을 발견하고 지키기 위한 기관, 암컷을 흥분시키고 유혹하기 위한 기관을 갖게 된다. 양성이 이러한 점에서 다를 때는, 이제까지 살펴본 것처럼 수컷 성체는 어린 수컷과도 어느 정도 다른 것이 매우 일반적인 법칙이다. 그리고 이 사실에서 수컷 성체에게 일어난 일련의 변이는, 일반적으로는 번식 연령에 도달하기 진에는 일어나지 않았다고 결론을 내려도 좋을 것이다. 삶의 첫 시기에 조금 또는 많은 변이가 일어났을 때는 언제나 어린 수컷도 성체의 형질을 조금 또는 많이 공유하게 된다. 수컷 성체와 어린 수컷의 이러한 차이는 이를테면 조류 같은 동물에서도 볼 수 있다.

어린 수컷에게는 아무 도움도 되지 않거나 실제로 해를 끼칠 수도 있는 변이가 종종 일어나는 경향이 있을 수 있다. 이를테면 선명한 색채는 적에게 발각되기 쉬우며, 큰 뿔 같은 구조는 그것을 발달시키는 많은 활력을 필요로 한다. 그러나 어린 수컷에게 일어난 이러한 변이는 자연선택을 통해 거의 확실하

[*50] (역주) 여기서 사용된 '일반적으로 종에 있어서 좋은 것을 추구하는 자연선택'이란, 그 종에 속하는 모든 개체의 생존에 유리한 형질을 가져오는 자연선택이라는 의미일 것이다.

게 제거되었을 것이다. 한편 경험이 많은 수컷 성체는 이러한 형질을 획득함으로써 다른 수컷과 경쟁에서 유리해질 수 있는 이점은, 어느 정도 위험에 노출됨으로써 얻는 불리함을 보충하고도 남았을 것이 틀림없다.

투쟁에 승리하거나, 이성을 발견하고 지키거나 유혹하는 데 있어서 다른 수컷보다 유리해지는 변이와 똑같은 것이 암컷에게 나타난다 해도 암컷에게는 아무런 도움도 되지 않기 때문에, 그것이 성 선택에 의해 암컷에게 보존되지는 않을 것이다. 가축을 보면, 모든 변이는 주의 깊게 선택하지 않으면 교잡이나 사고사 등에 의해 쉽게 사라져버린다는 증거가 많이 있다. 그래서 앞에 말한 변이는, 만일 암컷에게 나타난다 해도 곧 사라져버릴 가능성이 매우 높으므로 그러한 형질에 관한 한, 그것이 수컷에게서 암컷에게 이행하는 경우를 제외하고는 암컷은 변화하지 않고 남을 것이다. 물론 암컷에게 변이가 일어나 암컷이 그 새로운 형질을 양성의 자손에게 전한다면, 암컷에게는 아무런 도움이 되지 않는 형질이라 해도 수컷에게 유리한 변이라면 성 선택에 의해 유지될 것이다. 이 경우에는 양성이 똑같이 변용할 것이 분명하다. 그러나 이러한 매우 복잡한 사건의 다양한 사례에 대해서는 나중에 다시 살펴보기로 한다.

삶의 늦은 시기에 발생하여 한쪽 성에만 전달되는 변이는, 언제나 그 종의 번식과 관련된 성 선택을 통해 유리한 것이 축적되어 왔다. 그래서 일반적인 생활습성과 관련하여 비슷한 변이가 자연선택을 통해 거의 축적되지 않았다는 것은, 언뜻 보기에 설명이 되지 않는 것으로 생각된다. 만일 그런 일이 일어난다면, 이를테면 먹잇감을 포획하거나 적에게서 달아나기 위해 수컷과 암컷이 다르게 변용하는 일이 종종 있을 것이다. 지금까지도 그러한 예를 몇 가지 살펴보았고, 뒤에 가서 특히 하등동물 사이에서 양성이 그러한 까닭으로 달라진 예를 들기로 하겠지만, 그것은 고등동물에게는 매우 드문 일이다. 그러나 고등동물의 암수는 일반적으로 같은 생활을 하고 있다는 것을 기억해 두어야 한다. 먹이를 얻는 것 등의 능력에서 유리한 변이가 수컷에게만 일어나고, 그것이 또 수컷 새끼에게만 전해진다면 수컷이 암컷보다 뛰어난 구조를 가지게 될 것이다. 그러나 암컷도 똑같은 일반적인 구조를 가지고 있고 똑같은 생활조건 속에 있으므로, 늦든 빠르든 암컷에게도 똑같은 변이가 일어나는 것이 틀림없다. 변이가 일어나자마자, 그것은 자연선택을 통해 암컷에도 보존될 것이다. 그 결과, 양성은 최종적으로 비슷해지게 된다. 성 선택을 통해 축적되는 변이는 이것과는 매우 다르다. 왜냐하면 번식기능과 관련된 수컷과 암컷의 습성은 같지 않기 때문에 한쪽 성에만 전달되는 변이 가운데 그 성의 개체에 도움이 되는 것은 그 성에 보존되지만, 같은 변이는 다른 쪽 성에게는 아무런 의미도 없으므로 그 성에서는 곧 사라져버리기 때문이다.

다음 장에서는 강(綱)에 속한 모든 동물의 이차성징을 살펴보고, 이 장에서 설명한 원리를 각각의 예에 적용해 볼 것이다. 가장 하등한 강의 동물에 대해서는 간단하게 살펴보고 고등동물, 특히 조류에 대해서는 매우 상세히 논해야 할 것이다. 이미 언급했듯이 나는 수컷이 암컷을 발견하거나, 또는 발견한 뒤에 암컷을 지키기 위해 사용하는 매우 다양한 구조에 대해서 몇 가지 뚜렷한 예만 제시한다는 점을 유념하기 바란다. 그 대신 수컷이 다른 수컷을 정복하거나, 암컷을 유혹하고 흥분시키기 위해 사용하는 구조와 본능에 대해서는 충분히 논할 생각이다. 그것은 여러 가지 의미에서 가장 흥미로운 주제이기 때문이다.

여러 동물의 성비(性比)에 대한 보유(補遺)

내가 조사한 바로는, 동물계 전체를 통해 수컷과 암컷의 상대적인 수에 주의를 기울인 사람은 지금까지 아무도 없었던 것 같다. 그래서 내가 수집한 범위 안에서 그러한 자료를 매우 불완전하지만 여기에 소개하고자 한다. 실제로 숫자를 들 수 있는 예는 조금밖에 없고, 전체의 수도 많지 않다. 대량의 샘플에 기초한 확실한 비율은 인간의 것밖에 존재하지 않으므로, 비교를 위한 표준으로서 먼저 인간부터 시작한다.

인간

영국에서는 지난 10년 동안(1857~1866년) 해마다 평균 70만 7,120명의 아기가 태어났는데, 그 비율은 여아 100명에 남아 104.5명이다. 그러나 1857년 영국 전역의 출생성비는 여아 100명에 남아 105.2명, 1865년에는 남아 104.0명이었다. 지역별로 살펴보면, 해마다 평균 5천 명이 태어나는 버킹엄 주에서는 위의 10년 동안 평균출생 성비는 102.8 대 100인데, 해마다 평균 1만 2873명이 태어나는 북웨일스에서는 106.2 대 100의 높은 비율이다. 더 작은 지역인 러틀랜드(해마다 평균출생수가 불과 739명)를 보면, 1864년에는 여아 100명에 남아 114.6명이었지만 1862년에는 97.0명이었다. 그러나 이 작은 지역에서조차 지난 10년 동안 전체 7,385건의 출산을 평균하면 104.5 대 100으로, 이는 영국 전역의 숫자와 같은 비율이다.[51] 이 비율은 알 수 없는 이유에 의해 조금씩 변동하는 일이 있다. 이를테면 페이(Faye) 교수는 '노르웨이의 어떤 지방에서는 10년 동안 계속 남아가 적게 태어난 적이 있는 한편, 다른 시기에는 반대의 경향이 있었다'고 말했다. 프랑스에서는 44년 동안 출생성비가 106.2 대 100이었는데, 그 동안 어떤 지방에서는 5회, 다른 지방에서는 6회, 여아의 출생이 남아를 웃돌았던 시기가 있었다. 러시아에서는 평균성비가 108.9 대 100이나 되었다.[52] 유대 인의 출생성비가 그리스도교도보다 남아에 치우쳐 있는 것은 매우 특이한 일이다. 즉 여아 100명에 대해 프로이센에서는 113명, 브레슬라우에서는 114명, 그리고 리보니아에서는 120명이다. 이들 나라에서의 그리스도교도의 출생성비는 다른 경우와 비슷하여 리보니아에서는 104 대 100이었다.[53] 또 나폴리, 프러시아웨스트팔리아, 프랑스, 영국 등 환경과 기후가 다른 다양한 나라에서 여아보다 남아가 많이 태어나는 비율이 적출(嫡出)보다 사생아에서 더 낮은 것은 더욱 기묘한 사실이다.[54]

페이 교수와 그 밖의 연구자에 따르면, 유럽의 다양한 지역에서 '자궁 속에서와 출생할 때 태아 사망 비율이 남녀가 같다면, 남성 과잉은 지금보다 더욱 커질 것이다. 그러나 실제로는, 몇몇 나라의 자료에 따르면 사산여아 100명에 대해 사산남아는 134.6에서 144.9명이다'. 그리고 생후 4,5년 사이에도 여아보다 남아가 더 많이 사망한다. '이를테면 영국에서는 생후 1년 사이에 여아 100

---

[51] 'Twenty–Ninth Annual Report of the Registrar–General, 1866.' 이 보고서에는 10년 동안의 표가 실려 있다(p. 12).

[52] 노르웨이와 러시아에 대해서는 'British and Foreign Medico–Chirung. Review,' April, 1867, pp. 343, 345의 페이 교수(Faye)의 연구 참조. 프랑스에 대해서는 'Annuaire pour l'An 1867,' p. 213 참조.

[53] 유대 인에 대해서는 투리(Thury) 씨의 'Mémoire sur la Loi de Production des Sexes,' 1863, p. 25 참조.

[54] 사산아에 대해서는 Babbage(배비지), 'Edinburgh Journal of Science,' 1829, Vol. 1, pp. 88, 90. 영국의 사생아에 대해서는 'Report of Registrar–General for 1866,' p. 15 참조.

명에 대해 남아 126명이 사망한다. 프랑스에서는 이 비율이 더욱 높다.[*55] 남아 사망률이 이렇게 여아보다 높은 것이나, 남성은 성인이 된 뒤 다양한 위험에 노출되는 것, 또 남성은 다른 곳으로 이민가는 경향도 있는 것 때문에, 통계적 자료가 보존되고 있는, 역사가 긴 나라에서는 어디든[*56] 남성보다 여성이 많은 것을 알 수 있다.

부모의 상대적인 나이가 자식의 성별을 결정하는 것으로 흔히 생각되어 왔다. 로이카르트(Leuckart) 교수는[*57] 인간과 몇몇 가축에 있어서, 그것이 중요한 요인임을 보여주기 위해 그가 충분한 증거라고 생각한 것을 제출했다. 또 수태 시기도 성별을 결정하는 큰 요인으로 생각되어 왔다. 그러나 최근의 연구에 따르면 그것은 잘못된 견해인 것 같다. 또 인간의 경우에는 일부다처이면 여아가 많이 태어난다고 생각되었지만, J. 캠벨(J. Campbell) 박사가 샴[지금의 태국]에서 주의 깊게 조사한 끝에 출생성비는 일부일처일 때와 같다고 결론지었다.[*58] 영국의 경주마만큼 극단적으로 일부다처인 동물도 없지만, 그 자손의 출생 성비는 거의 1 대 1이라는 것을 이제부터 살펴보겠다.

말

테겟마이어(Tegetmeier)는 친절하게도 '경마 캘린더'에서 1846년부터 1867년까지 21년 동안 태어난 경주마의 출생기록을 표로 만들어 주었다. 1849년에는 통계가 출판되지 않아서 그 해의 기록은 빠져 있다. 전체 출생수는 2만 5,560마리이며 그 가운데 1만 2,763마리가 수컷, 1만 2,797마리가 암컷이다.[*59] 암컷

[*55] 'British and Foreign Medico-Chirung. Review,' April, 1867, p. 343. 스타크(Stark) 박사는 또 "이러한 예를 보면 스코틀랜드에서는 삶의 어느 시기에나 남성의 사망이 여성의 사망을 웃돌고, 남성이 여성보다 사망률이 높은 것을 잘 알 수 있다. 그러나 이 기묘한 사실은 옷과 음식, 양육방법이 남녀가 거의 같은 유아기에 가장 두드러지게 나타나는 것으로 보아, 남성의 사망률이 높은 것은 남성이라는 성 자체가 나면서부터 타고나는 자연적 성질의 특징 때문일 것이다"라고 말했다('Tenth Annaual Report of Births, Deaths, etc., in Scotland,' 1867, p. 28).

[*56] 파라과이의 그루아라니족은, 아자라(Azara)의 정확한 기록에 따르면('Voyages dans l' Amérique Mérid.,' tome 2, 1809, pp. 60, 179) 여성과 남성의 비율이 14 대 13이라고 한다.

[*57] Wagner(바그너), 'Handwörterbuch der Phys.,' Bd. 4, 1853, S. 774의 '로이카르트' 참조.

[*58] 'Anthropological Review,' April, 1870, p. 108.

[*59] 최근 11년 동안은 불임으로 밝혀졌거나 새끼를 유산한 암말의 수도 기록되어 있다. 이것

100마리에 대해 수컷 99.7마리의 비율이다. 이 수치는 매우 큰 것으로 영국의 모든 지방에서 몇 년 동안 모은 기록이므로, 가축말이나 적어도 경주마에서는 암수가 거의 같은 비율로 태어난다고 자신 있게 결론을 내려도 좋을 것이다. 해마다 성비의 변동은, 면적이 작고 인구가 적은 지역에 사는 인간의 그것과 매우 비슷하다. 이를테면 1856년에는 암컷 100마리에 대해 수컷의 비율은 107.1이고, 1867년에는 단 92.6이었다. 통계표를 보면 6년 동안 계속해서 수컷이 암컷을 웃돈 뒤에는, 4년 동안 계속해서 암컷이 수컷을 웃돈 적이 두 번 있으므로, 성비의 변동은 사이클을 이루고 있는 것인지도 모른다. 그러나 인간의 경우, 1866년의 호적기록 속에 있는 10년 동안의 통계에는 이와 같은 것을 볼 수 없으므로 우연일 수도 있다. 여기에 덧붙이자면 말, 소, 그리고 인간 여성에게 적용되는 것이지만, 어떤 특정한 개체가 어느 한쪽 성을 많이 낳는 경향을 보여주는 일이 있다. 옐더스레이 하우스의 라이트(Wright)는 자신의 아랍종 암말 가운데 한 마리를 7회에 걸쳐 다른 수컷과 번식시켰는데, 언제나 암말밖에 낳지 않았다고 알려주었다.

개

1857년부터 1868년까지 12년 동안, 영국 전역에서 출생한 그레이하운드에 관한 매우 많은 자료가 〈필드〉라는 신문에 보도되었다. 테켓마이어는 이것도 세심하게 표로 만들어 주었다. 기록된 총출생수는 6,878마리이며, 그 가운데 수컷이 3,605마리, 암컷이 3,273마리이다. 그 비율은 암컷 100마리에 대해 수컷 110.1마리이다. 가장 큰 변동은 1864년에 있었는데, 그 해에는 암컷 100마리에 대해 수컷 95.3마리였다. 또 1867년에는 수컷이 116.3마리였다. 평균 110.1 대 100이라는 숫자는 아마 그레이하운드에서는 정확하겠지만, 이 수치가 다른 품종의 개에도 적용되는지는 다소 의문이다. 커플스(Cupples)는 몇 명의 유명한 개 사육가에게 물어보았는데, 이들 모두가 암컷이 많이 태어난다고 생각

은 매우 좋은 영양분을 공급받고 근친교배를 거듭해온 동물 가운데 불임이 어느 정도로 나타나는지 보여준다는 점에서 주목할 만하다. 약 3분의 1에 가까운 암말이 살아 있는 새끼를 한 마리도 생산하지 않았다. 즉 1866년에는 809마리의 수컷과 816마리의 암컷이 태어났지만, 743마리의 암말은 새끼를 한 마리도 낳지 않은 것이다. 1867년에는 836마리의 수컷과 902마리의 암컷이 태어나고 794마리의 암말이 새끼를 낳지 못했다.

하고 있음을 알았다. 그는 암컷의 가치가 낮게 여겨지고 있기 때문에, 암컷이 태어날 때마다 실망이 커서 그처럼 강한 인상을 받은 것이 아닌가 생각하고 있었다.

양

양의 암수를 농가에서 확인할 수 있는 것은 생후 몇 달이 지나 수컷을 거세할 때이다. 그래서 다음의 통계는 출생시의 성비는 아니다. 나는 해마다 수천 마리의 양을 키우고 있는 스코틀랜드의 양 사육가들이 생후 1,2년 사이에 수컷이 암컷보다 훨씬 많이 죽는다고 확신하고 있는 것을 알았다. 그러므로 출생시의 수컷의 수는 거세할 때의 수컷의 수보다 약간 많은 것이 분명하다. 이것은 이미 살펴본 인간의 예와 놀랄 만큼 일치하는 것으로, 아마 두 경우 다 뭔가 공통의 원인에 의한 것이라고 생각한다. 나는 주로 레스터종 롤랜드양을 사육하고 있는 네 사람으로부터 최근 10년에서 16년 동안의 통계를 입수했다. 8,965마리의 출산 가운데 4,407마리가 수컷이고 4,558마리가 암컷이었다. 이것은 암컷 100마리에 수컷 96.7마리이다. 스코틀랜드에서 사육되고 있는 체비엇종과 블랙페이스종에 관해서는 여섯 명의 사육가로부터 통계를 제공받았다. 그 가운데 둘은 1867년부터 1869년까지의 매우 큰 통계인데, 어떤 것은 1862년까지 거슬러 올라간 기록이었다. 기록된 총수는 5만 685마리이고, 그 가운데 2만 5,071마리가 수컷, 2만 5,614마리가 암컷이었다. 비율은 암컷 100마리에 수컷 97.9마리이다. 영국과 스코틀랜드의 통계를 합치면 총수는 5만 9,650마리가 되며, 그 가운데 2만 9,478마리가 수컷, 3만 172마리가 암컷이다. 비율은 암컷 100마리에 수컷 97.7마리이다. 그러므로 양의 경우, 거세할 때는 확실히 암컷이 더 많을 것이다. 그러나 수컷이 암컷보다 일찍 죽기 쉬운 것을 생각하면, 출생 때부터 암컷이 많은지의 여부는 의심스럽다 하겠다.[60]

소에 대해서는 9명으로부터 982마리의 출생통계를 입수했지만, 수가 너무 적어서 신뢰하기는 어려울 것 같다. 그 가운데 수컷은 477마리, 암컷은 505마

---

*60 위에 언급한 스코틀랜드의 통계 및 다음에 다룰 소의 통계 일부를 제공해준 커플스 씨에게 감사드린다. 수컷이 일찍 죽기 쉬운 것에 대해 처음으로 나의 주의를 불러일으킨 것은 레이우드의 R. 엘리엇 씨였는데, 그 사실은 나중에 에이치슨 씨 등에 의해 확인되었다. 에이치슨 씨와 페이안 씨가 양에 대한 많은 통계를 제공해 준 것에 감사드린다.

리로, 비율은 암컷 100마리에 수컷 94.4마리이다. W. D. 폭스는 1867년 더비셔의 농원에서 태어난 34마리의 소 가운데 수컷은 단 한 마리뿐이었다고 나에게 알려주었다. 해리슨 위어(Harrison Weir)는 몇 명의 돼지사육 농가에 문의했더니, 그들은 수컷과 암컷의 출생성비를 대개 7 대 6으로 추정하고 있었다고 한다. 그는 또 여러 해 동안 토끼를 키우고 있는데, 암컷보다 수컷이 훨씬 많이 태어난다고 했다.

자연상태에서의 포유류에 대해서는 나는 아직 많은 것을 알지 못한다. 시궁쥐에 관해서는 서로 상반되는 보고를 보았다. 레이우드의 R. 엘리엇(R. Elliot)은 쥐 사냥꾼으로부터, 보금자리 속에 있는 새끼를 포함하여 언제나 수컷이 더 많다는 이야기를 들었다고 한다. 엘리엇은 이것을 토대로 나중에 직접 몇백 마리의 성체를 조사해 보고 그것이 맞는다는 사실을 확인했다. F. 버클랜드(F. Buckland)는 흰쥐를 매우 많이 사육하고 있는데, 그도 수컷이 암컷보다 훨씬 많다고 생각하고 있었다. 두더지도 '수컷이 암컷보다 훨씬 많다.[61]'고 말했는데, 이 동물을 붙잡는 것은 특별한 직업이므로 이 이야기는 아마 신용할 수 있을 것 같다. A. 스미스(A. Smith) 경은 남아프리카에 사는 영양의 일종(*Kobus ellipsiprymnus*)[62]에 대한 기록에서 이 종과 그 밖의 다른 종에서 수컷이 암컷에 비해 적다고 했다. 현지인들은 태어났을 때부터 이 비율이라고 믿고 있지만, 어린 수컷이 무리에서 쫓겨난다고 생각하는 사람들도 있다. A. 스미스 경은 어린 수컷만으로 구성된 무리는 본 적이 없다고 말했지만, 본 적이 있다는 사람도 있다. 어린 수컷은 무리에서 쫓겨나면 다양한 포식자에게 먹혀버릴 가능성이 매우 높다고 말할 수 있다.

조류

닭에 관해서는 단 하나의 기록밖에 얻지 못했다. 스트레치(Stretch)는 가축화가 매우 진행된 코친종 1,001마리를 8년 동안 키웠는데, 그 가운데 수컷은 487마리, 암컷은 514마리로 그 비율은 94.7 대 100이다. 집비둘기는 수컷이 많이 태어나고 수컷이 더 오래 산다는 신뢰할 만한 증거가 있다. 이 새는 반드시 짝을 이루어 사는데 테겟마이어가 알려준 바로는, 독신 수컷은 언제나 암컷보

---

* 61 Bell(벨), 'History of British Quadrupeds,' p. 100.
* 62 'Illustrations of the Zoology of S. Africa,' 1849, pl. 29.

다 싼 가격에 구입할 수 있다고 한다. 같은 둥지에 태어난 두 개의 알에서 자란 비둘기는 대개 수컷과 암컷이다. 그러나 비둘기를 아주 많이 키우고 있는 해리슨 위어는 같은 둥지에 두 마리의 수컷 병아리를 본 적은 많지만, 암컷 두 마리를 본 적은 거의 없다고 말했다. 그리고 일반적으로 암컷은 허약해서 죽기 쉽다.

야생 상태의 새에 관해 굴드 등은[63] 일반적으로 수컷이 많다고 확신하고 있다. 또 많은 종의 어린 수컷은 암컷과 비슷하기 때문에, 언뜻 보면 암컷이 많은 것처럼 보일 수도 있다. 레든홀의 베이커(Baker)는 야생꿩이 낳은 알을 많이 주워다가 거기서 부화된 꿩을 키우고 있는데, 그가 제너 위어에게 말한 바로는 보통은 수컷 너덧 마리에 암컷 한 마리 비율로 태어난다고 한다. 경험이 많은 관찰가에 따르면[64] 스칸디나비아의 큰뇌조와 멧닭의 둥지 속에 있는 병아리는 암컷보다 수컷이 많다고 하며, (뇌조의 한 종류인) 다알리파에서는 암컷보다 많은 수의 수컷이 레크라고 하는 구애 장소에 찾아온다. 그러나 이 후자의 예에서는, 많은 암컷이 포식자에게 죽임을 당하기 때문에 그렇게 되는 것으로 생각하는 관찰자도 있다. 셀본의 화이트(White)가 말한 많은 예를 보면[65] 남잉글랜드의 메추라기는 수컷이 훨씬 많다고 하는데, 나는 스코틀랜드에서도 마찬가지라는 것을 확인했다. 제너 위어가 특정한 계절에 목도리도요(Machetes pugnax)를 대량으로 사들이는 상인에게 물었더니, 수컷이 훨씬 많다고 대답했다 한다. 위어는 또 런던의 시장에 출하하기 위해 해마다 놀랄 만큼 많고 다양한 새를 잡고 있는 조류사냥꾼에게 나를 위해 여러 가지로 물어주었는데, 이 신뢰할 만한 노인은 유럽산 되새는 수컷이 훨씬 많다고 단호하게 대답했다고 한다. 그는 수컷과 암컷의 비율이 수컷 두 마리에 암컷 한 마리, 아니면 적어도 5 대 3으로 생각하고 있었다.[66] 그는 또 대륙검은

---

[63] 브레엠(Brehm)도 같은 결론을 내렸다('Illust. Thierleben,' Bd. 4, S. 990).

[64] L. 로이드(L. Lloyd)의 'The Game Birds and Wild Fowl of Sweden and Norway,' 1867, pp. 12, 132 참조.

[65] 'Nat. Hist. of Selborne,' Letter 29, edition of 1825, Vol. 1, p. 139 참조.

[66] 제너 위어는 이듬해 조사를 통해 같은 정보를 얻었다. 잡힌 푸른머리되새의 수를 보여주는 자료로서, 1869년 두 사람의 전문가가 한 사람은 하루에 62마리의 수컷, 또 한 사람은 40마리의 수컷을 잡아, 그 수가 매우 잘 일치하고 있다는 것만 말해둔다. 이제까지 하루에 한 사람이 가장 많이 잡은 것은 70마리였다.

지빠귀도 덫으로 잡든 밤에 그물로 잡든 수컷이 훨씬 많다고 말했다. 이러한 주장들은 대체로 믿을 만한 것이다. 왜냐하면 같은 사람이 종달새와 홍방울새(*Linaria montana*), 황금방울새는 암수의 수가 거의 같다고 말했기 때문이다. 한편 홍방울새는 암컷의 수가 훨씬 많은데, 해마다 수가 변동하여 어떤 해에는 암컷이 수컷의 네 배였다고 말했다. 그러나 새 사냥철은 9월이 되어야 시작하므로 일부 종은 이동이 벌써 시작되어, 그 무렵의 집단에는 거의 암컷밖에 없을지도 모른다는 사실에 유의해야 한다. 샐본은 중앙아메리카에 사는 벌새의 성비(性比)에 특히 관심을 가지고 조사했는데, 그는 대부분의 종은 수컷의 수가 많다고 확신하고 있다. 이를테면 어느 해에 그 10종에 속하는 벌새 204마리의 표본 가운데 166마리가 수컷이고 38마리가 암컷이었다. 다른 2종은 암컷의 수가 많았다. 그러나 성비는 계절에 따라서도 지역에 따라서도 다른 것으로 보이며, 이를테면 어느 때는 보라색검날개벌새(*Campylopterus hemileucurus*)의 수컷과 암컷이 비율이 5 대 2였는데, 다른 시기에는 완전히 그 반대였다.[67] 후자에 관해서는 포이스(Powys)가 코르푸와 에피루스에서 수컷과 암컷의 (유럽산) 되새를 따로 따로 사육하고 있었는데 '암컷이 훨씬 많았다'고 말한 것에 대해, 팔레스타인의 트리스트람(Tristram)은 '수컷 집단은 암컷 집단보다 개체수가 많다'고 말한 것을 덧붙여 둔다.[68] 그리고 G. 테일러(G. Taylor)는[69] 긴꼬리검은찌르레기붙이(*Quiscalus major*)는 플로리다에서는 '수컷에 비해 암컷은 아주 조금밖에 없지만' 온두라스에서는 그 반대로, 그곳에서는 이 종이 일부다처의 성질을 띤다고 말했다.

어류

　물고기에서 양성의 성비는 성체(成體) 또는 성체에 가까울 정도로 자란 개체를 붙잡는 것 말고는 알아낼 방법이 없어서 정확한 결론을 이끌어내는 데는 많은 어려움이 있다.[70] 귄터(Günther) 박사가 송어에 대해 나에게 지적한

---

*67 굴드(Gould)가 'Trochilidae,' 1861, p. 52에 인용한 것으로 'Ibis,' Vol. 2, p. 260 참조. 앞의 성비는 샐빈의 표에 따른 것이다.

*68 'Ibis,' 1860, p. 137 ; 1867, p. 369.

*69 'Ibis,' 1862, p. 137.

*70 로이카르트(Leuckart)는 블로흐(Bloch)를 인용하여(Wagner(바그너), 'Handwörterbuch der Phys.,' Bd. 4, 1853, S. 775), 물고기의 개체수는 수컷이 암컷의 두 배나 된다고 말했다.

것처럼 알을 갖지 않는 암컷은 수컷과 쉽게 구별되지 않을지도 모른다. 몇몇 종에서는 수컷은 알에 수정한 뒤 곧 죽는 것으로 추정된다. 많은 종에서 수컷이 암컷보다 훨씬 작기 때문에, 암컷이 포획되는 그물에서 많은 수컷이 달아나버릴 수도 있다. 특히 꼬치고기(*Esox lucius*)의 자연사에 해박한 카르보니에(Carbonnier)는 수컷이 암컷보다 작기 때문에 많은 수컷이 암컷에게 잡아먹힌다고 말했다.[71] 그는 거의 모든 어류의 수컷은 같은 이유로 암컷보다 많은 위험에 노출되어 있다고 생각한다. 그런데도 성비를 실제로 헤아릴 수 있었던 몇몇 예에서는 수컷이 많은 것 같았다. 이를테면 스토아몬트필트 실험소의 관리인인 R. 부이스트(R. Buist)는 1865년에, 알을 채집할 목적으로 최초로 잡아 올린 70마리의 연어 가운데 수컷이 60마리나 되었다고 말했다. 1867년에도 그는 '암컷에 비해 수컷이 너무 많은 것에 주목했다. 처음부터 한 마리의 암컷에 적어도 열 마리의 수컷이 있었다.' 그 뒤 알을 충분히 채집할 만한 수의 암컷을 잡을 수 있었다. 그는 '수컷들은 개체수가 너무 많아서 산란 장소에서 늘 투쟁하며 서로 물어뜯는다.[72]고 말했다. 이렇게 수의 차이가 나타나는 원인의 하나는, 수컷이 암컷보다 먼저 강을 거슬러 올라오는 데 있다고 생각해도 틀림없을 것이다. F. 버클랜드(F. Buckland)는 송어에 관해, '암컷보다 수컷이 훨씬 많은 것은 이상한 일이다. 맨 처음 물고기가 그물에 걸렸을 때는 언제나 포획된 물고기는 암컷 한 마리에 수컷이 적어도 7, 8마리가 된다. 이 점에 대해서는 나도 도저히 설명할 길이 없다. 수컷이 암컷보다 정말로 수가 많거나, 아니면 암컷은 달아나기보다 어딘가에 숨을 것'이라고 말했다. 그는 또 강변을 주의 깊게 탐색하면 알을 채집하기에 충분한 암컷을 발견할 수 있다고 덧붙였다.[73] H. 리(H. Lee)는 포츠머스(Portsmouth) 경의 공원 안에서 그 목적으로 잡은 212마리의 송어 가운데 150마리가 수컷이고, 62마리가 암컷이었다고 알려주었다.

잉어과도 마찬가지로 수컷이 많은 것 같지만, 잉어, 텐치, 붕어, 피라미 등, 이 과에 속하는 몇몇 종류는 동물계에서는 보기 드물게 일처다부의 왕국에서 살아가는 것으로 보인다. 왜냐하면 암컷이 산란하고 있을 때는 언제나 두

---

[71] 'Farmer,' March 18, 1869, p. 369에서 인용.
[72] 'The Stormontfield Piscicultural Experiments,' 1866, p. 23. The 'Field' newspaper, June 29, 1867.
[73] 'Land and Water,' 1868, p. 41.

마리의 수컷이 옆에 있으며, 붕어는 수컷이 서너 마리나 머물고 있기 때문이다. 이것은 널리 알려져 있어서 연못에는 반드시 텐치를 암컷 한 마리에 수컷두 마리, 적어도 암컷 두 마리에 수컷 세 마리의 비율로 키울 것을 권장하고있다. 피라미는 뛰어난 관찰가의 말에 따르면, 산란 장소에 수컷이 암컷의 열배나 있다고 한다. 암컷이 수컷에게 도착하면 '암컷의 양쪽에 수컷들이 모여들며, 그 자세로 잠시 있으면 두 마리의 수컷이 주위를 에워싼다.'[74]

곤충류

이 강(綱)에서 암수의 성비에 관해 판단자료를 얻을 수 있는 것은 나비목뿐이다. 나비목은 뛰어난 관찰자들이 주의 깊게 수집하고 있으며, 또 알이나 유충 상태에서 많이 사육하고 있다. 나는 어느 사육자가 정확한 기록을 갖고 있지 않을까 기대하고 프랑스와 이탈리아에 편지를 보내 여러 가지 문헌을 조사해 보았지만, 그러한 기록을 구할 수는 없었다. 일반적인 의견으로는 양성이 거의 비슷하게 태어나는 것 같지만, 카네스트리니(Canestrini) 교수에게 들은바로는, 이탈리아의 많은 사육자들은 암컷이 많이 태어나는 것으로 확신하고있다. 그러나 그는 가중나무고치나방(*Bombyx cynthia*)[75] 유충에 관한 2년 동안의 기록을 보면, 맨 처음 해에는 수컷이 훨씬 많았지만 다음해에는 같거나암컷이 조금 많았다고 알려주었다.

야생상태의 나비에 관해서는, 수컷이 매우 많이 보이는 것을 보고 몇몇 관찰가가 매우 놀랐다고 한다.[76] 이를테면 베이츠(Bates)는[77] 아마존 상류에 살고 있는 100종이 넘는 나비는 수컷이 암컷보다 매우 많아서 100 대 1인 경우도 있다고 말했다. 북아메리카에서는 경험이 풍부한 에드워즈(Edwards)가 호랑나비속(Papilio)의 수컷과 암컷의 비율을 4 대 1로 보고 있다. 또 이 사실을나에게 알려준 월시(Walsh)는 파필리오 투르누스(*P. turnus*)는 확실히 그렇다고

---

* 74 잉어(*Cyprinus carpio*)에 대해서는 Yarrell(야렐)의 'Hist. British Fishes,' Vol. 1, 1836, p. 307 참조. 텐치(*Tinea vulgaris*)에 대해서는 p. 331, 붕어(*Abramis brama*)에 대해서는 p. 336 참조. 피라미(*Leuciscus phoxinus*)에 대해서는 'London's Mag. of Nat. Hist.,' Vol. 5, 1832, p. 682 참조.
* 75 (역주) 현재의 학명은 Samia cynthia.
* 76 로이카르트(Leuckart)는 마이네케(Meinecke)를 인용하여 (Wagner(바그너), 'Handwörterbuch der Phys.,' Bd. 4, 1853, S. 775) 나비의 개체수는 수컷이 암컷보다 서너 배나 많다고 말했다.
* 77 'The Naturalist on the River Amazons,' Vol. 2, 1863, pp. 228, 347.

말했다. 남아프리카에서는 R. 트라이멘(R. Trimen)이 19종에서 수컷이 많은 것을 발견하고,[78] 그 가운데 한 종은, 탁 트인 장소에서 스웜[79]을 이루어 사는 종은 수컷과 암컷의 비율이 50 대 1인 것으로 추정하고 있다. 다른 종류에 대해서도 그는 장소에 따라 수컷이 많은 종에서는 7년 동안 겨우 다섯 마리의 암컷밖에 채집하지 못했다. 버번(Bourbon) 섬[80]에 사는 어떤 종의 호랑나비는 수컷이 암컷의 20배나 된다고 마이야르(Maillard)가 말했다.[81] 트라이멘이 말한 바에 따르면, 그가 직접 보거나 이야기를 들은 범위에서는 나비의 암컷이 수컷보다 많은 경우는 매우 드물다고 하는데, 남아프리카의 3종은 암컷이 더 많은 듯하다. 월리스[82]는 말레이 제도의 붉은제왕비단나비(*Ornithoptera croeus*)의 암컷은 수컷보다 많아서 더 쉽게 잡을 수 있다고 말했다. 그러나 그 것은 매우 희귀한 나비이다. 여기서 게네(Guenée)가 인도에서 보내오는 나방속에 속하는 하이페리트라(Hyperythra)의 표본은, 수컷 한 마리에 암컷 너덧 마리라고 말한 것을 덧붙여 둔다.

곤충의 암수 비율 문제가 곤충학회에 제기되었을 때는[83] 대부분의 나비목 성체는 암컷보다 수컷이 많이 채집된다는 점에서는 보편적인 의견일치를 보였지만, 많은 관찰자는 이 사실을 암컷이 밖에 잘 나오지 않는 습성 때문이거나 수컷이 번데기에서 일찍 나오기 때문이라고 했다. 그 후자에 대해서는 대부분의 나비목과 다른 곤충류가 그렇다는 사실이 잘 알려져 있다. 그래서 페르소나(Personnat)는, 사육되고 있는 산누에나방(*Bombyx yamamai*)[84]은 계절이 시작될 때는 짝짓기 상대가 없기 때문에 수컷이 버려지고, 계절이 끝날 때는 반대로 암컷이 같은 이유로 버려진다고 말했다.[85] 그러나 나는 원산국에서 극히 일반적으로 볼 수 있는 나비도 위에 든 예처럼 수컷이 많은 것을 그러한

---

[78] 이 가운데 4종에 대한 예는, 트라이멘 씨의 'Rhopalocera Africae Australis'에 수록되어 있다.

[79] (역주) 곤충 중에는 번식할 때 수컷과 암컷이 다수로 한데 모여 날아다니면서 교미를 하는 것이 있다. 그렇게 교미를 위해 공중으로 날아오르는 집단을 스웜이라고 한다.

[80] (역주) 지금의 레위니옹 섬.

[81] 'Transact. Ent. Soc.,' Vol. 5, Part 7, 1866, p. 330에서 트라이멘(Trimen)이 인용했다.

[82] 'Transact. Linn. Soc.,' Vol. 25, p. 37.

[83] 'Proc. Entomolog. Soc.,' February 17, 1868.

[84] (역주) 현재의 학명은 *Antheraea yamamai*.

[85] 월리스(Wallace) 박사가 'Transact. Ent. Soc.,' 3rd series, Vol. 5, 1867, p. 487에서 인용.

원인으로 설명하는 것은 납득하기가 어렵다. 소형 나방에 대해 오랫동안 주의 깊게 관찰해온 스테인튼(Stainton)은, 자신이 성체를 채집했을 때는 수컷이 암컷보다 열 배나 많다고 생각했는데, 유충 단계에서 많이 사육해 본 결과 암컷이 많은 것을 확신하게 되었다고 알려주었다. 몇몇 곤충학자들도 이 의견에 찬성한다. 그러나 더블데이(Doubleday) 등은 반대의 견해를 가지고 있으며, 그들이 알 또는 유충 단계에서 많이 키웠을 때는 암컷보다 수컷이 더 많았다고 한다.

게다가 수컷은 습성이 활발한 동시에 번데기에서 일찍 나오고, 또 어떤 종은 수컷이 탁 트인 장소에 자주 나오기 때문에, 나비목의 성충을 채집했을 때나 알 또는 유충을 키웠을 때 수컷이 많은 것처럼 보이거나 실제로 많았을 수도 있다. 내가 카네스트리니 교수로부터 들은 바에 따르면, 이탈리아에서는 누에나방 암컷의 유충이 수컷보다 최근에 유행하고 있는 질병에 더 걸리기 쉽다고 한다. 그리고 슈타우딩거(Staudinger) 박사는 나비목을 사육하면 암컷이 번데기로 있을 때 수컷보다 잘 죽는다고 알려 주었다. 많은 종에서 암컷 유충이 수컷보다 크기 때문에, 수집가는 마땅히 가장 좋은 표본을 선택하므로 암컷을 많이 수집할지도 모른다. 세 명의 수집가는 정말 그렇다고 긍정했다. 그러나 윌리스 박사는 대부분의 수집가는 일부러 사육할 가치가 있는 희귀한 종류라면 발견할 수 있는 표본은 뭐든지 채집한다고 말했다. 새는 유충이 많이 있으면 아마도 가장 큰 것부터 먹을 것이다. 또 카네스트리니 교수로부터 들은 바로는 충분한 증거가 있는 것은 아니지만, 이탈리아에서는 가중나무고치나방이 맨 처음 부화했을 때 말벌이 수컷보다 암컷의 유충을 많이 죽이는 것으로 생각하는 사육가도 있는 것 같다. 윌리스 박사는 또 암컷 유충은 수컷보다 몸집이 커서 성장에 걸리는 시간도, 또 먹이와 물도 더 많이 필요하기 때문에 기생벌이나 새의 위험에 더 오래 노출되어 먹이가 적은 시기에는 더 많은 수가 죽는다고 지적했다. 즉 야생상태에서는 나비목의 암컷은 수컷보다 적은 수밖에 성체에 도달할 수 없는 것으로 생각된다. 그리고 이 논의의 목적상, 우리는 양성이 번식을 시작할 준비가 된 시점의 성체 수를 문제로 삼고 있다.

어떤 나방이 단 한 마리의 암컷 주위에 어마어마한 수의 수컷이 몰려 있는 광경을 보면 수컷이 훨씬 많다는 것을 보여주고 있는 것처럼 보이지만, 이것은 수컷이 번데기에서 일찍 나오기 때문인지도 모른다. 스테인튼은 엘라키

스타 루포치네레아(*Elachista rufocinerea*)[86]는 암컷 한 마리에 수컷이 12마리에서 20마리나 몰려드는 일이 종종 있다고 알려주었다. 라시오캄파 쿼르쿠스(*Lasiocampa quercus*)[87]나 사투르니아 카르피니(*Saturnia carpini*)[88]를 상자에 넣어 밖에 두면 수많은 수컷들이 모여드는데, 방안에 두면 수컷이 굴뚝으로 들어오는 경우도 있다고 한다. 더블데이는 이 2종의 수컷이 상자에 들어 있는 암컷 주위에 온종일 50~100마리나 모여드는 것을 본 적이 있다고 한다. 트라이멘은 와이트 섬[89]에서 하루 전에 솔나방(Lasiocampa)의 암컷을 넣어둔 상자를 꺼내왔더니, 곧바로 다섯 마리의 수컷이 찾아왔다고 한다. 베로(Verreaux)는 오스트레일리아에서 작은 누에나방 암컷을 상자에 담아 호주머니에 넣고 있었는데, 수많은 수컷이 뒤따라와서 200마리 가까이가 그와 함께 집에 들어왔다고 한다.[90]

더블데이 씨는 슈타우딩거(Staudinger) 박사의 나비목 목록[91]을 나에게 알려주었는데, 거기에는 300개나 되는 다양한 품종에 속한 나비(Rhopalocera)의 암수 가격이 적혀 있었다. 극히 흔하게 볼 수 있는 종의 암수 가격은 물론 같지만, 희귀한 114종은 암수 가격이 달라서 한 종을 제외하고 모든 종류에서 수컷이 싸다. 그 113종의 가격을 평균하면 수컷과 암컷의 가격비는 100 대 149이다. 그리고 이것은 그만큼 수컷이 암컷보다 많다는 것을 보여주는 것이다. 2000여 종의 나방(Heterocera)과 그 품종도 카탈로그에 실려 있는데, 암컷이 날개가 없는 것은 암수의 습성이 다르기 때문에 여기서 제외하면 141종의 암수의 가격이 다르며, 그 가운데 130종은 수컷이 싸다. 수컷이 암컷보다 비싼 종은 단 11종이었다. 이 130종의 수컷 가격 평균은 암컷에 비하면 100 대 143이다. 이 가격표에 실려 있는 나비에 대해 더블데이(사실 영국에 그만큼 경험이 많은 사람도 없을 것이다)는, 이러한 종의 암수 사이에 이 정도 가격차를 가져올 만한 습성의 차이는 없으므로, 그 원인은 수컷이 많다는 것 때문이라고 생각하고 있다. 그러나 나는 여기서, 슈타우딩거 박사 자신은 의견이 다르다고

---

[86] (역주) 풀굴나방과의 일종.

[87] (역주) 솔나방과의 일종.

[88] (역주) 산누에나방과의 일종.

[89] (역주) 영국 잉글랜드 남단에 있는 섬.

[90] Blanchard(블랑샤르), 'Métamorphoses, Mœurs des Insectes,' 1868, pp. 225-226.

[91] 'Lepidopteren-Doubblettren Liste,' Berlin, No. 10, 1866.

나에게 알려준 것을 덧붙이지 않을 수 없다. 그는 자신이 사는 곳의 채집자가 암컷보다 많은 수컷을 가져오는 것은, 암컷의 습성이 활발하지 않은 데다 수컷이 먼저 출현하기 때문이며, 그래서 수컷의 가격이 싼 것이라고 생각하고 있다. 유충 단계에서 자란 표본에 대해서는, 슈타우딩거 박사는 앞에서 말했듯이 번데기 안에서 더 많은 암컷이 죽는다고 생각하고 있다. 그는 또 어떤 종은 해(年)에 따라 한쪽 성이 많아지는 일이 있다고 덧붙였다.

나비목에서 알 또는 유충에서 자란 개체의 성에 대한 직접적인 관찰은 표에 나타난 소수의 예밖에 얻지 못했다.

	수컷	암컷
엑세터의 J. 헬린스*92가 1868년에 키운 73종의 성충	153	137
엘섬의 알버트 존스가 1868년에 키운 9종의 성충	159	126
1869년에 그가 키운 4종의 성충	114	112
햄프셔, 엠스워스의 버클러가 1869년에 키운 74종의 성충	180	169
콜체스터의 월리스 박사가 한 배에서 키운 가중나무고치나방	52	48
월리스 박사가 1869년 중국에서 보내온 번데기에서 키운 Bombyx Pernyi	224	123
월리스 박사가 1868년과 1869년에 두 상자의 산누에나방 번데기를 키운 것	52	46
합계	934	761

이와 같이 번데기나 알에서 부화한 8사례에서는 수컷이 많이 태어났다. 전부 합치면 수컷과 암컷의 비율은 122.7 대 100이 된다. 그러나 이 자료는 신뢰하기에는 너무 적은 숫자이다.

전체적으로 위에 든 다양한 증거는 모두 같은 방향을 가리키고 있고, 나비목의 대부분의 종에서는, 맨 처음 알에서 나왔을 때의 비율이 어떻든 일반적으로 수컷 성체의 수는 암컷보다 많다고 할 수 있다.

곤충의 다른 목에 대해서는 신용할 만한 증거를 거의 찾을 수 없었다. 하늘가재의 일종(*Lucanus cervus*)은 '수컷이 암컷보다 훨씬 많은 것 같지만', 1867년

---

*92 이 박물학자는 친절하게도 암컷의 수가 많은 것으로 나타난 몇 년 동안의 결과를 나에게 보내주었다. 그러나 너무 많은 숫자가 추측에 지나지 않아서 이 표에 실을 수는 없었다.

에 코르넬리우스(Cornelius)가 기술한 것처럼, 독일의 어느 지방에서 하늘가재가 비정상적으로 많이 발생했을 때는 암컷이 6 대 1로 수컷보다 많았다. 방아벌레과의 한 종류는 수컷이 암컷보다 훨씬 많은 것으로 알려져 있어, '한 마리의 암컷에 보통 두세 마리의 수컷이 짝을 짓는*93 것을 보면 아마도 일부다처가 보편적인 듯하다. 반날개과의 납작반날개(Siagonium)는 수컷에만 뿔이 있고 '암컷이 수컷보다 훨씬 많다'. 잰슨(Janson)은 곤충학회에서 나무껍질을 먹는 *Tomicus villosus*의 암컷은 해충이 될 정도로 많지만, 수컷은 극히 드물어서 거의 볼 수 없다고 말했다. 다른 목은 알 수 없는 원인에서, 그러나 몇 가지 예에서는 처녀생식이라는 점에서 수컷이 전혀 발견되거나 매우 희귀한 종이 있다. 혹벌과(Cynipidae)의 몇몇 종이 그러하다.*94 월시가 알고 있는 벌레혹을 만드는 모든 혹벌과는, 그가 나에게 알려준 바로는 암컷이 수컷의 4, 5배 많다고 하며, 그것은 벌레혹을 만드는 혹파리과(Cecidomyiiae, 파리목)에도 적용된다고 한다. 극히 흔하게 볼 수 있는 잎벌과(Tenthredinae)의 몇 종은 F. 스미스(F. Smith)가 모든 크기의 유충을 수백 개 키워보았는데, 1마리의 수컷도 나타나지 않았다고 한다. 한편 커티스(Curtis)는*95 그가 사육한 몇 종(Athalia)에서는 수컷과 암컷의 비율은 6 대 1이었지만, 완전히 같은 종류의 성충을 야외에서 잡았을 때는 그 비율이 완전히 바뀌었다고 말했다. 맥시목(脈翅目)에서는, 월시는 모두는 아니지만 많은 잠자리류의 종으로 수컷의 수가 암컷보다 훨씬 많으며, Hetaerina속*96에서는 수컷은 적어도 암컷의 4배는 된다고 말했다. 측범잠자리(Gomphus)속의 종 가운데에는 수컷과 암컷의 수가 같은 것도 있지만, 다른 2종에서는 암컷이 수컷의 두 배에서 세 배나 된다. 유럽의 다듬이벌레(Psocus) 일부는 수컷은 한 마리도 잡히지 않지만 암컷은 수천 마리나 채집할 수 있는데, 같은 속에 속하는 다른 종은 암수 모두 비슷하게 채집할 수 있

---

*93 귄터(Günther)의 'The Record of Zoological Literature,' 1867, p. 260. 하늘가재의 암컷이 개체 수가 많은 것에 대해서는 '같은 책.,' p. 250 참조. 영국의 하늘가재 수컷에 대해서는 웨스트우드(Westwood)의 'Modern Class. of Insects,' Vol. 1, p. 187. Siagonium에 대해서는 '같은 책.,' p. 172 참조.

*94 Walsh(월시), 'The American Entomologist,' Vol. 1, 1869, p. 103. F. Smith(F. 스미스) 'Record of Zoological Literature,' 1867, p. 328.

*95 'Farm Insects,' pp. 45-46.

*96 (역주) 잠자리류의 하나.

다.[97] 영국에서는 맥라클란(Maclachlan)이 몇백 마리의 *Apatania Muliebris*[98] 암컷을 채집했지만 수컷은 한 마리도 볼 수 없었다. 또 *Boreus nyemalis*[99]는 영국에서는 겨우 너덧 마리의 수컷밖에 볼 수 없다.[100] 이러한 종의 대부분에서(내가 들은 바로는 잎벌과를 제외하고) 암컷이 처녀생식한다고 생각할 만한 근거는 없는 것 같다. 양성의 비율에 이러한 차이가 있는 것에 대해 우리가 얼마나 무지한지 잘 알 수 있다.

체절동물(體節動物)의 다른 강(綱)에서는 더욱 미미한 정보밖에 얻을 수 없었다. 거미에 대해 오랫동안 거미를 연구해온 블랙월이 나에게 수컷이 잘 기어다니고 흔히 볼 수 있기 때문에 수컷이 더 많은 것 같은 인상을 받는다고 말했다. 그것은 몇몇 종에서는 그렇지만 6개의 속에 속하는 몇몇 종에서는 암컷이 수컷보다 훨씬 많은 것 같다고 그는 지적했다.[101] 수컷은 암컷에 비해 몸집이 작은데 때로는 극단적으로 작은 것도 있고 겉모습이 매우 다른 것도 있어서, 그 때문에 표본 속에 수컷의 수가 적어지는 경우가 있을지도 모른다.[102]

하등한 갑각류 가운데에는 무성적(無性的)으로 번식하는 것이 있는데, 그것이 이러한 종에서 수컷이 극단적으로 적은 이유를 설명해 줄 것이다. 그 밖의 형태에 대해서는(Tanais나 Cypris)[103] 프리츠 뮐러(Fritz Müller)가 나에게 알려준 것처럼, 최초에 양성이 같은 수가 있었다 해도 수컷은 암컷보다 수명이 짧으므로, 나중에 거의 수컷이 보이지 않게 된다고 설명할 수 있다. 한편 이 박물학자는 브라질 해안에서 긴꼬리올챙이새우과(Diastylidae)와 바다반디류(Cypridina) 수컷을 항상 암컷보다 많이 채집했다. 즉 후자의 속에는 하루에 채집한 63표본 가운데 57표본이 수컷이었다. 그러나 그는 알 수 없는 암수의 습성의 차이에 의해 이러한 수컷 편중이 생긴 것인지도 모른다고 시사하고 있다.

---

[97] H. 헤이건과 B. D. 월시(H. Hagan and B. D. Walsh)의 'Observations on Certain N. American Neuroptera,' 'Proc. Ent. Soc. Philadelphia,' October, 1863, pp. 168, 223, 239.

[98] (역주) 날도래목의 일종.

[99] (역주) 밑들이목의 일종.

[100] 'Proc. Ent. Soc. London,' February 17, 1868.

[101] 거미에 대한 또 한 사람의 권위자인 웁살라의 토렐(Thorell) 교수는('On European Spiders,' 1869–70, Part 1, p. 205) 거미는 보통 암컷이 수컷보다 많다고 한다.

[102] 이 점에 대해서는 'Quarterly Journal of Science,' 1868, p. 429에서 인용한 피카드 케임브리지 (Pickard-Cambridges)의 글 참조.

[103] (역주) 둘 다 갑각류의 일종.

브라질의 고등한 게의 일종인 Gelasimus의 경우, 프리츠 밀러는 암컷보다 수컷이 더 많다는 사실을 발견했다. C. 스펜스 베이트의 폭넓은 경험에 따르면 그가 이름을 알려준, 영국에서 흔히 볼 수 있는 6종의 게는 이 관계가 거꾸로 되어 있다고 한다.

암수 성비를 제어하고 있는 자연선택의 힘과 일반적인 번식력에 대하여

몇몇 특수한 예에서는 한쪽 성(性)의 수가 다른 쪽보다 많은 것은, 그 종에 있어서 커다란 이점이 될 수도 있다. 사회성이 있는 곤충의 불임인 암컷이나 어떤 만각류, 그리고 어류에서 그렇듯이, 암컷에 수정하기 위해서는 두 마리 이상의 수컷이 필요한 동물의 경우가 그러하다. 이러한 예에서 양성의 수가 불평등한 것은 자연선택에 의한 것이겠지만, 그러한 예는 매우 드물기 때문에 여기서는 더 이상 논하지 않기로 한다. 모든 일반적인 종에서 수가 불평등한 것은, 어떤 개체에 있어서는 다른 개체보다 유리하지도 불리하지도 않은 것이 분명하다. 그러므로 자연선택에 의해 발생했다고 생각하기는 어렵다. 이러한 불평등이 생기는 것은 인간의 경우, 어떤 나라에서 다른 나라보다 남성이 많이 태어나거나 적출(嫡出)과 사생아 사이에 성비가 약간 다른 것처럼, 아직 밝혀지지 않은 조건이 직접적으로 작용한 결과라고 생각하는 수밖에 없을 것이다.

지금 가정한 미지의 원인에 의해 한쪽 성, 이를테면 수컷을 과잉생산하는 종을 생각해보자. 많은 쪽의 성의 개체는 완전히 또는 거의 불필요하다. 양성은 자연선택에 의해 같은 수가 되는 것일까? 어떠한 형질에도 변이가 있는 것을 생각하면, 특정한 짝이 다른 짝에 비해 암컷에 대한 수컷의 과잉 정도가 적도록 새끼를 낳는 것은 확실히 가능한 일로 생각된다. 실제의 새끼 수가 일정하게 유지되고 있다면, 그러한 짝은 더 많은 암컷을 생산하기 위해 필연적으로 더 많은 새끼를 낳을 것이다. 확률의 원리에 따라 생산성이 더 높은 짝이 낳은 새끼가 더 많이 생존하게 되며 그러한 개체는, 수컷은 적게 암컷은 많이 낳는 경향을 물려받을 것이다. 그러면 양성이 균등해지는 경향이 나타나게 된다. 그러나 여기서 가정하고 있는 종은 이 과정에 의해 방금 지적했듯이 점점 새끼를 많이 낳게 될 텐데, 이것은 대부분의 경우를 보면 결코 유리한 일은 아닐 것이다. 왜냐하면 생존할 수 있는 개체수의 제한이 적게 제거당

함으로써가 아니라 식량공급에 의해 결정되는 경우에는, 번식력이 높으면 경쟁이 더욱 치열해져서 살아남은 개체들 대부분이 영양부족에 빠지기 때문이다. 이 경우에 암컷의 수가 늘어남으로써 양성의 비율이 균등해지면, 그와 동시에 태어나는 새끼의 총수가 줄어들어야 유리해질 것이다. 그리고 이것은 이제부터 이야기할 과정을 거쳐 자연선택에 의해 일어난다고 나는 생각하고 있다. 이와 같은 논리의 흐름은 위의 예에서도 그렇고, 수컷이 아니라 암컷이 많이 생산되고 있다고 가정하는 다음의 예에서도 마찬가지로 적용된다. 왜냐하면 그러한 과잉된 암컷은 수컷과 짝짓기를 할 수 없기 때문에 번식에 전혀 도움이 되지 않기 때문이다. 일부다처인 종에서도 암컷의 과잉이 그만큼 크다고 가정하면, 똑같은 현상이 일어날 것이다.*104

어느 한쪽 성, 여기서도 그것을 수컷으로 가정한다면, 수컷의 과잉 현상은 그 밖의 간접적인 방식의 자연선택에 의해 시정되는 일이 있을 수 있다. 즉 암컷의 수가 늘지 않고 실제로 수컷의 수가 줄어들게 되며, 그 결과 종의 번식력이 높아지지 않는 것이다. 어떠한 형질에도 변이가 있기 때문에, 어디에 살고 있는 어떠한 짝 중에서도 번식력이 있는 암컷의 수는 같게 하고 수컷 과잉은 더 적게 억제하여 낳는 짝이 나타난다고 생각해도 좋을 것이다. 수컷 과잉의 정도가 많기도 하고 적기도 한 부모들이 낳은 자손들이 자유롭게 교배한다면, 어느 것이나 다른 개체에 대해 직접적인 유리함을 가지는 일은 없을 것이다. 그러나 과잉된 수컷을 조금이라도 적게 낳은 개체는 간접적으로 커다란 이익을 얻게 될 것이다. 즉 그들의 알이나 배는 더 크고 건강해질 수 있으

---

*104 (역주) 성비가 왜 보통은 1 대 1이 되는지에 대한 진화적 논의는 1915년에 최초로 R. A. 피셔에 의해 제기되었다. 유전적으로 수컷을 많이 낳거나 암컷을 많이 낳는 형질이 있다고 보고 랜덤 교배의 경우, 성비가 수컷에 치우치면 수컷이 남아돌기 때문에, 암컷을 낳은 어미의 적응도가 수컷을 낳은 어미의 적응도보다 높아진다. 그러면 다음 세대에서는 암컷을 낳는 어미의 자손이 늘어나며, 그 효과에 의해 암컷의 수가 늘어난다. 그러면 암컷을 낳는 어미의 적응도에 있어서 유리한 면이 점차 줄어들어 이윽고 수컷과 암컷의 비율이 1 대 1이 되었을 때, 양쪽 어미의 적응도가 같아져서 성비를 어느 한쪽 성에 치우치게 하는 선택은 작용하지 않게 된다. 다윈의 논의는 논지가 약간 명확하지는 않지만, 피셔의 논의에 매우 가깝다. 여기서 다윈은, 만일 최초에 성비가 10 대 1로 수컷에 치우쳐 있다면 수컷 과잉이므로 암컷을 낳는 부모가 유리해지는데, 그 결과 암컷의 수가 절대적으로 늘어나게 되어 개체군의 크기가 점점 커진다고 생각했지만 반드시 그렇지는 않다. 여기서는 이 문제와 절대수 문제가 명확하게 구별되어 있지 않다.

며, 자궁 안에서나 출산된 뒤에도 영양을 더 많이 제공받을 것이다. 이 법칙은 식물에 잘 나타나 있다. 왜냐하면 막대한 수의 씨앗을 생산하는 종류는 하나하나의 씨앗이 매우 작은 데 비해, 비교적 소수의 씨앗밖에 생산하지 않는 종에서는 대개 싹이 움튼 뒤에 유용하게 쓰일 영양을 듬뿍 품은 커다란 씨앗을 생산하기 때문이다.[105] 이와 같이 과잉된 수컷을 생산하기 위해 최소한의 힘만 소비하는 부모의 자손은 가장 잘 생존할 것이며, 과잉된 수컷을 낳지 않는 경향을 물려받을 뿐만 아니라 암컷의 생산에 있어서는 충분한 번식력을 유지할 것이다. 그와 반대로 암컷이 많을 때도 마찬가지이다. 그러나 어느 한쪽 성이 아주 조금 과잉 생산될 때는, 이러한 간접적인 방법으로 제동이 걸린다고 생각하기는 어렵다. 실제로 앞의 논의에서 몇 가지 예를 든 것처럼 한쪽 성만 과잉 생산되는 것이 항상 저지되고 있는 것은 아니다. 이러한 예에서는 배(胚)의 성을 결정하고 특정한 조건 속에서 한쪽 성을 다른 성에 비해 많이 생산하게 하는 미지의 원인이, 과잉된 성의 개체를 생산하여 자원이나 에너지가 낭비되는 것을 최소화하려는 다양한 생존 전략에 의해 제거되는 일은 아직 없는 듯하다. 어쨌든 자연선택은 때로는 충분하지 않을지 몰라도, 언제나 양성의 수를 동등하게 하도록 작용하는 경향이 있다고 결론지어도 좋을 것이다.

여기까지 양성의 수적 균등화에 대해 서술했지만, 종의 일반적인 번식력에 대해 자연선택이 가하고 있는 제어에 관하여 몇 가지 지적해 두는 것이 좋을 것 같다. 허버트 스펜서(Herbert Spencer)는 설득력 있는 논의 속에서, 모든 생물에서 그가 '개체화'와 '발생'이라고 부른 것 사이에 하나의 비율이 존재한다고 말했다.[106] 즉 자신의 성장이나 복잡한 형태구조와 행동 때문에 물질이나 에너지를 많이 소비하는 생물, 또 대형의 알이나 배를 생산하는 생물, 또는 자손의 양육에 많은 에너지를 사용하는 생물은 그렇지 않은 생물만큼 생산력이 높아질 수가 없다. 스펜서는 또 번식력에 있어서 약간의 차이는 자연선택에 의해 제어된다는 것도 보여주었다. 즉 번식력이 왕성한 짝이 더 많은 자손을 낳고, 단순히 자손들의 수가 많다는 점에서 그들이 더 많이 살아남아 그

---

[105] 앵초속(Primula) 식물 가운데 몇몇 종에서는, 씨방에 아주 적은 수의 씨앗밖에 들어 있지 않은 것이 더 생산력이 높은 씨방 속에 들어 있는 많은 씨앗들보다 훨씬 큰 것을 보고 나는 종종 놀라곤 했다.

[106] 'Principles of Biology,' Vol. 2, 1867, Chaps. 2−11.

강한 번식력을 다음 세대에 전달한다면, 종의 번식력은 점점 증가하게 될 것이다. 각 생물의 번식력이 점차로 높아지는 것에 작용하는 유일한 제동은, 더 많은 자손을 낳는 부모가 소비해야 하는 힘의 크기와 그러한 부모가 부담하는 더 큰 위험이거나, 아니면 더 많은 알이 생산되면 필연적으로 그 하나하나는 그다지 건강하지 않게 되고 그 뒤의 영양섭취도 좋아지지 않는다는 점일 것이다. 막대한 수의 자손을 낳는 것의 불이익과 그 이익(적어도 어떤 개체는 다양한 위험을 피할 수 있는 것 등) 사이에서, 어떠한 균형이 실현될지는 우리의 판단을 넘어서는 문제이다.

생물의 번식력이 한 번 매우 높아진 뒤 자연선택에 의해 그것이 어떻게 감소하는지는, 높은 번식력이 처음에 어떻게 획득되는지에 비하면 그다지 명확하지 않다. 그래도 어떤 종에 속하는 개체가 자연 포식자 수의 감소로 항상 자신을 지탱할 수 있는 이상으로 많은 자손을 키우게 되면, 그 모든 자손들이 어려움에 놓이게 될 것은 분명하다. 그런데도 모두가 균등하게 같은 장소에 섞여 사는 곳에서는 번식력이 낮은 부모로부터 태어난 자손이라고 해도, 번식력이 높은 부모로부터 태어난 자손에 비해 직접적으로 유리한 점은 없다. 그것은 모든 자손이 똑같이 굶주림을 겪게 되기 때문이다. 사실 번식력이 낮은 부모의 자손은 태어난 수가 적다는 단순한 사실에서 오는 커다란 불이익을 안고 있어 그들이야말로 가장 절멸의 위험에 처하기 쉽다. 그러나 간접적으로는 하나의 큰 이익이 있다. 여기서 생각하고 있는 혹독한 경쟁조건 속에서 모든 개체가 기근에 처했을 때는 적은 수의 알 또는 새끼를 낳는 변이의 자손은 더 크고 건강한 자손이 되며, 그러한 알이나 새끼에서 자란 성체는 가장 많은 생존 기회를 얻게 되어 자신들처럼 더 낮은 번식력을 가지는 경향을 다음 세대에 전달하게 될 것이다. 그리고 더 적은 수의 새끼에게만 영양을 공급해도 되는 부모도 존속을 위한 투쟁에서 더 적은 스트레스를 받고 더 높은 생존 기회를 얻게 될 것이다. 이러한 단계를 거쳐서, 위에 말한 혹독한 먹이경쟁 속에서 작용하는 성 선택을 통해 조상보다 번식력은 낮지만 생존에는 더욱 잘 적응하는 변종이 태어날 수 있다는 것이 내가 할 수 있는 유일한 생각이다.*[107]

---

*[107] (역주) 여기서 다루어진 문제는, 현대의 진화생물학에서는 삶의 전략적 진화 문제로 크게 발전했다.

제9장 동물계의 하등계급에서 나타나는 이차성징

가장 하등한 강(綱)에는 이러한 형질이 존재하지 않는다―화려한 색채―연체동물―환형동물―갑각류, 잘 발달한 이차성징, 성적이형(性的二型), 색깔, 성숙하기 전에는 획득되지 않는 형질―거미류와 그 성적 색채, 수컷의 마찰음―다지류(多肢類).

가장 하등한 강에서는 하나의 개체가 양성을 겸하는 일이 드물지 않으므로 이차성징이 발달할 수가 없다. 성이 분리되어 있는 종류의 대부분이나 양성까지도 모두 어떤 지지물에 평생 붙어 살고 있기 때문에, 한쪽 성이 다른 쪽 성을 찾으러 가거나 서로 싸울 수가 없다. 이러한 동물은 감각기관이 너무나 불완전하며 서로 경쟁의식을 느끼거나, 서로의 아름다움과 매력을 이해할 만큼 정신적 능력이 높지 않은 것도 거의 확실하다.

그 때문에 원생동물, 강장동물, 극피동물, 연형동물의 강에는 진정한 이차성징이 나타나지 않는다. 고등동물에서는 이러한 형질이 의지, 욕망, 이성의 취향 등에 의한 성 선택을 통해 획득되었다는 생각에 일치한다고 할 수 있다.*1 그렇다 해도 예외적인 몇 가지가 있다. 즉 베어드(Baird) 박사에게 들은 바로는 Entozoa(체내기생충)에 속하는 내부기생충인 회충의 일종은 수컷의 색깔이 암컷과 약간 다르다고 한다. 그러나 이러한 차이가 성 선택에 의해 증폭되었다고 생각할 만한 까닭은 어디에도 없다.

자웅동체이든 자웅이체이든 하등동물은 매우 화려하거나 세련된 색깔, 줄

---

*1 (역주) 여기서도 다윈은 이차성징의 발달과 성 선택의 작용에, 경쟁의식, 심미안, 의지 등의 정신적 능력을 가정하고 있는데 성 선택이 작용하는 것의 궁극적 요인은, 그러한 정신적 능력을 갖추고 있는지의 여부가 아니라 수컷과 암컷에 대해 어떠한 선택에 대한 압력이 작용하는가에 달려 있다. 이러한 생물에서 뚜렷한 성차를 볼 수 없는 이유는 감각기관의 구조와 배우자 체계에서 찾을 수 있다.

무늬 등으로 장식되어 있는 것이 많다. 많은 산호 종류와 말미잘(Actiniae)이 그렇고, 몇몇 해파리류(무럼해파리, 은화해파리 등), 플라나리아류, 해초류, 대부분의 불가사리류, 성게류도 마찬가지이다. 그러나 이미 지적한 이유보다 즉 이러한 동물의 일부에서 양성이 동일개체 안에 있는 것, 그렇지 않은 종은 평생 고착되어 있는 것, 이러한 모든 것이 정신적 능력이 낮은 것 등보다 그러한 색채는 그들 양성의 성적매력을 더해주는 것은 아니므로 성 선택에 의해 획득된 것이 아니라는 결론을 내릴 수 있다.*² 고등동물의 경우는 상황이 매우 다르다. 왜냐하면 그들에게 있어서는 한쪽 성이 다른 성보다 훨씬 선명하고 현란하게 채색되어 있으며, 양성 사이에 이러한 차이를 가져올 만한 습성의 차이를 찾을 수 없을 때는 성 선택 때문이라고 생각해도 되는 이유가 있기 때문이다. 그리고 장식이 있는 더 많은 개체(그것은 거의 언제나 수컷이다)가 다른 성의 개체에게 자신의 매력을 과시한다는 점이 이 견해를 강하게 뒷받침하고 있다. 양성의 색채가 같을 때도 그 색채가 같은 분류군에 속하는 다른 종의 어느 한쪽 성과 명백하게 유사할 경우에는, 이 설명을 양성에 확장할 수 있다.

그렇다면 많은 하등동물이 아름답고 화려하기까지 한 색채를 하고 있는 것을 어떻게 설명할 수 있을까? 이러한 색채가 대부분의 경우에는 보호색 역할을 하고 있다고는 도저히 생각하기 어렵다. 그러나 보호색과 관련된 모든 형질에 대해 우리는 오류에 빠지기 쉽다. 이 문제에 대한 월리스의 뛰어난 논문을 읽은 적이 있는 사람이라면 누구나 그것을 인정할 것이다. 이를테면 무럼해파리가 완전히 투명한 것은 그들이 몸을 보호하는 데 크게 유리하다고 생각하는 사람은 아무도 없을 것이다. 그러나 헤켈(Häckel)이 보여주었듯이 해파리뿐만 아니라 부유성(浮游性) 연체동물이나 갑각류, 대양의 작은 물고기조차 그렇게 유리처럼 투명한 구조를 가지고 있는 것을 보면, 그들이 그것에 의해 수면에서 공격해오는 새나 그 밖의 적으로부터 달아나고 있다는 것을 알 수 있다.

다양한 예에서 색채가 얼마나 보호 역할을 하고 있는지에 대해 우리가 아무것도 모르는 것은 분명하지만, 가장 하등한 생물의 아름다운 색채는 대부분 그것으로 인해 얻을 수 있는 이익과 관계없이, 그들의 미세한 조직 구조와

---

*2 (역주) 대부분의 무척추동물은 단순한 광감수성(光感受性)을 지닌 눈만 가지고 있을 뿐이며 색에 대한 감각은 없는 것이 일반적이므로, 이것이 성 선택의 산물은 아니라는 다윈의 지적은 아마 옳을 것이다.

화학적 성질로부터 직접 유래한 결과라고 생각하는 것이 가장 옳을 것이다. 동맥혈만큼 선명한 색깔은 거의 없지만, 혈액의 색깔 자체에 어떤 유리한 점이 있다고 생각해야 할 까닭은 아무것도 없다. 확실히 혈색은 소녀의 뺨에 아름다움을 더해주기는 하지만, 그 목적을 위해 그것이 획득된 것이라고 주장할 사람은 아무도 없을 것이다. 그리고 많은 동물, 특히 하등동물에서는 담즙도 짙고 아름다운 색을 하고 있다. 이를테면 내가 핸콕(Hancock)에게서 들은 바에 따르면, 바다 민달팽이(Eolidae)의 아름다운 색깔은 주로 담즙선이 투명한 외피를 통해 비쳐 보이기 때문이라고 한다. 그러나 그 아름다움은 이 동물에게 아무런 이익을 주지 않는다. 아메리카 삼림의 낙엽색은 누구나 멋지다고 감탄하지만, 그런 색을 하고 있다고 해서 나무에 무언가 이익이 된다고 생각하는 사람은 없을 것이다. 최근에 얼마나 많은 화학자들이 자연의 유기화합물과 매우 비슷한 물질을 만들어내고 있는지, 또 그것이 얼마나 아름다운 색깔인지를 생각하면, 비슷한 색채를 가진 물질이 복잡한 실험실과 같은, 살아 있는 생물의 몸 속에서 그러한 색채가 가지는 무언가의 이익과는 전혀 관계없이 몇 번씩이나 되풀이해서 만들어져 왔다 해도 그리 이상한 일은 아닐 것이다.

연체(軟體)동물문

동물계 속의 이 커다란 분류군(가장 넓게 보면)의 모든 집단에서, 우리가 논하고 있는 이차성징은 내가 아는 한 어디서도 볼 수 없다. 또 가장 하등한 세 그룹인 (헉슬리가 말한 Molluscoida*³를 구성한다) 멍게류,*⁴ 태충류, 완족류에 있어서는 대부분이 어떤 시지물에 평생 붙어서 생활하거나 자웅동체이기 때문에, 이차성징의 발달은 결코 기대할 수 없다. 판새강(弁鰓綱, Lamellibranchiata) 또는 부족강(斧足綱)에는 자웅동체가 드물지 않다. 그 다음으로 고등한 강인 복족강(腹足綱, 배가 발 역할을 하는 동물) 또는 해양성 나사조개류에는 자웅동체도 있고 자웅이체도 있다. 그러나 자웅이체인 것의 수컷은 암컷을 찾고, 확보하고, 매혹하기 위한 기관이나 수컷끼리 싸우기 위한

---

*3 (역주) 연체동물을 가리킨다.

*4 (역주) 멍게류는 그즈음에는 이러한 계통상의 위치가 부여되어 있었으나, 이는 잘못된 것이다. 태충류는 태형동물문, 완족류는 완족동물문, 그리고 멍게류는 모든 척추동물을 포함한 척추동물문으로 분류되고 있다.

기관은 아무것도 갖고 있지 않다. 그윈 제프리스(Gwyn Jeffreys)에게 들은 바로는, 양성 사이에 존재하는 유일한 외형적 차이는 껍질의 모양이 다소 다르다는 정도이다. 이를테면 총알고둥(Littorina littorina)의 수컷 껍질은 암컷보다 좁고 나선이 약간 길게 뻗어 있다. 그러나 이러한 성질의 차이는 번식행위 자체나 알을 발달시키는 것과 직접적으로 관련이 있을 것이다.

복족강은 움직일 수도 있고 불완전하나마 눈도 가지고 있지만, 동성의 개체끼리 서로 경쟁상대로서 싸우는 데 필요한 정신적 능력은 충분하지 않다고 생각되며, 따라서 이차성징도 갖고 있지 않을 것이다. 그렇지만 폐호흡을 하는 복족류나 지상성(地上性) 고둥 가운데에는 짝짓기 상대 앞에서 구애행위를 하는 것이 있다. 이러한 동물은 자웅동체라 해도 구조상 다른 개체와 짝짓기를 하지 않으면 안 된다. 아가시(Agassiz)[5]는 '달팽이가 사랑을 나누는 것을 관찰한 적이 있는 사람이라면 자웅동체동물끼리 이중의 교미를 위해 준비하며, 그것을 성취하기 위한 움직임이나 몸짓 속에 유혹이 잔뜩 들어 있음을 아무도 의심하지 않을 것'이라고 말했다. 이러한 동물들은 어느 정도 오랜 기간에 걸쳐 짝을 짓는 것 같다. 매우 치밀한 관찰자인 론스데일(Lonsdale)이 나에게 알려준 바에 따르면, 먹이가 아무것도 없는 작은 뜰에 달팽이(Helix pomatia) 두 마리를 넣어 두었는데 그 중 한 마리는 매우 허약한 상태였다. 잠시 뒤 강하고 건강한 쪽이 사라져서 점액의 흔적을 따라가 보았더니 벽을 타고 넘어가 먹이가 많은 옆뜰로 가버린 것이었다. 그는 이 개체가 병에 걸린 배우자를 버렸다고 생각했다. 그러나 이 개체는 24시간 동안 사라진 뒤 다시 돌아와서 자신의 탐색이 성공한 것을 상대에게 알렸는지, 잠시 뒤 함께 같은 길을 더듬어 벽 너머로 사라졌다고 한다.

연체동물 가운데 가장 고등한 강으로 자웅이체인 두족류(頭足類), 갑오징어류에도 우리가 현재 문제로 삼고 있는 이차성징은 내가 아는 한 존재하지 않는다. 이것은 놀라운 일이다. 그것은 그들이 적으로부터 달아나기 위해 펼치는 멋진 재주를 본 적이 있는 사람이라면 누구나 인정할 것이다.[6] 이러한 동물들은 고도로 발달한 감각기관과 상당한 지적 능력을 갖고 있기 때문이다. 그러나 일부 두족류는 매우 특이한 성적 형질을 갖고 있다. 수컷의 정자

---

*5 'De l'Espèce et de la Class.,' etc., 1869, p. 106.
*6 내가 'Journal of Researches,' 1845, p. 7에 실은 논문 참조.

가 촉수의 하나 속에 모여들어 몸에서 떨어져나간 뒤, 빨판을 이용하여 암컷에 달라붙어서 한동안 독립적으로 생활하는 것이다. 분리된 촉수가 참으로 완벽하게 개별 동물로 보여서, 퀴비에(Cuvier)는 그것을 기생충으로 생각하고 Hectocotyle이라는 이름까지 붙여주었을 정도이다. 그러나 이 놀라운 형태구조는 이차성징이라기보다는 일차성징으로 분류해야 할 것이다.

연체동물(軟體動物)에서는 성 선택이 작용하지 않는 것처럼 보이지만, 고둥, 나사조개, 가리비 같은 쌍각류(雙角類 : 두 개의 껍질로 되어 있는 연체동물) 조개의 껍질은 아름다운 색깔과 모양을 하고 있다. 이러한 예에서는 색깔이 특별히 보호역할을 하지는 않는 것처럼 보인다. 그것은 아마도 가장 하등한 강에서와 마찬가지로 그 조직이 갖고 있는 성질에서 오는 직접적인 결과로서 색깔과 무늬, 껍질의 구조는 성장 방법에 따라 결정되며, 빛의 양도 어느 정도 영향을 미치고 있는 것 같다. 그윈 제프리스가 되풀이해 말했듯이, 매우 깊은 곳에서 사는 조개 중에도 선명한 색채를 띠고 있는 것이 있는 것은 분명하지만, 껍질 아래쪽이나 외투막으로 덮여 있는 부분은 껍질 위쪽의 아무것도 덮여 있지 않은 부분보다 색이 옅은 것이 보통이다.[7] 때로는 산호초나 선명한 색채의 해조 속에서 사는 조개처럼, 선명한 색깔이 보호색 역할을 하는 경우도 있다. 그러나 연체동물 가운데 나새류(裸鰓類), 즉 갯민숭달팽이의 대부분은, 엘더(Alder)와 핸콕의 뛰어난 저서 속에 볼 수 있듯이 조개껍질과 마찬가지로 색채가 아름다운데, 핸콕이 나에게 알려준 바에 따르면 이 색채가 과연 보호색 역할을 할지는 매우 의심스럽다. 조류(藻類)의 녹색 잎 사이에 살고 있는 일부 종의 선명한 녹색은 보호색일 것이다. 그러나 선명한 색깔이나 하얀 색, 그 밖에 눈에 띄는 색채를 한 종류는 특별히 숨을 곳을 찾지는 않는다. 또한 선명한 색깔을 띤 종류나, 반대로 수수한 색을 한 종류 가운데에도 바위 밑 어두운 곳에 숨어 사는 것들이 있다. 따라서 이러한 나새류의 연체동물에서는 색채와 그들이 살고 있는 환경 사이에 밀접한 관계는 없는 것 같다.

이들 나새류는 자웅동체인데 두 마리가 짝짓기를 한다. 육지 달팽이처럼 대

---

*7 나는 어센션 섬에서, 분쇄된 조개껍데기가 물가의 암초에 쌓여 생긴 이파리 모양의 퇴적물들의 색깔이 빛에 의해 기묘한 영향을 받는 예에 대해 설명해 두었다('Geolog. Observations on the Volcanic Islands,' 1844, p. 53).

부분 매우 아름다운 껍질을 가지고 있다. 두 자웅동체 생물이 서로 상대의 아름다움에 이끌려 교배하여 자손을 남기고, 그 자손이 부모의 아름다움을 물려받을 수는 있다. 그러나 이러한 하등한 동물에서는 지극히 희귀한 일일 것이다. 그리고 아름다움과 건강함이 항상 결합되어 있지 않은 한, 더 아름다운 자웅동체 한 쌍에서 태어난 자손이 그다지 아름답지 않은 부모에게서 태어난 자손에 비해 자손의 수에서 어떠한 이점을 가지는지는 아무것도 밝혀진 것이 없다. 많은 수컷들이 암컷보다 먼저 성숙하며, 더 아름다운 수컷이 더 건강한 암컷의 선택을 받는다는 증거는 아무 데도 없다. 자웅동체동물 가운데 색채가 아름다운 것이 생활 습성과 관련하여 실제로 유리하다면 더 아름다운 색을 한 개체가 가장 성공하여 개체수가 늘어나겠지만, 그렇다면 그것은 자연선택이지 성 선택의 예는 아니다.

환형동물강(環形動物綱)

이 강에서는 (자웅이체일 때는) 암수가 매우 중요한 형태에서 서로 다른 점이 있으므로 그것 때문에 저마다 다른 속(屬) 또는 과(科)로 분류되었을 정도인데, 이러한 차이는 확실히 성 선택의 결과로 생각할 수 있는 성질의 것은 아닌 듯하다. 이러한 동물들은 앞에 서술한 강의 동물과 마찬가지로 매우 하등한 것으로 분류되어 있고, 각각의 성 개체가 짝짓기 상대의 선택에 있어서 어떤 취향을 나타내거나 동성끼리 서로 경쟁하며 싸우는 일은 없는 것 같다.

절지동물강(節肢動物綱):갑각류

이 커다란 강에 이르러 비로소 의심할 여지없는 이차성징을 만나게 되는데, 그것은 종종 매우 뚜렷하게 발달해 있다. 유감이지만 갑각류의 습성에 대해 우리는 매우 불완전하게만 알고 있기 때문에, 한쪽 성에서만 볼 수 있는 특별한 구조들이 어떻게 사용되고 있는지 설명할 수는 없다. 하등한 기생충의 종류는 수컷의 몸이 작고 수컷만이 헤엄칠 수 있는 완전한 다리와 더듬이, 감각기관을 갖추고 있다. 암컷에는 그런 것이 없으며, 그 몸은 단순히 뒤틀린 덩어리에 지나지 않는 경우가 종종 있다. 그러나 양성 사이의 이 놀라운 차이는 그들의 생활습성이 크게 다른 것과 관련이 있는 게 확실하며, 따라서 그것은 우리의 관심 밖에 있다. 다른 과에 속하는 다양한 갑각류는 앞더듬이에 기묘한 실 모양을 한 것이 부착되어 있으며, 그것이 후각기관으로 작용하고 있다고 생각되는데, 그 수는 암컷보다 수컷에 압도적으로 많다. 수컷은 후각기관이 특별히 발달하지 않아도 늦든 빠르든 암컷을 찾아내는 것이 확실하므로, 후각실(嗅覺絲)의 수가 많은 것은 아마도 성 선택 때문일 것이다. 후각실의 수가 더 많은 수컷이 상대를 찾는 데 가장 성공하며 더 많은 자손을 남겼을 거라는 이야기이다. 프리츠 뮐러(Fritz Müller)는 매우 뚜렷한 두 가지 형태가 있는 Tanais의 종에 대해 썼다. 그 수컷에는 두 가지 다른 형태가 있으며 그 중간형은 존재하지 않는다. 한 형태의 수컷은 더 많은 후각실을 가지고 있고, 다른 형태의 수컷은 매우 강하고 긴 집게발을 가지고 있어서 그것으로 암컷을 붙잡는다. 프리츠 뮐러는 동종의 두 수컷이 이렇게 다른 형태를 하고 있는 것은, 어떤 개체에는 후각실의 수에 변이가 있었고, 다른 개체에는 집게발의 모양이나 크기에 변이가 있었기 때문에 발생한 것이 분명하다고 시사했다. 그렇다면 전자에서는 암컷을 가장 잘 찾을 수 있는 개체가, 또 후자에서는 암컷을 발견하고 그것을 가장 잘 붙잡는 개체가 자손을 가장 많이 남겨 각각의 유리한 형질을 자손에게 전달했을 것이다.[8]

일부 하등한 갑각류는 수컷의 오른쪽 앞더듬이가 왼쪽과 매우 다른 구조를 하고 있어, 후자는 단순히 끝이 뾰족한 형태로 암컷의 더듬이와 똑같다. 수컷의 변형된 더듬이는 한가운데가 부풀어 있는 경우도 있지만, 직각으로 구부러져서 우아하거나 때로는 매우 복잡한 파악기관으로 변형되는 일도 있다(〈그림3〉).[9] 내가 J. 러벅 경에게 들은 바로는, 그것은 암컷이 달아나지 못

---

[8] 'Facts and Arguments for Darwin,' English translation, 1869, p. 20. 후각실에 관한 앞의 논의 참조. 사스(Sars)는 노르웨이의 갑각류 *Pontoporeia affinis*에서 이것과 약간 비슷한 예에 대해 설명했다.
(역주) 이것은 현재의 진화생태학에서 부르는 '형태적인 대체전략'의 예이다. 같은 종에 속해도 개체에 따라 다양하게 다른 전략을 취하는 경우가 나타나는 것은, 현대의 진화생태학에서 상세히 연구되고 있다. 대체전략은 형태적인 것 외에 행동이나 삶의 패턴에서도 볼 수 있다. 대체전략은 다윈이 여기서 생각하고 있는 것처럼 각각의 적응도가 같을 때도 있지만, 다른 경우도 있다.

[9] J. 러벅(J. Lubbock) 경의 'Annals. and Mag. of Nat. Hist.,' Vol. 11, 1853, Pls. i and 10 ; Vol. 12(1853), pl. 7 참조. 또 러벅의 'Transact. Ent. Soc.,' Vol. 4, New series, 1856–1858, p. 8 참조. 아래의 지그재그형 더듬이에 대해서는 프리츠 뮐러의 'Facts and Arguments for Darwin,' 1869, p. 40의 각주 참조.

하게 하는 데 사용하는 것이라고 하며, 같은 목적을 위해 몸의 같은 쪽 뒷다리 가운데 두 개(b)도 집게처럼 되어 있다고 한다. 다른 과에서는 수컷만 아래쪽 더듬이 또는 뒷더듬이가 '기묘한 지그재그' 모양을 하고 있다.

고등한 갑각류는 앞다리가 한 쌍의 집게 모양으로 되어 있으며, 그것은 암컷보다 수컷이 더 큰 것이 보통이다. 많은 종에서 몸의 좌우 집게발의 크기가 달라서, C. 스펜스 베이트가 알려준 바에 따르면 언제나 그런 것은 아니지만 일반적으로 오른쪽이 크다고 한다. 이 크기의 불균형은 종종 암컷보다 수컷에게 더 뚜렷하게 나타난다. 두 개의 집게발은 구조가 다른 것이 많고(〈그림4, 5, 6〉), 작은 쪽은 암컷의 그것과 비슷하다. 좌우 크기가 다른 것이나 수컷이 암컷보다 차이가 더 큰 것에 어떠한 이점이 있으며, 양쪽의 크기가 같을 때는 양쪽 다 수컷이 암컷보다 큰 경우가 많은 것은 무엇 때문인지 밝혀져 있지 않다. 집게발은 가끔 너무 크고 길어서 입으로 먹이를 운반하는 용도로는 더 이상 사용할 수 없는 경우가 있다고 스펜스 베이트로부터

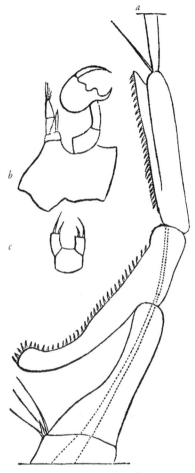

〈그림3〉 *Labidocera Dawinii*(러벅 경)
a : 수컷의 오른쪽 앞더듬이. 파악기관으로 되어 있다.
b : 수컷 뒷다리 부분
c : 암컷 뒷다리의 같은 부분

들었다. 민물새우(줄새우속, Palaemon) 가운데에는 수컷의 오른쪽 다리가 몸 전체길이보다 긴 것이 있다.*10 한쪽 다리와 그 집게발이 매우 큰 것은 수컷이

＊10 C. 스펜스 베이트(C. Spence Bate)의 삽화가 있는 논문 'Proc. Zoolog. Soc.,' 1868, p. 363 참조. 속(屬)의 명칭에 대해서는 '같은 책.,' p. 585 참조. 고등갑각류의 집게에 관한 여기서의 언급은 대부분 스펜스 베이트의 글을 인용한 것이다.

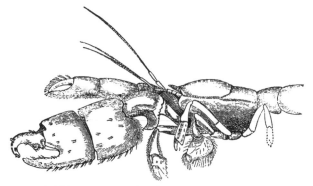

〈그림4〉 Callianassa의 몸 앞부분(밀네드와르스의 그림)
수컷의 좌우 집게발의 불균형과 구조의 차이를 보여준다.

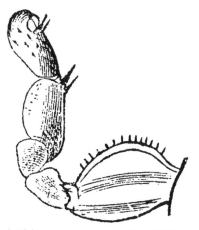

〈그림5〉 *Orchestia Tucuratinga* 수컷의 두 번째 다리
(프리츠 뮐러)

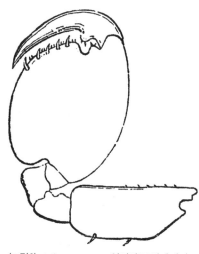

〈그림6〉 *Orchestia Tucuratinga* 암컷의 두 번째 다리

경쟁상대와 싸울 때 필요할 가능성은 있지만, 그것이 암컷의 좌우 집게발 크기가 다른 것에 대한 설명은 되지 않는다. 밀네드와르스(Milne-Edwards : 프랑스의 동물학자)가 인용한 증거에 따르면[11] Gelasimus는 수컷과 암컷이 같은 구멍 속에서 살고 있다고 하는데, 그것 자체만으로도 주목할 만한 일이지만 두 마리가 짝을 지으면 수컷이 거대하게 발달한 집게발을 사용하여 구멍 입

---

*11 'Hist. Nat. des Crust,' tome 2, 1837, p. 50.

구를 막는다. 그럴 때는 집게발이 간접적인 방위 수단으로 사용된 것이다. 그러나 그 주된 사용목적은 암컷을 달아나지 못하게 붙잡아두는 것인 듯하며, 감마루스(옆새우과, 몸이 납작해서 옆으로 몸을 눕혀 헤엄친다)도 그렇다는 것이 몇 가지 예를 통해 알려져 있다. 그러나 스펜스 베이트가 알려준 바에 따르면 일반종인 갯게(*Carcinus maenas*)는 암컷이 단단한 껍질에서 탈피한 직후에 교배한다고 하는데, 암컷의 몸이 아직 부드러

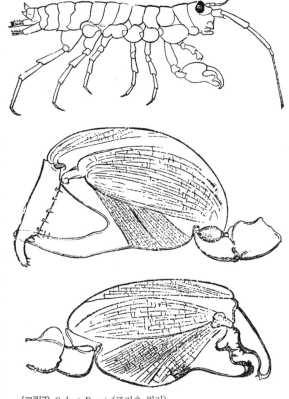

〈그림7〉 *Orchestia Darwini*(프리츠 뮐러)
수컷의 집게발 구조의 두 가지 형태를 나타낸다.

울 때 수컷의 거대한 집게발로 잡는다면 상처가 나버릴 것이다. 그러나 수컷은 암컷이 탈피하기 전에 잡아서 이동한다고 하니, 그때는 암컷이 상처를 입는 일이 없을 것이다.

프리츠 뮐러는 Melita 종 가운데에는 암컷의 '끝에서 두 번째 다리의 밑마디 피막(皮膜)이 갈고리 같은 돌기로 되어 있어, 수컷이 첫 번째 다리로 거기를 붙잡는' 특징에 의해 다른 모든 단각류(端脚類)와 구별되는 것이 있다고 말했다. 이러한 갈고리 모양의 돌기가 발달한 것은, 아마 번식 행위 동안 가장 확실하게 붙잡혀 있었던 암컷이 가장 많은 자손을 남긴 결과일 것이다. 프리츠 뮐러가 기술한 또 하나의 다른 브라질 단각류(Orchestia Darwinii, 〈그림7〉)는 Tanais와 같은 두 가지 형태를 보여준다. 이 수컷에는 집게발의 구조가 다른

두 가지 형태가 있다.*¹² 양쪽의 형태 모두 암컷을 붙잡기 위해 집게발을 사용하는데, 어느 쪽 집게발이든 이 목적에는 충분하므로 수컷에 두 개의 형태가 생긴 것은 어떤 개체는 한쪽의 형태로, 또 다른 개체는 다른 한쪽의 형태로 이끄는 변이가 일어났기 때문일 것이다. 그리고 양쪽의 형태가 그 다른 형태의 집게발에 의해, 각각의 특유하면서도 동등한 이익을 얻었을 것이다.

갑각류 수컷이 암컷을 차지하기 위해 서로 싸우는지에 대해서는 밝혀진 것이 없지만, 그럴 가능성은 있다. 수컷이 암컷보다 큰 경우에는 여러 세대에 걸쳐 다른 수컷과의 경쟁에서 이김으로써 그 커다란 몸을 획득한 것으로 볼 수 있기 때문이다. 스펜스 베이트가 알려준 바에 따르면 갑각류 대부분의 목, 특히 가장 고등한 종류인 단미류(短尾類)는 수컷이 암컷보다 크지만, 양성이 다른 생활양식을 가지고 기생 생활을 하는 속과 절갑류(切甲類)는 예외이다. 갑각류 대부분의 집게발은 투쟁에 잘 적응하고 있다. 이를테면 베이트의 아들은 영국 연안에 사는 바닷게(*Portunus puber*)가 갯게와 싸우다가 갯게가 엎어치기를 당한 뒤 사지가 모조리 뜯겨나가는 광경을 관찰했다. 프리츠 뮐러는 거대한 집게발을 가진 브라질의 Gelasimus 수컷을 유리용기에 몇 마리 넣어 보았는데, 온몸이 갈기갈기 흩어질 정도로 서로 물어뜯어 죽이고 말았다고 한다. 베이트에 따르면 커다란 갯게 수컷 한 마리를 암컷과 작은 수컷이 짝을 이루고 있는 물 속에 넣었더니, 얼마 지나지 않아 작은 수컷은 암컷을 빼앗기고 말았다. 그러나 베이트는 '만일 그들이 싸웠다 하더라도 피 흘리지 않고 승부가 결정났을 것으로 생각된다. 왜냐하면 어느 쪽에도 상처가 보이지 않았기 때문이다'라고 덧붙였다. 그는 또 마리누스옆새우(*Gammarus marinus*, 영국 해안에서 흔히 볼 수 있다) 수컷을 암컷으로부터 떼어놓고, 둘을 동종의 많은 다른 개체와 함께 병에 담아 보았다. 암컷은 그렇게 하여 짝짓기 상대에게서 떨어져 자신의 무리 속에 들어간 것이다. 잠시 뒤 수컷을 다시 그 안에 넣어주자, 수컷은 잠시 물속을 헤엄쳐 다니더니 곧 많은 개체 속으로 돌진하더니 전혀 싸우지 않고 자신의 짝을 되찾아왔다. 이 사실은 이토록 하등한 단각류도 수컷과 암컷이 서로를 식별하고 서로에게 애착을 느낀다는 것을 보여준다.

갑각류의 지적 능력은 우리가 생각하는 것보다는 높을지도 모른다. 열대 해

---

*12 Fritz Müller(프리츠 뮐러), 'Facts and Arguments for Darwin,' 1869, pp. 25-28.

안에서 그토록 많이 볼 수 있는 갯게 한 마리를 잡으려고 시도한 적이 있는 사람이라면 누구나, 그들이 얼마나 주의 깊고 경계심이 강한지 알고 있을 것이다. 산호초 섬에 있는 커다란 야자집게(*Birgus latro*)는 깊이 판 구멍 속에 코코넛 섬유를 두껍게 깐다. 이 게는 떨어진 코코넛의 껍질을 벗기고 속에 있는 섬유를 하나하나 먹는데, 항상 눈처럼 생긴 세 개의 오목한 부분부터 벗기기 시작한다. 그리고 그 눈의 하나를 무거운 집게발로 두드려 파낸 뒤, 열매를 돌리면서 뒷다리의 가는 집게발로 속에 있는 단백질이 풍부한 심을 먹는다. 이러한 행동은 본능적인 것이어서, 어린 개체도 늙은 개체와 마찬가지로 잘 할 수 있다. 그러나 다음과 같은 예는 도저히 본능이라고 생각할 수 없다. 신뢰할 만한 박물학자인 가드너(Gardner)는[*13] Gelasimus가 굴을 파고 있는 것을 보고, 그 구멍을 향해 조개껍질을 몇 개 던져보았다. 하나는 구멍 속에 굴러들어가고, 나머지 세 개는 구멍 입구로부터 몇 인치 떨어진 곳에서 멈추었다. 5분쯤 지나자, 게는 구멍 속에 떨어진 조개껍질을 가지고 올라와서 1피트쯤 떨어진 곳에 두었다. 그리고 구멍 가까이에 나머지 세 개의 조개껍질이 있는 것을 발견하고 분명히 그것들도 구멍 속에 굴러떨어질 가능성이 있다고 생각했는지, 그것도 첫 번째 조개껍질을 둔 곳까지 운반해 갔다. 이 행동은 사람이 이성적으로 하는 행동과 다름이 없다고 나는 생각한다.

고등한 강에 속하는 동물은 양성의 색깔이 종종 다른데, 스펜스 베이트는 영국의 갑각류에서는 그렇게 뚜렷한 양성의 색깔 차이를 본 적이 없다고 말했다. 몇몇 예에서는 암수에 다소 색채의 차이가 있지만, 베이트는 그것을 수컷이 잘 돌아다니므로 빛에 자주 노출되는 암수의 생활습성 차이에서 오는 것이 분명하다고 생각하고 있다. 해면(海綿) 속에 살고 있는 보르네오의 기묘한 게는, 수컷의 외피가 닳아 없어졌기 때문에 베이트는 언제나 암수를 구별할 수 있었다. 파워(Power) 박사는 모리셔스 섬에 살고 있는 종류의 암수를 색깔로 구별해 보려고 했지만 늘 실패로 끝났다. 단 하나 예외인 것은 아마도 갯가재 Squilla의 일종인 *S. stylifera*로, 이 종의 수컷은 '아름다운 청록색'이고 사지의 일부는 짙은 분홍색이다. 한편 암컷은 잿빛과 갈색이 섞여 있으며 '붉은

[*13] 'Travels in the Interior of Brazil,' 1846, p. 111. 나는 야자집게의 습성에 대해 나의 'Journal of Researches,' p. 463에 기록해두었다.

부분은 수컷보다 훨씬 칙칙한 색이다.*14 이 예에서는 성 선택의 작용을 생각할 수 있을지 모른다. Saphirina(해양성 절갑류의 한 속[屬], 따라서 하등한 종류이다) 수컷에는 극히 작은 방패 같은 상자 모양의 구조가 있는데, 그것은 색깔이 아름답게 변화한다. 암컷에는 그것이 없지만 하나의 종에서는 양성이 모두 갖추고 있다.*15 그러나 이 기묘한 기관이 암컷을 유혹하는 역할만 한다는 것은 지나치게 성급한 결론일 것이다. Gelasimus 가운데 브라질에서 서식하는 종의 암컷은, 프리츠 뮐러에게 들은 바로는 몸 전체가 똑같이 회갈색이라고 한다. 수컷은, 두흉부(頭胸部)의 뒷부분은 새하얀 색이고 앞부분은 짙은 녹색에서 짙은 갈색을 띤다. 이러한 색채는 몇 분만에 변할 수 있으므로 하얀 부분이 칙칙한 회색이나 검은 색으로 바뀌고, 녹색 부분이 '그 아름다운 광채를 대부분 잃어버리는' 것은 놀라운 일이다. 수컷은 암컷보다 훨씬 수가 많은 것 같다. 여기서 특별히 언급해 둘 것은, 그들은 이 아름다운 색채를 성숙되게 해야 획득한다는 사실이다. 또 수컷은 집게발의 크기가 크다는 점에서도 암컷과 다르다. 이 속에 속하는 몇 개의 종, 또는 모든 종은 양성이 짝을 지어 구멍 속에서 함께 산다. 그들은 또 앞에서 보았듯이 매우 지적인 동물이다. 이러한 다양한 관찰에서, 이 종의 수컷이 아름답게 장식된 것은 암컷을 유혹하거나 흥분시키기 위한 것으로 볼 수 있다.

앞에서 나는 Gelasimus 수컷은 성숙하여 번식이 가능해지기 전에는 뚜렷한 색채를 획득하지 못한다고 말했다. 이것은 이 강 전체에서 양성의 구조에 뚜렷한 차이가 많이 존재할 때 적용되는 일반적 법칙인 것 같다. 이제부터 척추동물문 전체를 통해 같은 법칙이 성립되고, 모든 예에서 그것들이 성 선택을 통해 획득된 성질의 특징인 것을 살펴볼 것이다. 프리츠 뮐러는*16 이 법칙의 매우 두드러진 예를 몇 가지 들었다. 이를테면 갯벼룩(Orchestia) 수컷이 암컷과는 매우 다른 구조를 한 파악기관(把握器官)을 획득하는 것은 거의 완전히 성체가 된 뒤이지만, 어릴 때의 그것은 암컷의 것과 아주 비슷하다. 또 수컷 Brachyscelus는 다른 단각류와 마찬가지로 한 쌍의 뒷더듬이를 가지고 있는데,

---

*14 Ch. 프레이저(Ch. Fraser)의 'Proc. Zoolog. Soc.,' 1869, p. 3. 파워 박사의 증언에 대해서는 베이트 씨로부터 들었다.

*15 Claus(클라우스), 'Die frei lebenden Copepoden,' 1863, S. 35.

*16 'Facts and Arguments,' etc., p. 79.

암컷에는 그것이 없다. 그리고 가장 흥미로운 것은 미성숙한 수컷에도 그것이 없다는 점이다.

거미형 동물(거미류)

블랙월(Blackwall)의 훌륭한 저서[17]에서 볼 수 있듯이, 대부분 수컷의 색깔이 짙지만 암컷보다 색깔이 옅은 것도 있다. 몇몇 종은 암수의 색채가 뚜렷하게 다르다. 이를테면 이슬거미(*Sparassus smaragdulus*)는 암컷이 칙칙한 녹색인데 비해, 수컷 성체의 복부는 선명한 노란색에 붉은 세로줄이 세 개 들어 있다. Thomisus의 일부 종은 양성이 매우 비슷하지만 일부 종은 매우 다르다. 이를테면 *T. citreus* 암컷의 다리와 몸은 옅은 노란색이거나 녹색인데 수컷의 앞다리는 적갈색이다. *T. floricolens*는 암컷의 다리는 옅은 녹색인데, 수컷의 다리에는 눈에 띄는 다양한 색깔의 원이 들어 있다. 이러한 예는 왕거미(Epeira), 무당거미(Nephila), Philodromus, Theridion, Linyphia 등의 속(屬)에서 여러 가지를 들 수 있다. 어느 성의 개체가 그 속의 통상적인 색채에서 벗어나 있는지를 결정하는 것은 어려운 경우가 많지만, 블랙월은 일반적인 규칙으로서 수컷이라고 생각한다. 그가 나에게 알려준 바로는 양성은 어릴 때는 매우 비슷하다고 한다. 그리고 양성 모두 성체에 달하기 전에 여러 번 탈피하면서 색깔이 크게 변화한다. 어떤 예에서는 수컷만 색채가 변화하기도 한다. 즉 앞에서 이야기 했던 수컷이 아름다운 색깔을 하고 있는 Sparassus(거북이등거미과)에서는, 수컷은 처음에는 암컷과 비슷하지만 거의 성체가 되어서야 비로소 수컷 특유의 색채를 획득한다. 거미류는 매우 날카로운 감각을 지니고 있으며 지능도 높다. 널리 알려져 있듯이 암컷은 알에 대해 매우 강한 애착을 나타내며, 그것을 비단실 거미줄 속에 넣어 운반한다. 전체적으로 양성 사이에 색채가 크게 다른 경우에는, 암컷이든 수컷이든 일반적으로 성 선택을 통해 획득된 것으로 생각할 수 있다. 그러나 일부 종은 색채에 극단적으로 변이가 있어, 이를테면 성체에서 양성의 색채가 다른 *Theridion lineatum*의 경우를 생각하면 이 결론에도 다소 의문의 여지가 있다. 이렇게 큰 변이가 있다는 것은, 그것이 그다지 선택의 대상이 되지 않았음을 보여주기 때문이다.

---

*17 'A History of the Spiders of Great Britain,' 1861-64. 이하의 사실에 대해서는 pp. 102, 77, 88 참조.

블랙월은 수컷들이 암컷을 서로 차지하려고 싸우는 광경을 본 적이 없다고 한다. 또 유추해서 판단해도 그것은 있을 수 없는 일이다. 그것은 수컷은 보통 암컷보다 훨씬 작고 때로 그 차이는 매우 극단적이기 때문이다.[18] 만일 수컷 끼리 싸우는 습성을 가지고 있다면 서서히 몸이 커지고 힘도 강해졌을 것이 다. 블랙월은 같은 하나의 거미줄 속에 한 마리의 암컷과 두 마리 이상의 수 컷이 있는 것을 본 적이 있는데, 그들의 구애행동은 너무나 지루하고 시간이 걸려서 관찰하기가 쉽지 않다. 수컷은 암컷에 다가갈 때 매우 신중한데, 그것 은 암컷이 수줍어하는 정도가 위험할 정도까지 진행되기 때문이다. 드 기어 (De Geer)는 수컷 한 마리가 '교미 전의 애무 중에 상대에게 붙잡혀 암컷의 거 미줄에 감겨 잡아먹히는' 것을 보았는데, 그것은 그의 마음을 '공포와 의분으 로 사로잡는' 광경이었다고 한다.[19]

웨스트링은 Theridion의 일부 종에서는[20] 수컷이 마찰음(많은 갑충류가 내 는 소리. 단 그보다 약하다)을 내지만 암컷은 아무 소리도 내지 않는다고 한다. 흥미로운 발견이다. 그 소리를 내는 장치는 복부의 기부에 있는 톱니 모양의 구조로, 그것을 흉부 뒤쪽에 있는 단단한 부분에 비벼서 소리를 낸다. 이 구 조는 암컷에는 흔적조차 없다. 다음 장에서 소개할 메뚜기목과 매미목의 유 추에서, 마찰음은 웨스트링이 지적했듯이 암컷을 부르거나 자극하기 위한 역 할을 하고 있다고 매우 자신있게 말할 수 있다. 이것은 동물계의 상승 단계에 서, 내가 아는 한에서는 이 목적을 위해 소리를 내는 최초의 예이다.

다족류(多足類)

이 강(綱)에 속하는 노래기류와 지네류, 이 두 개의 속(屬)에서는 어디에서

---

[18] 오귀스트 뱅송(Aug. Vinson) ('Aranéides des Iles de la Réunion,' pl. 6, Figs. 1 and 2)은 *Epeira nigra* 수컷의 작은 모습을 잘 그려 놓았다. 이 종에서는 수컷은 적갈색, 암컷은 검은색으로 다리 에 붉은 선이 있다는 차이도 있다. 양성의 크기 차이가 더욱 두드러진 예에 대해서는 'Quarterly Journal of Science,' July, 1868, p. 429에 실려 있는데, 나는 그 원본을 아직 읽지 않 았다.

[19] Kirby and Spence(커비와 스펜스), 'Introduction to Entomology,' Vol. 1, 1818, p. 280.

[20] Theridion(테리돈)(Asagena, Sund.) serratipes, 4-punctatum et guttatum. 크로이어(Kroyer)의 'Naturhist. Tidskrift,' Vol. 4, 1842−43, p. 349 ; Vol. 2, 1846−49, p. 342에 인용된 웨스트링 (Westring) 참조. 다른 종에 대해서는 'Araneae Svecicae,' p. 184 참조.

도 우리가 여기서 다루고 있는 유형의 뚜렷한 성차를 발견할 수 없다. 그러나 Glomeris limbata 및 일부 다른 종은 수컷의 색채가 암컷과 약간 다르다. 그러나 이 Glomeris(쥐며느리류)는 변이가 매우 풍부한 종이다. 배각류(倍脚類) 수컷은 앞 체절 또는 뒤 체절의 하나에 붙어 있는 다리가, 암컷을 움켜잡기 위한 갈고리로 변형되어 있다. Iulus의 일부 종은 수컷의 발목마디에 같은 목적에 사용되는 막성(膜性) 빨판이 갖추어져 있다. Lithobius(돌지네류)는 암컷의 몸에 수컷을 움켜잡기 위한 파악기관이 갖춰져 있는데,[21] 곤충에 대해 다룰 때 살펴보겠지만 이것은 매우 희귀한 예라고 할 수 있다.

---

*21 Walckenaer et P. Gervais(윌케너와 P. 제르베), 'Hist. Nat. des Insectes : Aptères,' tome 4, 1847, pp. 17, 19, 68.

제10장 곤충의 이차성징

　암컷을 붙잡기 위해 수컷이 가지고 있는 다양한 구조—의미를 잘 알 수 없는 성차—양성 사이의 크기 차이—좀목—파리목—노린재목—매미목, 수컷만이 가지고 있는 음악적 재능—메뚜기목, 수컷의 음악적 기관, 그 다양한 구조, 호전성, 색깔—풀잠자리목, 색깔의 성차(性差)—벌목, 호전성과 색깔—딱정벌레목, 색깔 ; 장식처럼 보이는 커다란 뿔, 싸움, 일반적으로 양성에 공통되는 마찰음 발생기관.

　거대한 곤충강에서는 때로는 운동기관에 성차를 볼 수 있는데, 많은 종의 수컷에 있는 아름다운 깃털 같은 빗살 모양의 촉각처럼 감각기관에서 종종 성차를 볼 수 있다. 하루살이과의 일종인 Chloëon은 수컷의 눈이 커다란 기둥 모양을 하고 있는데, 암컷에는 아예 눈이 없다.[1] 다른 곤충들 가운데에도 암컷에 눈이 전혀 없는 것이 있지만, 개미벌과는 그뿐만이 아니라 날개도 없다. 그러나 우리는 주로 강한 힘과 호전적 성질, 장식, 음악 등을 통해 수컷들 사이의 투쟁이나 구애에서 승리를 가져다주는 형질에 관심을 두고 있다. 그러므로 수컷이 암컷을 움켜잡을 수 있게 하는 많은 발명품에 대해 여기서는 간단하게 언급하는 정도에 그치기로 하겠다.[2] 아마 1차 성적기관으로 생각해야

---

[1] J. 러벅(J. Lubbock) 경의 'Transact. Linnean Soc.,' Vol. 25, 1866, p. 484 참조. 개미벌과에 대해서는 웨스트우드(Westwood)의 'Modern Class. of Insects,' Vol. 2, p. 213 참조.

[2] (역주) 다윈이 생각하지 못한 성 선택의 한 형태에 정자 사이의 경쟁이 있다. 이것은 수컷들의 정자끼리 난자의 수정을 둘러싸고 서로 싸우는 경쟁이다. 암컷이 여러 수컷의 정자를 동시에 받아들이는 종류에서는 반드시 정자 사이에 경쟁이 일어난다. 정자의 경쟁 결과, 종에 따라서는 더 많은 정자를 방출하는 수컷이 유리하지만, 먼저 교미한 수컷이 남긴 정자를 긁어내고 자신의 정자와 바꿔치기하는 다양한 수법이 곤충과 그 밖의 동물들 사이에서 진화해 왔다. 정자의 경쟁 결과로서 곤충의 수컷 사이에 발달한, 마치 스위스 아미나이프 같은 정자의 치환장치는 매우 흥미롭다. 또 다윈이 여기서 이야기하고 있는, 암컷을 붙잡기 위한 장치는 교미 전이나 교미 후에 배우자를 지키기 위한 장치이다. 배우자 방위는

할 복부에 부속된 복잡한 돌기[3] 외에도, B. D. 월시(B. D. Walsh)가 지적한 것
처럼[4] '수컷으로 하여금 암컷을 꼼짝 못하게 붙잡을 수 있게 하는, 그리 중요
하지 않아 보이는 목적을 위해 얼마나 많은 기관이 자연에 의해 창조되어 왔
는지 참으로 놀라운 일이 아닐 수 없다'. 턱이 그 목적에 사용되는 경우도 있
다. 이를테면 *Corydalis cornutus*(잠자리나 그 밖의 것과 근연관계에 있는 풀잠자
리목 곤충) 수컷은 암컷보다 몇 배나 큰, 구부러진 거대한 턱을 가지고 있다.
게다가 그것은 톱니처럼 되어 있지 않고 매끄럽다. 이것은 수컷이 암컷을 상
처나지 않게 붙잡을 수 있다는 것을 의미한다.[5] 북아메리카의 어떤 사슴벌레
(Lucanus elaphus) 수컷은 암컷보다 훨씬 큰 턱을 같은 목적으로 사용하고 있는
데, 아마 투쟁에도 사용하고 있을 것이다. 나나니벌의 일종(Ammophila)은 양
성의 턱이 유사하지만 서로 매우 다른 목적으로 사용되고 있다. 웨스트우드
(Westwood) 교수가 관찰한 바로는, 수컷은 '매우 열정적으로 짝짓기 상대의 목
을 낫 모양의 턱으로 움켜잡으며[6] 암컷은 그 기관을 모래언덕에 굴을 파서
집을 짓는 데 사용하고 있다.

많은 딱정벌레류 수컷은 앞다리의 발목마디가 넓게 퍼져 있거나 털이 난 넓
은 쿠션으로 뒤덮여 있으며, 수생 딱정벌레의 여러 속은 거기에 납작하고 둥
근 빨판이 갖춰져 있어 미끄러운 암컷의 몸에 달라붙을 수 있도록 되어 있
다. 수생 딱정벌레(Dytiscus)의 일부는 암컷의 딱지날개에 깊은 홈이 있는 것

정자 사이의 경쟁에 대한 하나의 전략이며 그것은 성 선택의 일부로 간주되고 있다.
[3] 수컷이 가지고 있는 기관은 매우 가까운 종 사이에서도 종종 다른, 놀랍고 흥미로운 형질
이다. 그러나 기능적으로 보았을 때 그 중요성은 R. 맥라클란(R. McLachlan)이 나에게 지적
했듯이 지나치게 과장된 경향이 있는 것 같다. 이러한 기관의 아주 약간의 차이로도, 다른
품종이나 처음 새로운 종 사이의 교잡을 피하는 데 충분하며, 그것 때문에 그 발달이 촉진
되었다고 시사되어 왔다. 그것이 그렇지 않다는 것은 다른 종의 교미에 대한 많은 기록을
보면 알 수 있다(이를테면 Bronn[브론], 'Handbuch einer Geschichte der Natur,' Bd. 2, 1843, S.
164 ; Westwood[웨스트우드], 'Transact. Ent. Soc.,' Vol. 3, 1842, p. 195). 맥라클란이 알려준 바로
는('Stett. Ent. Zeitung,' 1867, S. 155 참조), 그 차이가 매우 과장되어 있는 종인 Phryganidae의
몇 종을 오귀스트 마이어 박사가 함께 키웠더니, 그들은 짝짓기를 했고 그 가운데 한 쌍은
버젓이 수정란을 생산했다고 한다.
[4] 'Practical Entomologist,' Philadelphia, Vol. 2, May, 1867, p. 88.
[5] Walsh(월시), '같은 책,' July, 1867, p. 107.
[6] 'Modern Classification of Insects,' Vol. 2, 1840, pp. 205, 206. 나에게 이 턱의 두 가지 사용법에
대해 알려준 월시는, 그것을 수없이 되풀이해 관찰했다고 한다.

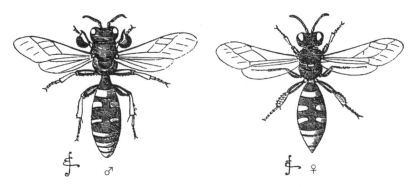

〈그림8〉 *Crabro cribrarius* 왼쪽 : 수컷, 오른쪽 : 암컷

과, *Acilius sulcatus*[7]의 암컷은 그 부분이 털로 뒤덮여 있어 수컷의 목적을 돕고 있는 것은 매우 희귀한 예이다. 그 밖의 수생 딱정벌레(Hydroporus)는 암컷의 딱지날개에 같은 목적을 위해 구멍이 뚫려 있다.[8] *Crabro cribrarius*(빗은 주둥이벌)(〈그림8〉) 수컷은 종아리마디가 폭이 넓고 뾰족한 각이 있는 판처럼 부풀어 있고 투명하며, 거기에 미세한 반점이 있어서 체처럼 구멍이 뚫린 것 같은 특별한 무늬를 이루고 있다.[9] Penthe(딱정벌레속) 수컷은 더듬이의 중간 관절 몇 개가 부풀어 있고 그 안쪽 표면에 쿠션처럼 털이 나 있는데, 그것은 딱정벌레과의 종아리마디에 있는 것과 똑같으며 '명백하게 같은 목적을 위한 것이다'. 잠자리 수컷은 '꼬리 끝의 부속기관이 암컷의 목을 움켜잡도록 거의 무한하다고 할 만큼 다양한 모양으로 변용한다.' 마지막으로 많은 곤충의 수컷은 다리에 기묘한 가시나 돌기를 가지고 있거나 다리 전체가 구부러지거나 굵지만, 이 모든 것이 성적형질은 아니다. 또 한 쌍, 또는 세 쌍 전부의 다리가 때로는 매우 극단적으로 긴 것도 있다.[10]

---

*7 (역주) 물방개과의 일종.

*8 여기에 올린 것은 참으로 기이하고 설명할 수 없는 두 가지 형태의 예이다. Dytiscus(물방개붙이속)의 유럽산 4종과, 일부 Hydroporus(수생 딱정벌레)의 암컷은 딱지날개가 매끄럽다. 그리고 세로홈이 있거나 구멍이 뚫린 형태와 매끄러운 형태 사이의 중간형은 찾아 볼 수 없다. 'Zoologist,' Vol. 5-6, 1847-48, p. 1896에 인용되어 있는 H. 샤움(H. Schaum) 박사 참조. 또 Kirby and Spence(커비와 스펜스), 'Introduction to Entomology,' Vol. 3, 1826, p. 305 참조.

*9 Westwood(웨스트우드), 'Modern Class.,' Vol. 2, p. 193. Penthe에 관한 이하의 기술과 그 밖의 인용은 Walsh(월시), 'Practical Entomologist,' Philadelphia, Vol. 2, p. 88 참조.

*10 Kirby and Spence(커비와 스펜스), 'Introduct.,' etc., Vol. 3, pp. 332−336.

모든 목의 많은 종에서 양성 사이에
차이를 볼 수 있지만 그 의미는 알려져
있지 않다. 한 가지 기묘한 예는(〈그림
9〉), 수컷의 아래턱 왼쪽이 매우 커서 입
이 극단적으로 일그러진 딱정벌레이다.
다른 딱정벌레과인 Eurygnathus는[*11] 월
라스턴(Wollaston)이 아는 한 매우 독특
한 예로, 개체차는 크지만 암컷의 두부
가 수컷의 두부보다 훨씬 폭이 넓고 크
다. 이러한 예는 얼마든지 더 들 수 있
다. 특히 나비목에서 많이 볼 수 있는데
그 가운데 가장 특이한 예는 어떤 종의
수컷 나비로, 앞다리가 거의 퇴화하고

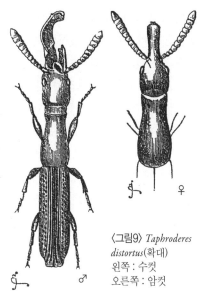

〈그림9〉 *Taphroderes*
distortus(확대)
왼쪽 : 수컷
오른쪽 : 암컷

종아리마디와 발목마디도 단순히 흔적으로만 남은 혹이 되어 버린 경우이다.
날개도 대영박물관의 A. 버틀러(A. Butler)가 나에게 보여준 *Aricoris epitus*의 예
처럼, 날개맥[*12]이나 때로는 외형이 암수가 크게 다른 경우가 종종 있다. 남아
메리카의 일부 나비 수컷은 날개 가장자리에 털이 뭉쳐 있고 뒷날개에는 돌
출물이 있다.[*13] 몇몇 영국 나비는 원포(Wonfor)가 보여주었듯이 수컷만 일부
에 기묘한 비늘가루가 있다.
　반딧불의 암컷이 왜 반짝이는지 그것도 잘 알려져 있지 않다.[*14] 왜냐하면

＊11 'Insecta Maderensia,' 1854, p. 20.

＊12 E. Doubleday(E. 더블데이), 'Annals and Mag. of Nat. Hist.,' Vol. 1, 1848, p. 379. 일부 벌목은
　　암수의 날개맥이 서로 다르다는 사실을 덧붙여 둔다(Shuckard[샤카드], 'Essay on the
　　Indigenous Fossorial Hymenop.,' 1837, pp. 39-43 참조.

＊13 H. W. Bates(H. W. 베이츠), 'Journal of Proc. Linn. Soc.,' Vol. 6, 1862, p. 74. 원포(Wonfor)의 관
　　찰은 'Popular Science Review,' 1868, p. 343에 인용되어 있다.

＊14 (역주) 반딧불이의 발광기관의 진화에 대해서는 최근에 매우 복잡하고 흥미로운 사실이
　　많이 밝혀졌다. 대부분의 반딧불이 수컷은 종의 특유한 발광기관으로 암컷을 부르며, 그
　　것에 대해 암컷도 그 종의 특유한 발광기관으로 응답한다. 그에 따라 양쪽의 짝짓기가 성
　　립된다. 여기서 다윈이 이야기하고 있는 반딧불이는 날개가 없는 유충형 암컷을 말하며,
　　날고 있는 수컷의 발광기관을 보고, 그 종의 신호를 감지하면 자신도 신호를 보낸다. 이에
　　따라 수컷이 암컷을 향해 내려온다. 그런데 이를테면 반딧불이속의 반딧불의 수컷이 다른

빛의 첫 번째 목적이 과연 수컷을 암컷이 있는 곳으로 이끄는 것인지 매우 의심스럽기 때문이다. 수컷이 아주 약한 빛밖에 내지 않는다는 것은 이 해석에 대해 진지한 반론이 되지 않는다. 한쪽 성에만 출현하는 이차성징은 다른 쪽 성에도 어느 정도 발달하는 것이 보통이기 때문이다. 유충도 빛을 내며 게다가 매우 반짝인다는 것은 좀 더 진지한 반론이 될 수 있다. 프리츠 밀러는 자신이 이제까지 브라질에서 손에 넣은 가장 밝게 빛나는 곤충은 어떤 종의 딱정벌레 유충이었다고 말했다. 방아벌레과에서 빛을 내는 종 가운데 양성이 모두 빛을 내는 것도 있다. 커비와 스펜스는 발광성은 적을 위협하여 쫓아내는 데 기여하는 것으로 생각하고 있다.

암수의 크기 차이

모든 곤충의 종은 일반적으로 수컷이 암컷보다 작으며[15] 그 차이는 유충 단계부터 종종 뚜렷이 나타난다.[16] 누에나방(*Bombyx mori*)의 암수 번데기는 크기가 매우 달라서, 프랑스에서는 특별한 저울로 암수를 분류하고 있다.[17] 동물계의 하등한 강에서 암컷이 큰 것은 일반적으로 암컷이 많은 알을 낳지 않으면 안 되는 것과 관련이 있는 것 같다. 이것은 곤충에도 어느 정도 적용된다. 그러나 월리스(Wallace) 박사는 훨씬 더욱 그럴듯한 설명을 시사했다. 그는 가중나무고치나방(*Bombyx cynthia*)과 산누에나방(*B. yamamai*)의 유충의 발달을 주의 깊게 관찰했는데, 특히 두 번째 산란에서 얻은 알을 부자연스러운 먹이로 키워서 얻은 소형 유충의 발달을 관찰하여, '각각의 나방은 건강할수록 변태하는 데 걸리는 시간이 길어지며, 또 그런 이유에서 알을 많이 갖고

반딧불이속 암컷의 응답기관을 흉내내어, 그것에 이끌려 찾아온 반딧불이속의 수컷을 먹어버리는 경우도 있다. 반딧불이의 발광기관에는 다윈이 상상도 하지 못했을 만큼 복잡하고 흥미로운 공진화(共進化 : 여러 개의 종이 서로 영향을 주면서 진화하는 것)가 일어나고 있다.

* 15 Kirby and Spence(커비와 스펜스), 'Introduction to Entomology,' Vol. 3, p. 299.
* 16 (역주) 절지동물의 성별에 따른 몸 크기에 대해서는, 아직 잘 알려져 있지 않은 부분도 많다. 그러나 많은 경우, 암컷의 몸이 크면 많은 알을 만들 수 있음으로써 얻을 수 있는 암컷의 적응도 증가가 수컷의 몸이 커짐으로써 얻을 수 있는 적응도 증가보다 크기 때문에 암컷이 큰 것이다. 이 문제는 다윈이 여기서 설명하고 있듯이, 배우자의 생산량과 생활의 특성, 수컷끼리의 경쟁 등이 서로 연관되어 결정된다.
* 17 Robinet(로비네), 'Vers à Soie,' 1848, p. 207.

있기 때문에 체중이 무거운 암컷은 몸이 작고 빨리 성체가 되는 수컷에 비해 늦게 변태하는' 것을 발견했다.*18 그런데 대부분의 곤충은 수명이 짧아서 암컷에게는 가능한 한 빨리 수정되는 것이 무엇보다 유리할 것이다. 그러기 위해서는 수컷이 먼저 성숙하여 암컷이 나왔을 때는 이미 많은 수의 수컷이 준비되어 있는 것이 좋다. 그리고 A. R. 윌리스가 말한 것처럼*19 이것도 자연선택을 통해 당연히 그렇게 되는 것이 분명하다. 왜냐하면 작은 수컷은 빨리 성숙하여 그에 따라 더 많은 자손을 수정하게 되고 그 자손은 수컷의 작은 몸을 물려받지만, 큰 수컷은 성숙하는 데 시간이 많이 걸리기 때문에 적은 수의 자손밖에 남기지 않기 때문이다.

그러나 곤충의 수컷이 암컷보다 작다는 법칙에는 몇 가지 예외가 있다. 이러한 예외의 몇 가지는 쉽게 납득할 수 있는 것이다. 수컷이 암컷을 차지하려고 싸울 때는 몸이 크고 강한 것이 유리하다. 그때는 사슴벌레(Lucanus)처럼 수컷이 암컷보다 커진다. 그러나 다른 종류의 갑충은 수컷끼리 싸우지 않아도 수컷이 암컷보다 큰 것이 있는데, 그 의미는 알려져 있지 않다. 몇몇 예에서는 Dynastes(왕장수풍뎅이속)나 Megasoma(코끼리장수풍뎅이속)의 거대한 종류처럼 적어도 수컷이 암컷보다 빨리 성숙하기 위해 암컷보다 작아야만 하는 이유는 없는 것 같다. 이러한 갑충은 수명이 짧지 않아서 양성이 짝짓기를 하는 데 충분한 시간이 있기 때문이다. 잠자리(Libellulidae)의 수컷은 어떤 것은 암컷보다 상당히 크고 어느 것이든 결코 암컷보다 작지 않지만,*20 맥라클란의 생각처럼 그들은 1, 2주가 지나 수컷 특유의 색채를 띠게 되기 전에는 암컷과 짝짓기를 하지 않는 것이 보통인 것 같다. 그러나 암수의 크기 차이와 같은 사소한 성질이 얼마나 복잡하며 또 쉽게 간과할 수 있는 관계에 의존하고 있는지는, 독침이 있는 벌목의 예에 잘 나타나 있다. F. 스미스가 나에게 알려준 바에 따르면, 이 큰 분류군의 거의 모든 것이 일반법칙에 따라 수컷이 암컷보다 작으며 약 1주일 먼저 나온다. 그러나 벌 중에서는 *Apis mellifica*(꿀벌), *Anthidium manicatum*(가위벌), *Anthophora acervorum*(털보꽃벌)의 수컷, 말

---

*18 'Transact. Ent. Soc.,' 3rd series, Vol. 5, p. 486.

*19 'Journal of Proc. Ent. Soc.,' February 4, 1867, p. 71.

*20 양성의 크기에 관한, 이 주장 및 다른 주장은 Kirby and Spence(커비와 스펜스), '같은 책,' Vol. 3, p. 300 참조. 곤충의 수명에 대해서는 p. 344 참조.

벌 가운데 *Methoca ichneumonides* 수컷은 암컷보다 크다. 이 예외에 대한 설명을 하자면, 이러한 종은 결혼비행이 절대적으로 필요하기 때문에 암컷을 데리고 공중을 날기 위한 힘과 큰 몸이 불가결하다는 데 있다. 이 경우에는 수컷이 큰 데도 불구하고 작은 암컷보다 먼저 출현하므로, 몸의 크기와 발달기간 사이의 일반적인 관계에 비해 수컷의 몸이 커진 것이다.

여기서 특별히 우리의 관심을 끄는 사실을 골라, 몇 가지 목에 대해 살펴보기로 한다. 나비목(나비와 나방)은 다른 장에서 설명할 것이다.

좀목(Thysanura)

이 목의 구성원은 곤충강 중에서는 하등에 속한다. 이것은 날개가 없고 색깔은 수수하며 못생겼고, 대부분 머리와 몸이 기형인 듯한 작은 곤충이다. 암수는 서로 다르지 않다. 그러나 그들은 흥미로운 사실을 한 가지 보여준다. 이렇게 하등한 동물이면서도 수컷이 암컷에 대해 유혹적인 구애를 펼친다는 점이다. J. 러벅(J. Lubbock) 경은[*21] *Smynthurus luteus*의 행동을 이렇게 표현했다. "이렇게 작은 생물이 서로 상대의 마음을 끌려고 애쓰는 모습을 보는 것은 매우 즐거운 일이다. 수컷은 암컷보다 훨씬 작지만 암컷 주위를 돌면서 서로 몸을 부딪치거나 마주보고 서고, 함께 잘 놀고 있는 두 마리 새끼양처럼 앞서거니 뒤서거니 하면서 뛰어다닌다. 잠시 뒤, 암컷은 달려서 사라지는 척하고 수컷은 화난 듯이 쫓아가서 암컷을 가로막고 다시 마주선다. 암컷은 수줍은 듯이 몸을 돌리지만, 수컷이 재빨리 암컷 앞으로 돌아가 더듬이로 암컷을 만지는 듯한 행동을 한다. 이윽고 그들은 얼굴을 마주하고 더듬이로 서로를 만지면서 완전히 그들만의 세계에 있는 것처럼 보인다."

파리목(Diptera)[*22]

암수의 색깔은 거의 같다. F 워커(F. Walker)가 알고 있는 가장 큰 차이는

---

*21 'Transact. Linnean Soc.,' Vol. 26, 1868, p. 296.
*22 (역주) 파리류의 성 선택에서 가장 흥미로운 한 가지는 Diopsidae 등의 수컷에 있는 눈자루 길이의 진화일 것이다. 이러한 종은 수컷의 눈이 길게 뻗은 자루 끝에 달려 있는데, 이 눈자루의 길이에 대해서는 수컷끼리의 경쟁과 암컷의 취향 양쪽이 연관되어 있음이 연구되고 있다.

Bibio(털파리) 속으로, 수컷이 대부분 새까만 데 비해 암컷은 흐릿한 갈색을 띤 오렌지색이다. 월리스(Wallace)가 뉴기니에서 발견한 Elaphomyia 속*23은 수컷에는 뿔이 있고 암컷에는 뿔이 없는 매우 특이한 경우이다. 뿔이 눈 밑에서 뻗어 나와 가지처럼 갈라지거나 손바닥처럼 펼쳐져 있는 것이 기묘하게 수사슴의 뿔과 비슷하다. 또 하나의 종에서는 그 길이가 몸 전체와 거의 비슷할 정도이다. 그 뿔은 싸울 때 쓸모가 있다고 생각할 수 있겠지만, 어떤 종의 뿔은 아름다운 분홍색에 검은 테두리가 있으며 한가운데 옅은 줄무늬가 있다. 이 곤충이 전체적으로 매우 우아한 형태를 갖고 있다는 점에서, 그 뿔은 장식 역할을 하고 있다는 것이 더욱 설득력이 있을 것 같다. 파리목의 일부가 수컷끼리 서로 싸우는 것은 확실하다. 이를테면 웨스트우드(Westwood) 교수는*24 Tipula, 즉 각다귀의 일종에서 그것을 여러 번 관찰한 적이 있다. 많은 관찰자들은 모기(모기과, Culicidae)가 공중에서 떼를 지어 춤추며 오르락내리락하는 것은 수컷이 암컷에게 구애하는 행동으로 생각한다. 파리목의 지적 능력은 아마도 상당히 발달해 있는 것 같다. 그들의 신경계는 다른 대부분의 곤충목보다 고도로 발달해 있기 때문이다.*25

벌목(Hemiptera)

영국의 벌에 대해 특별히 관찰을 계속해온 J. W. 더글러스(J. W. Douglas)는 벌에게서 나타나는 양성의 차이에 대해 나에게 알려주었다. 몇 종은 수컷에만 날개가 있고 암컷에는 없다. 암수는 몸의 형태, 딱지날개의 모양, 더듬이의 제2관절, 종아리마디도 다르다. 그러나 왜 이러한 성차가 생기는지에 대해서는 전혀 밝혀져 있지 않아서 그것에 대해서는 여기서 다루지 않기로 한다. 암컷은 일반적으로 수컷보다 크고 딱딱하다. 영국에서는 더글러스가 아는 한, 외국산 종에서도 양성의 색깔이 크게 다른 것은 일반적으로 없다고 할 수 있다. 그러나 영국의 약 6종은 수컷이 암컷보다 훨씬 색깔이 짙고, 다른 4종은 암컷이 수컷보다 색이 짙다. 일부 종은 암수 모두 아름다운 붉은 색과 검은

---

*23 'The Malay Archipelago,' Vol. 2, 1869, p. 313.

*24 'Modern Classification of Insects,' Vol. 2, 1840, p. 526.

*25 B. T. 로운(B. T. Lowne)의 매우 흥미로운 연구인 'The Anatomy and Phys. of the Blow-Fly, Musca vomitoria,' 1870, p. 14 참조.

색으로 채색되어 있다. 이러한 색깔이 보호색으로 작용한다고는 도저히 생각할 수 없다. 만일 일부 종에서 수컷이 매우 비슷한 방식으로 암컷과 다르다면, 그 뚜렷한 색채는 성 선택에 의해 나타난 것이며, 그것이 암수 양쪽에 유전한 것으로 생각해도 좋을 것이다.

침노린재과 중에는 마찰음을 내는 종이 있는데, *Pirates stridulus*는 전흉강(前胸腔, 가슴 안) 속에서 목을 움직임으로써 소리를 내는 것으로 알려져 있다.[*26] 웨스트링에 따르면 *Reduvius personatus*도 마찰음을 낸다고 한다. 그러나 나는 이러한 곤충에 대해 상세한 것을 모르기 때문에, 이런 점에서 암수에 차이가 있는지 그 여부도 알 수 없다.

매미목(Homoptera)

열대의 숲 속을 걸어다녀 본 적이 있는 사람이라면 누구나 매미 수컷들이 일으키는 시끄러운 소리에 놀란 적이 있을 것이다. 그러나 암컷은 울지 않는다. 그리스의 시인 크세나쿠스는 "매미는 얼마나 행복한가, 소리 없는 아내와 함께 살아가니!" 하고 노래했다. 매미소리는 브라질 앞바다 400미터 지점에 정박하고 있던 비글호 갑판 위에서도 잘 들렸다고 한다. 핸콕(Hancock) 대위는 1,600미터(1마일)나 떨어진 거리에서도 들렸다고 말했다. 이전에 그리스인은 그 소리를 즐기기 위해 매미를 통 속에 넣어 키웠고, 중국인은 지금도 그렇게 하고 있을 만큼, 그 소리를 아름답게 느끼는 사람도 있다.[*27] 매미상과(上科)는 보통 낮에 우는데 꽃매미상과(Fulgoridae)는 밤에 우는 것 같다. 이것에 대해 최근에 연구한 랑두아(Landois)에 따르면[*28] 흉부에서 빠져나가는 공기가 숨구멍의 얇은 판을 진동시켜 소리가 난다고 한다. 이 소리는 비늘로 덮인 두 개의 공동으로 이루어진, 놀랄 만큼 복잡한 공명 장치를 지나가는 사이에 증폭된다. 그러므로 이것은 정말 목소리라고 해도 될지 모른다. 암컷에도 음성장치가 있지만 수컷의 그것보다 훨씬 발달이 덜 되어 소리를 내는 데 사용되지는 않는다.

[*26] Westwood(웨스트우드), 'Modern Class. of Insects,' Vol. 2, p. 473.

[*27] 이 내용에 대해서는 웨스트우드(Westwood)의 'Modern Class. of Insects,' Vol. 2, 1840, p. 422. 꽃매미과에 대해서는 커비와 스펜스의 'Introduct.,' Vol. 2, p. 401에서 인용했다.

[*28] 'Zeitschrift für wissenschaft. Zoolog.,' Bd. 17, 1867, S. 152-158.

하트만 박사는 미국의 *Cicada septemdecim*의 경우, 이 음악의 목적에 대해 다음과 같이 말했다.[29] "지금(1851년 6월 6일, 7일) 사방에서 북소리가 들려오고 있다. 생각건대 이것은 수컷들의 청혼 신호인 것 같다. 내 키만 한 밤나무 숲속에 서 있으니, 주위에 수백 마리의 수컷들이 울고 있었고 곧 암컷들이 울고 있는 수컷을 향해 날아오는 것이 보였다." 그는 또 "올해는(1868년 8월) 내 정원의 작은 배나무에서 50마리나 되는 *Cic. pruinosa*의 유충이 태어났다. 나는 수컷이 큰 소리로 울고 있는 동안 암컷이 그 옆에서 가만히 있는 광경을 몇 번이나 보았다"고 썼다. 프리츠 뮐러는 남브라질에서 편지를 보내, 두세 마리의 매미 수컷들이 서로 상당한 거리를 두고 떨어져 있으면서 유별나게 큰 소리로 서로 경쟁을 하는 것을 종종 들었다고 알려주었다. 최초의 수컷이 노래를 마치면 곧바로 두 번째 수컷이 노래를 시작한다. 그 수컷이 노래를 마치면 또 다음 수컷이 바로 이어서 노래를 하는 것이다. 수컷들 사이에 너무나 경쟁이 치열해서, 암컷은 그 소리로 수컷을 찾을 뿐만 아니라, 새의 경우처럼 가장 매력적인 목소리를 내는 수컷에 의해 흥분하거나 이끌릴 수 있을 것이다.

매미목 암수의 장식에 뚜렷한 차이가 있다는 이야기는 아직 들어본 적이 없다. 더글러스가 알려준 바로는, 영국산 3종의 수컷은 검은 색이거나 검은 띠가 있는 데 비해, 암컷은 옅은 색이나 수수한 색이라고 한다.

메뚜기목(Orthoptea)

이 목에 속하는 높이뛰기를 잘하는 세 과(科)의 수컷은 음악적 재능이 특별히 뛰어나다. 귀뚜라미의 일종인 Achetidae, 해당하는 영어 이름이 없는 Locustidae, 그리고 메뚜기과(Acridiidae)이다. Locustidae의 몇 가지 종(種)이 내는 마찰음은 너무나 커서 밤에는 1.6km 이상 떨어진 곳에서도 들린다.[30] 어떤 종이 내는 소리는 인간의 귀에도 듣기 좋을 정도여서, 아마존의 인디언은 그것을 대나무통에 넣어서 키우기도 한다. 이 소리가, 울지 않는 암컷을 부르고 흥분시키기 위한 것이라는 데 모든 관찰자들의 의견이 일치하고 있다. 그러나 러시아에 서식하는 이동성 메뚜기의 수컷은 암컷과 짝짓기를 하고 있을

---

[29] 하트만(Hartman) 박사의 'Journal of the Doings of Cicada septemdecim'에서 이 부분을 발췌하여 보내준 월시 씨에게 감사드린다.

[30] L. Guilding(L. 길딩), 'Transact. Linn. Soc.,' Vol. 15, p. 154.

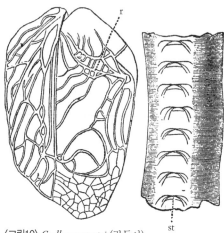

〈그림10〉 Gryllus campestris(랑두아)
오른쪽 : 날개맥 아랫면의 일부. 치상돌기(齒狀突起,
st)를 나타낸다(확대)
왼쪽 : 운모 모양의 판이 달린 아래 날개. 미끄러운 날
개맥(r)이 있다. 여기에 치상돌기를 문지른다.

때 다른 수컷이 다가오면, 분노인지 질투인지 모를 마찰음을 낸다고 한다.[31] 유럽의 집귀뚜라미는 한밤중에 놀랐을 때 동료에게 경고하기 위해 이 소리를 낸다.[32] 북아메리카의 여치 종류인 케이티디드(Katy-did)(*Platyphyllum concavum*, 메뚜기목의 일종)는 높은 나뭇가지에 올라가 저녁이 되면 '큰소리로 울기 시작하고, 옆 나무에서도 경쟁자인 수컷이 울기 시작하여, 숲 전체에 "Katy-did, She-did, the live-long Night"라는 소리가 메아리친다'고 기록되어 있다.[33] 베이츠(Bates)는 유럽 귀뚜라미에 대해(귀뚜라미과의 일종) '수컷은 저녁이 되면 자신의 굴 입구에 나와 마찰음을 내면서 암컷의 접근을 기다린다. 암컷이 찾아오면 큰 소리를 조용한 울림으로 바꾸어 암컷을 유혹하는 데 성공한 수컷은, 더듬이로 암컷을 부드럽게 애무한다.[34]고 말했다. 스커더(Scudder) 박사는 새의 깃뿌리를 줄에 문질러서 이 곤충 가운데 한 마리를 흥분시켜 자신에게 관심을 돌리게 하는 데 성공했다.[35] 폰 지볼트(von Siebold)는 암수 모두 앞다리에 훌륭한 청각기관을 가지고 있는 것을 발견했다.[36]

이 세 과는 소리를 내는 방식이 서로 다르다. 초원 귀뚜라미과 수컷은 좌우 덮깃(덮개날개)이 같은 구조를 하고 있고, 귀뚜라미(*Gryllus campestris*. 〈그림10〉)

＊31 'Zoological Record,' 1867, p. 460에 인용된 쾨펜(Köppen)의 주장.
＊32 Gilbert White(길버트 화이트), 'Nat. Hist. of Selborne,' Vol. 2, 1822, p. 262.
＊33 Harris(해리스), 'Insects of New England,' 1842, p. 128.
＊34 'The Naturalist on the River Amazons,' Vol. 1, 1863, p. 252. 베이츠는 세 과에 나타난 발음기관의 연속적 변이에 대해 매우 흥미로운 논고를 펼쳤다. Westwood(웨스트우드), 'Modern Class.,' Vol. 2, pp. 445, 453도 참조.
＊35 'Proc. Boston Soc. Nat. Hist.,' Vol. 6, April, 1868.
＊36 'Nouveau Manuel d'Anat. Comp.,' French translation, tome 1, 1850, p. 567.

는 랑두아(Landois)가 설명한 것처럼*37 덮깃의 하나의 날개맥 아랫면에 131~138개의 예리한 가로돌기 또는 치상돌기(*st*)가 늘어서 있다. 이 돌기가 있는 날개맥을 다른 쪽 날개 표면에 도드라져 있는 매끄럽고 단단한 날개맥(*r*)에 재빨리 문지른다. 처음에 한쪽 날개를 다른 쪽에 문지르고, 다음에는 날개를 거꾸로 하여 같은 운동을 한다. 양쪽 날개를 동시에 조금 들어 올리게 되므로 그에 따라 공명이 커진다. 일부 종에서는 수컷의 덮깃 뿌리에 운모 같은 판이 달려 있다.*38 여기에 또 다른 집귀뚜라미 종인 *G. domesticus*의 날개맥 아랫면에 있는 치상돌기의 삽화를 실어두었다(〈그림11〉).

Locustidae(메뚜기과)는 좌우 덮깃이 서로 구조가 다르기 때문에(〈그림12〉), 앞에 설명한 귀뚜라미과처럼 날개의 방향과 상관없이

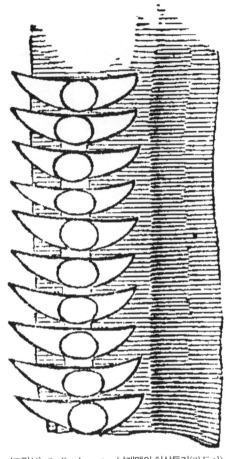

〈그림11〉 *Gryllus domesticus* 날개맥의 **치상돌기**(랑두아)

소리를 낼 수 없다. 바이올린의 활처럼 작용하는 왼쪽 날개는 바이올린 자체의 작용을 하는 오른쪽 날개 위에 얹혀 있다. 왼쪽 날개 아래면의 날개맥 하나(*a*)에는 가느다란 치상돌기가 나 있어, 그것을 오른쪽 날개 위에 도드라져 있는 날개맥에 문지른다. 영국산 *Phasgonura viridissima*는, 내 생각에는 반대쪽 날개의 둥근 뒤쪽 모서리에 치상돌기가 있는 날개맥을 문지르는 것 같다. 그 부분은 가장자리가 단단하고 갈색이며 매우 날카롭다. 오른쪽 날개에는 반사

---

*37 'Zeitschrift für wissenschaft. Zoolog.,' Bd. 17, 1867, S. 117.

*38 Westwood(웨스트우드), 'Modern Class. of Insects,' Vol. 1, p. 440.

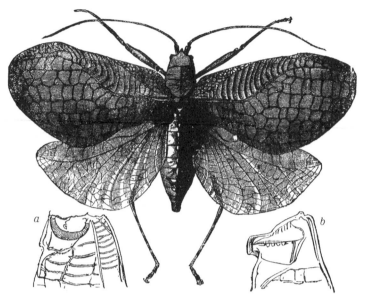

〈그림12〉 *Chlorocebus Tanana*(베이츠)
a, b : 좌우 덮깃의 가장자리

판(speculum)이라고 하는 운모처럼 투명하고 작은 판이 날개맥을 에워싸고 있
는데, 왼쪽 날개에는 그것이 없다. 이것과 같은 과인 *Ephippiger vitium*에서는
종속적인 변형의 예를 볼 수 있다. 즉 덮깃의 크기는 대폭으로 축소되어 있지
만, '앞가슴 뒤쪽이 덮깃 위에 돔 모양으로 높이 펴져 있어서 아마도 그것에
의해 소리가 증폭되는 듯하다.*39

　이와 같이 Locustidae(메뚜기과(과거) 풀무치과)는 음악장치가 더욱 복잡하고
특수화되어 있다고 할 수 있다. Locustidae는, 이 목에서 양쪽 날개의 구조가
같고 같은 기능을 하는 Achetidae(귀뚜라미과 메뚜기과)보다 훨씬 뛰어난 연주
가라고 나는 생각한다.*40 그러나 랑두아는 Locustidae의 일종인 Decticus(여치
과)에서 오른쪽 덮깃, 즉 왼쪽 덮깃 아래쪽에 있어서 바이올린 활로는 절대로
사용되지 않는 쪽의 날개 뒤에, 흔적처럼 남아 있는 작은 치상돌기가 짧고 좁
은 줄을 이루고 있는 것을 발견했다. 나도 *Phasgonura viridissima* 오른쪽 덮깃
뒤에서 같은 흔적 구조를 발견했다. 그러므로 Locustidae는 현재의 Achetidae

＊39 Westwood, 'Modern Class. of Insects,' Vol. 1, p. 453.
＊40 Landois(랑두아), '같은 책,,' S. 121, 122.

처럼 양쪽 덮깃에 톱니 모양
의 날개맥이 있고, 양쪽 다 활
로서 사용할 수 있는 형태를
하고 있었던 조상으로부터 파
생했다고 생각해도 무방할 것
이다. Locustidae에서는 두 개
의 덮깃이 점점 분업의 원리
에 따라 분화하여 한쪽은 활
로서만 작용하고, 다른 쪽
은 바이올린으로만 작용하도
록 변화해 온 것이 틀림없다.
Achetidae에서 볼 수 있듯이,
더욱 단순한 기관이 어떤 단
계를 거쳐 생겼는지는 알 수

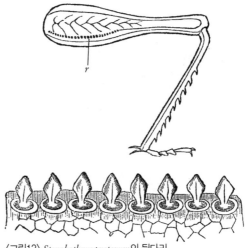

〈그림13〉 *Stenobothrus pratorum*의 뒷다리
r : 문질러서 소리를 내는 융기. 아래는 융기를 이루는 치
상돌기(확대, 랑두아)

없지만, 덮깃의 기부(基部)는 옛날에도 지금과 마찬가지로 서로 겹쳐져 있었
고, 날개맥을 문지르면 마찰음도 났을 것이다. 나는 암컷의 덮깃이 지금도 그
렇게 되어 있다는 것을 관찰했다.[41] 그리하여 수컷이 종종 우연히 내는 소리
가 암컷에게 아주 조금이라도 구애의 소리처럼 들린다면, 날개맥의 거친 표면
에 나타난 변이가 점차로 축적됨으로써 그것은 성 선택에 의해 급속하게 강화
되었을 것이다.

마지막으로 세 번째 과인 메뚜기과(Acridiidae)에서는 마찰음은 매우 다른 방
식으로 발생하고 있으며, 스커더 박사에 따르면 앞에서 말한 두 과와 같은 날
카로운 쇳소리는 아니라고 한다. 넓적다리마디 안쪽의 표면(〈그림13〉의 *r*)에
는 세로방향으로 아주 미세한 창 같은 모양의 탄력 있는 치상돌기가 85~93개
나 늘어서 있다.[42] 이것을 덮깃 위에 돌출해 있는 날카로운 날개맥에 문지름
으로써 날개가 떨려 공명하는 것이다. 해리스(Harris)는[43] 수컷 가운데 한 마

---

*41 월시는 Platyphyllum concavum의 암컷을 '붙잡으면 덮깃을 움직여 파르르 떨면서 희미한 마
    찰음을 낸다'고 나에게 알려주었다.
*42 Landois(랑두아), '같은 책.,' S. 113.
*43 'Insects of New England,' 1842, p. 133.

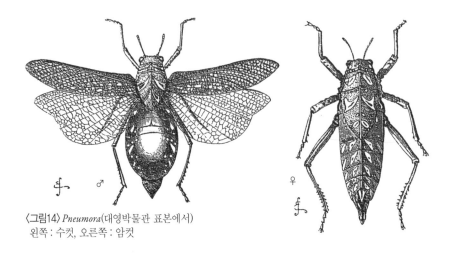

〈그림14〉 *Pneumora*(대영박물관 표본에서)
왼쪽 : 수컷, 오른쪽 : 암컷

리가 소리를 낼 때는, 먼저 '뒷다리의 종아리마디를 넓적다리마디 아래로 구
부린다. 거기에는 종아리마디가 들어갈 만한 홈이 있다. 그리고 다리를 재빨
리 아래위로 움직인다. 양쪽 다리로 동시에 연주하는 일은 없으며, 한쪽으로
연주하고 잠시 있다가 다른 쪽 다리로 바꾼다. "많은 종에서는 복부의 기부가
커다란 공동을 이루고 있어서 공명판 작용을 하고 있는 것으로 생각된다. 같
은 과에 속하는 남아프리카의 속(屬)인 Pneumora(〈그림14〉)에서는 새로운 유
형의 특이한 변용을 볼 수 있다. 즉 수컷의 배 양쪽에서 작은 홈이 있는 돌기
가 비스듬하게 나와 있고, 거기에다 넓적다리마디를 문지름으로써 소리를 낸
다.[44] 암컷에는 날개가 없지만 수컷에는 날개가 있는데도 불구하고 통상적인
방법대로 넓적다리마디를 덮깃에 문지르지 않는다는 것은 주목할 만하다. 그
러나 이것은 뒷다리가 비정상적으로 소형이기 때문인지도 모른다. 나는 아직
넓적다리마디 안쪽을 조사해 본 적은 없지만, 유추해서 생각하면 거기에 가
느다란 톱니 모양의 돌기가 있을 것이다. Pneumora에 속하는 종은 다른 어떠
한 메뚜기목의 곤충보다도 마찰음의 생성이라는 점에서 매우 특수화되어 있
다. 수컷의 몸 전체가 악기가 되어 공명효과를 올리기 위해 커다랗고 투명한
자루처럼 공기로 부풀어 있다. 트라이멘은 희망봉에서는 이러한 곤충이 밤에
놀랄 만큼 큰 소리를 낸다고 알려주었다.

---

*44 Westwood, 'Modern Classification,' Vol. 1, p. 462.

이 세 과의 암컷은 충분한 연주기관을 가지고 있지 않다는 원칙에 대한 예외가 한 가지 있다. 그것은 Ephippiger(Locustidae)로, 그들은 양성이 연주기관을 갖추고 있다고 알려져 있다.*45 이 예는 양성이 뿔을 가지고 있는 유일한 종인 순록과 같다고 할 수 있을지 모른다. 메뚜기목 암컷은 대부분 울지 않는데도 랑두아*46는 Acridiidae 암컷의 넓적다리마디에서 마찰기관의 흔적을 발견했고, Achetidae 암컷의 덮깃 뒤에도 그러한 흔적이 보이는 경우가 있었다. 그러나 그는 Locustidae의 일종인 Decticus(여치과) 암컷에서는 그러한 흔적을 발견할 수 없었다. 매미목에서는, 울지 않는 매미 암컷은 본래의 연주기관을 미발달 상태로 그대로 갖고 있다. 이제부터 동물계의 다른 분류군에서도 수컷이 통상적으로 가지고 있는 기관이 암컷에게도 흔적으로 남아 있는 예를 많이 만나게 될 것이다. 그러한 예는 얼핏 보면 암수 모두 본래는 똑같이 만들어졌으나 그 뒤에 암컷만 기관의 일부를 잃은 것처럼 보일지도 모른다. 그러나 이전에 설명했듯이, 문제로 삼고 있는 기관은 수컷에 의해 획득되어 그것이 암컷에게도 부분적으로 전달된다고 생각하는 편이 훨씬 설득력이 있는 견해일 것이다.

랑두아는 이 밖에도 흥미로운 사실을 관찰했다. 메뚜기과 암컷의 경우, 넓적다리마디에 있는 톱니모양의 돌기는, 맨처음 양성의 유충에 나타났을 때의 상태 그대로 평생 변하지 않는다는 것이다. 수컷에서는 그것이 점점 성장하고 성숙하여 번식을 시작하게 되는 마지막 탈피 때 완전한 구조를 획득한다.

이제까지 살펴본 사실에서, 메뚜기목에서는 수컷이 소리를 내는 수단이 놀랄 만큼 다양해져서 매미목이 가지고 있는 것과는 상당히 다르다는 것을 알 수 있다. 그러나 모든 동물계에서 같은 목적이 참으로 다양한 수단을 통해 달성되어 왔음을 보여주는 예는 수없이 많다. 그것은 생물체 전체가 시간이 흐르면서 잡다한 변화를 수없이 겪어왔기 때문이며, 몸의 각 부분이 차례차례 변이를 일으킬 때마다 다른 변이가 같은 일반적인 목적에 유리하게 작용했기 때문이다. 메뚜기목의 세 과와 매미목이 내는 소리의 다양한 발생수단을 살펴보면, 암컷을 부르고 유혹하는 일에 이 구조가 수컷에게 얼마나 중요한지 알 수 있다. 이 점에 대해 메뚜기목이 거쳐 온 커다란 변용은 그리 놀라운 일

---

*45 Westwood, '같은 책,' Vol. 1, p. 453.

*46 Landois(랑두아), '같은 책.,' S. 115, 116, 120, 122.

은 아닌 것 같다. 스커더(Scudder) 박사의 뛰어난 발견*[47] 덕분에, 그것이 일어나기 위한 시간이 충분히 있었음을 이제 우리는 알고 있기 때문이다. 이 박물학자는 최근에 뉴브런즈윅의 데번기층에서 화석 곤충을 발견했는데, 그것은 'Locustidae 수컷의 마찰기관으로, 고막이라고 불리는 유명한 것을 가지고 있었다'. 이 곤충은 많은 점에서 풀잠자리목과 상관관계를 가지고 있지만, 매우 오래된 형태의 것이 대개 그렇듯이, 지금은 상당히 다른 것으로 여겨지고 있는 풀잠자리목과 메뚜기목을 이어주는 듯하다.

메뚜기목에 대해서는 더 이상 할 이야기가 별로 없다. 그 가운데에는 매우 호전적인 종도 있다. 귀뚜라미(*Gryllus campestris*) 수컷 두 마리를 한 곳에서 사육하면 어느 한쪽이 죽을 때까지 싸우며, 사마귀의 종류에는 그 칼 같은 앞다리를 경기병(輕騎兵)처럼 민첩하게 휘두르는 것이 있다고 한다. 중국인은 이러한 곤충을 대나무통에 넣어 키우면서 투계처럼 싸우게 한다.*[48] 색깔에 있어서는 외국산 메뚜기 가운데 뒷날개가 빨강, 파랑, 검정색 무늬로 아름답게 장식되어 있는 것이 있다. 그러나 이 목 전체를 통해 암수의 색깔이 거의 다르지 않아서, 그 선명한 색깔이 과연 성 선택에 의해 획득된 것인지 의심스럽다. 다음 장에서 그 원리를 설명하겠지만, 이러한 곤충의 선명한 색깔은 그들이 맛없는 먹이라는 것을 적에게 보여줌으로써 보호 역할을 하고 있는지도 모른다. 이를테면 선명한 색을 띤 인도 메뚜기의 한 종류는 새나 도마뱀에게 발견되어도 한 마리도 먹히지 않았다는 기록이 있다.*[49] 그러나 일부 예에서는 이 목에도 몸 색깔에 양성의 차이가 있는 것으로 알려져 있다. 미국의 귀뚜라미 수컷은 상아처럼 노르스름한 하얀 색인데 암컷은 거의 새하얀 것에서 황록색, 탁한 색까지 다양하다.*[50] 월시는 *Spectrum femoratum*(대벌레과의 일종)의 성체 수컷은 '황갈색으로 빛나고 있지만, 암컷은 수수하고 칙칙한 잿빛을 띤 갈색이다. 어린 개체는 암수 모두 녹색'이라고 알려주었다. 마지막으로 하나 덧붙이자면, 어느 특이한 귀뚜라미 종*[51]의 '수컷은 긴 장막처럼 보이는 부속물

---

*47 'Transact. Ent. Soc.,' 3rd series, Vol. 2 ('Journal of Proceedings,' p. 117).

*48 Westwood, 'Modern Class. of Insects,' Vol. 1, p. 427. 귀뚜라미에 대해서는 p. 445 참조.

*49 Ch. Horne(Ch. 혼), 'Proc. Ent. Soc.,' May 3, 1869, p. 12.

*50 *The Oecanthus nivalis*. Harris(해리스), 'Insects of New England,' 1842, p. 124.

*51 Platyblemnus. Westwood(웨스트우드), 'Modern. Class.,' Vol. 1, p. 447.

이 베일처럼 얼굴 위로 늘어져 있다'고 한다. 그러나 그것이 일종의 장식인지 아닌지는 알 수 없다.

풀잠자리목(Neuroptera)

여기서는 몸의 색깔 말고는 다른 것은 이야기할 것이 거의 없다. 하루살 이과*[52]의 암수는 종종 수수한 색깔의 어딘가가 미미하게 다를 뿐이다. 그렇다고 해서 수컷이 암컷에게 매력적으로 보일 가능성은 거의 없다. 잠자리과 곤충은 아름다운 녹색, 푸른색, 노란색, 빨간색의 금속성 광택으로 장식되어 있으며 암수가 종종 다르다. 웨스트우드(Westwood) 교수가 지적한 바에 따르면*[53] Agrionidae(실잠자리과)에 속하는 종에는 '수컷의 몸은 '짙푸른 색에 날개가 검지만, 암컷의 몸은 밝은 녹색에 날개가 투명한' 것이 있다. 그러나 *Agrion Ramburii*의 경우, 이러한 색깔은 암수가 완전히 반대로 되어 있다.*[54] 북아메리카에서 광범위하게 볼 수 있는 Hataerina 속에는 수컷만 날개 기부(基部)에 아름다운 붉은 반점이 있다. 왕잠자리(*Anax Junius*)는 수컷의 배의 기부는 매우 밝은 군청색이지만 암컷은 풀잎 같은 초록색이다. 한편, 그것과 유사한 Gomphus(측범잠자리)속이나 다른 몇몇 속은 암수의 색깔이 아주 미세하게 다를 뿐이다. 동물계에서 서로 가까운 종의 어떤 것은 암수가 매우 다르고 어떤 것은 암수가 매우 비슷한데, 또 어떤 것은 완전히 같은 예를 어디서나 흔히 볼 수 있다. 많은 잠자리과에서는 양성 사이에 몸 색깔의 차이가 폭넓게 나타나는 것을 볼 수 있지만, 어느 쪽 성이 더 화려한지에 대해서는 확실하게 대답할 수 없다. Agrion(실잠자리과)의 일종에서는 보편적으로 볼 수 있는 색깔의 유형이 암수 사이에 완전히 뒤바뀌어 있다. 이들 예에서 이러한 색깔은 어느 것이나 보호의 목적을 위해 획득되었을 가능성이 없는 것은 아니다. 이 과에 대해 자세하게 관찰한 맥라클란은, 곤충계의 폭군인 잠자리류는 모든 곤충 가운데 새나 그 밖의 적에게 습격당하는 일이 가장 드문 종류라

---

*52 B. D. Walsh(B. D. 월시), the Pseudo—neuroptera of Illinois, in 'Proc. Ent. Soc. of Philadelphia,' 1862, p. 361.

*53 'Modern Class.,' Vol. 2, p. 37.

*54 Walsh(월시), '같은 책.,' p. 381. 다음에 설명하는 Hataerina, Anax, Gomphus에 관한 사실은 모두, 이 박물학자의 도움을 얻은 것이다.

고 나에게 편지로 알려주었다. 그는 잠자리류의 아름다운 색채는 성적 매력으로 작용한다고 믿고 있다. 이 문제와 관련하여, 어떤 잠자리는 특정한 색깔에 특별히 강하게 끌리는 것으로 나타난다는 사실은 주목할 만하다. 패터슨(Patterson)은 수컷이 푸른색인 Agrionidae(실잠자리과)의 몇 종은 어망에 달려 있는 청색 부표에 이끌려 다수가 따라오지만,[55] 다른 두 종은 하얗게 빛나는 물체에 끌리는 것을 관찰했다.

다음은 셸버(Schelver)가 최초로 관찰한 흥미로운 사실인데, 두 아과에 속하는 몇몇 속의 수컷은 번데기 단계[56]에서 맨 처음 나왔을 때는 암컷과 완전히 같은 색깔이지만, 그들의 몸은 곧 뚜렷한 유청색(乳靑色)으로 바뀐다. 그것은 에테르나 알코올에 녹는 어떤 기름이 스며나오기 때문이다. 맥라클란은 *Libellula depressa* 수컷은 변태한 지 2주일쯤 지나 양성이 짝짓기할 준비가 되기 전에는 이러한 색깔 변화가 일어나지 않는 것으로 보고 있다.

브라우어(Brauer)에 따르면[57] Neurothemis 종 가운데에는 기묘한 두 형태를 보여주는 것이 있으며, 암컷의 일부는 일반적인 그물모양의 날개를 가지고 있지만, 다른 암컷 중에는 '동종의 수컷만큼 매우 풍부한 그물눈 무늬의 날개를 가진 것이 있다'. 브라우어는 '이 현상은 수컷의 촘촘한 그물눈 무늬는 이차성징이라는 다윈의 원리로 설명할 수 있다'고 보았다. 이 그물눈 무늬는 일반적으로 수컷에만 발달해 있으며, 수컷이 가지고 있는 다른 형질과 마찬가지로 암컷에는 없지만 때로는 암컷에도 발달하는 경우가 있다. 이것은 많은 동물의 암수가 서로 비슷해지는 과정을 보여주는 좋은 예이다. 즉 처음에 수컷에 나타난 변이가 그들 사이에서 보존되다가 암컷에게도 전달됨으로써 발달하게 되는 과정인데, 이 특정한 속(屬)에서는 완전한 전달이 가끔씩만 일어나며 그것은 갑자기 일어난다.

맥라클란은 실잠자리에서 발생한 다른 이형의 예에 대해서도 나에게 알려주었는데, 그 가운데 일부 개체에서 오렌지색이 나타나며 반드시 암컷이라고 했다. 이것은 아마 격세유전의 예일 것이다. 그것은 잠자리의 암수 색깔이 다

---

[55] 'Transact. Ent. Soc.,' Vol. 1, 1836, p. 81.

[56] (역주) 원문은 'pupal state(번데기 상태)'인데 잠자리에는 번데기 단계가 없기 때문에, 이것은 유충을 말한 것인 듯하다.

[57] 'Zoological Record,' 1867, p. 450의 요약 참조.

를 때는 반드시 암컷이 오렌지색이거나 노란색이기 때문이며, 실잠자리가 잠자리의 전형적인 성적 색채를 지닌 원시적인 종에서 파생했다고 생각한다면 이러한 변이가 일어나는 경향이 암컷에만 남아 있다 해도 특별히 이상한 일은 아닐 것이다.

많은 잠자리류는 이렇게 크고 강하며 사나운 곤충이지만, 맥라클란은 더 작은 종인 실잠자리 말고는 수컷끼리 싸우는 광경을 본 적이 없다고 말한다. 이 목에 속하는 또 하나의 독특한 그룹인 흰개미류는 무리지어 날 때 암수가 함께 날아다니며 '수컷이 암컷을 쫓아가고, 때로는 수컷 두 마리가 한 마리의 암컷을 쫓아다니면서 누가 이길지 치열하게 경쟁한다.'[58]

벌목(Hymenoptera)

위대한 관찰가 파브르[59](Fabre)는 벌과 비슷한 곤충인 Cerceris(노래기벌)에 대해 '특정한 암컷의 소유를 둘러싸고 수컷끼리 싸우는 일은 종종 있지만, 암컷은 누가 가장 강한지 겨루는 이 싸움에는 별로 관심이 없는 것처럼 그저 구경만 하다가, 승부가 결정나면 승자와 함께 조용히 사라진다'고 말했다. 웨스트우드는[60] 잎벌(Tenthridinae)의 어느 종은 '수컷끼리 싸우다가 양쪽의 턱이 뒤엉켜버렸다'고 말했다. 파브르는 Cerceris(노래기벌)의 수컷은 특정한 암컷을 차지하려고 싸운다고 말했는데, 이 목에 속하는 곤충은 오랜 시간이 지난 뒤에도 서로를 알아보고 깊은 애착을 갖는 능력이 있는지도 모른다. 이를테면 그 관찰의 정확성에 대해 아무도 의심하는 사람이 없는 피에르 위베르(Pierre Huber)는, 몇 마리의 개미를 떼어놓았다가 넉 달 뒤에 그 집단의 구성원을 다시 만나게 했더니 용하게도 서로를 알아보고 더듬이로 애무하는 것을 관찰했다고 한다. 만일 서로 모르는 개체였다면 그들은 곧 싸웠을 것이다. 두 집단이 전투를 할 때는 혼란 속에서 아군끼리 공격하는 경우가 있지만, 그들은 곧 실

---

*58 Kirby and Spence(커비와 스펜스), 'Introduct. to Entomology,' Vol. 2, 1818, p. 35.
    (역주) 흰개미류는 비온 뒤처럼 조건이 좋을 때 일개미가 개미집에 구멍을 뚫고, 거기서 날개가 있는 생식충이 나온다. 수천 마리의 생식충이 하늘을 날면서 짝짓기 상대를 찾는데, 이것을 군비(群飛)라고 한다. 그런데 다윈은 이 책에서 흰개미를 풀잠자리목으로 분류했지만, 지금은 흰개미목으로 따로 분류되고 있다. 계통적으로는 바퀴벌레에 가깝다.
*59 'Nat. Hist. Review,' April, 1862, p. 122에 실린 흥미로운 기사 "Writings of M. Fabre" 참조.
*60 'Journal of Proc. of Entomolog. Soc.,' September 7, 1863, p. 169.

수를 깨닫고 서로를 위로한다.[61]

 이 목은 성에 따라 색깔에 약간의 차이가 있는 것이 보통이지만, 꿀벌상과 외에는 뚜렷하게 차이나는 경우는 드물다. 그러나 분류군 가운데 암수가 같이 선명한 색을 띠는 것도 있다. 이를테면 붉은 색과 금속성 녹색을 띠는 Chrysis가 있다. 그래서 그것은 성 선택 때문이라는 생각이 든다. 월시(Walsh)에 따르면, 맵시벌과 수컷은 거의 대부분 암컷보다 색이 옅다고 한다.[62] 한편, 잎벌과는 수컷이 암컷보다 색이 짙은 것이 보통이다. 송곳벌과는 암수가 종종 다른데, 예를 들면 *Sirex Juvencus*(루리송곳벌) 수컷은 오렌지색 줄무늬를 가지고 있지만 암컷은 짙은 보라색이다. 그러나 어느 성이 더 장식적이라고 말하는 건 어려운 문제다. *Tremex columbae* 암컷은 수컷보다 훨씬 선명한 색깔이다. 개미는 F. 스미스에게 들은 바로는, 몇몇 종은 수컷은 검고 암컷은 적갈색이라고 한다. 이 유명한 곤충학자의 말로는 꿀벌상과, 특히 단독성인 종은 암수가 종종 색깔이 다르다고 한다. 일반적으로 수컷은 색이 밝고, 뒤영벌(Bombus)이나 Apathus는 수컷의 색채 변이가 암컷보다 훨씬 크다. *Anthophora retusa* 수컷은 짙은 황갈색이지만 암컷은 새까맣다. 어리호박벌(Xylocopa)의 몇 종의 암컷은 수컷처럼 밝은 황색이다. 오스트레일리아에 서식하는 꿀벌상과의 일종(*Lestis bombylans*)은 암컷이 매우 선명한 검푸른 빛이거나 선명한 녹색을 띠며, 수컷은 밝은 황동색인데 깊은 황갈색 부드러운 털로 뒤덮여 있다. 이 그룹은 암컷이 바늘처럼 생긴 훌륭한 방어용 무기를 가지고 있기 때문에, 보호 목적을 위해 그들이 수컷의 색깔과 달라졌다는 것은 있을 수 없는 일로 보인다.

 개미벌과는 마찰음을 낸다. 구로(Goureau)에 따르면[63] 암수 모두 그것이 가능하다고 한다. 그는 이 소리가 제3배마디보다 앞쪽에 있는 배마디의 마찰에 의해 만들어진다고 생각하고 있다. 나는 그 표면에 매우 가느다란 동심원 모양의 융기가 있는 것을 발견했다. 그러나 그것은 튀어나온 가슴판에도 있으며, 거기에는 머리가 관절로 연결되어 있다. 이 가슴판을 바늘로 문지르면 마치 그들이 내는 소리와 같은 소리가 난다. 수컷에는 날개가 있지만 암컷에는 없으므로 암수 모두 마찰음을 낼 수 있다는 것은 놀라운 일이다. 꿀벌이 분

＊61 P. Huber(P. 위베르), 'Recherches sur les Mœurs des Fourmis,' 1810, pp. 150, 165.
＊62 'Proc. Entomolog. Soc. of Philadelphia,' 1866, pp. 238−239.
＊63 Westwood(웨스트우드), 'Modern Class. of Insects,' Vol. 2, p. 214에 인용.

노와 비슷한 감정을 신음처럼 표현하는 것은 널리 알려져 있는 사실로, 파리목의 일부도 마찬가지이다. 그러나 이와 같은 소리가 구애행동과 어떤 관계가 있는지는 전혀 알려져 있지 않기 때문에 그것에 대해 살펴보고자 한다.

딱정벌레(Coleoptera)

많은 딱정벌레들의 몸 색깔은 그들이 늘 있는 장소의 표면색과 비슷하다. 그 밖의 딱정벌레들은 아름다운 금속성 빛깔을 띠고 있다. 이를테면 지상에서 살며 독한 냄새가 나는 분비물로 몸을 보호하는 많은 딱정벌레과, 놀랄 만큼 단단한 덮개로 보호되고 있는 멋진 색의 다이아몬드딱정벌레, *C. cerealis*처럼 크고 다양한 색의 줄무늬를 가진 Chrysomela(잎벌레 종류)가 그러하며, 이 속의 종은 영국에서는 스노든산 꼭대기에서만 볼 수 있다. 그 밖에도 얼마든지 예를 들 수 있다. 이러한 멋진 색채는 종종 줄무늬, 반점, 십자무늬 같은 섬세한 패턴을 취하고 있으며, 꽃을 먹는 몇 종류의 딱정벌레 말고는 보호에 유리하게 작용하는 것 같지는 않다. 또한 이러한 것들이 아무런 의미도 없다고 생각할 수는 없다. 그래서 이것은 성적 매력을 표현하는 데에 도움이 되는 것이 아닌가 하는 의문이 들지만, 암수의 색채가 다른 경우는 거의 없으므로 그 증거는 아무것도 없다. 워터하우스(Waterhouse)로부터 들은 바로는, 자신들의 아름다움을 눈으로 볼 수 없는 장님딱정벌레는 종종 반짝반짝 빛나는 딱지날개를 갖고 있음에도 밝은 색을 띤 것은 한 종도 없다고 한다. 그러나 그들의 색채가 수수한 것은 동굴 등의 어두운 환경에 살고 있기 때문인 것으로 설명할 수도 있다.

그러나 갑충류의 색깔은 암수가 다르지 않다는 일반원칙의 예외를 하늘소과, 특히 Prionidae[64]에서 볼 수 있다. 이러한 곤충은 대부분 크고 색채가 화려하다. Pyrodes 속의 수컷은[65] 내가 베이츠의 표본에서 본 바로는 일반적으

---

[64] (역주) 현재의 Prioninae. 톱하늘소 아과(亞科).

[65] 암수의 색깔이 매우 다른 *Pyrodes pulcherrimus*에 대해서는 베이츠(Bates)가 'Transact. Ent. Soc.,' 1869, p. 50에 설명되어 있다. 딱정벌레류 암수의 색깔 차이에 대해 내가 지금까지 들은 것 가운데 몇 가지 더 설명하고자 한다. 커비와 스펜스가 ('Introduct. to Entomology,' Vol. 3, p. 301), Cantharis, Meloe, Rhagium, 그리고 *Leptura testacea*에 대해 설명했는데, 후자의 수컷은 적갈색으로 가슴이 검고, 암컷은 전체가 흐릿한 붉은색이다. 후자의 2종은 하늘소목에 속한다. 트라이멘과 워터하우스는 2종의 lamellicorns 즉 Peritrichia와 Trichius에 대해 나

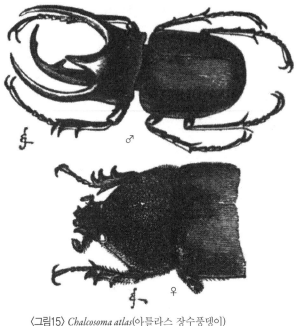

〈그림15〉 *Chalcosoma atlas*(아틀라스 장수풍뎅이)
위 : 수컷, 아래 : 암컷

로 암컷보다 붉지만 수수하며, 암컷은 다소 화려한 금빛을 띤 녹색이다. 한편 어떤 종은 수컷이 금빛을 띤 녹색이고 암컷은 빨강과 보라색으로 화려하게 채색되어 있다. Esmeralda의 속은 암수의 색깔이 매우 다르므로, 지금까지 이종(異種)으로 분류되어 왔다. 암수 모두 아름답게 빛나는 녹색인 어느 종은 수컷의 가슴이 붉은 색이다. 전체적으로 내가 판단할 수 있는 한, 암수가 다른 Prionidae 암컷은 수컷보다 선명한 색을 띠는데, 이것은 성 선택에 의해 색채가 획득되는 일반적인 법칙에는 맞지 않다.

많은 갑충류에서 가장 뚜렷한 암수의 차이는 수컷의 머리, 가슴, 이마판 등에 나 있는 뿔이며, 몇몇 희귀한 예에서는 몸 아랫면에 나 있는 경우도 있다. Lamellicorns과의 뿔은 사슴이나 코뿔소 같은 네발짐승의 뿔과 비슷하며, 그 크기와 다양한 형태가 놀라울 뿐이다. 그것을 언어로 기록하기보다는 가장 뛰어난 몇 종류에 대해 수컷과 암컷의 그림을 실어둔다(〈그림15~19〉). 암컷은 일반적으로 혹이나 돌기 형태로 뿔의 흔적을 간직하고 있는데, 그러한 흔적이 전혀 없는 종류도 있다. 한편 *Phanaeus lancifer*(란시퍼소똥구리) 암컷은 수컷

___

에게 알려주었는데, 후자의 수컷은 암컷보다 눈에 띄지 않는 색을 하고 있다. *Tillus elongatus*는 수컷은 검은색, 암컷은 언제나 검푸른색이며 가슴이 붉다고 알려져 있다. 월시에 따르면 *Orsodacna atra* 수컷도 검은색이며, 암컷(*O. ruficollis*라고 불리던 것)은 가슴이 적갈색이라고 한다.

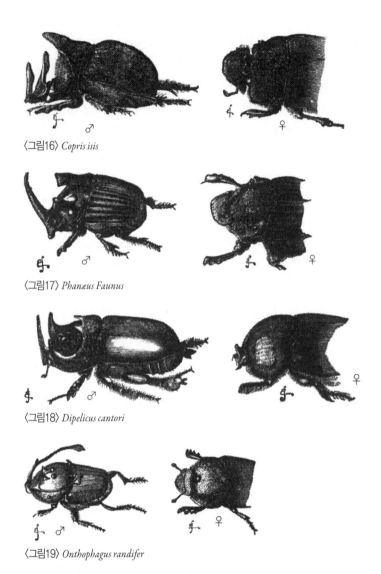

〈그림16〉 *Copris isis*

〈그림17〉 *Phanæus Faunus*

〈그림18〉 *Dipelicus cantori*

〈그림19〉 *Onthophagus randifer*

과 거의 마찬가지로 잘 발달된 뿔을 가지고 있다. 이것과 같은 속의 다른 종이나 Copris에 속하는 것은 암컷의 뿔이 수컷보다 아주 약간 덜 발달되었을 뿐이다. 베이츠로부터 들은 바로는, 이 과의 몇몇 분류군에서는, 뿔 구조의 차이를 더욱 중요하고 특징적인 차이들과 동렬에 둘 수는 없다고 한다. 즉 같은 Onthophagus 속에 속하는 종류 가운데에도 뿔이 머리에 하나밖에 없는 종이 있는가 하면, 뚜렷한 뿔이 두 개나 있는 것도 있다.

이러한 대부분의 예에서는 뿔의 변이가 놀라울 정도로 커서, 가장 잘 발달한 수컷부터 암컷과 거의 구별이 되지 않을 만큼 퇴화한 뿔을 가진 것까지 연속적으로 배열할 수 있다. 윌시는*[66] *Phanaeus carnifex* 수컷의 뿔은 개체에 따라 길이가 세 배나 차이나는 것을 발견했다. 베이츠는 *Onthophagus rangifer*(〈그림19〉) 수컷을 100개체 이상 조사한 끝에 뿔에 변이가 없는 종을 발견했다고 생각했으나, 다시 조사를 계속한 결과 그렇지 않다는 것이 밝혀졌다.

뿔이 극단적으로 큰 것과 가까운 종 사이에서 그 구조에 큰 차이가 있는 것은, 그것이 어떤 중요한 목적을 위해 형성되어왔음을 보여주는데, 동종의 수컷 사이에도 매우 큰 변이가 있다는 것은 그 목적이 결정적인 성질의 것은 아니라는 사실을 암시하고 있다. 뿔에는 일상적인 일에 사용하고 있음을 보여주는 마모의 흔적은 보이지 않지만, 연구자 가운데에는*[67] 수컷이 암컷보다 훨씬 넓은 영역을 돌아다니며 활동하기 때문에 적에 대한 방어를 위해 뿔이 필요하다고 생각하는 사람도 있다. 그러나 많은 경우, 뿔이 날카롭지는 않으므로 방어를 위해서는 적응되어 있지 않은 것처럼 보인다. 가장 확실한 추측은, 그것이 수컷끼리의 투쟁에 사용되고 있다는 사실이다. 그러나 그들이 싸우는 장면은 관찰되지 않았고, 베이츠도 많은 종을 주의 깊게 살펴보았지만 수컷이 뿔을 싸움에 사용한다면 있어야 하는, 잘려나가거나 부러진 상태로 보여지는 충분한 증거를 찾을 수 없었다.*[68] 만일 수컷들이 상습적으로 싸우고 있었다면 그들의 몸은 성 선택을 통해 점점 커져서 암컷을 능가했을 것이다. 그러나 베이츠는 Copridae에 속하는 100개가 넘는 종류의 암수를 비교해 보았는데, 완전한 성체에서는 이 점에 관한 큰 차이를 볼 수 없었다. Lamellicorns에 속하는 딱정벌레의 한 종인 Lethrus는 수컷끼리 싸운다는 사실이 알려져 있지만, 그들에게는 뿔이 없다. 단 수컷의 턱은 암컷의 턱보다 훨씬 크다.

그들의 뿔이 이렇게 거대하고 게다가 그 발달이 일정하지 않다는 것, 즉 같은 종에서도 커다란 변이가 있고 서로 가까운 종 사이에는 극단적인 차이가

---

*66 'Proc. Entomolog. Soc. of Philadelphia,' 1864, p. 228.

*67 Kirby and Spence(커비와 스펜스), 'Introduct. Entomolog.,' Vol. 3, p. 300.

*68 (역주) 다윈의 시대에는 투구벌레 수컷이 뿔을 사용하여 싸우는 것은 알려져 있지 않으나, 실제로 그들은 뿔을 사용하여 싸운다. 그 싸움과 뿔의 크기나 몸 크기의 관계, 암컷에 의한 선택, 또 수컷에 의한 선택 등에 대해서도 자세히 연구되어 있다.

있다는 점에서 이끌어낼 수 있는 결론은, 그것이 장식으로서 발달해 왔다는 것이다. 이 견해는 처음에는 전혀 있을 수 없는 일처럼 생각될지도 모르지만, 이제부터 어류, 양서류, 파충류, 조류 등의 고등동물에 있어서 관, 혹, 뿔, 볏 등의 다양한 구조가 순전히 이 목적을 위해서만 발달해 왔다고 생각되는 많은 예를 보게 될 것이다.

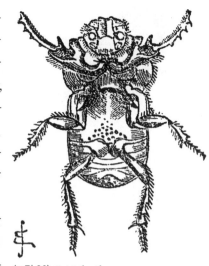

Onitis furcifer(〈그림20〉)의 수컷은 앞다리의 넓적다리마디에 기묘한 돌기가 있고, 가슴 아래쪽에는 한 쌍의 뿔 같은 것이 나 있다. 그런 곳에 뿔이나

〈그림 20〉 *Onitis furcifer*
수컷을 배 쪽에서 본 그림

돌기가 있는 것은 그것을 과시하는 데는 매우 유리하며, 만일 그것이 실제로 도움이 되고 있다 해도 그것이 무엇인지는 아직 밝혀지지 않았다. 또 놀랍게도 수컷의 몸 윗면에는 뿔 같은 것이 전혀 없지만, 암컷은 머리에서 뿔(〈그림21〉, *a*), 가슴에서 융기(〈그림21〉, *b*)의 흔적을 똑똑히 볼 수 있다. 이 종의 수컷은 가슴에 융기 같은 것은 전혀 없지만, 암컷이 갖고 있는 가슴의 희미한 융기가 수컷 특유의 형질의 흔적인 것은 명백하다. 왜냐하면 Bubas bison(Onitis 다음에 오는 형태)의 암컷에도 가슴에 똑같은 희미한 융기가 있는데, 수컷은 같은 장소에 커다란 돌기를 가지고 있기 때문이다. 마찬가지로 *Onitis Furcifer* 암컷의 머리에 있는 작은 돌기(*a*)도 다른 두세 개의 근연종 암컷에 있는 것과 함께, 〈그림17〉의 Phanaeus에 나타난 것과 같은 Lamellicorns 딱정벌레의 많은 수컷이 머리에 매우 흔하게 가지고 있는 뿔의 흔적 형태인 것은 의심할 여지가 없다. 실제로 대영박물관에 보존되어 있는 이름이 붙어 있지 않은 딱정벌레로, Onitis속에 속할 것으로 생각되는 것의 수컷에는 이것과 매우 비슷한 뿔이 있다. 이 예가 얼마나 놀라운 것인지는 다음과 같이 생각하면 이해될 것이다. 네발짐승 가운데 반추동물은 암컷이 수컷과 비슷하게 큰 뿔을 가지고 있는 종류도 있고, 수컷보다 훨씬 작은 뿔을 가진 종류도 있으며, 단순히 흔적으로 남아 있는 것도 있는가 하면(이것은 반추동물에서는 드물며, Lamellicorns

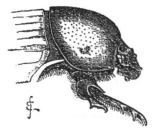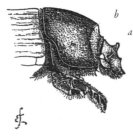

〈그림21〉 *Onitis furcifer*의 머리
왼쪽 : 수컷, 오른쪽 : 암컷
a : 머리의 뿔의 흔적
b : 융기의 흔적

처럼 일반적이지는 않다), 전혀 없는 것도 있다는 점에서 Lamellicorn의 딱정벌레와 매우 비슷하다. 그런데 지금 사슴과 양의 새로운 종이 발견되어 암컷에는 확실히 흔적기관인 뿔을 볼 수 있지만 수컷의 머리에 아무것도 없다면, 그것이 바로 *Onitis furcifer*의 예이다.

이 예에서는 흔적기관이 자연의 대계획을 완성시키기 위해 창조되었다는 오래된 생각은 전혀 맞지 않기 때문에, 일반적인 법칙은 모두 깨지고 만다. 가장 개연성이 있는 생각은 다음과 같다. 아주 오래전 Onitis의 조상은 다른 Lamellicorns와 마찬가지로 머리와 가슴에 뿔을 획득했으며, 그것이 현재 많은 종에서 볼 수 있는 것처럼 암컷에도 흔적의 상태로 이어졌다. 암컷들은 그 뒤에도 그 상태를 계속 유지해 왔다. 시간이 지나면서 수컷은 몸 아랫면에 돌기를 발달시킨 대신, 보상원리에 따라 뿔을 잃었을 것이다. 한편 암컷은 그러한 돌기를 갖고 있지 않으므로 그 영향을 받지 않았고, 그 결과 몸의 윗면에 뿔을 흔적기관으로서 계속 가지고 있는 것이다. 이 견해는 다음에 말하는 Bledius의 예에서는 지지를 얻을 수 있지만, Onitis의 수컷들이 몸 아랫면에 가지고 있는 돌기의 구조와 발달은 매우 변이가 풍부하여 몇몇 종에서는 흔적으로 남아 있기도 하다. 어쨌든 이러한 모든 종은 몸 윗면에 뿔이 없다. 이차성징은 매우 변이가 풍부하므로 몸 아랫면의 돌기는 맨 먼저 Onitis의 일부 조상에게서 획득되어, 보상원리를 통해 영향을 받아 어떤 경우에는 완전히 사라져버렸을 것이다.

이제까지 언급한 모든 예는 Lamellicorns이지만 바구미과(Curculionidae)와 반날개과(Staphylinidae)라고 하는, 서로 매우 다른 두 그룹에 속하는 몇몇 딱정벌레 수컷에도 뿔이 있으며, 전자는 몸의 아랫면[69] 후자는 머리와 가슴 윗면에

---

*69 Kirby and Spence(커비와 스펜스), '같은 책,' Vol. 3, p. 329.

〈그림 22〉 *Bledius taurus*
왼쪽 : 수컷, 오른쪽 : 암컷

있다. 반날개과 수컷의 뿔은 동종에 속하는 개체 가운데에서도 Lamellicorns 에서 본 것과 마찬가지로 매우 변이가 풍부하다. Siagonium에는 두 형태가 있어 수컷은 몸 크기와 뿔의 발달상태에 따라 두 가지로 나눌 수 있다. 그것은 서로 크게 달라서 그 중간적인 모습은 존재하지 않는다. 반날개과에 속하는 Bledius(〈그림22〉)는 웨스트우드(Westwood) 교수가 말한 것처럼, 같은 지역에서 '가슴 한복판의 뿔이 매우 크지만 머리의 뿔은 거의 흔적으로 남아 있는 수컷과, 가슴뿔은 그것보다 훨씬 작고 머리의 돌기가 훨씬 큰 것' 등의 양쪽을 볼 수 있다.[70] 이것은 명백하게 성장의 보상원리에 대한 예로, 위에 말한 Onitis furcifer의 수컷이 상부의 뿔을 잃은 기묘한 예를 설명할 수 있게 해준다.

투쟁의 법칙

싸움에는 적합하지 않은 것처럼 보이는 몇몇 딱정벌레 수컷도 암컷의 소유를 두고 싸운다. 월리스(Wallace)[71]는 매우 길게 뻗은 주둥이를 가지고 있는 가늘고 긴 딱정벌레 *Leptorhynchus angustatus*의 수컷 두 마리가, '그들 옆에서 굴을 파느라 정신이 없는 암컷 한 마리를 두고 싸우는 것을 보았다. 수컷들은 몹시 화가 난 듯이 서로 주둥이로 밀고 발톱으로 할퀴고 때렸다.' 그러나 작은 수컷은 '진 것을 곧 인정하고 달아나버렸다.' 소수의 예에서는, 수컷이 암컷보다 몸이 훨씬 크고 이빨이 있는 큰턱을 가지고 있어 싸움에 잘 적응되어 있다. 흔히 볼 수 있는 사슴벌레(*Lucanus cervus*)가 그런 경우인데, 수컷이 암컷보다 1주일 정도 일찍 번데기에서 나오므로 한 마리의 암컷 뒤를 수컷 여러 마

---

[70] 'Modern Classification of Insects,' Vol. 1, p. 172. 같은 쪽에 Siagonium에 대한 설명이 있다. 나는 대영박물관의 Siagonium 표본 하나에서 중간적 상태를 본 적이 있으므로 엄밀한 이형 (二型)은 아니다.

[71] 'The Malay Archipelago,' Vol. 2, 1869, p. 276.

리가 쫓아다니는 일이 흔하다. 이 단계에서 그들은 격렬한 전투를 치른다. A. H. 데이비스(A. H. Davis)가 수컷 두 마리와 암컷 한 마리를 한 상자 속에 넣었더니, 큰 수컷이 자신의 요구가 관철될 때까지 작은 수컷을 그 큰 턱으로 물면서 공격했다.*72 나의 친구는 어릴 때 수컷끼리 싸우는 것을 본 적이 있었는데, 고등동물과 마찬가지로 수컷끼리는 암컷보다 훨씬 대담하고 격렬하게 싸운다고 나에게 알려주었다. 딱정벌레를 잡아 그 앞에 손가락을 내밀면, 수컷은 반드시 그 손가락에 덤벼들지만 암컷은 그렇지 않다. 사슴벌레과의 대부분은 위에 말한 Leptorhynchus와 마찬가지로 수컷이 암컷보다 훨씬 크고 힘이 세다. Lethrus cephalotes(Lamellicorns의 일종)는 암수가 같은 굴에 살며 수컷이 암컷보다 큰 턱을 가지고 있다. 번식기에 다른 수컷이 찾아와서 굴에 들어가려고 하면 공격을 받는다. 암컷도 구경만 하는 것이 아니라 굴 입구를 가로막고 자신의 수컷을 뒤에서 계속 밀어올리면서 그를 응원한다. 이 행동은 침입자가 죽거나 달아날 때까지 계속된다.*73 또 다른 Lamellicorns의 딱정벌레인 Ateuchus cicatricosus는 암수가 함께 살며 서로 강한 애착을 가지는 것 같다. 수컷은 암컷을 자극하여 똥을 굴리게 하고, 암컷은 그 속에 알을 낳는다. 만일 암컷을 제거해버리면 수컷은 심하게 동요한다. 브륄리(Brulerie)는, 수컷을 제거하면 암컷은 아무것도 하지 않고 죽을 때까지 그 자리에서 꼼짝하지 않는다고 생각했다.*74

사슴벌레과 수컷의 거대한 턱은 그 크기와 구조에 변이가 매우 풍부하며, 이 점에서 Lamellicorns나 반날개과의 많은 수컷이 가지고 있는 머리나 가슴의 뿔과 비슷하다. 가장 잘 발달한 종류부터 가장 발달하지 않은 종류, 또는 전혀 없는 종류까지 연속적으로 배열할 수도 있다. 일반적인 사슴벌레와 그 밖의 많은 종의 큰턱은 싸움에 유효한 무기로 사용되고 있는 것은 분명하지만, 큰턱이 이렇게까지 커진 것이 그 때문이라고 설명할 수 있을지는 의문이다. 북아메리카의 Lucanus elaphus의 큰턱이 암컷을 붙잡을 때 사용되는 것을 본 적

---

*72 'Entomological Magazine,' Vol. 1, 1833, p. 82. 이 종의 충돌에 대해서는 Kirby and Spence, '같은 책,' Vol. 3, p. 314 ; Westwood, '같은 책,' Vol. 1, p. 187도 참조.

*73 Fischer(피셔), 'Dict. Class. d'Hist. Nat.,' tome 10, p. 324.

*74 'Ann. Soc. Entomolog. France,' 1866. 이것은 A. Murray(A. 머리)가 'Journal of Travel,' 1868, p. 135에서 인용했다.

이 있다. 그것은 매우 눈에 띄는 데다 섬세하게 갈라져 있어서, 나는 앞에 언급했던 다양한 종(種)이 가지고 있는 뿔과 마찬가지로 수컷의 장식으로 작용하는 것이 아닌가 하는 생각을 여러 번 했다. 남부 칠레의 그란티사슴벌레(*Chiasognathus grantii*)도 같은 과에 속하는 멋진 사슴벌레인데, 수컷은 거대하게 발달한 큰턱을 가지고 있다(〈그림23〉). 그것은 대담하고 호전적이다. 어느 쪽에서 공격을 받든 그 거대한 턱을 벌리고 돌아보면서 커다란 마찰음을 낸다. 그러나 턱의 힘은 그리 강하지 않아서 손가락을 물려도 별로 아프지 않다.

성 선택은 상당한 감각능력과 강한 열정을 필요로 하는데, 딱정벌레목의 어떠한 과보다 이 Lamellicorns에 강하게 작용해온 것 같다. 몇 종의 수컷은 싸움을 위한 무기를 가지고 있다. 어떤 종은 짝을 지어 생활하며 서로에게 애착을 보인다. 많은 종은 흥분하면 마찰음을 내고 장식으로 보이는 매우 특이한 뿔을 가진 종도 많다. 주행성(晝行性)인 어떤 것들은 멋지고 화려한 색깔을 띠고 있다. 끝으로 세계에서 가장 대형인 딱정벌레 몇 가지가 이 과에 속하는데, 린네와 파브리키우스도 이 과를 딱정벌레목의 우두머리로 여겼다.[75]

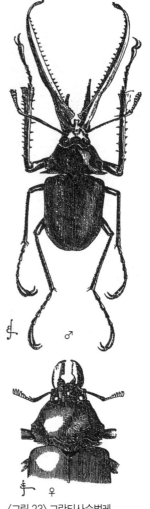

〈그림 23〉 그란티사슴벌레
위 : 수컷, 아래 : 암컷

마찰기관

상당히 다른 과에 속하는 많은 딱정벌레류는 마찰을 위한 기관을 갖고 있다. 그 소리는 때때로 몇 미터나 떨어진 곳에서도 들리지만,[76] 메뚜기목이 내는 소리에는 비할 바가 못 된다. 줄(rasp)이라고 하

---

[75] Westwood(웨스트우드), 'Modern Class.,' Vol. 1, p. 184.

[76] Curculionidae의 음악적인 종류에 대해, Wollaston(월라스턴), 'Annals and Mag. of Nat. Hist.,' Vol. 6, 1860, p. 14.

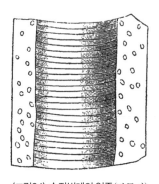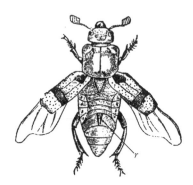

〈그림24〉 송장벌레의 일종(랑두아)
r : 두 개의 줄, 왼쪽 : 줄의 일부를 확대한 그림.

는 부분은 약간 부풀어오른 좁은 면으로 되어 있고, 거기에는 매우 가느다란 이랑이 평행으로 늘어서 있는데, 때로는 그것이 너무 가늘어서 무지갯빛으로 빛나며 현미경 아래에서는 매우 우아한 모습을 드러낸다. 어떤 경우에는, 이를테면 Typhaeus처럼 매우 가늘고 단단한 비늘 같은 돌기가 표면 전체에 거의 평행하게 뒤덮여 있는데, 그것이 전체적으로 직선을 이루는 동시에 부드럽게 돌출되어 줄의 톱니 모양을 형성하고 있는 것을 똑똑히 볼 수 있다. 그 기관에 인접한 부분의 단단한 능선은 때로는 그것을 위해 특별히 변용하여 줄을 긁는 도구 역할을 한다. 긁는 도구가 줄에 대해 재빨리 움직이는 종류도 있으며, 반대로 줄이 움직이는 종류도 있다.

이러한 기관들이 있는 위치는 종마다 매우 다르다. 사체를 먹는 딱정벌레인 송장벌레류(Necrophorus)는 랑두아(Landois)가 기록한 것처럼[77] 두 개의 평행하는 줄(〈그림24〉, *r*)이 제5배마디 등쪽에 늘어서 있고, 각각의 줄에는 126~140개의 가느다란 융기들이 도드라져 있다. 이처럼 다른 부분보다 약간 튀어나온 융기 부분을 딱지날개 뒤쪽 가장자리로 문지르는 것이다. Crioceridae(긴가슴잎벌레과)와 *Clythra 4-punctata*(잎벌레과의 일종), 거저리과(밀웜), 그 밖의 다른 일부에서는[78] 줄은 복부 등쪽의 부속물 위, 꼬리마디

---

*77 'Zeitschrift für wiss. Zoolog.,' Bd. 17, 1867, S. 127.
*78 G. R. 크로치 씨가 이 세 과에 속하는 다양한 딱정벌레의 수많은 표본과 그에 관한 귀중한 정보를 나에게 보내주었다. 그는 Clythra에 마찰음을 발생하는 능력이 있다는 것은 이전에는 관찰된 적이 없다고 믿고 있다. 나는 또 E. W. 잰슨 씨에게서도 표본과 정보 등 양

또는 전미절(前尾節)에 있는데, 위와 마찬가지로 딱지날개로 그 부분을 문지른다. 또 다른 과에 속하는 Heterocerus(진흙벌레)는 제1배마디 옆에 있는 줄을 넓적다리마디 옆면으로 문지른다.[79] 바구미과(Curculionidae)와 딱정벌레과(Carabidae)의 일부에서는[80] 위치가 완전히 반대로, 줄이 딱지날개 아랫면의 정점 가까이나 옆구리를 따라 자리잡고 있고, 배마디의 가장자리가 문지르는 역할을 한다. *Pelobius hermanni*(물방개과, 수생갑충의 일종)는 딱지날개의 봉합선 근처에 그것과 평행하게 날카로운 융기가 달리고 있고, 거기에 돌기가 나 있다. 그 중간부분은 매우 거칠지만 양끝으로 갈수록 점점 가늘어지며, 특히 위쪽으로 갈수록 더욱 미세해진다. 이 곤충을 물속이나 공중에서 잡으면, 매우 날카로운 뿔 모양의 배마디 끝을 줄에 문질러 마찰음을 낸다. 대부분의 하늘소(하늘소과)는 기관이 또 다른 방식으로 배치되어 있으며, 줄은 가운데가슴에 있고 앞가슴으로 그것을 문지른다. 랑두아는 Cerambyx heros(하늘소과의 일종)의 줄에는 238개나 되는 돌기가 있는 것을 확인했다.

Lamellicorns는 대부분 마찰음을 낼 수 있지만 기관의 배치가 매우 다르다. 어떤 것은 아주 큰 마찰음을 내기 때문에 F. 스미스가 *Trox sabulosus*(큰송장풍뎅이)를 잡았을 때, 그 근처에 있었던 사냥터 관리인은 그가 쥐를 잡은 것으로 생각했을 정도였다. 그러나 나는 이 딱정벌레가 어떠한 기관을 사용하는지는 알아내지 못했다. Geotrupes와 Typhaeus(둘 다 금풍뎅이과의 한 속)는 양쪽 뒷다리의 밑마디를 가로지르는 좁은 융기가 비스듬하게 자리잡고 있고, *G. stercorarius*는 거기에 84개의 돌기가 있다(〈그림25〉, r). 거기에 배마디의 하나에서 나온 특별한 돌기를 문질러서 소리를 낸다. 그것과 가까운 *Copris lunaris*는 딱지날개의 봉합부를 따라 매우 가느다란 줄이 자리잡고 있고, 또 하나의 짧

면으로 도움을 받았다. 나의 아들 F. 다윈은 *Dermestes murinus*(무린수시렁이)도 마찰음을 내는 것을 발견했지만, 그 기관을 정확하게 찾아내지는 못했다고 덧붙여둔다. 최근에는 올겐(Algen) 씨가 Scolytus(나무좀)도 마찰음을 낸다고 기술한 바 있다('Edinburgh Monthly Magazine,' 1869, Nov. p. 130).

[79] Schiödte(셰테), 'Annals and Mag. Nat. Hist.,' Vol. 20, 1867, p. 37.

[80] 웨스트링(Westring)은 (Kroyer[크로이어], 'Naturhist, Tidskrift,' Bd. 2, 1848–49, S. 334), 이 두 종 및 다른 과의 마찰기관에 대해 설명했다. 딱정벌레과에 대해, 나는 크로치 씨가 보내준 *Elaphrus uliginosus*와 *Blethisa multipunctata*를 조사해 보았다. Blethisa의 경우에는 가장자리가 깔쭉깔쭉한 배마디를 가로지르는 융기가, 내가 판단하건데 딱지날개 위에 있는 줄을 비비는 역할은 하지 않는 것 같다.

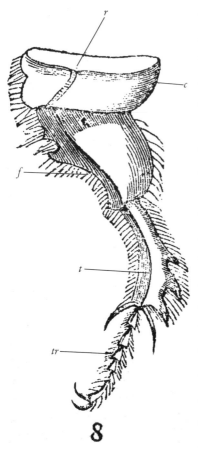

8

⟨그림25⟩ Geotrupes stercorarius(랑두아)
r : 줄 t : 종아리마디 c : 밑마디 tr : 발목마디
f : 넓적다리마디

은 줄이 가장자리 바깥쪽 기부에 있다. 그러나 르콩트에 따르면*81 딱지날개의 아랫면에 있다고 한다. 끝으로 웨스트링은 Omaloplia brunnea(소똥구리과의 일종)의 줄은 앞가슴판에, 긁는 기구는 뒷가슴판에 있다고 설명했는데, 그렇다면 이러한 기관들은 하늘소과와는 달리 몸 윗면이 아니라 아랫면에 있음을 뜻한다.

여기서 알 수 있듯이, 딱정벌레목의 다른 과에 속하는 곤충들이 가지고 있는 마찰음 발생기관은 위치가 놀랄 만큼 다양해도 구조는 거의 같다. 같은 과에 속해 있어도 어떤 종에는 이러한 장치들이 있고, 어떤 것에는 전혀 없다. 이러한 다양성은 본디 다양한 종이 몸의 단단하고 거친 부분들을 서로 문질러서 소리를 내고, 그렇게 만들어낸 소리가 어떤 의미에서 유효했기 때문에 거친 표면이 서서히 발달하여 정밀한 마찰음 발생기가 된 것이라고 생각하면 이해할 수 있을 것이다. 딱정벌레 가운데에는 이동하는 동안 그럴 의도가 있든 없든, 또 그것을 위한 적절한 기관을 갖고 있지 않은 데도 소리를 내는 것이 있다. 월리스가 나에게 알려준 바에 따르면 Euchirus longimanus(대왕긴앞다리풍뎅이. Lamellicorn의 일종으로 수컷의 앞다리가 경이로울 정도로 길다)는 '이동하는 동안 복부를 내밀었다가 집어넣음으로써 슉, 슉 하는 낮은 소리를 낸다. 그리고 붙잡히면 뒷다리를 딱지날개 가장자리에 문질러서 마찰음을 낸다.' 슉, 슉 하는 이 소리는 명백하게 양쪽 딱지날개의

---

*81 르콩트(Leconte)의 'Introduction to Entomology,' pp. 101, 143에서 발췌한 글을 보내준 일리노이의 월시 씨에게 감사드린다.

봉합부를 따라 늘어서 있는 좁은 줄에 의한 것이며, 나 자신도 넓적다리마디의 거친 표면을 그것과 대응하는 딱지날개의 깔쭉깔쭉한 가장자리에 문질러 이 소리가 나는 것을 관찰했다. 그러나 완전한 줄은 발견하지 못했다. 그것은 매우 큰 곤충이어서 내가 그 부분을 못 보고 지나쳤을 가능성은 거의 없다. 꼭지딱정벌레(Cychrus)를 조사하고 웨스트링이 쓴 두 편의 논문을 읽은 뒤에는, 그들이 소리를 낼 수는 있지만 진정한 줄을 갖고 있다는 것은 매우 의심스러운 생각이 들었다.

메뚜기목과 매미목에서 유추하여 딱정벌레목의 마찰음 발생기관에도 성에 따른 차이가 있을 거라고 기대했지만, 이러한 몇 종을 자세히 관찰한 랑두아에 따르면 그러한 차이는 없는 것 같다. 웨스트링 역시 그렇게 말하고 있다. 또 내가 조사하는 것을 돕기 위해 친절하게 수많은 표본을 마련해서 보내준 G. R. 크로치(G. R. Crotch)도 같은 의견이다. 그러나 이 기관처럼 큰 변이가 따르는 것으로부터 작은 성차를 발견하는 것은 어려운 일임이 틀림없다. 내가 조사한 최초의 *Necrophorus humator*(송장벌레 종류)와 *Pelobius*의 경우에는 줄의 크기가 암컷보다 수컷이 훨씬 컸지만 그 이후의 표본은 그렇지 않았다. 내가 보기에 *Geotrupes stercorarius*(보라금풍뎅이)는 수컷 세 마리의 줄이 같은 수의 암컷의 줄보다 두껍고 불투명하며 더욱 뚜렷한 것처럼 보였다. 그래서 암수의 마찰음 발생능력이 서로 다른지 조사하기 위해, 나의 아들 F. 다윈은 살아 있는 표본 57마리를 수집했는데, 그것을 같은 방식으로 잡았을 때 큰 소리를 내는 그룹과 작은 소리를 내는 그룹으로 나누어 보았다. 그런 다음 그 두 그룹의 개체의 성별을 조사했더니 수컷과 암컷의 비율이 거의 같게 나타났다. F. 스미스는 *Mononychus pseudacori*(바구미과)의 살아 있는 표본을 대량으로 사육하고 있었는데, 암수 모두 마찰음을 내며 그 소리의 크기는 같은 것으로 믿고 있었다.

어쨌든 마찰음을 내는 능력은 소수의 딱정벌레목에서는 확실하게 성적형질이다. 크로치는 Heliopathes(거저리과)의 두 종은 수컷만이 마찰기관을 가지고 있는 것을 발견했다. 나는 *H. gibbus* 수컷 다섯 개체를 조사해 보았는데, 모두 마지막 배마디 등쪽에 일부가 둘로 갈라진 매우 잘 발달한 줄이 있었다. 한편 같은 수의 암컷을 조사했더니 줄은 흔적조차 없고, 그 체절(體節)의 막이 수컷보다 훨씬 얇고 투명했다. *H. cribratostriatus*의 수컷에도 비슷한 줄이 있지만 둘로 갈라져 있지는 않았으며, 암컷에서는 이 기관을 전혀 찾아볼 수 없었다. 그러나 수컷은 딱지날개 정상 가장자리의 봉합선 양쪽에 서너 개의 짧은 세로방향 융기가 있는데, 그것을 매우 가느다란 이랑이 가로지르고 있다. 그것은 복부의 줄과 평행을 이루고 있고 모양도 매우 비슷하다. 이러한 융기가 독립된 줄을 문지르는 것인지는 알 수 없다. 암컷에는 이 후자의 구조도 전혀 보이지 않는다.

Lamellicorn의 일종인 Oryctes(장수풍뎅이) 속의 세 종에서도 똑같은 예를 볼 수 있다. *O. gryphus*와 *nasicornis* 암컷은 앞꼬리마디 부분의 줄의 융기가 수컷처럼 연속되어 있지도 않고 뚜렷하지도 않다. 그러나 가장 큰 차이는 이 체절 윗면 전체에 있으며, 그것을 적절하게 빛에 비춰보면 전체가 털로 뒤덮여 있음을 알 수 있는데, 수컷은 털이 전혀 없거나 매우 가느다란 털로 덮여 있다. 모든 딱정벌레류는 줄로 사용되는 부분에 털이 나지 않는다는 사실을 유념해야 할 것이다. *O. senegalensis*는 성차가 더욱 뚜렷하며, 보려고 하는 부분의 체절을 깨끗이 닦아 빛을 비춰보면 그것을 잘 알 수 있다. 암컷은 표면이 가시가 있는 흩어진 작은 돌기로 덮여 있는데, 수컷은 이 작은 돌기가 끝부분을 향할 수록 점점 합류하여 가지런해지고 가시가 사라진다. 그리하여 수컷의 체절 4분의 3은 극도로 미세한 평행한 이랑 같은 것으로 뒤덮이게 되는데, 암컷에는 그런 것이 전혀 없다. 그러나 표본 처리된 이 세 종의 Oryctes 암컷의 배를 앞뒤로 문질러 보면 희미한 마찰음을 들을 수 있다.

Heliopathes와 Oryctes의 경우에는 수컷이 암컷을 유혹하고 흥분시키기 위해 마찰음을 내고 있다는 것은 거의 의심할 여지가 없다. 그러나 대부분의 딱정벌레류는 마찰음이 암수 모두 상대를 부르는 데 사용되고 있는 것 같다. 그것은 딱정벌레가 다양한 감정상태에서 마찰음을 내는 것을 생각하면 가능성이 전혀 없는 것은 아니다. 새도 짝짓기 상대를 향해 노래하는 것 외에 여러 가지 목적에 목소리를 사용하고 있다는 것은 잘 알려져 있는 사실이다. 그 커다란 Chiasognathus는 분노하거나 도전할 때 마찰음을 낸다. 많은 종들은 잡혀서 달아날 수 없을 때처럼 어려운 상황에 빠지거나 두려움을 느낄 때 소리를 낸다. 월라스턴과 크로치는 카나리아제도에서 나무의 빈 구멍을 두드려 Acalles속의 딱정벌레가 거기에 있는지 조사할 수 있었다. 거기에 있으면 그들은 마찰음을 낸다. 마지막으로 Ateuchus 수컷은 암컷이 일을 하는 것을 격려하기 위해 마찰음을 내며, 암컷이 없어졌을 때는 불안해서 같은 소리를 낸다.[82] 박물학자 가운데에는 딱정벌레가 그런 소리를 내는 것은 적에게 겁을 주어 쫓아내기 위해서라고 생각하는 사람도 있지만, 큰 딱정벌레류의 그 단단한 껍질까지 먹어치울 수 있는 네발짐승이나 조류가 이렇게 가냘픈 마찰음에 겁을 먹고 달아난다는 건 도저히 생각할 수도 없는 일이다. 마찰음이 성적 구애로서 작용하고 있다는 견해는 다음과 같은 사실에 의해서도 뒷받침된다. 즉 *Anobium tessellatum*[83]은 서로 소리를 내며 성적 구애에 응하는 깃으로 잘 알려져 있지만 인공적인 소리에도 응하는 것을 나도 관찰한 적이 있다. 더블데이[84]는 암컷이 소리를 내는 것을 몇 번 본 적이 있는데 한두 시간 뒤에는 수컷과 짝을 이루고 있고, 어떤 경우에는 여러 마리의 수컷에 에워싸여 있었다. 마지막으로 딱정벌레류의 암수는 처음에는 그들의 단단한 몸의 인접한 부분을 서로 문지름으로써 생기는 희미한 소리로 서로를 찾을 수 있겠지만, 수컷이든 암컷이든 가장 큰 소리를 낼 수 있는 개체가 상대를 가장 잘 찾을 수 있기 때문에, 성 선택을 통해 몸의 다양한 부분의 주름이 점점 늘어나 실제적인 마찰기관이 생긴 것으로 생각할 수 있다.[85]

---

*82 M. P. de la Brulerie(P. 드 라 브륄리), 'Journal of Travel,' A. Murray, Vol. 1, 1868, p. 135에서 인용.

*83 (역주) 권연벌레 종류.

*84 더블데이 씨는 다음과 같은 사실을 알려주었다. '곤충은 다리를 쭉 세워 자신의 몸을 최대한 높이 들어올려서, 자신이 올라가 있는 물체에 대해 가슴을 대여섯 번 빠르게 부딪쳐 소리를 낸다'. 이에 대해서는 랑두아(Landois)의 'Zeitschrift für wissen. Zoolog.,' Bd. 17, S. 131 참조. 올리비에(Olivier)는 (커비와 스펜스의 'Introduct.,' Vol. 2, p. 395에 인용되어 있는 바로는) *Pimelia striata* 암컷은 주위의 단단한 물체에 배를 부딪쳐서 큰 소리를 내고, '수컷은 그 소리에 매우 순종적으로 응하여 곧 암컷과 짝을 이룬다'고 말했다.

*85 (역주) 성 선택 연구에 커다란 공헌을 한 것 가운데 밑들이목의 각다귀붙이 종류가 있다. 이 곤충의 수컷은 암컷에게 구애를 할 때 무언가 먹을 것을 주는데, 그때 수컷이 가져오는 먹이의 크기를 보고 암컷이 선택을 하며, 또 먹이 획득을 위해 수컷끼리 경쟁한다고 알려져 있다.

제11장 곤충(이어서)—나비와 나방

나비의 구애—싸움—소리—암수에 공통된, 또는 수컷의 좀더 선명한 몸 색깔—그것의 예—생활조건에 따른 직접적인 결과는 아니다—보호를 위해 적응한 색깔—나방의 색깔—구애, 과시, 행동—나비목의 감각능력—변이—수컷과 암컷의 색깔이 다른 이유—의태, 암컷이 수컷보다 화려한 색을 띤 나비—애벌레의 화려한 색깔—요점 및 곤충의 이차성징에 관한 결론—새와 곤충의 비교.

이 거대한 목에서 우리에게 가장 흥미로운 것은 같은 종에 속하는 암수나, 같은 속에 속하는 다른 종 사이에서 몸 색깔이 다르다는 점이다. 이 장의 대부분은 이 문제에 할당될 것인데, 맨 먼저 다른 몇 가지 점에 대해 살펴보려고 한다. 여러 마리의 수컷이 한 암컷의 뒤를 무리지어 쫓아가는 광경은 흔히 볼 수 있다. 나는 두 마리 이상의 수컷이 한 마리의 암컷 주위를 빙글빙글 선회하고 있는 장면을 몇 번이나 보았는데, 그 구애의 결과가 어떻게 되는지 알기도 전에 먼저 지쳐버리는 걸 생각하면, 그들의 구애가 시간이 오래 걸리는 지루한 것임은 틀림없는 듯하다. 나비는 그렇게 연약하고 가냘픈 생물이지만 매우 호전적이어서 네발나비과 가운데에는 다른 수컷과 싸우다가 날개가 찢어지는 것도 있다.[*1] 콜링우드는 보르네오의 나비가 종종 싸우는 것에 대해 다음과 같이 말했다. "그들은 서로의 주위를 매우 빠른 속도로 선회하면서, 그 서슬에 점점 더 사나워지는 것처럼 보인다." 나비 중에는 *Ageronia feronia*처럼 톱니바퀴가 용수철 장치 위를 굴러가는 듯한 소리를 내는 것도 있는데, 그 소리가 몇 미터나 떨어진 곳에서도 들릴 정도이다. 나도 리우데자네이루에서

＊1 번개오색나비(*Apatura Iris*). 'The Entomologist's Weekly Intelligencer,' 1859, p. 139. 보르네오의 나비에 대해서는 C. Collingwood(C. 콜링우드), 'Rambles of a Naturalist in the Chinese Seas,' 1868, p. 183 참조.

그 소리를 들을 수 있었는데, 그것은 언제나 두 마리가 불규칙한 코스로 서로를 쫓고 있을 때였으니, 어쩌면 암수가 구애하는 동안 일어나는 일인지도 모른다. 그러나 나는 이제까지 그것에는 그다지 관심을 두지 않고 있었다.[*2]

모든 사람들이 대부분의 나비와 일부 나방의 아름다움에 대해 감탄해 왔는데, 그 아름다움은 과연 어떻게 획득된 것일까? 그들의 몸 색깔과 다양한 무늬는 그들이 평소에 노출되어 있는 물리적 조건에 대한 직접적인 반응으로 생긴 것일 뿐, 그러한 점에 뭔가 특별한 이익은 없는 것일까? 아니면 보호를 위해서나 다른 뭔가 알 수 없는 목적을 위해서, 그것도 아니면 한쪽 성이 다른 쪽 성에게 매력적으로 보이기 위해 차례차례 변이가 축적되어 그렇게 된 것일까? 그리고 어떤 종류는 암수의 색깔이 매우 다른데, 또 어떤 종은 매우 유사한 것은 무엇 때문일까? 이러한 의문에 대답하기 전에 먼저 많은 사실들을 검토해 보아야 한다.

영국산 나비의 대부분은 네발나비, 공작나비, 큰멋쟁이나비(Vanessae) 같은 아름다운 종류나 굴뚝나비(Hipparchiae) 등과 같은 수수한 종류는 암수가 서로 비슷하다. 이것은 열대의 Heliconidae[*3]와 Danaidae[*4]도 마찬가지이다. 그러나 열대의 다른 그룹이나, 번개오색나비와 깃주홍나비 등(*Apatura Iris, Anthocharis cardamines*)의 영국 나비 가운데에도, 암수의 색깔이 매우 다르거나 약간 다른 것이 있다. 일부 열대종 수컷의 아름다움은 도저히 말로 다 표현할 수 없을 정도이다. 같은 속에서도 암수 사이에 놀랄 만한 차이가 있는 것과 매우 비슷한 것 양쪽을 볼 수 있다. 이제부터 설명할 것과 그것에 관한 논의에 대해 많은 도움을 주었던 베이츠에 따르면, 남아메리카의 Epicalia의 속은 암수가 한 곳에 머물기 때문에(이것은 나비에서는 그다지 없는 일이다), 외적 환경의 차이에서 암수의 차이가 생긴다고 생각할 수 없는 것이 12종 있다고 한다.[*5] 그 가운데 9종의 수컷은 세계에서 가장 아름다운 나비로 여겨지

[*2] 나의 《비글호 항해기》 1845년, 33쪽 참조. 더블데이(Doubleday) 씨는 앞날개 기부에 기묘한 막 모양의 주머니가 있는 것을 발견했는데, 아마도 이것은 소리의 발생과 관계가 있으리라고 본다.('Proc. Ent. Soc.,' March 3, 1845, p. 123.)

[*3] (역주) 지금은 네발나비과(Nymphalidae) 속의 표범나비아과(Heliconiinae).

[*4] (역주) 지금은 네발나비과 속의 왕나비아과(Danainae).

[*5] 베이츠(Bates) 씨의 논문 'Proc. Ent. Soc. of Philadelphia,' 1865, p. 206도 참조할 것. 또 월리스(Wallace) 씨도 'Transact. Entomolog. Soc. of London, 1869, p. 278에서 Diadema에 대해 같은

고 있으며 비교적 수수한 편인 암컷과는 색채가 너무나 달라서, 옛날에는 그 수컷은 다른 속으로 분류되어 있었을 정도였다. 이 9종의 암컷은 모두 전체적인 색채의 느낌이 비슷하고, 세계의 다양한 지역에서 볼 수 있는 근연한 속의 암수와도 비슷하게 닮았다. 그래서 유래의 이론에 따라, 이 9종이나 이 속의 다른 모든 종도, 암수가 같은 색채를 띠고 있었던 조상으로부터 유래한 것이라고 생각할 수 있다. 열 번째 종의 암컷은 같은 일반적 색조를 띠고 있지만 수컷이 암컷과 비슷하기 때문에, 이 종의 수컷은 앞에 말한 종에 비해 그렇게 화려하거나 뚜렷한 편은 아니다. 열한 번째와 열두 번째 종은 암컷의 색채가 이 속에서 흔히 볼 수 있는 것과 달리 수컷과 거의 마찬가지로 화려하게 장식되어 있지만 그래도 수컷만큼은 아니다. 그래서 이 두 종에서는 수컷의 화려한 색채가 암컷에게도 전달된 것으로 보이지만, 열 번째 종의 수컷은 암컷의 수수한 색채 또는 이 속의 조상 형질의 색채를 유지하고 있거나 중간에 획득한 것으로 생각된다. 즉 이러한 암수가 지금과 같은 색채를 갖게 된 것은, 거의 같지만 반대방향으로 작용하는 과정을 거쳐온 것이다. 이것과 근연한 Eubagis속의 일부 종은 암수 모두 수수하고 거의 비슷하지만, 더 많은 종은 수컷이 아름다운 금속적 광채를 갖고 있으며 다양한 무늬를 이루고 있어서 암컷과는 매우 다르다. 이 속 전체를 통해 암컷은 같은 일반적인 색조를 띠고 있기 때문에, 자신과 같은 종의 수컷보다 다른 암컷끼리 훨씬 더 비슷하다.

호랑나비속(Papilio)에서는 Aeneas 그룹에 속하는 모든 종이 매우 눈에 띄는 강렬한 대조적 색채를 띠고 있어, 암수의 차이가 큰 것부터 작은 것까지 연속적으로 배열할 수 있을 것 같다. 이를테면 *P. ascanius* 같은 일부 종은 암수가 닮았지만 다른 종은 수컷이 암컷보다 약간 밝은 것부터 매우 화려한 것까지 다양하게 있으며, 모든 것이 암컷보다 아름답다. 영국산 큰멋쟁이나비(Vanessae)와 가까운 Junonia속(네발나비과)에서도 비슷한 예를 볼 수 있는데, 이 대부분의 종에서는 암수가 그다지 다르지 않고 색채도 선명하지 않지만, 그래도 *J. oenone* 같은 종은 수컷이 암컷보다 화려하고 몇몇 종(이를테면 *J. andremiaja*)은 수컷과 암컷이 서로 매우 다르기 때문에 완전히 다른 종으로 착각할 정도이다.

주제를 논했다.

대영박물관의 A. 버틀러가 나에게 알려준 또 하나의 놀라운 예는 열대아메리카에 사는 녹색부전나비아과(Theclae)로, 그 가운데 한 종은 암수가 거의 같고 매우 아름다운 색을 띠고 있다. 다른 종의 수컷은 마찬가지로 아름다운 색이지만, 암컷의 날개 윗면이 모두 수수한 갈색뿐이다. 영국에서 흔히 볼 수 있는 부전나비속(Lycaena)의 작고 푸른 나비는 앞에 말한 외국산 속에 비하면 그 정도가 덜하지만, 암수의 다양한 색채 차이를 잘 보여주고 있다. *Lycaena agestis*는 암수 모두 날개가 갈색이고 가장자리가 작은 오렌지색 눈알무늬로 장식되어 있으므로 암수가 비슷하다. *L. oegan* 수컷의 날개는 아름다운 청색에 가장자리가 검지만, 암컷은 갈색에 같은 테두리가 있으며 *L. agestis*와 비슷하다. 마지막으로 *L. arion*은 암수 모두 청색으로 거의 같지만 암컷의 날개 가장자리는 비교적 칙칙한 색이며, 검은 반점의 색깔도 옅다. 그리고 화려한 청색의 인도산 종류는 암수가 더욱 비슷하다.

내가 이러한 예에 대해 상세히 소개한 것은 다음의 사실을 보여주기 위해서이다. 첫째, 나비의 암수가 다를 때는 일반적인 법칙으로서 수컷이 아름다우며, 그 종이 속해 있는 그룹에서 흔히 볼 수 있는 유형의 색채에서 가장 벗어난 것도 수컷이다. 그래서 대부분의 그룹에서는, 몇몇 다른 종의 암컷끼리가 동종의 수컷보다 더 닮은 경우가 많다. 단, 이제부터 보여줄 몇 가지 예외에서는 암컷이 수컷보다 훨씬 화려한 색채를 띠고 있다. 두 번째로 이러한 예들은 같은 속에서도 암수의 차이가 전혀 없는 것부터, 너무나 달라서 곤충학자가 오랫동안 다른 속으로 분류해 왔던 것까지 모든 연속적인 단계가 있음을 똑똑히 보여주고 있다. 세 번째로 암수가 매우 비슷할 때는 수컷이 그 색채를 암컷에게 전달해주었거나, 수컷이 그 종이 속하는 속의 조상이 갖고 있었던 색채를 유지 또는 부활시켰기 때문인 것으로 생각된다. 암수 사이에 색채의 차이가 있는 종에서도 암컷은 다소나마 수컷과 비슷하므로, 수컷이 매우 아름다운 종에서는 암컷도 역시 아름다운 것이 일반적이라는 사실도 지적해둘 만하다. 암수 사이의 차이의 정도는 많은 경우는 연속적이라는 점에서, 또 같은 그룹 안에서는 전체적인 색채는 같은 경우가 많다는 점에서, 어떤 종에서 수컷만 화려한 색채를 띠게 되는 원인은 그것이 무엇이든 다른 종에서 암수를 거의 유사하게 만드는 원인과 같다는 결론을 내릴 수 있다.

이토록 화려한 색채를 띤 나비가 열대에 많이 살고 있다는 점 때문에, 그 색채는 그들이 서식하는 장소의 온도와 습도가 높은 데서 오는 것이라고 말하는 사람들이 종종 있다. 그러나 베이츠(Bates)[6]는 온대 및 열대에 사는 다양한 근연종 곤충의 그룹을 비교한 뒤에, 꼭 그렇게 말할 수는 없다는 증거를 보여주었다. 그것은 화려한 색채의 수컷과 같은 종에 속하는 수수한 암컷이 같은 장소에서 살며 같은 먹이를 먹는 등, 생활습성이 완전히 같은 것을 보면 알 수 있다. 암수가 매우 비슷할 때도, 그들의 아름답고 훌륭한 색깔과 무늬가 아무런 목적도 없이 그저 세포 조직의 성질이나 주위 환경의 작용에서 나온 결과라는 건 도저히 믿을 수가 없다.

어떠한 동물에서도 어떤 특별한 목적을 위해 색채가 변화할 때는 우리가 판단하는 한, 그것은 보호를 위해서이거나 이성을 유혹하기 위해서이다. 많은 나비의 날개 윗면은 눈에 띄지 않는 색을 띠고 있으며, 그것은 적에게 노출될 위험을 피하는 데 도움이 될 것이 틀림없다. 그러나 나비는 쉬고 있을 때 적의 공격을 가장 받기 쉬운데, 그것은 나비가 쉬고 있을 때는 날개를 등 위에서 접고 있으므로 날개의 아랫면만 드러나게 된다. 많은 종의 경우에, 쉴 때 자주 내려앉는 장소의 표면과 비슷한 색을 띠고 있는 것은 명백하게 이 날개의 아랫면이다. 이 사실을 맨 처음 알아낸 사람은 뢰슬러(Rössler)라고 나는 생각하는데, 큰멋쟁이나비의 어떤 종류와 그 밖의 나비들의 접은 날개는 그들이 머무는 나무껍질과 매우 비슷하다. 이 같은 놀라운 예는 그 밖에도 수없이 들 수 있다. 가장 흥미로운 것은 월리스가 기록한, 인도와 수마트라에서 흔히 볼 수 있는 가랑잎나비(Kallima)일 것이다.[7] 가랑잎나비는 머물러서 쉴 때 접은 날개 사이에 머리와 더듬이를 숨겨버리는데, 날개의 모양과 색깔과 무늬까지 잎자루가 달린 시든 나뭇잎과 똑같아서 내려앉는 순간 마법처럼 시야에서 사라져버린다. 다른 예에서는 날개 뒷면의 선명한 색채가 보호색 역할을 하는 것도 있다. 예를 들어 *Thecla rubi*는 날개를 접으면 에메랄드그린 빛깔을 띠는데, 그것은 이 나비가 봄에 자주 쉬는 나무딸기 새싹과 꼭 닮았다.

많은 나비의 날개 윗면과 아랫면의 수수한 색조가 몸을 숨기는 데 도움이 되는 것은 분명하지만, 이 견해를 네발나비나 큰멋쟁이나비, 흰나비(Pieris), 탁

---

[6] 'The Naturalist on the River Amazons,' Vol. 1, 1863, p. 19.

[7] 'Westminster Review,' July, 1867, p. 10의 흥미로운 논문 참조. 윌리스(Wallace) 씨의 'Hardwick's Science Gossip,' September, 1867, p. 196에 Kallima의 목판화가 있다.

트인 초원을 날아다니는 호랑나비(Papilio) 등의 아름답고 화려한 종류에 적용할 수는 없다. 이러한 나비들이 그렇다면 어떤 생물의 눈에도 똑똑히 보이기 때문이다. 이들의 암수는 서로 비슷하지만, 매우 흔히 볼 수 있는 멧노랑나비(*Gonepteryx rhamni*)의 수컷은 뚜렷한 짙은 노란색인데 비해 암컷의 노란색은 훨씬 옅은 편이다. 갈구리나비(*Anthocharis cardamines*)는 수컷만 날개 끝에 오렌지색의 작은 얼룩을 갖고 있다. 이러한 예에서는 암수가 동등하게 눈에 잘 띄며, 그들의 색채 차이가 무언가의 의미에서 일반적인 보호색과 관련이 있다고 생각하기는 어렵다. 어쨌든 많은 종의 눈에 띄는 색채는 이제부터 설명하겠지만 적이 본 순간 먹을 수 없는 것으로 인식하게 하는 간접적인 방법을 통해 이익을 얻고 있을 가능성은 있다. 그러나 아무리 그렇다 해도 그들의 화려한 색채와 아름다운 무늬가 그런 목적만을 위해 획득되었다고 말할 수는 없을 것 같다. 다른 놀라운 예에서는 또다른 아름다운 종을 흉내내는 방법으로 아름다움을 획득하고 있는데, 그들은 같은 지역에서 살며 어떤 방법으로든 적의 기피 대상이 되고 있는 종의 아름다움을 모방하는 것이다.

앞에 말한 영국산 갈구리나비 암컷과 미국에 서식하는 종류(*Anth. genutia*)의 암컷은, 월시가 나에게 알려준 것처럼 이 속의 조상이 지니고 있던 색을 보여주고 있는 것인지 모른다. 왜냐하면 4,5종에 이르는, 각지에 널리 서식하는 종류의 암수가 거의 대부분 이 2종의 암컷과 같은 색채를 띠고 있기 때문이다. 여기서는 앞에 말한 몇 가지 예와 마찬가지로 이 속의 일반적인 색채와 거리가 먼 것은 갈구리나비(*Anth. cardamines*)이든 *genutia*이든 수컷 쪽이라고 생각해도 좋을 것이다. 캘리포니아의 *Anth. sara*는 암컷도 날개 끝이 반쯤 오렌지색을 띠고 있다. 그러나 수컷보다는 색이 옅고 다른 점에서도 조금은 다르다. 이것과 가까운 종인 인도의 *Iphias glaucippe*는 끝부분의 오렌지색이 암수에 동등하게 발달해 있다. 이 Iphias의 날개 아랫면은 A. 버틀러가 나에게 알려준 바에 따르면, 옅은 색의 식물 이파리와 놀랄 만큼 비슷하다. 영국의 갈구리나비는 날개 아랫면이 야생 파슬리의 꽃과 매우 비슷한데, 밤이 되면 이 나비가 거기에 쉬러 가는 것을 볼 수 있다.*8 이러한 예에서는 나비의 날개 아랫면의 색깔을 보호색이라고 믿게 하는 것과 같은 논리에 의해 날개끝이 오

*8 T. W. 우드(T. W. Wood) 씨의 흥미로운 관찰 'The Student,' September, 1868, p. 81 참조.

렌지색을 띠고 있는 것은, 특히 그것이 수컷에만 한정되어 있는 경우에는 보호색으로 발달한 것이 아니라고 추론할 수 있다.*9

이제 나방으로 눈을 돌려보자. 나방들은 낮 동안에는 대부분 날개를 펼치고 가만히 앉아 있다. 그들의 날개 윗면은 종종 흐릿한 색으로, 월리스가 지적했듯이 눈에 띄지 않도록 매우 교묘한 색조를 띠고 있다. 누에나방과(Bombycidae)와 밤나방과(Noctuidae)의 대부분은*10 쉬고 있을 때는 앞날개가 겹쳐져서 뒷날개가 드러나지 않기 때문에, 뒷날개는 선명한 색을 띠고 있어도 위험이 없을 것이다. 사실 이 두 과의 많은 종은 실제로 그렇게 되어 있다. 나방은 날고 있을 때는 대부분 적에게서 달아날 수 있을 것이 분명하다. 그때는 뒷날개가 완전히 드러나게 되므로, 일반적으로 그 선명한 색채는 약간의 위험과 함께 획득되었을 것이다. 그러나 다음과 같은 예를 보면 이러한 사항에 대해 결론을 내릴 때는 얼마나 신중해야 하는지 잘 알 수 있다. 뒷날개가 노란색인 밤나방(Triphaena)은 종종 낮이나 저녁 일찍 나는데, 그 뒷날개의 색깔 때문에 눈에 잘 띈다. 당연히 그것은 위험한 일이라고 생각되지만, J. 제너 위어는 그것이 실제로는 적에게서 달아나는 데 도움이 된다고 생각하고 있다. 왜냐하면 새들은 이 선명한 색을 띠는 부분을 공격하므로 중요한 몸의 표면은 공격을 받지 않기 때문이다. 위어는 자신의 새장에 건강한 *Triphaena pronuba*를 한 마리 넣어보았다. 나방은 곧 울새에게 쫓기게 되었는데, 새의 주의는 온통 색깔이 있는 날개 쪽에 있었기 때문에, 나방은 정말로 잡아먹힐 때까지 50번 이상 공격을 받아 날개 일부가 계속해서 찢어졌다. 그는 야외에서 *T. fimbria*와 제비를 이용하여 같은 실험을 하려고 했으나, 아마도 이 나방이 너무 컸기 때문인지 참새에게 잡히지는 않았다.*11 이쯤에서 월리스(Wallace)가 쓴 글이 생각난다.*12 그는

---

*9 (역주) 나비의 시각은 인간의 시각과 달라서 자외선 영역에도 감수성이 높기 때문에, 인간의 눈에 보이는 것과 같은 모습으로 나비끼리 서로를 인식하고 있다고 생각해서는 안 된다. 또 나비는 다양한 페로몬을 분비하며, 그것이 서로를 인식하고 짝짓기하는 데에 큰 역할을 하고 있다. 나비의 성적이형에 대해서는 다윈 이후에도 많은 주장이 제기되었지만, 짝짓기 방법이 확실히 알려져 있는 나비의 종류가 많지 않고 짝짓기에 관한 실험도 어렵기 때문에 아직 밝혀지지 않은 것이 많다.

*10 월리스(Wallace) 씨의 'Hardwick's Science Gossip,' September, 1867, p. 193 참조.

*11 이에 대해서는 위어(Weir) 씨의 논문 'Transact. Ent. Soc.,' 1869, p. 23 참조.

*12 'Westminster Review,' July, 1867, p. 16.

브라질의 삼림에서도 그렇고 말레이 제도에서도 그렇고, 매우 화려하게 장식된 나비는 모두 커다란 날개를 갖고 있지만 비행하는 솜씨는 형편없다고 했다. 그들을 붙잡아보면 '종종 날개에 구멍이 뚫려 있거나 찢어져 있어서, 새의 공격을 받고 간신히 살아남은 것처럼 보인다. 실제로 날개가 몸의 크기에 비해 더 작았더라면, 나비는 몸의 소중한 부분을 훨씬 빈번하게 물렸을 것이므로, 이렇게 날개가 큰 것은 간접적인 이익을 주고 있는지도 모른다'.

구애를 위한 과시 행동

나비와 일부 나방의 아름다운 색채는, 그것이 보호색이 되는 것과는 관계없이 특별히 구애를 위해 생성된 것이다. 그러나 밤에는 그 화려한 색채가 보이지 않는다. 전체적으로 보면 나방이 주행성인 나비보다 화려하지 않은 것은 분명하다. 그러나 알락나방과(Zygaenidae)와 박각시과(Sphingidae)나 제비나방(Uraniidae)의 여러 종, 불나방과(Arctiidae)와 산누에나방과(Saturniidae)의 일부 나방은, 낮이나 이른 저녁에 날아다니는데, 이러한 것들은 대부분 너무나 아름다우며, 야행성인 종류들과 비교하면 훨씬 화려하다. 그러나 야행성과 관계없이 아름다운 색채를 띠는 몇 가지 예외에 대한 기록도 있다.[13]

구애를 위한 과시 행동에 관해서는 다른 증거도 있다. 나비는 앞에 말했듯이 쉴 때는 날개를 세우지만, 햇빛이 비칠 때는 날개를 접었다 벌렸다 하기 때문에 날개 양면이 완전히 보이게 된다. 날개 아랫면은 종종 보호색으로 수수한 색깔을 띠고 있어도 많은 종류는 윗면과 마찬가지로 화려하며, 그 가운데에는 다른 방식으로 화려한 것도 있다. 몇몇 열대종은 아랫면이 윗면보다 더 화려한 것도 있다.[14] 영국에서 표범나비의 일종인 *Argynnis aglaia*(풀표범나비)는 아랫면만 은빛으로 반짝이는 원형 무늬로 장식되어 있다. 어쨌든 일반적인 법칙으로는 적의 눈에 가장 잘 노출될 것으로 생각되는 윗면이 아랫면보다

---

[13] 이를테면 Lithosia(불나방의 일종). 그러나 웨스트우드(Westwood) 교수도 이 경우에는 놀란 듯하다('Modern Class. of Insects,' Vol. 2, p. 390). 주행성과 야행성 나비목의 상대적인 색조에 대해서는 '같은 책,' pp. 333, 392 참조. 또 해리스(Harris)의 'Treatise on some of the Insects of New England,' 1842, p. 315도 참조할 것.

[14] 호랑나비속의 날개 윗면과 아랫면의 차이에 대해서는 윌리스 씨의 'Transact. Linn. Soc.,' Vol. 25, Part 1, 1865의 "Memoire on the Papilionidae of the Malayan Region"에 들어 있는 삽화 참조.

훨씬 선명하고 다양한 무늬로 장식되어 있다. 날개 아랫면을 살펴보면, 곤충학자는 다양한 종이 서로 어떠한 근연관계를 가지고 있는지 알 수 있다.

여기서 날개 아랫면을 습관적으로 드러내는 일이 거의 없는 나방이라는 커다란 집단으로 눈을 돌리면, 스테인튼에게서 들은 바로는 아랫면이 윗면보다 화려한 경우는 좀처럼 없으며, 비슷한 정도로 화려한 경우도 거의 없다고 한다. 이 법칙에 대한 예외는 그것이 진짜인지 단순히 그렇게 보일뿐인지는 모르지만, 위말드(Wormald)가 특정한 Hypopira(밤나방과의 한 속)이다.*15 R. 트라이멘이 알려준 바에 의하면, 게네의 위대한 저작에는 아랫면이 훨씬 더 화려한 색채를 띠고 있는 3종의 나방 그림이 그려져 있다. 이를테면 오스트레일리아의 Gastrophora(자나방과의 한 속)은 앞날개 윗면은 옅은 회색을 띤 황갈색이지만 아랫면은 검은색 가운데 짙은 파란색이 감도는 눈알무늬가 있고, 그 주위를 등황색(橙黃色)이 에워싸고 있으며, 그것을 또 푸른빛이 도는 흰색이 에워싸고 있는 눈부시게 아름다운 색깔과 무늬를 갖고 있다. 그러나 이 3종의 나방이 지닌 습성에 대해서는 아무것도 알려진 것이 없어서, 이렇게 평범하지 않은 색채를 띠고 있는 원인을 설명할 길이 없다. 트라이멘(Trimen)은 또 다른 푸른자나방류(Geometrae)*16나 날개가 넷으로 갈라진 밤나방류(Noctuae) 속에는 날개 아랫면이 윗면보다 변화가 풍부하거나 화려한 색을 띤 것이 있다고 알려주었다. 그러나 이러한 종에는 '날개를 등 위에 똑바로 세운 채 상당히 오랫동안 가만히 있는' 습성을 가진 것이 있어, 결국 날개 아랫면을 보여주게 된다. 다른 종은 땅이나 풀 위에 앉을 때 이따금 갑자기 날개를 약간 위로 들어올리는 습성을 가진 것이 있다. 그래서 어떤 종의 나방 가운데 날개 아랫면이 윗면보다 화려한 색채를 띠고 있는 것은 처음에 생각했던 것처럼 이상한 일은 아니다.*17 산누에나방과에는 모든 나방 가운데 가장 아름다운 종류들이 있는데, 그들의 날개는 영국의 산누에나방과 공작나방처럼 아름다운 눈알무늬

---

*15 'Proc. Ent. Soc.,' March 2, 1868.

*16 남아메리카의 Erateina속(푸른자나방류 Geometrae의 하나)에 관한 'Transact. Ent. Soc.,' New series, Vol. 5, pls. 15, 16도 참조할 것.

*17 (역주) 이러한 나방들은 쉬고 있을 때 포식자가 다가오거나 뭔가에 놀라면, 갑자기 앞날개를 들어올려 뒷날개 윗면에 있는 눈알무늬를 보여준다. 그것이 경고로 작용하여 적을 쫓아버릴 수 있다.

로 장식되어 있다. T. W. 우드(T. W. Wood)의 관찰에 따르면,*18 그들의 움직임에는 나비와 비슷한 데가 있다고 한다. "이를테면 마치 구애를 위한 과시 행동처럼 날개를 상하로 살랑거리는데, 그것은 야행성보다 주행성 나비목에 특징적인 행동이다."

아름다운 나비들의 대부분은 색채가 성에 따라 다른 데 비해, 아름다운 색을 띤 나방들 가운데 색채가 성에 따라 다른 나방은 영국에는 하나도 없으며, 내가 조사한 바로는 외국산 종에도 없다. 이것은 매우 특이한 사실이다. 그러나 미국의 산누에나방 일종인 *Saturnia Io*는, 수컷의 앞날개가 짙은 황색에 적자색의 기묘한 반점이 박혀 있는데, 암컷은 자줏빛을 띤 갈색에 잿빛 선이 있다고 한다.*19 영국산 나방 가운데 암수의 색깔이 다른 것은 모두 갈색이거나, 다양한 농도의 수수한 노란색, 또는 대부분 하얀색에 가깝다. 몇 종의 수컷은 암컷보다 훨씬 색이 짙으며*20 이들은 대부분 오후에 날아다니는 그룹에 속해 있다. 한편 스테인튼이 알려준 바에 따르면, 많은 속의 수컷의 뒷날개는 암컷보다 더 하얀 빛을 띠고 있는데, 이는 특히 큰거세미나방(*Agrotis exclamationis*)에 잘 나타나 있다. 즉, 저녁에 날 때 수컷이 암컷보다 눈에 잘 띄는 것이다. 박쥐나방(*Hepialus humuli*)은 그 차이가 더 뚜렷하여 수컷은 하얗지만 암컷은 노란색에 짙은 무늬가 있다. 어두운 곳에서든 밝은 곳에서든 이러한 성 차이에 어떤 의미가 있는지는 설명하기 어렵지만, 이것이 아무런 이익도 가져다주지 않는 단순히 성에 한정된 유전적 변이라고는 도저히 생각되지 않는다.

---

* 18 'Proc. Ent. Soc. of London,' July 6, 1868, p. 27.
* 19 Harris(해리스), 'Treatise,' etc., edited by Flint(플린트), 1862, p. 395.
* 20 이를테면, 내가 아들의 표본상자에서 본 바로는, 솔나방과의 일종인 *Lasiocampa quercus*와 *Odonestis potatoria*, 매미나방(*Hypogymna dispar*), 사과독나방(*Dasychira pudibunda*), 밤나방(*Cycnia mendica*)은 수컷이 암컷보다 색깔이 짙다. 가장 후자의 종은 암수의 색채가 매우 뚜렷하게 다르다. 월리스 씨는 이것을 보호적 의태(擬態)가 한쪽 성에만 나타난 것으로 보았는데, 그 점에 대해서는 앞으로 더욱 상세히 살펴보기로 한다. Cycnia의 하얀 암컷은 암수 모두 흰색인, 매우 흔한 불나방 종류(*Spilosoma menthrasti*)와 유사하다. 스테인튼 씨가 관찰한 바로는, 어린 칠면조들은 다른 종류의 나방은 즐겨 먹지만 이 후자의 나방은 아주 싫어해서 한 마리도 먹지 않았다고 한다. 그래서 영국의 새들이 Cycnia를 Spilosoma로 착각하기만 한다면 Cycnia는 포식을 면할 수 있으므로 흰색을 띠고 있는 것은 매우 유리하다고 할 수 있다.

앞에 말한 논의에서 판단하건대, 나비와 일부 나방의 아름다운 색채가 일반적으로 보호색으로서 획득된 것이라고 볼 수는 없다. 그 색채와 우아한 무늬가 마치 과시하듯이 배치되어 있는 것에 대해서는 이미 살펴보았다. 그래서 이것은 일반적으로 암컷이 더 아름다운 수컷을 선택해 왔거나, 더 아름다운 수컷에 흥분하기 때문이라고 생각하지 않을 수 없다. 그렇지 않다면 내가 생각할 수 있는 한, 수컷이 그렇게 장식되어 있는 것에서 어떠한 의미도 찾을 수 없기 때문이다. 개미와 일부 lamellicorn의 딱정벌레는 암수가 서로에게 애착을 느낄 수 있음을 보았다. 개미는 몇 달이 지난 뒤에도 동료를 알아본다. 그러므로 이러한 곤충류와 거의 같은 단계에 위치한 나비목에도 아름다운 색채를 좋아하는 정신적 능력이 있다는 것은 전혀 불가능한 이야기는 아닐 것이다. 그들은 확실히 색채를 보고 꽃을 발견하며, 다른 저작에서 말했듯이 바람에 의해 수분이 이루어지는 식물들에는 화려한 색채의 꽃부리를 갖고 있는 것은 하나도 없다. 박각시과는 종종 녹색 잎 속에 있는 꽃을 향해 멀리서 곧장 내려앉는 것을 볼 수 있으며, 친구에게 들은 바로는 박각시과는 프랑스 남부의 건물 벽에 그려진 꽃 그림에도 여러 번씩이나 앉으려는 시도를 한다고 한다. 더블데이에 따르면 보통의 흰나비는 종종 땅 위에 둔 종이를 향해 내려온다고 하는데, 이것은 자신과 같은 종의 개체로 오인한 것이 분명하다. 콜링우드(Collingwood)[21]는 말레이제도에 서식하는 어떤 종의 나비를 잡는 것이 얼마나 어려운지 이야기하면서 다음과 같이 말했다. "죽은 표본을 눈에 띄는 나뭇가지에 올려두면 같은 종의 나비가 비행을 멈추고 내려오는데, 그것이 이성의 개체인 경우에는 더 쉽게 그물 가까이로 유인할 수 있다."

나비의 구애(求愛)에는 매우 긴 시간이 걸린다. 수컷은 이따금 경쟁자끼리 싸우기도 하며, 여러 마리의 수컷이 한 마리의 암컷 주위를 에워싸고 맴도는 광경을 목격한 사람도 많을 것이다. 그래서 만일 암컷이 어떤 수컷을 다른 수컷보다 좋아하는 일이 없다면 짝짓기에는 우연만이 작용하게 되겠지만, 나는 그것은 있을 수 없는 일이라고 생각한다. 한편 만일 암컷이 언제나 더 아름다운 수컷을 좋아한다면, 또는 가끔 그럴 뿐이라 해도, 수컷의 몸 색깔은 갈수록 화려해져서, 어떠한 유전 양식을 가지는가에 따라 양성에게 전달되거나 한

---

*21 'Rambles of a Naturalist in the Chinese Seas,' 1868, p. 182.

쪽 성에만 전달될 것이다. 제8장의 보유(補遺)에서 언급했던 다양한 증거에서 이끌어낸 결론이 믿을 수 있는 것이라면, 성 선택의 과정은 점점 촉진될 것이 틀림없다. 즉 대부분의 나비목에서 적어도 번데기 단계에서는 수컷의 수가 암 컷보다 훨씬 많다는 것이다.

그러나 몇 가지 사실들은 나비의 암컷이 색채가 더 아름다운 수컷을 좋아 한다는 생각과 반대된다. 즉 몇 명의 관찰자들이 확신을 가지고 말하는 바로 는, 새롭게 나온 암컷이 날개가 너덜너덜해진 수컷이나 퇴색한 수컷, 지저분한 수컷과 짝을 짓고 있는 모습을 종종 볼 수 있다는 것이다. 그러나 수컷이 먼 저 번데기에서 나온다면 이러한 상황이 종종 일어나는 것은 어쩔 수 없는 일 이다. 누에나방과의 나방은 성체가 되면 입이 퇴화하여 흔적기관으로만 남아 있기 때문에 먹이를 먹을 수 없으며, 번데기에서 나오면 곧 암수가 짝을 짓게 된다. 몇 명의 곤충학자들이 나에게 알려준 것은, 암컷은 전혀 움직이지 않는 상태에서 누워 있어, 자신의 짝짓기상대에 대해 선택할 여지가 전혀 없는 것 처럼 보인다는 것이다. 유럽 및 영국의 몇몇 사육가들에게 확인했더니, 일반적 인 누에나방(B. mori)은 완전히 그렇다는 것이었다. 가중나무고치나방(Bombyx. chythia)을 사육한 경험이 매우 많은 월리스 박사는 암컷은 아무런 선택도 하 지 않는다고 확신하고 있었다. 그는 300마리가 넘는 나방을 사육했는데, 가장 건강한 암컷이 볼품없는 수컷과 교미하는 일이 자주 있다고 한다. 그리고 그 반대는 좀처럼 일어나지 않는 것 같다. 가장 건강한 수컷은 연약한 암컷을 돌 아보지도 않고 가장 건강한 암컷에 끌리는 것으로 그는 생각하고 있다. 이제 까지 간접적인 증거에서 많은 종의 암컷이 더 아름다운 수컷을 좋아할 거라 고 생각해 왔지만, 나방이나 나비의 수컷이 아름다운 암컷에 이끌린다는 것 을 의심할 만한 이유는 아무것도 없는 것 같다. 만일 언제나 더 아름다운 암 컷이 선택된다면, 나비의 색채가 종종 한쪽 성에만 전달되는 것을 생각한다면 반드시 암컷이 짝짓기 상대인 수컷보다 아름다워질 것이 틀림없기 때문이다. 그러나 아주 적은 종을 제외하면 그런 일은 일어나지 않는다. 그 예외는 이제 부터 살펴보겠지만 의태와 보호색의 원리로 설명할 수 있다.[22]

---

[22] (역주) 다윈의 시대에는 페로몬과 그 화학적 구조에 대해 아무것도 밝혀진 것이 없었기 때 문에, 그는 날개의 색채와 몸의 크기 등, 인간의 감각으로 이해할 수 있는 것만 문제로 삼

성(性) 선택도 변이의 유무에 의존하는 것이므로, 이 문제에 대해 좀 더 설명하기로 한다. 색의 변이가 매우 심한 나비목은 얼마든지 들 수 있기 때문에 색채에 대해서는 전혀 문제가 없다. 좋은 예를 한 가지 들면 충분할 것이다. 베이츠는 나에게 *Papilio sesostris*와 *childrenae*의 일련의 표본을 보여주었는데, 후자는 앞날개의 아름다운 에나멜상의 초록색 점, 하얀 점의 크기, 그리고 뒷날개의 멋진 진홍색 줄무늬에 있어 수컷 사이에 매우 큰 변이가 있기 때문에, 가장 화려한 수컷과 가장 초라한 수컷 사이에는 매우 큰 차이가 있었다. *Papilio sesostris*도 물론 아름다운 곤충이지만 *P. childrenae*만큼은 아니다. 이것도 앞날개에 있는 초록색 점의 크기와 뒷날개에 이따금 나타나는 작은 진홍색 줄무늬에 있어서, 수컷들 사이에 약간의 변이가 나타난다. 이 종의 암컷과 Aeneas 그룹에 속하는 많은 종의 암컷은 뒷날개에 진홍색 줄무늬를 가지고 있는데, 이 뒷날개의 줄무늬는 수컷이 자기 종의 암컷에게서 빌려온 것처럼 보인다. 그러므로 *P. sesostris*의 가장 화려한 표본과 *P. childrenae*의 가장 수수한 표본 사이에는 아주 근소한 차이밖에 없다. 그리고 단순히 변이의 폭만 생각한다면, 어느 종에서도 그 아름다움을 선택을 통해 끊임없이 키워가는 데 아무런 어려움도 없었을 것은 명백하다. 변이는 여기서는 거의 수컷에만 한정되어 있지만, 월리스와 베이츠[*23]는 다른 종들에서 암컷은 매우 변이가 풍부한데 비해, 수컷은 거의 일정하다는 것을 보여주었다. 나는 앞에서 박쥐나방(*Hepialus humuli*)은 영국에서 암수의 색깔이 다른 가장 좋은 예라고 말했는데, 셰틀랜드 섬에서는 종종 암컷과 매우 비슷한 수컷이 발견된다는 사실을 덧붙여 둔다.[*24] 다음에 나비목의 많은 종류에서 매우 흔하게 볼 수 있는 아름다운 눈알무늬는 매우 변이가 풍부하다는 것을 보여줄 생각이다.

전체적으로 많은 심각한 반론을 들 수는 있지만, 선명한 색채를 띠고 있는

고 있다. 나방의 짝짓기 시스템에서 페로몬이 하는 역할은 매우 크며, 그 연구가 상당히 진척되어 있다. 그러나 한편으로, 적극적인 암컷의 선호에 대한 증거는 많지 않으며, 여기서 논의되고 있는 색채의 성차의 원인에 대해서도 잘 모르는 것이 많이 있다.

[*23] 말레이 지역의 호랑나비과에 관한 월리스의 기술은 'Transact. Linn. Soc.,' Vol. 25, 1865, p. 8, 36. 월리스는 확실하게 구별되는 두 암컷 변종의 중간형으로 보이는, 매우 놀랍고 희귀한 예를 들고 있다. 베이츠의 'Proc. Entomolog. Soc.,' November 19, 1866, p. 40도 참조할 것.

[*24] R. 맥라클란(R. McLachlan)의 'Transact. Ent. Soc.,' Vol. 2, Part 6, 3rd series, 1866, p. 459 참조.

나비목의 대부분의 종은 이제부터 이야기할, 눈에 띄는 색채가 보호색으로서 유리한 경우를 제외하고 그 선명한 색채는 성 선택에 의해 생겼다고 생각해도 좋을 것이다. 동물계 전체를 통해 수컷은 매우 열정적이지만, 일반적으로는 어떠한 암컷도 받아들이며 선호를 보여주는 것은 암컷 쪽이다. 그러므로 만일 여기에도 성 선택이 작용해 왔다면 성차가 있을 때는 더욱 아름다운 것은 수컷이 되어야 하고, 의심할 것도 없이 그것이 일반적인 법칙이다. 암수 모두 선명하게 장식되어 있고 서로 유사할 때는 수컷이 획득한 형질이 양성에 전달된 것으로 생각된다. 그러나 과연 이것만으로 암수의 색채의 유사성과 차이에 관한 설명으로 충분할까?

몇 가지 예에서는 동종에 속하는 나비의 수컷과 암컷은 서로 다른 장소에서 살며 수컷은 햇빛이 비치는 곳에 자주 나오지만, 암컷은 어두운 숲 속에만 있는 것으로 알려져 있다.[*25] 그러므로 다른 생활조건이 직접적으로 양성에 작용하고 있을 가능성은 있다. 그러나 성체가 되고 나서는 다른 조건에 노출되는 시간이 매우 짧고, 유충은 암수 모두 같은 조건에 노출되어 있기 때문에 이런 일은 일어날 것 같지 않다.[*26] 월리스는 암컷의 더욱 수수한 색조는 모든, 또는 거의 모든 예에서 보호색으로서 도움이 되었기 때문에 획득된 것으로 생각하고 있다. 그것과는 반대로 많은 경우, 수컷만이 성 선택을 통해 아름다운 색채를 획득했으며, 암컷은 조금도 변화하지 않았다는 것이 나의 의견이다. 그 결과 가까운 이종(異種)간의 암컷끼리는 동종의 수컷보다 서로 더 유사해질 것이며, 바로 그것이 일반적인 법칙이다. 즉 암컷은 자신이 속한 그룹의 조상이 지닌 원시적인 색채에 가까운 모습을 보여준다. 그러나 수컷이 점점 아름다워지는 원인이 된 변이가 축적되어 암컷에도 전달됨으로써, 대부분의 경우 암컷도 어느 정도 변용하고 있다. 서로 가까운 관계에 있지만 다른 종인 암수도 보통은 긴 유충기에 다른 환경 속에 있기 때문에, 그로 인한 간접적인 영향을 받고 있을지도 모른다. 그러나 수컷에서는 그렇게 하여 얻은 약간의 변이는 모두 성 선택에 의해 획득되는 화려한 색조에 의해 완전히 사라져버릴 것이다. 나중에 조류에 대해 다룰 때, 암수의 일부 색깔 차이는 보호

---

*25 H. W. Bates(H. W. 베이츠), 'The Naturalist on the River Amazons,' Vol. 2, 1863, p. 228 참조. A. R. 월리스(A. R. 월리스)의 'Transact. Linn. Soc.,' Vol. 25, 1865, p. 10 참조.
*26 이 문제 전체에 대해서는 《사육동식물의 변이》 제2권, 1868년, 제23장 참조.

색의 역할을 위해 특별히 암컷에게 획득된 것인가 하는 모든 의문을 다룰 생각이므로 여기서는 최소한의 사실만 언급하기로 한다.

암수가 동등하게 변이를 전달하는 가장 일반적인 유전의 모든 경우에, 수컷을 아름답게 만드는 선택은 암컷도 아름답게 만드는 경향이 있으며, 암컷을 수수하게 만드는 선택은 수컷도 수수하게 만드는 경향이 있다. 만일 두 과정이 동시에 작용한다면 양자는 서로를 중립화할 것이다. 내가 이해하는 한, 선택을 통해 하나의 유전 양식을 다른 것으로 바꾸는 것은 매우 어려운 일이다. 그러나 처음부터 한쪽 성에만 있었던 유전 형질의 변이를 잇따라 선택하면 수컷만 아름다운 색조로 만들고, 동시에 또는 그 뒤에 암컷만 수수하게 만드는 데는 아무런 어려움도 없을 것이다. 이 후자의 양식에서 나비나 나방의 암컷은 보호를 위해 눈에 띄지 않는 색채를 획득하여, 동종의 수컷과 크게 달라졌다고 나는 생각한다.

월리스[*27]는 암수가 다를 때는 암컷이 보호를 위해 특별히 변화해 왔다는 그의 견해를 강하게 주장하고 있다. 그것은 어떤 하나의 유전 양식, 즉 암수에 동등하게 형질이 전해지는 유전이 자연선택의 작용을 통해 한쪽 성에만 전달되는 유전 양식으로 바뀌었다는 것이다. 나는 처음에 이 견해를 받아들이는 쪽으로 강하게 기울어졌으나, 동물계를 더욱 폭넓게 조사할수록 그것은 매우 가능성이 희박한 일이라고 생각하게 되었다. 월리스는 독나비아과(Heliconidae), 왕나비아과(Danaidae), 희미날개나비아과(Aeroeidae)의 암수가 동등하게 아름다운 것은 불쾌한 냄새를 풍김으로써 암수가 함께 새를 비롯한 적의 공격을 면하고 있기 때문이며, 이러한 수단을 가지지 않은 다른 종은 암컷이 수컷보다 보호를 필요로 하기 때문에 암컷이 눈에 띄지 않게 된 것이라고 주장하고 있다. 여기에 가정되어 있는 '양성이 보호를 필요로 하는 정도'의 차이에는 약간 미심쩍은 점이 있어 좀 더 논의해야 할 문제이다. 선명한 색과 무늬를 가진 개체는 그것이 수컷이든 암컷이든 상관없이 적을 유인할 것이며, 수수한 색과 무늬를 가진 개체는, 그것이 수컷이든 암컷이든 동등하게 적을 피할 수 있을 것임은 분명하다. 그러나 우리의 관심은 양성의 특정한 개체가 보존되거나 사라짐으로써 그 품종의 형질이 어떤 영향을 받는가 하는 문

---

*27 A. R. 월리스의 'The Journal of Travel,' Vol. 1, 1868, p. 88, 'Westminster Review,' July, 1867, p. 37 참조. 월리스와 베이츠의 'Proc. Ent. Soc.,' November 19, 1866, p. 39도 참조할 것.

제에 있다. 곤충은 수컷이 암컷에게 수정하고 암컷이 산란한 뒤에는, 암수 모두 그 개체가 위험에서 달아나기 쉽든 어렵든 자손에 대한 영향은 거의 없는 것이 틀림없다. 양성이 자신의 성의 기능을 하기 전에 같은 수만 존재하고 엄밀하게 일부일처였다면(다른 조건이 같은 경우), 수컷을 남기는 것과 암컷을 남기는 것은 그 종의 존재에 있어서나 자손의 형질에 있어서 동등하게 중요한 일이다. 그러나 많은 동물은 누에나방의 예에서 볼 수 있듯이 수컷은 두세 마리의 암컷을 수정(授精)시킬 수 있기 때문에, 수컷이 몇 마리쯤 죽어도 암컷이 죽는 것보다는 종에 있어서 그리 나쁜 영향은 미치지 않을 것이 분명하다. 한편 월리스 박사는 나방의 경우 두 번째, 세 번째 수정에서 태어난 자손은 몸이 약하며, 따라서 생존 기회가 그리 높지 않다고 생각하고 있다. 수컷이 암컷보다 훨씬 수가 많을 때는 의심할 여지 없이, 종에 나쁜 영향을 미치지 않도록 많은 수컷은 죽어버릴 것이다. 그러나 나는 암수의 수가 같지 않은 것이 보호를 위해 작용하는 일반적인 선택의 결과에 영향을 준다고는 생각하지 않는다. 왜냐하면 수컷이든 암컷이든 눈에 잘 띄는 개체 안에서 같은 비율이 먹혀버릴 것이기 때문이다. 만일 정말로 수컷 쪽이 색채의 변이가 크다면 결과는 달라지겠지만, 여기서는 그렇게 복잡하고 상세한 문제까지 들어갈 필요는 없다. 전체적으로 암수의 수가 불균형한 것이, 자손의 형질에 작용하는 일반적인 선택의 효과에 확실한 영향을 준다고는 생각할 수 없다.

나비목의 암컷은 적합한 장소를 찾아 수정란을 낳기까지 며칠이 걸리며, 암컷이 아름다운 색을 띠고 있으면 그 기간 동안(수컷의 운명은 조금도 중요하지 않다) 커다란 위험에 처하게 되어 쉽게 죽을 수 있다고 월리스는 주장하고 있다. 한편 수수한 색을 띤 암컷은 생존하기 쉬워, 양성에 대해서인가 한쪽 성만 그러한가는 그 종의 유전 양식에 따를 것으로 보고, 그것이 종의 형질에 큰 영향을 준다고 생각할 수도 있다. 그러나 잊지 말아야 할 것은, 수컷은 암컷보다 며칠 먼저 번데기에서 나오며, 그 기간 동안 아직 태어나지 않은 암컷은 안전하지만 선명한 색을 띤 수컷은 위험에 노출될 것이 틀림없다는 사실이다. 그렇게 되면 궁극적으로 양성이 모두 거의 같은 기간 위험에 노출되어 눈에 띄는 형질을 가진 개체가 배제되는 일이, 어느 한쪽 성에 대해 더 강하게 작용하는 일은 없을 것이다.

월리스가 지적한 대로, 또 수집가라면 누구나 알고 있듯이 나비목의 암컷이 수컷보다 천천히 날아다닌다는 것은 생각해야 할 더욱 중요한 문제이다. 그 결과 만일 눈에 띄는 색채 때문에 더 많은 위험에 노출된다 해도 수컷은 그것을 피할 수 있지만, 반면에 눈에 띄는 색을 한 암컷은 죽게 될지도 모른다. 그렇다면 암컷이 자손의 색채를 변용시키는 데 큰 영향을 미치고 있는 건지도 모른다.

또 한 가지 생각해야 할 것이 있다. 성 선택에 관해서 화려한 색채는 암컷에게는 아무런 도움도 되지 않는 것이 일반적이다. 그래서 만일 암컷의 화려함에 변이가 있고 그 변이가 암컷에만 전달된다고 한다면, 암컷의 색채가 더욱 화려해질지 어떨지는 완전히 우연에 좌우되므로 이 점에서 나비목 전체를 통해 수컷이 아름답게 장식되어 있는 종에 비해 암컷이 아름답게 장식되어 있는 종의 수는 상대적으로 줄어들 것이다. 한편 화려한 색채가 수컷의 구애 경쟁에 매우 도움이 된다면, 더욱 아름다운 수컷은(조류를 논한 장에서도 보듯이) 비교적 커다란 위험에 노출되어 있음에도 수수한 색을 띤 수컷보다 평균적으로 많은 자손을 남길 것이 틀림없다. 이 경우, 변이가 수컷에만 유전된다면 수컷만이 점점 화려한 색채를 지니게 될 것이다. 그러나 변이의 유전이 수컷에만 한정되어 있지 않다면, 그러한 변이가 보존되고 축적되는 것은, 어떤 종의 수컷이 경쟁자에 비해 성공함으로써 수컷에게 주어지는 이익보다 암컷이 눈에 띄는 색을 하고 있기 때문에 종이 받게 되는 불이익에 달려 있을 것이다.

나비와 나방의 양성이 함께 보호를 위해 수수한 색조를 띠게 된 종류가 수없이 많은 것과 마찬가지로, 몇몇 종은 색깔이 점점 수수해지는 형질이 맨 처음 암컷에만 나타나 그것이 암컷에만 전달됨으로써, 암컷만 보호를 위해 수수해지는 일도 있을 수 있다. 만일 그렇게 한정되어 있지 않다면 양성이 함께 수수해질 것이다. 의태(擬態)에 대해 살펴볼 때, 곧 어떤 종의 나비는 암컷만이 보호 목적으로 매우 아름다워졌지만 보호에 도움이 되는 그러한 변이가 그 뒤 수컷에게 전달되는 일은 없었던 예를 만날 것이다. 수컷에게 그러한 변이가 유해하지는 않으므로, 자연선택을 통해 그것이 제거되는 일은 있을 수 없기 때문이다. 암수의 색채가 다른 각각의 종에서 암컷이 보호를 위해 특별히 변용한 것인지, 수컷이 성 선택 때문에 특별히 변용해서 암컷은 앞에서 추측한 몇 가지 이유에서 아주 약간 변하는 것 말고는 원시적인 색채를 그대로 유지해온 것인지, 또는 암컷은 보호를 위해 수컷은 성 선택을 위해 양쪽이 변용한 것인지는 각각의 종의 삶을 알아야 비로소 확실하게 결론을 내릴 수 있을 것이다.

수컷은 다른 수컷을 이기기 위해 더 화려한 색깔을 띠고, 암컷은 적의 눈을 피하기 위해 더 수수한 색이 되는 이중의 선택이 많은 종에서 작용해 왔다는 견해를 나는 확실한 증거 없이는 그다지 인정하고 싶지 않다. 이를테면 봄에 가장 먼저 나타나는, 극히 일반적인 멧노랑나비(Gonepteryx)를 살펴보자. 이 종의 수컷은 암컷보다 훨씬 화려한 노란색을 띠고 있는데 암컷도 거의 비슷할 정도로 눈에 잘 띈다. 이 경우에는 암컷이 옅은 색깔을 특별히 보호의 목적으로 획득했다고 생각하기는 어렵지만, 수컷이 그 화려한 색채를 성적 매력으로서 획득했다고는 생각할 수 있다. 깃주홍나비(Anthocharis cardamines) 수컷은 날개 끝이 아름다운 오렌지 빛깔을 띠고 있는데 암컷은 그렇지 않다. 그 결과, 암컷은 우리의 정원에서 매우 흔하게 볼 수 있는 흰나비(Pieris)와 매우 비슷한데, 그것이 어떤 도움이 되고 있다는 증거는 아무것도 없다. 오히려 암컷은 세계의 다양한 지역에 살고 있는 같은 속에 해당하는 몇몇 종의 양성과 매우 비슷하므로, 이 암컷은 단순히 조상의 색채를 많이 간직하고 있는 거라고 생각하는 것이 훨씬 타당할 것이다.

이러한 사실들은 나비목에서 화려한 색채로 변용을 이룬 것은 수컷이며, 양성이 서로 달라지게 되었는지 유사해진 것인지는 어떠한 유전 양식이 우세했는지에 달려 있다는 결론을 뒷받침하고 있다. 유전 양식은 너무나 많은 미지의 법칙이나 조건에 지배되고 있기 때문에, 그 작용은 매우 불규칙한 것처럼 보인다.[28] 우리는 지금 서로 가까운 종에서도 양성이 놀랄 만큼 다른 것도 있는가 하면, 완전히 같은 색조를 띠고 있는 것도 있음을 알고 있다. 변이의 과정에서 연속적인 각 단계는 마땅히 모두 암컷을 통해 유전하기 때문에, 암컷 중에도 그러한 단계의 몇 가지가 많든 적든 발달하는 것은 충분히 가능한 일이다. 그렇다면 같은 그룹의 종 속에도 암수가 극단적으로 다른 것부터 거의 같은 것까지 다양한 연속성이 있는 것도 이해할 수 있다. 이러한 연속성의 예가 너무 많기 때문에, 이것은 암컷이 보호 목적을 위해 그 화려함을 실제로

---

*28 《사육동식물의 변이》 제2권, 제12장, 17쪽.

잃어가고 있는 도중이라는 생각을 뒷받침하지 않는다. 왜냐하면 어떤 한 시점을 봐도 일정한 상태에 있는 종이 훨씬 많다고 결론을 내릴 수 있는 충분한 이유가 있기 때문이다. 같은 속이나 과에 속하는 암컷들 사이의 차이는, 적어도 그 일부는 암컷이 동종의 수컷의 색채를 얼마나 물려받았는가에 달려 있다고 생각할 수 있다. 이것은 수컷이 극단적으로 아름답게 장식되어 있는 그룹에 잘 나타나 있다. 이러한 그룹의 암컷은 보통 그 종의 수컷의 화려함을 어느 정도 물려받고 있기 때문이다. 마지막으로 이미 말했듯이 같은 속이나 과에 속하는 암컷끼리는 동종의 수컷보다 색깔이 훨씬 비슷한 것을 되풀이해서 볼 수 있다. 이것은 수컷이 암컷보다 훨씬 많이 변용한 것을 말해주고 있다.

의태(擬態)

이 원리는 최초에 베이츠(Bates)가 훌륭한 논문[*29]을 통해 밝혀졌는데, 베이츠는 이로써 우리가 알지 못했던 많은 문제에 크나큰 빛을 비춰주었다. 남아메리카에 사는 매우 특징적인 과에 속하는 종의 나비는 모든 줄무늬와 색조가 독나비아과(Heliconidae)를 쏙 빼닮았기 때문에, 경험이 많은 곤충학자가 아니면 그들을 구별할 수 없다는 사실이 옛날부터 잘 알려져 있었다. 독나비아과는 그 과에 일반적인 색깔과 무늬를 띠고 있지만 다른 것은 그것이 속하는 그룹의 일반적인 색깔이나 무늬와 상당히 동떨어져 있기 때문에, 후자가 독나비아과를 모방하고 있는 것이며 독나비아과가 모방의 대상이 되고 있는 것은 명백하다. 베이츠는 또 모방하고 있는 종은 비교적 드물지만 모방의 대상이 되는 쪽은 다수이며, 양자가 한데 섞여서 살고 있는 것을 관찰했다. 독나비아과는 눈에 잘 띄는 아름다운 곤충임에도 불구하고 개체수나 종의 수가 다수로 존재한다는 점에서, 그는 이러한 나비들은 어떤 분비물이나 냄새로 보호받고 있을 거라고 생각했다. 이 가설은 지금은 흥미로운 많은 증거들에 의해 확인되고 있다.[*30] 이러한 고찰에서 베이츠는, 보호받고 있는 종을 의태하고 있는 나비가 지금과 같은 훌륭한 가짜 형태를 획득하게 된 것은, 보호받고 있는 종으로 보임으로써 적에게 먹히지 않기 위해 변이의 자연선택이 작용했기 때문이라고 추론했다. 여기에 설명되어 있는 것은 의태하고 있는 나비에 대해서

[*29] 'Transact. Linn. Soc.,' Vol. 23, 1862, p. 495.
[*30] 'Proc. Ent. Soc.,' December 3, 1866, p. 45.

뿐이며, 의태의 대상이 되는 나비가 왜 화려한 색을 띠고 있는지는 설명이 되어 있지 않다. 이쪽의 색채도 이 장의 앞에서 논한 예와 마찬가지로, 일반적인 논의로 설명되어야 할 것이다. 베이츠의 논문이 출판된 뒤에 이 같은 놀라운 사실을 월리스[*31]는 말레이 지역에서, 트라이멘은 남아프리카에서 관찰한 바 있다.

저자 중에는 의태하는 과정의 첫 번째 단계가 자연선택에 의해 어떻게 획득된 것인지 이해하는 데 어려움을 느끼고 있는 사람들도 있으므로[*32] 아마 양쪽의 색채가 크게 달랐더라면 이 과정은 처음부터 시작되지 않았을 거라고 지적해 두는 것이 좋을 것 같다. 만일 두 종이 비슷하게 닮았다면 매우 닮은 것이 어느 한쪽에게 유리한 경우, 곧 쉽게 획득되었을 것이 분명하다. 그리고 의태의 대상이 되는 종이 그 뒤 성 선택이나 다른 과정을 통해 서서히 변용한다면, 의태하고 있는 종도 같은 과정을 거쳤을 것이다. 그리하여 의태하고 있는 종은 어떻게든 변화할 것이므로, 최종적으로는 그것이 속해 있는 그룹의 다른 구성원과는 전혀 다른 형태와 색채를 갖게 되는 것이다. 색채에 아주 조금만 변이가 일어나도, 많은 경우 그것만으로 보호받고 있는 다른 종과 충분히 비슷해져서 그 변이가 보존되는 것에는 이어지지 않을 것이므로, 나비목의 많은 종에서는 색채에 상당한 양의 변화가 갑자기 일어나는 일이 자주 있다는 것을 덧붙여 둔다. 이 장에서도 몇 가지 예를 들었지만, 이 고찰에 대해서는 베이츠의 의태에 관한 원저의 논문과 월리스의 논문을 한번 읽어보기를 권한다.

앞에 든 예에서는 의태하고 있는 종의 양성이 모두 의태의 대상인 종을 닮아 있었다. 그러나 암컷만이 그 지역에 살고 있는 보호받는 종의 화려한 색채를 모방하는 종류도 있다. 그 결과, 암컷은 동종의 수컷과 색채가 매우 다를 뿐만 아니라 수컷보다 화려해지는 희귀하고 비정상적인 현상이 일어난다. 월

[*31] 'Transact. Linn. Soc.,' Vol 25, 1865, p. 1. 또는 'Transact. Ent. Soc.,' Vol. 4(3rd series), 1867, p. 301 참조.

[*32] 'Month,' 1869에 실린 "Difficulties of the Theory of Natural Selection"이라는 제목의 뛰어난 논문 참조. 기묘하게도 저자는, 어느 특정한 과에 속하는 종의 나비가 다른 것과 비슷해지는 색채의 변이를 두 종에 공통되는 조상의 형태로 격세유전하는 것이라고 내가 생각하고 있다고 여긴 듯하다. 그러나 이러한 변이가 다른 일반적인 변이와 달리 격세유전이라고 가정해야 할 근거는 어디에도 없다.

리스에게 들은 바로는, 암컷이 수컷보다 화려한 색을 띠고 있는 Pieridae 속의 아주 적은 종은 모두 같은 지역에 살고 있는 보호받고 있는 종을 의태하고 있다고 한다. *Diadema anomala*의 암컷은 화려한 보랏빛이 도는 갈색으로, 윗면의 거의 전부가 새틴 같은 푸른색으로 뒤덮여 있고, '동방에서 가장 흔히 볼 수 있는 나비의 하나'인 *Euplœa midamus*(흰줄까마귀왕나비)와 흡사하다. 수컷은 구릿빛 또는 올리브빛이 도는 갈색이며, 날개 윗면에 짙은 푸른색을 띤 부분이 아주 약간 있을 뿐이다.*33 이 *D. anomala*와 *D. bolina*는 암수의 생활습관이 같아서 암수의 색채가 다른 것은 다른 조건에 노출되어 있기 때문이라는 설명은 다른 예에서는 몰라도*34 여기서는 적용되지 않는다.*35

　여기서 예를 든 암컷이 수컷보다 화려한 색깔을 지니고 있는 나비의 경우에는 이러한 변이가 처음에 야생에서 암컷에게만 일어난 뒤 그것이 암컷에게만, 또는 거의 암컷에게만 전달되었음을 보여주며, 이러한 유전 양식은 자연선택에 의해 결정되는 것이 아님을 시사하고 있다. 암컷은 보호받고 있는 어떤 종을 모방한 아름다운 색채를 획득하기 전에, 각 시즌마다 수컷보다 오랜 기간 위험에 노출되어 있었거나 암컷은 수컷처럼 재빨리 적에게서 달아날 수 없었다고 가정한다면, 왜 암컷만이 자연선택과 성에 한정된 유전양식에 의해 현재와 같은 보호색을 획득하게 되었는지 이해할 수 있다. 그러나 이러한 변이가 암컷 새끼에게만 전달된다는 원리에 따른다면, 수컷이 왜 수수한 모습 그대로 남게 되었는지는 이해할 수 없다. 왜냐하면 암컷의 보호색을 수컷이 획득한다 해도 어느 수컷에게도 전혀 해가 없으므로, 그렇게 되면 그들도 포식(捕食)을 피할 수 있었을 것이기 때문이다. 화려한 색채가 이렇게 널리 볼 수 있는 나비 같은 그룹에서, 암컷이 자신과 마찬가지로 아름다운 수컷을 계속 거부함으로써 성 선택이 작용하여 수컷이 수수한 색이 되었다고는 도저히 생각할 수 없다.*36 그래서 이러한 예에서는 한쪽 성에만 한정된 유전은, 자연선

＊33 Wallace(월리스), "Notes on Eastern Butterflies," 'Transact. Ent. Soc.,' 1869, p. 287.

＊34 Wallace, 'Westminster Review,' July, 1867, p. 37과 'Journal of Travel and Nat. Hist.,' Vol. 1, 1868, p. 88.

＊35 베이트 씨와 월리스 씨의 'Proc. Ent. Soc.,' November 19, 1866, p. 39 참조.

＊36 (역주) 맛이 없지 않은 안전한 종류가 맛이 없거나 위험한 종류를 닮은 것을, 발견자의 이름을 따서 '베이츠형 의태'라고 한다. 이 경우에는 포식자(捕食者)가 맛이 없는 종류를 학습하고 피함으로써 의태한 종류도 이득을 얻고 있다. 맛이 없는 종류는 종종 빨강과 검정,

택에 의해 양성이 동등하게 형질을 물려받는 경향으로 바뀌는 일은 없었다고 결론지어도 좋을 것이다.

여기서 우리가 판단하는 한 수컷에게도 전혀 해가 없다고 생각되는 데도 불구하고 암컷만 획득한 형질의, 다른 목에서의 같은 예를 들어 살펴보는 것이 좋을 것 같다. 월리스는 Phasmidae라는 대벌레목 중에는 '나뭇잎과 매우 비슷한 것은 흔히 암컷뿐이고 수컷은 아주 조금만 비슷할 뿐'이라고 말했다. 그런데 이러한 곤충들의 습성이 어떻든, 수컷도 잎과 비슷해서 적을 따돌릴 수 있다면 그것보다 좋은 일은 없을 것이다.*37 그래서 우리는 앞의 예와 마찬가

노랑과 검정 등의 눈에 띄는 색채로 그것을 알리고 있으며, 그것을 경고색(Aposematicity)이라고 한다. 또 동소적(同所的)으로 살고 있는 맛이 없는 종들은 계통적으로 가까운 관계가 아닌데도 서로 닮은 경우가 있으며, 이것을 '뮐러형 의태'라고 한다. 이 경우에 포식자는 어떤 것을 먹고 학습하게 되면 그것과 비슷한 종류는 더 이상 먹지 않게 된다.

나비는 양성이 맛없는 종을 의태하는 종과 암컷만 의태하는 종이 있는데, 수컷만 의태하는 경우는 거의 없다. 왜 암컷만 의태하고 수컷은 의태하지 않는지는, 암컷이 짝짓기 상대를 선택하는 취향이 보수적인 것, 또 수컷끼리의 경쟁에서 종에 고유한 시그널이 필요한 것 등의 이유에서 수컷이 변화하기 어렵다고 생각되어 왔다. 그러나 최근에 수컷보다 암컷에 대한 포식압(捕食壓)이 높기 때문에, 암컷이 더 강하게 의태해야 하는 이유가 있다는 것이 밝혀졌다.

*37 월리스의 'Westminster Review,' July, 1867, pp. 11, 37 참조. 월리스 씨가 알려준 바에 따르면, 수컷 나비가 보호를 위해 암컷과 몸 색깔이 달라진 예는 하나도 없다고 한다. 그는 나에게 한쪽 성만 변이를 가지고 그 변이를 동성에게만 한정적으로 전달한다는 원리만으로, 다른 성에도 변이가 유전되는 것에 제동을 거는 선택 없이, 이 사실을 설명할 수 있느냐고 물었다. 많은 종류의 암컷이 아름다워진 것은 보호적 의태를 통해서이며, 그것은 수컷에게는 결코 일어나지 않는 것이 제시된다면, 이는 신중하게 다루어져야 할 문제일 것이다. 그러나 이제까지 알려져 있는 예의 대부분은 올바른 판단을 내리는 데 충분하지 않다. 수컷은 빨리 날 수 있기 때문에 포식을 피할 수 있었으며, 따라서 암컷처럼 보호를 위해 색을 바꿀 가능성이 없다는 것은 이해되지만, 그렇다 해도 수컷만이 암컷으로부터의 유전에 의해 보호색을 띠는 일이 없다는 것은 도저히 생각할 수 없는 일이다. 또한 더 화려하지 않은 수컷은 암컷에게 매력이 없기 때문에, 성 선택이 화려한 수컷이 수수해지는 것을 방해해 왔을 가능성이 매우 높다. 어떤 종에서도 수컷의 아름다움은 주로 성 선택을 통해 획득되었고 그것이 보호에도 도움이 되었다면, 그 획득은 자연선택의 도움도 받았을 것이다. 그러나 성 선택과 일반적인 자연선택의 과정을 구별하는 것은 우리의 능력을 넘어서는 문제이다. 이처럼 수컷이 아름다워진 것은 전적으로 보호 목적을 위해서라는 것은 매우 의심스럽다. 암컷이 그렇다는 것은 비교적 있을 법한 일이다. 암컷은 우리가 아는 한 수컷으로부터의 유전을 통해 아름다움을 획득하는 것 외에, 성 선택에 의해 점점 아름다워지는 일은 거의, 또는 전혀 없기 때문이다.

지로, 이 종에서도 암컷만이 지니고 있던 형질에 변이가 있었다는 결론을 내리게 될 것이다. 그러한 변이는 보호에 대한 일반적인 선택과, 처음부터 암컷 자손에게만 전달되는 것에 의해 보존되고 축적되었을 것이다.

애벌레의 화려한 색채

나는 많은 나비가 아름다운 색을 띠고 있는 것에 대해 생각하다가 어떤 애벌레도 멋진 색깔을 하고 있는 것을 알았는데, 애벌레에는 성 선택이 작용할 수 없으므로 그러한 애벌레의 화려한 색채에 대해 아무런 설명도 하지 못했는데, 곤충 성체의 아름다움을 성 선택으로 돌리는 것은 너무 성급한 것이 아닌가 하는 생각이 들었다. 첫째로 애벌레의 몸 색깔은 그 성체의 몸 색깔과 긴밀한 상관관계가 전혀 없다는 것을 들 수 있다. 둘째로 그들의 아름다운 색깔은 일반적인 양식에 따르면, 그들을 위험으로부터 보호하는 데에 도움이 되지 않는다. 그 예로서 베이츠는 지금까지 그가 본 것 가운데 가장 눈에 잘 띄는 애벌레(Sphinx[박각시나방]에 속하는 것)는 남아메리카의 대초원에서 커다란 나뭇잎 위에 살고 있는 종(種)이라고 알려주었다. 그것은 몸길이가 약 10cm로 노란색과 검은색의 가로줄무늬가 있으며, 머리, 다리, 꼬리는 진홍색이다. 이 애벌레는 사람이 몇 미터나 떨어진 곳에서도 발견할 수 있기 때문에 지나가는 새도 모두 그것을 발견할 것이 틀림없다.

그래서 나는 어려운 문제를 해결하는 재능이 뛰어난 월리스에게 이에 대해 문의해 보았다. 그는 한동안 생각한 뒤 이렇게 말했다. "대부분의 애벌레는 보호가 필요합니다. 그것은 어떤 것은 가시와 따끔거리는 털을 가지고 있고, 또 어떤 것은 자신이 먹는 잎사귀와 같은 녹색을 띠거나 자신이 살고 있는 나뭇가지나 줄기와 매우 비슷하다는 것에서 알 수 있습니다." 여기에 J. 만셀 윌(J. Mansel Weale)이 알려준 나방 애벌레의 보호색에 대한 예를 덧붙여도 좋을 것 같다. 그것은 남아프리카의 미모사(잎을 건드리면 오므라드는 민감한 식물) 위에 살면서 자신이 들어가기 위한 껍질을 만드는데, 그 껍질 집은 주위를 에워싸고 있는 미모사 가시와 전혀 구별이 되지 않는다. 이러한 고찰에서 월리스는 눈에 띄는 색깔의 애벌레는 아마 좋지 않은 맛으로 보호받고 있을 거라고 생각했다. 그러나 그들의 피부는 매우 연약해서 상처가 나면 내장이 쉽게 밖으로 나오기 때문에, 새가 부리로 살짝만 쪼아도 먹혀버린 것이나 다름없을 정도로 치명적일 것이다. 그래서 그는 '맛없는 것만으로는 애벌레를 지키기에 충분하지 않아서, 잠재적인 포식자에게 이것은 매우 맛없는 식사라는 것을 보여주는 외적인 신호가 필요한 것이 아니겠느냐'고 지적했다. 이러한 상황에서는 모든 조류와 포유류의 눈에 띈 순간, 먹을 수 없는 종류로 확실하게 인식된다면 애벌레에게 그보다 유리한 일은 없을 것이다. 그래서 가장 화려한 색채가 유리해지는데, 그것은 가장 쉽게 감지된 개체가 살아남는 변이를 통해 획득된 것이 틀림없다.

이 가설은 얼핏 매우 획기적으로 들릴지도 모른다. 그러나 곤충학회에서 발표되자 많은 사람들이 이 가설을 지지했다.[38] 큰 새장에서 많은 새들을 키우고 있는 J. 제너 위어가 나에게 알려준 바에 따르면, 수없이 실험을 거듭해 보았지만 야행성이어서 숨는 습성이 있는 애벌레 가운데 피부가 미끌미끌한 것, 녹색인 것, 나뭇가지를 닮은 것은 모조리 새에게 잡아먹힌다는 법칙에 예외는 없었다고 한다. 털이 난 것이나 가시가 있는 것은 모두 먹을 수 없었고, 4종의 매우 눈에 띄는 색채를 띤 것도 마찬가지였다. 새가 애벌레를 거부할 때는 머리를 흔들고 부리를 나뭇가지에 비벼대며 그 맛에 대한 불쾌감을 노골적으로 드러낸다.[39] A. 버틀러도 눈에 띄는 애벌레 세 종류를 도마뱀이나 개구리에게 주었지만 모두 거부했다. 그러나 다른 형태의 것들은 모두 먹어치웠다. 이와 같이 어떤 종의 애벌레가 자신의 이익을 위해 눈에 띄는 색깔을 띠고 있는 것은 사람들의 편리를 위해 약국이 어떤 종류의 독물에 특별한 색깔을 입히는 것과 같다는 월리스의 견해는 아마 옳을 것이다. 이 생각은 눈에 띄는 색깔을 지닌 많은 동물들에게도 적용될 것이다.

곤충에 관한 정리와 결론

몇몇 목(目)에 대해 돌이켜보면, 암수는 아직 의미를 알 수 없는 다양한 형질에 있어서 서로 다르다는 것을 알 수 있다. 암수는 또 감각기관이나 운동기관도 종종 다르다. 그 때문에 수컷은 재빨리 암컷을 발견하고 다가갈 수도 있고, 다양한 장치를 사용하여 암컷을 붙잡을 수도 있다. 그러나 이러한 형질에

---

*38 'Proc. Entomolog. Soc.,' December 3, 1866, p. 45 ; March 4, 1867, p. 80.
*39 곤충과 곤충식성의 새에 관한 J. 제너 위어(J. Jenner Weir) 씨의 논문 'Transact. Ent. Soc.,' 1869, p. 21 및 Butler(버틀러)의 논문, 같은 책., p. 27의 논문 참조.

관한 성차에 대해서 여기서는 다루지 않을 것이다.

거의 모든 목에서 어떤 종의 수컷은 그것이 아무리 연약하고 섬세한 종류라도 매우 호전적인 것으로 알려져 있으며, 경쟁상대와 싸우기 위한 특수한 무기를 가지고 있는 종류도 있다. 그러나 싸움으로 결말을 내는 법칙은 고등 동물에서처럼 곤충에서도 널리 볼 수 있는 습성은 아니다. 따라서 곤충의 수컷은 암컷보다 그리 크지는 않다. 반대로 보통은 수컷이 작은데, 그것은 그들이 짧은 기간 안에 성장할 수 있고, 암컷이 나타났을 때 많은 수컷들이 그 주위에서 기다리도록 하기 위해서이다.

매미목의 두 과에서는 발음기관이라고 부를 수 있는 것은 수컷만이 가지고 있다. 그리고 메뚜기목의 세 과에서는 수컷만이 마찰음 발생기관을 갖추고 있다. 이 양쪽의 예는 모두, 그 기관은 번식기 동안 끊임없이 사용되며 암컷을 부르기 위해서뿐만 아니라 다른 수컷과의 경쟁관계에서 암컷을 매료하고 흥분시키기 위해서도 사용된다. 자연선택의 작용을 인정하는 사람이라면 이러한 음악기관이 성 선택에 의해 획득되었음을 의심하는 사람은 아무도 없을 것이다. 다른 네 목에서는 한쪽의 성, 또는 더 일반적으로는 양성이 모두 다양한 소리를 내는 기관을 갖고 있는데, 그것은 단순히 상대를 부르기 위한 것인 듯하다. 양성 모두 그런 기관을 가지고 있는 경우에도 가장 큰 소리, 가장 오래 지속하는 소리를 낼 수 있는 개체가 작은 소리밖에 낼 수 없는 개체보다 먼저 짝을 얻었을 것이므로, 그것은 아마도 성 선택을 통해 획득되었을 것이다. 소리를 내기 위한 기관이 이렇게 놀랄 만큼 다양한 것에 대해 고찰하는 것은 유익한 일이다. 수컷만이 또는 양성 모두 그것을 가지고 있는 목이 6개가 넘고 적어도 한 종의 곤충은 매우 먼 지질학적 과거부터 그것을 보존해 왔다. 그래서 형질을 변용시키는 데 성 선택이 얼마나 중요한 작용을 해 왔는지 알 수 있는데, 그것은 매미목에서 볼 수 있듯이 때로는 매우 중요한 성질의 것이다.

앞장에서 설명한 이유에 의해 많은 lamellicorn 수컷의 뿔이나, 다른 몇몇 딱정벌레류의 뿔은 장식으로 획득되었을 가능성이 있다. 따라서 그것은 다른 몇 가지의 기묘한 특징과 함께 수컷에만 한정되어 있을지도 모른다. 곤충은 크기가 작아서 우리는 그 외견을 과소평가하기 쉽다. 아름다운 청동빛 갑옷과 거대하고 복잡한 모양의 뿔을 가지고 있는 Chalcosoma(〈그림15〉, 장수풍뎅이) 수컷이 말만 한 크기, 아니 개만 한 크기였다면 아마 세계에서 가장 인상적인 동물의 하나가 되었을 것이다.

곤충의 몸 색깔은 너무나 복잡하여 잘 알 수 없는 과제이다. 수컷이 암컷과 아주 약간 다르고 양쪽 다 그다지 눈에 띄지 않는 색채를 띤 경우, 양성이 아주 조금 다른 것은, 그렇게 됨으로써 특별한 이익이나 손해가 없는 상황에서 변이가 동성에만 전달되었기 때문이라고 생각할 수 있다. 일부 잠자리류나 많은 나비류처럼 수컷만 화려한 색채를 띠고 있어 암컷과 매우 다를 때는, 수컷만 변용하여 성 선택을 통해 그 색채를 획득했을 것이다. 한편 암컷은 원시적 또는 먼 조상에 가까운 색채를 유지하면서 앞에서 이야기한 과정을 통해 아주 약간 변용해 왔을 뿐이고, 적어도 많은 예에서는 보호 목적을 위해 수수한 색이 된 것이 아닌가 하는 생각이 든다. 그러나 때로는 암컷만이 그 지역에서 보호받고 있는 다른 종을 모방하여 화려한 색채를 띠고 있는 경우도 있다. 양성이 서로 유사하고 둘 다 수수한 색을 하고 있을 때는 대부분의 경우, 그것이 양자에게 보호 작용을 하고 있는 것은 틀림없다. 양성이 함께 눈에 띄는 색깔을 지니고 있거나, 주위 환경과 유사한 색깔을 띤 몇 가지 예에서도 마찬가지이다. 그들은 꽃과 비슷하거나 보호받고 있는 다른 종과 비슷하며, 때로는 포식자에게 자신이 맛없는 종이라는 것을 보여줌으로써 간접적으로 보호받고 있다. 양성이 유사할 뿐만 아니라 양쪽 다 화려한 색채를 하고 있는 다른 많은 예의 경우, 특히 그러한 색채가 과시를 위해 배열되어 있을 때는 그것은 수컷의 매력으로서 획득되었고 나중에 양쪽 성에 유전한 것이라고 결론지어도 될 것이다. 하나의 분류군 속에 같은 유형의 색깔이 되풀이해서 나타나고, 그 속에 수컷과 암컷이 매우 다른 것이 있는가 하면 다른 종은 암수가 매우 비슷하고, 그 두 개의 극단적인 형태를 이어주는 여러 중간단계를 볼 수 있다면 이 견해는 더욱더 지지를 얻을 것이다.

화려한 색채가 때로는 수컷에게서 반쯤 암컷에게 전달되는 경우가 있는 것과 마찬가지로, 많은 lamellicorn이나 그 밖의 딱정벌레류의 거대한 뿔도 암컷에게 전해지고 있다. 그것은 또 매미목이나 메뚜기목 수컷에 특유한 발성기관이나 악기에서도 마찬가지이며, 그것이 흔적의 상태 또는 거의 완전한 상태로, 그러나 충분히 소리를 내는 데는 불완전한 상태로 암컷에게 전달되고 있다.

성 선택에 관해서는 메뚜기목의 일부 수컷이 마찰음 발생기관을 거의 마지막 탈피를 할 때까지 발달시키지 않는 것이나, 어떤 종의 잠자리 수컷이 애벌레 단계를 벗어난 지 한참 지나서 번식 준비가 갖춰지기 전에는 몸 색깔을 발달시키지 않는 것도 흥미로운 사실이다.

성 선택은 더욱 매력적인 개체가 이성에게 선호되고 있음을 시사한다. 곤충의 경우 암수가 서로 다를 때는 드문 예외를 제외하면 가장 화려한 장식을 갖고 있으며, 그것이 속한 그룹의 일반적인 상태에서 벗어나 있는 것은 수컷이다. 암컷을 열심히 찾는 것도 수컷이며, 암컷이 상습적으로 또는 이따금 더 아름다운 수컷을 선호해 왔기 때문에 수컷이 점점 더 아름다워졌다고 생각하지 않을 수 없다. 거의 또는 모든 목에서 큰 턱, 점착성 쿠션, 가시, 긴 다리 같은 기묘한 장치들은 암컷을 움켜잡기 위한 장치인 것을 생각하면, 암컷은 특정한 수컷을 거부할 힘을 갖고 있다고 할 수 있다. 왜냐하면 이러한 장치들은 암컷을 붙잡는 데 다소 어려움이 있음을 시사하고 있기 때문이다. 다른 종류끼리 짝을 짓는 많은 예가 기록되어 있는데, 그것은 암컷이 양보한 것이 분명하다. 다양한 곤충류의 감각능력과 애착에서 판단하건대, 성 선택이 강하게 작용하는 것은 선험적으로 불가능한 일이 결코 아니다. 그러나 이것을 직접적으로 보여주는 증거는 아직까지 발견되지 않았고, 몇몇 증거는 이 생각에 반대되는 것이다. 어쨌든 많은 수컷이 같은 암컷을 따르고 있는 것을 볼 때, 짝짓기가 완전히 우연에 달려 있고 암컷은 아무런 취향도 갖지 않으며, 수컷에게만 있는 화려한 색채와 장식에 전혀 반응하지 않는다고는 도저히 생각할 수 없다.

매미목과 메뚜기목의 암컷이 동종의 수컷이 연주하는 음악을 이해하고, 성 선택을 통해 그 목적을 위한 다양한 악기가 발달해 왔음을 인정한다면, 다른 곤충의 암컷이 색채나 형태의 아름다움을 좋아하여 결과적으로 수컷이 그러한 형질을 갖게 되었다는 것은 의심할 여지가 없다. 그러나 몸 색깔의 변이가 매우 다채로우며 그것이 종종 보호의 목적을 위해서도 변용해 왔음을 생각하면, 성 선택이 작용해온 예가 어느 정도의 비율인지 결정하기는 매우 어려운 일이다. 특히 메뚜기목, 벌목, 딱정벌레목처럼 암수의 색채가 거의 다르지 않은 종에서는 더욱 어렵다. 왜냐하면 그러한 경우에는 번식과 몸 색깔 사이의 관계에 대한 가장 좋은 증거가 존재하지 않기 때문이다. 그러나 딱정벌레목 가운데는 앞에서 지적했듯이 몇몇 종의 수컷은 성적인 투쟁을 위한 무기와 뿔을 가지고 있고, 많은 종은 마찰음을 내는 기관을 가지고 있으며 또 다른 종은 금속적인 광채로 장식되어 있는데, 몇 명의 연구자들은 이 목의 대표자리에 lamellicorns(즐각류 풍뎅이)를 올려놓고 있다. 또한 그들의 암수 사이에는 애착 감정이 있다는 것도 알려져 있다. 따라서 이러한 형질은 모두 성 선택이라는 동일한 수단에 의해 획득되었다고 생각할 수 있다.

조류를 다루면서 그들이 이차성징에서 곤충류와 가장 유사하다는 것을 보게 될 것이다. 즉 많은 새의 수컷은 매우 호전적이며, 어떤 것은 다른 수컷과 싸우기 위한 무기도 지니고 있다. 그들은 번식기에 노래를 부르거나 몸으로 소리를 내는 장치를 갖추고 있다. 그들은 종종 관, 뿔, 볏, 그리고 놀랄 만큼 다양한 색깔의 깃털로 장식되어 있고 그 색채가 매우 아름다운데, 그것들은 하나같이 구애에 사용되고 있다. 곤충과 마찬가지로 조류도, 어떤 그룹은 양성이 동일하게 아름답고 같은 장식을 갖고 있지만 그 장식은 보통은 수컷에만 한정되어 있다. 다른 그룹은 양성이 똑같이 수수하거나 아무런 장식도 없다. 마지막으로, 매우 희귀한 몇몇 예외에서는 수컷보다 암컷이 더 아름답다. 같은 조류 그룹 중에서도 종종 암수 사이에 아무런 차이가 없는 것부터 극단적으로 다른 것까지 모든 연속성을 볼 수 있다. 후자의 예에서는 암컷은 곤충의 암컷과 마찬가지로 수컷의 형질 가운데 단순한 것을 갖고 있는 일이 종종 있다. 이 모든 것에 관해 조류와 곤충류는 기묘할 정도로 유사한 경우가 있다. 하나의 강(綱)에 적용되는 설명은 아마 다른 강에도 적용될 수 있을 것이다. 그리고 이제부터 살펴보듯이 그것은 거의 확실하게 성 선택으로 설명할 수 있다.

제12장 어류, 양서류, 파충류의 2차 성징

어류 : 구애와 수컷들의 투쟁―몸이 큰 암컷―수컷, 아름다운 색채와 장식적인 부속물 : 그 밖의 기묘한 형질―번식기의 수컷에만 나타나는 색채와 부속물―암수가 모두 선명한 색채를 한 어류―보호색―암컷이 더 수수한 색을 하고 있는 것은 보호 원리로는 설명할 수 없다―집을 짓고 알과 새끼를 돌보는 수컷/양서류 : 암수의 구조와 몸 색깔의 차이―발성기관/파충류 : 거북류―악어류―뱀류, 보호색의 몇 가지 예―도마뱀류와 그 투쟁―장식적 부속물―암수의 기묘한 구조적 차이―색채―조류와 거의 비슷한 큰 성차(性差).

이제 우리는 겨우 척추동물이라는 동물계의 커다란 한 부문에 도착했다. 그 가운데 가장 하등한 강(綱), 즉 어류부터 이야기를 시작하기로 한다. Plagiostomous*¹(상어, 가오리)와 Chimaeroid*² 수컷은 많은 하등동물이 다양한 형태로 가지고 있는 것처럼, 암컷을 붙잡아두기 위한 파악기관(把握器官)을 가지고 있다. 파악기관 외에 많은 가오리류 수컷의 머리 위에는 단단하고 날카로운 가시가 있고, '가슴지느러미 상부 바깥쪽 표면'에도 가시가 가지런히 나 있다. 이것은 몸의 다른 부분이 미끄러운 몇 종의 수컷에서도 볼 수 있는데 번식기에만 일시적으로 발달하므로, 귄터 박사는 몸의 좌우를 안쪽과 아래쪽으로 구부림으로써 파악기관 역할을 하는 것이 아닌가 생각하고 있다. 깨알홍어 (Raia clavata)*³ 같은 종은 수컷이 아닌 암컷의 등에 커다란 갈고리 모양의 가시가 있다는 것은 매우 흥미로운 사실이다.*⁴

---

*1 (역주) 지금은 연골어류(chondrichtyes)라고 부른다.
*2 (역주) 지금은 chimaeriformes(은상어목), 은상어류(chimaera)라고 부른다.
*3 (역주) 지금의 속명은 Raja.
*4 야렐(Yarell)의 'A Hist. of British Fishes,' Vol. 2, 1836, pp. 417, 425, 436. 귄터 박사는 R. clavata

어류가 생활하고 있는 조건 때문에 그들이 어떠한 구애행동을 하는지는 거의 알려져 있지 않으며, 그들의 투쟁에 대해 밝혀진 사실도 아주 조금밖에 없다. 큰가시고기(Gasterosteus leiurus) 수컷은, 암컷이 은신처에서 나와 수컷이 자기를 위해 지은 집을 보러 오면 기뻐서 어쩔 줄을 모른다. 수컷은 암컷 주위를 이리저리 헤엄친 다음, 자신이 쌓아놓은 건축물을 향해 헤엄쳐 가다가 재빠르게 다시 돌아온다. 암컷이 곧 따라오지 않으면 수컷은 코끝으로 암컷을 밀어서 꼬리지느러미와 몸의 가시를 끌어당겨 암컷을 집 쪽으로 데려가려고 한다.[5] 수컷은 일부다처로 알려져 있다.[6] 수컷은 매우 대담하고 호전적이지만 암컷은 '너무나 평화적이다'. 수컷들의 투쟁은 때로는 매우 격렬해져서 '이 조그마한 라이벌들은 서로 몇 초 정도 뒤엉켜 수없이 엎치락뒤치락하면서 완전히 힘이 빠질 때까지 서로 놓아주지 않는다'. 꼬리가 단단한 큰가시고기(G. trachurus) 수컷은 싸우는 동안 서로의 주위를 빙글빙글 돌면서 물어뜯거나 몸 측면에 있는 날카로운 가시로 찌르기도 한다. 이 저자는[7] "이 작은 물고기가 상대를 물어뜯는 모습은 매우 치열하다. 그들은 몸의 가시를 치명적인 방법으로 사용하는데, 서로 싸우다가 한쪽이 다른 한쪽을 갈기갈기 찢어버려서 물고기가 점점 바닥에 가라앉아 죽어버린 것을 본 적이 있다"고도 말했다. 진 쪽은 "용감한 태도는 사라지고 아름다운 색깔도 퇴색해버린다. 그는 조용한 동료들 사이에 섞여들어 자신의 불명예를 숨기려고 하지만, 한동안 승자의 박해를 계속 받아야만 한다."

연어 수컷은 어린 큰가시고기와 마찬가지로 호전적이지만, 귄터 박사에게 들은 바로는 송어 수컷도 그러하다고 한다. 쇼(Shaw)는 연어 수컷 두 마리의 사투가 온종일 계속되는 것을 본 적이 있다고 한다. 어장 관리인인 R. 바이스트(R. Buist)는 암컷이 산란하는 동안 수컷이 경쟁자를 쫓아내는 광경을 퍼스의 다리 위에서 자주 보았다고 말했다. 수컷은 '산란장'에서 늘 싸우면서 서로를 물어뜯는데, 그 때문에 많은 물고기들이 상처를 입어 죽기도 한다. 어떤 수

의 기묘한 가시는 암컷에만 있다고 나에게 알려주었다.

[5] R. 워링턴(Mr. R. Warington)이 쓴 매우 흥미로운 논문 'The Annals and Mag. of Nat. Hist.,' October, 1852 ; November, 1855 참조.

[6] Noel Humphreys(노엘 험프리즈), 'River Gardens,' 1857.

[7] 로든(Loudon)의 'Mag. of Natural History,' Vol. 3, 1830, p. 331.

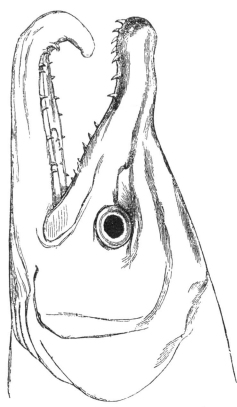

〈그림26〉 번식기의 연어(*Salmo salar*) 수컷의 머리
이번 장의 그림은 귄터 박사의 감수 아래 대영박물관의 표본을 토대로 저명한 화가인 G. 포드가 그린 것이다.

컷 물고기들은 완전히 지쳐서 물가에서 겨우 헤엄치는데, 그들도 거의 죽기 직전일 때가 많다.[8] 바이스트에 의하면 스토어몬트필드 양어장 관리인이 1868년 6월 타인강 북쪽에 갔을 때 죽은 연어를 300마리나 보았는데, 한 마리를 제외하고 모두 수컷이었다. 그들은 싸우다가 목숨을 잃은 것이 틀림없다고 그는 확신하고 있었다.

연어 수컷에 대해 가장 기묘한 것은 번식기가 되면 색깔이 약간 변할 뿐만 아니라, '아래턱이 길게 자라 연골이 있는 돌기 끝이 위로 구부러지기 때문에 양턱을 다물면 위턱의 앞니뼈 사이에 커다란 공간이 생기게 된다'[9]는 것이다(〈그림26, 27〉). 영국의 연어는 이 구조의 변화가 번식기에만 계속되지만, 북서 아메리카의 연어 Salmo lycaodan은 J. K. 로드(J. K. Lord)에 따르면[10] 그 변화가 고정적이며, 특히 전에도 강을 거슬러 올라온 적이 있는 나이가 많은 수컷에게 뚜렷하게 나타난다고 한다. 이들 수컷의 턱은 거대한 갈고리 모양의 돌기로 되어 있고, 가지런한 엄니 같은 이빨은 길이가 약 12.5mm에 이르는 것도 있다. 로이드(Lloyd)에 따르면[11] 유럽 연

---

[8] 'The Field' june 29, 1867. 쇼 씨(Mr. Shaw)의 문장은 'Edinburgh Review,' 1843 참조. 또 한 사람의 숙련된 관찰가 스크로프(Scrope)의 'Days and Nights of Salmon Fishing,' p. 60)는 연어 수컷은 가능한 한, 수사슴처럼 모든 수컷을 몰아낸다고 했다.

[9] 야렐(Yarrell)의 'A History of British Fishes,' Vol. 2, 1836, p. 10.

[10] 'The Naturalist in Vancouver Island,' Vol. 1, 1866, p. 54.

[11] 'Scandinavian Adventures,' Vol. 1, 1854, pp. 100, 104.

어의 일시적인 갈고리 모양 구조는, 수컷이 다른 수컷을 흉포하게 공격할 때 턱을 보강하고 보호하는 데 유용하다. 그러나 미국 연어 수컷의 거대한 이빨은 많은 포유류 수컷의 엄니와 같은 것이며, 방어보다는 공격에 사용되었을지도 모른다.[12]

암수가 이빨이 다른 물고기는 연어뿐만이 아니라 대부분의 가오리류도 그러하다. 깨알홍어(*Raia clavata*) 성어 수컷은 날카롭고 뾰족하게 뒤로 구부러진 이빨을 갖고

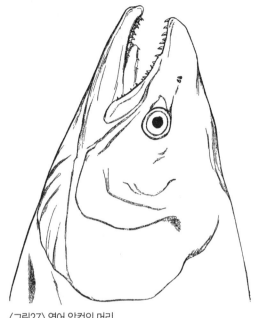

〈그림27〉 연어 암컷의 머리

있지만, 암컷의 이빨은 납작한 돌처럼 되어 있다. 그래서 이 이빨에서는 동종의 암수 사이의 차이가, 같은 과에 속하는 다른 속에서 흔히 볼 수 있는 차이보다 크다. 수컷의 이빨이 날카로워지는 것은 성체가 되고 나서이며, 어릴 때는 암컷의 이빨처럼 납작하다. 이차성징에서 종종 볼 수 있듯이, 이를테면 *R. batis* 같은 몇 종의 가오리 성체는 암수가 모두 날카로운 이빨을 가지고 있는데, 이 경우에는 원래 수컷이 획득한 형질이 양성의 새끼에게 전달된 것으로 보인다. *R. maculata*도 암수 모두 뾰족한 이빨을 갖고 있으며, 완전히 성체가 된 뒤에 그것을 갖지만 수컷은 암컷보다 이른 시기에 갖게 된다. 이와 비슷한

---

*12 (역주) 연어의 일종인 Onchorhyncus Kisutch(은연어)는 수컷에 이형(二形)이 나타나는데, 한쪽은 여기에 언급되어 있는 큰 턱과 구부러진 입을 가지고 있지만, 다른 하나는 암컷과 거의 다르지 않다. 다윈의 시대에는 이 수컷의 존재는 거의 알려져 있지 않았을지도 모른다. 큰 턱을 가진 수컷은 그 턱과 이빨로 투쟁에서 이겨 세력을 확보하지만, 암컷과 다르지 않은 모습을 띤 수컷은 세력을 갖지 않고 스니커(세력을 가진 수컷 뒤에 숨어 있다가 그 수컷이 짝짓기를 하려는 순간 갑자기 나타나 먼저 방정(放精)하는 전략을 취하는 개체)처럼 행동하여, 앞의 수컷보다 연령적으로 이른 시기부터 번식을 시작한다. 이것은 두 가지 혼합전략의 좋은 예이다. 어류에서는 이밖에도 이러한 혼합전략을 흔히 볼 수 있다.

예, 즉 암수가 같은 색깔이지만 수컷이 암컷보다 약간 이른 시기에 성체의 색깔을 띠는 예를 앞으로 새에서도 보게 될 것이다. 다른 종의 가오리는 수컷이 성체가 된 뒤에도 날카로운 이빨을 갖지 않으며, 그 결과 암수의 성체가 유체나 앞에 나온 종의 성체 암컷처럼 납작하고 넓은 이빨을 갖고 있다.[*13] 가오리는 대담하고 강인하며 무엇이든 먹어치우는 물고기여서, 수컷이 날카로운 이빨을 갖고 있는 것은 경쟁자끼리 싸우기 위한 것이 아닌가 하고 생각된다. 그러나 그들 몸의 많은 부분이 암컷을 붙잡기 위한 파악기관으로 변용하여 적응했기 때문에, 이빨도 그런 목적에 사용되고 있는 건지도 모른다.

몸 크기에 대해서 카르보니에(Carbonnier)[*14]는 거의 모든 어류는 암컷이 수컷보다 크다고 말했고, 귄터 박사도 수컷이 실제로 암컷보다 큰 종류는 한 번도 보지 못했다고 한다. 송사리과의 수컷 몇 종은 몸 크기가 암컷의 반도 되지 않는다. 수컷끼리 늘 싸우는 많은 종의 물고기도 송사리와 마찬가지이기 때문에, 그들이 왜 성선택을 통해 암컷보다 강해지고 몸이 커지지 않았는지 참으로 알 수 없는 일이다. 카르보니에에 의하면, 육식성 물고기의 경우, 수컷은 몸이 작아서 동종의 암컷에게도 먹혀버릴 위험이 있다고 하므로, 틀림없이 다른 종의 물고기에게도 쉽게 먹혀버릴 것이다. 수컷이 다른 수컷과의 투쟁을 위해 크고 강해지는 것보다, 무언가의 이유에서 암컷의 몸이 커지는 쪽이 더 중요했을 것이며, 그것은 아마도 대량의 알을 생산할 수 있다는 점 때문이었을 것이다.[*15]

많은 종은 수컷만 화려한 색채를 하고 있다. 또는 수컷이 암컷보다 색깔이 훨씬 더 선명하다. 수컷은 또 공작의 꽁지깃처럼, 평소 생활에는 아무 쓸모도

[*13] 야렐(Yarrell)의 가오리에 대한 기술은 'A Hist. of British Fishes,' Vol. 2, 1836, p. 416에서 멋진 삽화와 함께 볼 수 있다. pp. 422, 432도 참조.

[*14] 'Famer,' 1868, p. 369.

[*15] (역주) 어류의 대부분은 암컷이 수컷보다 큰 것이 사실이지만, 수컷이 큰 종류도 있다는 것은 다윈의 시절에는 알려져 있지 않았다. 암컷의 몸이 큰 것은, 몸이 클수록 산란수가 많다는 이점이 있기 때문일 거라고 한 다윈의 생각은 맞다. 그에 비해, 수컷의 몸이 큰 것에 의한 이점이 암컷의 그것보다 큰 경우에는 수컷이 더 커진다. 특히 흥미로운 것은 성전환하는 종류이다. 어류에는 일생 동안 성전환하는 것이 많이 있는데, 그것은 몸의 크기와 함께 수컷으로서의 적응도와 암컷으로서의 적응도가 어떻게 변화하는지에 따라 결정된다. 수컷끼리 싸워서 이긴 승자가 암컷을 독점하는 종류는 몸이 커지면 암컷에서 수컷으로 바뀐다.

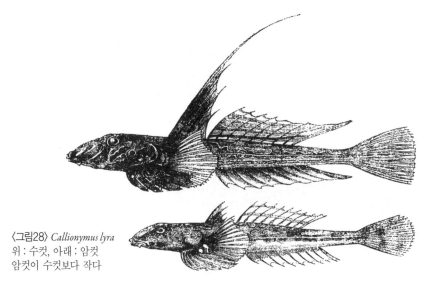

〈그림28〉 *Callionymus lyra*
위 : 수컷, 아래 : 암컷
암컷이 수컷보다 작다

없는 것처럼 보이는 부속물을 갖고 있는 일이 있다. 이제부터 이야기하는 사실의 대부분은 귄터 박사의 호의로 제공받은 정보들이다. 열대 물고기는 대부분 암수 사이에 색채와 구조가 다르다고 생각해도 되는 까닭이 있으며, 영국산 물고기 중에도 뚜렷한 예를 몇 가지 볼 수 있다. *Callionymus lyra*[16] 수컷은 '그 보석처럼 아름다운 색채 때문에' 보석동갈양태라고 불려왔다. 바다에서 갓 건져 올렸을 때는 몸이 다양한 색조를 띤 황색이며, 머리에는 선명한 푸른 줄무늬와 점이 있다. 등지느러미는 연갈색에 짙은 색 줄무늬가 있으며, 배지느러미, 뒷지느러미, 꼬리지느러미는 검푸른 색이다. 암컷은 흙색 동갈양태라고 불리며, 린네와 그 뒤를 잇는 많은 박물학자에 의해 별종으로 분류되어 왔다. 암컷은 칙칙한 적갈색으로, 등지느러미는 갈색, 다른 지느러미는 흰색이다. 암수는 머리와 입의 상대적인 크기와 눈의 위치도 다르지만[17] 가장 두드러진 차이는 수컷의 등지느러미가 극단적으로 길게 뻗어 있는 것이다(〈그림28〉). 어린 수컷은 색과 구조에서 암컷 성체와 비슷하다. Callionymus속의 모든 어류에서[18] 수컷이 일반적으로 암컷보다 선명한 반점을 가지고 있고, 몇몇 종의 수컷은 등지느러미뿐만 아니라 뒷지느러미도 마찬가지로 길게 뻗어 있다.

---

[16] (역주) 농어목 돛양태과의 일종.
[17] 야렐의 'British Fishes,' Vol. 1, 1836, pp. 261, 266에서 인용.
[18] 귄터 박사의 'Catalogue of Acanth. Fishes in the British Museum,' 1861, pp. 138–151.

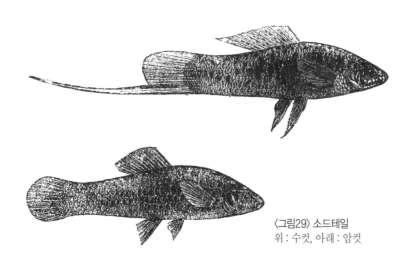

〈그림29〉 소드테일
위 : 수컷, 아래 : 암컷

둑중개(*Cottus scorpius*) 수컷은 암컷보다 훨씬 호리호리하고 작다. 암수는 색채도 매우 다르다. 로이드(Lloyd)가 지적했듯이,[19] '번식기가 되어 색조가 매우 화려해진 이 물고기를 본 적이 없는 사람은, 다른 면에서는 이토록 못생긴 것이 이토록 멋진 색채의 혼합으로 장식되리라는' 것은 생각도 하지 못할 것이다. *Labrus mixtus*(청소놀래기) 암수는, 색깔은 달라도 양쪽 다 아름답다. 수컷은 오렌지색에 선명한 푸른 줄무늬가 있고, 암컷은 화사한 빨간색에 등에는 검은 점이 몇 개 있다.

매우 독특한 과인 송사리과 가운데에는 외국산 담수성으로, 암수가 다양한 면에서 매우 다른 것이 있다. *Mollienesia petenensis* 수컷은[20] 등지느러미가 매우 발달해 있는데, 거기에 크고 둥근 눈알 같은 선명한 색깔의 반점이 줄지어 있다. 한편 암컷의 등지느러미는 작고 모양도 다르며 불규칙하게 구부러진 갈색 반점이 있을 뿐이다. 수컷은 뒷지느러미 아래쪽 가장자리도 약간 길게 뻗어 있고 색깔이 짙다. 이것과 근연종인 소드테일(*Xiphophorus Hellerii*, 〈그림29〉)은 수컷의 뒷지느러미 아랫가장자리가 가늘고 길게 뻗어 있다. 귄터 박사에게 듣기로는, 거기에는 줄무늬가 있으며 또 아름다운 색으로 장식되어 있다고 한다. 이 가늘고 긴 섬유 같은 것에는 근육이 전혀 없어, 물고기에게 직접적으로 도움

---

[19] 'Game Birds and Wild Fowl of Sweden and Norway,' etc., 1867, p. 466.
[20] 이 예와 다음 예에 관한 정보는 귄터 박사가 제공한 것이다. 중앙아메리카의 어류에 관한 논문 'Transact. Zoolog. Soc.,' Vol. 6, 1868, p. 485도 참조할 것.

이 되는 것은 아무것도 없는 것 같다. Callionymus의 예에서와 마찬가지로 어린 수컷은 색도 형태도 성체의 암컷과 비슷하다. 이러한 성차는 꿩과 새에서 흔히 볼 수 있는 성차와 완전히 같다고 해도 좋을 것이다.[*21]

남아메리카의 민물에서 사는 메기과 물고기 *Plecostomus barbatus*(〈그림30〉)는[*22] 수컷의 입과 아가미덮개사이(interoperculum) 주위에 단단한 털이 수염처럼 나 있는데, 암컷에는 그런 것이 전혀 없다. 이러한 털은 비늘과 성질이 비슷하다. 이와 같은 속(屬)의 다른 종에서는 수컷의 머

〈그림30〉 Plecostomus barbatus
위 : 수컷의 머리, 아래 : 암컷의 머리

리 앞쪽에 부드러운 촉수 같은 것이 나 있지만 암컷에는 없다. 이 촉수는 진피(眞皮)가 길게 자란 것이어서, 전자의 단단한 수염과 같은 것이 아니다. 그러나 양쪽이 모두 같은 목적인 것은 틀림없는 것으로 보인다. 그 목적이 무엇인지는 추측하기 어렵지만 장식일 가능성은 낮은 것 같다. 그러나 단단한 털이나 부드럽고 가느다란 수염이 수컷에게만 있어서 통상적인 의미에서 무언가 도움이 되리라고는 도저히 생각할 수 없다.

[*21] 귄터 박사도 같은 지적을 했다. 'Catalogr of Fishes in the British Museum,' Vol. 3, 1861, p. 141. (역주) 이 소드테일에 대해서는 최근에 매우 흥미로운 연구가 있었다. 이 물고기와 근연종인 물고기 가운데 수컷의 뒷지느러미가 이렇게 길게 뻗어 있지 않은 것이 있는데, 그 수컷의 뒷지느러미에 인공적으로 긴 돌기를 붙여보았더니, 이 종의 암컷은 인공적으로 지느러미가 길어진 수컷을 더 좋아했다. 이 연구와 개구리 종류에 관한 같은 연구에서, 암컷의 배우자 선호도와 감각기관 특성에 대한 연구가 크게 진보했다.

[*22] 이 속에 대해서는 귄터 박사의 'Proc. Zoolog. Soc.,' 1868, p. 232 참조.

대영박물관에서 귄터 박사가 보여주었던 *Monacanthus scopas*가 이와 매우 닮은 예이다. 수컷은 꼬리 양쪽에 빗처럼 생긴 단단하고 곧게 뻗은 가시다발을 가지고 있다. 몸 전체가 약 15.2cm인 표본으로 가시의 길이는 약 3.8cm나 된다. 암컷은 같은 장소에 짧은 가시 한 무더기를 갖고 있는데 마치 칫솔처럼 보인다. 또 하나의 다른 종 *M. peronii*는 앞에 말한 종의 암컷이 가지고 있는 칫솔을 수컷이 가지고 있으며, 암컷은 꼬리 양쪽이 매끄럽다. 그 밖의 종에는 수컷 엉덩이 같은 부분이 약간 거칠거칠하지만, 암컷의 경우에는 완전히 매끄러운 것도 있다. 마지막으로 암수 모두 꼬리 양쪽이 매끄러운 종도 있다. 그 기묘한 괴물인 *Chimaera monstrosa*의 수컷은 머리 꼭대기에 앞쪽을 향해 갈고리처럼 구부러진 뼈가 있고, 그 둥근 끝은 날카로운 가시로 뒤덮여 있다. 암컷에는 '이 관이 전혀 존재하지 않는데', 이것이 어떤 역할을 하고 있는지는 전혀 밝혀지지 않았다.[*23]

여기까지 소개한 형태는 성체(成體)가 된 뒤의 수컷에게서 일생동안 볼 수 있는 것으로, 몇몇 청베도라치 종류나 그것과 가까운 것으로[*24] 번식기에만 수컷의 머리에 관(冠)이 발달하는 동시에 몸 색깔도 훨씬 화려해지는 것이 있다. 이 관은 암컷에는 흔적조차 없기 때문에 일시적인 성적(性的) 장식으로 작용하고 있는 것이 분명하다. 이것과 같은 속의 다른 종은 양성이 모두 이 관을 가지고 있으나, 적어도 하나의 종은 양성 모두 이것을 갖고 있지 않다. 이 예와 Monacanthus은 가까운 그룹에 속하는 종 사이에서도 성적형질이 얼마나 다른지를 보여주는 매우 좋은 예라고 할 수 있다.

Chromidae의 많은 종, 이를테면 Geophagus, 특히 Cichla에 대해 아가시 교수에게 들은 바로는,[*25] 수컷의 앞머리에는 두드러진 돌기가 있지만 암컷과 어린 수컷에는 없다고 한다. 아가시 교수는 또 "나는 이 물고기의 돌기가 가장 커지는 산란기와 완전히 사라지는 다른 시기, 그 양쪽을 다 본 적이 있는데, 그것이 사라지는 시기에는 옆에서 본 머리의 윤곽으로는 암수를 전혀 구별할 수

[*23] F. 버클랜드(F. Buckland)의 'Land and Water,' July, 1868, p. 377. 삽화 있음.—— (역주) 은상 어류 수컷은 모두 머리에 이러한 갈고리 모양의 돌기를 가지고 있다. 그 용도는 아직까지 확실하게 밝혀지지는 않았지만, 교미할 때 암컷을 붙잡기 위한 기관일 거라고 추측되고 있다.

[*24] 귄터 박사의 'Catalogue of Fishes,' Vol. 3, pp. 221, 240.

[*25] 아가시 교수 부부(Prof. and Mrs. Agassiz)가 쓴 'A Journey in Brazil,' 1868, p. 220도 참조할 것.

가 없었다. 이것이 어떤 특별한 기능을 하고 있는지는 전혀 알 수 없으며, 아마존의 인디언도 모르는 것 같다"고 말했다. 이러한 돌기가 주기적으로 나타나는 것은 어떤 새의 두부에 나타나는 육질의 혹(볏이나 눈 주변에 나는 육질의 돌기)과 비슷한데, 그것이 장식으로 작용하고 있는지는 아직 의문으로 남아 있다.

아가시 교수와 귄터 박사에게서 들은 바로는, 1년 내내 암컷과 다른 색채를 띠고 있는 물고기 수컷도 번식기에는 색깔이 더 화려해진다고 한다. 이것은 번식기 이외의 시기에는 암수의 색채가 똑같은 어류에서도 마찬가지이다. 텐치(유럽산 잉어), 잉어, 농어 등을 그 예로 들 수 있다. 번식기의 연어 수컷은 '뺨에 오렌지색 줄무늬가 있어서, 그것 때문에 Labrus처럼 보인다. 또 몸도 금빛이 감도는 오렌지색을 띠게 된다. 암컷은 색깔이 어두워서 검은 물고기라고 불리고 있다.*26 이와 같은, 또는 더욱 극적인 변화는 곤들매기(*Salmo eriox*) 수컷에게도 일어난다. *Salmo umbla* 수컷도 번식기에는 암컷보다 화려해진다.*27 미국의 꼬치고기(*Esox reticulatus*)는 번식기가 되면 특히 수컷이 매우 선명한 무지갯빛으로 빛나게 된다.*28 많은 예 가운데 또 하나의 두드러진 예를 든다면, 워링턴(Warington)이 기술한 것으로 번식기가 되면 '말로 표현할 수 없을 만큼 아름다워지는' 큰가시고기(*Gasterosteus leiurus*) 수컷이 있다.*29 암컷의 등과 눈은 단순한 갈색이고 배는 하얗다. 수컷의 눈은 '가장 아름다운 녹색이고, 벌새류의 녹색 깃털에서 볼 수 있는 금속성 광채를 갖고 있다. 목과 배는 화사한 진홍색, 등은 잿빛을 띤 녹색으로 물고기 전체가 무슨 조화에선지 투명해 보이며, 안쪽에서 눈부신 빛을 발산하고 있는 것처럼 보인다'. 번식기가 끝나면 이러한 색깔은 완전히 바뀌어 목과 배의 붉은 색은 옅어지고 등은 짙은 녹색이 되며, 광채는 사라져버린다.

어류에서 이러한 색채와 성적기능 사이에 무언가 밀접한 관계가 있는 것은 분명한 것 같다. 첫째로, 어떤 종류의 수컷은 암컷과는 다른 몸 색깔을 하고 있으며 종종 암컷보다 훨씬 더 화려하다. 두 번째로, 이같은 수컷들은 어릴 때

---

*26 야렐의 'British Fishes,' Vol. 2, 1836, pp. 10, 12, 35.

*27 W. 톰슨(W. Thompson)의 'Annals and Mag. of Nat. History,' Vol. 6, 1841, p. 440.

*28 'The American Agriculturist,' 1868, p. 100.

*29 'Annals and Mag. of Nat. Hist.' October, 1852.

는 성체의 암컷과 비슷하다. 마지막으로 번식기 외에는 암컷과 색깔이 완전히 같은 수컷도 번식기가 되면 화려한 색채를 띠게 된다. 수컷들은 구애에 열을 올리다가 서로 사투를 벌이기도 한다. 만약 암컷에게 선택할 힘이 있어서 더 아름답게 장식한 수컷을 선택한다고 가정한다면, 위의 사실은 모두 성선택의 원리로 이해할 수 있을 것이다. 한편 암컷은 언제나 산란하고 난 뒤 가장 먼저 다가온 수컷에게 수정을 맡긴다면 짝짓기 상대에 대한 선호가 없는 것이므로, 이 사실은 성선택의 유효성을 전혀 설명해주지 못할 것이다. 그러나 지금까지 알려져 있는 바로는 암컷은 수컷이 가까이 없으면 산란하지 않으며, 수컷은 암컷이 가까이 없는 한 알에 수정하지 않는다. 물고기 암컷이 짝짓기 상대를 고르고 있다는 직접적인 증거를 얻는 것은 확실히 어려운 일이다. 연준모치(*Cyprinus phoxinus*)의 산란을 주의 깊게 관찰한 뛰어난 관찰가는[*30] 수컷은 암컷의 열 배나 많아서 암컷 가까이에 너무 빽빽하게 밀집해 있기 때문에, '그들이 무엇을 하고 있는지 모호한 것밖에 말할 수 없다. 암컷이 여러 마리의 수컷들을 찾아오면, 수컷들은 곧 암컷을 따라간다. 산란할 준비가 되어 있지 않으면 암컷은 뒤로 물러난다. 만약 준비가 되어 있으면 암컷은 대담하게 수컷 한복판에 들어가, 곧 양쪽의 수컷 사이에 끼게 된다. 잠깐 그러고 있으면 다른 수컷 두 마리가 그들 사이에 들어와서 최초의 수컷들을 대신한다. 암컷은 그 연인들 모두에게 평등하게 은혜를 베풀고 있는 것 같다'고 말했다. 이 마지막 기술에도 불구하고 나는 앞에 말한 몇 가지 고찰에서, 암컷은 색깔이 가장 화려하거나 멋지게 장식한 수컷을 가장 매력적인 수컷으로 선택하고 있으며, 그런 까닭으로 수컷은 시간이 지나면서 더욱 아름다워졌을 거라고 확신하지 않을 수 없다.

　다음에 이 견해가, 형질이 양성에게 전달되는 법칙을 통해 암수가 모두 같거나 거의 같을 만큼 화려한 종으로도 확장될 수 있는지를 검토해 보자. Labrus 같은 속에는 세계에서 가장 아름다운 물고기 종류가 있는데, 예를 들면 공작놀래기(*L. pavo*)는 비취, 루비, 사파이어, 에메랄드, 자수정으로 장식되고 금빛으로 빛나는 비늘을 갖고 있다고 기술되어 있는데,[*31] 이렇게 과장할 만도 하다. 이 그룹에서는 앞의 견해를 믿어도 될 것 같다. 적어도 하나의 종

---

*30 루든(Loudon)의 'Mag. of Nat. Hist.,' Vol. 5, 1832, p. 681.

*31 Bory de Saint-Vincent(보리 드 생뱅상), 'Dic. Class. d'Hist. Nat.,' tome 9, 1826, p. 151.

에서는 암컷의 색채가 수컷과 매우 다르다는 사실이 알려져 있기 때문이다. 많은 하등동물과 마찬가지로 몇몇 어류에서도 선명한 색채가 선택의 힘과는 관계없이, 그 세포 조직의 성질이나 주위 환경에서 오는 직접적인 결과인 경우도 있을 것이다. 일반 잉어에 금빛의 변이가 있다는 유추에서 판단하건대, 금붕어(*Cyprinus auratus*)가 아마도 그러한 예일지도 모른다. 그들의 아름다운 색채는 이 물고기가 계속 사육되는 동안 노출되어 있었던 조건에 따라 갑자기 생긴 단일한 변이에 의한 것일지도 모르기 때문이다. 그러나 금붕어는 먼 옛날부터 중국에서 사육되어 왔기 때문에[*32] 인위적인 선택을 통해 이러한 색채가 더욱 강화되었다는 견해가 더 가능성이 높을 것이다. 야생상태에서는 물고기처럼 고도로 조직화되고 복잡한 관계 속에 살고 있는 생물이, 매우 화려한 색깔을 가짐으로써 거기서 무언가 악영향을 받거나 이익을 얻지 않고, 또 자연선택의 개입을 부르지도 않고 아름다운 색채를 획득하는 일은 없을 것이기 때문이다.

그렇다면 양성이 모두 화려한 색채를 가지고 있는 많은 물고기에 대해서는 어떠한 결론을 내릴 수 있을까? 월리스는[*33]는 산호와 그 밖의 화려한 색채를 한 생물들에게 에워싸인 산호초에 사는 종은, 적의 눈에 띄지 않기 위해 아름다운 색채를 띠고 있는 것으로 생각했다. 그러나 내 생각에는, 그들은 그렇기 때문에 더욱 눈에 띨 수밖에 없다. 열대 담수어는 화려한 색채를 한 산호도 없고 물고기들이 닮을 만한 아름다운 생물도 없지만, 그래도 많은 아마존의 물고기들은 아름다운 색을 하고 있으며, 인도의 육식성 잉어과 물고기는 '다양한 색조의 화려한 줄무늬로' 장식되어 있다.[*34] 맥클랜드는 이러한 물고기에 대해 '그 놀랍도록 화려한 색깔은 이 물고기의 개체수를 일정하게 유지

---

*32 내가 《사육동식물의 변이》에서 이 문제에 대해 언급한 것 때문에 W. F. 메이어스(W. F. Mayers)가 고대중국의 백과사전을 조사해 주었다('Notes and Queries,' August, 1868, p. 123). 그는 금붕어가 처음 사육된 것은 서기 960년에 왕조가 시작된 송나라 때였음을 발견했다. 1129년에는 금붕어가 많이 사육되고 있었다고 한다. 다른 문헌에는 1548년 이후, "항주(杭州)에서는 강렬한 붉은 색을 띤다 하여 불의 물고기라고 불리는 품종이 많이 사육되었다. 이것은 어디서나 사랑을 받으며 아름다운 빛깔을 뽐냈고, 수입원으로 삼기 위해 이를 사육하지 않는 집이 거의 없었다.

*33 'Westminster Review,' July, 1867, p. 7.

*34 J. 맥클랜드(J. M'Clelland)의 "Indian Cyprmidae," 'Asiatic Researches,' Vol. 19, Part 2, 1839, p. 230.

하기 위해 물총새나 제비갈매기 같은 새들에게 쉽게 발견되도록 되어 있는 것이 아닌가' 하는 생각까지 하고 있다. 그러나 오늘날의 박물학자는 아무도, 어떠한 동물도 자기 자신을 죽이기 위해 눈에 띄는 색채를 하고 있다고는 생각하지 않을 것이다. 물고기 중에는 새나 다른 포식동물에 대해 (유충에 대해 설명한 것처럼) 그들이 맛없는 먹잇감인 것을 경고하기 위해 화려한 색깔을 한 것도 있겠지만, 내가 아는 한 적어도 물고기를 먹고 사는 동물이 물고기가 맛이 없다는 이유로 거부하는 예는 알려진 것이 없다. 전체적으로 양성이 모두 화려한 색채를 띠고 있는 물고기에 관한 가장 그럴듯한 견해는, 그 색채가 성적 장식으로서 수컷에게 획득되었고, 또 그것이 거의 같은 정도로 암컷에게도 전해졌다는 것이다.

그런데 수컷이 색채와 그 밖의 장식에서 암컷과 매우 다른 경우에는 수컷만이 변용하여 그 변이가 수컷새끼에게만 전해진 것인가, 아니면 암컷이 보호를 목적으로 특별히 수수해지도록 변용했고, 그 변이가 암컷새끼에게만 전해진 것인가 하는 문제에 대해 생각해 보자. 많은 물고기가 보호를 위해 색깔을 획득한 것은 틀림없다. 가자미 표면에 있는 반점을 보고 그들이 살고 있는 바다 속 모래땅을 연상하지 않는 사람은 아마 없을 것이다. 동물이 색채와 형태에 의해 보호를 얻는 매우 두드러진 예의 하나는 (보존된 표본으로 보는 한) 귄터 박사가 보고한 실고기이다.*35 거기에는 붉은 실 같은 것이 몸에 많이 나 있기 때문에 꼬리로 해조류를 교묘하게 붙들고 있으면, 해조류와 거의 구별이 가지 않는다. 그러나 지금 우리가 문제로 삼고 있는 것은 이 목적을 위해 암컷만이 변용해 왔는가 하는 의문이다. 이 문제에 대해 물고기는 다양한 증거를 제공해 준다. 한쪽 성만이 위험에 노출되는 기간이 길거나, 또는 한쪽 성만이 적에게서 달아날 힘이 약한 경우가 아닌 한 양쪽에 같은 변이가 일어나면, 자연선택에 의해 한쪽 성이 다른 성보다 보호를 위해 심하게 변용하는 일은 없는 것으로 생각된다. 그리고 물고기는 위와 같은 점에서 암수에 차이가 없는 듯하다. 무언가의 차이가 있다면, 수컷이 몸이 작고 더 많이 헤엄치고 다니기 때문에 암컷보다 더 많은 위험에 노출될 것이다. 그래도 암수가 다를 때는 거의 항상 수컷이 눈에 띄는 색채를 하고 있다. 알은 산란되면 곧바로 수정

*35 'Proc. Zoolog. Soc.,' 1865, p. 327, Pl. 14 and 15.

되는데, 연어처럼*³⁶ 수정이 며칠에 걸쳐 계속될 때는 이 기간 중에 수컷이 내내 암컷의 곁을 떠나지 않는다. 알이 수정된 뒤에는 대부분의 경우 부모는 그곳을 떠나 더 이상 알을 보호하지 않기 때문에, 산란에 관한 한 암수는 동등하게 위험에 노출되어 있다. 수정란의 생산에도 암수가 똑같이 기여하고 있는 것으로 생각된다. 그러므로 어느 쪽 성이든 더욱 화려한 몸 색깔을 지닌 개체는 죽을 위험성이 똑같고, 암수는 동등하게 자신들의 새끼와 그 품종의 색채에 영향을 줄 것이다.

몇몇 과에 속하는 물고기는 집을 짓는다. 그러한 물고기 가운데에는 알이 부화했을 때 새끼를 보살피는 것이 있다. 양성이 똑같이 화려한 색채를 하고 있는 *Crenilabrus massa*와 *melops*는, 양성 모두 해초나 조개껍데기 등을 모아서 집을 짓는다.*³⁷ 그러나 어떤 종류의 물고기는 이러한 일은 모두 수컷이 맡고, 그 뒤에 치어를 보살피는 것도 수컷이 한다. 탁한 색을 한 망둑어 종류가 그러한데*³⁸ 망둑어는 양성의 색깔이 다르지 않다. 큰가시고기(Gasterosteus)도 마찬가지로 그들은 산란기가 되면 수컷이 매우 아름다운 색채를 띠게 된다. 꼬리가 매끄러운 큰가시고기(*G. leiurus*) 수컷은 오랜 기간에 걸쳐 마치 유모처럼 배려하고 보살피면서, 치어가 집에서 너무 멀리 나가면 반드시 자상하게 그들을 집 쪽으로 인도한다. 그는 용감하게 모든 적을 쫓아내는데, 거기에는 같은 종류의 암컷도 포함된다. 수컷은 암컷이 산란한 뒤에 끊임없이 암컷을 집에서 쫓아내야 하기 때문에, 암컷이 얼른 무언가의 적에게 잡아먹히는 쪽이 그에게는 오히려 안심이 될 것이 분명하다.*³⁹

남아메리카와 실론(Ceylon, 지금의 스리랑카)에 살고 있는 두 개의 다른 목에 속하는 종의 수컷은, 암컷이 낳은 알을 자신의 입속 또는 아가미방 속에서 부화시키는 놀랄 만큼 특이한 습성을 가지고 있다.*⁴⁰ 아마존에 사는 같은 습

---

*36 야렐(Yarrell)의 'British Fishes,' Vol. 2, p. 11.

*37 거브 씨가 관찰한 것이다. 귄터의 'The Record of Zoolog. Literature,' 1865, p. 194 참조.

*38 퀴비에(Cuvier)의 'Le Règne Animal,' Vol. 2, 1829, p. 242.

*39 *Gasterosteus leiurus*의 습성에 관한 가장 흥미로운 기술은 워링튼(Warington)의 'The Annals and Mag. of Nat. Hist.,' November, 1855 참조.

*40 와이만(Wyman) 교수의 'Proc. Boston Soc. of Nat. Hist.,' September 15, 1857. 또 W. 터너(W. Turner)의 'Journal of Anatomy and Phys.,' November 1, 1866, p. 78. 귄터 박사도 다른 예에 대해 기술한 것이 있다.

성을 가진 물고기에 대해서는, 아가시 교수가 친절하게 수컷은 '평소에도 암컷보다 아름다울 뿐만 아니라, 번식기에는 그 차이가 더욱 뚜렷해진다'고 알려주었다. Geophagus속의 종도 마찬가지로 행동하는데 번식기가 되면 이 속의 수컷에는 이마에 뚜렷한 돌기가 발달한다. 아가시 교수가 알려준 바로는, Chromid의 다양한 종에는 '수생식물 주위의 물속이나 구멍 속에 산란한 뒤 더 이상 보살피지 않고 치어가 나오는 대로 내버려두든, 강바닥의 진흙에 얕은 집을 짓고 영국의 Promotis속처럼 거기에 머물며 보살피든', 암수에 뚜렷한 색채의 차이를 볼 수 있다. '이렇게 머물러서 보살피는 종류들이 이 과 중에서는 가장 색채가 아름답다는 사실은 특기할 만하다. 이를테면 Hygrogonus는 화려한 녹색 몸에 가장자리가 화려한 붉은 색으로 장식된 검은 눈알 무늬가 있다.[*41]

그러나 알을 보살피는가 아닌가 하는 것은, 양성간의 색채 차이에 거의 영향이 없는 것은 명백하다. 그리고 집과 치어를 보살피는 모든 종에서 아름다운 색채를 띤 수컷이 살해되는 것은, 아름다운 색채를 띤 암컷이 살해되는 것보다 그 품종의 형질에 훨씬 큰 영향을 미칠 것이라는 점도 명백하다. 그것은, 알을 품거나 새끼를 키우던 수컷이 죽으면 치어도 모두 죽게 되어 수컷이 그 특별한 색채를 전달할 수 없을 것이기 때문이다. 그래도 이러한 대부분의 경우에 수컷이 암컷보다 화려한 색채를 띠고 있다.

총새류(總鰓類, 실고기, 해마 등)의 대부분은 수컷이 육아주머니를 가지고 있거나 복부가 반원형으로 움푹 패여 있어서, 거기에 암컷이 산란하고 치어가 그곳에서 부화한다. 수컷은 또 치어에 대해 강한 애착을 나타낸다.[*42] 암수는 일반적으로 색채에 그다지 차이가 없지만, 귄터 박사는 해마 수컷은 암컷보다 좀더 화려한 색채를 하고 있다고 생각하고 있다. 그러나 Solenostoma속은 매우 기묘한 예외이다.[*43] 왜냐하면 암컷이 수컷보다 훨씬 화려한 색깔의 반점을 가지고 있는데도 암컷에만 육아주머니가 있고, 그 속에서 알을 부화하기 때문이다. 그래서 Solenostoma속의 암컷은 다른 모든 총새류와 후자의 점에서

[*41] (역주) Chromid의 모든 종류에서 수컷만이 알을 보살피는지에 대해서는 알 수 없다.

[*42] 야렐, 'British Fishes,' Vol. 2, 1836, pp. 329, 338.

[*43] 귄터 박사는 플레이페어 대령(Colonel Playfair)이 이 종류에 대해 'The Fishes of Zanzibar,' 1866, p. 137에 발표한 뒤, 이 표본을 다시 조사하여 위의 정보를 나에게 알려 주었다.

다르며, 수컷보다 암컷이 화려한 색을 띠고 있다는 점에서 거의 모든 어류와 다르다. 이렇게 암컷의 이중의 형질 역전이 단순한 우연에 의해 일어났다고는 도저히 생각할 수 없다. 수컷만이 알과 치어를 보살피는 물고기에서는 수컷이 암컷보다 화려한 색깔을 하고 있고, Solenostoma속은 암컷이 새끼를 보살피며 수컷보다 화려한 색을 하고 있으므로, 새끼를 보살피는 데 더욱 중요한 쪽의 성이 무언가의 보호를 위해 화려한 색채를 띠게 된 것이라고 주장할 수 있을지도 모른다. 그러나 수컷이 영구적이든 일시적이든 암컷보다 아름다운 물고기는 많이 있지만 그들의 생존이 암컷의 생존보다 종에 중요하게 작용하는 것은 아니므로, 이 견해는 지지를 얻기 어려울 것이다. 조류에 대해 다룰 때, 우리는 일반적인 성의 형질이 완전히 역전되어 있는 비슷한 예를 보게 될 것이다. 그때 가능성이 높은 설명을 하겠지만 그것은 암컷이 더욱 매력적인 수컷을 선택한다는, 동물계에서 일반적으로 볼 수 있는 법칙이 아니라 수컷이 더욱 매력적인 암컷을 선택해 왔기 때문이라는 설명이다.

전체적으로 몸 색깔과 그 밖의 장식적 형질이 암수 사이에 다른 물고기는 대부분 본디 수컷 사이에 변종이 생기며, 그 변종이 동성에게만 전달되어 암컷을 유혹하거나 흥분시키는 성선택을 통해 그 변이가 축적되어 왔다고 결론지어도 좋을 것이다. 그러나 많은 예에서는 그러한 형질의 일부 또는 전부가 암컷에게도 전달되고 있다. 또 보호를 위해 양성이 같은 색깔을 띠고 있는 것 같지만, 이 목적을 위해 암컷만이 색채와 그 밖의 형질을 특별히 변용시켜 온 예는 하나도 없는 것 같다.[*44]

마지막으로 지적해 두어야 할 것은, 세계의 많은 장소에 기묘한 소리를 내는 물고기가 기록되어 있다는 점이다. 그 중에는 음악적으로 들리는 소리도 있다. 어떻게 해서 그런 소리를 내는지는 거의 밝혀져 있지 않으며, 그 목적은 더더욱 알 수 없다. 유럽의 바다에 사는 Umbrinas속이 내는 두드리는 듯한 소리는 스무 길(약 36m) 깊이에서도 들린다고 한다. 로셸의 어민은 '번식기에는 수컷만 소리를 내기 때문에, 그것을 흉내내어 미끼 없이 그들을 잡을 수 있다'

---

*44 (역주) 어류의 아름다운 몸 색깔과 성선택의 관계에 대해서는 최근에 매우 활발하게 연구되고 있다. 수컷끼리의 경쟁에서 중요한 작용을 하는 색깔도 있는가 하면, 화려한 색깔에 대한 암컷의 선호도가 드러나 있는 것도 있다. 한편 산호초에서 사는 어떤 물고기는 경고색의 역할도 하는 듯하다.

고 주장했다.[45] 만약 이 기술이 신뢰할 만한 것이라면 척추동물의 다른 강에서, 널리 볼 수 있고, 이미 살펴보았듯이 곤충류나 거미류에서도 볼 수 있는 예를 척추동물의 가장 하등한 강에서도 볼 수 있게 될 것이다. 즉 목소리나 악기에 의한 소리는 매우 흔히 구애의 목소리, 구애의 노래로 사용되기 때문에 그러한 소리를 내는 능력은 처음에 종의 확산과 관련하여 발달한 것임을 말해주고 있다.

양서류(兩棲類)

먼저 꼬리가 있는 양서류부터 살펴보자. 도롱뇽이나 영원류의 암수는 색채도 형태도 다른 경우가 종종 있다. 몇몇 종은 번식기의 수컷 앞발에 움켜잡을 수 있는 발톱이 발달한다. 또 이 시기의 *Triton palmipes* 수컷 뒷다리에 물갈퀴가 생기는데, 겨울이 되면 완전히 흡수되어버려 암컷의 다리와 비슷해진다.[46] 이 구조가 수컷이 열심히 암컷을 찾아 다니는 데 도움이 되는 것은 틀림없는 것 같다. 영국에서 흔히 볼 수 있는 영원(*Triton punctatus, T. cristatus*)은 번식기가 되면 수컷의 등과 꼬리에 깊게 홈이 파인 지느러미가 발달하지만, 겨울이 되면 흡수되고 만다. 세인트 조지 마이바트(St. George Mivart)가 나에게 알려준 바로는, 그것에는 근육이 없어서 운동하는 데 사용할 수는 없다. 구애의 계절에는 그 가장자리가 화려한 붉은 색이 되므로, 그것이 수컷의 장식 역할을 하고 있는 것은 분명하다. 많은 종에서는 몸은 매우 강한 대비를 이루며 번쩍이는 색조를 띠는데, 번식기에는 그것이 더욱 뚜렷해진다. 이를테면 영국에서 흔히 볼 수 있는 작은 영원(*Triton punctatus*) 수컷은 '상부가 회갈색이고 아래쪽으로 갈수록 노란색이 되는데, 봄이 되면 그곳이 짙은 오렌지색 바탕에 검은 반점으로 장식된다'. 지느러미 가장자리도 밝은 빨강이나 보라색으로 물든다. 암컷은 보통 황갈색에 갈색 반점이 있지만 몸 아랫면에는 반점이 없다.[47] 어린 개체는 색깔이 뚜렷하지 않다. 산란한 뒤에 곧 수정이 이루어지며, 그 뒤에는 부모 양쪽이 다 알을 보살피지 않는다. 따라서 수컷의 뚜렷한 몸 색깔과 장식적인 부속물은 성선택을 통해 획득되어 수컷새끼에게만 전달되거나 암수 모

[45] Rev. C. Kingsley(C. 킹슬리 목사), 'Nature,' May, 1870, p. 40.

[46] Bell(벨), 'A History of British Reptiles,' 2nd edition, 1849, pp. 156–159.

[47] Bell, '같은 책.,' pp. 146, 151.

〈그림31〉 *Triton cristatus*(Bell, 'A History of British Reptiles'에서)
위 : 번식기의 수컷, 아래 : 암컷

두에 전달된 것이라고 결론내려도 될 것이다.

개구리목(Anura, Batrachia)

많은 청개구리나 두꺼비에서는 청개구리가 아름다운 녹색을 띠고 있으며, 육지에 사는 많은 종이 눈에 띄지 않는 얼룩무늬를 하고 있는 것처럼 보호색 역할을 하고 있는 것은 명백하다. 내가 지금까지 본 것 가운데 색채가 가장 눈에 띄는 두꺼비 *Phryniscus nigricans*[48]는 몸 윗면이 전부 잉크처럼 까맣지만 다리 안쪽과 복부 일부에 매우 선명한 붉은 반점이 있다. 이 개구리는 뜨거운 태양 아래 라플라타의 탁 트인 초원이나 아무것도 없는 모래땅 위를 다니기 때문에, 그곳을 지나가는 어떠한 생물의 눈도 피할 수가 없다. 그러한 색채는 포식성 새에게, 그것이 맛없는 먹잇감이라는 것을 알려주는 역할을 하는 건지도 모른다. 왜냐하면 그들은 유독한 분비물을 내는데, 개가 그것을 핥으면 광견병에 걸렸을 때처럼 입에서 거품을 내뿜는다는 것을 누구나 알고 있기 때문이다. 이 개구리의 색채가 눈에 띄는 것에 더욱 놀랐던 것은, 그 옆에서 도마뱀(*Proctotretus multimaculatus*)을 발견했을 때였다. 이 도마뱀은 위협을 받으면 몸을 납작하게 엎드려 눈을 감는데, 그러면 그 얼룩무늬 때문에 주위의 모래땅과 전혀 구별이 가지 않는다.

---

[48] 'Zoology of the Voyage of the "Beagle",' 1843. 벨의 "Reptiles," p. 49.

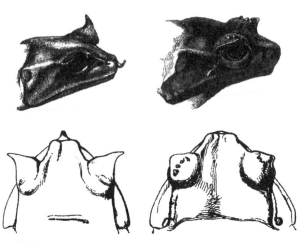

〈그림32〉 *Megalophrys montana*
왼쪽 : 수컷, 오른쪽 : 암컷

　몸 색깔의 성차에 대해 귄터 박사는, 청개구리나 두꺼비에서는 뚜렷한 예를 보지 못했지만 그래도 수컷이 암컷보다 색조가 약간 강하다는 점에서, 수컷과 암컷을 색으로 대략 구별할 수 있다고 한다. 귄터 박사는 또 암수의 외적인 구조가 뚜렷한 다른 예는 알지 못했다. 단 하나 예외적인 것으로 번식기가 되면 수컷의 앞다리에 돌기가 발달하는데, 그것으로 암컷과 포접(抱接)한다. *Megalophrys montana*(〈그림32〉)[*49]는 암수의 형태적 구조가 약간 다른 가장 좋은 예이다. 수컷은 코끝과 눈꺼풀에 삼각형 모양의 피부 주름이 있으며 등에 작고 검은 돌출물이 있는데, 그러한 형질은 암컷에는 없거나 아주 약간 있을 뿐이다. 개구리의 성차가 더 뚜렷하게 발달하지 않는 것은 매우 이상한 일이다. 왜냐하면 그들은 냉혈동물이지만 매우 열정적이기 때문이다. 귄터 박사가 나에게 알려준 바로는, 그는 서너 마리의 수컷들이 너무 꽉 껴안는 바람에 불행하게도 숨이 막혀 죽어버린 암컷 두꺼비를 몇 번 본 적이 있다고 한다.
　이러한 동물들은 한 가지 흥미로운 성차를 보여주고 있다. 그것은 수컷이 가지고 있는 음악적 재능이다. 그러나 음악이라는 말을 황소개구리와 그 밖의 개구리 수컷이 내는 커다란 불협화음에 적용하는 것은, 우리 인간의 취향에는 자못 부적당하게 여겨진다. 그렇지만 어떤 개구리의 노랫소리는 정말 들

*49 A. 귄터 박사의 'The Reptiles of British India,' Ray Soc., 1864, p. 413.

기 좋다. 리우데자네이루 근처에서, 나는 밤마다 수많은 작은 청개구리(Hylae)들이 물가의 풀잎 위에서 다 같이 조화롭고 아름다운 소리로 합창하는 것을 들었다. 영국의 평범한 개구리와 마찬가지로 다양한 개구리들의 소리는 번식기의 수컷이 내는 것이다.[*50] 이 사실을 뒷받침하듯이 수컷의 발성기관은 암컷보다 훨씬 잘 발달해 있다. 몇몇 속은 수컷만이 후두에 개구(開口)되어 있는 울음주머니를 가지고 있다.[*51] 예를 들면 식용개구리(*Rana esculenta*)의 '울음주머니는 수컷에만 있으며, 울 때 그곳이 공기로 가득차면 커다랗고 둥근 자루가 되어 수컷의 입가, 얼굴 양쪽이 부풀어오른다'. 그래서 수컷의 울음소리는 매우 크지만 암컷의 소리는 희미하게 갈라진 소리처럼 들릴 뿐이다.[*52] 발성기관의 구조는 같은 과에 속하는 속 사이에서도 매우 다르며, 그러한 발달은 모두가 성선택 때문이라고 볼 수 있다.[*53]

파충류(爬蟲類)

거북목(Chelonia)

땅거북이나 바다거북에는 뚜렷한 성차를 볼 수 없다. 몇 종은 수컷의 꼬리가 암컷보다 길고, 몇 종은 수컷의 등딱지 아랫면, 즉 배딱지가 암컷의 등에 비해 약간 더 불룩하다. 미국의 진흙거북(*Chrysemys picta*) 수컷은 앞발의 발톱이 암컷보다 두 배나 길며, 이것은 짝짓기할 때 사용된다.[*54] 갈라파고스 제도의 거대한 땅거북(*Testudo nigra*)은 수컷이 암컷보다 몸집이 더 크고 번식기에만 쉰 목소리를 내는데, 그 소리가 어찌나 큰지 약 100m 밖에서도 들린다고 한다. 암컷은 전혀 소리를 내지 않는다.[*55]

[*50] 벨, 'A History of British Reptiles,' 1849, p. 93.

[*51] J. Bishop, 'Todd's Cyclop. of Anat. and Phys.' Vol. 4, p. 1503.

[*52] 벨, '같은 책,' pp. 112–114.

[*53] (역주) 양서류의 대부분은 수컷보다 암컷이 더 몸이 크지만, 수컷끼리 투쟁하는 종은 수컷이 큰 경우가 많다. 도롱뇽목에서 수컷만 커다란 등지느러미와 번식기에 꼬리가 자라는 종류는, 암컷이 선호하는 대상으로 알려져 있다. 개구리의 눈에 확 띄는 색채는 대부분 경고색이다.

[*54] C. J. Maynard(C. J. 메이나드), 'The American Naturalist,' December, 1869, p. 555.

[*55] 나의 《비글호 항해기》 1845년, 384쪽 참조.—— (역주) 개구리 울음소리는 그야말로 성선택의 산물이며, 그것이 수컷들의 경쟁과 암컷의 선호에 기여하고 있는 역할에 대해서는

악어목(Crocodilia)

암수의 몸 색깔은 다르지 않은 것 같다. 또 수컷끼리 싸운다는 이야기도 들은 적이 없다. 그러나 암컷 앞에서 기묘한 과시행동을 하는 몇몇 종류들을 보면 싸울 가능성은 있다. 버트럼(Bartram)은 앨리게이터 수컷이 암컷을 차지하기 위해 늪지 한복판에서 소리를 지르며 물을 튀기거나, '터져버리지나 않을지 걱정될 만큼 몸을 부풀리고, 수면을 빙글빙글 돌면서 헤엄치는 것이 마치 인디언추장이 전쟁 전에 포효하며 춤추는 것 같았다'고 말했다.[56] 사랑의 계절에 크로커다일 수컷은 하악샘(下顎腺)에서 사향 같은 향기를 내뿜으며 여기저기 돌아다닌다.[57]

뱀목(Ophidia)

뱀에 대해서는 거의 이야기할 것이 없다. 귄터 박사는 수컷은 언제나 암컷보다 작으며 일반적으로 암컷보다 가늘고 긴 꼬리를 갖고 있다고 알려주었는데, 그가 아는 한 다른 외적인 구조에 성차는 없는 것 같다. 뱀의 몸 색깔에 대해 귄터 박사는 수컷이 색조가 뚜렷하기 때문에 거의 언제나 그것으로 암수를 구별할 수 있다고 한다. 이를테면 영국의 독사 등에 있는 지그재그무늬는 암컷보다 수컷이 더 뚜렷하다. 북아메리카의 방울뱀은 그 차이가 더 뚜렷하여, 런던동물원 사육사가 나에게 보여준 것처럼 수컷은 몸 전체가 암컷보다 훨씬 빛나는 노란색이어서 보자마자 구별할 수 있다. 남아프리카에서는 *Bucephalus capensis*가 그와 비슷한 차이를 보여준다. 암컷의 몸 옆면에 나타난 노란색은 수컷처럼 색조가 다양하지 않다.[58] 한편 인도의 *Dipsas cynodon* 수컷은 흑갈색으로 배의 일부가 검은색이지만, 암컷은 붉은색 또는 노란색이 감도는 올리브색으로 배 전체가 노란색이거나 검은 반점 무늬가 있다. 마찬가지로 인도의 *Tragops dispar* 수컷은 선명한 녹색이며 암컷은 청동색이다.[59] 나무에서 사는 뱀은 녹색이고 그늘에 사는 종류는 다양한 얼룩무늬

다양한 종류에서 상세히 연구되고 있다.

[56] 'Travels through Carolina,' etc., 1791, p. 128.

[57] Owen, 'Antomy of Vertebrates,' Vol. 1, 1866, p. 615.

[58] Sir Andrew Smith(앤드류 스미스 경), 'Zoolog. of S. Africa : Reptilia,' 1849, pl. x.

[59] 귄터 박사, 'The reptiles of British India,' Ray Soc., 1864, pp. 304, 308.

를 갖고 있는 것처럼, 어떤 종의 색채는 보호색으로서 획득한 것이 틀림없다. 그러나 영국에서 일반적으로 볼 수 있는 독사 같은 많은 종류에서, 색채가 몸을 숨기는 데 도움이 되는지는 의심스럽다. 특히 매우 우아한 색으로 장식되어 있는 외국산 종류는 더욱 의심스럽다고 말할 수 있다.

번식기가 되면 항문의 취샘(臭腺)이 활발하게 활동하는데*60 도마뱀의 취선과 앞에서 살펴본 크로커다일의 하악선도 마찬가지이다. 대부분의 동물은 수컷이 암컷을 찾아가기 때문에, 이러한 방향성(芳香性) 샘은 아마도 암컷을 수컷이 있는 장소로 불러들이기 위한 것보다는 암컷을 흥분시키거나 유혹하기 위한 것으로 보인다.*61 수뱀은 매우 둔해 보이지만 상당히 호색적이다. 한 마리의 암컷 주위에 많은 수컷들이 몰려 있거나, 암컷 사체까지 휘감고 있는 것이 발견되기도 한다. 그러나 경쟁자끼리 싸우는 장면은 발견되지 않았다.*62 그들의 지적 능력은 겉모습에서 예상되는 것보다 높다. 실론에서 살고 있는 매우 노련된 관찰가 E. 레이어드(E. Layard)*63는, 코브라가 구멍에 머리를 집어넣고 안에 있는 두꺼비를 삼키는 장면을 보았다.

"그것이 목에 걸리자 뱀은 구멍 밖으로 머리를 뺄 수가 없었다. 그것을 안 뱀은 할 수 없이 소중한 식사를 뱉어냈고, 두꺼비는 달아나기 시작했다. 이것은 뱀으로서는 도저히 참을 수 없는 일이었기에 다시 두꺼비를 붙잡았지만, 두꺼비가 심하게 저항하자 뱀은 그것을 다시 놓아주지 않을 수 없었다. 그러나 이번에는 이미 학습이 되어 있어서, 뱀은 두꺼비의 다리를 물고 밖으로 끌어내어, 그곳에서 의기양양하게 먹어치웠다."

그러나 뱀이 약간의 추론능력과 강한 열정을 갖고 있다고 해서, 그들이 선

---

*60 Owen, 'Anatomy of Vertebrates,' Vol. 1, 1866, p. 615.

*61 저명한 식물학자인 슐라이덴(Schleiden)은 ('Ueber den Darwinismus : Unsere Zeit,' 1869, S. 269), 방울뱀은 그 소리를 성적 구애에 사용하며, 그것에 의해 암수가 만난다고 했다. 나는 이것이 직접 관찰한 결과인지 어떤지는 모른다. 런던 동물원에서는 그들은 짝을 지어 사는데, 사육사는 그들이 번식기에 다른 때보다 더 빈번하게 이 소리를 사용하는 것은 관찰한 적이 없다.

*62 (역주) 다윈 시대에는 알려져 있지 않았지만, 뱀 수컷도 암컷을 차지하려고 서로 싸운다. 수컷의 투쟁이 심한 경우, 수컷의 몸이 암컷보다 커지는 것이 보통이지만, 암컷도 몸의 사이즈가 커질 만큼 산란수가 많아지므로, 맹렬하게 싸우는 수컷들보다 암컷이 몸이 큰 종도 있다.

*63 "Rambles in Ceylon." 'Annals and Mag. of Nat. Hist., 2nd series, Vol. 9, 1852, p. 333.

명한 색채를 즐길 만한 취향을 가지고 있으며, 성선택에 의해 그 종을 아름답게 변화시켜 왔다고 말할 수는 없다. 어쨌든 일부 종이 매우 아름답게 장식되어 있는 것은 그 밖의 어떤 방법으로도 설명하기 어렵다. 이를테면 남아메리카의 산호뱀에는 짙은 빨강과 검정과 노란색 줄무늬가 있다. 나는 브라질에서 길을 가로질러 가는 산호뱀을 처음 보았을 때, 그 아름다움에 얼마나 감탄했는지 지금도 생생하게 기억하고 있다. 월리스가 귄터 박사의 말을 인용하여 말한 것처럼*64 이렇게 특별한 무늬로 채색되어 있는 뱀은 남아메리카 외에는 없으며, 그곳에는 네 속이나 되는 그런 뱀들이 있다. 그 가운데 하나인 Elaps 는 독을 갖고 있고 두 번째인 매우 다른 속도 틀림없이 독을 갖고 있지만, 다른 두 속은 전혀 독이 없다. 이러한 다른 속에 속하는 종류는 모두 같은 지역에 살고 있으며 서로 비슷하게 생겨서, 박물학자가 아니고서는 독이 있는 종과 없는 종을 구별할 수가 없다. 그래서 월리스는 독이 있는 종류는, 모방의 원리에 따라 보호색으로 그것을 획득했을 거라고 생각하고 있다. 그렇게 하면 그들도 모두 독이 있는 것처럼 적에게 보일 것이기 때문이다. 그렇다면 유독한 Elaps는 왜 그런 색깔을 띠게 되었는지는 설명이 되지 않고 있다. 그것은 아마도 성선택 때문일 것이다.

도마뱀목(Laceritilia)

어떤 도마뱀은 경쟁자끼리 싸우기도 한다. 이를테면 남아메리카의 나무에서 사는 아놀도마뱀(Anolis cristatellus)은 매우 호전적이어서 '봄과 초여름에 수컷 성체끼리 만나면 거의 어김없이 싸움을 벌인다. 서로 처음 만나면, 머리를 아래위로 서너 번 까딱거리면서 목 아래에 있는 주름주머니를 부풀린다. 그들은 분노로 이글거리는 눈으로 마치 힘을 그러모으는 것처럼 몇 초 동안 꼬리를 좌우로 흔든 뒤, 서로에게 달려들어 이빨로 맹렬하게 물어뜯으면서 뒤엉켜 싸운다. 싸움은 대개 한쪽이 꼬리를 잃는 것으로 끝나는데, 그 꼬리는 승자에게 여지없이 먹혀버린다.' 이런 종류의 수컷은 암컷보다 훨씬 큰데*65 귄터 박사가 아는 한 일반적으로 모든 도마뱀이 그렇다고 한다.

＊64 'Westminster Review,' July 1, 1867, p. 32.

＊65 N. L. 오스틴(N. L. Austen)은 이 동물을 매우 오랫동안 사육했다. 'Land and Water,' July, 1867, p. 32.

여러 가지 외적인 형질에서도 암수는 종종 매우 다르다. 앞에 이야기한 아놀도마뱀 수컷은 등에서 꼬리까지 마음대로 펼칠 수 있는 지느러미가 있는데, 암컷에게는 그것이 전혀 없다. 인도의 *Cophotis ceylanica* 암컷도 등에 지느러미가 있지만 수컷보다는 훨씬 덜 발달되어 있다. 그것은 귄터 박사가 알려준 바에 의하면, 많은 이구

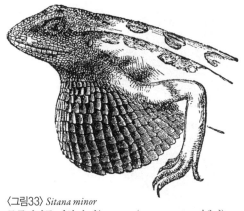

〈그림33〉 *Sitana minor*
목주머니를 펼친 수컷(Günther, 'Reptiles of India'에서)

아나와 카멜레온 암컷도 마찬가지라고 한다. 그러나 *Iguana tuberculata* 같은 일부 종은 지느러미가 양성이 동등하게 발달해 있다. Sitana속은 수컷에만 목에 부채처럼 접었다 폈다 할 수 있는 커다란 목주머니가 있으며(〈그림33〉), 그것은 파랑, 검정, 빨강으로 채색되어 있다. 그러나 이 아름다운 색깔이 과시되는 것은 번식기뿐이다. 암컷은 이 부속물의 흔적조차 볼 수 없다. 오스틴에 따르면 아놀도마뱀의 목주머니는 진홍색과 노란색의 무늬가 들어 있는데, 암컷에서도 그것을 흔적적인 형태로 볼 수 있다고 한다. 다른 도마뱀 중에는 양성이 똑같이 잘 발달한 목주머니를 갖고 있는 종류도 있다. 여기서도 앞에 소개한 많은 예와 마찬가지로 같은 그룹에 속하는 종 사이에 같은 형질이 수컷에게만 한정되어 있거나, 수컷에서 더욱 잘 발달한 종과 양성이 똑같이 발달한 종을 볼 수 있다. 날도마뱀속(Draco)의 작은 도마뱀은 갈비뼈가 지탱하고 있는 익막(翼膜)으로 활공할 수 있는데, 그것은 이루 말로 표현할 수 없을 만큼 아름다운 색깔을 띠고 있으며 목에는 작은 피부돌기가 몇 개 있다. 그것은 '꿩과 새의 볏과 같다'. 이것은 동물이 흥분하면 빳빳하게 선다. 그것은 양성에서 볼 수 있지만 성숙한 수컷이 가장 잘 발달해 있어, 한가운데의 돌기는 머리의 두 배나 길어진다. 대부분의 종류가 목을 따라 좁은 지느러미를 갖고 있는데, 암컷이나 어린 수컷보다는 성체 수컷이 가장 잘 발달해 있다.[*66]

[*66] Cophotis, Sitana, Draco에 관한 기술과 인용은 모두 Ceratophora에 관한 그 뒤의 사실과 함께 귄터 박사의 위대한 저작 'The Reptiles of British India,' Ray Soc., 1864, pp. 122, 130, 135

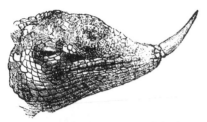

〈그림34〉 *Ceratophora Stoddartii*
위 : 수컷, 아래 : 암컷

어떤 도마뱀에서는 이보다 더 뚜렷한 다른 성차를 볼 수 있다. *Ceratophora aspera* 수컷의 코끝에는 길이가 머리 반 만한 부속물이 있는데, 그것은 원통형 비늘로 뒤덮여 있으며 움직이거나 세울 수도 있는 것 같다. 암컷에는 그것이 흔적으로만 남아 있다. 같은 속에 속하는 다른 종의 경우에는, 맨 끝에 있는 비늘이 작은 뿔로 변형된 모습으로 유연한 부속물 끝에 얹혀 있다. 또 다른 종에서는(C. Stoddartii. 〈그림34〉) 부속물 전체가 뿔로 되어 있으며, 대개 하얀 색을 띠고 있지만 흥분하면 보랏빛이 감도는 색조를 띤다. 이 종의 성체 수컷은 뿔의 길이가 1.3cm 정도이지만, 암컷이나 어린 개체는 그 크기가 매우 작다. 이러한 부속물은 귄터 박사가 나에게 알려준 바로는, 꿩과 새의 볏과 같은 것으로 장식 역할을 하고 있을 것이라고 한다.

카멜레온 속(Chamaeleon)이 성차가 가장 큰 예를 보여준다. 마다가스카르에 살고 있는 *C. bifurcus*(〈그림35〉) 수컷의 머리 위에는 커다란 돌기가 두 개 나 있는데, 그것은 단단한 뼈 같은 돌기로 머리의 다른 부분처럼 비늘로 덮여 있다. 이 놀라운 머리의 변형은 암컷에서는 아주 희미한 흔적만 볼 수 있을 뿐이다. 서아프리카 해안에 사는 *Chamaeleon Owenii*(〈그림36〉)는 수컷의 코와 앞머리에 기묘한 뿔이 세 개 있는데, 암컷에서는 전혀 볼 수 없다. 이 뿔은 돌출한 뼈가 매끄러운 덮개로 덮여 있으며, 몸의 외피와 이어져 있기 때문에 소와 염소 같은 반추동물의 덮개로 덮여 있는 뿔과 완전히 같은 구조를 하고 있다. 이 세 개의 뿔은 C. bifurcus 머리의 커다란 돌출물과는 겉모습이 다르지만, 이 두 동물의 생활에 똑같은 일반적인 작용을 하고 있는 것은 틀림없을 것 같다. 누구나 수컷이 그것을 서로 싸우는 데 사용할 거라고 맨 먼저 생각하겠지만, 그 모든 내용을 나에게 상세하게 알려준 귄터 박사에 의하면, 이렇게 얌전한 생물이 그렇게 격렬하게 싸운다는 것은 도저히 생각하기 어렵다. 따라서 이

에서 인용.

기괴하다고 할 수 있는 구조의 일탈은 수컷의 장식이 아닌가 하는 생각을 하지 않을 수 없다.

많은 도마뱀은 암수의 색채와 색조, 줄무늬 등이 조금씩 다르며, 수컷이 암컷보다 더 뚜렷하다. 이를테면 앞에 이야기한 Cophotis와 남아프리카의 *Acanthodactylus capensis*도 마찬가지이다. 남아프리카에 사는 Cordylus는 수컷이 암컷보다 훨씬 붉거나 녹색이다. 인도의 *Calotes nigrilabris*는 암수의 색채 차이가 더 커서 수컷의 입술은 검은색이지만 암컷은 녹색이다. 영국에서 흔히 볼 수 있는 작은

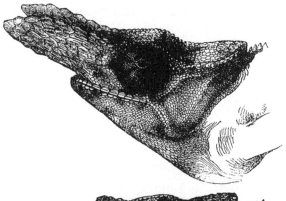

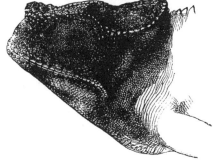

〈그림35〉 *Chamaeleon bifurcus*
위 : 수컷, 아래 : 암컷

태생(胎生) 도마뱀(*Zootoca vivipara*)은 '수컷의 몸 아랫면과 꼬리 아래쪽이 밝은 오렌지색에 검은 반점이 있는데, 암컷은 옅은 회록색이고 반점은 없다.'[67] Sitana의 경우에는 수컷에만 목주머니가 있으며, 그것은 아름다운 파랑, 빨강,

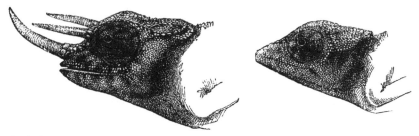

〈그림36〉 *Chamaeleon Owenii*
왼쪽 : 수컷, 오른쪽 : 암컷

---

[67] Bell(벨), 'A History of British Reptiles,' 2nd edition, 1849, p. 40.

검정으로 채색되어 있다. 칠레의 *Proctotretus tenuis*는 수컷만 파랑, 녹색, 적동색 반점을 갖고 있다.[68] 내가 남아프리카에서 채집한 이 속의 14종 가운데 성별을 기록하는 것은 잊었지만 어떤 개체에만 에메랄드그린의 반점이 있고, 다른 것은 목이 오렌지색이었는데 분명 어느 쪽이나 수컷이었을 것이다.

지금까지 말한 종에서는 수컷이 암컷보다 화려한 색을 띠고 있었지만, 많은 도마뱀은 암수 모두 동일하게 우아하고 아름다운 색조를 띠고 있다. 이처럼 눈에 띄는 색채를 보호색이라고 생각할 만한 근거는 어디에서도 찾아볼 수 없지만, 도마뱀 가운데에는 녹색을 띤 몸이 확실히 보호색 역할을 하고 있는 것은 틀림없는 사실이다. 그 가운데 하나는 앞에서 이미 언급한 Proctotretus의 일종으로, 그것이 살고 있는 모래땅과 똑같은 색을 띠고 있었다. 전체적으로 많은 수컷 도마뱀이 갖고 있는 아름다운 색채와 다양한 부속물 등의 기묘하게 변형된 구조는 성선택에 의해 수컷의 장식으로 획득된 것이며 그것이 수컷 새끼에게만, 또는 양성 모두에게 전달되었다고 생각해도 좋을 것이다. 사실 성선택은 파충류에서도 조류와 마찬가지로 중요한 역할을 해온 것으로 보인다. 그러나 수컷에 비하면 약간 수수한 편인 암컷의 색채는 월리스가 새에 대해 이야기한 것처럼, 알을 품는 시기에 암컷이 더 많이 위험에 노출되기 때문이라는 것만으로는 설명이 되지 않는다.[69]

---

[68] Proctotretus에 대해서는 벨의 'Zoology of the Voyage of H. M. S. "Beagle" : Reptiles,' p. 8 참조. 남아프리카의 도마뱀에 대해서는 앤드루 스미스경의 'Zoology of South Africa : Reptiles,' pp. 25, 39 참조. 인도의 Calotes에 대해서는 귄터 박사의 'The Reptiles of British India,' p. 143 참조.

[69] (역주) 파충류에 대해서도 다윈 이후 다양하게 연구가 이루어지고 있지만 아직 밝혀지지 않은 것이 많이 있다. 도마뱀 종류의 대부분은 수컷이 암컷보다 몸이 큰데, 그것은 수컷끼리의 경쟁과 관계가 있다. 다윈이 여기서 말한 것과 같은, 번식기의 수컷에서 발달된 아름다운 색채는 적어도 일부 종에서는 암컷으로부터 선호의 대상이 된다고 알려져 있다. 뱀은 색깔이 발달하지 않았기 때문에, 성선택과 색채에는 그다지 상관관계가 없는 것 같다. 카멜레온의 코의 돌기와 성선택의 관계에 대해서는 실증적으로 연구된 자료가 없다.

秋漢虎 추한호
인하대학교 의과대학 대학원 졸업.
대한성형외과학회 정회원
대한미용성형외과학회 정회원
대한두개안면성형외과학회 정회원
대한수부외과학회 정회원
대한성형외과 개원의협의회 정회원
강남 로고스 성형외과 원장
청담유 성형외과 원장
인하대학교 의과대학 성형외과 외래교수
지은책《인간미학시론》

World Book 276
Charles Robert Darwin
THE DESCENT OF MAN AND SELECTION IN RELATION TO SEX
인간의 기원 I
찰스 다윈/추한호 옮김
1판 1쇄 발행/2018. 5. 18
발행인 고정일
발행처 동서문화사
창업 1956. 12. 12. 등록 16-3799
서울 중구 다산로 12길 6(신당동 4층)
☎ 546-0331~6 Fax. 545-0331
www.dongsuhbook.com

사업자등록번호 211-87-75330
ISBN 978-89-497-1693-0 04080
ISBN 978-89-497-0382-4 (세트)